TEORIA GERAL
DO NOVO PROCESSO
CIVIL BRASILEIRO

CONTRACORRENTE

ANTONIO ARALDO FERRAZ DAL POZZO

TEORIA GERAL DO NOVO PROCESSO CIVIL BRASILEIRO

1ª reimpressão

São Paulo

2016

CONTRACORRENTE

Copyright © EDITORA CONTRACORRENTE

Rua Dr. Cândido Espinheira, 560 | 3º andar
São Paulo – SP – Brasil | CEP 05004 000
www.editoracontracorrente.com.br
contato@editoracontracorrente.com.br

Editores

Camila Almeida Janela Valim
Gustavo Marinho de Carvalho
Rafael Valim

Conselho Editorial

Augusto Neves Dal Pozzo
(Pontifícia Universidade Católica de São Paulo – PUC/SP)

Daniel Wunder Hachem
(Universidade Federal do Paraná – UFPR)

Emerson Gabardo
(Universidade Federal do Paraná – UFPR)

Gilberto Bercovici
(Universidade de São Paulo – USP)

Heleno Taveira Torres
(Universidade de São Paulo – USP)

Jaime Rodríguez-Arana Muñoz
(Universidade de La Coruña – Espanha)

Pablo Ángel Gutiérrez Colantuono
(Universidade Nacional de Comahue – Argentina)

Pedro Serrano
(Pontifícia Universidade Católica de São Paulo – PUC/SP)

Silvio Luís Ferreira da Rocha
(Pontifícia Universidade Católica de São Paulo – PUC/SP)

Equipe editorial

Carolina Ressurreição (revisão)
Denise Dearo (design gráfico)
Mariela Santos Valim (capa)

Dados Internacionais de Catalogação na Publicação (CIP)
(Ficha Catalográfica elaborada pela Editora Contracorrente)

D136   DAL POZZO, Antonio Araldo Ferraz.

Teoria Geral do novo Processo Civil brasileiro | Antonio Araldo Ferraz Dal Pozzo –
São Paulo: Editora Contracorrente, 2016.

ISBN: 978-85-69220-12-1

Inclui bibliografia

1. Direito. 2. Direito processual civil. 3. Direito constitucional. 4. Direito público.
I. Título.

CDU – 346.1

Impresso no Brasil
Printed in Brazil

SUMÁRIO

APRESENTAÇÃO 9

TÍTULO I
OS INSTITUTOS FUNDAMENTAIS

CAPÍTULO I – DO DIREITO PROCESSUAL E SEUS INSTITU-
TOS FUNDAMENTAIS 13

CAPÍTULO II – DA JURISDIÇÃO 35

CAPÍTULO III – DA AÇÃO 57

CAPÍTULO IV – DO PROCESSO E DO PROCEDIMENTO 71

TÍTULO II
DA JURISDIÇÃO

CAPÍTULO V – ÓRGÃOS JURISDICIONAIS – UNIDADE DA
JURISDIÇÃO – ESPÉCIES DE JURISDIÇÃO 79

CAPÍTULO VI – ESTRUTURA BÁSICA DO PODER JUDICIÁ-
RIO NACIONAL 93

CAPÍTULO VII – PRINCIPAIS GARANTIAS CONSTITUCIO-
NAIS PARA O EXERCÍCIO DA JURISDIÇÃO 103

CAPÍTULO VIII – DOS ÓRGÃOS AUXILIARES DA JUSTIÇA 123

TÍTULO III
DA AÇÃO

CAPÍTULO IX – CLASSIFICAÇÃO DAS AÇÕES PELAS TUTELAS JURISDICIONAIS 161

CAPÍTULO X – DAS AÇÕES DE CONHECIMENTO 175

CAPÍTULO XI – AÇÃO DE CONHECIMENTO DECLARATÓRIA 191

CAPÍTULO XII – AÇÃO DE CONHECIMENTO CONDENATÓRIA EXECUTIVA 205

CAPÍTULO XIII – AÇÃO DE CONHECIMENTO CONSTITUTIVA 221

CAPÍTULO XIV – ESTUDO COMPARATIVO DAS AÇÕES DE CONHECIMENTO E RESPECTIVAS SENTENÇAS 233

CAPÍTULO XV – DA AÇÃO DE EXECUÇÃO 247

CAPÍTULO XVI – TUTELAS PROVISÓRIAS: ANTECIPAÇÃO DA TUTELA – TUTELA DA EVIDÊNCIA – AÇÃO CAUTELAR .. 261

CAPÍTULO XVII – DAS CONDIÇÕES DA AÇÃO 291

CAPÍTULO XVIII – DOS ELEMENTOS DA AÇÃO 311

CAPÍTULO XIX – ESTUDO COMPARATIVO ENTRE AS CONDIÇÕES DA AÇÃO E OS ELEMENTOS DA AÇÃO 329

CAPÍTULO XX – AÇÕES GENÉRICAS E AÇÕES TÍPICAS – AÇÕES NECESSÁRIAS E AÇÕES COMUNS 335

CAPÍTULO XXI – DA CONEXÃO – DA CONTINÊNCIA –DA LITISPENDÊNCIA E DA COISA JULGADA 341

CAPÍTULO XXII – DO PROCESSO COM VÁRIAS AÇÕES: CONCURSO E CUMULAÇÃO DE AÇÕES 353

TÍTULO IV
DO PROCESSO E DO PROCEDIMENTO

CAPÍTULO XXIII – DO PROCESSO E DO PROCEDIMENTO: RELAÇÃO JURÍDICA PROCESSUAL E OS PRESSUPOSTOS PROCESSUAIS 367

TÍTULO V
PRESSUPOSTOS PROCESSUAIS SUBJETIVOS REFERENTES AO JUIZ

CAPÍTULO XXIV – DO JUIZ: PODERES – DEVERES – RESPONSABILIDADE 383

CAPÍTULO XXV – DA PRIMEIRA INVESTIDURA E DA IMPARCIALIDADE DO JUIZ 415

CAPÍTULO XXVI – DA COMPETÊNCIA – CONCEITOS BÁSICOS 441

CAPÍTULO XXVII – LINHAS GERAIS SOBRE A FIXAÇÃO DA COMPETÊNCIA NA CONSTITUIÇÃO FEDERAL E NO CÓDIGO DE PROCESSO CIVIL 459

TÍTULO VI
PRESSUPOSTOS PROCESSUAIS SUBJETIVOS REFERENTES ÀS PARTES

CAPÍTULO XXVIII – DOS PRESSUPOSTOS PROCESSUAIS REFERENTES ÀS PARTES 527

CAPÍTULO XXIX – DAS DESPESAS E MULTAS PROCESSUAIS IMPOSTAS ÀS PARTES E AOS ADVOGADOS DOS HONORÁRIOS ADVOCATÍCIOS DA JUSTIÇA GRATUITA 565

CAPÍTULO XXX – DO PROCESSO COM PLURALIDADE DE PARTES – LITISCONSÓRCIO 615

CAPÍTULO XXXI – DA INTERVENÇÃO DE TERCEIROS: VISÃO GERAL 655

CAPÍTULO XXXII – DA ASSISTÊNCIA 659

CAPÍTULO XXXIII – DA DENUNCIAÇÃO DA LIDE 675

CAPÍTULO XXXIV – DO CHAMAMENTO AO PROCESSO 693

CAPÍTULO XXXV – DA DESCONSIDERAÇÃO DA PERSONALIDADE JURÍDICA 705

CAPÍTULO XXXVI – DO *AMICUS CURIAE* 717

CAPÍTULO XXXVII – DA RECONVENÇÃO 723

CAPÍTULO XXXVIII – DO MINISTÉRIO PÚBLICO 729

CAPÍTULO XXXIX – DA ADVOCACIA PÚBLICA E DA DEFEN-
SORIA PÚBLICA 759

TÍTULO VII
DOS PRESSUPOSTOS PROCESSUAIS OBJETIVOS

CAPÍTULO XL – DOS PRESSUPOSTOS PROCESSUAIS OBJE-
TIVOS – DO PROCEDIMENTO E DO ATO PROCESSUAL 767

CAPÍTULO XLI – DO ATO PROCESSUAL.................................. 771

CAPÍTULO XLII – DA FORMA DOS ATOS PROCESSUAIS –
DAS NULIDADES DOS ATOS PROCESSUAIS 783

CAPÍTULO XLIII – DA FORMA DE EXPRESSÃO DOS ATOS
PROCESSUAIS 801

CAPÍTULO XLIV – O TEMPO E OS ATOS PROCESSUAIS 805

CAPÍTULO XLV – DOS PRAZOS PROCESSUAIS – COMUNI-
CAÇÃO DOS ATOS PROCESSUAIS.. 811

CAPÍTULO XLVI – DA VERIFICAÇÃO DOS PRAZOS E PENA-
LIDADES 885

CAPÍTULO XLVII – DO LUGAR DE REALIZAÇÃO DOS ATOS
PROCESSUAIS 895

CAPÍTULO XLVIII – DOS ATOS PROCESSUAIS DAS PARTES ... 899

CAPÍTULO XLIX – DOS ATOS PROCESSUAIS DO JUIZ............. 907

CAPÍTULO L – DA FORMAÇÃO, SUSPENSÃO E EXTINÇÃO
DO PROCESSO 959

APRESENTAÇÃO

O livro *Teoria Geral do novo Processo Civil brasileiro* é uma análise das mudanças introduzidas pelo Novo Código de Processo Civil, em vigor desde março de 2016. A obra agrupa em Títulos cada tema relativo ao Código e cada capítulo conta com um sumário próprio, de modo a facilitar a pesquisa e entendimento. Todo o conteúdo é amparado por uma análise da doutrina especializada, referenciada nas notas de rodapé, bem como por artigos do antigo e do novo Código, destacando-se, em azul, os dispositivos do Código revogado.

TÍTULO I

OS INSTITUTOS FUNDAMENTAIS

Capítulo I

DO DIREITO PROCESSUAL E SEUS INSTITUTOS FUNDAMENTAIS

Sumário: 1. O Direito Processual Civil – considerações iniciais sobre a norma jurídica processual. 2. Sistema de realização do ordenamento jurídico segundo o direito processual civil – características do direito processual civil. 3. O Código de Processo Civil – uma primeira visão. 4. Noções gerais a respeito dos institutos fundamentais do Direito Processual Civil. 5. Das normas fundamentais no processo civil. 5.1 Normas e regras processuais de princípios gerais. 5.1.1 Princípio da confiança legítima. 5.1.2 Princípio da publicidade e da fundamentação. 5.1.3 Princípio da duração razoável do processo. 5.1.4 Princípio da boa-fé. 5.1.5 Princípio da imparcialidade e da ampla defesa. 5.1.6 Princípio do contraditório. 5.1.7 Princípio do atendimento aos fins sociais do Direito. 6. Da aplicação das normas processuais.

1. O DIREITO PROCESSUAL CIVIL – CONSIDERAÇÕES INICIAIS SOBRE A NORMA JURÍDICA PROCESSUAL

O homem é um ser social. Vive em sociedade, interagindo com outros homens, durante toda a sua vida. Com o passar do tempo e a crescente complexidade das relações sociais, ao lado das pessoas naturais foram surgindo pessoas jurídicas, que passaram a atuar no meio social – algumas, como o Estado, de forma contundente e profunda. E as pessoas jurídicas também se relacionam entre si e com as pessoas naturais.

ANTONIO ARALDO FERRAZ DAL POZZO

Para poder ordenar esse relacionamento e desfrutar de certa segurança, a sociedade conta com uma série de normas jurídicas: essas normas são chamadas de normas jurídicas *primárias* (*materiais* ou *substanciais*).[1]

Nessas normas o legislador – que é o legítimo intérprete dos valores vigentes em determinado tempo e em determinada sociedade – prescreve comportamentos desejados e comportamentos proibidos, estabelecendo as sanções para seu descumprimento.

Mas, há normas jurídicas de outra natureza, que se ocupam, basicamente, do próprio ordenamento jurídico e são denominadas normas jurídicas *secundárias* (*instrumentais* ou *formais*).

Nesse intento, elas visam a cumprir dois objetivos distintos: (a) disciplinar como são criadas as próprias normas jurídicas e (b) disciplinar a maneira pela qual será possível impor a observância das normas jurídicas que não forem respeitadas, mesmo contra a vontade de seus infratores.

As normas do primeiro grupo são denominadas normas *secundárias de produção jurídica*.

Como o próprio nome está a indicar, elas disciplinam o mecanismo de criação das normas jurídicas ou, mais tecnicamente, *o processo legislativo*: quem detém a iniciativa de uma lei e assim elaborar o projeto respectivo (por exemplo: o Poder Legislativo, Executivo, Judiciário ou o Ministério Público); quem tem competência para aprovar esse projeto (Congresso Nacional, Câmara dos Deputados, Senado Federal, Assembleias Legislativas, Câmaras Municipais); como o projeto deve tramitar pela Casa Legislativa (Comissões que devem votá-lo e emitir pareceres etc.); qual o quórum para sua votação; prazo para sua promulgação ou para sua sanção;

---

[1] LIEBMAN, Enrico Tullio. *Manuale di Diritto Processuale Civile*: Principi. 7ª ed. Milano: Giuffrè Editore, 2007, p. 34. A distinção feita no texto é a que expõe o saudoso mestre da *Università degli Studi di Milano*, cuja doutrina se inspira em boa parte nos ensinamentos de Giuseppe Chiovenda e Piero Calamandrei, além de outros processualistas alemães (especialmente James Goldschimidt, de quem foi aluno). O autor desta obra teve a oportunidade de fazer um curso naquela Universidade com o Professor Liebman, em 1972, e seus ensinamentos inspiram seu pensamento e, em grande parte, a doutrina processual brasileira.

CAPÍTULO I – DO DIREITO PROCESSUAL E SEUS INSTITUTOS...

a possibilidade de veto pelo Poder Executivo e, por fim, a derrubada do veto pelo Legislativo.[2]

Já o segundo grupo de normas jurídicas secundárias tem por finalidade disciplinar a forma pela qual a consequência do descumprimento de uma norma jurídica será imposta àquele que contrariou o seu comando: são as *normas jurídicas secundárias de atuação ou de realização jurídica.*

Nesse grupo se situa o Direito Processual, cujas normas estabelecem o sistema ou método pelo qual a norma desobedecida será restabelecida.

O Direito Processual apresenta ramos específicos, cada um deles adaptado à aplicação de regras jurídicas especiais.

Dessa forma, ao lado do Direito Processual Civil, temos: (i) o Direito Processual Penal, que tem por objeto a aplicação do Direito Penal; (ii) o Direito Processual do Trabalho, para a atuação das regras do Direito do Trabalho; (iii) o Direito Processual Penal Militar, para as normas penais militares.

O Direito Processual Civil cuida da atuação das regras do direito civil e do direito comercial, aplicando-se de forma subsidiária ou complementar aos demais direitos processuais e ao próprio processo administrativo, consoante dispõe o art. 15:

> Art. 15. Na ausência de normas que regulem processos eleitorais, trabalhistas ou administrativos, as disposições deste Código lhes serão aplicadas supletiva e subsidiariamente.

2. SISTEMA DE REALIZAÇÃO DO ORDENAMENTO JURÍDICO SEGUNDO O DIREITO PROCESSUAL CIVIL – CARACTERÍSTICAS DO DIREITO PROCESSUAL CIVIL

Suponha-se que o vendedor não entregou a coisa vendida: *o sistema ou método legal* para fazer com que o comprador a receba é disciplinado pelas normas que integram o Direito Processual Civil.

---

[2] Essas normas sobre *produção jurídica* se encontram na Constituição Federal e nos Regimentos das Casas Legislativas. Mas, há normas jurídicas que são produzidas pelos Tribunais, cujos Regimentos Internos as contêm.

Como esse sistema ou método é comandado por um órgão do Estado, chamado *órgão jurisdicional*, o direito processual é um ramo do *direito público*, que disciplina justamente as relações entre os órgãos estatais entre si e entre eles e particulares.

Destinado a fazer com que o direito desobedecido seja cumprido ou restaurado, o direito processual não encerra um fim em si mesmo, pois objetiva a proteção do ordenamento jurídico contra suas agressões – e assim sendo, tem a natureza de um *direito instrumental* ou *formal*.

Outra característica do direito processual é sua *natureza dinâmica* "porque regula um mecanismo jurídico em movimento" no qual se entrechocam forças opostas e destinadas a conseguir determinados objetivos contrapostos.[3]

O Direito Processual, portanto, é um *direito público, de natureza instrumental e dinâmica*.

Porém, como salienta Giuseppe Chiovenda, ele também é *fonte autônoma de bens da vida*, pois alguns deles não podem ser atingidos senão pela via do processo, como veremos a seu tempo.[4]

A principal fonte positiva do Direito Processual Civil é o Código de Processo Civil (Lei n. 13.105. de 16 de março de 2015), conquanto haja normas processuais civis em legislação esparsa.

Uma observação importante a ser feita é a de que o direito processual é utilizado apenas por *operadores do direito*, como magistrados, advogados privados e públicos, representantes do Ministério Público ou da Defensoria Pública, dentre outros.

---

[3] LIEBMAN, Enrico Tullio. *Manuale di Diritto Processuale Civile*: Principi. 7ª ed. Milano: Giuffrè Editore, 2007, p. 35. A duração do processo judicial revela de imediato essa natureza dinâmica do direito processual, que não se exaure num único momento, mas se protrai no tempo.

[4] CHIOVENDA, Giuseppe. *Istituzioni di Diritto Processuale Civile*. Napoli: Casa Editrice Dott. Eugenio Jovene, 1960, p. 41/42. Somente para não ficar sem exemplo, recordamos a *certeza* que se alcança com a sentença declaratória (somente prevista pelo Direito Processual) e a *nulidade de casamento*, que somente pode ser obtida pelo processo.

CAPÍTULO I – DO DIREITO PROCESSUAL E SEUS INSTITUTOS...

Por essa razão, os conceitos e institutos que constituem sua área de estudo são pouco conhecidos por aqueles que se iniciam nessa Ciência. Essa circunstância dificulta um pouco o conhecimento do direito processual. Institutos como *jurisdição*, *ação*, *processo* e *procedimento*, além de pouco conhecidos, muitas vezes guardam conotações empíricas que ao invés de facilitar, dificultam o entendimento.

3. O CÓDIGO DE PROCESSO CIVIL – UMA PRIMEIRA VISÃO

O Código de Processo Civil contém a grande maioria dos *princípios* e *regras* que disciplinam o processo civil, sendo bastante recente, pois foi sancionado em 16 de março de 2015 como a Lei n. 13.105, para entrar em vigor um ano depois.

O vigente código revogou o anterior (Lei n. 5.869, de 11 de janeiro de 1973), o qual já vinha bastante alterado em relação à sua original formatação, por duas razões básicas: a) para inclusão da informática e b) para acelerar o desfecho do processo judicial.

O novo Código de Processo Civil, além de cuidar dessas tendências de forma mais sistemática e profunda, contém institutos novos que podem produzir excelentes resultados.

Atendendo a reclamos da doutrina, ele contém duas partes distintas – a Parte Geral e a Parte Especial.

A Parte Geral – que se relaciona intimamente com a Teoria Geral do Processo Civil – contém princípios e regras gerais que se aplicam à matéria contida na Parte Especial e que consiste, basicamente, na disciplina dos variados *ritos procedimentais*, ou seja, como os processos devem se desenvolver, do começo ao fim, e qual a forma dos atos processuais.

Neste livro nós nos ocuparemos primordialmente da Parte Geral do Código de Processo Civil.

Antes, porém, de nos aproximarmos um pouco mais do direito positivado na Parte Geral do Código de Processo Civil, são necessárias

17

algumas noções sobre os chamados institutos fundamentais do Direito Processual Civil.

4. NOÇÕES GERAIS A RESPEITO DOS INSTITUTOS FUNDAMENTAIS DO DIREITO PROCESSUAL CIVIL

Não é possível compreender o Direito Processual sem que se faça uma incursão prévia pelos seus institutos fundamentais: a jurisdição, o direito de ação e o processo – geralmente não conceituados e nem delineados completamente pelas normas jurídicas processuais, mas *pressupostos* por elas.

Esses institutos são como peças de um complexo mecanismo, que se propõe a atingir um objetivo preciso: fazer com que as regras do ordenamento jurídico sejam efetivamente obedecidas, ou atribuir a alguém um bem jurídico que somente pode ser obtido pela via processual.[5]

Se perguntarmos por qual razão esse mecanismo existe, a resposta comporta alguns esclarecimentos.

Em primeiro lugar, temos um dado sociológico: o homem não pode viver isolado, pois sua natureza o leva a viver em sociedade. Dessa premissa fundamental, decorre a urgente necessidade de haver regras de comportamento para que a convivência social seja possível e se desenvolva dentro de uma satisfatória harmonia e paz, a fim de que cada um de seus componentes possa desfrutar do chamado *bem comum* e para que cada um possa atingir sua *realização como pessoa humana*. A vida social, em suma, determina a existência do direito: *ubi societas, ibi ius*.

As regras de convivência ao longo dos séculos acabaram por adquirir a dignidade de *regra jurídica*, isto é, uma regra provida *de coação*, o que a torna de observância obrigatória: baseado no *quod plerumque accidit* o Estado, através do Poder Legislativo, prevê uma

---

[5] Essa distinção é importante, porque tem reflexos em vários institutos processuais. A dívida pode ser paga extraprocessualmente, por ato voluntário do devedor. Mas a nulidade de um casamento somente pode ser decretada pelo juiz, num processo judicial.

CAPÍTULO I – DO DIREITO PROCESSUAL E SEUS INSTITUTOS...

série de comportamentos permitidos, desejados e vedados aos particulares, e inclusive ao próprio Estado, estabelecendo consequências que decorrem de sua inobservância.

Mas, também é um dado da realidade que os membros de uma comunidade nem sempre se comportam de acordo com o estabelecido nas regras jurídicas: e esse fenômeno (da não observância da regra jurídica) perturba a convivência social, traz intranquilidade e desassossego. Por tal razão, além de criar as regras de comportamento, o Estado teve que garantir o seu rigoroso cumprimento, mesmo contra a vontade do infrator.[6]

De nada realmente adiantaria a mera criação de padrões de conduta desejados e proibidos se sua transgressão ficasse impune. Ao invés da ordem, teríamos o caos.

Na atualidade, a imposição da observância da norma jurídica é feita *exclusivamente* pelo Estado, que para tanto se vale do Poder Judiciário. Essa atividade do Poder Judiciário, desde épocas imemoriais, como salienta Liebman, chama-se *jurisdição* (*iurisdictio* – dizer o direito).[7]

A jurisdição é exercida *monopolisticamente por órgãos jurisdicionais*, que pertencem ao Poder Judiciário.

A essa conclusão podemos chegar por vários caminhos. Talvez o mais importante seja aquele que decorre da Constituição Federal: ao estabelecer a competência dos órgãos jurisdicionais, sem deixar nenhuma hipótese solta, o monopólio da Justiça pelo Poder Judiciário fica muito claro.

O Código de Processo Civil também nos leva à mesma conclusão:

> Art. 16. A jurisdição civil é exercida **pelos juízes e pelos tribunais em todo o território nacional**, conforme as disposições deste Código.

---

[6] Bem por essa razão é que a Justiça é sempre representada por uma balança e uma espada: após sopesar as razões das partes de forma imparcial, com a balança, a solução é imposta ao vencido, se preciso, pela espada, que representa o *Poder* do Estado.

[7] LIEBMAN, Enrico Tullio. *Manuale di Diritto Processuale Civile*: Principi. 7ª ed. Milano: Giuffrè Editore, 2007, p. 01.

ANTONIO ARALDO FERRAZ DAL POZZO

Mas há exceções, expressamente previstas na própria Constituição Federal:

Art. 52. Compete privativamente ao Senado Federal:

I – **processar e julgar** o Presidente e o Vice-Presidente da República nos crimes de responsabilidade, bem como os Ministros de Estado e os Comandantes da Marinha, do Exército e da Aeronáutica nos crimes da mesma natureza conexos com aqueles;

II – **processar e julga**r os Ministros do Supremo Tribunal Federal, os membros do Conselho Nacional de Justiça e do Conselho Nacional do Ministério Público, o Procurador-Geral da República e o Advogado-Geral da União nos crimes de responsabilidade;

Essas exceções se justificam pela *qualidade das pessoas* envolvidas e pelo *tipo de situação jurídica* a ser examinada – crimes de responsabilidade[8] e [9].

---

[8] Os crimes de responsabilidade estão previstos na Lei n. 1.079, de 10 de abril de 1950. Art. 4º São crimes de responsabilidade os atos do Presidente da República que atentarem contra a Constituição Federal, e, especialmente, contra: I – A existência da União; II – O livre exercício do Poder Legislativo, do Poder Judiciário e dos poderes constitucionais dos Estados; III – O exercício dos direitos políticos, individuais e sociais; IV – A segurança interna do país; V – A probidade na administração; VI – A lei orçamentária; VII – A guarda e o legal emprego dos dinheiros públicos; VIII – O cumprimento das decisões judiciárias.

Art. 13. São crimes de responsabilidade dos Ministros de Estado: 1 – os atos definidos nesta lei, quando por eles praticados ou ordenados; 2 – os atos previstos nesta lei que os Ministros assinarem com o Presidente da República ou por ordem deste praticarem; 3 – A falta de comparecimento sem justificação, perante a Câmara dos Deputados ou o Senado Federal, ou qualquer das suas comissões, quando uma ou outra casa do Congresso os convocar para pessoalmente, prestarem informações acerca de assunto previamente determinado; 4 – Não prestarem dentro em trinta dias e sem motivo justo, a qualquer das Câmaras do Congresso Nacional, as informações que ela lhes solicitar por escrito, ou prestarem-nas com falsidade.

[9] O julgamento será presidido pelo Presidente do Supremo Tribunal Federal, que fará o relatório final, para votação pelos Senadores, segundo a Lei n. 1.079, de 10 de abril de 1950: Art. 27. No dia aprazado para o julgamento, presentes o acusado, seus advogados, ou o defensor nomeado a sua revelia, e a comissão acusadora, o Presidente do Supremo Tribunal Federal, abrindo a sessão, mandará ler o processo preparatório o libelo e os artigos de defesa; em seguida inquirirá as testemunhas, que deverão depor publicamente e fora da presença umas das outras.

CAPÍTULO I – DO DIREITO PROCESSUAL E SEUS INSTITUTOS...

A jurisdição (ou atividade judicial ou jurisdicional) não se movimenta senão *mediante provocação*.

Há uma razão muito forte e séria para isso: o Estado de Direito exige a *imparcialidade do juiz*, pois ela é essencial para garantir a igualdade entre as pessoas, sendo esse o atributo que dá aos magistrados legitimidade política para o exercício de sua função jurisdicional.

Assim sendo, se ao órgão jurisdicional fosse dado exercer sua atividade *ex officio*, isto é, espontaneamente, por dever de ofício, teria ele que selecionar, dentre as várias ocorrências de possível desobediência às normas jurídicas, aquelas situações que entendesse aptas e merecedoras de ensejar sua própria atividade jurisdicional. Essa decisão, prévia e inicial, seria o suficiente para abalar a sua imparcialidade.

De outro lado, há certos direitos cuja realização efetiva depende exclusivamente da vontade pessoal do seu titular. Ora, a intromissão oficial do juiz seria uma violência a atingir essa esfera jurídica, pois mesmo contra a própria vontade do titular, o Estado estaria a fazer valer a regra jurídica dispositiva (se o credor não quer cobrar a dívida, no Estado de Direito não há como forçá-lo a tanto).

Também seria impossível ao juiz tomar conhecimento de todas as violações ocorridas – e aquelas situações jurídicas que foram conhecidas e objeto de atuação judicial teriam um tratamento desigual em relação às demais, que ficaram no olvido.

Consideradas essas circunstâncias, a função jurisdicional foi concebida como uma função que não se movimenta por conta própria, mas que depende de provocação de alguém.

A necessidade de provocação da atividade jurisdicional corresponde ao *princípio da inércia da jurisdição*, expressamente acolhido pelo Código de Processo Civil:

Art. 31. Encerrada a discussão o Presidente do Supremo Tribunal Federal fará relatório resumido da denúncia e das provas da acusação e da defesa e submeterá a votação nominal dos senadores o julgamento.

Art. 2º *O processo começa por iniciativa da parte* e se desenvolve por impulso oficial, salvo as exceções previstas em lei.

Art. 2º Nenhum juiz prestará a tutela jurisdicional senão quando a parte ou o interessado a requerer nos casos e formas legais.

Ao mencionar que "o processo começa por iniciativa da parte", a norma processual está dizendo que ao interessado[10] cabe provocar a atividade jurisdicional – e essa iniciativa ou provocação se dá pelo *exercício de um direito*, chamado *direito de ação*: uma vez exercido o direito de ação, a máquina judiciária se põe em movimento e, daí para frente, ela prossegue por "impulso oficial", ou seja, por determinações do órgão jurisdicional.[11]

O direito de ação vem previsto de forma implícita e indireta na Constituição Federal, art. 5º inciso XXXV, *verbis*:

Art. 5º (*omissis*)

XXXV – a lei não excluirá da apreciação do Poder Judiciário lesão ou ameaça a direito.

A regra constitucional, ao proibir a lei de excluir da apreciação do Poder Judiciário qualquer situação jurídica em que alguém entenda ter havido lesão ou ameaça de lesão a direitos está simultaneamente dizendo que toda pessoa pode se socorrer daquele Poder, obviamente para impedir a lesão de um direito ou para que a lesão já ocorrida seja reparada.

A regra constitucional vem didaticamente repetida no Código de Processo Civil:

Art. 3º Não se excluirá da apreciação jurisdicional ameaça ou lesão a direito.

---

[10] A expressão "interessado" é usada aqui em sentido amplo, para alcançar pessoas naturais e pessoas jurídicas, sejam estas de direito privado ou de direito público.

[11] O exercício do direito de ação é um ato jurídico minuciosamente regulado pelo direito processual. Esse exercício se concretiza numa peça escrita chamada petição inicial que é protocolada no Fórum. Ao tema voltaremos muitas vezes.

CAPÍTULO I – DO DIREITO PROCESSUAL E SEUS INSTITUTOS...

No entanto, o sistema processual civil em vigor, busca privilegiar outras formas de solução de situações conflituosas, que se situam fora do âmbito de ação do Poder Judiciário:

> Art. 3º (*omissis*)
>
> § 1º É permitida a arbitragem, na forma da lei.
>
> § 2º O Estado promoverá, sempre que possível, a solução consensual dos conflitos.
>
> § 3º A conciliação, a mediação e outros métodos de solução consensual de conflitos deverão ser estimulados por juízes, advogados, defensores públicos e membros do Ministério Público, inclusive no curso do processo judicial.

A arbitragem, prevista no § 1º, é outra forma ou método de solução da situação conflituosa em que se alega ter ocorrido lesão ou ameaça a direito e que tem sua regulação na Lei n. 9.037, de 23 de setembro de 1996.

Os dois parágrafos seguintes contêm regras programáticas, a fim de que os conflitos sejam resolvidos sem a necessidade de atuação jurisdicional e, dessa forma, desobstruam a justiça.

Se a jurisdição, para entrar em atividade, exige o exercício do direito de ação, este, como todo direito, sendo *bilateral*, alcança um terceiro, em cuja esfera jurídica o titular do direito de ação pleiteia produzir determinado resultado.[12]

Esse terceiro é a pessoa que o titular do direito de ação entende como aquela que ameaçou ou lesou o seu direito.

De um modo geral, aquele que exerce o direito de ação chama-se *autor* e aquele contra qual é exercido, *réu*.

Para garantir a isonomia, o ordenamento jurídico assegura ao réu *o direito de se defender amplamente*:

---

[12] A bilateralidade do direito é seu pressuposto constitutivo, pois ele se localiza numa relação jurídica, que somente pode existir entre duas ou mais pessoas.

Art. 5º (*omissis*)

LV – aos litigantes, em processo judicial ou administrativo, e aos acusados em geral são assegurados o contraditório e ampla defesa, com os meios e recursos a ela inerentes.

Contudo, nem o exercício do direito de ação ou de defesa, e nem mesmo a atividade jurisdicional ocorrem de qualquer maneira, ao bel prazer dos seus titulares. Muito pelo contrário, o Direito Processual trata de disciplinar de forma pormenorizada tais situações, consoante a regra do art. 16 do Código de Processo Civil, que vale a pena reproduzir novamente:

Art. 16. A jurisdição civil é exercida pelos juízes e pelos tribunais em todo o território nacional, *conforme as disposições deste Código.*

Art. 1º A jurisdição civil, contenciosa ou voluntária, é exercida pelos juízes, em todo o território nacional, conforme as disposições que este código estabelece.

Essas atividades todas, portanto, são realizadas mediante a prática de atos rigorosamente disciplinados pelo direito processual, os quais, exatamente por essa razão, chamam-se *atos jurídicos processuais* ou, mais simplesmente, *atos processuais.*

O exercício do direito de ação e de defesa e os atos praticados pelo órgão jurisdicional se concretizam mediante a prática de atos processuais.

Cada ato processual tem um tempo e uma maneira especial de ser praticado e todos eles, conquanto diversos entre si, buscam uma única finalidade: *a solução da situação jurídica denunciada ao órgão jurisdicional.* Essa finalidade única ou unidade de escopo dos diversos e variados atos processuais permite a visão unitária de seu conjunto, que chamamos – *processo.*

Quando a lei processual se vale da expressão *o processo começa por iniciativa da parte* (art. 2º), refere-se exatamente a esse complexo de atos processuais com um objetivo único – a solução da situação conflituosa levada ao conhecimento dos órgãos jurisdicionais.

CAPÍTULO I – DO DIREITO PROCESSUAL E SEUS INSTITUTOS...

Esse plexo de atos processuais é realizado obedecendo a certas formalidades estabelecidas pela lei processual e dentro de certa ordem: numa palavra, os atos processuais devem seguir determinadas formas e numa sucessão preordenada, que tem o nome de *procedimento*.

Resumindo: podemos dizer que a vida social impõe a existência de regras jurídicas, dotadas de coação, as quais, todavia, podem ser desobedecidas. Nesse caso, o prejudicado deverá exercer o *direito de ação*, que põe em movimento a *jurisdição* e provoca a *defesa do réu*. Tudo isso ocorre mediante a prática de *atos processuais*, os quais têm por escopo a solução da situação jurídica conflituosa levada ao conhecimento do Poder Judiciário. Essa unidade de propósitos de todos os múltiplos atos processuais faz com que eles formem uma individualidade chamada *processo*, que se desenvolve em obediência a determinado *procedimento*.

Ter presente essa íntima conexão entre os institutos fundamentais da Ciência Processual – jurisdição, direito de ação, processo e procedimento – é essencial para a compreensão de tudo quando doravante estudaremos.

5. DAS NORMAS FUNDAMENTAIS NO PROCESSO CIVIL

O Código de Processo Civil abre a sua Parte Geral com dois capítulos que cuidam do tema em epígrafe.

Conquanto as regras jurídicas neles contidas já estivessem implícita ou explicitamente inseridas nas normas jurídicas do código revogado, o vigente houve por bem destacar essas questões, para torná-las mais claras e unívocas, cumprindo até mesmo certa função pedagógica.

O art. 1º dispõe que:

> Art. 1º O processo civil será ordenado, disciplinado e interpretado conforme os valores e as normas fundamentais estabelecidos na Constituição da República Federativa do Brasil, observando-se as disposições deste Código.

A mencionar "valores e as normas fundamentais" que se encontram na Constituição Federal, a regra jurídica está se referindo às *normas de princípios gerais* e às *normas de regras jurídicas* que estão insertas na Carta da República.

Portanto, todos os fundamentos do Estado de Direito devem ser respeitados para que se tenha o devido processo legal (*due process of law*) – mesmo aqueles princípios, como o da *segurança jurídica*, que não estão explícitos, mas implícitos na Constituição Federal. Ao conduzir o processo e proferir suas decisões, o órgão jurisdicional deverá estar atento não apenas àquilo que estabelece o Código de Processo Civil, mas às normas de regras jurídicas e às normas de princípios que estão na Constituição Federal.

5.1 NORMAS E REGRAS PROCESSUAIS E DE PRINCÍPIOS GERAIS

5.1.1 Princípio da confiança legítima

Esse princípio significa que o Poder Público não pode induzir o particular a acreditar numa determinada orientação e depois, repentinamente, dar uma guinada de cento e oitenta graus.[13]

O princípio da confiança legítima é um dos esteios do Estado de Direito.

Segundo Gabriel Valbuena Hernandéz: "A noção de confiança legítima está intimamente ligada à preocupação de proteger os particulares daquelas modificações normativas, de critérios e de posturas, que, embora sejam legais, se tornam juridicamente inadmissíveis em razão de

---

[13] O princípio da confiança legítima foi adotado, pela primeira vez, pelo tribunal alemão no caso conhecido como a viúva de Berlim. O governo alemão enviou correspondência à viúva de funcionário público esclarecendo que se ela se mudasse para Berlim Ocidental, faria jus a uma pensão por morte do marido. Ela efetivamente se mudou e depois de algum tempo recebe uma comunicação que não tinha direito à pensão. O Tribunal Federal condenou o governo a pagar a pensão, mesmo contra a lei, por defraudação da confiança legítima.

CAPÍTULO I – DO DIREITO PROCESSUAL E SEUS INSTITUTOS...

seu caráter brutal e inopinado". Em seguida enumera seus pressupostos: 1) Expectativas fundadas em fatos ou circunstâncias atribuíveis ao Estado – é sua base objetiva; 2) Legitimidade da confiança; 3) Decisões tomadas com base na confiança; 4) Defraudação da confiança legítima; 5) Medidas de transição e 6) Prevalência em face de outros princípios.[14]

Assim, por exemplo, não pode um tribunal começar a decidir determinada situação jurídica que envolve unicamente uma questão de direito em certo sentido e, subitamente, começar a decidir em sentido contrário – essa repentina guinada de direção fere o *princípio da confiança legítima*. Antes de mudar a orientação, o tribunal deve ter mecanismos de anunciar essa decisão.[15]

5.1.2 Princípio da publicidade e da fundamentação

Outro princípio constitucional, previsto no art. 93, IX da Constituição Federal é o da *publicidade*, assim transportado para o Código de Processo Civil:

> Art. 11. Todos os julgamentos dos órgãos do Poder Judiciário serão públicos, e fundamentadas todas as decisões, sob pena de nulidade.
>
> Parágrafo único. Nos casos de segredo de justiça, pode ser autorizada a presença somente das partes, de seus advogados, de defensores públicos ou do Ministério Público.

A publicidade dos julgamentos é condição de transparência e a fundamentação das decisões é exigência da ampla defesa, pois sem saber a razão da decisão, impossível será dela recorrer.

---

[14] *La Defraudación de la Confianza Legítima*: Aproximación crítica desde la Teoria de la Responsabilidad del Estado. Edição da Universidad Externado de Colombia, p. 153.

[15] Cf. ainda, RAIMBAULT, Philippe. *Recherche Sur La Sécurité Juridique Em Droit Administratif Français*. Lextenso Éditions, 2009 e MOUZOURAKI, Paraskevi. *Le Principe de Confiance Légitime em Droit Allemand*. Français et Anglais. Edição Bruylant.

5.1.3 Princípio da duração razoável do processo

Há garantia constitucional a respeito – art. 5º, inciso LXXVIII:

> Art. 5º (*omissis*)
>
> LXXVIII – a todos, no âmbito judicial e administrativo, são assegurados a razoável duração do processo e os meios que garantam a celeridade de sua tramitação.

O Código de Processo Civil mantém essa diretiva:

> Art. 4º As partes têm o direito de obter em prazo razoável a solução integral do mérito, incluída a atividade satisfativa.
>
> Art. 6º Todos os sujeitos do processo devem cooperar entre si para que se obtenha, em tempo razoável, decisão de mérito justa e efetiva.

O Código de Processo Civil, como já dito alhures, procura evitar a demora do processo, propondo soluções contratualmente firmadas pelas partes e o instituto das demandas repetitivas, que se vinculam a uma decisão já prolatada, sobre determinada questão de direito.

5.1.4 Princípio da boa-fé

Também o Código de Processo Civil se preocupa com o comportamento segundo os ditames da boa-fé, por parte daqueles que são sujeitos do processo:

> Art. 5º Aquele que de qualquer forma participa do processo deve comportar-se de acordo com a boa-fé.

O Código de Processo Civil reserva uma série de regras, a partir do art. 79, destinadas a desmotivar e sancionar a má-fé no processo. Ao tema voltaremos oportunamente.

CAPÍTULO I – DO DIREITO PROCESSUAL E SEUS INSTITUTOS...

5.1.5 Princípio da imparcialidade e da ampla defesa

A imparcialidade do Poder Judiciário é seu atributo mais importante, como já se disse alhures – e além dessa imparcialidade ser resguardada com a iniciativa da parte – ela também se manifesta pela igualdade de tratamento das partes:

> Art. 7º É assegurada às partes paridade de tratamento em relação ao exercício de direitos e faculdades processuais, aos meios de defesa, aos ônus, aos deveres e à aplicação de sanções processuais, competindo ao juiz zelar pelo efetivo contraditório.

A questão da igualdade de tratamento se ressurge art. 10:

> Art. 10. O juiz não pode decidir, em grau algum de jurisdição, com base em fundamento a respeito do qual não se tenha dado às partes oportunidade de se manifestar, ainda que se trate de matéria sobre a qual deva decidir de ofício.

Além da norma se preocupar com a igualdade de tratamento, preserva, ainda, o direito à ampla defesa.

Da mesma forma, o Código de Processo Civil cuida de assegurar a igualdade no *momento do julgamento*: há uma ordem cronológica a ser seguida rigorosamente, para não haver preferência por uma parte em detrimento de outra, salvo exceções previstas e que se justificam:

> Art. 12. Os juízes e os tribunais deverão obedecer à ordem cronológica de conclusão para proferir sentença ou acórdão.
>
> § 1º A lista de processos aptos a julgamento deverá estar permanentemente à disposição para consulta pública em cartório e na rede mundial de computadores.
>
> § 2º Estão excluídos da regra do *caput*:
>
> I – as sentenças proferidas em audiência, homologatórias de acordo ou de improcedência liminar do pedido;
>
> II – o julgamento de processos em bloco para aplicação de tese jurídica firmada em julgamento de casos repetitivos;

III – o julgamento de recursos repetitivos ou de incidente de resolução de demandas repetitivas;

IV – as decisões proferidas com base nos arts. 485 e 932;

V – o julgamento de embargos de declaração;

VI – o julgamento de agravo interno;

VII – as preferências legais e as metas estabelecidas pelo Conselho Nacional de Justiça;

VIII – os processos criminais, nos órgãos jurisdicionais que tenham competência penal;

IX – a causa que exija urgência no julgamento, assim reconhecida por decisão fundamentada.

§ 3º Após elaboração de lista própria, respeitar-se-á a ordem cronológica das conclusões entre as preferências legais.

§ 4º Após a inclusão do processo na lista de que trata o § 1º, o requerimento formulado pela parte não altera a ordem cronológica para a decisão, exceto quando implicar a reabertura da instrução ou a conversão do julgamento em diligência.

§ 5º Decidido o requerimento previsto no § 4º, o processo retornará à mesma posição em que anteriormente se encontrava na lista.

§ 6º Ocupará o primeiro lugar na lista prevista no § 1º ou, conforme o caso, no § 3º, o processo que:

I – tiver sua sentença ou acórdão anulado, salvo quando houver necessidade de realização de diligência ou de complementação da instrução;

II – se enquadrar na hipótese do art. 1.040, inciso II.

5.1.6 Princípio do contraditório

O princípio da igualdade tem íntima relação com o princípio do contraditório, segundo o qual as partes têm o direito de serem cientificadas de tudo que ocorre no processo e de se manifestarem a respeito, conquanto haja situações jurídicas nas quais a oportunidade para manifestação é dada depois da decisão proferida:

> Art. 9º Não se proferirá decisão contra uma das partes sem que ela seja previamente ouvida.

CAPÍTULO I – DO DIREITO PROCESSUAL E SEUS INSTITUTOS...

Parágrafo único. O disposto no *caput* não se aplica:

I – à tutela provisória de urgência;

II – às hipóteses de tutela da evidência previstas no art. 311, incisos II e III;

III – à decisão prevista no art. 701.

A seu tempo estudaremos essas hipóteses.

5.1.7 Princípio do atendimento aos fins sociais do Direito

Por fim, neste primeiro capítulo do Código de Processo Civil, há uma orientação dirigida ao juiz quando da aplicação das normas:

> Art. 8º Ao aplicar o ordenamento jurídico, o juiz atenderá aos fins sociais e às exigências do bem comum, resguardando e promovendo a dignidade da pessoa humana e observando a proporcionalidade, a razoabilidade, a legalidade, a publicidade e a eficiência.

Tais diretrizes estão presentes na Constituição Federal.

Ao orientar o juiz a decidir de acordo com os fins sociais, está assinalando que a norma jurídica não deve ser interpretada tendo em vista o interesse pessoal de alguém, mas levando-se em conta o interesse geral da comunidade que inspirou o legislador a criá-la. Se o interesse pessoal conflitar-se com o geral, este deve prevalecer.

A dignidade da pessoa humana é um dos fundamentos do nosso Estado de Direito, como proclama o art. 1º, III da Constituição Federal. Isso significa que deve o juiz evitar praticar atos que humilhem desnecessariamente a parte ou que represente uma desconsideração por sua condição humana.

A regra jurídica do art. 8º menciona outros princípios gerais.

Os princípios da legalidade e da publicidade, já vistos, estão claramente expressos na Constituição Federal respectivamente no art. 5º *caput* e no art. 93, IX.

O princípio da *publicidade* também já foi abordado.

A *proporcionalidade* deverá ser observada especialmente quando de aplicação de sanções e o da *razoabilidade*, sempre que uma das regras legais deva ser aplicada pela exceção, como a decisão *inaudita altera parte*, a inversão do ônus da prova etc.

O princípio da eficiência não tem conceito único e pacífico em doutrina – mas no caso sob exame pode ser visto como um princípio dirigido aos órgãos jurisdicionais e seus órgãos auxiliares, caso não cumpram as metas de prazo e de produção forense.

6. DA APLICAÇÃO DAS NORMAS PROCESSUAIS

Chegamos ao Capítulo II do Código de Processo Civil, que cuida da *aplicação das normas processuais*.

A primeira regra geral está no art. 13, determinando que a jurisdição civil será regida por normas processuais brasileiras – e a razão é clara: trata-se de atividade estatal, que somente pode ser orientada por regras legais criadas pelo Poder Legislativo Nacional.

Mas, a própria Constituição Federal, reconhecendo que o Brasil está inserido numa comunidade internacional, assim dispõe no art. 5º § 2º:

> Art. 5º (*omissis*)
>
> § 2º Os direitos e garantias expressos nesta Constituição não excluem outros decorrentes do regime e dos princípios por ela adotados, ou *dos tratados internacionais em que a República Federativa do Brasil seja parte*.

Nessa linha, o referido art. 13:

> Art. 13. A jurisdição civil será regida pelas normas processuais brasileiras, ressalvadas as disposições específicas previstas em tratados, convenções ou acordos internacionais de que o Brasil seja parte.

CAPÍTULO I – DO DIREITO PROCESSUAL E SEUS INSTITUTOS...

A segunda regra diz respeito à não retroatividade da lei, matéria também com assento constitucional:

> Art. 5º (*omissis*)
>
> XXXVI – a lei não prejudicará o direito adquirido, o ato jurídico perfeito e a coisa julgada;

No Código de Processo Civil:

> Art. 14. A norma processual não retroagirá e será aplicável imediatamente aos processos em curso, respeitados os atos processuais praticados e as situações jurídicas consolidadas sob a vigência da norma revogada.

Trata-se do *princípio da imediata aplicação da lei processual*, a qual, no exato momento em que entra em vigência, já se aplica, conquanto não anule ou desfaça os atos processuais praticados sob a égide da lei ab-rogada.

Exatamente nessa direção, o Código de Processo Civil:

> Art. 1.046. Ao entrar em vigor este Código, suas disposições se aplicarão desde logo aos processos pendentes, ficando revogada a Lei no 5.869, de 11 de janeiro de 1973.
>
> § 1º As disposições da Lei n 5.869, de 11 de janeiro de 1973, relativas ao procedimento sumário e aos procedimentos especiais que forem revogadas aplicar-se-ão às ações propostas e não sentenciadas até o início da vigência deste Código.
>
> § 2º Permanecem em vigor as disposições especiais dos procedimentos regulados em outras leis, aos quais se aplicará supletivamente este Código.
>
> § 3º Os processos mencionados no art. 1.218 da Lei n 5.869, de 11 de janeiro de 1973, cujo procedimento ainda não tenha sido incorporado por lei submetem-se ao procedimento comum previsto neste Código.
>
> § 4º As remissões a disposições do Código de Processo Civil revogado, existentes em outras leis, passam a referir-se às que lhes são correspondentes neste Código.

§ 5º A primeira lista de processos para julgamento em ordem cronológica observará a antiguidade da distribuição entre os já conclusos na data da entrada em vigor deste Código.

Contudo, no caso do Código de Processo Civil, como muitas serão as alterações que advirão com sua vigência, foi preciso estabelecer um prazo razoavelmente longo como *vacatio legis*:

Art. 1.045. Este Código entra em vigor após decorrido 1 (um) ano da data de sua publicação oficial.

Como a sua publicação se deu em 17 de março de 2015, entrará em vigor na mesma data, no ano de 2016.

Por fim, o art. 15 determina a sua aplicação subsidiária aos processos eleitorais, trabalhistas e administrativos:

Art. 15. Na ausência de normas que regulem processos eleitorais, trabalhistas ou administrativos, as disposições deste Código lhes serão aplicadas supletiva e subsidiariamente.

Capítulo II

DA JURISDIÇÃO

> Sumário: 1. Sistemas de criação do direito. 2. Estrutura básica das normas jurídicas. 3. Do cumprimento das normas jurídicas. 4. Da proibição da autodefesa. 5. Conceito de jurisdição. 5.1 A jurisdição é a atividade dos órgãos do Estado. 5.2 Que tem por objeto formular a regra jurídica concreta. 5.3 Que tem por objeto realizar praticamente a regra jurídica concreta. 5.4 Que, segundo o direito vigente, disciplina uma determinada situação jurídica. 6. Noção de tutela jurisdicional. 7. Jurisdição e as demais funções do Estado. 8. Jurisdição voluntária. 9. Jurisdição e Juízo Arbitral. 10. Do incentivo à conciliação.

1. SISTEMAS DE CRIAÇÃO DO DIREITO

Piero Calamandrei reduz os processos de criação do direito a dois: aquele que chama de "formulação para o caso singular" e o que denomina de "formulação por classe" ou "formulação legal".[1]

Historicamente, prossegue o processualista italiano, o juiz nasceu antes do legislador e, assim, o Estado intervinha apenas para resolver uma situação conflituosa já ocorrida, perturbadora da paz social, *formulando o direito para esse caso particular.*

---

[1] *Opere Giuridiche.* vol. 4. Morano Editore, 1970, p. 84/85.

Porém, desde há muito e muito tempo, as civilizações ocidentais abandonaram esse método de formulação do direito e adotaram a *formulação legal*: o Estado busca prever, antecipadamente, as situações que podem ocorrer na vida social e cuida de discipliná-las, descrevendo em normas jurídicas os elementos essenciais de condutas permitidas, desejadas ou proibidas e estabelecendo as consequências para sua violação.

Modernamente, a formulação legal se prende ao chamado *princípio da legalidade*, que é uma das decorrências de um princípio ainda mais geral, chamado *princípio da segurança jurídica*, sendo, ambos, importantes sustentáculos do Estado de Direito.

Jacques Chevallier, citando Stern acentua que "o Estado de Direito significa que o poder estatal não pode ser exercido senão sob o fundamento de uma Constituição e das leis constitucionais, de um ponto de vista formal e material, e com o objetivo de garantir a dignidade do homem, a liberdade, a justiça e a segurança jurídica".[2]

O mesmo autor, mais adiante, sublinha que a segurança jurídica "implica, em primeiro lugar, que o direito existente possa ser reconhecido e cumprido", e depois enfatiza os aspectos de acessibilidade e de inteligibilidade do direito e a igualdade de todos perante a lei: as pessoas devem dispor de meios para conhecer o direito e de entendê-lo o quanto possível. Ainda, em decorrência da segurança jurídica, a lei deve ser irretroativa – aplicar-se a casos futuros e não ao passado.

O princípio da legalidade foi expressamente agasalhado pela Constituição Federal:

> Art. 5º (*omissis*)
> II – ninguém será obrigado a fazer ou deixar de fazer alguma coisa senão em virtude de lei.[3]

Portanto, no Estado Democrático de Direito Brasileiro vigora a formulação legal das normas jurídicas como expressão do princípio da

---

[2] *L'État de Droit*. 4ª ed. Paris: Montchrestien, p. 69.

[3] Também há referência ao princípio da legalidade no art. 37 *caput* da CF.

CAPÍTULO II – DA JURISDIÇÃO

segurança jurídica, da legalidade, da irretroatividade da norma e da igualdade perante a lei.

2. ESTRUTURA BÁSICA DAS NORMAS JURÍDICAS[4]

Em sua estrutura básica uma norma jurídica apresenta uma *hipótese* e um *preceito*.

A hipótese consiste na descrição de uma situação que pode vir a ocorrer no mundo real, mas referida em seus elementos constitutivos básicos e fundamentais, de tal sorte que nela possam se subsumir milhares de situações concretas. É um molde suficientemente elástico para que nele se ajustem ou se enquadrem um número incontável de segmentos concretos da vida real.

Ademais, a hipótese é sempre *genérica*, porque tem por destinatários *todos* os membros da coletividade e, ainda, é *abstrata*, pois se refere a uma situação que *venha a ocorrer* concretamente depois de sua entrada em vigor, ou seja, uma situação futura.[5] A hipótese ou contempla um

---

[4] Segundo Robert Alexy, a norma jurídica é o "significado de um enunciado normativo", como anota em sua obra "Teoria dos Direitos Fundamentais" (Edição Malheiros, 2008, p. 54. Exemplifica com o art. 16, § 2º, letra "i" da Constituição alemã – "Nenhum alemão pode ser extraditado". Esse enunciado normativo, que expressa a vedação de extradição de qualquer alemão poderia, no entanto ser expressada em norma de outra redação: "É proibido extraditar alemães". Portanto um determinado enunciado pode ser expresso através de diversas formas, ou seja, através de diversas normas jurídicas. Mas, para o autor – e seguimos essa orientação – normas jurídicas são o gênero de que são espécies as regras jurídicas e os princípios jurídicos. Não entraremos na grave questão da distinção entre regras e princípios – mas há que se evitar o uso da expressão "norma jurídica" por "regra jurídica", pois a primeira é o gênero e a segunda é uma de suas espécies, embora no texto nem sempre se respeite tal distinção, como sói ocorrer em obras nacionais.

[5] O Estado de Direito é constituído por uma série de princípios gerais, que lhe dão esse contorno e esse atributo. Dentre eles, há o princípio da segurança jurídica, que não está escrito na nossa Constituição Federal, mas cujas manifestações estão presentes não apenas em várias passagens da Carta Magna como da legislação infraconstitucional. Na Constituição Federal, há duas garantias fundamentais que têm conexão com a matéria do texto, que estão em dois incisos do art. 5º: a) inciso "XXXIX – Não há crime sem

comportamento vedado ou um comportamento desejado pelo legislador, que assim interpreta as circunstâncias de um determinado momento da vida social.

O preceito é a previsão, também *genérica* e *abstrata*, de uma consequência que advirá para aquele que vier a realizar a conduta vedada pela norma jurídica ou para quem não mantiver um comportamento de acordo com o que a regra jurídica prescreve. No preceito se encerra o elemento *coativo* da norma jurídica, que se traduz na sua obrigatoriedade, pois ele irá ser imposto mesmo contra a vontade das pessoas.

No Código Penal, por exemplo, encontramos normas jurídicas em cujas hipóteses estão descritos centenas de comportamentos ou condutas vedadas, ainda que escritas de forma positiva, pois a pena imposta é que dá o conteúdo de proibição à conduta como, por exemplo, no art. 121 do Código Penal:

> Art. 121. Matar alguém:
> Pena – reclusão, de 06 (seis) a 20 (vinte) anos.

Nesse caso, a hipótese, em verdade, é "não matar" – e o preceito é a pena de reclusão de seis a vinte anos: quem realizar essa hipótese sofrerá essa consequência prevista no preceito da norma jurídica.

Vejamos outro exemplo – o art. 936 do Código Civil:

> Art. 936. O dono, ou detentor, do animal ressarcirá o dano por este causado, se não provar culpa da vítima ou força maior.

---

lei anterior que o defina, nem pena sem prévia cominação legal" (*nullum crimen, nulla poena sine praevia lege);* b) inciso "XXXVI – a lei não prejudicará o direito adquirido, o ato jurídico perfeito e a coisa julgada". Nessas duas regras jurídicas o princípio da segurança jurídica está a exigir que a norma jurídica tenha validade para o futuro e nessa exigência está o caráter de abstração de todas as normas jurídicas positivas. Se a lei pudesse valer para o passado, não haveria segurança jurídica alguma. No que tange à irretroatividade da lei, todavia, há que se lembrar do inciso XL do mesmo art. 5º da Constituição Federal: "a lei penal não retroagirá, salvo para beneficiar o réu" (chamada retroatividade em *bonam partem*).

CAPÍTULO II – DA JURISDIÇÃO

Decompondo essa regra jurídica temos:

(i) Hipóteses genéricas: (i) *O dono ou detentor do animal* – (ii) *dano a outrem* – isto é, (i) qualquer membro da sociedade, independentemente de sexo, cor, profissão etc., proprietário ou detentor de qualquer animal ou (ii) quem quer que seja e que venha a sofrer dano causado pelo animal;

(ii) Hipótese abstrata: *do animal que venha a causar dano a outrem* – previsão de uma situação futura, não ocorrida, prevista em seus elementos essenciais, na qual podem se enquadrar milhares de situações reais, seja, por exemplo, um cão, um boi, um cavalo etc.

(iii) Preceito (genérico e abstrato): *ressarcirá o dano causado pelo animal, se não provar culpa da vítima ou força maior* – previsão do resultado para a situação prevista na hipótese e que venha a ocorrer na vida real: esse ressarcimento ocorrerá mesmo independentemente da vontade do obrigado.

É claro, porém, que nem todas as normas jurídicas contêm na sua própria formulação a hipótese e o preceito – pois este pode estar previsto numa outra norma que com a primeira forma uma vontade legislativa única ou um subsistema normativo.

Assim, por exemplo, o art. 186 do Código Civil:

> Art. 186. Aquele que, por ação ou omissão voluntária, negligência ou imprudência, violar direito e causar dano a outrem, ainda que exclusivamente moral, comete ato ilícito.

Essa norma jurídica contém uma hipótese genérica e abstrata, mas o preceito está expresso no art. 927:

> Art. 927. Aquele que, por ato ilícito (arts. 186 e 187) causar dano a outrem, fica obrigado a repará-lo.

Nos dois casos examinados há situações em que as respectivas regras jurídicas civis prescrevem consequências para comportamentos

39

que, no fundo, busca evitar: no primeiro caso, quer evitar que o dono ou detentor do animal permita que ele venha causar dano a outrem; no segundo, que se viole direito ou cause dano a outrem.

Mas, há regras jurídicas que estabelecem comportamentos desejados, como no caso do art. 481 do Código Civil:

> Art. 481. Pelo contrato de compra e venda, um dos contratantes se obriga a transferir o domínio de certa coisa, e o outro, a pagar-lhe certo preço em dinheiro.

Ao criar tais obrigações (entregar a coisa e pagar o preço) na hipótese dessa norma, o ordenamento jurídico assegura o seu cumprimento através de preceitos que estão em outras normas – no caso, nos artigos 389 a 393 do Código Civil, que cuidam do inadimplemento das obrigações.

3. DO CUMPRIMENTO DAS NORMAS JURÍDICAS

Quando a hipótese normativa de natureza civil[6] se realiza na vida real, em sede teórica consideramos que do respectivo preceito, até então genérico e abstrato, automaticamente nasce uma *regra jurídica concreta*, que pode ou não ser obedecida espontaneamente.

Note-se que aqui há a *transformação* do preceito genérico e abstrato, em *regra jurídica concreta*.

Enquanto previsão teórica – obrigação de reparar o dano, por exemplo –, o preceito se dirigia a todos e a situações ainda não acontecidas. Ocorrido o dano por culpa de alguém, isto é, realizada na vida

---

[6] Há uma enorme diferença entre a satisfação do preceito consoante se trate de norma de natureza civil ou penal. Os preceitos das normas jurídicas civis, em sua quase totalidade, podem ser satisfeitos por ato espontâneo da outra parte: realizar o pagamento, entregar a coisa ou outro. Todavia, o preceito de natureza penal jamais pode ser espontaneamente cumprido pelo que praticou o delito, pois somente depois de um processo regular a pena pode ser imposta. Por essa razão, no texto, e por ora, nos referimos apenas às normas de natureza civil, cujos preceitos podem ser satisfeitos pelo devedor.

CAPÍTULO II – DA JURISDIÇÃO

real a hipótese descrita na norma, daquele preceito (genérico e abstrato) nasce uma regra jurídica concreta, voltada ao caso ocorrido, dizendo que Fulano deve indenizar o dano causado a Cicrano em determinado momento, local e circunstâncias: essa regra jurídica *é concreta* por que se refere a um dado acontecimento já ocorrido e se dirige a determinada pessoa em face de outra pessoa, ambas individualizadas.

Na imensa maioria das vezes ocorre o cumprimento espontâneo da regra jurídica concreta e o direito se realiza naturalmente, deixando imperar, desse modo, a tranquilidade e a paz no meio social, onde a vida das pessoas continua a correr normalmente.

Como quase todos os atos de nossa vida de relação são disciplinados por normas jurídicas, vivemos cumprindo o direito na maior parte do tempo.

Mas, pode ocorrer que isso não aconteça e então teremos uma *situação jurídica conflituosa* no seio social, que a perturba e que precisa ser solucionada e, portanto, removida.

4. DA PROIBIÇÃO DA AUTODEFESA

Como regra geral, diante de uma situação jurídica conflituosa, as pessoas nela envolvidas não podem buscar a satisfação de seu direito por uma atividade direta e pessoal.

Assim, se o vendedor não entrega a coisa vendida, não pode o comprador invadir a sua casa e pegar, à força, o bem que comprou. Vice-versa, se o comprador não paga o preço, também não pode o vendedor fazer o mesmo para obter o dinheiro a que tem direito.

Esse sistema de solução pessoal e direta das situações conflituosas chama-se *autodefesa* ou *autotutela*. Por meio dele, a própria parte envolvida no conflito resolve a questão, se preciso com o uso da força.

Essa atitude direta de defesa não é permitida pelo ordenamento jurídico, que criou um delito para essa espécie de comportamento, chamado de "exercício arbitrário das próprias razões" e previsto no art. 345 do Código Penal:

> Art. 345. Fazer justiça pelas próprias mãos, para satisfazer pretensão, embora legítima, salvo quando a lei o permite:
> Pena – reclusão, de 15 (quinze) dias a 1 (um) mês, ou multa, além da pena correspondente à violência.

A ressalva contida na norma ("salvo quando a lei o permite") está a evidenciar que, em determinadas circunstâncias, expressamente previstas em lei, essa "justiça pelas próprias mãos" poderá ser feita, como no caso do estado de necessidade, de legítima defesa e de estrito cumprimento do dever legal, bem como no exercício regular de direito e de remoção de perigo iminente (Código Penal, art. 23 e Código Civil, art. 188).[7]

Ao proibir a autodefesa ou autotutela como regra geral, o Estado se viu obrigado a criar um sistema para que o lesado ou prejudicado pudesse buscar a satisfação do seu direito de outra maneira: esse sistema consiste, justamente, na *jurisdição* ou *atividade jurisdicional* ou, ainda, *atividade judicial*.

É o que se deduz da seguinte garantia fundamental, escrita em nossa Constituição Federal:

> Art. 5º (*omissis*)
> XXXV – A lei não excluirá da apreciação do Poder Judiciário lesão ou ameaça de direito;

Essa regra – dada a sua magna importância no Estado de Direito, vem repetida pelo Código de Processo Civil:

> Art. 3º Não se excluirá da apreciação jurisdicional ameaça ou lesão a direito.

---

[7] De um modo geral, a autodefesa ou autotutela é permitida em situações prementes, emergenciais, em que a espera de uma solução pelas autoridades constituídas virá tarde demais e ninguém pode ser obrigado a sofrer uma ameaça séria ou injusta lesão de seus direitos. Assim, nesses casos excepcionais, o ordenamento jurídico permite a reação, mas dentro de certos limites e circunstâncias.

CAPÍTULO II – DA JURISDIÇÃO

Portanto, toda e qualquer lesão ou ameaça de direito que não possa legalmente ser objeto de autodefesa (autotutela) será apreciada pelo Poder Judiciário que, para resolver essa situação, irá desenvolver a sua atividade específica, chamada *jurisdição* (atividade jurisdicional ou atividade judicial).[8]

5. CONCEITO DE JURISDIÇÃO

Examinadas essas premissas, podemos enunciar o conceito de jurisdição adotado por Enrico Tullio Liebman: *a jurisdição é a atividade dos órgãos do Estado que tem por objeto formular ou realizar praticamente a regra jurídica concreta que, segundo o direito vigente, disciplina uma determinada situação jurídica.*[9]

Vamos examinar esse conceito, decompondo-o nas suas várias proposições:

5.1 A JURISDIÇÃO É A ATIVIDADE DOS ÓRGÃOS DO ESTADO

A jurisdição é um *monopólio estatal*: apenas o Estado pode exercê-la através dos órgãos que integram um de seus poderes – o Poder Judiciário. Somente eles podem exercer a atividade jurisdicional.[10]

---

[8] A norma do art. 3º do Código de Processo Civil, acima reproduzida, ressalva casos em que as partes, de modo voluntário, resolvem submeter seus eventuais conflitos ao denominado juízo arbitral. Eis outro sistema previsto para a resolução de uma situação conflituosa e que será visto oportunamente. Neste passo nós nos ocuparemos exclusivamente da jurisdição.

[9] LIEBMAN, Enrico Tullio. *Manuale di Diritto Processuale Civile*: Principi. 7ª ed. Milano: Giuffrè Editore, 2007, p. 4. O autor recorda, em sua obra, dois outros conceitos de jurisdição que ganharam muito relevo na doutrina processualística italiana e que foram objeto de profundos debates: a) o de Chiovenda, que enfoca a realização da vontade da lei, seja em sua mera declaração, seja fazendo-a operar concretamente; b) e o de Carnelutti, que nessa atividade vislumbrava a "justa composição da lide", entendendo por "lide" todo conflito de interesse regulado pela lei e por "justa" aquela solução de acordo com o ordenamento jurídico. Conclui que ambas se completam. Porém, Liebman acaba por emitir o seu próprio conceito, reproduzido no texto (LIEBMAN, Enrico Tullio. *Manuale di Diritto Processuale Civile*: Principi. 7ª ed. Milano: Giuffrè Editore, 2007, p. 4).

[10] No entanto, recorde-se do poder jurisdicional atribuído ao Senado Federal. V. Capítulo I/2.

Eis o teor do art. 16 do Código de Processo Civil:

> Art. 16 A jurisdição civil é exercida pelos juízes e pelos tribunais em todo o território nacional, conforme as disposições deste Código.

Como veremos com maior profundidade adiante, os órgãos jurisdicionais são órgãos públicos, nos quais há um servidor cuja denominação genérica é a de *magistrado*. São magistrados os juízes de direito, os desembargadores e os ministros. Todavia, o artigo acima citado se vale da expressão "juízes" (e "tribunais") para designar todos os integrantes do Poder Judiciário, cuja estrutura geral está prevista na Constituição Federal, a saber:

> Art. 92. São órgãos do Poder Judiciário:
>
> I – o Supremo Tribunal Federal;
>
> I-A – o Conselho Nacional de Justiça;
>
> II – o Superior Tribunal de Justiça;
>
> III – os Tribunais Regionais Federais e Juízes Federais;
>
> IV – os Tribunais e Juízes do Trabalho;
>
> V – os Tribunais e Juízes Eleitorais;
>
> VI – os Tribunais e Juízes Militares;
>
> VII – os Tribunais e Juízes dos Estados e do Distrito Federal e Territórios.
>
> O parágrafo único foi substituído pela redação em parágrafos pela Emenda Constitucional n. 45, de 2004.
>
> § 1º O Supremo Tribunal Federal, o Conselho Nacional de Justiça e os Tribunais Superiores têm sede na Capital Federal.
>
> § 2º O Supremo Tribunal Federal e os Tribunais Superiores têm jurisdição em todo o território nacional.

Portanto, quando dizemos que a jurisdição é uma atividade *dos órgãos do Estado* estamos nos referindo exatamente à *exclusividade* da autoridade judiciária para exercer essa função.

CAPÍTULO II – DA JURISDIÇÃO

5.2 (A JURISDIÇÃO É A ATIVIDADE DOS ÓRGÃOS DO ESTADO) QUE TEM POR OBJETO FORMULAR A REGRA JURÍDICA CONCRETA

Quando ocorre na vida real uma situação jurídica que se enquadra numa hipótese legal, da norma jurídica (genérica e abstrata) que a contém nasce uma *regra jurídica concreta* dizendo qual o comportamento a ser adotado naquela situação pelas partes nela envolvidas.

Assim, se "A" compra um objeto de "B" e paga o preço, "B" se obriga a entregar-lhe aquele bem. A "obrigação de entregar" é a regra jurídica concreta que determina o comportamento a ser adotado pelo vendedor e que nasce automaticamente do preceito genérico e abstrato da norma jurídica.

Suponha-se, porém, que "B" não realize essa entrega. Como "A" não pode invadir o estabelecimento comercial de "B", e tomar o objeto comprado à força, pois estaria praticando o crime de exercício arbitrário das próprias razões, nada mais lhe resta senão levar essa situação conflituosa ao conhecimento dos órgãos jurisdicionais pedindo-lhes que façam com que o comando do direito (a regra jurídica concreta) seja cumprido.

Vamos, agora, analisar outra situação. Diz o Código Civil que o casamento entre irmãos é nulo (art. 1.521, inciso IV e art. 1.548, inciso II).

Todavia, a nulidade de casamento (por quaisquer dos motivos previstos na lei civil) somente pode ser declarada pelos órgãos jurisdicionais. Assim, por mais que os cônjuges pretendam essa nulidade, não há outro caminho para obtê-la, senão o jurisdicional.[11]

Note-se, pois, que no primeiro caso há uma situação conflituosa e no segundo caso pode haver ou não: mas, ambas carecem da jurisdição para serem resolvidas.

---

[11] A situação aqui é semelhante à que ocorre com a imposição de pena criminal (V. nota 6, acima).

Conquanto a regra jurídica concreta, teoricamente, nasça de forma automática do preceito genérico e abstrato da norma jurídica, quando a situação jurídica do primeiro tipo se torna conflituosa e é levada à apreciação do Poder Judiciário, torna-se preciso que o órgão jurisdicional formule a regra jurídica concreta *de maneira solene e formal*, através de um ato processual chamado *sentença*. A sentença contém um julgamento, onde ocorre a formulação dessa regra jurídica concreta.

No caso da nulidade do casamento o mesmo ocorre independentemente de haver ou não desentendimento entre os cônjuges.

Contudo, como foi visto[12], a jurisdição precisa ser estimulada para entrar em atividade e esse estímulo é feito pelo exercício do direito de ação: alguém – que tecnicamente chamamos de *autor* – leva aos órgãos jurisdicionais a situação jurídica e então um terceiro – denominado *réu* – é chamado para exercer o seu direito de defesa.[13]

Para maior facilidade de entendimento, vamos raciocinar com uma situação jurídica onde há um conflito entre as partes. Nesse caso, obviamente, autor e réu darão versões fáticas diferentes ao acontecimento da vida real, buscando nelas as razões de direito que sustentam seu ponto de vista e isto torna *incerta* – do ponto de vista do autor e do réu – a regra jurídica concreta que teria nascida (automaticamente) do preceito legal.

Como é fácil de intuir, uma série de atividades das partes (autor e réu) serão desenvolvidas buscando comprovar suas próprias alegações e, ao final, cabe ao juiz [14] se convencer de como os fatos realmente aconteceram

---

[12] Capítulo I/2.

[13] Se os cônjuges estiverem de acordo, haverá a participação de um membro do Ministério Público para fiscalizar o processo, podendo pedir produção de prova. A denominação genérica de "autor" e "réu", em certas hipóteses, cede passo a outras designações para indicar aquele que exerce o direito de ação e aquele em face de quem ele é exercido.

[14] Tecnicamente não podemos confundir o órgão jurisdicional com o juiz de direito. O órgão jurisdicional é, antes de tudo, um órgão público. Órgãos públicos, de acordo com Celso Antonio Bandeira de Mello, "são unidades abstratas que sintetizam os vários círculos de atribuições do Estado" (*Curso de Direito Administrativo*. 28ª ed. Malheiros,

CAPÍTULO II – DA JURISDIÇÃO

no passado e dizer o direito (*iurisdictio*) ou, melhor, *formular a regra jurídica concreta* que deve ser aplicada àquela situação jurídica.

Mesmo no segundo caso – de nulidade de casamento – ainda que autor e réu pretendam essa nulidade, ou seja, mesmo em não existindo a situação conflituosa, a certeza do direito somente pode ser conferida pelo pronunciamento dos órgãos jurisdicionais, levando-se em conta a importância das relações de casamento na nossa vida social: aqui também caberá ao juiz formular a regra jurídica concreta para nulificar o casamento, caso estejam presentes e comprovados os motivos legais que autorizam a nulidade.[15]

Com essa formulação oficial e solene *sobre qual é a regra jurídica concreta que disciplina a situação jurídica examinada*, não mais poderá haver dúvidas e questionamentos.

O mecanismo dessa formulação, em sede teórica e para efeitos didáticos, é simples: o juiz de direito irá enquadrar a situação jurídica denunciada numa hipótese legal (*genérica e abstrata*) e do preceito (*genérico e abstrato*) da norma irá extrair a *regra jurídica concreta*, que então enuncia na sentença como sendo aquela que disciplina a situação jurídica submetida ao seu julgamento e à qual as partes terão que obedecer.

Claro está, porém, que na realidade essa operação não é tão simples assim, pois ao juiz cabe, em primeiro lugar, formada a sua convicção quanto à verdade dos fatos, buscar no ordenamento jurídico em que hipótese legal a situação jurídica examinada se enquadra para depois formular a regra jurídica concreta – trabalho que implica, muitas vezes,

---

p. 140), ou, mais sinteticamente, como define Hely Lopes Meirelles, "são centros de competência instituídos para desempenho das funções estatais" (*Direito Administrativo Brasileiro*. 37ª ed. Malheiros, p. 68). Assim, os órgãos jurisdicionais são unidades ou centros que concentram determinadas atribuições. Essas atribuições são exercidas por agentes políticos ou por agentes públicos dependendo da maior ou menor autonomia que desfrutem na escala hierárquica. Assim, o juiz de direito é um agente político que ocupa um cargo no órgão jurisdicional. Todavia, no texto, usamos a expressão "órgão jurisdicional" significando juiz de direito, mas a recíproca não é verdadeira. V. Capítulo V/1.

[15] Justamente pela importância do estado das pessoas na vida de relação é que as ações que dizem respeito a ele geralmente implicam a necessidade da atividade jurisdicional. O pai pode reconhecer espontaneamente o filho – mas o desfazimento dessa relação não poderá ser obtido fora da atividade judicial.

delicadas e complexas operações, inclusive a importantíssima tarefa de *interpretar* as normas legais.

Como recorda Liebman, após dizer que o juiz é o intérprete qualificado da lei: "Mas, a lei deve ser *interpretada* e esse é um dos momentos destacados da função jurisdicional. A norma jurídica é abstrata e é estática, enquanto a vida social está em contínuo movimento e submete ao juiz casos concretos sempre diversos e sempre novos. O juiz deve buscar entender a norma em todo o seu significado, não apenas em conexão com todo o ordenamento e preenchendo eventuais lacunas da lei, mas também repensando a própria norma no contexto de uma realidade social em contínua evolução e, por isso, carregada de exigências e valores novos. Mas, isto não quer dizer, contudo, que ele possa atribuir à norma conteúdos conforme suas preferências subjetivas e arbitrárias: ao contrário, ele deve se esforçar para exprimir as exigências e valores da sociedade de seu tempo. O fim último de sua atividade é a justiça e, ao mesmo tempo e por seu meio, a paz social".[16]

Recorde-se de norma já vista no capítulo anterior:

> Art. 8º Ao *aplicar* o ordenamento jurídico, o juiz atenderá aos fins sociais e às exigências do bem comum, resguardando e promovendo a dignidade da pessoa humana e observando a proporcionalidade, a razoabilidade, a legalidade, a publicidade e a eficiência.

Essa aplicação nada mais é que a tarefa de interpretação que cabe o juiz realizar.

5.3 QUE TEM POR OBJETO REALIZAR PRATICAMENTE A REGRA JURÍDICA CONCRETA

A atividade jurisdicional pode se exaurir com a formulação da regra jurídica concreta, pois às vezes nada mais há o que se fazer no âmbito da jurisdição, para a satisfação do direito do autor.

---

[16] LIEBMAN, Enrico Tullio. *Manuale di Diritto Processuale Civile*: Principi. 7ª ed. Milano: Giuffrè Editore, 2007, p. 02.

CAPÍTULO II – DA JURISDIÇÃO

Assim, no caso da nulidade de casamento, uma vez formulada a regra jurídica concreta que declare essa nulidade, nada mais resta a ser feito. As providências ulteriores são meramente administrativas e não jurisdicionais.

Porém, no outro exemplo examinado, se mesmo depois de formulada a regra jurídica concreta, segundo a qual o vendedor deva entregar a coisa vendida, este não a entrega, é preciso fazer com que aquele comando concreto seja efetivamente obedecido, ainda que contra a vontade do obrigado: aqui a atividade jurisdicional *ainda se faz necessária*.

Essa nova atividade jurisdicional consiste exatamente na *realização prática da regra jurídica concreta* – fazer com que ela seja efetivamente realizada ou cumprida na prática, na realidade, e não apenas no mundo abstrato do direito. Assim, será tomada uma série de providências de tal modo que, a final, a coisa vendida seja entregue realmente ao comprador, porque somente assim o seu direito restará plenamente satisfeito.

Pode ocorrer, no entanto, que isso não mais seja possível, ou porque a coisa desapareceu ou porque se tornou imprestável etc. – nesses casos, a obrigação primária de entregar a coisa se transforma numa obrigação derivada, mas economicamente equivalente: haverá o ressarcimento do dano, por meio de uma indenização.

Nem sempre a atividade de realização prática da regra jurídica concreta pressupõe que esta haja sido precedentemente formulada pelos órgãos jurisdicionais.

Levando em consideração o grau de certeza que a prática de certos atos encerra em si mesmo (como a emissão de um cheque, *verbi gratia*), o sistema processual permite, em casos previstos taxativamente, que se promova a realização prática da regra jurídica concreta sem a prévia formulação pelo órgão jurisdicional.

Assim, quem emite um cheque normalmente o faz porque deve a importância respectiva, salvo os casos de erro, dolo, coação ou simulação, que configuram situações excepcionais. O mero não pagamento

49

não é razão suficiente – aos olhos da lei – para tornar incerta a regra jurídica concreta que determina o pagamento daquele título de crédito, a ponto de exigir a formulação pelo órgão jurisdicional.

A regra jurídica concreta, que permite a atividade consistente em sua realização prática, recebe tecnicamente o nome de *título executivo*.

Na linguagem do Código de Processo Civil a realização prática do título executivo recebe o nome de *execução* ou *execução forçada*.

5.4 QUE, SEGUNDO O DIREITO VIGENTE, DISCIPLINA UMA DETERMINADA SITUAÇÃO JURÍDICA

É evidente que toda a atividade jurisdicional, seja desenvolvida para a formulação da regra jurídica concreta, seja para sua realização prática, tem por fundamento, como regra geral, o direito positivo vigente que disciplina a aquela situação jurídica exposta ao juiz.

O conceito examinado faz referência à "situação jurídica", como o objeto da atividade jurisdicional, ou seja, como a fatia da realidade que será examinada, conhecida e enquadrada numa hipótese genérica e abstrata para se extrair a regra jurídica concreta que a disciplina ou para a qual haja a realização prática da regra jurídica concreta.

Essa denominação genérica de "situação jurídica", sem qualquer qualificativo, é a mais aconselhável, pois ela pode ser ou não ser conflituosa, segundo exemplos acima examinados.

6. NOÇÃO DE TUTELA JURISDICIONAL

Diz o art. 4º do Código de Processo Civil:

> Art. 4º As partes têm o direito de obter, em prazo razoável a **solução integral do mérito**, incluída a atividade satisfativa.
>
> Art. 2º Nenhum juiz dará a tutela jurisdicional senão quando a parte ou o interessado a requerer, nos casos e formas legais.

CAPÍTULO II – DA JURISDIÇÃO

Ao mencionar "solução integral do mérito", a lei está prometendo às partes a proteção de seu direito lesado ou ameaçado. Proteger é tutelar – essa proteção é o que denominamos no direito processual de *tutela* (proteção) *jurisdicional* (conferida pelo órgão jurisdicional).

A proteção ou tutela jurisdicional que o órgão jurisdicional irá dar poderá ser:

(i) tutela jurisdicional de formulação da regra jurídica concreta e de realização prática da regra jurídica concreta; ou

(ii) tutela jurisdicional consistente apenas na realização prática da regra jurídica concreta.

Muitas vezes, porém, dado o tempo que o processo demora, a situação concreta pode exigir as chamadas *tutelas provisórias de urgência cautelar* – medidas práticas que têm por objetivo possibilitar que as tutelas jurisdicionais de formulação ou de realização prática a regra jurídica concreta possam produzir os resultados esperados.[17]

7. JURISDIÇÃO E AS DEMAIS FUNÇÕES DO ESTADO

A distinção entre as três funções básicas do Estado – a legislativa, a executiva e a judiciária – pode ser feita com base em três critérios: o *orgânico*, o *formal* e o *substancial*.

O critério orgânico leva em conta o órgão que atua – mas em verdade não se trata de um critério seguro porque o órgão jurisdicional exerce a atividade jurisdicional de modo preponderante, mas não exclusivo. Subsidiariamente, exercita funções administrativas e até as que se assemelham às funções legislativas. O Senado Federal tem a competência legislativa como sua principal atribuição, mas também exerce poderes jurisdicionais.

O critério formal considera, como o nome está a indicar, a forma do ato praticado, mas também ele não resolve o problema: a Administração

---

[17] Art. 292 do Código de Processo Civil, que será analisado mais adiante.

muitas vezes tem que formular decisões administrativas que se assemelham, na forma, à sentença judicial.

Assim, apenas o critério *substancial* pode estabelecer essa diferença, pois ele se atém ao conteúdo do ato e aos efeitos jurídicos que ele produz, independentemente do órgão que o realiza e a forma em que ele se exterioriza.

Sob esse aspecto, a atividade jurisdicional se distingue da atividade legislativa porque esta consiste na produção de *novas* normas jurídicas, inovando, pois, o ordenamento jurídico, ao passo que a atividade jurisdicional apenas aplica o direito positivo, e, pois, o direito *já criado*, concretizando-o para disciplinar determinada situação jurídica.

Mais: no exercício da atividade jurisdicional o Estado age em função de terceiros e se mantém equidistante deles, age, enfim, para os outros. Chiovenda chamava essa atividade de substitutiva, porque com ela o órgão jurisdicional substitui a atuação das partes.

Já com a atividade administrativa o Estado "emerge dentro do direito; e para atingir os mais variados escopos de civilidade e de bem estar coletivo, participa ele mesmo, nas vestes da 'administração pública' da vida do direito, tornando-se sujeito das relações jurídicas no mesmo nível de todos aqueles para os quais o direito vale como regra de seu concreto operar".[18]

Esta atividade administrativa Chiovenda denominava de atividade primária, isto é, aquela que é realizada para a satisfação direta e imediata de um interesse – no caso, o interesse público.

8. JURISDIÇÃO VOLUNTÁRIA

A expressão "jurisdição voluntária" sempre foi utilizada pela doutrina e pelas leis processuais para designar, em verdade, uma atividade

---

[18] CALAMANDREI, Piero. *Opere Giuridiche*. vol. 4. Morano Editore, 1970, p. 81.

CAPÍTULO II – DA JURISDIÇÃO

de *natureza administrativa* confiada aos órgãos jurisdicionais pela importância das relações jurídicas envolvidas.

Em verdade, porém, não se cuida de atividade jurisdicional e nem de atividade voluntária, no sentido de que o órgão jurisdicional pudesse exercê-la sem provocação.

"Aos juízes ordinários, escreve Liebman, são entregues certas matérias que se distinguem por não dar lugar a uma controvérsia entre as partes, mas, isto sim, a uma atividade de assistência e de controle de atos realizados por pessoas privadas, a pedido da parte interessada".[19]

Assim, por exemplo, o divórcio consensual – o desfazimento dos laços do matrimônio – poderá ocorrer com essa atividade administrativa do juiz, conforme estatui o art. 731 e seguintes do Código de Processo Civil.

O vigente Código de Processo Civil disciplina os procedimentos de jurisdição voluntária a partir de seu art. 719.

Assim, embora essa atividade se realize sob o comando direto do órgão jurisdicional, na verdade não se trata da atividade deste tendo por finalidade formular ou atuar praticamente a regra jurídica concreta.

Por tal atividade jurisdicional – a chamada Jurisdição Voluntária – se entende, portanto, "*a administração pública do direito privado exercida pelos órgãos jurisdicionais*".[20]

O direito privado, normalmente, prescinde da intervenção do órgão jurisdicional para ser exercido – mas há casos especiais, previstos

---

[19] LIEBMAN, Enrico Tullio.*Manuale di Diritto Processuale Civile*: Principi. 7ª Ed. Milano: Giuffrè Editore, 2007, p. 31. Esclarece ainda o autor citado, que a denominação "voluntária" decorria da circunstância de ser uma atividade que se desenvolve "*inter volentes*", e não entre partes que se opõem (p.32).

[20] Conceito dado por CALAMANDREI, Piero. *Opere Giuridiche*. vol. 4. Morano Editore, 1970, p. 84 e repetida, em parte, por Liebman (LIEBMAN, Enrico Tullio. *Manuale di Diritto Processuale Civile*: Principi. 7ª Ed. Milano: Giuffrè Editore, 2007, p. 32)

na legislação processual nos quais, dado o tipo de interesse jurídico envolvido, o direito privado de certa maneira se torna indisponível mediante atuação apenas de seu titular. Então o seu exercício somente pode acontecer através da intervenção da administração pública (pois o ato praticado é de natureza administrativa e não jurisdicional) que, na hipótese, é representada pelo órgão jurisdicional.

9. JURISDIÇÃO E JUÍZO ARBITRAL

A Lei n. 9.307, de 11 de setembro de 1996, veio dispor sobre a arbitragem no Brasil, substituindo preceitos então existentes a respeito desse tema.

Trata-se de um mecanismo posto à disposição das pessoas plenamente capazes, segundo a lei civil, para dar soluções a situações conflituosas que digam respeito a direitos patrimoniais e disponíveis.

Para tanto, as pessoas interessadas celebram a denominada convenção de arbitragem seja por meio de um instrumento autônomo, chamado compromisso arbitral (que pode ser judicial ou extrajudicial, consoante tenha sido acordado perante o juiz ou sem a intervenção deste), seja através de uma cláusula num contrato que tem outros objetos, que se chama cláusula compromissória.

Nesse ato devem estabelecer se o árbitro irá atuar mediante o direito positivo ou por equidade.

Se não pactuado previamente ao litígio, mas desejando uma das partes que a questão seja resolvida por árbitros, poderá levar essa pretensão perante órgão jurisdicional – o mesmo ocorrendo se, embora houvesse acordo prévio, uma das partes não quiser mais aceitar a arbitragem.

A sentença arbitral deve conter os mesmos requisitos da sentença judicial – e terá seu cumprimento de acordo com as regras estatuídas para aquela.

Essa rápida e superficial análise do juízo arbitral é feita neste momento porque nesse caso "as partes podem subtrair uma causa entre eles

CAPÍTULO II – DA JURISDIÇÃO

da cognição do juiz, se convencionam fazê-la ser decidida por árbitros de sua própria escolha", diz Liebman.[21]

O Código de Processo Civil prevê a arbitragem:

> Art. 3º Não se excluirá da apreciação jurisdicional ameaça ou lesão a direito.
>
> § 1º É permitida a arbitragem, na forma da lei.

Havendo, pois, a convenção de arbitragem, sobre essa situação jurídica (salvo vicissitudes posteriores que a lei prevê) o Poder Judiciário não tem jurisdição.

10. DO INCENTIVO À CONCILIAÇÃO

Nos últimos tempos há um movimento no sentido de ser estimulada a conciliação entre as partes, evitando-se, com isso, demandas judiciais.

Não deve ser creditado ao Direito Processual o volume excessivo de trabalho do Poder Judiciário, por uma simples razão – o Direito Processual *não gera demandas judiciais*, mas, isto sim, o Direito Material. As regras do Direito Processual podem abreviar a vida dos processos, porém não pode impedir que eles ocorram.

A causa primária do número de lides é a *impunidade civil*: o direito substancial não dispõe de mecanismos eficazes para coibir a repetição de violações que são cometidas.

Entidades existem que respondem por milhares de demandas judiciais (assim, por exemplo, as operadoras de telecomunicações, associações de assistência médica, companhias de seguros, construtoras etc.) e continuam a praticar as mesmas infrações, impunemente.

---

[21] LIEBMAN, Enrico Tullio. *Manuale di Diritto Processuale Civile*: Principi. 7ª ed. Milano: Giuffrè Editore, 2007, p. 29.

ANTONIO ARALDO FERRAZ DAL POZZO

De outra parte, a conciliação sempre implica renúncia ao menos parcial de direitos – pois sem essa circunstância ela não ocorre. E o Poder Judiciário não existe para sacrificar direitos da parte, mas para atendê-los em sua plenitude.

Contudo, essa é a orientação do Código de Processo Civil vigente:

> Art. 3º (*omissis*)
>
> § 2º O Estado promoverá, sempre que possível, a solução consensual dos conflitos.
>
> § 3º A conciliação, a mediação e outros métodos de solução consensual de conflitos deverão ser estimulados por juízes, advogados, defensores públicos e membros do Ministério Público, inclusive no curso do processo judicial.

Capítulo III

DA AÇÃO

Sumário: 1. Princípio da inércia da jurisdição. 2. O princípio da iniciativa da parte e o direito de ação. 3. As teorias a respeito do direito de ação. 4. Teoria da ação como direito concreto à tutela jurídica. 5. A teoria da ação como um direito abstrato de agir. 6. Cotejo entre as duas teorias. 7. O pensamento de Enrico Tullio Liebman. 8. Conceito do direito de ação. 9. A ação como direito público subjetivo. 10. A ação como direito de pedir a tutela jurisdicional

1. PRINCÍPIO DA INÉRCIA DA JURISDIÇÃO

O princípio da inércia da jurisdição significa que os órgãos jurisdicionais somente exercem o seu ofício, consistente em dar a tutela jurisdicional, se forem provocados. Essa é a regra geral: *ne procedat iudex ex officio*.

A inércia da jurisdição está expressa no art. 2º do CPC:

Art. 2º **O processo começa por iniciativa da parte** e se desenvolve por impulso oficial, salvo as exceções previstas em lei.

Art. 2º Nenhum juiz prestará a tutela jurisdicional senão quando a parte ou o interessado a requerer nos casos e formas legais.

O princípio da inércia da jurisdição tem por escopo preservar o atributo mais importante dos órgãos do Poder Judiciário: a *imparcialidade*.

Se o Poder Judiciário não for imparcial, o Estado de Direito estará irremediavelmente comprometido, porque deixam de ter validade vários princípios que constituem sua base: o princípio da segurança jurídica, o princípio da isonomia, o princípio da ampla defesa, o princípio do contraditório e, dessa forma, completamente anulado o devido processo legal (*due processo of law*).

A imparcialidade do julgador é a sua nota distintiva mais importante e essencial, pois ela é que lhe confere *legitimidade política* para exercer o seu poder de prestar a tutela jurisdicional a todos os membros da coletividade e de impor a observância das normas jurídicas, mesmo contra a vontade das pessoas, as quais, em face de tal poder, se encontram em estado de sujeição.[1]

Se o órgão jurisdicional pudesse agir espontaneamente, além da dificuldade insuperável que enfrentaria para tomar conhecimento de todas as situações conflituosas ocorridas no seio da sociedade, dentre as que ele viesse a ter ciência precisaria escolher, de forma mais ou menos consciente, aquelas que, segundo seu julgamento prévio, estariam a merecer um exame para fins de concessão da tutela jurisdicional – e essa

---

[1] No Estado Democrático de Direito, como o brasileiro, "Todo poder emana do povo, que o exerce por meio de representantes eleitos ou diretamente, nos termos desta Constituição", diz o parágrafo único do seu art. 1º. Ora, os integrantes do Poder Legislativo e os Chefes do Poder Executivo (Presidente, Governadores e Prefeitos Municipais) *são eleitos*. Mas, o juiz de direito é investido em suas funções mediante concurso de provas e títulos, salvo aqueles que ingressam diretamente nos tribunais, de acordo com a regra constitucional do art. 94 e os Ministros do Supremo Tribunal Federal, que são nomeados pelo Presidente da República após aprovação do nome pelo Senado Federal: não há juízes de direito eleitos no Brasil. Assim, os representantes do Poder Judiciário são uma exceção à regra do citado parágrafo único do art. 1º, prevista no próprio texto constitucional. Entendemos, assim, que a *legitimidade política* que é dada aos demais integrantes dos demais Poderes de Estado pela eleição, para os do Poder Judiciário é dada *por sua mais absoluta imparcialidade*. Não faltam exemplos de queda do Poder Judiciário e até mesmo dos demais poderes de Estado, quando aquele se torna parcial,

CAPÍTULO III – DA AÇÃO

atitude mental do juiz (seu pré-julgamento) seria o suficiente para comprometer a sua imparcialidade.[2]

O art. 2º do Código de Processo Civil, além de enfatizar a iniciativa da parte, aduz que o processo (ou seja, as atividades jurisdicionais) se desenvolve por *impulso oficial*: realmente cabe ao juiz, uma vez dado o impulso inicial pelo autor, fazer com que o processo caminhe para frente até o seu final. É esse o objetivo do impulso oficial, que muitas vezes cabe até mesmo aos serventuários dos cartórios.

2. O PRINCÍPIO DA INICIATIVA DA PARTE E O DIREITO DE AÇÃO

Quando um direito não foi satisfeito espontaneamente – por exemplo, o não pagamento da coisa comprada – duas determinações jurídicas devem ser lembradas: (a) de um lado, o vendedor não pode fazer justiça pelas próprias mãos (art. 345 do Código Penal); (b) de outro, o órgão jurisdicional, ainda que venha saber da existência dessa situação jurídica, nada pode fazer, dado o princípio da inércia da jurisdição (*ne procedat iudex ex officio*).

Entra em cena, então, o *princípio da iniciativa da parte*, previsto no art. 2º do CPC e já recordado:

> Art. 2º O processo civil começa por iniciativa da parte e se desenvolve por impulso oficial (...).

---

[2] Liebman salienta esse aspecto e também que "o reconhecimento pela ordem jurídica de determinados direitos subjetivos, tanto privados como públicos, significa, por outro lado, que a satisfação de tais direitos, especialmente se realizada coativamente, depende da vontade dos seus titulares, isto é, de sua livre determinação e por isso é a eles reconhecido o exclusivo poder (que por sua vez é um direito subjetivo e um direito subjetivo processual por excelência) que é o ' direito de agir em juízo" (LIEBMAN, Enrico Tullio. *Manuale di Diritto Processuale Civile*: Principi. 7ª Ed. Milano: Giuffrè Editore, 2007, p. 136/137). E mais: "nos raros casos em que ao lado do direito do titular subsiste também um interesse público na realização da lei, é consentido também ao Ministério Público a propositura da ação" (LIEBMAN, Enrico Tullio. *Manuale di Diritto Processuale Civile*: Principi. 7ª Ed. Milano: Giuffrè Editore, 2007, p. 136/137).

Como assinala Liebman, essa iniciativa representa, para a parte, e antes de tudo, um *ônus* – pois ela tem o encargo de praticar o ato que dá impulso inicial à atividade jurisdicional: o exercício do direito de ação.

Porém, visto de outro ângulo, essa iniciativa é também um *direito*, assegurado pela própria Constituição Federal:

> Art. 5º (*omissis*)
>
> XXXV – a lei não excluirá da apreciação do Poder Judiciário lesão ou ameaça de lesão a direito.[3]

Portanto, havendo lesão ou ameaça de lesão a direito, o seu titular – não podendo exercer a autodefesa e nem podendo o juiz atuar de ofício – passa a dispor do direito (ou tem o ônus) de levar, ao Poder Judiciário, sua pretensão, *a fim de obter a tutela jurisdicional*.

Isto significa que, em face de uma lesão ou de ameaça de lesão a um direito que já existia, nasce para o seu titular um *novo direito*: o de requerer a tutela jurisdicional do Estado.

Esse direito é justamente o *direito de ação*.

3. AS TEORIAS A RESPEITO DO DIREITO DE AÇÃO

O direito de ação despertou célebres polêmicas na doutrina processualística e podemos dizer que até hoje não há consenso sobre a sua real natureza e seu objeto.

O mais intrigante é que o direito de ação cumpre devidamente as suas funções, desde que exercido de acordo com o direito processual positivo vigente de determinado País, conquanto dúvidas persistam quanto à sua real configuração teórica.[4]

---

[3] Norma jurídica reproduzida pelo art. 3º do CPC – "Não se excluirá da apreciação jurisdicional ameaça ou lesão a direito".

[4] Mesmo antes de Isaac Newton formular a teoria da gravidade, a pedra lançada para cima caía do chão – mas somente quando ele a formulou, em 1666, é que se soube a

CAPÍTULO III – DA AÇÃO

A polêmica central reside em saber se o direito de ação cabe apenas a quem venha a ter um julgamento favorável ou se cabe ainda a quem venha a ter um julgamento desfavorável.

Os romanos conheciam a *actio* "que era o meio jurídico para pedir a satisfação das próprias razões", como recorda Liebman.[5] Todavia, como eles ignoravam o conceito de direito subjetivo tal qual nós o conhecemos, em verdade o direito material e o direito de ação eram havidos como uma única entidade jurídica, como o verso e o reverso da mesma moeda.[6]

Essa concepção – chamada de teoria civilista ou imanentista do direito de ação – prevaleceu por muitos anos e teve em Savigny seu maior expoente. Nesse período nem mesmo o direito processual era visto como ciência autônoma.[7]

Toda a evolução a respeito do direito de ação vai acontecer a partir do momento em que se conseguiu distinguir o *direito deduzido em juízo* (para o qual se pede a tutela jurisdicional e é exposto ao órgão jurisdicional) do *direito de ação* (que o meio jurídico adequado para se levar o direito material ao conhecimento do órgão jurisdicional), considerando-os realidades jurídicas *distintas*, tendo cada um deles os seus próprios *pressupostos, sujeitos* e *objetos*.[8]

Essa revolucionária visão teve uma data de nascimento precisa – o ano de 1856, quando Bernhard Windscheid publicou, em Düsseldorf, a

---

razão da queda. Posteriormente, com Einstein, a explicação foi dada pela curvatura do espaço. Com o direito de ação ocorre algo semelhante: funciona, mas ainda não se conseguiu encontrar resposta definitiva sobre sua real natureza.

[5] LIEBMAN, Enrico Tullio. *Manuale di Diritto Processuale Civile*: Principi. 7ª Ed. Milano: Giuffrè Editore, 2007, p. 136.

[6] A *actio* dos romanos era "o meio jurídico para pedir a satisfação das próprias razões. Para dizer que a Tício cabia um direito, diziam que a ela cabia uma ação" (LIEBMAN, Enrico Tullio. *Manuale di Diritto Processuale Civile*: Principi. 7ª Ed. Milano: Giuffrè Editore, 2007, p. 138).

[7] Seus institutos eram estudados pelo Direito Civil e pelo Direito Constitucional.

[8] A expressão "direito deduzido em juízo para o qual se pede proteção jurisdicional" é suficientemente ampla para albergar tanto o direito material (normas primárias), como as normas secundárias (tanto de produção como de atuação jurídica), pois todas as normas de regras jurídicas e normas de princípios podem ser ameaçadas ou violadas.

obra "A ação do direito civil romano sob o ponto de vista do direito atual" (*Die Actio des römischen Civilrechts vom Standpunkte des heutigen Rechts*).[9]

Suas ideias foram rebatidas, no entanto, por Theodor Muther [10], dando origem à famosa polêmica entre ambos [11], cujo mérito foi o de revelar, de forma definitiva, a existência de um direito para o qual se pede a tutela jurisdicional *diverso* do direito de ação, ao qual se reconheceu ter natureza pública. O direito de ação, pois, passou a ser entendido como um *direito público* e *autônomo*.

A polêmica entre Windscheid e Müther – que revelou a autonomia do direito de ação – mostrou, em verdade, muito mais. Percebeuse, então, que havia um novo campo da Ciência Jurídica a ser explorado, cujos fundamentos e institutos fundamentais estavam por ser desvelados e elaborados.

Esse novo cenário fez com que os juristas buscassem novos argumentos para demonstrar a autonomia do direito de ação e as correntes de pensamento que então se formaram podem ser divididas em dois grandes grupos: (a) teoria da ação como direito concreto à tutela jurisdicional; (b) teoria da ação como direito abstrato de agir.

4. TEORIA DA AÇÃO COMO DIREITO CONCRETO À TUTELA JURÍDICA

Em 1885, Adolpho Wach[12] publicou sua clássica monografia sobre a ação declaratória.[13]

---

[9] Bernhard Windscheid nasceu no dia 26 de julho de 1817 em Dusseldorf, Alemanha, e veio a falecer em 1892. Foi um célebre jurista alemão, tendo sido Professor em várias universidades alemãs e suíças (Basel, München, Heidelberg e Leipzig).

[10] Johann Georg Theodor Albert Anton Muther nasceu em 1826 e faleceu em 1878.

[11] MUTHER, Theodor. *Polemica intorno all'actio*. Firenze, 1954, com prefácio de G. Pugliese.

[12] Nascido em 11 de setembro de 1843 e falecido em 4 de abril de 1926.

[13] A ação declaratória é uma das espécies de ação de conhecimento, que estudaremos mais adiante.

CAPÍTULO III – DA AÇÃO

Nessa obra, além de demonstrar a autonomia do direito de ação, Wach o considerou como um direito contra o adversário e também contra o Estado, pois este é quem está obrigado a dar a tutela jurisdicional. Wach, portanto, definia a ação como o *direito daquele a quem se deve a tutela jurisdicional.*

Segundo seu pensamento, como a tutela jurisdicional somente é concedida pelo Estado quando *a sentença é favorável* e a sentença somente é favorável quando o autor tem razão, sua conclusão é esta: somente quem tem razão tem o direito de ação.

O pensamento de Wach influenciou vários processualistas (Bülow, Schmidt, Hellwig, Pohle) dentre os quais, na Itália, se destacou Giuseppe Chiovenda.

Seus seguidores são conhecidos como "*concretistas*" e a teoria que adotam é chamada de "teoria da ação como direito concreto".

5. A TEORIA DA AÇÃO COMO UM DIREITO ABSTRATO DE AGIR

A teoria da ação como um direito *abstrato de agir* foi lançada por Degenkolb, na Alemanha, em 1.877. Por coincidência, foi publicada também por Plosz, na Hungria, quase simultaneamente.

Segundo a teoria do direito de ação como um *direito abstrato*, não é suficiente: *(i)* distinguir o direito de ação do direito para o qual se pede a tutela jurisdicional e *(ii)* considerar que o direito de ação existe tãosomente quando o seu titular tem razão.

Para demonstrar seu ponto de vista, Degenkolb se valeu de duas situações jurídicas: (a) aquela em que uma sentença justa nega o direito invocado pelo autor; (b) aquela em que uma sentença injusta concede um direito a quem, na realidade, não o tem.

Na primeira hipótese, a sentença corretamente diz que o autor não tem razão. Porém, para proferir essa sentença, houve atividade jurisdicional:

63

o que teria provocado essa atividade jurisdicional? Se o autor – que *não tem razão* – não tinha o direito de ação (como afirmam os "concretistas"), o que teria sustentado o exercício dessa atividade jurisdicional?

Na segunda situação jurídica a sentença não poderia ter dito que o autor tem razão: ela está equivocada. Contudo, a sentença, erradamente, deu razão ao autor. Ora, se ele em realidade não tinha razão (imagine-se que o tribunal é quem afirme que o autor não tinha razão e reforme a sentença), segundo os "concretistas" o autor não tinha também o direito de ação. No entanto, aqui, igualmente, houve atividade jurisdicional: o que a teria provocado?

Respondendo a essas indagações, Degenkolb chegou à conclusão que a existência do direito de ação *independe* da sentença ser favorável ao autor.

O conteúdo favorável ou não da sentença, portanto, é uma questão *que está fora do âmbito do direito de ação*: o direito de ação é um direito abstrato relativamente ao conteúdo da sentença.

Por outras palavras: o direito de ação conduz o processo até a prolação da sentença – portanto existe, independentemente do conteúdo desta (se favorável ou desfavorável ao autor).

6. COTEJO ENTRE AS DUAS TEORIAS

Como se pode concluir, a diferença fundamental entre a postura de Wach (*"concretista"*) e de Degenkolb (*"abstratista"*) está naquilo que eles entendem por tutela jurisdicional:

(a) Para Wach a tutela jurisdicional consiste na sentença favorável ao autor. Como a sentença favorável somente é dada se o autor tiver razão, o direito de ação é considerado como o direito a uma providência jurisdicional favorável. Sua existência depende do conteúdo concreto da sentença;

(b) Para Degelkolb, dado que essa construção "concretista" não resolve as duas questões por ele formuladas, a tutela jurisdicional tem

CAPÍTULO III – DA AÇÃO

outro objeto que consiste no exame da situação jurídica deduzida em juízo pelo autor, pelo órgão jurisdicional. O resultado desse exame, ou seja, o conteúdo da sentença, é algo que está fora do núcleo e da área do direito de ação: este existe tanto em face de uma sentença favorável como desfavorável ao autor – basta que a sentença *exista* e com a sua prolação ele se exaure. Sua existência independe do conteúdo da sentença e, em relação a ele, é um direito abstrato.[14]

Profundas repercussões foram causadas pela doutrina de Wach.

Na Itália, inspirado em suas ideias, Alfredo Rocco desenvolveu, com fundamentação própria, sua teoria do direito de ação como direito abstrato de agir, além de Ugo Rocco, Zanzuchi e Francesco Carnelutti.

Dentre os "abstratistas", porém, merece referência especial Enrico Tullio Liebman, cujo pensamento, em breve síntese, será exposto em seguida.

7. O PENSAMENTO DE ENRICO TULLIO LIEBMAN

Enrico Tullio Liebman, um dos mais ilustres processualistas italianos, foi Professor de Direito Processual Civil na Universidade Milão e esteve no Brasil durante a II Guerra Mundial, quando lecionou na Faculdade de Direito da Universidade de São Paulo. Foi Liebman o responsável pelo desenvolvimento dos estudos de Direito Processual Civil no Brasil: "Liebman é o fundador da ciência processual brasileira" escreveu o Professor Alfredo Buzaid, autor do anteprojeto do Código de Processo Civil Brasileiro recentemente revogado, seu ex-aluno, no Prefácio à obra de Chiovenda.[15]

Examinando as principais correntes do pensamento processual sobre a ação, Liebman observa que, como esse nome – "ação" – costuma-se

---

[14] Quando se fala sem sentença estamos nos referindo à sentença final, *irrecorrível*, pois o direito de recorrer se contém dentro do direito de ação.

[15] A obra de Chiovenda denomina-se "Instituições de Direito Processual Civil", traduzida por Menegale.

designar três fenômenos diferentes, os quais poderiam configurar três círculos concêntricos, porém de grandezas diferentes:[16]

> *(i)* O primeiro deles é amplíssimo e praticamente ilimitado, resumindo-se na previsão constitucional de que todos podem agir em juízo;
>
> *(ii)* O segundo, já menor, se refere à possibilidade de agir em juízo em face de determinadas situações de fato (concepção "abstratista");
>
> *(iii)* O último, menor ainda, designa as hipóteses em que o autor, tendo razão, obtém uma sentença favorável aos seus interesses, com acolhimento do pedido formulado (concepção "concretista").

Ora, diz Liebman, o primeiro desses fenômenos não pode ser batizado com o nome de "ação", porque se trata de um direito cívico, que "é o reflexo *ex parte subiecti* da instituição dos tribunais por parte do Estado, os quais têm a tarefa de fazer justiça a quem a peça".[17]

Na Constituição Federal, o inciso XXIV do art. 5º dispõe que "a todos são assegurados, independentemente do pagamento de taxas: a) o direito de petição aos Poderes Públicos em defesa de direitos ou contra ilegalidade ou abuso de poder".

Porém, não estamos, realmente, em presença do direito de ação, mas do denominado "direito de petição", que se volta para "invocar a atenção dos poderes públicos sobre uma questão ou uma situação" e isto "seja para denunciar uma situação concreta, e pedir a reorientação da situação, seja para solicitar uma modificação do direito em vigor no sentido mais favorável à liberdade". Pode ser dirigido a qualquer um dos Poderes do Estado — e isto já bastaria para não ser confundido com o direito de ação.[18]

---

[16] Na segunda edição de seu "Manuale di Diritto Processuale Civile", Liebman expunha a matéria assim como consta do texto. Todavia, pelo menos na sexta e sétima edições a sua exposição está diferente, mas a ideia é a mesma. Por ser mais didática — segundo nos parece — a fórmula antiga, a ela fazemos menção.

[17] LIEBMAN, Enrico Tullio. *Manuale di Diritto Processuale Civile*: Principi. 7ª Ed. Milano: Giuffrè Editore, 2007, p. 139/140.

[18] SILVA, José Afonso da. *Curso de Direito Constitucional*. 34ª Ed. Malheiros, p. 444.

CAPÍTULO III – DA AÇÃO

A última concepção acima referida ("concretista") também não é aceitável, segundo Liebman porque, nesse caso, teríamos um *conceito híbrido do direito de ação*: a ação estaria condicionada a pressupostos tanto de direito processual como de direito não-processual. É que, fazendo depender a existência do direito de ação da existência do direito invocado pelo autor (como quer a teoria concretista), no fundo o direito de ação, para existir, fica na dependência de existirem os pressupostos daquele outro direito, exposto em juízo.[19]

Resta, pois, a segunda hipótese, à qual, segundo Liebman, corresponde ao direito de ação: este tem por objeto e se exaure com o exame da situação jurídica exposta pelo autor e para a qual ele pede a tutela jurisdicional, independentemente do resultado desse exame ser ou não favorável ao autor.

Liebman, pois, se filia à corrente que considera a ação um direito abstrato. Para ele, porém, a existência do direito de ação depende da presença de certas condições, chamadas *condições da ação*. Na ausência de uma delas, o autor não terá o direito de ação e, assim, o órgão jurisdicional não estará lhe devendo o exame da situação jurídica para verificar se é devida ou não a tutela jurisdicional.

O pensamento de Liebman, em linhas gerais, foi acolhido pelo nosso Código de Processo Civil e é seguida pela expressiva maioria da doutrina brasileira.

8. CONCEITO DO DIREITO DE AÇÃO

Liebman não nos deixou um conceito específico do direito de ação, preferindo afirmar que a definição dada pelos romanos ainda é válida: *nihil est actio quam ius persequendi iudicio quod sibi debetur*, salientando que

---

[19] Quem ajuíza uma ação para receber um crédito, por exemplo, teria o seu direito de ação condicionado à existência deste direito de crédito, que, por sua vez, tem seus requisitos de existência ditados pelo Direito Civil. Neste caso, a existência do direito de ação ficaria condicionada a requisitos de Direito Civil e não apenas do Direito Processual, que é uma Ciência Jurídica autônoma.

"na linguagem jurídica 'agir' significa perseguir em juízo a tutela do próprio direito e o termo 'ação' designa o correspondente direito". Acrescenta, ainda, que aquela definição hoje em dia deve ser entendida de forma diversa da que era conhecida pelos romanos, que desconheciam a figura do direito subjetivo e, por essa razão, a *actio* era havida como o próprio direito material (como vimos acima, na teoria civilista).[20]

Recolhendo fragmentos das lições do ilustre processualista, podemos encontrar algumas das características fundamentais do direito de ação, e assim chegarmos a um conceito: *o direito de ação é o direito público subjetivo de exigir do Estado a tutela jurisdicional*.

9. A AÇÃO COMO DIREITO PÚBLICO SUBJETIVO

Como já assinalado várias vezes, o descumprimento da regra jurídica concreta por parte de alguém faz nascer para a outra parte o direito de pedir a tutela jurisdicional para que essa regra jurídica concreta seja efetivamente obedecida.

Esse direito, já sabemos, é o direito de ação.

Como ele se volta contra o Estado, pois este se obrigou a dar a tutela jurisdicional, o exercício do direito de ação estabelece uma relação jurídica inicial entre o autor e o Estado – e essa relação jurídica somente pode ser disciplinada por um ramo do direito público. Por essa razão, o Direito Processual é um Direito Público.

Claro está, porém, que o direito de ação também se dirige contra aquele que deixou de cumprir a regra jurídica concreta, pois será em sua esfera jurídica que a tutela jurisdicional requerida irá produzir seus efeitos.

Eis o que preleciona Liebman: "Tendo por objeto a atividade dos órgãos estatais e as relações entre esses órgãos e os cidadãos, o direito processual civil é direito público; e é normalmente direito cogente,

---

[20] LIEBMAN, Enrico Tullio. *Manuale di Diritto Processuale Civile*: Principi. 7ª ed. Milano: Giuffrè Editore, 2007, p. 138

CAPÍTULO III – DA AÇÃO

embora as partes possam derrogá-lo quando ele tem unicamente por objeto os seus próprios interesses".[21]

De outro lado, o direito de ação se caracteriza como um *direito subjetivo*.

Sem adentrarmos o campo assaz controvertido sobre o conceito de direito subjetivo, podemos dizer que a ação assim se qualifica porque ela confere ao seu titular, diretamente, *o direito de exigir do Estado a tutela jurisdicional*. O ordenamento jurídico, em face de determinadas circunstâncias, protege o interesse do cidadão consistente em ver cumprida a regra jurídica concreta e essa proteção se erige em direito subjetivo, pois seu exercício depende da vontade de seu titular.[22]

10. A AÇÃO COMO DIREITO DE PEDIR A TUTELA JURISDICIONAL

O direito de ação tem dupla direção: volta-se contra o Estado para obtenção da tutela jurisdicional e contra o sujeito passivo porque, uma vez concedida a tutela, esta irá produzir efeitos na sua esfera jurídica.

A tutela jurisdicional, por sua vez, poderá consistir em: (a) formulação de uma regra jurídica concreta; (b) a formulação de uma regra jurídica concreta e sua realização prática imediata; (c) a realização prática de uma regra jurídica concreta sem prévia formulação pelos órgãos jurisdicionais.

---

[21] LIEBMAN, Enrico Tullio. *Manuale di Diritto Processuale Civile*: Principi. 7ª Ed. Milano: Giuffrè Editore, 2007, p. 36. Assim, por exemplo, as partes podem desistir de um recurso ou do prazo para recorrer, porque as regras processuais atinentes a tais temas dizem respeito ao interesse particular delas mesmas.

[22] A doutrina se divide entre os que aceitam e os que negam a existência do direito subjetivo (neste caso, como categoria diversa do direito objetivo). Filiamo-nos à primeira corrente que busca, a seu turno, explicar o direito subjetivo com três fundamentos diferentes: a primeira define o direito subjetivo com base na vontade do titular (teoria da vontade); a segunda, com fundamento no interesse (teoria do interesse) e a última é a teoria mista ou eclética que reúne os elementos anteriores e que a nosso sentir melhor explica o direito subjetivo – no seu cerne há realmente um interesse protegido, mas a realização desse direito depende da vontade do titular.

Dessa maneira, há um íntimo entrosamento ou interconexão entre o direito de ação e a jurisdição.

Com efeito. Se, de um lado, *a jurisdição é a atividade dos órgãos do Estado que tem por objeto formular ou realizar praticamente a regra jurídica concreta que, segundo o direito vigente, disciplina uma determinada situação jurídica* (ou seja, atividade realizada para prestação da tutela jurisdicional), de outro, a ação é o *direito público subjetivo de exigir do Estado a tutela jurisdicional* (ou seja, de pedir a formulação ou realização prática da regra jurídica concreta).

Seguimos a corrente abstratista: o direito de ação se exaure com o exame feito pelo magistrado sobre a situação jurídica que o autor lhe narrou, independentemente do conteúdo da sua decisão – mesmo que entenda que o autor não tem razão (sentença de improcedência), a tutela jurisdicional foi dada, conquanto negativa.

Se a ação visava à realização prática da regra jurídica concreta e o magistrado conclui que o autor não tem direito à tal realização, esse exame também exaure o direito de ação exercido.

Capítulo IV
DO PROCESSO E DO PROCEDIMENTO

Sumário: 1. Introdução. 2. Conceito de processo. 3. Conceito de procedimento. 4. Inter-relação entre os institutos fundamentais.

1. INTRODUÇÃO

O exercício do direito de ação provoca a atividade jurisdicional. Todavia, irá ensejar também o exercício do direito de defesa por parte daquele em cuja esfera jurídica o autor pretende que venha a produzir efeitos a formulação ou realização prática da regra jurídica concreta.

Mais adiante poderão ser ouvidos em juízo pessoalmente o autor, o réu e colhido o depoimento das testemunhas. Ainda é possível que seja necessária a participação de um perito, se a matéria de fato disser respeito a uma área que exija conhecimentos técnicos etc.

Em suma: desde o ato inicial consistente no exercício do direito de ação até o ato final em que o órgão jurisdicional formula ou realiza praticamente a regra jurídica concreta pode-se perceber, com facilidade, que haverá a prática de um grande número de atividades, todas elas consubstanciadas num *ato* a ser praticado por alguém, seja o autor, o réu, o órgão jurisdicional, serventuários da Justiça ou terceiros.

Tais atos são disciplinados de maneira minuciosa pelo direito processual – e por essa razão são chamados de *atos processuais*.

Portanto, o exercício do direito de ação (que se faz pela prática de um ato – o ingresso em juízo de um requerimento chamado petição inicial) desencadeia uma série enorme de outros atos processuais, como se fora uma reação em cadeia.

Ao disciplinar esses atos, a lei processual prescreve não somente a sua *forma*, mas igualmente o *momento* em que ele deve ser produzido: todos os atos processuais que o direito de ação provoca (e o próprio exercício do direito de ação) devem obedecer às formas legais, ao marco temporal em que eles podem ser praticados e a ordem em que eles se sucedem.[1]

Esses atos processuais são diversos entre si, seja por quem os pratica, seja, principalmente, pelo seu conteúdo. A petição inicial do autor é diferente da defesa do réu, como também ambos se diferem da sentença do juiz, por exemplo.

Há, portanto, uma multiplicidade e grande variedade de atos processuais nessa corrente, que vai do primeiro ao último.

Do ponto de vista de quem examina esse fenômeno, duas visões ou perspectivas são possíveis: (a) é possível encarar todos os atos como um único conjunto e (b) é possível visualizar cada ato de per si.

O que se diz não se afasta de um trivial fenômeno do dia a dia. Diante de um computador, podemos também ter essas duas perspectivas: podemos olhar o computador como um aparelho único que realiza determinadas funções e podemos também distinguir nele cada um de seus componentes. Contudo, estaremos sempre encarando a mesma realidade – o todo ou suas partes integrantes.

O que me permite ver num conjunto de componentes um objeto que chamo de "computador" é a *unidade de escopo* de todos esses

---

[1] A forma compreende o modo de expressão do ato (escrito ou oral); a língua, o local onde deve ser praticado e o prazo para sua realização.

CAPÍTULO IV – DO PROCESSO E DO PROCEDIMENTO

componentes: eles estão coligados entre si para que determinada finalidade possa ser cumprida, ou seja, para que o computador realize tudo aquilo que visa a realizar. Caso não houvesse essa unidade de finalidades não me seria dado ver no conjunto algo que chamo de "computador". Não formariam um "indivíduo".

O complexo dos atos processuais, ou seja, ao seu conjunto, é denominado *"processo"*. Trata-se de uma visão unitária do conjunto de atos processuais.

Porém, se encaro cada ato processual de per si, segundo sua forma, tempo de realização e ordem de sucessão etc. estarei abandonando a visão unitária e olhando as partes do todo. Tecnicamente estou me referindo agora ao *"procedimento"*.

Processo e procedimento, portanto, referem-se à mesma realidade, mas vista em duas perspectivas diversas. Essa visão dicotômica nos permite extrair consequências jurídicas diversas, por exemplo, de certos pressupostos de validade – alguns dizendo respeito ao processo e outros pertinentes a um ou mais atos processuais.

2. CONCEITO DE PROCESSO

Processo *é o complexo de atos processuais tendentes à formulação ou à realização prática da regra jurídica concreta, por meio dos órgãos jurisdicionais.*

O conceito de processo, como ficou subentendido acima, é eminentemente *finalístico* ou *teleológico*, porque sua ideia encerra a de uma unidade (compreendendo uma multiplicidade de atos) dado que ele é um *sistema único* para se alcançar *finalidades determinadas* – a formulação ou a realização prática da regra jurídica concreta.

Quando nos referimos ao processo estamos diante de um ente único, formado por um complexo de atos diferentes entre si, mas que formam essa unidade porque todos eles buscam um fim comum – a formulação ou realização prática da regra jurídica concreta.

A visão do processo como uma unidade não é apenas uma questão teórica ou acadêmica.

Sendo um corpo único, pode ser atingido por inteiro por determinados efeitos jurídicos: se a pessoa que se diz juiz de direito na verdade não o é, todo o processo estará comprometido e invalidado, por exemplo. Mas há efeitos que atingem apenas um ato do processo e não o todo. Daí a importância da distinção entre o processo e o procedimento.

Por outro lado, há requisitos legais que se aplicam ao processo e outros, que dizem respeito ao procedimento.

A exata compreensão da existência dessas duas realidades, que no fundo constituem um fenômeno único é de extrema importância. É preciso visualizar essa duplicidade na mesma realidade: alguma coisa como a luz solar que parece única, mas que ao transpor um prisma de decompõe em várias.

3. CONCEITO DE PROCEDIMENTO

Procedimento *vem a ser a disciplina legal da estrutura exterior de cada ato do processo, bem como da ordem em que eles devem se suceder.*[2]

Agora estamos diante daquele mesmo método, mas decomposto em seus elementos, ou seja, em atos processuais.

A expressão "disciplina legal da estrutura exterior de cada ato" significa a maneira pela qual a lei processual regula (*disciplina legal*) a forma do ato (*estrutura exterior*) e esse é o aspecto *formal* do procedimento.

A forma do ato compreende: seu *meio de expressão*, isto é, se o ato deve ser realizado oralmente ou por escrito; a *língua a ser utilizada* e o *local* onde deva ser praticado. Todas essas questões formais são minuciosamente regulamentadas pela lei processual (têm na lei sua disciplina legal).

Mas, a lei processual também estabelece também o *tempo ou prazo* em que o ato deve ser praticado e a *ordem* em que eles devem se suceder

---

[2] O conceito de procedimento dado no texto baseia-se nas ideias de Calamandrei (CALAMANDREI, Piero. *Opere Giuridiche*. vol. 4. Morano Editore, 1970, p. 170).

CAPÍTULO IV – DO PROCESSO E DO PROCEDIMENTO

um ao outro, formando uma cadeia de ações e reações contínuas. Este é o aspecto *dinâmico* do procedimento.

Essa sucessão de atos numa determinada ordem pré-estabelecida chama-se *rito procedimental* ou *rito do procedimento*. Há ritos mais simples e outros, mais complexos, dependendo de certas circunstâncias que a lei processual prevê.

4. INTER-RELAÇÃO ENTRE OS INSTITUTOS FUNDAMENTAIS

Examinados os conceitos de jurisdição, direito de ação, processo (e procedimento) é possível agora entrevermos com maior nitidez a correlação que há entre eles:

(a) *JURISDIÇÃO* – é a atividade dos órgãos do Estado tendente a formular ou realizar praticamente a regra jurídica concreta que de acordo com o direito vigente disciplina uma determinada situação jurídica[3];

(b) *DIREITO DE AÇÃO* – é o direito público subjetivo de exigir do Estado a tutela jurisdicional (de formulação ou realização prática da regra jurídica concreta);

(c) *PROCESSO* – é o complexo de atos processuais tendentes à formulação ou à realização prática da regra jurídica concreta, por meio dos órgãos jurisdicionais.

Por fim, o *procedimento* foca os componentes do processo – a disciplina legal da estrutura exterior de cada ato do processo (isto é a forma do ato processual), bem como da ordem em que eles devem se suceder (ou seja, o rito procedimental).

---

[3] A formulação e a realização prática da regra jurídica concreta são tutelas jurisdicionais.

TÍTULO II

DA JURISDIÇÃO

Capítulo V

ÓRGÃOS JURISDICIONAIS – UNIDADE DA JURISDIÇÃO – ESPÉCIES DE JURISDIÇÃO

Sumário: 1. Órgão jurisdicional ou órgão judicial. 2. Estrutura básica do Poder Judiciário. 3. Unidade da jurisdição e espécies de jurisdição. 3.1 As espécies de jurisdição. 3.2 Jurisdição Especial e Jurisdição Comum. 3.3 Jurisdição Civil e Jurisdição Penal. 3.4 Jurisdição Superior e Jurisdição Inferior.

1. ÓRGÃO JURISDICIONAL OU ÓRGÃO JUDICIAL

O Poder Executivo, Legislativo e Judiciário constituem os chamados *Poderes da União* ou *Poderes de Estado*, que são "independentes e harmônicos entre si", de acordo com o art. 2º da Constituição Federal.

Obviamente, todos eles têm o *poder-dever* de exercer uma enorme quantidade de funções e, por essa razão, eles vêm estruturados em múltiplos órgãos, que são chamados *órgãos públicos*.

Na conhecida lição de Hely Lopes Meirelles, "órgãos públicos são *centros de competência* instituídos para o desempenho de funções estatais, através de seus *agentes*, cuja atuação é imputada à pessoa jurídica a que pertencem".[1]

Celso Antonio Bandeira de Mello define órgãos públicos "unidades abstratas que sintetizam os vários círculos de atribuições do Estado".[2] Mais adiante o mesmo publicista afirma que tais órgãos "não passam de simples repartições de atribuições, e nada mais".[3]

Com efeito, cada órgão público funciona como o centro de atração gravitacional de um complexo de atribuições ou de funções estatais: são como que o núcleo de um átomo, atraindo os prótons, elétrons e nêutron ou como o sol, em torno do qual orbitam os planetas.

Esse plexo de atribuições ou de funções forma a *competência* do órgão público e vem estabelecida em lei. Além disso, a lei confere um *nome* ao órgão, cria os *cargos* que o integram e o procedimento pelo qual as pessoas físicas passam a ocupá-los (chamado primeira *investidura*).

O Supremo Tribunal Federal, por exemplo, tem sua *denominação* atribuída pela Constituição Federal (art. 92, inciso I), uma determinada *competência*, fixada também pela Constituição (art. 102), os *cargos* que pertencem a esse órgão – onze cargos de Ministros do Supremo Tribunal Federal (art. 101 *caput*) – e a forma de *investidura* (art. 101 e seu parágrafo único).

Quanto à investidura, há duas espécies: (a) a *primeira investidura* que, como o nome indica, estabelece, pela primeira vez, uma relação jurídica entre a pessoa física e o Poder Público; (b) a *investidura derivada* tem lugar quando os cargos são estruturados em carreira, havendo a previsão de promoção de um para outro, de superior escala (não hierárquica, necessariamente).

---

[1] MEIRELLES, Hely Lopes. *Direito Administrativo Brasileiro*. 33ª ed. São Paulo: Malheiros, p. 67, grifamos.

[2] BANDEIRA DE MELLO, Celso Antonio. *Curso de Direito Administrativo*. 28ª ed. São Paulo: Malheiros, p. 140.

[3] BANDEIRA DE MELLO, Celso Antonio. *Curso de Direito Administrativo*. 28ª ed. São Paulo: Malheiros, p. 140.

CAPITULO V – ÓRGÃOS JURISDICIONAIS – UNIDADE DA JURISDIÇÃO...

Como veremos adiante, o concurso público de títulos e provas é a forma geral da *primeira investidura* nos cargos dos magistrados, que integram o Poder Judiciário (art. 93, I da CF). Como a magistratura está organizada em carreira, a promoção de um cargo para outro ocorre pela *investidura derivada* (art. 93, II da CF).

Todavia, a primeira investidura nos tribunais superiores não se dá pelo concurso público, mas de forma direta, por meio de procedimentos previstos na Constituição Federal e sobre os quais falaremos adiante.

2. ESTRUTURA BÁSICA DO PODER JUDICIÁRIO

A estrutura básica do Poder Judiciário está prevista no art. 92 da Constituição Federal:[4]

> Art. 92. São *órgãos* do Poder Judiciário:
> I – o Supremo Tribunal Federal;
> I-A – o Conselho Nacional de Justiça;
> II – o Superior Tribunal de Justiça;
> III – os Tribunais Regionais Federais e Juízes Federais;
> IV – os Tribunais e Juízes do Trabalho;
> V – os Tribunais e Juízes Eleitorais;
> VI – os Tribunais e Juízes Militares;
> VII – os Tribunais e Juízes dos Estados e do Distrito Federal e Territórios.

A norma constitucional carece de precisão técnica, pois ao lado dos órgãos jurisdicionais propriamente ditos – os tribunais – ela menciona os *juízes*, que não são órgãos, mas, como vimos acima, *cargos* existentes nos órgãos judiciais.

O Código de Processo Civil, a seu turno, comete a mesma impropriedade:

---

[4] Sobre esse dispositivo constitucional, v. também Capítulo VI.

Art. 16. A jurisdição civil é exercida pelos **juízes** e pelos **tribunais** em todo o território nacional, conforme as disposições deste Código.

A expressão genérica e tradicional que alcança todos que exercem a atividade jurisdicional é a de *magistrado*. A *magistratura* engloba todos os que exercem a jurisdição, dentro do Poder Judiciário.

Feitos esses reparos, temos que a primeira investidura nos cargos da magistratura ocorre de diversas maneiras, todas previstas na Constituição Federal, conforme se trate de investidura direta nos tribunais superiores: Supremo Tribunal Federal (art. 101 e parágrafo único da CF); do Superior Tribunal de Justiça (parágrafo único do art. 104); dos Tribunais Regionais Federais (art. 107); do Tribunal Superior do Trabalho (art. 111-A); dos Tribunais Regionais do Trabalho (art. 115); do Tribunal Superior Eleitoral (119) e dos Tribunais Regionais Eleitorais (§ 1º do art. 120).

Além dessas normas específicas para os demais cargos do Poder Judiciário a primeira investidura ocorre normalmente por concurso público de provas e de títulos.

Contudo, o art. 94 da Constituição Federal estabelece que um quinto dos cargos nos Tribunais Regionais Federais, dos Tribunais dos Estados e do Distrito Federal e Territórios será preenchido por membros do Ministério Público e de advogados – que assim têm sua *primeira investidura* também sem concurso público de provas e títulos.

As pessoas físicas investidas nos cargos dos órgãos públicos são chamadas de servidores públicos.

Mas, dentro da categoria ampla de servidores públicos, há os *agentes políticos* – "titulares de cargos estruturais à organização política do país, ou seja, ocupantes dos que integram o arcabouço constitucional do Estado, o esquema fundamental do Poder. Daí que se constituem nos formadores da vontade superior do Estado"[5] preleciona ainda Celso

---

[5] BANDEIRA DE MELLO, Celso Antonio. *Curso de Direito Administrativo*. 28ª ed. São Paulo: Malheiros, p. 247.

CAPITULO V – ÓRGÃOS JURISDICIONAIS – UNIDADE DA JURISDIÇÃO...

Antonio Bandeira de Mello que, todavia, não inclui de forma expressa os Magistrados dentre os agentes políticos.

Hely Lopes Meirelles, porém, afirma que "os agentes políticos exercem funções governamentais, judiciais e quase-judiciais, elaborando normas legais, conduzindo os negócios públicos, decidindo e atuando com independência nos assuntos de sua competência" e nessa categoria inclui "os membros do Poder Judiciário (Magistrados em geral)".[6]

Entendemos que os Magistrados são agentes políticos.

No Brasil, todas as Justiças mencionadas no art. 92 da Constituição Federal (Justiça Federal, Justiça do Trabalho, Justiça Eleitoral, Justiça Militar, Justiças Estaduais e Justiça do Distrito Federal e Territórios) são organizadas em dois (ou três) graus de jurisdição.

O primeiro grau – chamado de Jurisdição de Primeiro Grau ou de Primeira Instância – é formado por juízes de direito, que ingressam na magistratura por concurso público de títulos e provas. Tais juízes ocupam cargos nos órgãos jurisdicionais de primeiro grau, que se chamam *Juízo* ou *Vara*.

Os tribunais são os órgãos jurisdicionais que exercem a jurisdição superior ou de segundo grau. Seus agentes políticos recebem o nome de Ministro ou Desembargador.

Assim, em primeiro grau de jurisdição, apesar da dicção da norma constitucional, o órgão jurisdicional não é o Juiz de Direito, pois este é a denominação do cargo no órgão jurisdicional. Órgão jurisdicional de primeiro grau se chama *Juízo* ou *Vara*.

A pessoa física, após a primeira investidura, ocupa o *cargo* de Juiz de Direito e é investido nas funções que são da competência do Juízo ou da Vara.

Na Justiça Estadual, dado o grande número dos órgãos jurisdicionais, o Juízo ou Vara tem seu nome completado pelo nome da sua sede,

---

[6] MEIRELLES, Hely Lopes. *Direito Administrativo Brasileiro*. 33ª ed. São Paulo: Malheiros, p. 77/78.

que corresponde ao nome do Município onde fica o edifício do Fórum ou da ordem numérica da respectiva circunscrição judiciária.

Se houver mais de um Juízo ou Vara no Município, haverá um número ordinal que as distinguem: 1º Juízo ou 1ª Vara de Tietê, 2º Juízo ou 2ª Vara de Tietê.

Se na sede da comarca há Juízos ou Varas especializadas, ao número ordinal (em havendo mais de uma) segue-se essa especialidade: 1ª Vara da Família da Comarca de São Paulo; 2ª Vara da Família da Comarca de São Paulo, 1ª Fazenda Pública da Comarca de São Paulo e assim por diante.

Não se pode confundir o agente político Juiz de Direito, Desembargador e Ministro, com o órgão jurisdicional no qual está investido.

3. UNIDADE DA JURISDIÇÃO E ESPÉCIES DE JURISDIÇÃO
3.1 AS ESPÉCIES DE JURISDIÇÃO

À primeira vista parece ser uma contradição falarmos simultaneamente em *unidade* e em *espécies* de jurisdição, pois, se ela é una, como poderia haver espécies?

Vejamos em que medida isto é possível.

A jurisdição pode ser vista como uma *atividade* ou como um *Poder* do Estado.

Enquanto atividade se conceitua como aquela tendente à formulação ou realização prática da regra jurídica concreta que, de acordo com o direito vigente, disciplina uma determinada situação jurídica.

Como expressão de Poder Estatal, é manifestação da *soberania* do Estado. Isto significa que os atos praticados pelos órgãos jurisdicionais não podem ser questionados por nenhum outro órgão público e por nenhum órgão ou Poder de Estado estrangeiro. Esgotados os recursos existentes, que tramitam dentro do próprio Poder Judiciário, as manifestações

CAPITULO V – ÓRGÃOS JURISDICIONAIS – UNIDADE DA JURISDIÇÃO...

(decisões e ordens) proferidas pelos órgãos jurisdicionais não admitem nenhuma revisão ou contrariedade: tornam-se *imutáveis*. A tais atos, todos se encontram em estado de sujeição.

Sendo manifestação da soberania do Estado, a atividade jurisdicional *é sempre da mesma natureza* e *tem a mesma força*, pouco importando qual órgão jurisdicional a exerce, o tipo de situação jurídica sobre a qual decidiu e a espécie de tutela jurisdicional pedida.

A jurisdição, em si mesmo, é, portanto, *una* e *indivisível*.

A decisão, por exemplo, de um Juiz de Direito de uma pequena cidade, transitada em julgado, e a decisão do Supremo Tribunal Federal, são da mesma natureza (sempre será a formulação ou a realização prática de uma regra jurídica concreta), ambas têm a mesma força (são manifestações da soberania nacional) e são imutáveis.

No entanto, a doutrina costuma falar em *espécies* de jurisdição, para, didaticamente, designar os diversos segmentos da atividade jurisdicional exercida pelos diferentes órgãos jurisdicionais que integram o Poder Judiciário.

Assim, por mera facilidade didática a atividade jurisdicional acaba sendo classificada por diversos critérios:

(i) Pelo critério da natureza das situações jurídicas atribuídas ao órgão jurisdicional e que formam a sua competência, a jurisdição pode ser:

(*i.a*) Especial ou Comum;

(*i.b*) Civil ou Penal.

(ii) Pelo critério da função do órgão jurisdicional, a jurisdição pode ser:

(*ii. a*) Superior (de Segundo Grau ou de Segunda Instância) ou

(*ii.b*) Inferior (de Primeiro Grau ou de Primeira Instância).

(iii) Pelo critério da fonte do direito com base na qual se resolve a situação jurídica submetida aos órgãos jurisdicionais, a jurisdição pode ser:

(iii.a) Jurisdição de direito e

(iii.b) Jurisdição de equidade.[7]

3.2 JURISDIÇÃO ESPECIAL E JURISDIÇÃO COMUM

A Jurisdição Especial é exercida pelas chamadas Justiças Especiais e a Jurisdição Comum pelas denominadas Justiças Comuns.

As Justiças Especiais têm competência para examinar, quase que exclusivamente, *situações jurídicas homogêneas*, ou seja, aquelas que envolvem relações jurídicas que têm sempre a mesma natureza.

Assim, por exemplo, a Justiça do Trabalho é uma Justiça Especial. Ela se exerce tão somente diante de situações jurídicas que digam respeito às relações de trabalho. Os chamados direitos trabalhistas constituem o núcleo de sua atuação. Todavia, com o advento da Emenda Constitucional n. 45, de 8 de dezembro de 2004, que mudou a redação do art. 114 da Constituição Federal, a competência da Justiça do Trabalho se ampliou, tornando-se competente não apenas para os dissídios individuais e coletivos entre trabalhadores e empregados, mas para toda uma gama de situações que podem nascer das relações de trabalho. De qualquer maneira, ainda conserva seu caráter de especialidade.[8]

---

[7] Como são vários os critérios para a classificação das espécies de jurisdição, o mesmo órgão jurisdicional poderá exercer várias espécies de jurisdição simultaneamente, ao formular ou realizar praticamente a regra jurídica concreta: Jurisdição Superior Criminal, por exemplo. Essa variação encontra sua razão de ser justamente na alteração do critério considerado.

[8] O art. 114 assim estava redigido:
Art. 114. Compete à Justiça do Trabalho conciliar e julgar os dissídios individuais e coletivos entre trabalhadores e empregadores, abrangidos os entes de direito público externo e da administração pública direta e indireta dos Municípios, do Distrito Federal, dos Estados e da União, e, na forma da lei, outras controvérsias decorrentes da relação de trabalho, bem como os litígios que tenham origem no cumprimento de suas próprias sentenças, inclusive coletivas.
Com a emenda Constitucional 45/04, passou a ter a seguinte redação e abrangência:
Art. 114. Compete à Justiça do Trabalho processar e julgar:

CAPITULO V – ÓRGÃOS JURISDICIONAIS – UNIDADE DA JURISDIÇÃO...

A criação de uma Justiça Especial, para conhecer e decidir sobre situações jurídicas da mesma natureza depende de um juízo de conveniência e de oportunidade do legislador constitucional.

O Direito Comercial, por exemplo, tal como o Direito do Trabalho, disciplina situações jurídicas que também são homogêneas. No entanto, se o legislador constitucional entendeu ser conveniente e oportuno criar a Justiça do Trabalho, não teve o mesmo entendimento a respeito de uma "Justiça Comercial".

De acordo com a Constituição Federal, exercem a Jurisdição Especial as seguintes Justiças Especiais:

(i) a Justiça do Trabalho;

(ii) a Justiça Eleitoral;

(iii) a Justiça Militar Federal;

(iv) a Justiça Militar Estadual.

Todas essas Justiças exercem a sua atividade jurisdicional a respeito de situações jurídicas homogêneas: questões trabalhistas, questões eleitorais e questões que envolvem o regime jurídico especial dos militares – sendo que as referentes às Forças Armadas são apreciadas pela Justiça

---

I – as ações oriundas da relação de trabalho, abrangidos os entes de direito público externo e da administração pública direta e indireta da União, dos Estados, do Distrito Federal e dos Municípios;

II – as ações que envolvam exercício do direito de greve;

III – as ações sobre representação sindical, entre sindicatos, entre sindicatos e trabalhadores, e entre sindicatos e empregadores;

IV – os mandados de segurança, habeas corpus e habeas data , quando o ato questionado envolver matéria sujeita à sua jurisdição;

V – os conflitos de competência entre órgãos com jurisdição trabalhista, ressalvado o disposto no art. 102, I, "o";

VI – as ações de indenização por dano moral ou patrimonial, decorrentes da relação de trabalho;

VII – as ações relativas às penalidades administrativas impostas aos empregadores pelos órgãos de fiscalização das relações de trabalho;

VIII – a execução, de ofício, das contribuições sociais previstas no art. 195, I, "a", e II, e seus acréscimos legais, decorrentes das sentenças que proferir;

IX – outras controvérsias decorrentes da relação de trabalho, na forma da lei.

Militar Federal, enquanto as concernentes às Polícias Militares Estaduais pela Justiça Militar Estadual.

Todas as demais situações jurídicas, que não sejam da competência daquelas Justiças Especiais entram na competência das Justiças Comuns.

A Jurisdição Comum, assim, é aquela atribuída a órgãos jurisdicionais que exercem a jurisdição em face de situações jurídicas *heterogêneas* (isto é, de diversas naturezas, como as relações jurídicas de propriedade e de família, por exemplo). A Justiça é comum (a mesma) para todas elas.

Segundo a Constituição Federal, exercem a Jurisdição Comum, as seguintes Justiças Comuns:

(i) a Justiça Federal;

(ii) a Justiça do Distrito Federal e Territórios;

(iii) as Justiças Estaduais.

3.3 JURISDIÇÃO CIVIL E JURISDIÇÃO PENAL

A Jurisdição se exerce em face de uma situação jurídica determinada, sobre a qual o órgão jurisdicional é chamado a se pronunciar, para formular ou realizar praticamente a regra jurídica concreta.

Quando o que está em jogo em determinada situação jurídica é o reconhecimento ou não do direito de punir (*ius puniendi*), do qual é titular o Estado, aquela situação jurídica se qualifica como situação jurídica *penal*, porque ela é disciplinada pelas normas jurídicas que estão na Legislação Penal.

Diante de um delito (situação jurídica de natureza penal), há que se exercer o direito de ação penal para que o direito de punir do Estado seja deduzido em juízo. Esse direito de ação provoca o exercício da Jurisdição Penal, disciplinada por regras do Direito Processual Penal.[9]

---

[9] Há crimes chamados de ação pública e outros, de ação exclusivamente privada. Para a imposição das penas previstas para os crimes de ação pública, que são a grande maioria,

CAPITULO V – ÓRGÃOS JURISDICIONAIS – UNIDADE DA JURISDIÇÃO...

Se o direito deduzido em juízo é de qualquer outra natureza, isto é, se não envolve o *ius puniendi*, estamos diante de uma situação jurídica *não-penal* ou de situação jurídica *civil em sentido amplo* e a atividade jurisdicional que então vem exercida é de natureza civil.

A expressão em sentido amplo, que acompanha a denominação "jurisdição civil", é utilizada para significar que ela abrange, por exclusão, todas as demais situações jurídicas não-penais, como as disciplinadas pelo Código Civil, as reguladas pelo Código Comercial, pelo Código de Defesa do Consumir, pelo Código Tributário Nacional e outros. Em face da jurisdição civil em sentido amplo, falamos em jurisdição *civil em sentido estrito*, para designar apenas e tão-somente as situações jurídicas reguladas apenas pelo Código Civil.

Assim, uma situação jurídica que compreenda o reconhecimento de direitos decorrentes de um contrato do trabalho é uma situação jurídica civil em *sentido amplo*, embora não disciplinada pelas disposições legais do Código Civil, mas, sim, pelas que estão na Consolidação das Leis do Trabalho. Uma compra e venda, ao revés, é uma situação jurídica civil em *sentido estrito*.

A Jurisdição Civil, pois, é aquela que se exerce em face de uma situação jurídica não-penal ou situação jurídica civil em sentido amplo.

Muitas Justiças exercem, simultaneamente, tanto a Jurisdição Penal quanto a Civil.

As Justiças que exercem a Jurisdição Civil e a Jurisdição Penal são:

(i) Justiça Eleitoral;

(ii) Justiça Federal;

(iii) Justiça do Distrito Federal e Territórios;

(iv) Justiças Estaduais.

---

a ação penal (pública) é exercida por um órgão do Estado chamado Ministério Público. Para os crimes de ação exclusivamente privada, o direito de ação é exercido pelo ofendido ou por seu representante legal, recebendo a denominação de queixa.

As Justiças que exercem apenas a Jurisdição Penal são:

(i) a Justiça Militar Federal;

(ii) a Justiça Militar Estadual.

A Justiça do Trabalho exerce unicamente a Jurisdição Civil.

3.4 JURISDIÇÃO SUPERIOR E JURISDIÇÃO INFERIOR

O nosso sistema processual adotou o princípio do *duplo grau de jurisdição*.

Pelo princípio do duplo grau de jurisdição abre-se à parte que ficou vencida numa primeira decisão a oportunidade de pedir seu reexame por outro órgão jurisdicional, o que ocorre mediante a utilização de um recurso.[10]

Chama-se Jurisdição Inferior aquela exercida pelos órgãos jurisdicionais cujas decisões podem ser reexaminadas (e substituídas) por decisão de outro órgão jurisdicional, o qual, por sua vez, exerce a Jurisdição Superior.[11]

No sistema processual brasileiro há situações em que se recorre a um tribunal e depois a outro – mas, por tradição, mesmo nesses casos, o princípio reitor continua a se chamar princípio do *duplo* grau de jurisdição.

Nestes casos, os conceitos de Jurisdição Superior e de Jurisdição Inferior são relativos: o órgão jurisdicional que reexaminou em primeiro

---

[10] Ao assunto voltaremos adiante, mas convém saber que o recurso é um ato voluntário da parte, não resignada com uma decisão desfavorável. Todavia, há causas que, conforme o seu desfecho, deve necessariamente ser reexaminada, segundo disposição expressa da legislação processual. Aqui não se fala propriamente em recurso, mas em *remessa necessária* (art. 496 do Código de Processo Civil).

[11] Mas, há recursos que ensejam a alteração da decisão pelo próprio órgão da Jurisdição Inferior, que a proferiu, como o agravo de instrumento e os embargos de declaração.

CAPITULO V – ÓRGÃOS JURISDICIONAIS – UNIDADE DA JURISDIÇÃO...

lugar a decisão de outro é superior em relação a este, mas será inferior em relação a outro que vier a reexaminar a sua própria decisão.

Na organização do Poder Judiciário Brasileiro, o único órgão jurisdicional que sempre exerce a Jurisdição Superior é o Supremo Tribunal Federal. Suas decisões não podem ser reexaminadas por nenhum outro.

Capítulo VI

ESTRUTURA BÁSICA DO PODER JUDICIÁRIO NACIONAL

> Sumário: 1. Estrutura básica do Poder Judiciário Nacional. 2. Justiças da União e seus órgãos jurisdicionais. 3. Justiças dos Estados e seus órgãos jurisdicionais. 4. Supremo Tribunal Federal – Superior Tribunal de Justiça – Conselho Nacional de Justiça.

1. ESTRUTURA BÁSICA DO PODER JUDICIÁRIO NACIONAL

No Capítulo anterior o tema em epígrafe foi abordado e agora será retomado, para maiores aprofundamentos.

Um dos elementos constitutivos do Estado de Direito é a tripartição das funções estatais em ramos de Poder: Legislativo, Executivo e Judiciário.[1]

---

[1] "*Cette une experience éternelle, que tout homme qui a du pouvoir est porte à em abuser; il va jusqu'à ce qu'il trouve des limites*" – eis a célebre frase de Montesquieu, na conhecida obra "*De l'esprit des lois*" (Garnier Fréres, Paris: Libraires-Éditeurs.) – *apud* BANDEIRA DE MELLO, Celso Antônio. *Curso de Direito Administrativo*. 28ª Ed. São Paulo: Malheiros, p. 31, nota de rodapé 3. ("É uma experiência eterna a de que todo homem que tem poder é levado a abusar dele; ele vai até que encontrar limites"). Essa verdade acabou sendo aceita por todos os países que vieram a se constituir em Estado de Direito, sendo a fonte da ideologia da tripartição dos poderes estatais em três ramos.

A organização básica desses Poderes vem estabelecida pela Constituição Federal, que prevê seus órgãos estruturais, seus poderes, deveres, competências, garantias e os princípios que devem nortear suas respectivas atividades.

O Poder Judiciário não é exceção, mas a organização do Poder Judiciário, que recebe o nome de *Organização Judiciária*, é uma matéria bastante ampla e complexa.[2]

A estrutura geral do Poder Judiciário vem estabelecida na Constituição Federal a começar pela enumeração dos órgãos que o compõem:

> Art. 92. São órgãos do Poder Judiciário:
>
> I – o Supremo Tribunal Federal;
>
> I-A – o Conselho Nacional de Justiça;[3]
>
> II – o Superior Tribunal de Justiça;
>
> III – os Tribunais Regionais Federais e Juízes Federais;
>
> IV – os Tribunais e Juízes do Trabalho;
>
> V – os Tribunais e Juízes Eleitorais;
>
> VI – os Tribunais e Juízes Militares;
>
> VII – os Tribunais e Juízes dos Estados e do Distrito Federal e Territórios.
>
> Parágrafo único. O Supremo Tribunal Federal e os Tribunais Superiores têm sede na Capital Federal e jurisdição em todo o território nacional.

---

[2] Como lembra Moacyr Amaral Santos, "extenso e variado é o campo da organização judiciária", compreendendo "matérias concernentes não só à constituição da magistratura (enumeração e nomenclatura dos juízos e tribunais, condições para a investidura e acesso das autoridades judiciárias), composição e atribuições dos juízos e tribunais, garantias para a independência da magistratura e subsistência dos juízes, como as condições de investidura, acesso e subsistência dos órgãos auxiliares e distribuição de suas atribuições. Ainda se contêm na organização judiciária os princípios e normas referentes às condições da disciplina geral do foro, assim como a disciplina especial dos juízes e seus auxiliares". SANTOS, Moacyr Amaral. *Primeiras Linhas de Direito Processual Civil.* vol. 1. Ed. Saraiva, 2009, p. 95.

[3] Inciso incluído pela Emenda Constitucional n. 45, em 2004. Todavia, esse órgão não exerce a jurisdição.

CAPÍTULO VI – ESTRUTURA BÁSICA DO PODER JUDICIÁRIO NACIONAL

§ 1º O Supremo Tribunal Federal, o Conselho Nacional de Justiça e os Tribunais Superiores têm sede na Capital Federal.[4]

§ 2º O Supremo Tribunal Federal e os Tribunais Superiores têm jurisdição em todo o território nacional.[5]

Com exceção do Supremo Tribunal Federal, do Superior Tribunal de Justiça e do Conselho Nacional de Justiça os demais órgãos do Poder Judiciário integram as várias Justiças que atuam no País.

Essas Justiças se dividem em dois grandes grupos: as que são organizadas por leis federais e mantidas pela União e as que são disciplinadas por legislação estadual e custeadas pelos Estados-Membros.

São Justiças da União:

(i) A Justiça Federal – que compreende os Tribunais Regionais Federais e os Juízes Federais;

(ii) A Justiça do Trabalho – que compreende os Tribunais do Trabalho e os Juízes do Trabalho;

(iii) A Justiça Eleitoral – que compreende os Tribunais e Juízes Eleitorais;

(iv) A Justiça Militar – que compreende os Tribunais e Juízes Militares;

(v) A Justiça do Distrito Federal – que compreende o Tribunal de Justiça do Distrito Federal e os Juízes do Distrito Federal.

São Justiças Estaduais as que são mantidas e organizadas por todos os Estados do Brasil – cada Estado-Membro tem a sua própria Justiça. Assim, há a Justiça do Estado de São Paulo, Justiça do Estado do Amazonas e assim por diante. As Justiças Estaduais contam com um Tribunal de Justiça e com os Juízes de Direito Estaduais.

---

[4] Parágrafo incluído pela Emenda Constitucional n. 45, em 2004.

[5] Parágrafo incluído pela Emenda Constitucional n. 45, em 2004.

Também o Supremo Tribunal Federal, o Superior Tribunal de Justiça e o Conselho Nacional de Justiça são mantidos pela União, conquanto não integrem nenhuma das Justiças do País.

2. JUSTIÇAS DA UNIÃO E SEUS ÓRGÃOS JURISDICIONAIS

Cada Justiça da União dispõe de órgãos jurisdicionais próprios e exerce a atividade jurisdicional de acordo com a competência prevista na própria Constituição Federal.

Por força do princípio do duplo grau de jurisdição, os órgãos jurisdicionais de cada uma das Justiças da União estão classificados em órgãos inferiores ou de primeiro grau e superiores ou de segundo grau.

Assim temos a seguinte organização dos órgãos jurisdicionais das Justiças da União:

I – Justiça Federal[6]:

(i) de primeiro grau de jurisdição: Juízes Federais.

(ii) de segundo grau de jurisdição: Tribunais Regionais Federais.

II – Justiça do Trabalho:

(i) de primeiro grau de jurisdição: Juízes do Trabalho e Juntas de Conciliação e Julgamento;

(ii) de segundo grau de jurisdição: Tribunais Regionais do Trabalho e Tribunal Superior do Trabalho.

III – Justiça Eleitoral[7]:

(i) de primeiro grau de jurisdição: Juízes Eleitorais e Juntas Eleitorais.

(ii) de segundo grau de jurisdição: Tribunais Regionais Eleitorais e Tribunal Superior Eleitoral.

---

[6] Cf. art. 106 a 110 da Constituição Federal.

[7] Cf. art. 118 a 121 da Constituição Federal.

CAPÍTULO VI – ESTRUTURA BÁSICA DO PODER JUDICIÁRIO NACIONAL

IV – Justiça Militar[8]:

(i) de primeiro grau de jurisdição: Juízes Militares.

(ii) de segundo grau de jurisdição: Tribunais Militares e Superior Tribunal Militar.

V – Justiça do Distrito Federal e Territórios[9]:

(i) de primeiro grau de jurisdição: Juízes de Direito;

(ii) de segundo grau de jurisdição: Tribunal de Justiça.

3. JUSTIÇAS DOS ESTADOS E SEUS ÓRGÃOS JURISDICIONAIS

Cada Estado-Membro deverá organizar a sua própria Justiça, o que é feito através das Constituições Estaduais e das leis de organização judiciária, estas de iniciativa do respectivo Tribunal de Justiça.

Talvez por essa razão, a Constituição Federal não tenha enumerado os órgãos que exercem as Justiças Estaduais.

Porém, além dos Juízes, mencionados no inciso VII, do art. 92 da Constituição Federal, refere-se, ainda, aos seguintes órgãos:

(i) Tribunal de Justiça;

(ii) Tribunal de Justiça Militar Estadual;

(iii) Tribunal do Júri.[10]

O Tribunal de Justiça exerce a jurisdição de segundo grau ou de segunda instância em todo o território estadual, relativamente aos processos que tramitam perante os Juízes de Direito Estaduais, podendo atuar como órgão de segunda instância também da Justiça Militar Estadual, onde não houver a criação do Tribunal de Justiça Militar Estadual.

---

[8] Cf. art. 122a 124 da Constituição Federal.

[9] Embora a Constituição Federal não tenha Capítulo específico para a Justiça do Distrito Federal e Territórios, ela é organizada à semelhança das Justiças Estaduais.

[10] Cf. respectivamente, na Constituição Federal: a) art. 125, §§ 1º e 3º, e art.126; b) art. 125, §§ 3º; d) art. 5º, inciso XXXVIII.

O Tribunal de Justiça dos Estados têm também competência para processar e julgar diretamente algumas situações jurídicas, previstas nas Constituições Estaduais. São casos de sua *competência originária*.

O Tribunal do Júri tem a atribuição constitucional de julgar os crimes dolosos contra a vida e nela atuam, como juízes sobre os fatos da causa, particulares que recebem o nome de jurados. O corpo de jurados ou Conselho de Sentença é formado por sete jurados, mas a presidência do Tribunal do Júri cabe a um Juiz de Direito, que fixa a pena aos que forem condenados.

A jurisdição inferior, de primeiro grau ou de primeira instância, nos Estados, é exercida pelos Juízes de Direito.

4. SUPREMO TRIBUNAL FEDERAL – SUPERIOR TRIBUNAL DE JUSTIÇA – CONSELHO NACIONAL DE JUSTIÇA

O Supremo Tribunal Federal e o Superior Tribunal de Justiça são órgãos jurisdicionais organizados pela Constituição Federal e por leis federais, mantidos pela União, mas não se integram em nenhuma das Justiças da União.

O Superior Tribunal de Justiça pode rever decisões proferidas tanto pelos Tribunais Regionais Federais como pelos Tribunais Estaduais ou do Distrito Federal. Assim, não tendo a atribuição para rever, com exclusividade, as decisões de uma única Justiça, deve ser considerado como não integrante de nenhuma delas. Sua disciplina constitucional se encontra no art. 104 e 105.[11]

---

[11] Art. 104. O Superior Tribunal de Justiça compõe-se de, no mínimo, trinta e três Ministros.

Parágrafo único. Os Ministros do Superior Tribunal de Justiça serão nomeados pelo Presidente da República, dentre brasileiros com mais de trinta e cinco e menos de sessenta e cinco anos, de notável saber jurídico e reputação ilibada, depois de aprovada a escolha pela maioria absoluta do Senado Federal, sendo: (Redação dada pela Emenda Constitucional n. 45, de 2004)

CAPÍTULO VI – ESTRUTURA BÁSICA DO PODER JUDICIÁRIO NACIONAL

I – um terço dentre juízes dos Tribunais Regionais Federais e um terço dentre desembargadores dos Tribunais de Justiça, indicados em lista tríplice elaborada pelo próprio Tribunal;

II – um terço, em partes iguais, dentre advogados e membros do Ministério Público Federal, Estadual, do Distrito Federal e Territórios, alternadamente, indicados na forma do art. 94.

Art. 105. Compete ao Superior Tribunal de Justiça:

I – processar e julgar, originariamente:

a) nos crimes comuns, os Governadores dos Estados e do Distrito Federal, e, nestes e nos de responsabilidade, os desembargadores dos Tribunais de Justiça dos Estados e do Distrito Federal, os membros dos Tribunais de Contas dos Estados e do Distrito Federal, os dos Tribunais Regionais Federais, dos Tribunais Regionais Eleitorais e do Trabalho, os membros dos Conselhos ou Tribunais de Contas dos Municípios e os do Ministério Público da União que oficiem perante tribunais;

b) os mandados de segurança e os "habeas data" contra ato de Ministro de Estado, dos Comandantes da Marinha, do Exército e da Aeronáutica ou do próprio Tribunal; (Redação dada pela Emenda Constitucional n. 23, de 1999)

c) os habeas corpus, quando o coator ou paciente for qualquer das pessoas mencionadas na alínea "a", ou quando o coator for tribunal sujeito à sua jurisdição, Ministro de Estado ou Comandante da Marinha, do Exército ou da Aeronáutica, ressalvada a competência da Justiça Eleitoral; (Redação dada pela Emenda Constitucional n. 23, de 1999)

d) os conflitos de competência entre quaisquer tribunais, ressalvado o disposto no art. 102, I, "o", bem como entre tribunal e juízes a ele não vinculados e entre juízes vinculados a tribunais diversos;

e) as revisões criminais e as ações rescisórias de seus julgados;

f) a reclamação para a preservação de sua competência e garantia da autoridade de suas decisões;

g) os conflitos de atribuições entre autoridades administrativas e judiciárias da União, ou entre autoridades judiciárias de um Estado e administrativas de outro ou do Distrito Federal, ou entre as deste e da União;

h) o mandado de injunção, quando a elaboração da norma regulamentadora for atribuição de órgão, entidade ou autoridade federal, da administração direta ou indireta, excetuados os casos de competência do Supremo Tribunal Federal e dos órgãos da Justiça Militar, da Justiça Eleitoral, da Justiça do Trabalho e da Justiça Federal;

i) a homologação de sentenças estrangeiras e a concessão de exequatur às cartas rogatórias;(Incluída pela Emenda Constitucional n. 45, de 2004)

II – julgar, em recurso ordinário:

a) os "habeas-corpus" decididos em única ou última instância pelos Tribunais Regionais

Já o Supremo Tribunal Federal, por ser o órgão máximo do Poder Judiciário Brasileiro, pode rever as decisões de todos os demais tribunais do País, até mesmo do Superior Tribunal de Justiça. Ele está acima e fora de todas as Justiças.

O Conselho Nacional de Justiça *não exerce a jurisdição* como os demais – apenas atividades de natureza administrativa (art. 103-B, § 4º[12])

Federais ou pelos tribunais dos Estados, do Distrito Federal e Territórios, quando a decisão for denegatória;

b) os mandados de segurança decididos em única instância pelos Tribunais Regionais Federais ou pelos tribunais dos Estados, do Distrito Federal e Territórios, quando denegatória a decisão;

c) as causas em que forem partes Estado estrangeiro ou organismo internacional, de um lado, e, do outro, Município ou pessoa residente ou domiciliada no País;

III – julgar, em recurso especial, as causas decididas, em única ou última instância, pelos Tribunais Regionais Federais ou pelos tribunais dos Estados, do Distrito Federal e Territórios, quando a decisão recorrida:

a) contrariar tratado ou lei federal, ou negar-lhes vigência;

b) julgar válido ato de governo local contestado em face de lei federal;(Redação dada pela Emenda Constitucional n. 45, de 2004)

c) der a lei federal interpretação divergente da que lhe haja atribuído outro tribunal.

Parágrafo único. Funcionarão junto ao Superior Tribunal de Justiça: (Redação dada pela Emenda Constitucional n. 45, de 2004)

I – a Escola Nacional de Formação e Aperfeiçoamento de Magistrados, cabendo-lhe, dentre outras funções, regulamentar os cursos oficiais para o ingresso e promoção na carreira; (Incluído pela Emenda Constitucional n. 45, de 2004)

II – o Conselho da Justiça Federal, cabendo-lhe exercer, na forma da lei, a supervisão administrativa e orçamentária da Justiça Federal de primeiro e segundo graus, como órgão central do sistema e com poderes correcionais, cujas decisões terão caráter vinculante. (Incluído pela Emenda Constitucional n. 45, de 2004).

[12] Art. 103-B (*omissis*)

§ 4º Compete ao Conselho o controle da atuação administrativa e financeira do Poder Judiciário e do cumprimento dos deveres funcionais dos juízes, cabendo-lhe, além de outras atribuições que lhe forem conferidas pelo Estatuto da Magistratura:

I – zelar pela autonomia do Poder Judiciário e pelo cumprimento do Estatuto da Magistratura, podendo expedir atos regulamentares, no âmbito de sua competência, ou recomendar providências;

II – zelar pela observância do art. 37 e apreciar, de ofício ou mediante provocação, a legalidade dos atos administrativos praticados por membros ou órgãos do Poder

CAPÍTULO VI – ESTRUTURA BÁSICA DO PODER JUDICIÁRIO NACIONAL

e na sua composição há membros que não são da Magistratura (art. 103-B *caput* da Constituição Federal[13]).

Judiciário, podendo desconstituí-los, revê-los ou fixar prazo para que se adotem as providências necessárias ao exato cumprimento da lei, sem prejuízo da competência do Tribunal de Contas da União;

III – receber e conhecer das reclamações contra membros ou órgãos do Poder Judiciário, inclusive contra seus serviços auxiliares, serventias e órgãos prestadores de serviços notariais e de registro que atuem por delegação do poder público ou oficializados, sem prejuízo da competência disciplinar e correcional dos tribunais, podendo avocar processos disciplinares em curso e determinar a remoção, a disponibilidade ou a aposentadoria com subsídios ou proventos proporcionais ao tempo de serviço e aplicar outras sanções administrativas, assegurada ampla defesa;

IV – representar ao Ministério Público, no caso de crime contra a administração pública ou de abuso de autoridade;

V – rever, de ofício ou mediante provocação, os processos disciplinares de juízes e membros de tribunais julgados há menos de um ano;

VI – elaborar semestralmente relatório estatístico sobre processos e sentenças prolatadas, por unidade da Federação, nos diferentes órgãos do Poder Judiciário;

VII – elaborar relatório anual, propondo as providências que julgar necessárias, sobre a situação do Poder Judiciário no País e as atividades do Conselho, o qual deve integrar mensagem do Presidente do Supremo Tribunal Federal a ser remetida ao Congresso Nacional, por ocasião da abertura da sessão legislativa.

[13] Art. 103-B. O Conselho Nacional de Justiça compõe-se de 15 (quinze) membros com mandato de 2 (dois) anos, admitida 1 (uma) recondução, sendo: (Redação dada pela Emenda Constitucional n. 61, de 2009)

I – o Presidente do Supremo Tribunal Federal; (Redação dada pela Emenda Constitucional n. 61, de 2009)

II – um Ministro do Superior Tribunal de Justiça, indicado pelo respectivo tribunal;

III – um Ministro do Tribunal Superior do Trabalho, indicado pelo respectivo tribunal;

IV – um desembargador de Tribunal de Justiça, indicado pelo Supremo Tribunal Federal;

V – um juiz estadual, indicado pelo Supremo Tribunal Federal;

VI – um juiz de Tribunal Regional Federal, indicado pelo Superior Tribunal de Justiça;

VII – um juiz federal, indicado pelo Superior Tribunal de Justiça;

VIII – um juiz de Tribunal Regional do Trabalho, indicado pelo Tribunal Superior do Trabalho;

IX – um juiz do trabalho, indicado pelo Tribunal Superior do Trabalho;

X – um membro do Ministério Público da União, indicado pelo Procurador-Geral da República;

ANTONIO ARALDO FERRAZ DAL POZZO

XI um membro do Ministério Público estadual, escolhido pelo Procurador-Geral da República dentre os nomes indicados pelo órgão competente de cada instituição estadual;

XII – dois advogados, indicados pelo Conselho Federal da Ordem dos Advogados do Brasil;

XIII – dois cidadãos, de notável saber jurídico e reputação ilibada, indicados um pela Câmara dos Deputados e outro pelo Senado Federal.

§ 1º O Conselho será presidido pelo Ministro do Supremo Tribunal Federal, que votará em caso de empate, ficando excluído da distribuição de processos naquele tribunal.

§ 2º Os membros do Conselho serão nomeados pelo Presidente da República, depois de aprovada a escolha pela maioria absoluta do Senado Federal.

§ 1º O Conselho será presidido pelo Presidente do Supremo Tribunal Federal e, nas suas ausências e impedimentos, pelo Vice-Presidente do Supremo Tribunal Federal. (Redação dada pela Emenda Constitucional n. 61, de 2009).

§ 2º Os demais membros do Conselho serão nomeados pelo Presidente da República, depois de aprovada a escolha pela maioria absoluta do Senado Federal. (Redação dada pela Emenda Constitucional n. 61, de 2009)

§ 3º Não efetuadas, no prazo legal, as indicações previstas neste artigo, caberá a escolha ao Supremo Tribunal Federal.

Capítulo VII

PRINCIPAIS GARANTIAS CONSTITUCIONAIS PARA O EXERCÍCIO DA JURISDIÇÃO

Sumário: 1. Garantias constitucionais para o exercício da jurisdição – áreas de incidência. 2. Garantia Institucional do Poder Judiciário. 3. Garantias da Magistratura. 4. Garantias Específicas. 4.1 Imparcialidade no exercício da atividade jurisdicional. 4.2 O princípio do Juiz Natural. 4.3 Direito de acesso ao judiciário. 4.4 Princípio do contraditório (*audiatur et altera pars*). 4.5 O princípio da publicidade dos julgamentos e da motivação das decisões. 4.6 Duração razoável do processo.

1. GARANTIAS CONSTITUCIONAIS PARA O EXERCÍCIO DA JURISDIÇÃO – ÁREAS DE INCIDÊNCIA

A exata compreensão da atividade jurisdicional exige, além da análise de seu conceito, que nos conduz ao âmago do instituto, um exame de seu entorno, das circunstâncias legais que o circundam e que lhe dão feição definitiva.

O tema nos leva às *garantias* que asseguram a *independência* do Poder Judiciário (e dos órgãos jurisdicionais que o integram) e, ainda, à natureza *harmônica* de sua relação com os demais Poderes de Estado: em suma, como repercute, para aquele Poder Estatal, a norma do art. 2º da nossa Constituição:

> Art. 2º São Poderes da União, *independentes* e *harmônicos* entre si, o Legislativo, o Executivo e o Judiciário.

A independência mencionada tem dois aspectos:

(i) o *aspecto externo*, que se volta para duas áreas:

(a) para a autonomia do Poder Judiciário em face dos demais Poderes de Estado Nacionais;

(b) para a independência do Poder Judiciário Brasileiro em relação aos demais Países;

(ii) o *aspecto interno*, que concerne à estruturação do Poder Judiciário, de maneira que cada órgão jurisdicional nacional mantenha a sua independência em relação aos demais.

A independência externa do Judiciário, tendo em vista os demais Poderes *do Brasil*, é informada pelos princípios que constituem a chamada *Garantia Institucional do Poder Judiciário;* a soberania do Poder Judiciário Nacional em face dos *países estrangeiros* é a sua *Competência Internacional.*[1]

A independência interna dos órgãos jurisdicionais nacionais, uns em relação aos outros, compreende uma série de princípios que, em conjunto, formam as Garantias da Magistratura.

Por fim, há um conjunto de normas legais que conferem uma série de garantias específicas para que o processo atinja sua finalidade, da maneira mais justa possível, assegurando, dessa maneira, que o processo cumpra sua essencial função de *"dar, o quanto for praticamente possível, a quem tem um direito, tudo aquilo e justamente aquilo que ele tem direito de obter".*[2]

---

[1] Matéria que será examinada no Capítulo XXVII/1;2.

[2] O princípio é enunciado por Chiovenda, nas suas *Istituzioni di Diritto Processuale Civile* (Napoli: Casa Editrice Dott. Eugenio Jovene, 1960, p. 40). Com a mesma ideia, Tarzia

CAPÍTULO VII – PRINCIPAIS GARANTIAS CONSTITUCIONAIS PARA...

2. GARANTIA INSTITUCIONAL DO PODER JUDICIÁRIO

Chama-se Garantia Institucional do Poder Judiciário um complexo de regras legais que lhe dá autonomia em face dos demais Poderes Estatais Brasileiros, as quais se manifestam principalmente nas seguintes áreas:

(i) Administrativa;

(ii) Financeira e orçamentária;

(iii) Normativa.

A *autonomia administrativa* é assegurada ao Poder Judiciário por meio de uma série de normas constitucionais que garantem seu *autogoverno*, isto é, a condução de seus assuntos internos sem ingerência de qualquer outro Poder. Tais normas estão, dentre outras, no art. 96, I e II da Constituição Federal.[3]

---

refere-se ao princípio da proporcionalidade para se referir ao "justo processo", expressão utilizada pelo art. 6º da CEDU (Constituição Europeia dos Direitos Humanos) e no art. 111 da CF Italiana, dizendo que o processo, para ser "justo", deve, antes de tudo, ser "adequado ao escopo ao qual é destinado, segundo o princípio da proporcionalidade e não produzir, portanto, efeitos nem insuficientes nem exorbitantes" (*Lineamenti del Processo Civile di Cognizione*. Milano: Dott. A. Giuffrè Editore, 2002, p. 6.

[3] Art. 96. Compete privativamente:

I – aos tribunais:

a) eleger seus órgãos diretivos e elaborar seus regimentos internos, com observância das normas de processo e das garantias processuais das partes, dispondo sobre a competência e o funcionamento dos respectivos órgãos jurisdicionais e administrativos;

b) organizar suas secretarias e serviços auxiliares e os dos juízos que lhes forem vinculados, velando pelo exercício da atividade correcional respectiva;

c) prover, na forma prevista nesta Constituição, os cargos de juiz de carreira da respectiva jurisdição;

d) propor a criação de novas varas judiciárias;

e) prover, por concurso público de provas, ou de provas e títulos, obedecido o disposto no art. 169, parágrafo único, os cargos necessários à administração da Justiça, exceto os de confiança assim definidos em lei;

f) conceder licença, férias e outros afastamentos a seus membros e aos juízes e servidores que lhes forem imediatamente vinculados;

II – ao Supremo Tribunal Federal, aos Tribunais Superiores e aos Tribunais de Justiça propor ao Poder Legislativo respectivo, observado o disposto no art. 169:

ANTONIO ARALDO FERRAZ DAL POZZO

A principal expressão da *autonomia orçamentária* do Poder Judiciário consiste na liberdade de formular a proposta de seu orçamento (art. 99 da Constituição Federal[4]) e a de sua *autonomia financeira*, em receber,

---

a) a alteração do número de membros dos tribunais inferiores;

b) a criação e a extinção de cargos e a fixação de vencimentos de seus membros, dos juízes, inclusive dos tribunais inferiores, onde houver, dos serviços auxiliares e os dos juízos que lhes forem vinculados;

b) a criação e a extinção de cargos e a remuneração dos seus serviços auxiliares e dos juízos que lhes forem vinculados, bem como a fixação do subsídio de seus membros e dos juízes, inclusive dos tribunais inferiores, onde houver, ressalvado o disposto no art. 48, XV; (Redação dada pela Emenda Constitucional n. 19, de 1998)

b) a criação e a extinção de cargos e a remuneração dos seus serviços auxiliares e dos juízos que lhes forem vinculados, bem como a fixação do subsídio de seus membros e dos juízes, inclusive dos tribunais inferiores, onde houver; (Redação dada pela Emenda Constitucional n. 41, 19.12.2003)

c) a criação ou extinção dos tribunais inferiores;

d) a alteração da organização e da divisão judiciárias;

III – aos Tribunais de Justiça julgar os juízes estaduais e do Distrito Federal e Territórios, bem como os membros do Ministério Público, nos crimes comuns e de responsabilidade, ressalvada a competência da Justiça Eleitoral.

[4] Art. 99. Ao Poder Judiciário é assegurada autonomia administrativa e financeira.

§ 1º Os tribunais elaborarão suas propostas orçamentárias dentro dos limites estipulados conjuntamente com os demais Poderes na lei de diretrizes orçamentárias.

§ 2º O encaminhamento da proposta, ouvidos os outros tribunais interessados, compete:

I – no âmbito da União, aos Presidentes do Supremo Tribunal Federal e dos Tribunais Superiores, com a aprovação dos respectivos tribunais;

II – no âmbito dos Estados e no do Distrito Federal e Territórios, aos Presidentes dos Tribunais de Justiça, com a aprovação dos respectivos tribunais.

§ 3º Se os órgãos referidos no § 2º não encaminharem as respectivas propostas orçamentárias dentro do prazo estabelecido na lei de diretrizes orçamentárias, o Poder Executivo considerará, para fins de consolidação da proposta orçamentária anual, os valores aprovados na lei orçamentária vigente, ajustados de acordo com os limites estipulados na forma do § 1º deste artigo. (Incluído pela Emenda Constitucional n. 45, de 2004)

§ 4º Se as propostas orçamentárias de que trata este artigo forem encaminhadas em desacordo com os limites estipulados na forma do § 1º, o Poder Executivo procederá aos ajustes necessários para fins de consolidação da proposta orçamentária anual. (Incluído pela Emenda Constitucional n. 45, de 2004)

§ 5º Durante a execução orçamentária do exercício, não poderá haver a realização de despesas ou a assunção de obrigações que extrapolem os limites estabelecidos na lei de diretrizes orçamentárias, exceto se previamente autorizadas, mediante a abertura de créditos suplementares ou especiais. (Incluído pela Emenda Constitucional n. 45, de 2004).

CAPÍTULO VII – PRINCIPAIS GARANTIAS CONSTITUCIONAIS PARA...

todo dia 20 de cada mês, o duodécimo de seu orçamento (art. 168 da Constituição Federal). Assim, o Poder Judiciário não precisa do Poder Executivo e nem do Legislativo para cumprir seus compromissos mensais de custeio e de expansão.[5]

Por fim, a *autonomia normativa* é a possibilidade de elaborar seus Regimentos Internos, que são verdadeiras normas legais processuais (art. 96, I, letra "a" da CF[6]).

Todavia, além da independência e da autonomia do Poder Judiciário, a Constituição lhe impõe uma convivência *harmônica* com os demais Poderes Nacionais. Isto significa que ele não enfeixa dentro de si todas as competências do Estado Brasileiro e, por esse motivo, remanescem certas áreas em que o Poder Judiciário precisa dos demais, quando então com eles interage (harmonicamente, e não conflituosamente).

Assim, há leis que somente podem ser aprovadas pelo Poder Legislativo – a independência do Poder Judiciário lhe confere a iniciativa dessas leis, mas a aprovação depende do Legislativo.

Para certos cargos existentes em órgãos jurisdicionais, a investidura deve ser aprovada pelo Poder Legislativo, mas a indicação e a nomeação são feitas pelo Poder Executivo, como ocorre, por exemplo, com os Ministros do Supremo Tribunal Federal, segundo prescreve o art. 101 e seu parágrafo único da Constituição.

3. GARANTIAS DA MAGISTRATURA[7]

Não é suficiente que o Poder Judiciário seja autônomo apenas em relação aos demais Poderes Estatais: é preciso que os magistrados também

---

[5] Infelizmente essa é uma realidade mais teórica que prática. Poder Executivo, como se costuma dizer, detém a "chave do cofre" e nem sempre libera os duodécimos voluntariamente.

[6] V. acima, nota 03 de rodapé.

[7] Neste ponto cabe uma observação. A Constituição Federal de 1988 veio a ser promulgada depois de quase vinte e cinco anos de regime de ditadura militar, iniciado em 31 de março de 1964. Durante esse período a Constituição Federal foi substituída

tenham independência, uns em relação aos outros e, especialmente, perante os dirigentes do próprio Poder Judiciário.[8]

As Garantias da Magistratura, portanto, se voltam para a proteção dos agentes políticos que estão investidos nos cargos existentes nos órgãos jurisdicionais e são elas: *(i)* a vitaliciedade; *(ii)* a inamovibilidade e *(iii)* a irredutibilidade de vencimentos.

A vitaliciedade garante ao Magistrado não perder o cargo que ocupa a não ser por decisão proferida em processo judicial – o que afasta essa perda por meio de mero processo administrativo, sempre com menores garantias que aquele (art. 95, I da Constituição Federal).

O Magistrado é inamovível, ou seja, somente pode passar de um cargo para outro por livre e espontânea vontade.[9] Porém, é claro que, às vezes, o interesse público pode determinar a remoção compulsória do Magistrado, mas, nesse caso, somente pelo voto da maioria absoluta dos integrantes do Tribunal Superior a que está vinculado, ou do Conselho Nacional de Justiça (art. 95, II e 93, VIII da Constituição Federal[10]).

---

pelo Ato Institucional n. 05, suprimidas várias garantias dos Poderes Legislativo e Judiciário, bem como direitos e garantias individuais. A Constituição de 1988, portanto, nasceu sob a inspiração de compor uma verdadeira reação a esse período e, assim, todos os segmentos do Poder Estatal e da sociedade civil buscaram nela escrever as garantias e direitos que entendiam fundamentais, pois a sensação era a de que a norma constitucional lhes daria mais segurança e perpetuidade. Essa circunstância explica a enorme quantidade de alterações feitas no texto original através de emendas constitucionais, que derrubaram muitas das normas escritas pelo constituinte de 88. Oxalá, brevemente se tenha a possibilidade de contarmos com uma nova ordem constitucional, mais voltada para a essência do que para o transitório, pois se aquela permanece, este muda com o evoluir dos tempos. Também assim se explica o número de normas constitucionais voltadas para as garantias dos integrantes do Poder Judiciário, que deveriam, a rigor, estar noutra sede legislativa.

[8] O que lhes confere, por óbvio, independência em face dos demais Poderes.

[9] A Magistratura é organizada em carreira, o que significa que os respectivos cargos pertencem a classes que se superpõem, formando uma espécie de escada, cujo último degrau é um cargo num tribunal. O magistrado pode se movimentar dentro dessa carreira em duas direções: horizontalmente, para cargo de um mesmo nível (remoção) ou verticalmente, para cargo de nível superior (promoção). Esses deslocamentos, porém, dependem de sua vontade, que é manifestada por meio de inscrição em concurso de remoção ou de promoção.

[10] Art. 93. VIII – o ato de remoção, disponibilidade e aposentadoria do magistrado, por

CAPÍTULO VII – PRINCIPAIS GARANTIAS CONSTITUCIONAIS PARA...

4. GARANTIAS ESPECÍFICAS

4.1 IMPARCIALIDADE NO EXERCÍCIO DA ATIVIDADE JURISDICIONAL

Há quem entenda que a imparcialidade do Poder Judiciário seja uma garantia do processo, e não propriamente do Poder Judiciário ou do Magistrado.[11]

Seja como for, a imparcialidade do Poder Judiciário, sem dúvida nenhuma, é o mais importante de seus atributos, pois ela é que lhe confere *legitimidade política*.

Essa espécie de legitimidade, numa Democracia Representativa, é alcançada mediante o voto livre e secreto dos cidadãos, o que, porém, ocorre somente em relação aos integrantes do Poder Executivo e do Poder Legislativo.

Os Magistrados não são eleitos pelo povo.

Eles são investidos nesse cargo mediante concurso público de títulos e provas, com exceção de alguns integrantes dos tribunais, que ingressam diretamente no Poder Judiciário mediante certos processos de escolha que, todavia, prescindem da participação.

Assim, para legitimar a sua investidura, isto é, para que sejam aceitos sem contestação pelos cidadãos, o Poder Judiciário precisa ser *imparcial*.

A História tem demonstrado que a parcialidade desse Poder, mais cedo ou mais tarde, provoca sua queda.

---

interesse público, fundar-se-á em decisão por voto da maioria absoluta do respectivo tribunal ou do Conselho Nacional de Justiça, assegurada ampla defesa;

[11] As garantias que no texto estudamos sob a rubrica de "Garantia Especial", alguns autores, efetivamente, entendem que são concernentes ao processo, como TARZIA, Giuseppe; em seus *Lineamenti del Processo Civile de Cognizione*. Milano: Dott. A. Giuffrè Editore, 2002, p. 3. Não deixa de ter razão, esse ilustre processualista e Professor da Universidade de Milão. Mas, segundo entendo, trata-se de ângulo de visão. Essas garantias são multifacetadas em suas expressões, de maneira que podem ser vistas como garantias do processo, do Poder Judiciário ou da Magistratura, certamente variando, aqui e ali, a preponderância e a intensidade com que atingem um desses componentes do mesmo fenômeno jurisdicional.

Para assegurar a imparcialidade do Poder Judiciário, a Constituição Federal enuncia o princípio geral da isonomia, no *"caput"* do art. 5º:

> Art. 5º Todos são iguais perante a lei, sem distinção de qualquer natureza, garantindo-se aos brasileiros e aos estrangeiros residentes no País a inviolabilidade do direito à vida, à liberdade, à igualdade, à segurança e à propriedade, nos termos seguintes:

Esse princípio obviamente se reflete para dentro do processo e deve orientar a ação do Poder Judiciário, pois para que todos sejam efetivamente iguais perante a lei, o Magistrado, quando convocado a formular ou realizar praticamente a regra jurídica concreta, deve tratar com igualdade as partes (princípio da igualdade das partes) e exercer sua função jurisdicional de modo absolutamente imparcial.

O princípio da igualdade de todos perante lei se reflete em inúmeras leis processuais infraconstitucionais, máxime no Código de Processo Civil, onde se projeta de diversas maneiras.

Assim, o art. 7º acolhe expressamente o princípio da igualdade das partes:

> Art. 7º É assegurada às partes paridade de tratamento em relação ao exercício de direitos e faculdades processuais, aos meios de defesa, aos ônus, aos deveres e à aplicação das sanções processuais, competindo ao juiz velar pelo efetivo contraditório.[12]

Também em decorrência da isonomia, o Código de Processo Civil consagra o princípio da inércia da jurisdição:

> Art. 2º O processo civil começa por iniciativa da parte e se desenvolve por impulso oficial, salvo exceções previstas em lei.[13]

---

[12] Essa norma não constava do Código de Processo Civil de 1974.

[13] A expressão "salvo exceções previstas na lei" constitui-se numa ressalva inconstitucional, pois o juiz não pode agir de ofício.

CAPÍTULO VII – PRINCIPAIS GARANTIAS CONSTITUCIONAIS PARA...

> **Art. 2º** Nenhum juiz prestará a tutela jurisdicional senão quando a parte ou o interessado a requerer, nos casos e forma legais.

Ao fixar essas diretrizes, a lei processual está dizendo que o Poder Judiciário é um *poder inerte*, para ser imparcial. A regra legal por último citada estabelece o princípio da inércia da jurisdição, que significa que esta não se exerce senão mediante provocação da parte ou do interessado – ***nemo iudex sine actore, ne procedat iudex ex officio***.

A razão é simples: se o magistrado entrasse em atividade por vontade própria, *ex officio*, teria que escolher, dentre milhares de situações jurídicas, aquelas nas quais vislumbrasse, ainda que em tese, um direito violado ou ameaçado. Noutras palavras: esse "entrar em atividade espontaneamente" pressupõe um prévio juízo segundo o qual alguém teria (ao menos à primeira vista) razão em face de outrem e sem dúvida esse pré-julgamento seria mais que suficiente *para quebrar a imparcialidade do magistrado*.

Ainda para reforçar a imparcialidade do Poder Judiciário, o Código de Processo Civil estabelece situações objetivas em que o juiz não pode exercer a atividade jurisdicional porque está impedido de fazê-lo, arrolando as hipóteses em que esse impedimento estará presente (art. 144). Também o código estabelece situações em que o juiz é havido como suspeito de parcialidade (art.145).

4.2 O PRINCÍPIO DO JUIZ NATURAL

O princípio do juiz natural significa que não pode haver a criação de um órgão jurisdicional para solucionar uma situação jurídica *já ocorrida*.

Muitos autores entendem que o princípio do juiz natural também é uma garantia do processo. Em verdade seria uma garantia dos cidadãos – mas, também, sob certo ângulo, do próprio juiz, que não pode ter uma causa subtraída de sua competência.

As atribuições do Poder Judiciário são repartidas dentre seus milhares de órgãos jurisdicionais de maneira que cada um deles tem a sua competência *pré-fixada pela lei*. Essa competência compreende, pois, o conjunto de todas as situações jurídicas abstratas (para casos futuros) e genéricas (válidas para todos) que serão submetidas à sua apreciação.

O magistrado, que integra esse órgão jurisdicional e cuja competência foi fixada por antecipação, é o *juiz natural* das situações que venham a ocorrer no futuro e que se enquadrem no rol das causas que lhe são atribuídas.

O princípio do juiz natural reforça a imparcialidade do Poder Judiciário, porque a constituição de um órgão jurisdicional *depois* de ocorrido o fato sempre gera suspeita de parcialidade, isto é, que aquele órgão foi criado para atuar a favor ou contra uma das partes envolvidas na situação de conflito. E isto também significaria a retirada de uma situação jurídica do juiz que a devia conhecer e julgar, pelas regras legais de competência (isto é, do juiz natural).

O princípio está escrito no art. 5º, XXXVII da CF:

> Art. 5º (*omissis*)
> XXXVII – não haverá juízo ou tribunal de exceção;

4.3 DIREITO DE ACESSO AO JUDICIÁRIO

Nem a lei, nem qualquer autoridade de qualquer Poder pode impedir o acesso ao Pode Judiciário de quem quer que seja. E, em última análise, esse acesso se traduz pela universal possibilidade de exercício do direito de ação.

A garantia deflui de norma constitucional já vista sob outro enfoque (art. 5º, XXXV[14]) e, diretamente da norma do art. 3º do Código de Processo Civil:

---

[14] "A lei não excluirá da apreciação do Poder Judiciário lesão ou ameaça a direito" – norma na qual se funda o próprio direito de ação. V. Adiante, Capítulo XVII/5.

CAPÍTULO VII – PRINCIPAIS GARANTIAS CONSTITUCIONAIS PARA...

Art. 3º Não se excluirá da apreciação jurisdicional ameaça ou lesão a direito.[15]

Não se pode esquecer, ainda, da regra do inciso XXXIV do art. 5º da Constituição Federal, que prevê o chamado direito de petição, inclusive ao Poder Judiciário.[16]

A acessibilidade ao Judiciário vem assegurada, ainda, através de normas legais que garantem a *gratuidade de justiça* e a *concessão de defensor* aos que não possam suportar os ônus financeiros do processo. Ela é tão importante que a Constituição Federal determina ao Poder Executivo organizar e manter a Assistência Judiciária e a Defensoria Pública (art. 21, XIII), conferindo a esta última as seguintes garantias:

Art. 134. (*omissis*)

§ 2º Às Defensorias Públicas Estaduais são asseguradas autonomia funcional e administrativa e a iniciativa de sua proposta orçamentária dentro dos limites estabelecidos na lei de diretrizes orçamentárias e subordinação ao disposto no art. 99, § 2º.

4.4 PRINCÍPIO DO CONTRADITÓRIO (*AUDIATUR ET ALTERA PARS*)

Para que as partes tenham igual tratamento no processo, é preciso que os atos praticados por uma delas seja do conhecimento da outra e que esta tenha a oportunidade de reação – essa é a configuração do princípio do contraditório (*audiatur et altera pars*).

O Código de Processo Civil manifesta uma grande preocupação com a preservação do princípio do contraditório e da ampla defesa, previstos em norma da Constituição Federal:

---

[15] Norma que não constava do Código de Processo Civil de 1974.

[16] "XXXIV – são a todos assegurados, independentemente do pagamento de taxas: a) o direito de petição aos Poderes Públicos em defesa dos direitos ou contra ilegalidade ou abuso de poder". Quando se pede a tutela jurisdicional ao Estado, mas não se dispõe do direito de ação, entendo que o direito exercido foi o direito de petição.

113

Art. 5º (*omissis*)

LV – aos litigantes, em processo judicial ou administrativo, e aos acusados em geral são assegurados o contraditório e ampla defesa, com os meios e recursos a ela inerentes;

Nessa esteira, o ordenamento processual impede que o juiz decida – ainda que com base em tais subsídios – sem a oitiva da parte contrária:

Art. 9º Não se proferirá sentença ou decisão contra uma das partes sem que esta seja previamente ouvida.

É claro que, em face de situações excepcionais, melhor será o juiz proferir a decisão sem ouvir a parte contraria – *inaudita altera parte* – mas, na sequência, deverá fazê-lo.

Essa possibilidade vem expressa no parágrafo único do art. 9º:

Art. 9º (*omissis*)

Parágrafo único. O disposto no *caput* não se aplica:

I – à tutela provisória de urgência;

II – às hipóteses de tutela da evidência previstas no art. 309, incisos II e III;[17]

III – à decisão prevista no art. 700.[18]

A mesma ideia vem expressa no art. 10:

---

[17] Art. 309. A tutela da evidência será concedida, independentemente da demonstração de perigo de dano ou de risco ao resultado útil do processo, quando: II – as alegações de fato puderem ser comprovadas apenas documentalmente e houver tese firmada em julgamento de casos repetitivos ou em súmula vinculante; III – se tratar de pedido reipersecutório fundado em prova documental adequada do contrato de depósito, caso em que será decretada a ordem de entrega do objeto custodiado, sob cominação de multa.

[18] Art. 700. Sendo evidente o direito do autor, o juiz deferirá a expedição de mandado de pagamento, de entrega de coisa ou para execução de obrigação de fazer ou de não fazer, concedendo ao réu prazo de quinze dias para o cumprimento e o pagamento de honorários advocatícios de cinco por cento do valor atribuído à causa.

CAPÍTULO VII – PRINCIPAIS GARANTIAS CONSTITUCIONAIS PARA...

Art. 10. O juiz não pode decidir, em grau algum de jurisdição, com base em fundamento a respeito do qual não se tenha dado às partes oportunidade de se manifestar, ainda que se trate de matéria sobre a qual tenha que decidir de ofício.

A ressalva constante da cabeça do artigo é importante, porque quando se trata de questão de ordem pública cabe ao juiz encerrar o processo: mas, mesmo assim, a lei exige que as partes tenham o direito de se manifestar.

Além disso, para prestigiar o princípio do contraditório, o Código de Processo Civil se preocupa muito com a comunicação dos atos processuais – desde a primeira e talvez a mais importante delas, que é a *citação*, até as intimações e notificações no curso do processo.

Sem obediência ao princípio do contraditório o processo não será válido.

Segundo Liebman, "o princípio imprime a todo o procedimento uma estrutura contraditória, na medida em que o juiz desenvolve o processo em face de todas as partes e estas devem poder assistir o seu desenvolvimento e se defender e provar as suas razões. São estas umas tantas outras garantias da prolação de uma decisão de forma mais fundamentada possível e que justificam aquela particular imutabilidade que é uma característica exclusiva dos atos jurisdicionais (*autoridade da coisa julgada*), limitada naturalmente às partes e ao objeto do julgado".[19]

4.5 O PRINCÍPIO DA PUBLICIDADE DOS JULGAMENTOS E DA MOTIVAÇÃO DAS DECISÕES

O Poder Judiciário tem o dever de *transparência*, circunstância que, ao lado de sua imparcialidade, completa a sua legitimidade política para o exercício de suas relevantíssimas competências.

---

[19] LIEBMAN, Enrico Tullio. *Manuale di Diritto Processuale Civile*: Principi. 7ª ed. Milano: Giuffrè Editore, 2007, p. 8.

A ampla defesa, o contraditório, o julgamento imparcial, a igualdade de tratamento entre as partes, todos esses princípios, efetivamente, não se coadunam com julgamento *secreto* e *decisões imotivadas*, isto é, desprovidas das razões que levaram o Magistrado a decidir desta ou daquela maneira.

O órgão jurisdicional além de exibir publicamente suas decisões – e não apenas o resultado estrito delas – tem que expor todos os motivos de seu convencimento.

Realmente, não seria possível externar o inconformismo com uma decisão de cujo teor se conhecesse apenas a conclusão final ("condeno Fulano ao pagamento de tanto") sem se conhecer toda a sentença e sem poder saber seus motivos determinantes. Isso significa que diante de uma decisão secreta quanto aos seus motivos ou exposta, mas não fundamentada, é impossível exercer a ampla defesa.

Daí a CF estatuir, no seu art. 93, inciso IX:

> Art. 93. (*omissis*)
>
> IX – todos os julgamentos dos órgãos do Poder Judiciário serão públicos e fundamentadas todas as decisões, sob pena de nulidade, podendo a lei limitar a presença, em determinados atos, às próprias partes e a seus advogados, ou somente a estes, em casos nos quais a preservação do direito à intimidade do interessado no sigilo não prejudique o interesse público à informação;

O art. 11 do Código de Processo Civil replica essa orientação:

> Art. 11. Todos os julgamentos dos órgãos do Poder Judiciário serão públicos e fundamentadas todas as suas decisões, sob pena de nulidade.

Porém, casos existem em que se recomenda circunscrever o âmbito dessa publicidade, como hipóteses de investigação de paternidade, por exemplo. Daí o parágrafo único do art. 11:

> Art. 11. (*omissis*)

CAPÍTULO VII – PRINCIPAIS GARANTIAS CONSTITUCIONAIS PARA...

Parágrafo único – Nos casos de segredo de justiça, pode ser autorizada somente a presença das partes, de seus advogados, de defensores públicos ou do Ministério Público.[20]

Mas, a publicidade existe, ainda que de forma reduzida.

4.6 DURAÇÃO RAZOÁVEL DO PROCESSO

Seguindo os passos da União Europeia, que aprovou a Carta Europeia dos Direitos Humanos (CEDU), a Emenda Constitucional n. 45, de 2004, deu a seguinte redação ao inciso LXXVIII do art. 5º da CF:

LXXVIII – a todos, no âmbito judicial e administrativo, são assegurados a razoável duração do processo e os meios que garantam a celeridade de sua tramitação.[21]

Certamente as decisões dos órgãos jurisdicionais irão formar a jurisprudência sobre o que se deva entender por "duração razoável".

Em caso de duração excessiva, o interessado deve se valer do disposto no art. 102, § 1º da CF:

Art. 102. (*omissis*)

§ 1º A arguição de descumprimento de preceito fundamental, decorrente desta Constituição, será apreciada pelo Supremo Tribunal Federal, na forma da lei.[22]

---

[20] A matéria ainda vem tratada no art. 144 do Código de Processo Civil, que será visto oportunamente.

[21] O § 1º do art. 6º da CEDU, sob o título "Direito a um processo equânime", dispõe: "toda pessoa tem direito que sua causa seja examinada de modo equânime, publicamente e dentro de um prazo razoável por um tribunal independente e imparcial, constituído pela lei, o qual decidirá seja as controvérsias sobre seus direitos e deveres de natureza cível, seja o fundamento de toda acusação penal que lhe seja feita" (*apud* TARZIA, Giuseppe. *Lineamenti del Processo Civile di Cognizione*. Milano: Dott. A. Giuffrè Editore, 2002. Primeira página, nota de rodapé n. 1).

[22] Os países que integram a União Europeia se submetem, em caso de violação da norma

Trata-se de uma norma de extrema importância, a do inciso LXXVIII do art. 5º da CF, pois a justiça que tarda demasiadamente é a mais terrível forma de injustiça – e, infelizmente, no Brasil, essa é uma realidade constante.[23]

O Código de Processo Civil também caminhou nessa direção:

> Art. 4º As partes têm o direito de obter em prazo razoável a solução integral do mérito, incluída a atividade satisfativa.[24]

O art. 6º acaba criando deveres para as partes e seus procuradores, a fim de que tal objetivo seja alcançado:

---

do CEDU à Corte Europeia, com sede em Strasburg, na França. Tarzia noticia algumas decisões a respeito da duração não razoável do processo, como aquela em o processo permanece por mais de três anos sem que alguma atividade instrutória (referente à produção de provas) já tenha sido realizada (TARZIA, Giuseppe. *Lineamenti del Processo Civile de Cognizione*. Milano: Dott. A. Giuffrè Editore, 2002, p. 13, nota de rodapé n. 28.

[23] A duração excessivamente longa do processo tem sido debitada, dentre outros fatores, principalmente ao Direito Processual Civil, que ensejaria mecanismos para que o réu prolongasse indefinidamente a causa. Há um pouco de verdade, nessa afirmação. Mas, muito pouco. Na verdade o grande responsável pelo número imenso de processos nos juízos e tribunais brasileiros é o direito material, que não traz consigo regras sérias para desestimular o seu descumprimento. A impunidade pelo sucessivo e constante descumprimento da lei é a grande e verdadeira responsável pela quantidade absurda de processos em andamento. Basta dizer que, por mais que se reformule o pobre do Direito Processual, ele jamais impedirá o volume de demandas, que impedem a celeridade processual. Discorrendo sobre o Código de Processo Civil da Itália de 1940 (que entrou em vigor em 1942 e substituiu o de 1865) Liebman recorda das profundas e férteis discussões que se travaram antes de sua aprovação, das quais participaram, dentre outros, Chiovenda e Calamandrei. Todavia, à aprovação do Código não se seguiu a devida reestruturação da Magistratura e das estruturas dos órgãos judiciais – e toda crítica, injusta e indevida, recaiu sobre o Código de Processo, seguindo-lhe inúmeras leis que tentaram "corrigir" o que nada tinha a ver com o aspecto legal do processo (LIEBMAN, Enrico Tullio. *Manuale di Diritto Processuale Civile*: Principi. 7ª ed. Milano: Giuffrè Editore, 2007, p. 44). No Brasil, infelizmente o mesmo ocorreu com o Código de 1974, que foi um excelente corpo de leis processuais civis. Legislação esparsa que veio a modificá-lo buscou soluções rápidas para os litígios, rapidez essa que às vezes atentou contra a segurança jurídica e o próprio Estado de Direito Brasileiro. Oxalá o novo Código de Processo Civil possa contar com infraestrutura adequada para sua aplicação, pois se trata de um ordenamento de excelente qualidade.

[24] Norma ausente no código anterior.

CAPÍTULO VII – PRINCIPAIS GARANTIAS CONSTITUCIONAIS PARA...

> Art. 6º Todos os sujeitos do processo devem cooperar entre si para que se obtenha, em tempo razoável, a decisão de mérito justa e efetiva.[25]

A rapidez do processo não se coaduna com atitudes de má-fé. O Código de Processo Civil atento a tal circunstância estatuiu:

> Art. 5º Aquele que de qualquer forma participa do processo deve comportar-se de acordo com a boa-fé.

Louvável a orientação do Código de Processo Civil, pois quem assim não agir poderá ser denunciado por má-fé e responder por perdas e danos (arts. 79 a 81).

Também merece referência o art. 12 *caput* do Código de Processo Civil, que simultaneamente atende ao princípio da isonomia e também da celeridade do processo, ao estabelecer que *"os juízes deverão proferir sentença e os tribunais deverão decidir os recursos obedecendo à ordem cronológica de conclusão"*.

Com tal norma o magistrado não mais é livre para resolver o processo que bem entender, dentre os que lhe estão conclusos – mas, fica obrigatoriamente vinculado à ordem em que eles estarão prontos para receber a decisão.

O § 1º, a seu turno, completa essa garantia e também pode ser havido como emanação do princípio da publicidade:

> Art. 12. Os juízes e os tribunais deverão obedecer à ordem cronológica de conclusão para proferir sentença ou acórdão.
>
> § 1º A lista de processos aptos a julgamento deverá estar permanentemente à disposição para consulta pública em cartório e na rede mundial de computadores.
>
> § 2º (*omissis*)

---

[25] O CPC revogado não continha norma similar.

§ 3º Após elaboração de lista própria, respeitar-se-á a ordem cronológica das conclusões entre as preferências legais.

§ 4º Após a inclusão do processo na lista de que trata o § 1º, o requerimento formulado pela parte não altera a ordem cronológica para a decisão, exceto quando implicar a reabertura da instrução ou a conversão do julgamento em diligência.

§ 5º Decidido o requerimento previsto no § 4º, o processo retornará à mesma posição em que anteriormente se encontrava na lista.

§ 6º Ocupará o primeiro lugar na lista prevista no § 1º ou, conforme o caso, no § 3º, o processo que:

I – tiver sua sentença ou acórdão anulado, salvo quando houver necessidade de realização de diligência ou de complementação da instrução;

II – se enquadrar na hipótese do art. 1.040, inciso II.

Todavia, a regra do art. 12 tem exceções, previstas no § 2º:

Art. 12 (*omissis*)

§ 2º Estão excluídos da regra do *caput*:

I – as sentenças proferidas em audiência, homologatórias de acordo ou de improcedência liminar do pedido;

II – o julgamento de processos em bloco para aplicação de tese jurídica firmada em julgamento de casos repetitivos;

III – o julgamento de recursos repetitivos ou de incidente de resolução de demandas repetitivas;

IV – as decisões proferidas com base nos arts. 485 e 932;

V – o julgamento de embargos de declaração;

VI – o julgamento de agravo interno;

VII – as preferências legais e as metas estabelecidas pelo Conselho Nacional de Justiça;

VIII – os processos criminais, nos órgãos jurisdicionais que tenham competência penal;

IX – a causa que exija urgência no julgamento, assim reconhecida por decisão fundamentada.

CAPÍTULO VII – PRINCIPAIS GARANTIAS CONSTITUCIONAIS PARA...

Algumas dessas exceções atendem ao princípio da rápida solução do processo, pois não teria sentido deixá-lo na fila (inciso I *usque* VI) e o último inciso não derroga as preferências legais existentes, como no caso do idoso (art. 1.004 do Código de Processo Civil).

Capítulo VIII
DOS ÓRGÃOS AUXILIARES DA JUSTIÇA[1]

Sumário: 1. Órgãos Principais e Órgãos Auxiliares da Justiça. 2. Órgãos Auxiliares da Justiça – conceito. 3. Classificação dos Órgãos Auxiliares da Justiça: Permanentes e Eventuais 4. Dos Órgãos Auxiliares da Justiça no Código de Processo Civil. 4.1 Do escrivão. 4.2 Do oficial de justiça. 4.3 Da responsabilidade do escrivão e do oficial de justiça. 4.4 Do distribuidor. 4.5 Do contabilista. 4.6 Do partidor. 4.7 Do perito. 4.8 Do depositário e do Administrador. 4.9 Do intérprete e do tradutor. 5. Dos Conciliadores e Mediadores Judiciais. 5.1 Conciliadores e Mediadores Judiciais. 5.2 Composição dos centros judiciários de solução consensual – escolha dos conciliadores e mediadores. 5.3 Requisito para se tornar mediador ou conciliador. 5.4 Do cadastro dos conciliadores ou mediadores. 5.5 Da remuneração dos conciliadores ou mediadores. 5.6 Dos impedimentos dos conciliadores ou mediadores. 5.7 Da exclusão do cadastro. 5.8 Câmaras de mediação e conciliação para pessoas jurídicas de direito público. 5.9 Outras formas de conciliação e mediação. 5.10 Lei n. 13.140, de 26 de junho de 2015.

---

[1] Esta matéria tem ligação com o tema geral da Jurisdição e também com a teoria dos atos processuais. Por mera conveniência de exposição, ela se analisada nesta oportunidade. Os atos processuais do juiz, porém, estão no Capítulo XLVIII.

1. ÓRGÃOS PRINCIPAIS E ÓRGÃOS AUXILIARES DA JUSTIÇA

Como o Estado é uma pessoa jurídica (de Direito Público), para exercer as suas funções e atuar na realidade precisa de pessoas físicas investidas nos cargos existentes nos variados órgãos públicos.

Tal ocorre com o Poder Judiciário, em cujos órgãos jurisdicionais há cargos de Magistrados, ocupados por pessoas físicas que se encarregam de exercer as atividades jurisdicionais, seja nos órgãos superiores (tribunais), seja nos órgãos inferiores (juízos ou varas). São *agentes políticos*.

Contudo, o magistrado não consegue sozinho dar conta de todas as atribuições dos órgãos jurisdicionais, que além da competência para exercer a jurisdição tem inúmeras outras atribuições e tarefas administrativas. Até mesmo para exercer seu ofício jurisdicional o magistrado não raramente precisa da colaboração de outras pessoas, como um perito, por exemplo.

Assim sendo, nos órgãos jurisdicionais, além dos cargos de magistrados, há outros, destinados a *servidores públicos* cuja função é a de auxiliar os Magistrados na sua tarefa administrativa e jurisdicional.

Por mera comodidade de exposição, costuma-se falar em Órgãos Principais da Justiça (para designar os Magistrados) e em Órgãos Auxiliares da Justiça (para designar os agentes públicos que ajudam os Magistrados na sua missão jurisdicional).

2. ÓRGÃOS AUXILIARES DA JUSTIÇA – CONCEITO

Não é fácil emitir um conceito de Órgão Auxiliar da Justiça, dada a heterogeneidade das funções que exercem.

Contudo, de uma maneira geral, podemos dizer que Órgãos Auxiliares da Justiça são aqueles que desempenham suas funções em razão do processo, sem interesse no seu resultado e sob a autoridade do juiz, colaborando para que se torne possível a prestação jurisdicional.

CAPÍTULO VIII – DOS ÓRGÃOS AUXILIARES DA JUSTIÇA

Portanto, não são órgãos auxiliares da Justiça, dentre outros:

(i) as partes, que são sujeitos do processo, e que têm interesse no seu desfecho;

(ii) os advogados, que são representantes das partes para fins processuais;

(iii) as testemunhas, que são um meio de prova;

(iv) os representantes das partes, como o tutor, o curador, o representante da pessoa jurídica etc. que, embora não sejam partes, têm interesse no desfecho do processo.

3. CLASSIFICAÇÃO DOS ÓRGÃOS AUXILIARES DA JUSTIÇA: PERMANENTES E EVENTUAIS

Dentre os inúmeros critérios ofertados pela doutrina para a classificação dos Órgãos Auxiliares da Justiça, adotamos o critério que distingue entre aqueles que mantêm com o Estado uma relação jurídica de natureza *permanente* (chamados *órgãos permanentes*), daqueles que mantêm essa relação jurídica de maneira *eventual* (*órgãos eventuais*).

Os órgãos auxiliares permanentes são criados por lei, com denominação própria e atribuições determinadas, destinados a existirem de maneira contínua, porque deles depende de forma constante o órgão jurisdicional, independentemente do tipo de processo que se considere.

Todavia, há certas atividades que são necessárias apenas num ou noutro processo. Para o exercício destas funções, o Estado entende desnecessária a criação de cargos permanentes, pois haveria inútil dispêndio de numerário: a investidura será temporária para exercício de determinada função num determinado processo. Essa investidura poderá ter como prazo máximo a duração do processo em que ela ocorreu. Em razão dessa investidura (temporária, eventual), a pessoa passa a ter uma série de deveres e responsabilidades, ficando sob a sujeição do poder do juiz. Estes órgãos são denominados de *Órgãos Auxiliares Eventuais*.

Ressalvadas algumas disposições do Código de Processo Civil referentes aos Órgãos Auxiliares, a maioria das normas legais está na legislação que cuida da Organização Judiciária Federal ou dos Estados-Membros.

Há certos órgãos que existem em todas as Justiças de modo permanente. Mas, é possível que outros, dadas as peculiaridades de certas Justiças ou mesmo da realidade de cada Estado-Membro, ora sejam permanentes, ora eventuais.

Assim, por exemplo, o Escrivão (ou órgão de denominação equivalente) e o Oficial de Justiça são órgãos permanentes em qualquer Justiça a ser considerada; mas o depositário poderá sê-lo ou não.

Com base nessas distinções, podemos dizer que Órgãos Auxiliares Permanentes da Justiça são aqueles criados por lei, com denominação própria, cujos agentes públicos exercem as funções de colaboradores do magistrado no processo, mantendo com o Estado uma relação jurídica de emprego de natureza permanente, dele percebendo sua remuneração.

Os Órgãos Auxiliares Eventuais da Justiça são encarregados de funções necessárias em determinados processos, funções essas que são desempenhadas por agentes convocados especialmente para exercê-las, e que, assim, mantêm com o Estado uma relação jurídica de emprego eventual e temporária, cujos honorários normalmente são pagos pelas partes do processo.

4. DOS ÓRGÃOS AUXILIARES DA JUSTIÇA NO CÓDIGO DE PROCESSO CIVIL

A enumeração e as funções dos Órgãos Auxiliares da Justiça, sejam Permanentes ou Eventuais, não se esgotam nas disposições do Código de Processo Civil, pois inúmeras Leis de Organização Judiciária e Regimentos Internos dos tribunais contêm normas sobre aqueles órgãos e suas atribuições.

O Código de Processo Civil cuida dos auxiliares da justiça a partir de seu art. 149:

CAPÍTULO VIII – DOS ÓRGÃOS AUXILIARES DA JUSTIÇA

Art. 149. São auxiliares da Justiça, além de outros cujas atribuições sejam determinadas pelas normas de organização judiciária, o escrivão, o chefe de secretaria, o oficial de justiça, o perito, o depositário, o administrador, o intérprete, o tradutor, o mediador, o conciliador judicial, o partidor, o distribuidor, o contabilista[2] e o regulador de avarias.

Art. 149. São auxiliares do juízo, além de outros, cujas atribuições são determinadas pelas normas de organização judiciária, o escrivão, o oficial de justiça, o perito, o depositário, o administrador e o intérprete.

Todavia, o próprio Código de Processo Civil se refere a outros órgãos auxiliares, como, exemplificativamente: ao *partidor* (arts. 152, inciso IV, letra "c" e 651); ao *distribuidor* (art. 286, parágrafo único); e ao *leiloeiro* (art. 880 e 884).

4.1 DO ESCRIVÃO

O Código de Processo Civil denomina o serventuário encarregado de chefiar o Ofício de Justiça de *escrivão* e de *chefe de secretaria judicial* o que chefia a Secretaria Judicial.

Mesmo antes da edição do Código de Processo Civil, a previsão do chefe de secretaria judicial constava da Lei Orgânica da Justiça Federal (Lei n. 5.010/66). Por essa razão, Theotônio Negrão, José Roberto F. Gouvêa e Luis Guilherme A. Bondoli, em comentário ao artigo 139 do Código de Processo Civil revogado, já diziam que *"na Justiça Federal, o serventuário se denomina Chefe de Secretaria. Na Justiça Estadual, tem, geralmente, a denominação de Escrivão".*[3]

O Estatuto Processual obriga a que perante todo juízo ou vara haja pelo menos um ofício de justiça:

---

[2] No Código de Processo Civil de 1973 o contabilista era chamado de contador.

[3] GOUVÊA, José Roberto F.; BONDIOLI, Luis Guilherme Aidar; NEGRÃO, Theotonio. *Código de Processo Civil e Legislação Processual em vigor.* 43ª Ed. Saraiva, 2011, p. 265.

ANTONIO ARALDO FERRAZ DAL POZZO

> Art. 150. Em cada juízo haverá um ou mais ofícios de justiça, cujas atribuições serão determinadas pelas normas de organização judiciária.
>
> Art. 140. Em cada juízo haverá um ou mais ofícios de justiça, cujas atribuições são determinadas pelas normas de organização judiciária.

O Ofício de Justiça e a Secretaria Judicial são órgãos encarregados de auxiliar o trabalho do juiz.[4]

Depois do juiz, o escrivão é a figura mais importante do juízo, cujas atribuições principais, mas não todas, estão no art. 152:

> Art. 152. Incumbe ao escrivão ou chefe de secretaria:
>
> I – redigir, na forma legal, os ofícios, mandados, cartas precatórias e demais atos que pertençam ao seu ofício;
>
> II – efetivar as ordens judiciais, realizar citações e intimações, bem como praticar todos os demais atos que lhe forem atribuídos pelas normas de organização judiciária;
>
> III – comparecer às audiências ou, não podendo fazê-lo, designar servidor para substituí-lo;
>
> IV – manter sob sua guarda e responsabilidade os autos, não permitindo que saiam do cartório, exceto:
>
> a) quando tenham de seguir à conclusão do juiz;
>
> b) com vista a procurador, à Defensoria Pública, ao Ministério Público ou à Fazenda Pública;
>
> c) quando devam ser remetidos ao contabilista ou ao partidor;
>
> d) quando forem transferidos a outro juízo em razão da modificação da competência;
>
> V – fornecer certidão de qualquer ato ou termo do processo, independentemente de despacho, observadas as disposições referentes ao segredo de justiça;

---

[4] Nas comarcas em que houver um único Juízo ou Vara – ao menos no Estado de São Paulo – sempre haverá dois Ofícios de Justiça; mas se houver dois ou mais Juízos haverá um Ofício de Justiça para cada um.

CAPÍTULO VIII – DOS ÓRGÃOS AUXILIARES DA JUSTIÇA

VI – praticar, de ofício, os atos meramente ordinatórios.

§ 1º O juiz titular editará ato a fim de regulamentar a atribuição prevista no inciso VI.

§ 2º No impedimento do escrivão ou chefe de secretaria, o juiz convocará substituto e, não o havendo, nomeará pessoa idônea para o ato.

Art. 141. Incumbe ao escrivão:

I – redigir, em forma legal, os ofícios, mandados, cartas precatórias e mais atos que pertencem ao seu ofício;

II – executar as ordens judiciais, promovendo as citações e intimações, bem como praticando todos os demais atos, que lhe forem atribuídos pelas normas de organização judiciária;

III – comparecer às audiências, ou, não podendo fazê-lo, designar para substituí-lo escrevente juramentado, de preferência datilógrafo ou taquígrafo'

IV – ter, sob sua guarda e responsabilidade, os autos, não permitindo que saiam de cartório, exceto:

a) quando tenham que subir à conclusão do juiz;

b) com vista aos procuradores, ao Ministério Público ou à Fazenda Pública;

c) quando devam ser remetidos ao contador ou ao partidor;

d) quando, modificando-se a competência, forem transferidos a outro juízo;

V – dar, independentemente de despacho, certidão de qualquer ato ou termo do processo, observado o disposto no art. 155.

Art. 142. No impedimento do escrivão, o juiz convocar-lhe-á o substituto, e, não o havendo, nomeará pessoa idônea para o ato.

Tendo em vista a norma jurídica acima, as diversas funções do escrivão são classificadas em funções de *documentação* dos atos e termos processuais e em funções de *movimentação* do processo.

Algumas de suas funções são consideradas autônomas, como o fornecimento de certidões, e outras não, porque dependem de autorização judicial.

O inciso I do art. 152 refere-se aos atos de documentação que incumbem ao escrivão. Os atos processuais, quando não são produzidos por escrito precisam ser reduzidos à forma escrita, a fim de ficarem documentados. Assim, por exemplo, os depoimentos testemunhais são produzidos oralmente, cabendo ao escrivão (ou a escrevente juramentado e por ele designado) reduzi-los a escrito, como determina o inciso III. Mas, há atos que são realizados por escrito e que incumbem ao escrivão, como a redação de um ofício determinado pelo Juiz (inciso I).

No que tange às citações, sempre caberá ao escrivão redigir o respectivo mandado, se elas houverem de ser feitas pelo oficial de justiça.

O comparecimento do escrivão às audiências tem o objetivo de documentar os atos orais nela praticados, como o de elaborar o termo de audiência, reduzir a escrito os depoimentos das partes e testemunhas entre outras coisas. Não podendo comparecer, deve designar para ocupar seu lugar um escrevente juramentado, de preferência datilógrafo, taquígrafo ou digitador.[5]

A *guarda* dos autos do processo é outra função importante do escrivão, não apenas durante a sua tramitação, mas também após seu encerramento, quando irão para o arquivo.[6]

O fornecimento de certidões independe de autorização judicial, mas o escrivão deve observar o disposto no art. 189 do Código de Processo Civil, que cuida dos casos que correm em segredo de justiça. As certidões fornecidas pelo escrivão têm fé pública, isto é, são havidas como verdadeiras, até prova em contrário.

No impedimento do escrivão, o juiz convocar-lhe-á o substituto, diz o § 2º do art. 152 do Código de Processo Civil. Por impedimento se deve entender tanto o impedimento propriamente dito (situações em que o escrivão está proibido de exercer suas funções – art. 148, II), bem

---

[5] Há também as audiências filmadas e gravadas, que precisam da presença de técnicos habilitados para registrá-las e depois escrevê-las.

[6] Em maiores comarcas, como a da cidade de São Paulo, há um arquivo central para os autos encerrados.

CAPÍTULO VIII – DOS ÓRGÃOS AUXILIARES DA JUSTIÇA

como nos casos de suspeição (idem). Na falta de substituto o juiz nomeia pessoa idônea para o ato a ser realizado (art. 152, § 2º, parte final). O Código de Processo Civil não se refere à ausência do escrivão, mas a solução, por analogia, será a mesma.

O Código de Processo Civil, dada a importância do escrivão e do chefe da secretaria judicial, traz algumas normas específicas sobre os atos que ambos devem praticar:

> Art. 206. Ao receber a petição inicial de processo, o escrivão ou o chefe de secretaria a autuará, mencionando o juízo, a natureza da causa, o número de seu registro, os nomes das partes e a data do seu início, e procederá do mesmo modo em relação aos volumes em formação.

Esses são os primeiros atos praticados pelo escrivão e pelo chefe da secretaria, quando tem início um processo. A autuação do processo consiste em colocar uma capa na inicial e documentos, onde já estão impressos os dados exigidos pelo art. 206, que o servidor irá preencher.

Como o escrivão e o chefe da secretaria são responsáveis pelo andamento do processo, o Código de Processo Civil fez bem em criar uma norma que torna as partes efetivamente iguais quanto ao tratamento dispensado pelo ofício de justiça ou secretaria:

> Art. 153. O escrivão ou chefe de secretaria deverá obedecer à *ordem cronológica de recebimento* para publicação e efetivação dos pronunciamentos judiciais.
>
> § 1º A lista de processos recebidos deverá ser disponibilizada, de forma permanente, para consulta pública.
>
> § 2º Estão excluídos da regra do *caput*:
>
> I – os atos urgentes, assim reconhecidos pelo juiz no pronunciamento judicial a ser efetivado;
>
> II – as preferências legais.
>
> § 3º Após elaboração de lista própria, respeitar-se-ão a ordem cronológica de recebimento entre os atos urgentes e as preferências legais.

§ 4º A parte que se considerar preterida na ordem cronológica poderá reclamar, nos próprios autos, ao juiz do processo, que requisitará informações ao servidor, a serem prestadas no prazo de 2 (dois) dias.

§ 5º Constatada a preterição, o juiz determinará o imediato cumprimento do ato e a instauração de processo administrativo disciplinar contra o servidor.

As regras são de fácil entendimento – mas representam uma garantia às partes, pois antes dessa regulamentação o escrivão ou chefe da secretaria davam andamento preferencial àqueles que queriam. Agora eles são obrigados a obedecer à ordem de recebimento e tornar pública a lista – e caso não a obedeçam ficam sujeitos a um processo administrativo disciplinar.

4.2 DO OFICIAL DE JUSTIÇA

Depois do escrivão, o oficial de justiça é o auxiliar mais necessário, visto que inúmeros atos devem ser realizados fora da sede do juízo (isto é, do edifício do Fórum) e o oficial de justiça é o encarregado de realizá-los.

Em *cada juízo* haverá pelo menos um oficial de justiça:

Art. 151. Em cada comarca, seção ou subseção judiciária haverá, no mínimo, tantos oficiais de justiça quantos sejam os juízos.

Art. 140. Em cada juízo haverá um ou mais oficiais de justiça, cujas atribuições são determinadas pelas normas de organização judiciária.

A norma se refere à comarca, que é uma circunscrição territorial sobre o qual o juízo ou vara exerce a jurisdição – mas essa divisão é mais comum na organização da Justiça dos Estados, enquanto na Justiça Federal se fala em seção ou subseção judiciária, para designar o mesmo objeto.

CAPÍTULO VIII – DOS ÓRGÃOS AUXILIARES DA JUSTIÇA

O oficial de justiça deve cumprir estritamente as ordens do juiz: ele é o executor das ordens judiciais, não lhe cabendo entrar em contato direto com as partes interessadas, no desempenho de suas funções. Ele percebe vencimentos fixos mais os emolumentos correspondentes aos atos funcionais que pratica.

Suas principais atribuições:

Art. 154. Incumbe ao oficial de justiça:

I – fazer pessoalmente citações, prisões, penhoras, arrestos e demais diligências próprias do seu ofício, sempre que possível na presença de 2 (duas) testemunhas, certificando no mandado o ocorrido, com menção ao lugar, ao dia e à hora;

II – executar as ordens do juiz a que estiver subordinado;

III – entregar o mandado em cartório após seu cumprimento;

IV – auxiliar o juiz na manutenção da ordem;

V – efetuar avaliações, quando for o caso;

VI – certificar, em mandado, proposta de autocomposição apresentada por qualquer das partes, na ocasião de realização de ato de comunicação que lhe couber.

Parágrafo único. Certificada a proposta de autocomposição prevista no inciso VI, o juiz ordenará a intimação da parte contrária para manifestar-se, no prazo de 5 (cinco) dias, sem prejuízo do andamento regular do processo, entendendo-se o silêncio como recusa.

Art. 143. Incumbe ao oficial de justiça:

I – fazer pessoalmente as citações, prisões, penhoras, arrestos e mais diligências próprias do seu ofício, certificando no mandado o ocorrido, com menção de lugar, dia e hora. A diligência sempre que possível realizar-se-á na presença de suas testemunhas;

II – executar as ordens do juiz a que estiver subordinado;

III – entregar, em cartório, o mandado, logo depois de cumprido;

IV – estar presente às audiências e coadjuvar o juiz na manutenção da ordem;

V – efetuar avaliações.

Todas as ordens judiciais que o oficial de justiça deve cumprir constam de um *mandado* judicial.[7]

4.3 DA RESPONSABILIDADE DO ESCRIVÃO E DO OFICIAL DE JUSTIÇA

Diz o art. 155 do Código de Processo Civil:

> Art. 155. O escrivão, o chefe de secretaria e o oficial de justiça são responsáveis, civil e regressivamente, quando:
>
> I – sem justo motivo, se recusarem a cumprir no prazo os atos impostos pela lei ou pelo juiz a que estão subordinados;
>
> II – praticarem ato nulo com dolo ou culpa.
>
> Art. 144. O escrivão e o oficial de justiça são civilmente responsáveis:
>
> I – quando, sem justo motivo, se recusarem a cumprir, dentro do prazo, os atos que lhes impõe a lei, ou os que o juiz, a que estão subordinados, lhes comete;
>
> II – quando praticarem ato nulo com dolo ou culpa.

A recusa a que se refere o inciso I não precisa ser expressa – basta o decurso do prazo sem o cumprimento do ato, injustificadamente, para a responsabilização.[8]

Ato nulo é todo aquele praticado em desacordo com a lei e que não atingiu a sua finalidade, como a realização de uma penhora sem determinação judicial, feita conscientemente pelo oficial de justiça (ato praticado com dolo) ou realizada por negligência (ato praticado com culpa), por exemplo.[9]

---

[7] O nome é sugestivo, pois vem de mando, ordem.

[8] Nesse sentido, BARBI, Celso Agrícola. *Comentários ao Código de Processo Civil*. 10ª ed. Rio de Janeiro: Forense, 1999, p. 458. Para esse autor motivo justo seria, por exemplo, excesso de serviço.

[9] V. Capítulo XLIII sobre a forma dos atos processuais e Capítulo LII sobre nulidade dos atos processuais.

CAPÍTULO VIII – DOS ÓRGÃOS AUXILIARES DA JUSTIÇA

Se da recusa ou da prática do ato nulo, resultar prejuízo para qualquer das partes, tanto escrivão como o oficial de justiça poderão ser responsabilizados através de uma ação proposta contra a União e contra o Estado, conforme sejam eles integrantes de uma Justiça da União ou de uma Justiça Estadual.

4.4 DO DISTRIBUIDOR

O distribuidor também é um órgão auxiliar permanente que tem a função, como o nome sugere, de distribuir os feitos entre os juízes e os escrivães.

Se no foro (ou comarca)[10] houver mais de um juízo, a cada um deles deve corresponder um único ofício de justiça (e, pois, um único escrivão): neste caso a distribuição se faz apenas ao juízo, pois, automaticamente, já estará definido o respectivo ofício de justiça.

Porém, se na comarca houver apenas um juízo, mas dois ofícios de justiça, a distribuição é feita apenas aos ofícios de justiça.

Diz o art. 284 do Código de Processo Civil:

> Art. 284. Todos os processos estão sujeitos a registro, devendo ser distribuídos onde houver mais de um juiz.[11]
>
> Art. 251. Todos os processos estão sujeitos a registro, devendo ser distribuídos onde houver mais de um juiz ou mais de um escrivão.

---

[10] Foro ou comarca é a denominação que se dá, em regra, a uma circunscrição territorial na qual determinado órgão jurisdicional de primeiro grau exerce a jurisdição. Às vezes essa circunscrição chama-se sessão judiciária. O Foro ou Comarca (expressões sinônimas) pode abranger um ou mais municípios e sua sede será a do município em que fica o Edifício do Fórum.

[11] O Código de Processo Civil de 1973, ao cuidar da distribuição no seu art. 251 mencionava a possibilidade de existência de mais de um escrivão: "Art. 251. Todos os processos estão sujeitos a registro, devendo ser distribuídos onde houver mais de um juiz *ou mais de um escrivão*". O atual art. 259, que cuida da matéria nada diz a respeito da existência de mais de um escrivão – mas, por analogia, continua aplicável essa norma no caso de haver mais de um ofício de justiça. O registro consiste em anotar o ingresso do processo (que receberá numeração) em local próprio.

O artigo seguinte disciplina como será feita a distribuição:

> Art. 285. A distribuição, que poderá ser eletrônica, será alternada e aleatória, obedecendo-se rigorosa igualdade.
>
> Art. 252. Será alternada a distribuição entre juízes e escrivães, obedecendo-se rigorosa igualdade.

Como se vê, há necessidade de distribuição de todas as demandas – e desse ato decorrem importantes efeitos jurídicos, como veremos a seu tempo.

Mais: atendendo ao princípio da publicidade, a lei processual determina que a lista de distribuição seja publicada:

> Art. 285. (*omissis*)
>
> Parágrafo único. A lista de distribuição deverá ser publicada no Diário de Justiça.

4.5 DO CONTABILISTA

O contabilista também é órgão auxiliar permanente, encarregado de fazer os cálculos em geral no processo, sempre que forem necessários, tais como para se apurar o valor das custas processuais, dos impostos a pagar etc.

Assim, por exemplo, o § 2º do art. 524 e o § 1º do art. 638 se referem ao contabilista e sua função:

> Art. 524. (*omissis*)
>
> § 2º Para a verificação dos cálculos, o juiz poderá se valer de contabilista do juízo, que terá o prazo máximo de 30 (trinta) dias para efetuá-la, exceto se outro lhe for determinado.
>
> Art. 638. (*omissis*)
>
> § 1º Se acolher eventual impugnação, o juiz ordenará nova remessa dos autos ao contabilista, determinando as alterações que devam ser feitas no cálculo.

CAPÍTULO VIII – DOS ÓRGÃOS AUXILIARES DA JUSTIÇA

4.6 DO PARTIDOR

Igualmente órgão auxiliar permanente, encarregado de fazer as partilhas de bens, nos casos de inventário:

> Art. 651. O partidor organizará o esboço da partilha de acordo com a decisão judicial, observando-se nos pagamentos a seguinte ordem:
> I – dívidas atendidas;
> II – meação do cônjuge;
> III – meação disponível;
> IV – quinhões hereditários, a começar pelo coerdeiro mais velho.

4.7 DO PERITO

Muitas vezes a prova de um determinado fato depende de conhecimento técnico ou especializado, sobre os quais o juiz deve ser esclarecido para poder decidir a causa, caso não os possua. Nessas hipóteses ele é assistido por um *perito* na matéria, mas, se tiver conhecimentos necessários, dele não precisará o juiz.

O perito é um órgão auxiliar *eventual*, pois sua atuação não é necessária em todos os processos. Contudo, é um órgão auxiliar de extrema importância, pois seu laudo, não raramente, conduz a decisão judicial no que respeita aos fatos da causa. Sua importância se revela pelo número de normas especialmente destinadas a ele no Código de Processo Civil – art. 156 *usque* 158.

Cuidando dos aspectos legais do perito (e não da perícia), diz o Código de Processo Civil:

> Art. 156. O juiz será assistido por perito quando a prova do fato depender de conhecimento técnico ou científico.
> § 1º Os peritos serão nomeados entre os profissionais legalmente habilitados e os órgãos técnicos ou científicos *devidamente inscritos em cadastro mantido pelo tribunal ao qual o juiz está vinculado.*

§ 2º Para formação do cadastro, os tribunais devem realizar consulta pública, por meio de divulgação na rede mundial de computadores ou em jornais de grande circulação, além de consulta direta a universidades, a conselhos de classe, ao Ministério Público, à Defensoria Pública e à Ordem dos Advogados do Brasil, para a indicação de profissionais ou de órgãos técnicos interessados.

§ 3º Os tribunais realizarão avaliações e reavaliações periódicas para manutenção do cadastro, considerando a formação profissional, a atualização do conhecimento e a experiência dos peritos interessados.

§ 4º Para verificação de eventual impedimento ou motivo de suspeição, nos termos dos arts. 148 e 467, o órgão técnico ou científico nomeado para realização da perícia informará ao juiz os nomes e os dados de qualificação dos profissionais que participarão da atividade.

§ 5º Na localidade onde não houver inscrito no cadastro disponibilizado pelo tribunal, a nomeação do perito é de livre escolha pelo juiz e deverá recair sobre profissional ou órgão técnico ou científico comprovadamente detentor do conhecimento necessário à realização da perícia.

Art. 145. Quando a prova do fato depender de conhecimento técnico ou científico, o juiz será assistido por perito, segundo o disposto no art. 421.

§ 1º Os peritos serão escolhidos entre profissionais de nível universitário, devidamente inscritos no órgão de classe competente, respeitado o disposto no Capítulo VI, seção VII, deste Código.

§ 2º Os peritos comprovarão sua especialidade na matéria sobre que deverão opinar, mediante certidão do órgão profissional em que estiverem inscritos.

§ 3º Nas localidades onde não houver profissionais qualificados que preencham os requisitos dos parágrafos anteriores, a indicação dos peritos será de livre escolha do juiz.

O Código de Processo Civil traz uma importante inovação no que tange à nomeação do perito, que anteriormente era de livre escolha pelo magistrado.

CAPÍTULO VIII – DOS ÓRGÃOS AUXILIARES DA JUSTIÇA

Presentemente a lei exige a elaboração de um cadastro com os nomes dos peritos nas diversas especialidades, e que será organizado com ampla participação das universidades, conselhos de classe, Ministério Público, Defensoria Pública e Ordem dos Advogados do Brasil, tudo divulgado pela rede mundial de computadores ou jornais de grande circulação. Tal cadastro será organizado pelos tribunais e o magistrado deverá nomear o perito que nele estiver inscrito. Esse cadastro será revisto periodicamente.

> Art. 157. O perito tem o dever de cumprir o ofício no prazo que lhe designar o juiz, empregando toda sua diligência, podendo escusar-se do encargo alegando motivo legítimo.
>
> § 1º A escusa será apresentada no prazo de 15 (quinze) dias, contado da intimação, da suspeição ou do impedimento supervenientes, sob pena de renúncia ao direito a alegá-la.
>
> § 2º Será organizada lista de peritos na vara ou na secretaria, com disponibilização dos documentos exigidos para habilitação à consulta de interessados, para que a nomeação seja distribuída de modo equitativo, observadas a capacidade técnica e a área de conhecimento.
>
> Art. 146. O perito tem o dever de cumprir o ofício no prazo que lhe assinar o juiz, empregando toda a sua diligência; pode, todavia, escusar-se do encargo alegando motivo legítimo.
>
> Parágrafo único. A escusa será apresentada dentro de cinco dias contados da intimação ou do impedimento superveniente, sob pena de se considerar renunciado o direito de alegá-la.

O magistrado deverá, com base no cadastro feito pelo respectivo tribunal, organizar uma lista dos peritos que atuarão no juízo no qual ele tem jurisdição. Essa lista normalmente ficará no ofício de justiça ou na secretaria judicial, com arquivo do currículo profissional e pessoal dos peritos para que os interessados (as partes do processo) possam consultar. Entre os peritos dessa lista haverá distribuição equitativa das perícias a serem realizadas.

As regras do art. 157 são claras, estando o perito obrigado a se valer de todos os seus conhecimentos técnicos e empregar todo seu esforço para a confecção do laudo pericial.

Havendo motivo legítimo (como a falta de conhecimento naquela área, impedimento ou suspeição) pode se escusar, mas deverá fazê-lo em quinze dias, pena de decadência do direito de alegá-la.

Dada a importância da prova pericial, enorme será a responsabilidade do perito, que poderá sofrer graves sanções pecuniárias e de interdição de direitos, caso forneça dados ou laudo falso:[12]

> Art. 158. O perito que, por dolo ou culpa, prestar informações inverídicas responderá pelos prejuízos que causar à parte e ficará inabilitado para atuar em outras perícias no prazo de dois a cinco anos, independentemente das demais sanções previstas em lei, devendo o juiz comunicar o fato ao respectivo órgão de classe para adoção das medidas que entender cabíveis.

> Art. 147. O perito que, por dolo ou culpa, prestar informações inverídicas responderá pelos prejuízos que causar à parte, ficará inabilitado por 2 (dois) anos, a funcionar em outras perícias e incorrerá na sanção que a lei penal estabelecer.

O perito, no exercício de suas funções, realiza um laudo pericial – mas o exame que ele faz não é um meio de prova, mas, sim, *um meio de esclarecimento sobre determinado fato*. O juiz não está vinculado às conclusões do laudo, podendo, como é regra geral, formar livremente seu convencimento – porém deverá fundamentá-lo, isto é, dizer a razão pela qual não aceita as conclusões periciais. Se não as aceitar, mas entender que ainda faltam esclarecimentos técnicos incumbe-lhe determinar a realização de outra perícia, por outro perito.

O Código de Processo Civil regula minuciosamente a realização da prova pericial, em seus artigos 449/467.

4.8 DO DEPOSITÁRIO E DO ADMINISTRADOR

Assim estatui o art. 159 do Código de Processo Civil:

---

[12] V. art. 342 do Código Penal: "Fazer afirmação falsa, ou negar ou calar a verdade como testemunha, perito, contador, tradutor, intérprete em processo judicial, ou administrativo, inquérito policial, ou em juízo arbitral – Pena – reclusão de 01 a 03 anos e multa".

CAPÍTULO VIII – DOS ÓRGÃOS AUXILIARES DA JUSTIÇA

Art. 159. A guarda e conservação de bens penhorados, arrestados, sequestrados ou arrecadados serão confiadas a depositário ou a administrador, não dispondo a lei de outro modo.

Art. 148. A guarda e conservação de bens penhorados, arrestados, sequestrados ou arrecadados serão confiadas a depositário ou a administrador, não dispondo a lei de outro modo.

Conquanto a lei distinga entre o depositário e o administrador, as responsabilidades de ambos são, basicamente, as mesmas: a guarda e a conservação dos bens postos à disposição do juízo. Ocorre, porém que, pela própria natureza do bem, ora basta a sua simples guarda e conservação (como um quadro, por exemplo); noutras vezes a guarda e a conservação do bem pressupõem mantê-lo em atividade – como ocorre quando há a penhora de uma indústria, por exemplo – ou seja, quando devem ser praticados atos de administração, como no caso do art. 862:

Art. 862. Quando a penhora recair em estabelecimento comercial, industrial ou agrícola, bem como em semoventes, plantações ou edifícios em construção, o juiz nomeará administrador-depositário, determinando-lhe que apresente em dez dias o plano de administração.

O depositário e o administrador podem ser órgãos permanentes se assim dispuserem as normas de organização judiciária, criando os respectivos cargos. Nesse caso, teremos o depositário e administrador público. Na ausência desses cargos, serão órgãos auxiliares eventuais.

Em se tratando de depositário público, ele terá os vencimentos fixados em lei. Caso contrário, sendo depositário particular ou administrador particular aplica-se o disposto no art. 160:

Art. 160. Por seu trabalho o depositário ou o administrador perceberá remuneração que o juiz fixará levando em conta a situação dos bens, ao tempo do serviço e às dificuldades de sua execução.

Art. 149. Por seu trabalho o depositário ou o administrador perceberá remuneração que o juiz fixará, atendendo à situação dos bens, ao tempo do serviço e às dificuldades de sua execução.

141

ANTONIO ARALDO FERRAZ DAL POZZO

Conforme o caso, a legislação processual faculta ao juiz nomear, "por indicação do depositário ou do administrador, um ou mais prepostos" (art. 160 parágrafo único) para auxiliá-los em suas funções. Tais prepostos não são órgãos auxiliares e nem mantêm vínculo com o Estado, respondendo diretamente ao depositário ou ao administrador que os indicaram.

A responsabilidade do depositário e do administrador está prevista no art. 161:

> Art. 161. O depositário ou administrador responde pelos prejuízos que, por dolo ou culpa, causar à parte, perdendo a remuneração que lhe foi arbitrada, mas tem o direito de haver o que legitimamente despendeu no exercício do encargo.
>
> Parágrafo único. O depositário infiel responde civilmente pelos prejuízos causados, sem prejuízo da responsabilidade penal e da imposição de sanção por ato atentatório à dignidade da justiça.
>
> Art. 150. O depositário ou administrador responde pelos prejuízos que, por dolo ou culpa, causar à parte, perdendo a remuneração que lhe foi arbitrada, mas tem o direito de haver o que legitimamente despendeu no exercício do encargo.

Tais prejuízos devem ser pleiteados pela parte que foi prejudicada em ação judicial especialmente ajuizada para essa finalidade.

A despeito da regra disposta no art. 5º, inciso LXVII, da Constituição Federal, atualmente no Brasil não é permitida a prisão civil do depositário infiel.[13]

O item 07 do artigo 7º do Decreto 678/1992, que promulgou a Convenção Americana sobre os Direitos Humanos (Pacto de São José da Costa Rica, de 1969), dispõe expressamente que "ninguém deve ser detido por dívida".

---

[13] Art. 5º (*omissis*) "LXVII – não haverá prisão civil por dívida, salvo a do responsável pelo inadimplemento voluntário e inescusável de obrigação alimentar e a do depositário infiel". Mas, a do alimentante persiste, no caso apontado pela norma.

142

CAPÍTULO VIII – DOS ÓRGÃOS AUXILIARES DA JUSTIÇA

Além disso, em 12 de fevereiro de 2010, o Supremo Tribunal Federal publicou a Súmula Vinculante n. 25, segundo a qual: "é ilícita a prisão civil de depositário infiel, qualquer que seja a modalidade do depósito".

No mesmo sentido, o Superior Tribunal de Justiça editou a Súmula n. 419, segundo a qual "descabe a prisão civil do depositário judicial infiel".

Em inúmeras oportunidades a lei permite que seja nomeado como depositário o próprio dono do bem penhorado. Nessa hipótese ele passa a possuir o imóvel na qualidade de depositário, devendo velar pela sua conservação e, se aliená-lo, será considerado depositário infiel.

4.8 DO INTÉRPRETE E DO TRADUTOR

O intérprete e o tradutor são peritos em língua estrangeira ou para a interpretação simultânea dos depoimentos das partes e testemunhas com deficiência auditiva, que se comuniquem por meio da Língua Brasileira de Sinais ou equivalente (inciso III do art. 162).

É órgão auxiliar eventual, como o perito:

> Art. 162. O juiz nomeará intérprete ou tradutor quando necessário para:
>
> I – traduzir documento redigido em língua estrangeira;
>
> II – verter para o português as declarações das partes e das testemunhas que não conhecerem o idioma nacional.
>
> III – realizar a interpretação simultânea dos depoimentos das partes e testemunhas com deficiência auditiva que se comuniquem por meio da Língua Brasileira de Sinais, ou equivalente, quando assim for solicitado.
>
> Art. 151. O juiz nomeará intérprete toda vez que repute necessário para:

I – analisar documento de entendimento duvidoso, redigido em língua estrangeira;

II – verter em português as declarações das partes e das testemunhas que não conhecerem o idioma nacional;

III – traduzir a linguagem mímica dos surdos-mudos, que não puderem transmitir a sua vontade por escrito.

Embora sejam autoexplicativos os incisos acima, cabe observar que o documento a que se refere o inciso I já deve estar traduzido para o vernáculo quando de sua utilização no processo: se apesar de traduzido for de entendimento duvidoso, haverá necessidade da nomeação do intérprete.

Art. 192. Em todos os atos e termos do processo é obrigatório o uso da língua portuguesa.

Parágrafo único. O documento redigido em língua estrangeira somente poderá ser juntado aos autos quando acompanhado de versão para a língua portuguesa tramitada por via diplomática ou pela autoridade central, ou firmada por tradutor juramentado.

O Código de Processo Civil indica os que não podem ser intérpretes:

Art. 163. Não pode ser intérprete ou tradutor quem:

I – não tiver a livre administração de seus bens;

II – for arrolado como testemunha ou atuar como perito no processo;

III – estiver inabilitado para o exercício da profissão por sentença penal condenatória, enquanto durarem seus efeitos.

Art. 152. Não pode ser intérprete quem:

I – não tiver a livre administração dos seus bens;

II – for arrolado como testemunha ou servir como perito no processo;

III – estiver inabilitado ao exercício da profissão por sentença penal condenatória, enquanto durar o seu efeito.

CAPÍTULO VIII – DOS ÓRGÃOS AUXILIARES DA JUSTIÇA

Ao intérprete também se aplicam as disposições dos arts. 157 e 158 (examinados acima, quando estudamos o perito), segundo estatui o art. 164 do Código de Processo Civil:

> Art. 164. O intérprete ou tradutor, oficial ou não, é obrigado a desempenhar seu ofício, aplicando-se-lhe o disposto nos arts. 157 e 158.
>
> Art. 153. O intérprete, oficial ou não, é obrigado a prestar o seu ofício, aplicando-se-lhe o disposto nos arts. 146 e 147.

5. DOS CONCILIADORES E MEDIADORES JUDICIAIS

5.1 CONCILIADORES E MEDIADORES JUDICIAIS

O vigente Código de Processo Civil tem uma decisiva vocação para a conciliação das partes.[14]

Nesse diapasão, o art. 165 determina a criação de centros judiciários de solução consensual de conflitos:

> Art. 165. Os tribunais criarão centros judiciários de solução consensual de conflitos, responsáveis pela realização de sessões e audiências de conciliação e mediação e pelo desenvolvimento de programas destinados a auxiliar, orientar e estimular a autocomposição.

O § 1º dessa norma estabelece que "A composição e a organização dos centros serão definidas pelo respectivo tribunal, observadas as normas do Conselho Nacional de Justiça".

---

[14] Já dissemos que a conciliação é um meio que, na prática, pressiona as partes a cederem seus direitos, muitas vezes sob a subliminar indicação de rejeição da demanda. Ora, o mecanismo judiciário, segundo ensinamento básico e fundamental de Chiovenda, várias vezes invocado, deve dar a quem tem razão exatamente aquilo a que tem direito, de forma completa (CHIOVENDA, Giuseppe. *Istituzioni di Diritto Processuale Civile*. Napoli: Casa Editrice Dott. Eugenio Jovene. 1960, p. 40). Não nos colocamos contra a composição, de forma absoluta – mas preferimos que esta seja conduzida pelo juiz, de forma imparcial. A orientação do legislador no código visa, obviamente, a desafogar o judiciário de demandas – mas, à custa de renúncias de direito.

ANTONIO ARALDO FERRAZ DAL POZZO

O Código de Processo Civil ainda distingue duas figuras que atuarão na composição: o conciliador, nas hipóteses em que não houver relação jurídica anterior entre as partes e o mediador, em caso contrário:

> Art. 165. (*omissis*)
>
> § 2º O **conciliador**, que atuará preferencialmente nos casos em que não houver vínculo anterior entre as partes, poderá sugerir soluções para o litígio, sendo vedada a utilização de qualquer tipo de constrangimento ou intimidação para que as partes conciliem.
>
> § 3º O **mediador**, que atuará preferencialmente nos casos em que houver vínculo anterior entre as partes, auxiliará aos interessados a compreender as questões e os interesses em conflito, de modo que eles possam, pelo restabelecimento da comunicação, identificar, por si próprios, soluções consensuais que gerem benefícios mútuos.

Como se vê, o legislador como que reconhece, implicitamente, a possibilidade de constrangimento ou intimidação das partes e busca fazer com que elas encontrem a solução amigável – são regras programáticas, que o futuro dirá se irão funcionar.

Para reforçar essas ideias:

> Art. 166. A conciliação e a mediação são informadas pelos princípios da independência, da imparcialidade, da autonomia da vontade, da confidencialidade, da oralidade, da informalidade e da decisão informada.
>
> § 1º A confidencialidade estende-se a todas as informações produzidas no curso do procedimento, cujo teor não poderá ser utilizado para fim diverso daquele previsto por expressa deliberação das partes.
>
> § 2º Em razão do dever de sigilo, inerente às suas funções, o conciliador e o mediador, assim como os membros de suas equipes, não poderão divulgar ou depor acerca de fatos ou elementos oriundos da conciliação ou da mediação.
>
> § 3º Admite-se a aplicação de técnicas negociais, com o objetivo de proporcionar ambiente favorável à autocomposição.

CAPÍTULO VIII – DOS ÓRGÃOS AUXILIARES DA JUSTIÇA

§ 4º A mediação e a conciliação serão regidas conforme a livre autonomia dos interessados, inclusive no que diz respeito à definição das regras procedimentais.

Portanto:

(i) as partes são independentes para realizar ou não o acordo (e nem poderia ser de outra maneira);

(ii) os mediadores e conciliadores devem ser imparciaias (idem);

(iii) impera a autonomia da vontade dos envolvidos (ibidem);

(iv) vigora a confidencialidade, que se estende às informações produzidas durante as negociações (de modo que não poderão ser utilizadas na ação judicial, caso esta prossiga);

(v) o procedimento é oral, mas o acordo será escrito;

(vi) ainda: o procedimento é informal (sem formalidades para os atos praticados oralmente); e

(vii) a decisão deve ser informada, ou seja, as partes devem estar plenamente cientes dos termos acordados e postos na decisão que encerra o conflito.

5.2 COMPOSIÇÃO DOS CENTROS JUDICIÁRIOS DE SOLUÇÃO CONSENSUAL – ESCOLHA DOS CONCILIADORES E MEDIADORES

Conquanto a composição e organização dos centros judiciários de solução consensual sejam da competência do Conselho Nacional de Justiça (art. 165, § 1º), a lei processual obriga a que os conciliadores, mediadores e câmaras privadas de conciliação sejam inscritos em cadastro nacional e em cadastro do Tribunal de Justiça Estadual ou do Tribunal Regional, com o nome dos habilitados e respectiva área profissional:

Art. 167. Os conciliadores, os mediadores e as câmaras privadas de conciliação e mediação serão inscritos em cadastro nacional e em cadastro de tribunal de justiça ou de tribunal regional federal,

ANTONIO ARALDO FERRAZ DAL POZZO

que manterá registro de profissionais habilitados, com indicação de sua área profissional.

A razão dessas providências está em que as partes podem escolher, de comum acordo, o conciliador, o mediador ou a câmara privada:

> Art. 168. As partes podem escolher, de comum acordo, o conciliador, o mediador ou a câmara privada de conciliação e de mediação.

Todavia, em havendo acordo, o conciliador ou mediador poderá não estar cadastrado no tribunal:

> Art. 168. (*omissis*)
> § 1º O conciliador ou mediador escolhido pelas partes poderá ou não estar cadastrado no tribunal.

Não havendo acordo a causa será distribuída entre os cadastrados:

> Art. 168. (*omissis*)
> § 2º Inexistindo acordo quanto à escolha do mediador ou conciliador, haverá distribuição entre aqueles cadastrados no registro do tribunal, observada a respectiva formação.

Conforme a complexidade da situação jurídica, a lei recomenda a designação de mais de um mediador ou conciliador:

> Art. 168. (*omissis*)
> § 3º Sempre que recomendável, haverá a designação de mais de um mediador ou conciliador.

Por fim, o parágrafo único do art. 175 determina que todas as normas desta seção do Código de Processo Civil se aplicam às câmaras privadas, obviamente, com as devidas adaptações:

> Parágrafo único. Os dispositivos desta Seção aplicam-se, no que couber, às câmaras privadas de conciliação e mediação.

CAPÍTULO VIII – DOS ÓRGÃOS AUXILIARES DA JUSTIÇA

5.3 REQUISITO PARA SE TORNAR MEDIADOR OU CONCILIADOR

Para se tornar mediador ou conciliador, há certas condições:

Art. 167. (*omissis*)

§ 1º Preenchendo o requisito da capacitação mínima, por meio de curso realizado por entidade credenciada, conforme parâmetro curricular definido pelo Conselho Nacional de Justiça em conjunto com o Ministério da Justiça, o conciliador ou o mediador, com o respectivo certificado, poderá requerer sua inscrição no cadastro nacional e no cadastro de tribunal de justiça ou de tribunal regional federal.

O registro também é disciplinado pelo art. 167:

§ 2º Efetivado o registro, *que poderá ser precedido de concurso público*, o tribunal remeterá ao diretor do foro da comarca, seção ou subseção judiciária onde atuará o conciliador ou o mediador os dados necessários para que seu nome passe a constar da respectiva lista, a ser observada na distribuição alternada e aleatória, respeitado o princípio da igualdade dentro da mesma área de atuação profissional.

A exigência do concurso público ocorrerá na hipótese do § 6º do art. 167:

§ 6º O tribunal poderá optar pela criação de quadro próprio de conciliadores e mediadores, a ser preenchido por concurso público de provas e títulos, observadas as disposições deste Capítulo.

5.4 DO CADASTRO DOS CONCILIADORES OU MEDIADORES

Conteúdo do cadastro:

Art. 167. (*omissis*)

§ 3º Do credenciamento das câmaras e do cadastro de conciliadores e mediadores constarão todos os dados relevantes para a sua atuação, tais como o número de processos de que participou, o sucesso ou insucesso da atividade, a matéria sobre a qual versou a controvérsia, bem como outros dados que o tribunal julgar relevantes.

§ 4º Os dados colhidos na forma do § 3º. serão classificados sistematicamente pelo tribunal, que os publicará, ao menos anualmente, para conhecimento da população e para fins estatísticos e de avaliação da conciliação, da mediação, das câmaras privadas de conciliação e de mediação, dos conciliadores e dos mediadores.

§ 5º Os conciliadores e mediadores judiciais cadastrados na forma do *caput*, se advogados, estarão impedidos de exercer a advocacia nos juízos em que desempenhem suas funções.

Portanto, há uma incompatibilidade entre o exercício da função de conciliador ou de mediador e a da advocacia.

5.5 DA REMUNERAÇÃO DOS CONCILIADORES OU MEDIADORES

Quanto à remuneração do conciliador e do mediador, a lei processual estabelece que ela será devida na forma divulgada pelo concurso público ou, então, de acordo com a tabela do tribunal, que seguirá os parâmetros impostos pelo Conselho Nacional de Justiça:

Art. 169. Ressalvada a hipótese do art. 167, § 6º, o conciliador e o mediador receberão pelo seu trabalho remuneração prevista em tabela fixada pelo tribunal, conforme parâmetros estabelecidos pelo Conselho Nacional de Justiça.

Todavia, as tarefas de conciliação e de mediação podem ser realizadas gratuitamente, por trabalho voluntário:

Art. 169. (*omissis*)

§ 1º A mediação e a conciliação podem ser realizadas como

CAPÍTULO VIII – DOS ÓRGÃOS AUXILIARES DA JUSTIÇA

trabalho voluntário, observada a legislação pertinente e a regulamentação do tribunal.

Porém, a fim de não impedir a conciliação onerando muito as partes, haverá um percentual de audiências não remuneradas, segundo o § 2º do art. 169:

> § 2º Os tribunais determinarão o percentual de audiências não remuneradas que deverão ser suportadas pelas câmaras privadas de conciliação e mediação, com o fim de atender aos processos em que deferida gratuidade da justiça, como contrapartida de seu credenciamento.

5.6 DOS IMPEDIMENTOS DOS CONCILIADORES OU MEDIADORES

Os motivos de impedimento e de suspeição estão nos artigos 144 e 145, que se aplicam aos conciliadores e mediadores por força do disposto no art. 148, III, uma vez que eles se enquadram na categoria (sujeitos imparciais do processo).

De outro lado, conquanto o art. 170 mencione apenas o impedimento, é evidente que disse menos do que deveria – e as causas de suspeição também se aplicam aos conciliadores e mediadores:

> Art. 170. No caso de impedimento, o conciliador ou mediador o comunicará imediatamente, de preferência por meio eletrônico, e devolverá os autos ao juiz do processo ou ao coordenador do centro judiciário de solução de conflitos, devendo este realizar nova distribuição.
>
> Parágrafo único. Se a causa de impedimento for apurada quando já iniciado o procedimento, a atividade será interrompida, lavrando-se ata com relatório do ocorrido e solicitação de distribuição para novo conciliador ou mediador.

Assim como o Juiz de Direito, os conciliadores e mediadores têm o dever de se darem por impedidos ou suspeitos e, quando isto

151

ocorrer com o processo já tramitando, haverá suspenção, para que outros sejam nomeados.

Outro motivo de impedimento diz respeito às partes em relação às quais o conciliador ou o mediador atuou – impedimento que durará um ano, tanto para assessorar, representar ou patrocinar aquelas pessoas:

> Art. 172. O conciliador e o mediador ficam impedidos, pelo prazo de 1 (um) ano, contado do término da última audiência em que atuaram, de assessorar, representar ou patrocinar qualquer das partes.

Por fim, eles devem ainda comunicar a impossibilidade temporária para o exercício das funções, a fim de se evitarem distribuições inúteis e maior demora na tramitação do processo:

> Art. 171. No caso de impossibilidade temporária do exercício da função, o conciliador ou mediador informará o fato ao centro, preferencialmente por meio eletrônico, para que, durante o período em que perdurar a impossibilidade, não haja novas distribuições.

5.7 DA EXCLUSÃO DO CADASTRO

Os conciliadores e mediadores podem sofrer sanções, sempre através de processo administrativo, com a garantia da ampla defesa e do contraditório:

> Art. 173. Será excluído do cadastro de conciliadores e mediadores aquele que:
>
> I – agir com dolo ou culpa na condução da conciliação ou da mediação sob sua responsabilidade ou violar qualquer dos deveres decorrentes do art. 166, §§ 1º e 2º;
>
> II – atuar em procedimento de mediação ou conciliação, apesar de impedido ou suspeito.
>
> § 1º Os casos previstos neste artigo serão apurados em processo administrativo.

CAPÍTULO VIII – DOS ÓRGÃOS AUXILIARES DA JUSTIÇA

> § 2º O juiz do processo ou o juiz coordenador do centro de conciliação e mediação, se houver, verificando atuação inadequada do mediador ou conciliador, poderá afastá-lo de suas atividades por até 180 (cento e oitenta) dias, por decisão fundamentada, informando o fato imediatamente ao tribunal para instauração do respectivo processo administrativo.

Além dessas sanções, podem responder criminal e civilmente, por conduta ilícita.

5.8 CÂMARAS DE MEDIAÇÃO E CONCILIAÇÃO PARA PESSOAS JURÍDICAS DE DIREITO PÚBLICO

O art. 174 deixa claro que as normas anteriores, bem assim os órgãos de conciliação e agentes da mediação e conciliação devem atuar em situações jurídicas que envolvam particulares.

Quando houver interesse das pessoas jurídicas de direito público, as câmaras serão especialmente compostas para tanto:

> Art. 174. A União, os Estados, o Distrito Federal e os Municípios criarão câmaras de mediação e conciliação, com atribuições relacionadas à solução consensual de conflitos no âmbito administrativo, tais como:
>
> I – dirimir conflitos envolvendo órgãos e entidades da administração pública;
>
> II – avaliar a admissibilidade dos pedidos de resolução de conflitos, por meio de conciliação, no âmbito da administração pública;
>
> III – promover, quando couber, a celebração de termo de ajustamento de conduta.

O termo de ajustamento de conduta (TAC) até agora era um instrumento legal muito utilizado pelo Ministério doravante estará também à disposição das câmaras de mediação e conciliação instituídas para atuar em mediação ou conciliação envolvendo pessoas jurídicas de direito público.

5.9 OUTRAS FORMAS DE CONCILIAÇÃO E MEDIAÇÃO

No afã de proporcionar a solução do processo por composição das partes, o Código de Processo Civil expressamente esclarece que poderá haver outras formas de ser alcançado aquele escopo, contendo mesmo uma reserva legal, para que lei específica discipline órgãos compostos por profissionais independentes:

> Art. 175. As disposições desta Seção não excluem outras formas de conciliação e mediação extrajudiciais vinculadas a órgãos institucionais ou realizadas por intermédio de profissionais independentes, que poderão ser regulamentadas por lei específica.

5.10 LEI N. 13.140, DE 26 DE JUNHO DE 2015

Recentemente foi editada a Lei n. 13.140/2015 (Lei da Mediação), que dispõe sobre a mediação entre particulares e conflitos no âmbito da administração pública.

O art. 1º estatui a mediação como forma de solução de conflitos entre particulares e aquilo que denomina de "autocomposição de conflitos no âmbito da administração pública":

> Art. 1º Esta Lei dispõe sobre a mediação como meio de solução de controvérsias entre particulares e sobre a autocomposição de conflitos no âmbito da administração pública.

O parágrafo único dessa regra estabelece o que se deva entender por mediação:

> Parágrafo único. Considera-se mediação a atividade técnica exercida por terceiro imparcial sem poder decisório, que, escolhido ou aceito pelas partes, as auxilia e estimula a identificar ou desenvolver soluções consensuais para a controvérsia.

Portanto, o mediador não decide, ao contrário do árbitro (art. 23 da Lei n. 9.307, de 23 de setembro de 1996, a chamada Lei da Arbitragem), mas auxilia e estimula as partes a encontrarem soluções consensuais.

CAPÍTULO VIII – DOS ÓRGÃOS AUXILIARES DA JUSTIÇA

A Lei n. 13.140/2015 estabelece:

(i) Os princípios que devem reger a atividade do mediador (art. 2º);

(ii) A distinção entre mediadores judiciais (designados pelo tribunal) e extrajudiciais (pessoas de confiança das partes);

(iii) O procedimento da mediação (art. 14 e seguintes);

(iv) Da confidencialidade e exceções (art. 30).

Interessante observar que, a Lei n. 13.129/2015, incluiu o § 1º à Lei da Arbitragem, para admitir que a "administração pública direta e indireta poderá utilizar-se da arbitragem para dirimir conflitos relativos a direitos patrimoniais disponíveis".

Paralelamente, a Lei da Mediação estabeleceu um capítulo dedicado à "autocomposição de conflitos em que for parte pessoa jurídica de direito público", que será atividade de competência de câmaras de prevenção e resolução administrativa de conflitos – no âmbito da Advocacia Pública, onde houve, para:

> Art. 32. (*omissis*)
>
> I – dirimir conflitos entre órgãos e entidades da administração pública;
>
> II – avaliar a admissibilidade dos pedidos de resolução de conflitos, por meio de composição, no caso de controvérsia entre particular e pessoa jurídica de direito público;
>
> III – promover, quando couber, a celebração de termo de ajustamento de conduta.

Por fim, em duas disposições finais e transitórias a lei sob exame altera a Lei n. 9.469, de 10 de julho de 1997 e que, dentre outros temas, previa a celebração de acordos ou transações em juízo, para encerrar demandas:

> Art. 44. Os arts. 1º e 2º da Lei n. 9.469, de 10 de julho de 1997, passam a vigorar com a seguinte redação:

ANTONIO ARALDO FERRAZ DAL POZZO

Art. 1º O Advogado-Geral da União, diretamente ou mediante delegação, e os dirigentes máximos das empresas públicas federais, em conjunto com o dirigente estatutário da área afeta ao assunto, poderão autorizar a realização de acordos ou transações para prevenir ou terminar litígios, inclusive os judiciais.

§ 1º Poderão ser criadas câmaras especializadas, compostas por servidores públicos ou empregados públicos efetivos, com o objetivo de analisar e formular propostas de acordos ou transações.

§ 3º Regulamento disporá sobre a forma de composição das câmaras de que trata o § 1º, que deverão ter como integrante pelo menos um membro efetivo da Advocacia-Geral da União ou, no caso das empresas públicas, um assistente jurídico ou ocupante de função equivalente.

§ 4º Quando o litígio envolver valores superiores aos fixados em regulamento, o acordo ou a transação, sob pena de nulidade, dependerá de prévia e expressa autorização do Advogado-Geral da União e do Ministro de Estado a cuja área de competência estiver afeto o assunto, ou ainda do Presidente da Câmara dos Deputados, do Senado Federal, do Tribunal de Contas da União, de Tribunal ou Conselho, ou do Procurador-Geral da República, no caso de interesse dos órgãos dos Poderes Legislativo e Judiciário ou do Ministério Público da União, excluídas as empresas públicas federais não dependentes, que necessitarão apenas de prévia e expressa autorização dos dirigentes de que trata o *caput*.

§ 5º Na transação ou acordo celebrado diretamente pela parte ou por intermédio de procurador para extinguir ou encerrar processo judicial, inclusive os casos de extensão administrativa de pagamentos postulados em juízo, as partes poderão definir a responsabilidade de cada uma pelo pagamento dos honorários dos respectivos advogados." (NR)

Art. 2º O Procurador-Geral da União, o Procurador-Geral Federal, o Procurador-Geral do Banco Central do Brasil e os dirigentes das empresas públicas federais mencionadas no caput do art. 1º poderão autorizar, diretamente ou mediante delegação, a realização de acordos para prevenir ou terminar, judicial ou extrajudicialmente, litígio que envolver valores inferiores aos fixados em regulamento.

CAPÍTULO VIII – DOS ÓRGÃOS AUXILIARES DA JUSTIÇA

§ 1º No caso das empresas públicas federais, a delegação é restrita a órgão colegiado formalmente constituído, composto por pelo menos um dirigente estatutário.

§ 2º O acordo de que trata o caput poderá consistir no pagamento do débito em parcelas mensais e sucessivas, até o limite máximo de sessenta.

§ 3º O valor de cada prestação mensal, por ocasião do pagamento, será acrescido de juros equivalentes à taxa referencial do Sistema Especial de Liquidação e de Custódia – SELIC para títulos federais, acumulada mensalmente, calculados a partir do mês subsequente ao da consolidação até o mês anterior ao do pagamento e de um por cento relativamente ao mês em que o pagamento estiver sendo efetuado.

§ 4º Inadimplida qualquer parcela, após trinta dias, instaurar-se-á o processo de execução ou nele prosseguir-se-á, pelo saldo.

Título III

Da ação

Capítulo IX

CLASSIFICAÇÃO DAS AÇÕES PELAS TUTELAS JURISDICIONAIS

Sumário: 1. A relação jurídica. 2. A relação jurídica processual e a relação jurídica deduzida em juízo. 3. Crises das relações jurídicas. 4. O tempo e a tutela jurisdicional – tutela de urgência. 5. Tutela de evidência. 6. Tutela jurisdicional para a realização prática da regra jurídica concreta. 7. Quadro geral das tutelas jurisdicionais. 8. A tutela jurisdicional como critério de classificação das ações – quadro geral das ações.

1. A RELAÇÃO JURÍDICA

O fenômeno jurídico denominado *relação jurídica* merece uma atenção especial, que nem sempre lhe é dispensada.

Piero Calamandrei chama a atenção para a importância desse instituto que considera fundamental, seguindo o pensamento de Giuseppe Chiovenda, "que construiu seu sistema como sobre duas pilastras, sobre o *conceito de ação e de relação processual*".[1]

---

[1] CHIOVENDA, Giuseppe. *Opere Giudiche*. vol. 4. Morano Editore, 1970, p. 177.

Efetivamente, Chiovenda chamou a atenção para essa circunstância, ao estudá-la logo no início de suas Instituições, dentre os conceitos que ele considera fundamentais.[2]

De acordo com suas lições, podemos dizer que *relação jurídica é o vínculo que se estabelece entre duas ou mais pessoas, gerado pela prática de um* **ato** *ou* **fato** *jurídico.*

Segundo os civilistas, *fatos jurídicos* são "*os acontecimentos em virtude dos quais as* <u>relações</u> *e direitos nascem e se extinguem*".[3]

Assim sendo, a expressão "fatos jurídicos" é suficientemente ampla para abranger acontecimentos que decorrem da natureza, independentemente da atuação dos homens e aqueles que nascem da própria atividade humana. É o gênero dessas duas espécies.

Os *fatos da natureza*, que repercutem na esfera de direitos ou de obrigações das pessoas e que independem da atividade humana são chamados de *fatos jurídicos em sentido estrito* – e nesse sentido que a expressão "*fato jurídico*" é utilizada por Chiovenda – como o nascimento, a morte, a avulsão, acessão dentre outros eventos naturais.[4]

Os atos humanos – atos voluntários que criam, extinguem ou modificam direitos ou relações jurídicas – são os *atos jurídicos em sentido amplo* – e nesse sentido foi utilizado por Chiovenda no conceito acima exposto.

A doutrina costuma considerar o ato jurídico em sentido amplo como gênero, que compreende duas subespécies:

(i) dos atos que são praticados conforme ao direito (*atos lícitos*), que compreende a seguinte subdivisão:

---

[2] CHIOVENDA, Giuseppe. *Istituzioni di Diritto Processuale Civile. Napoli:* Editora Eugenio Jovene, 1960, p.3.

[3] O conceito é de SAVIGNY, *apud* RODRIGUES, Sílvio. *Direito Civil:* Parte Geral. 32ª ed. Saraiva, p. 155.

[4] Exemplos do civilista citado. CHIOVENDA, Giuseppe. *Opere Giudiche.* vol. 4. Morano Editore, 1970, p. 157.

CAPÍTULO IX – CLASSIFICAÇÃO DAS AÇÕES PELAS TUTELAS...

(i.a.) os chamados de *atos meramente lícitos* (cujos efeitos estão previstos em lei);

(ii.b.) o *negócio jurídico*, cujos efeitos levam em conta a vontade das partes; e

(ii) os atos que são praticados em desconformidade com a lei e são os *atos ilícitos*.

De outro lado, esses atos ou fatos jurídicos sempre alcançam um *bem da vida* protegido pelo ordenamento jurídico – sem essa proteção legal, o ato que envolve o bem da vida não pode ser havido como jurídico; antes, é indiferente ao mundo do direito (como a cor da roupa que alguém veste para fazer um passeio, ou o time de futebol para o qual torce).

Por *bem da vida* aqui se entende tudo aquilo que é apto a satisfazer uma necessidade humana e que recebe proteção da ordem legal. Podem ser bens materiais como a vida, uma propriedade, uma casa, um automóvel, entre outros, ou imateriais como o nome, a companhia de um filho, a liberdade, a dignidade humana. Por causa dessa proteção, tais bens da vida se transformam em *bens jurídicos*. Portanto, os atos ou fatos jurídicos se conectam com bens jurídicos.

Vejamos um exemplo: é fato corriqueiro na vida social a aquisição de um bem e o pagamento de seu valor. Esse acontecimento passou a ser disciplinado pelo ordenamento jurídico, recebendo o *nomen iuris* de compra e venda. A aquisição do bem e seu pagamento são, portanto, *atos jurídicos*. A coisa e seu preço, *bens jurídicos*. Quando as pessoas praticam esses atos jurídicos estão realizando a hipótese genérica e abstrata prevista numa norma jurídica e, assim, dando nascimento a um vínculo especial entre elas – uma *relação jurídica de compra e venda*, pela qual uma das pessoas objetiva conseguir certa coisa (comprador) e, a outra, uma quantia em dinheiro (vendedor).[5]

---

[5] Como vimos, dessa hipótese genérica e abstrata nasce uma regra jurídica concreta determinando o comportamento que devem ter as partes.

Os partícipes de uma relação jurídica nela se situam ocupando determinadas *posições jurídicas*, igualmente geradas pelo fato jurídico ocorrido ou pelo ato jurídico praticado. Na verdade, por mais simples que seja a relação jurídica, ela alberga várias posições jurídicas, geralmente contrapostas.

Na relação jurídica de compra e venda examinada, o vendedor: *(i)* o *direito* de receber o preço; *(ii)* a *obrigação* de entregar a coisa e *(iii)* o *direito* de entregar a coisa; o vendedor, vice-versa: *(i')* o *direito* de receber a coisa; *(ii')* a *obrigação* de pagar o preço e *(iii')* o *direito* de pagar o preço.

Não se estranhe o direito do vendedor de entregar a coisa: na verdade, pode ser que o comprador não queira recebê-la e o vendedor, então, terá o direito de entregá-la para evitar problemas futuros; o mesmo se diga em face do direito do comprador em pagar o preço: o vendedor pode não querer receber o preço e, pelas mesmas razões, o comprador tem o direito de efetuá-lo.

Nesse singelo caso figurado acima, o direito e a obrigação são *posições jurídicas contrapostas*: ao direito de uma parte corresponde a obrigação da outra.

2. A RELAÇÃO JURÍDICA PROCESSUAL E A RELAÇÃO JURÍDICA DEDUZIDA EM JUÍZO

A prática de um ato jurídico – a compra de um objeto – faz nascer entre o comprador e o vendedor uma relação jurídica disciplinada pelo Direito Civil.

No momento em que uma das partes deixa de cumprir sua obrigação – suponha-se que, pago o preço, o comprador não recebe a coisa – nasce para este último o direito de pedir a proteção de seu direito aos órgãos jurisdicionais, pois não pode praticar o exercício arbitrário das próprias razões, previsto como crime pelo Código Penal.

Ora, pedir a proteção dos órgãos jurisdicionais significa *exercer o direito de ação* – e esse exercício é um *ato jurídico*, que faz nascer uma

CAPÍTULO IX – CLASSIFICAÇÃO DAS AÇÕES PELAS TUTELAS...

relação jurídica *nova*, alcançando aquele que exerce o direito de ação (autor), o órgão jurisdicional (magistrado) e o vendedor (réu).

Esta segunda relação jurídica é disciplinada pelo Direito Processual Civil – e por essa razão chama-se *relação jurídica processual*.

Essas duas relações jurídicas – a de compra e venda e a que nasceu pelo exercício do direito de ação – vão conviver no processo.

O processo, pois, contém duas relações jurídicas – uma para a qual o autor pede proteção (a relação jurídica de direito deduzida em juízo[6]) e outra, que movimenta a máquina judiciária buscando a proteção do direito violado (a relação jurídica processual).

A visualização das relações jurídicas nos permite, com clareza, divisar no processo a presença de duas delas, diversas entre si: uma, de natureza processual, nasceu com o exercício do direito de ação e a outra, deduzidas pelo autor em juízo e para a qual pediu a proteção jurisdicional.

Elas são relações jurídicas completamente distintas:

(i) Pelos seus atos jurídicos geradores:

    a. Compra e venda;

    b. Exercício do direito de ação;

(ii) Pelos seus sujeitos:

    a. Comprador e vendedor;

    b. Autor; réu e órgão jurisdicionais;

(iii) Pelo momento do nascimento:

    a. Primeiro nasce a relação jurídica de compra e venda;

    b. Em segundo lugar, a relação processual.

---

[6] A relação jurídica deduzida em juízo pode ser de direito material (normas primárias) ou de direito não material (normas de produção e de atuação jurídica – normas jurídicas secundárias).

Também elas se diferem pelos seus pressupostos – matéria que será objeto de exame mais adiante.[7]

Consequentemente, as posições jurídicas que se situam nessas relações jurídicas são também de naturezas diversas – os *direitos subjetivos processuais*, por exemplo, situados na relação jurídica processual, asseguram ao seu titular a produção de "um efeito jurídico no âmbito do direito processual, efeito que consiste no verificar-se de um evento, ao qual a lei condiciona uma determinada atividade do órgão judiciário: em outros termos, direito subjetivo processual é o poder de provocar uma atividade do órgão judicial".[8]

O direito subjetivo localizado na relação jurídica deduzida em juízo tem objeto diverso – um bem da vida protegido pelo direito (por exemplo: a coisa comprada ou o preço).

3. CRISES DAS RELAÇÕES JURÍDICAS

As pessoas que vivem em sociedade praticam milhares de atos jurídicos que dão nascimento a outro tanto número de relações jurídicas: vivemos mergulhados em um emaranhado delas, em nossa vida do dia a dia.

Justamente por essa razão o *princípio da segurança jurídica*, um dos baluartes do Estado de Direito, impõe que as relações jurídicas, em primeiro lugar, sejam *estáveis*, *certas* e *definidas*.[9]

Por razões variadas, entretanto, uma relação jurídica pode se tornar *incerta* quanto à sua *existência* ou *inexistência* – e essa é uma primeira espécie de crise que as relações jurídicas podem sofrer.

---

[7] Capítulo XIII.

[8] LIEBMAN, Enrico Tullio. *Manuale di Diritto Processuale Civile*: Principi. 7ª ed. Milano: Giuffrè Editore, 2007, p. 35.

[9] Na negociação de um imóvel, por exemplo, a existência ou não da relação jurídica de casamento em face do vendedor (isto é, saber se ele é casado ou solteiro) é de vital importância para o comprador.

CAPÍTULO IX – CLASSIFICAÇÃO DAS AÇÕES PELAS TUTELAS...

Numa outra vertente se coloca a crise decorrente do *descumprimento* espontâneo do comportamento ditado pela posição jurídica que o sujeito ocupa na relação jurídica – o vendedor não entrega a coisa (e descumpre a obrigação de entregá-la) ou o comprador não paga o preço (descumpre a obrigação de pagá-lo).

Por fim, muitas vezes a relação jurídica nasce defeituosa, mas em condições de se recuperar com a passagem do tempo: se assim não quiser uma das partes, deverá pedir o seu *desfazimento* pela via judicial. Ou, por fim, é preciso *modificar* relação jurídica pré-existente ou mesmo *criá-la* sem a cooperação espontânea da contraparte.

Essas crises das relações jurídicas precisam ser debeladas por meio da atividade jurisdicional, caso elas não se resolvam por entendimento entre as partes, em hipóteses em que essa solução espontânea seja possível.[10]

Os órgãos jurisdicionais, de seu lado, precisam contar com determinados *remédios jurisdicionais* para solucionar aquelas *crises* e assim recuperar a paz e a tranquilidade dentro da comunidade.

Considerando a multiplicidade e a complexidade das relações jurídicas seria de se imaginar que a *farmácia* do direito processual contivesse um número enorme de *remédios jurisdicionais* para sanar as crises das relações jurídicas.

Mas, em verdade, a engenhosidade do sistema jurídico é muito grande neste particular porque, numa razão inversa à da multiplicidade das relações jurídicas concretas que ocorrem na vida social, relativamente poucos são os *medicamentos jurisdicionais*.

Esses *remédios* são justamente as *tutelas jurisdicionais* – as espécies de proteção que o sistema jurídico confere e põe à disposição das pessoas em face das crises das relações jurídicas.

Vejamos tudo isso mais de perto. Uma primeira crise que pode afetar a relação jurídica consiste exatamente na *incerteza* quanto à sua

---

[10] Recorde-se que certas relações jurídicas somente podem ser desfeitas por sentença judicial, através do processo.

167

existência ou não. Claro está que essa incerteza, para poder ser apreciada pelo Poder Judiciário, não poderá ser apenas subjetiva, interna, uma dúvida existente tão-somente na mente de uma pessoa, sem atos ou fatos concretos que sejam aptos a colocar em xeque a sua existência ou inexistência. O Poder Judiciário não se presta a dar consultas aos particulares: sua atividade é exercida em nome e para o interesse público. Destarte, há que haver um fato da vida real que torne a relação jurídica efetivamente *duvidosa* quanto à sua existência ou não como, por exemplo, a alegação feita de modo sério e público de alguém dizendo que certa pessoa lhe deve uma soma em dinheiro: essa alegação torna incerta a existência ou não de uma relação jurídica de crédito e débito entre elas – e caberá ao órgão jurisdicional *desfazer essa incerteza.*[11]

Também pode ocorrer que haja dúvida quanto à autenticidade ou falsidade de um documento, dúvida essa que alcança a relação jurídica documentada. Suponha-se uma escritura de compra e venda sobre a qual se tenha dúvida quanto à sua autenticidade – a própria relação jurídica de compra e venda estará comprometida.

Para eliminar essas incertezas, o órgão jurisdicional conta com uma tutela específica, chamada *tutela jurisdicional declaratória*. Por meio desta irá formular uma regra jurídica concreta que elimine a *incerteza* sobre existir ou não determinada relação jurídica ou sobre determinado documento ser autêntico ou falso.

Em segundo lugar, a relação jurídica pode estar em crise porque um de seus participantes não cumpre aquilo que lhe ordena sua própria posição jurídica – o vendedor não cumpre a sua obrigação de entregar a coisa, por exemplo. Ao descumprir a sua obrigação, o correlativo direito do comprador – direito de receber a coisa – resta insatisfeito. Para esta situação o órgão jurisdicional dispõe de outra tutela especial, denominada *tutela condenatória executiva*. Essa tutela condenatória consiste na *formulação da regra jurídica concreta* que contém a *sanção executiva* (isto é, a possibilidade de ser praticada uma série de atos tendentes a tornar

---

[11] LIEBMAN, Enrico Tullio. *Manuale di Diritto Processuale Civile*: Principi. 7ª ed. Milano: Giuffrè Editore, 2007, p. 170.

CAPÍTULO IX – CLASSIFICAÇÃO DAS AÇÕES PELAS TUTELAS...

efetivo o comando da regra jurídica concreta, de maneira a satisfazer efetivamente o direito do autor).

Uma terceira crise que pode afetar as relações jurídicas diz respeito à necessidade de sua modificação ou de sua extinção.[12] Essa situação existirá quando – pela ocorrência de determinados fatos ou prática de certos atos jurídicos – nasce para alguém um direito especial, que tem por núcleo exatamente o objetivo de modificar ou extinguir uma relação jurídica – direito esse chamado *direito de obter uma mutação jurídica*. Para satisfazer esse direito, o órgão jurisdicional conta com mais uma espécie de tutela: a *tutela constitutiva*, que se presta justamente para a formulação de uma regra jurídica concreta que modifique ou desconstitua uma relação jurídica.

Essa tutela será dada sempre que alguém tenha o direito de obter a modificação de uma relação jurídica. É o que ocorre, por exemplo, com o direito que nasce de um contrato preliminar, tendo por objeto a celebração do contrato definitivo (modificando a relação jurídica anterior criada pelo contrato preliminar); ou direito à desconstituição de relação jurídica (desfazimento por anulação do contrato, exemplificativamente) ou, por fim, direito à modificação de relação jurídica (direito ao cancelamento de cláusulas contratuais, *v.g.*).

Portanto, as relações jurídicas podem ser socorridas pelo órgão jurisdicional por meio de *três espécies de tutelas*:

(a) tutela jurisdicional declaratória;

(b) tutela jurisdicional condenatória executiva; e

(c) tutela jurisdicional constitutiva.[13]

---

[12] Talvez por facilidade de exposição, os autores costumam se referir a um direito que tem por objeto a constituição, a extinção ou a modificação de uma relação jurídica. Todavia, um direito assim considerado e que tivesse por objeto a instauração de uma relação jurídica completamente nova entre duas pessoas as quais não mantinham entre si nenhum vínculo jurídico não me parece possível. Quando se fala em constituição de uma relação jurídica, em verdade, se examinada a situação jurídica em profundidade, há a modificação de uma relação anterior (podendo até ocorrer algum acréscimo novo) e não propriamente uma criação que, por definição, é gerar alguma coisa do nada.

[13] Alguns autores mencionam outras espécies de tutela, como a chamada *tutela mandamental*, que atende aos casos em que a ação tem foro direto na constituição, como

169

Para poder entregar ao autor cada uma dessas três espécies de tutelas, o órgão jurisdicional precisa desenvolver *intensa atividade cognoscitiva* antes de formular a regra jurídica concreta. Necessita, isto é, investigar e conhecer os fatos narrados pelo autor e os deduzidos pelo réu. No campo do direito, é necessário encontrar a norma em cuja hipótese genérica e abstrata os fatos se enquadram, interpretando-a corretamente e dela extraindo a regra jurídica concreta que disciplina a situação jurídica trazida à sua apreciação.

Por essa razão aquelas tutelas são havidas como pertencendo a um gênero de tutela jurisdicional chamada *tutela jurisdicional de conhecimento*. São *espécies* de tutelas de conhecimento:

(i) Tutela de conhecimento declaratória;

(ii) Tutela de conhecimento condenatória executiva;

(iii) Tutela de conhecimento constitutiva.

4. O TEMPO E A TUTELA JURISDICIONAL – TUTELA DE URGÊNCIA

Desde o momento em que foi exercido o direito de ação até aquele em que se encerra o processo decorre certo período de tempo, nem sempre curto: e o tempo pode comprometer ou tornar inútil a tutela jurisdicional pleiteada.

Suponha-se uma testemunha muito importante e que está gravemente enferma: se se aguardar o momento certo de ouvi-la, segundo o rito procedimental, provavelmente ela falecerá antes desse momento – e

---

o mandado de segurança. No texto ficamos com as espécies declinadas, as quais, como veremos em pouco tempo, constituem espécies do gênero tutelas de conhecimento, pois estamos no campo mais geral e principiológico do direito processual. Sem dúvida que, para as ações *típicas* (cujo conceito será também estudado adiante) há tutelas jurisdicionais específicas – as quais perdem um pouco os contornos gerais, porque normalmente a lei as prevê de forma muito minuciosa, ao contrário das tutelas aqui estudadas, que não contam com previsão nenhuma na lei processual, mas são pressupostas por ela e que abrigam milhares de situações absolutamente heterogêneas entre si.

CAPÍTULO IX – CLASSIFICAÇÃO DAS AÇÕES PELAS TUTELAS...

daí a necessidade de ouvi-la antecipadamente, para que a tutela jurisdicional pleiteada na ação não se comprometa irremediavelmente.

Imagine-se, ainda, que pai e mãe disputam a guarda de um filho e que um deles – com quem está o menor – vem descuidando de sua educação, ou dando-lhe maus exemplos ou, ainda, maltratando-o cruelmente. Antes do final do processo essa criança poderá ter sofrido traumas dos quais dificilmente irá se recuperar. Urge tirá-la de tão má e ruinosa companhia.

O vigente Código de Processo Civil, inovando muito em termos de denominação e mesmo de sistema em relação ao Código de Processo Civil de 1973, não faz referência a uma espécie de ação que este último denominava de *ação cautelar*, que buscava obter uma *tutela cautelar*, cujo objetivo era garantir o resultado frutuoso da tutela jurisdicional que se pretendia pela ação na qual se discutia a relação jurídica principal – a guarda definitiva do filho, *v.g.*, para nos valermos do exemplo dado.[14] Hoje temos a *tutela de urgência cautelar* que, no fundo, é pleiteada pela ação cautelar.

A doutrina, mesmo antes do advento do Código de Processo Civil atual já entendia que a *tutela jurisdicional cautelar* pertencia a outro gênero de tutelas, chamadas *tutelas de urgência* e que, como o nome está a indicar, buscam resolver situações dramáticas, que precisam de solução imediata.

5. TUTELA DE EVIDÊNCIA

A Lei n. 8.952, de 13 de dezembro de 1994, havia feito uma alteração no Código de Processo Civil de 1974, instituindo a chamada *antecipação da tutela*, no art. 273.[15]

---

[14] Pensamos que o Código de Processo Civil não devia ter abandonado a sistemática anterior. Até porque se viu obrigado a mencionar a expressão "cautelar" qualificando a tutela de urgência, em várias passagens.

[15] Art. 273. O Juiz poderá, a requerimento da parte, antecipar, total ou parcialmente, os efeitos da tutela pretendida no pedido inicial, desde que,

Abandonando essa denominação, o vigente Código de Processo Civil passa a denominar a antecipação de tutela de *tutela da evidência*, que abordaremos mais adiante (art. 300).

Mas, a tutela da evidência não se constitui numa espécie autônoma de tutela jurisdicional porque representa apenas a antecipação da tutela principal demandada e, pois, terá a natureza desta. Assim, se se antecipa uma tutela declaratória, a tutela de evidência terá a mesma natureza e assim por diante.

6. TUTELA JURISDICIONAL PARA A REALIZAÇÃO PRÁTICA DA REGRA JURÍDICA CONCRETA

A realização prática da regra jurídica concreta importa invasão da esfera patrimonial do réu a fim de que o direito do autor seja concretamente satisfeito – e essa é uma situação anômala no Estado de Direito, que protege a propriedade privada.

Assim, por exemplo, um bem do devedor ou é entregue ao credor ou é expropriado, vendido e com o dinheiro apurado paga-se o credor.

Tal excepcionalidade está a exigir uma dose grande de certeza quanto à regra jurídica concreta que disciplina uma dada situação jurídica – e essa certeza a lei considera presente em duas circunstâncias diversas:

(i) Pela formulação da regra jurídica concreta pelo órgão jurisdicional;

(ii) Pela prática de certos atos típicos.

Nos dois casos, temos um título executivo, sendo que o primeiro, formado no Juízo, chama-se *título executivo judicial* e o segundo, constituído fora dele, de *título executivo extrajudicial*.

---

existindo prova inequívoca, se convença da verossimilhança da alegação e: I – haja fundado receio de dano irreparável ou de difícil reparação; ou II fique caracterizado o abuso de direito de defesa ou o manifesto propósito protelatório do réu.§ 1º Na decisão que antecipar a tutela, o juiz indicará, de modo claro e preciso, as razões do seu convencimento. § 2º Não se concederá a antecipação da tutela quando houver perigo de irreversibilidade do provimento antecipado.

CAPÍTULO IX – CLASSIFICAÇÃO DAS AÇÕES PELAS TUTELAS...

A atuação da regra jurídica concreta sempre pressupõe a existência de um título executivo, como veremos melhor adiante.

Todavia, a *maneira* pela qual essa atuação prática se realiza varia conforme certas circunstâncias – se ela ocorre no mesmo processo em que a regra jurídica concreta foi formulada, recebe o nome de *cumprimento de sentença*. Contudo, se dá origem a um novo processo, a proteção dispensada à regra jurídica concreta se dá pela *tutela jurisdicional de execução*.

7. QUADRO GERAL DAS TUTELAS JURISDICIONAIS

Em resumo temos o seguinte quadro de tutelas jurisdicionais:

1. Tutelas jurisdicionais de conhecimento:

   a. Tutela de conhecimento *declaratória*;

   b. Tutela de conhecimento *condenatória executiva*;

   c. Tutela de conhecimento *constitutiva*.

2. Tutela jurisdicional de urgência cautelar;

3. Tutela jurisdicional de execução.

8. A TUTELA JURISDICIONAL COMO CRITÉRIO DE CLASSIFICAÇÃO DAS AÇÕES – QUADRO GERAL DAS AÇÕES

Conquanto haja inúmeros critérios para a classificação das ações, o mais importante para a exposição doutrinária é o das espécies de tutelas jurisdicionais.[16]

---

[16] Segundo Liebman, "tendo em vista os direitos que se pretende tutelar, as ações podem se distinguir em reais e pessoais; tendo em vista o bem ao qual se referem distinguem-se em mobiliárias ou imobiliárias etc. A lei tem em conta essas distinções especialmente ao distribuir a competência. Mas, no sistema do direito processual a única classificação legítima e importante é aquela que faz referência à espécie e à natureza do provimento

ANTONIO ARALDO FERRAZ DAL POZZO

Para cada tipo de tutela jurisdicional há um direito de ação homônimo.

Assim, temos o seguinte quadro geral das ações:

1. Ações de conhecimento:

    a. Ação de conhecimento *declaratória*;

    b. Ação de conhecimento *condenatória executiva*

    c. Ação de conhecimento *constitutiva*;

2. Ação cautelar; e

3. Ação de execução.

Esse critério de classificação é importante porque por ele se identifica desde logo o tipo de tutela que se pede ao órgão jurisdicional. Por outro lado, por força do princípio da inércia da jurisdição, o juiz não poderá dar ao autor tutela diversa da pretendida (*ne procedat iudex ex officio*).

---

que vem pedido" (LIEBMAN, Enrico Tullio. *Manuale di Diritto Processuale Civile*: Principi. 7ª Ed. Milano: Giuffrè Editore, 2007, p. 150/151). Há, ainda, ações que recebem o nome dado pela lei processual, como a ação de usucapião, ação reivindicatória entre outras.

Capítulo X
DAS AÇÕES DE CONHECIMENTO

> Sumário: 1. Ações de conhecimento. 2. Atividades cognoscitivas do órgão jurisdicional. 2.1 A verificação dos fatos. 2.1.1 Espécies de fatos que podem ser alegados pelas partes. 2.1.2 Os fatos que devem ser objeto de investigação. 2.1.3 Os meios de prova. 2.1.4 Conclusão sobre a verificação dos fatos. 2.2 A aplicação do direito – enquadramento dos fatos. 2.2.1 Aplicação do direito – Formulação da regra jurídica concreta. 3. Ação de conhecimento Mérito - questões prejudiciais – questões preliminares. 3.1 Questões prejudiciais. 3.2 Questões preliminares. 3.3 Questões de mérito. 4. Limites à atividade de conhecimento do juiz. 4.1 A ação proposta. 4.2 A defesa. 4.3 Os limites impostos definitivamente pela ação proposta. 5. O princípio segundo o qual o juiz conhece o direito (*iura novit cúria*).

1. AÇÕES DE CONHECIMENTO

As *ações de conhecimento* são:

(i) Ações declaratórias;

(ii) Ações condenatórias executivas; e

(iii) Ações constitutivas.

Todas essas espécies de ações de conhecimento (que são, pois, o gênero) têm uma característica comum: elas dão lugar a uma grande atividade cognoscitiva por parte do órgão jurisdicional, tendo por objeto os *fatos* e o *direito*. Dado que provocam esse tipo de atividade, são chamadas de *ações de conhecimento*.[1]

Outra característica marcante das ações de conhecimento é a de provocar a atividade jurisdicional tendente à *formulação da regra jurídica concreta*, através de um ato processual solene e formal chamado *sentença*.

Se a sentença encerra a ação de conhecimento declaratória e a ação de conhecimento constitutiva (pois nada mais há que se fazer do ponto de vista jurisdicional depois de sua prolação), a ação de conhecimento executiva tem duas fases distintas: a primeira delas se encerra também com uma sentença, porém, na segunda, haverá a atuação prática da regra jurídica concreta, abrindo-se uma fase processual denominada de cumprimento da sentença.

"A ação de conhecimento é, portanto e mais propriamente, o *direito ao juízo sobre o mérito da demanda*, conquanto não seja, segundo entendemos, direito a um juízo de determinado conteúdo e, por isso, favorável", escreve Liebman.[2]

Por serem espécies do mesmo gênero, elas têm características comuns, mas apresentam diferenças específicas.

São os principais *pontos comuns* das ações de conhecimento:

a) O desenvolvimento de atividades cognoscitivas sobre os fatos e o direito;

---

[1] Note-se a diferença entre as ações de conhecimento e as de *urgência cautelar* (nas quais a atividade de conhecimento do juiz é superficial, como veremos) e as de *execução* (em que não há praticamente nenhum conhecimento, mas medidas concretas para a satisfação do direito).

[2] LIEBMAN, Enrico Tullio. *Manuale di Diritto Processuale Civile*: Principi. 7ª ed. Milano: Giuffrè Editore, 2007, p. 153, em tradução mais livre para dar sentido à citação. Liebman (e também pensamos assim também), filia-se à corrente da ação como *direito abstrato*: um direito que se exaure com o exame da pretensão exposta em juízo, sem qualquer correlação com o resultado (positivo ou negativo) desse exame.

CAPÍTULO X – DAS AÇÕES DE CONHECIMENTO

b) Formulação da regra jurídica concreta através da sentença do órgão jurisdicional.

2. ATIVIDADES COGNOSCITIVAS DO ÓRGÃO JURISDICIONAL

As atividades de conhecimento do juiz se desenvolvem em dois campos distintos: (a) a verificação dos fatos e (b) a aplicação do direito.[3]

2.1 A VERIFICAÇÃO DOS FATOS

2.1.1 Espécies de fatos que podem ser alegados pelas partes

Para obter a tutela jurisdicional, o autor e o réu devem expor os fatos que compõem determinada situação jurídica, ao órgão jurisdicional, pois é do fato que nasce o direito (*ex facto oritur ius*). Narrando os fatos, o órgão jurisdicional dar-lhes-á o direito (*da mihi factum, dabo tibi ius*).

Portanto, os fatos adquirem grande importância quando se pleiteia uma tutela jurisdicional de conhecimento. Segundo costumeira distinção, os fatos alegados pelas partes podem ser: fatos constitutivos, modificativos, extintivos, impeditivos.

Vejamos como Liebman os conceitua:[4]

(i) "fatos constitutivos são aqueles que produzem o nascimento de um efeito jurídico". A celebração de um contrato de mútuo, por exemplo, é um fato constitutivo, porque produz efeitos jurídicos: alguém fica obrigado a devolver a outrem, em determinada data, a importância mutuada.

(ii) "fatos modificativos são aqueles que modificam aquele efeito" (como, *v.g.*, parcelamento de uma dívida);

---

[3] CF. LIEBMAN, Enrico Tullio. *Manuale di Diritto Processuale Civile*: Principi. 7ª ed. Milano: Giuffrè Editore, 2007, p. 154.

[4] LIEBMAN, Enrico Tullio.*Manuale di Diritto Processuale Civile*: Principi. 7ª ed. Milano: Giuffrè Editore, 2007, p. 154.

(iii) "fatos extintivos são aqueles que produzem a extinção desse efeito jurídico". O pagamento, exemplificativamente, é um fato extintivo, porque extingue o direito do mutuante e a obrigação do mutuário.

(iv) "fatos impeditivos são aqueles que, quando acompanham os fatos constitutivos, representam um impedimento à produção do efeito normal destes". Se a celebração de um contrato de mútuo tem o efeito normal de gerar a obrigação de devolver a importância dada em empréstimo, a incapacidade do contratante é um fato impeditivo, pois, em face dele, aquele contrato deixa de produzir aquele efeito.

Essa classificação influi no responsável pela prova – segundo o art. 373 do Código de Processo Civil, o autor deve provar os fatos constitutivos de seu direito e o réu provar os fatos extintivos, modificativos ou impeditivos que vier a alegar.[5]

2.1.2 Os fatos que devem ser objeto de investigação

Toda situação fática é bastante complexa e normalmente abrange um número muito grande de fatos. Dentre todos os fatos que compõem a situação jurídica descrita em juízo pelo autor e dentre aqueles que integram a defesa apresentada pelo réu, o direito processual seleciona quais deles devem ser objeto de investigação ou de prova: apenas os fatos *relevantes* e os fatos *controvertidos*.

A relevância de um fato é a sua aptidão para constituir, impedir, modificar ou extinguir um efeito jurídico ou um direito. Para ser relevante o fato precisa se subsumir numa daquelas categorias ou espécies de fatos acima estudados: constitutivos, impeditivos, modificativos ou extintivos. Se o fato não cria, nem impede, nem modifica e nem extingue um direito, não é relevante para a causa.

Se o autor alega o descumprimento de um contrato, a existência do contrato é um dos fatos constitutivos relevantes para a obtenção da

---

[5] Todavia, o § 1º do art. 373 permite ao juiz a inversão do ônus da prova.

CAPÍTULO X – DAS AÇÕES DE CONHECIMENTO

tutela jurisdicional[6]. O local onde foi assinado o contrato poderá não ter muita relevância quando se exige o seu cumprimento – mas se ele determina o juízo competente, por exemplo, passa a ser relevante.

Fato *controvertido* é aquele que vem afirmado por uma das partes, e, de alguma maneira, negado pela outra. Esse ponto de fato controvertido se denomina *questão de fato.*[7]

Se o autor afirma que o réu atravessou o cruzamento quando o sinal estava vermelho, mas este nega, dizendo que a luz verde estava acesa – esse ponto de fato controvertido constituir-se-á numa questão de fato.

Podemos dizer, pois, que a verificação dos fatos por meio das provas deve ter por objeto as *questões de fato*, desde que estas sejam relevantes para a causa.[8]

Os fatos *incontroversos*, ao contrário, não precisam ser provados porque, normalmente, são havidos como verdadeiros (art. 374 inc. III).[9]

Também não carecem de prova os *fatos notórios* – aqueles que são de conhecimento público (art. 374, I). Um fato pode ser notório numa comunidade apenas (dia do aniversário da cidade), numa região (época de colheita do milho) ou em todo o País (dia da independência).

Por fim, também não precisam ser comprovados os fatos a cujo favor milita presunção legal de existência ou veracidade (como a certidão

---

[6] Conquanto o não cumprimento da obrigação seja relevante para o autor, ele não pode fazer (e nem lhe é exigível) prova de *fato negativo*. Nesse caso ele alega o não cumprimento e se o réu disser que a cumpriu (fato extintivo), deverá provar esse adimplemento.

[7] Questão é sempre um ponto controvertido. Se o ponto é de fato, teremos uma questão de fato. Se de direito, uma questão de direito.

[8] Ao mencionarmos *"questões"* já nos referimos à controvérsia.

[9] Nem todos os fatos incontroversos: v. art. 341 do Código de Processo Civil. Também independem de prova os *fatos notórios*, que são aqueles fatos conhecidos por todos, indistintamente, ou por pessoas que integram determinada classe social. A época da colheita do café é um fato notório para os colonos de uma fazenda que se dedica à cafeicultura; a abolição da escravatura é um fato de notoriedade geral. Também não precisam ser provados os fatos que são presumidos verdadeiros ou existentes por determinação legal. Cf. art. 374, I e IV, respectivamente, do Código de Processo Civil.

de um oficial de justiça – art. 374, IV). Mas, se contestada sua existência ou veracidade, essa questão de fato será objeto de prova.

Por fim, o próprio direito pode ser objeto de prova: "A parte que alegar direito municipal, estadual, estrangeiro ou consuetudinário provar-lhe-á o teor e a vigência, se assim o juiz determinar" (art. 375).

2.1.3 Os meios de prova

Os fatos relevantes e controvertidos, como regra geral, constituem o *objeto* da atividade probatória: como no processo normalmente há duas versões, uma exposta pelo autor e outra narrada pelo réu, será necessário buscar, o quanto possível, a verdade sobre elas, isto é, procurar saber como, no passado, os fatos ocorreram efetivamente.

Todavia, nem todos os meios possíveis de se comprovar como um fato ocorreu poderão ser utilizados em juízo.

O Direito Processual estabelece quais são os chamados *meios de prova*, isto é, as maneiras pelas quais é permitida a realização da prova da ocorrência dos fatos relevantes e controvertidos (como o meio de prova testemunhal, o documental, o pericial, entre outros). Há, ainda, normas processuais que estabelecem a maneira pela qual as provas *são produzidas* em sede judicial (por exemplo: como e quando são arroladas as testemunhas; quando elas devem depor; qual a forma de tomar seu depoimento e outros).

Ao conjunto dos atos processuais que objetivam provar os fatos relevantes e controvertidos dá-se o nome de *instrução probatória*.

Cabe ao autor, por exemplo, descrever minuciosamente os fatos que compõem o acidente de automóvel do qual lhe resultaram prejuízos, narrar esses prejuízos em minúcias e provar esses mesmos fatos através dos meios de prova admitidos pelo Direito Processual (prova documental, pericial, prova testemunhal, entre outros). O mesmo caberá ao réu, em relação aos fatos que integram a sua defesa.

CAPÍTULO X – DAS AÇÕES DE CONHECIMENTO

2.1.4 Conclusão sobre a verificação dos fatos

A rigor, o Estado deveria entregar a prestação jurisdicional no momento em que ela é pedida – mas, como essa solução é impossível, porque antes desse momento final o juiz deve ouvir as razões da outra parte e, normalmente, investigar os fatos relevantes e controvertidos, o processo, inexoravelmente, se prolonga no tempo.

Mesmo protraindo no tempo, o ordenamento jurídico não congela a ação no passado por força do *princípio da economia processual*: deve o juiz levar em conta os fatos ocorridos até o momento em que é possível portá-los ao seu conhecimento, o que ocorre com o encerramento da instrução probatória.[10]

Encerrada a instrução probatória (isto é, produzidas todas as provas requeridas pelas partes e deferidas pelo juiz), resta ao órgão jurisidicional fazer, agora, a *verificação dos fatos:* examinar o conjunto das provas produzidas pela instrução probatória com a finalidade de firmar seu convencimento sobre como tais fatos realmente ocorreram, no passado.

Podemos, pois, concluir, que a verificação dos fatos é realizada pelo órgão jurisdicional por meio de uma avaliação da instrução probatória, a qual tem por finalidade a descoberta da verdade concernente às questões de fato que têm relevância jurídica para o julgamento da causa, que será feito na sentença. O juiz, conquanto livre para formar seu convencimento (*princípio da livre convicção do juiz*), precisa, no entanto, fundamentar sua decisão para esclarecer a razão pela qual adota uma das versões (do autor ou do réu) como verdadeira.[11]

---

[10] LIEBMAN, Enrico Tullio. *Manuale di Diritto Processuale Civile*: Principi. 7ª Ed. Milano: Giuffrè Editore, 2007, p. 161/162 e CHIOVENDA, Giuseppe. *Istituzioni di Direitto Processuale Civile*. Napoli: Casa Editrice Dott. Eugenio Jovene, 1960, p. 154. O Código de Processo Civil agasalha expressamente essa orientação no seu art. 493: "Se, depois da propositura da ação, algum fato constitutivo, modificativo ou extintivo do direito influir no julgamento do mérito, caberá ao juiz tomá-lo em consideração, de ofício ou a requerimento da parte, no momento de proferir a decisão".

[11] No Estado de direito, o princípio da segurança jurídica, da ampla defesa e do contraditório e da transparência exigem que todas as decisões judiciais (e administrativas) sejam fundamentadas. Essa fundamentação, de um lado evita o arbítrio e soluções não estabelecidas em lei (princípio da legalidade) e, de outro, permite ao interessado exercer

2.2 A APLICAÇÃO DO DIREITO – ENQUADRAMENTO DOS FATOS

A aplicação do direito à situação jurídica submetida a exame do órgão jurisdicional consiste em duas operações básicas, após ter o juiz concluído a verificação dos fatos (isto é, formado seu convencimento a respeito da verdade dos fatos):

a) *Enquadramento* dos fatos na hipótese genérica e abstrata de uma regra jurídica;

b) *Extração da regra jurídica concreta* (do preceito genérico e abstrato daquela regra jurídica) que disciplina aquela dada situação.

Para realizar a primeira operação, o órgão jurisdicional tem que selecionar, dentre as normas jurídicas existentes no ordenamento jurídico, aquela que contém uma hipótese (genérica e abstrata) à que os fatos da causa se ajustam.

No caso de um acidente de automóvel do qual tenha resultado dano à vítima, cabe ao juiz enquadrar os fatos na hipótese de norma do art. 186 do Código Civil (*Art. 186. Aquele que, por ação ou omissão voluntária, negligência ou imprudência, violar direito e causar dano a outrem, ainda que exclusivamente moral, comete ato ilícito*).

Quando o juiz faz esse enquadramento, ele já se convenceu da existência do acidente, do elemento subjetivo do causador (dolo ou culpa), do dano sofrido pela vítima e do inadimplemento e dos danos causados do acidente. Todas essas são circunstâncias de fato que os meios de prova trouxeram para os autos: depoimentos testemunhais, perícias etc.

2.2.1 Aplicação do direito – Formulação da regra jurídica concreta

A segunda operação de natureza mais jurídica que realiza o juiz é a formulação da regra jurídica concreta, que nas ações de conhecimento é feita na *sentença*.

___

seu direito de recorrer da decisão por discordar exatamente de sua motivação. V. Constituição Federal, art. 93, IX e X.

CAPÍTULO X – DAS AÇÕES DE CONHECIMENTO

Para maior facilidade de compreensão, dizemos que, na sentença, essa operação de formulação da regra jurídica concreta tem a estrutura de um silogismo, onde:

(i) a premissa maior é dada pela norma jurídica genérica e abstrata aplicável ao caso, que vem a ser aquela em cuja hipótese os fatos do caso concreto se enquadram (acima: art. 186 do Código Civil);

(ii) a premissa menor é dada pela verificação dos fatos, isto é, consiste na versão dos fatos considerada verdadeira pelo juiz; e

(iii) a conclusão que é a formulação da regra jurídica concreta extraída do preceito genérico e abstrato da norma jurídica em cuja hipótese se enquadram os fatos da causa: no caso examinado acima, a regra jurídica concreta é extraída do preceito genérico e abstrato do art. 927 (Art. 927. Aquele que, por ato ilícito (arts. 186 e 187) causar dano a outrem, fica obrigado a repará-lo) e a regra jurídica concreta estabelecerá que o réu é obrigado a indenizar a vítima num determinado montante.

É evidente, porém, que quase nunca a atividade do órgão jurisdicional é tão simples assim.

Inúmeras são as questões de fato que ele deve resolver: uma das partes afirma que tal fato ocorreu assim, e, a outra, assevera que aconteceu de outro modo, ou até mesmo que ele não aconteceu. Estas questões de fato serão resolvidas pela atividade consistente na verificação dos fatos.

Porém, existem, ainda, as questões de direito – que vêm a ser as controvérsias que se estabelecem sobre determinados pontos de direito.

Portanto, quando da verificação dos fatos e da aplicação do direito, o órgão jurisdicional tem que resolver todas as questões de fato e todas as questões de direito para poder formar o seu silogismo, que será retratado na sentença e decidirá a ação proposta.

3. AÇÃO DE CONHECIMENTO – MÉRITO – QUESTÕES PREJUDICIAIS – QUESTÕES PRELIMINARES

3.1 QUESTÕES PREJUDICIAIS

Como vimos linhas atrás, *as ações de conhecimento são um direito ao julgamento de mérito da demanda.*

Com efeito, todo trabalho de verificação dos fatos e de aplicação do direito realizado pelo juiz (atividades de conhecimento) tem por objeto concluir se a ação proposta é procedente ou improcedente, ou seja, decidir o *mérito* da causa.

Porém, antes de chegar a esse ponto, as partes podem suscitar algumas questões de direito que devem ser examinadas com *precedência* em relação ao mérito da causa porque podem: *(i)* interferir no seu conteúdo ou *(ii)* impedir que esse exame seja efetuado.

Essas questões são agrupadas em dois tipos: *(i)* as questões *prejudiciais* e as *(ii)* questões *preliminares*.

As *questões prejudiciais* decorrem da interdependência entre as relações jurídicas. Assim, pode acontecer que certa relação jurídica – deduzida em juízo – *pressuponha* a existência de outra relação jurídica que, todavia, não será investigada e nem levada em conta no julgamento, a menos que se torne *controvertida*. Exemplo clássico é da ação de alimentos proposta pelo filho contra o pai: nesta demanda será examinada a necessidade de quem pede (filho) e a possibilidade daquele em face de quem se pede alimentos (pai). Mas, se o indigitado pai nega a sua qualidade de pai (matéria que não seria objeto de conhecimento na ação alimentar, mas que é um pressuposto desta) a relação jurídica de filiação se coloca como uma questão *prejudicial*, eis que, se for julgada procedente, *prejudica* o julgamento da ação de alimentos.

Sempre que a relação jurídica exposta pelo autor tiver por pressuposto outra relação jurídica ou estado jurídico os quais, embora não sendo objeto de conhecimento do juiz se tornem controvertidos, teremos uma *questão prejudicial*, a ser enfrentada desde logo pelo juiz, pois esse julgamento pode determinar a sorte da demanda.

CAPÍTULO X – DAS AÇÕES DE CONHECIMENTO

Com efeito, no exemplo dado, se o juiz julgar procedente a questão prejudicial (não há relação de filiação), a sorte da ação de alimentos está determinada (improcedente), conquanto a recíproca não seja verdadeira (mesmo sendo pai, pode não dever alimentos).

Uma questão prejudicial especial diz respeito à *arguição de inconstitucionalidade* da norma jurídica em que o autor apoia a sua pretensão – matéria que também deve ser enfrentada desde logo pelo órgão jurisdicional.[12]

A questão prejudicial deve ser alegada na resposta do réu e embora a lei processual não diga expressamente, ela deve ser exposta antes de qualquer outra matéria de defesa, por uma razão de antecedência lógica de seu conteúdo.

3.2 QUESTÕES PRELIMINARES

Além de arguir uma *questão prejudicial*, o réu pode, ainda: *(i)* se insurgir contra o direito de ação do autor (negando sua existência) ou *(ii)* alegar um vício da relação jurídica processual.

Para negar a existência do direito de ação, o réu precisa arguir a falta de uma de suas condições, que estudaremos mais adiante.[13]

Também pode o réu alegar que a relação jurídica processual não se constituiu validamente em face da ausência de um de seus pressupostos

---

[12] No Brasil vigoram dois sistemas de controle de constitucionalidade das leis – o chamado *controle difuso*, que é exercido por qualquer magistrado numa causa determinada, hipótese em que o reconhecimento da constitucionalidade ou da inconstitucionalidade vale apenas entre as partes e para aquele processo e o denominado *controle concentrado*, que é realizado pelos Tribunais Estaduais (quando o confronto diz respeito à uma lei municipal ou estadual em face da Constituição Estadual) e pelo Supremo Tribunal Federal (quando se alega que lei federal viola a Constituição Federal). Neste último caso, se inconstitucional, a norma será cassada e deixará de ter eficácia *erga omnes*. Na Itália vigora somente este último, e somente a Corte Constitucional pode decidir a respeito, devendo o juiz, em face de alegação da parte, suspender o processo e remeter-lhe a questão (art. 134 da Constituição Italiana), a menos que a considere manifestamente infundada (LIEBMAN, Enrico Tullio. *Manuale di Diritto Processuale Civile*: Principi. 7ª ed. Milano: Giuffrè Editore, 2007, p. 155).

[13] V. Capítulo XVII.

de validade. Neste caso, convém distinguir duas situações diferentes: se o vício puder ser sanado o juiz, em face do princípio da economia processual, determinará sua correção e somente acolherá a alegação se a providência não for tomada; mas, se a nulidade for absoluta, insanável, deverá acolher a questão preliminar e encerrar o processo sem examinar o mérito da causa. Os pressupostos processuais constituem matéria que estudaremos mais avante.[14]

A falta do direito de ação por parte do autor desonera o órgão jurisdicional de prestar a tutela jurisdicional, ou seja, de examinar o mérito da causa – pois a ação de conhecimento é o direito de exigir esse exame. O vício insanável da relação jurídica processual também impede o exame do mérito da causa. Acolhendo as questões preliminares, o juiz deve encerrar o processo sem exame de mérito.

As questões preliminares devem ser expostas na resposta do réu logo de início (art. 337 do Código de Processo Civil).

3.3 QUESTÕES DE MÉRITO

As questões de mérito são identificadas por exclusão: todas as demais questões de fato e de direito que não se caracterizarem como questões prejudiciais ou preliminares, formam o *mérito* da causa.

4. LIMITES À ATIVIDADE DE CONHECIMENTO DO JUIZ

O exercício do direito de ação faz com que o autor exponha ao juiz uma situação jurídica que se apoia em fatos da vida real. O autor, normalmente, ainda faz o ajustamento dessa situação na hipótese genérica e abstrata de uma norma legal, extraindo dela a regra jurídica concreta que entende cabível e que pretende ser formulada pelo órgão jurisdicional. Formula o pedido de uma tutela jurisdicional e normalmente tem por objetivo conseguir um bem da vida, protegido pelo direito (bem jurídico).

---

[14] V. Capítulo XXIII.

CAPÍTULO X – DAS AÇÕES DE CONHECIMENTO

O réu, por sua vez, ao exercer o seu direito de defesa também irá expor os fatos em que fundamenta a sua versão e que redunda em regra jurídica concreta inversa àquela que pretende fazer valer o autor.

Essa, grosso modo, é a matéria sobre a qual vai se debruçar o juiz durante o processo, para formular sua sentença.

Podemos concluir, portanto que a atividade de conhecimento do órgão jurisdicional encontra na *ação* e na *defesa* os seus limites, nos termos que vamos examinar em seguida.

4.1 A AÇÃO PROPOSTA

Uma primeira delimitação da área de conhecimento do órgão jurisdicional está justamente na *descrição dos fatos* feita pelo autor: aquilo que ele deduziu como sendo os fatos constitutivos de seu direito demarcam os primeiros limites dos fatos que podem ser conhecidos pelo juiz.

Outra delimitação desenhada pela ação ajuizada está no *tipo de tutela jurisdicional pedida* e também no *pedido formulado*, em razão do princípio da inércia da jurisdição, que proíbe ao juiz dar ao autor tutela ou bem jurídico diverso dos pleiteados.

Se o autor pretende tutela jurisdicional de conhecimento constitutiva, ou esta lhe é dada ou não; mas ao juiz é vedado dar ao autor tutela diversa. O mesmo se diga do bem pretendido.

4.2 A DEFESA

Para realizar sua defesa no que concerne ao mérito da causa (isto é, matéria que não seja uma questão prejudicial ou preliminar), o réu pode assumir duas atitudes básicas no que diz respeito aos fatos da causa, podendo deduzir: (a) uma *defesa direta de mérito* (b) uma *defesa indireta de mérito*.

A defesa direta de mérito consiste em:

187

(i) negar a existência dos fatos constitutivos do direito que o autor alega ter (exemplos: o contrato não existe; o acidente não ocorreu); ou

(ii) admitir a existência dos fatos constitutivos alegados pelo autor, mas negar as suas consequências jurídicas (exemplo: o efeito jurídico do contrato não é aquele pretendido pelo autor, pois é contrato de comodato e não de locação).

Na defesa indireta de mérito, o réu, sem negar a existência dos fatos constitutivos do direito do autor e/ou as suas consequências jurídicas, aduz *outro fato*, que pode ser *impeditivo* (menoridade, por exemplo), *modificativo* (parcelamento da dívida, *v.g.*) ou *extintivo* (pagamento) do direito do autor.

Se o réu optar pela defesa direta de mérito, caberá ao autor provar que os fatos constitutivos de seu direito ocorreram. Neste caso, o réu nada tem que provar.

Porém, na defesa indireta, o réu é quem deverá provar o fato impeditivo, modificativo ou o fato extintivo que alegou, persistindo, todavia, para o autor, a necessidade de provar os fatos constitutivos.

Dessa forma, no que tange aos *fatos* da causa, o limite traçado originalmente pelo exercício do direito de defesa pode ser ampliado, caso o réu, em defesa indireta, alegue fato impeditivo, modificativo ou extintivo do direito do autor, pois tais fatos não seriam objeto de conhecimento sem alegação.

Contudo, o réu pode também ampliar a área de conhecimento do juiz sobre questões jurídicas, desde que alegue matéria prejudicial ou preliminar.

De outro lado, os limites da atividade cognoscitiva do juiz podem ser restringidos pela defesa, se o réu não contestar determinados fatos constitutivos do autor e nem apresentar defesa indireta – neste caso, os fatos não contestados são incontroversos, e em regra, não dependem de prova.[15]

---

[15] Tudo quanto se diz no texto pressupõe uma situação, digamos, normal. Há exceções ao que se diz ali, mas estas serão examinadas mais adiante.

CAPÍTULO X – DAS AÇÕES DE CONHECIMENTO

4.3 OS LIMITES IMPOSTOS DEFINITIVAMENTE PELA AÇÃO PROPOSTA

A ação proposta representa um *limite intransponível* para o juiz, no que diz respeito ao *tipo de tutela jurisdicional pedida* e ao *bem jurídico pretendido pelo autor.*

Não pode o órgão jurisdicional conceder tutela diversa e nem bem jurídico diverso daqueles que foram pedidos.

É evidente que ao juiz sempre será possível negar a tutela jurisdicional pedida pelo autor – e então irá proferir uma tutela negativa. Mas, o que se afirma é que, em querendo dar razão ao autor, não pode modificar a tutela por ele pleiteada.

Também o juiz não pode dar ao autor bem jurídico *diverso* do pedido. Apenas cabe observar que, em se tratando de quantia em dinheiro, poderá dar *menos* do que o pedido, caso, por exemplo, o réu comprove que pagou parte da dívida. Mas, não lhe seria possível dar quantia maior que a pedida (julgamento *ultra petita partium*) e nem bem diverso (julgamento *extra petita partium*).

A sentença que violasse essas regras seria nula porque proferida *ultra petita* (*ultra* – além do pedido) ou *extra petita* (*extra* – bem jurídico ou provimento jurisdicional diverso do pedido), infringindo, portanto, o princípio da inércia da jurisdição. No sistema processual brasileiro há vedação expressa:

> Art. 492. É vedado ao juiz proferir sentença de natureza diversa da pedida, bem como condenar aparte em quantidade superior ou em objeto diverso do que lhe foi demandado.
>
> Parágrafo único. A sentença deve ser certa, ainda quando decida relação jurídica condicional.
>
> Art. 460. É defeso ao juiz proferir sentença, a favor do autor, de natureza diversa da pedida, bem como condenar o réu em quantidade superior ou em objeto diverso do que lhe foi demandado.

5. O PRINCÍPIO SEGUNDO O QUAL O JUIZ CONHECE O DIREITO (*IURA NOVIT CURIA*)

A ação exercida desde logo traça para o órgão jurisdicional *dois limites* instransponíveis e que não podem ser alterados: o primeiro, quanto ao tipo de provimento jurisdicional pedido e o segundo, quanto ao bem jurídico pleiteado (obviamente, em caso do autor ter razão).

Em matéria dos fatos relevantes e controvertidos os limites são definidos pela combinação da ação proposta e a defesa apresentada pelo réu.

Porém, há uma área em que nem a ação e nem a defesa podem impor qualquer limite à atividade do juiz, porque o juiz conhece o direito (*iura novit curia*): trata-se da *valoração jurídica dos fatos*.

Suponha-se que o autor, por exemplo, ao exercer seu direito de ação, entenda que o contrato celebrado com o réu é de comodato e, com base nele, pede a devolução do imóvel. Se dos fatos narrados e da instrução probatória o juiz concluir que *aquele contrato* é de locação e que o autor tem direito à devolução do imóvel, pode julgar a ação procedente com fundamento nessa nova valoração jurídica.

Quanto ao enquadramento dos fatos nas hipóteses das normas jurídicas (ou seja, na *atividade de valoração jurídica dos fatos*), o juiz é absolutamente desvinculado daquilo que as partes afirmam. Mas, é preciso que essa nova valoração jurídica dos fatos permita que o juiz conceda o *mesmo tipo de tutela jurisdicional e o mesmo bem jurídico pedido pelo autor*. Se a nova qualificação jurídica dos fatos implicarem alteração da tutela ou do bem jurídico pedido ela estará vedada ao juiz, pois nesse caso haveria violação ao princípio da inércia da jurisdição (seria uma sentença *ultra* ou *extra petita partium*).

Também é preciso que a nova valoração jurídica diga respeito aos *mesmos* fatos expostos pelo autor e pelo réu – a alteração dos fatos é vedada sempre ao órgão jurisdicional, pelo mesmo princípio da inércia da jurisdição.

Capítulo XI

AÇÃO DE CONHECIMENTO DECLARATÓRIA

Sumário: 1. Ação de conhecimento declaratória – mera ação 2. Conceito de ação declaratória. 3. Formulação da regra jurídica concreta. 4. Situação fática que torna adequada a ação declaratória. 5. Formulação da regra jurídica concreta que elimine a incerteza em torno da existência ou inexistência de uma relação jurídica. 6. Formulação da regra jurídica concreta que elimine a incerteza em torno da autenticiddade ou falsidade de um documento. 7. A sentença declaratória. 8. Sentença que julga a ação declaratória improcedente – sentença igualmente declaratória. 9. Sentença declaratória incidental. 10. Ação declaratória quando cabível a ação condenatória.

1. AÇÃO DE CONHECIMENTO DECLARATÓRIA – MERA AÇÃO

Escrevendo sobre o processo como "fonte autônoma de bens", Chiovenda enfatiza que, ao lado de sua função mais "primitiva e rude de instrumento dirigido a constranger o obrigado a prestar aquilo que deve, assumiu cada vez mais outras funções mais elevadas e refinadas: em primeiro lugar aquela de criar a certeza jurídica nas relações correntes entre os homens (ação declaratória)".[1]

Realmente, no Estado de Direito o princípio da segurança jurídica requer que as relações jurídicas sejam dotadas de certeza quanto à sua existência e conteúdo.

Contudo, considerando que determinados documentos contêm em si mesmos uma declaração ou expressão de vontade e levando-se em conta a alta sofisticação com que muitos deles são adulterados, a dúvida sobre sua autenticidade ou falsidade leva, de modo indireto, à dúvida quando a veracidade ou não das relações jurídicas que a eles estão imbricadas.

Nada irá superar a certeza que à existência ou inexistência de relação jurídica ou à autenticidade ou falsidade de documento é dada pela formulação da regra jurídica concreta feita pelo juiz na *sentença* – nem mesmo a declaração de quem quer que seja.[2]

Todavia, não existe uma regra jurídica não pertencente ao processual civil, que confira a alguém esse bem jurídico chamado de a "certeza jurídica", que é objeto da ação de conhecimento declaratória.

Trata-se de um bem jurídico *criado pela lei processual civil*, no seu art. 19:

> Art. 19. O interesse do autor pode limitar-se à declaração:
> I – da existência ou da inexistência de relação jurídica;
> II – da autenticidade ou falsidade de documento.
> Art. 4º O interesse do autor pode limitar-se à declaração:
> I – da existência ou da inexistência de relação jurídica;
> II – da autenticidade ou falsidade de documento.

---

[1] CHIOVENDA, Giuseppe. *Istituzioni di Diritto Processuale Civile*. Napoli: Casa Editrice Dott. Eugenio Jovene, 1960, p. 41.

[2] CHIOVENDA, Giuseppe. *Istituzioni di Diritto Processuale Civile*. Napoli: Casa Editrice Dott. Eugenio Jovene, 1960, p. 41/42.

CAPÍTULO XI – AÇÃO DE CONHECIMENTO DECLARATÓRIA

De se notar que nem todas as leis processuais trazem normas expressas como a nossa. A italiana, por exemplo, não contém regra jurídica análoga. Porém, como o art. 100 do Código de Processo Civil italiano diz que para propor ação basta ter interesse e legitimidade, a doutrina e a jurisprudência, há muitos anos, construíram a possibilidade de o exercício da ação declaratória na Itália (*azione d'accertamento*).[3]

Mediante o exercício da ação declaratória o autor requer uma tutela declaratória, que é dada pela *sentença declaratória*.

2. CONCEITO DE AÇÃO DECLARATÓRIA

Ação de conhecimento declaratória é aquela que tem por finalidade provocar a formulação de uma regra jurídica concreta que elimine a incerteza em torno da existência ou da inexistência de uma relação jurídica, ou sobre a falsidade ou autenticidade de um documento.

3. FORMULAÇÃO DA REGRA JURÍDICA CONCRETA

Todas as ações de conhecimento – e a ação declaratória é uma das espécies de ação de conhecimento – têm por objeto a formulação da regra jurídica concreta na sentença, que leva o mesmo nome da ação exercida – no caso, pois, *sentença declaratória*.

4. SITUAÇÃO FÁTICA QUE TORNA ADEQUADA A AÇÃO DECLARATÓRIA

A sentença declaratória conterá a formulação de uma regra jurídica concreta que vai eliminar, de uma vez por todas, a incerteza a respeito da existência ou inexistência de uma relação jurídica ou em torno da autenticidade ou da falsidade de um documento.

---

[3] LIEBMAN, Enrico Tullio. *Manuale di Diritto Processuale Civile*: Principi. 7ª ed. Milano: Giuffrè Editore, 2007, p. 169.

Assim sendo, o bem jurídico que se procura obter através da ação declaratória é um *estado de certeza*.

Claro está, dessa forma, que essa ação se torna *necessária* e *adequada* em face de um *estado de incerteza* a respeito da existência ou da inexistência de uma relação jurídica ou sobre a autencidade ou falsidade de um documento.

A expressão "incerteza" da qual aqui se trata e que justifica a atuação do órgão jurisdicional não é apenas aquela que descreve um determinado estado de espírito de alguém. O órgão jurisdicional não é um órgão consultivo, para eliminar dúvidas que estejam apenas na esfera mental das pessoas.[4]

Essa incerteza há de se escorar em atos ou fatos da vida real que coloquem efetivamente em dúvida a existência ou não de uma relação jurídica, ou a autenticidade de um documento. Vale dizer que quem deseja propor uma ação de conhecimento declaratória precisa expor ao órgão jurisdicional uma série de acontecimentos, aptos a gerar um *estado de incerteza* numa pessoa comum. A incerteza do autor não pode ser daquelas que nascem de conjecturas íntimas, desapegadas de fatos concretos.

É o que a doutrina chama de *incerteza objetiva*. Além de objetiva, a incerteza deve ser *atual*.[5]

---

[4] Escreve Liebman: "Entende-se que a incerteza não deve ser puramente interna do sujeito ou puramente acadêmica. Ela deve se manifestar por fatos exteriores, praticamente importantes, como o dissenso das partes na interpretação de um contrato, a alegação de uma pessoa de ter um direito de crédito em relação a outra, a contestação, feita de modo sério e talvez público de um direito de que certa pessoa entende ser titular etc..." LIEBMAN, Enrico Tullio. *Manuale di Diritto Processuale Civile*: Principi. 7ª ed. Milano: Giuffrè Editore, 2007, p. 170.

[5] LIEBMAN, Enrico Tullio. *Manuale di Diritto Processuale Civile*: Principi. 7ª ed. Milano: Giuffrè Editore, 2007, p. 170. Numa única passagem, Liebman assinala que, para o interesse em ajuizar a ação declaratória deve ser havido como existente "sempre que haja incerteza em torno da existência ou inexistência, conteúdo ou modalidade de uma relação jurídica e que essa incerteza produza um dano". No Brasil entendemos que – dada a dicção da lei processual – a incerteza deve dizer respeito à existência ou inexistência da relação jurídica – mas a incerteza sobre seu conteúdo ou espécie pode se reduzir àquelas questões. Mais adiante, percebe-se que, para o processualista citado, o "dano" vem a ser a incerteza objetiva de que se fala no texto.

CAPÍTULO XI – AÇÃO DE CONHECIMENTO DECLARATÓRIA

Por incerteza objetiva entende-se, assim, aquela que se origina de fatos externos e concretos, praticamente importantes, aptos a gerar uma situação de dúvida no espírito de qualquer pessoa normal.

A expressão *incerteza objetiva* está a se contrapor à ideia de *incerteza subjetiva*, isto é, apoiada apenas em questionamentos íntimos, circunscrita à esfera intelectual das pessoas. A incerteza subjetiva é insuficiente para justificar a ação declaratória.

Se alguém celebra um contrato e depois fica em dúvida quanto à interpretação de uma cláusula, não pode pedir ao órgão jurisdicional que declare qual a interpretação juridicamente correta daquela cláusula: esta dúvida é apenas interna, subjetiva, e o juiz não é um consultor jurídico. Neste caso se deve procurar um advogado.

Todavia, se uma pessoa propala que é credor de outrem, lançando uma dúvida justificada na mente de um número razoável de pessoas sobre a existência ou não dessa dívida, então estaremos diante de uma situação de incerteza objetiva: neste caso será adequada uma ação de conhecimento declaratória, apoiada naqueles fatos propalados pelo réu, cuja finalidade será a de que o órgão jurisdicional declare que inexiste aquela dívida, ou, melhor, que inexiste aquela relação jurídica de crédito e débito.

Vejamos outro exemplo: a ação de investigação de paternidade. Trata-se de uma ação declaratória, porque, bem analisada, verifica-se que aquilo que se busca, no fundo, é a declaração do órgão jurisdicional sobre a existência de uma relação jurídica de paternidade. Neste caso, a incerteza advém da circunstância de que a paternidade não está atestada formal e documentalmente como determina a lei (no registro de nascimento), ou, então, ela é incerta ou contestada.

A ação de nulidade de casamento (como de qualquer outro ato jurídico) é também uma ação declaratória, pois seu objeto consiste em tornar certa a inexistência da relação jurídica de matrimônio (ou a inexistência de qualquer outra relação jurídica).

Como se vê, a ação declaratória provoca a atividade jurisdicional que elimina a incerteza – mas, no fundo, eliminar a incerteza significa apenas declarar o que é *sem nada acrescentar à realidade*.

195

ANTONIO ARALDO FERRAZ DAL POZZO

Se o ato é nulo, essa nulidade sempre existiu e o órgão jurisdicional apenas a declara, agora de maneira que não mais admite discussão.

A sentença declaratória, assim, não acrescenta nada ao passado, nem mesmo um efeito jurídico diverso daquele que, em verdade, já existia. Aqui há uma mera constatação da situação jurídica tal como ela sempre foi: é como se examinássemos uma fotografia; um retrato do passado.

Claro, porém, que eliminada a incerteza através da sentença judicial, o que esta vier a declarar será *imutável* – e a situação jurídica anterior, a partir de então, será tal qual vier a ser declarada na decisão.

Declarada a nulidade do casamento (ou seja, eliminada a incerteza quanto à inexistência da relação jurídica de matrimônio), o casamento é havido por nulo e ninguém mais poderá discutir essa situação jurídica. Declarado que "A" é filho de "B", ou seja, eliminada a incerteza quanto a existência de uma relação jurídica de filiação, daí por diante "A" é filho de "B" e ninguém mais poderá modificar essa situação.

Como as ações declaratórias podem visar à declaração da (a) existência ou da (b) inexistência de uma relação jurídica, costuma-se dizer que elas podem ser (a) *positivas* (quando declaram a existência) ou (b) *negativas* (quando declaram a inexistência de uma relação jurídica).

Muitas vezes, porém, o estado de incerteza não pode ser eliminado senão pela via jurisdicional. Isto ocorre em razão da grande importância que o ordenamento jurídico confere a determinadas relações jurídicas, como aquela que decorre do casamento. A declaração de nulidade de um casamento somente poderá ser conseguida pela via jurisdicional, de vez que as pessoas não dispõem de nenhum outro meio para obtê-la.

Comparando-se o exemplo acima, do suposto credor, que propala ter um crédito em relação a alguém, abalando com isso a credibilidade deste no mercado, com a hipótese de nulidade de casamento, temos que, embora ambas essas situações ensejem a propositura de uma ação declaratória, o direito de ação, em cada um desses casos, nasce em momentos e circunstâncias diversas.

O direito à ação declaratória, no caso do suposto credor, nasce para quem é apontado como seu devedor no momento em que aquele

CAPÍTULO XI – AÇÃO DE CONHECIMENTO DECLARATÓRIA

cria, com seu comportamento, a incerteza objetiva sobre a existência ou não da relação jurídica de crédito-débito. O titular do direito de ação deverá, inclusive, descrever esse comportamento para demonstrar que tem o direito de ação declaratória (se a dúvida fosse meramente subjetiva, não teria o direito de ação).

Já no caso de nulidade de casamento, o direito de ação nasce no momento mesmo em que a pessoa descobre os motivos da nulidade, independentemente de qualquer comportamento do outro cônjuge ou de outra questão fática. Aliás, mesmo que o outro cônjuge concorde com a nulidade do casamento, a ação declaratória será inevitável, pois essa nulidade apenas o órgão jurisdicional pode declarar.

5. FORMULAÇÃO DA REGRA JURÍDICA CONCRETA QUE ELIMINE A INCERTEZA EM TORNO DA EXISTÊNCIA OU INEXISTÊNCIA DE UMA RELAÇÃO JURÍDICA

A ação declaratória se presta a eliminar, por meio de uma sentença, a incerteza a respeito da existência ou da inexistência de uma relação jurídica ou sobre a autenticidade ou falsidade de um documento.

Muitas vezes, porém, temos a falsa impressão de que a incerteza diz respeito a um direito, e não a uma relação jurídica.

Sempre que isso ocorre é porque estamos empregando a expressão "direito" enquanto posição jurídica, a qual tem sua existência dentro de uma relação jurídica: ora havendo dúvida quanto à existência ou inexistência desse direito, em verdade há dúvida a respeito da própria relação jurídica em que ele se situa. Na verdade, essa incerteza contamina a relação jurídica, que é o verdadeiro objeto da declaração a ser obtida da sentença declaratória.

Num dos exemplos acima lembrados, pode-se imaginar que está em jogo a existência ou não de um direito de crédito – mas, como esse direito integra uma relação jurídica (que contém outras posições jurídicas, como, por exemplo, a obrigação do devedor), esta é que irá se constituir no objeto da sentença a ser proferida na ação declaratória proposta.

197

Muitas vezes se pede em juízo a declaração de *nulidade* de um ato ou negócio jurídico. Como o ato jurídico gera uma relação jurídica, em verdade é esta que tem sua existência contestada porque fundada num ato nulo. Se o ato é nulo, nula será a relação jurídica que supostamente gerou. Se o ato jurídico de lançamento de um imposto é nulo, inexiste a relação jurídica tributária entre o fisco e o contribuinte – e é isto que será declarado na sentença, ainda que sob a forma sintética de se declarar nulo o ato jurídico.

Da mesma forma, quando se pleiteia a nulidade de um ato administrativo – imposição de uma multa contratual, por exemplo – na verdade o que se está pretendendo é a declaração de inexistência da relação jurídica de débito de multa contratual.

Além disso, pode ser que o ato administrativo tenha potencialidade para estabelecer relações jurídicas – um edital de concorrência pública. A edição do ato não gera uma relação jurídica de imediato – mas tem aptidão para criar relações jurídicas entre o órgão licitante e os futuros e eventuais concorrentes. Nesses casos cabe a ação declaratória mesmo antes de qualquer relação jurídica estabelecida, pois entender-se de modo contrário é desprestigiar o princípio da segurança jurídica: o que se pretende é justamente impedir que relações jurídicas nulas venham a nascer de um ato nulo.

6. FORMULAÇÃO DA REGRA JURÍDICA CONCRETA QUE ELIMINE A INCERTEZA EM TORNO DA AUTENTICIDDADE OU FALSIDADE DE UM DOCUMENTO

As ações declaratórias também podem ter por objeto a formulação de uma regra jurídica concreta que elimine a incerteza em torno da autenticidade ou da falsidade de um documento.

A razão desta proteção jurisdicional está em que as relações jurídicas mais importantes nascem pela prática de atos solenes e formais[6], isto é, atos jurídicos que exigem forma especial.

---

[6] Diz o art. 104 do Código Civil, que: "A validade do negócio jurídico requer: I – agente capaz; II – objeto lícito, possível, determinado ou determinável; III – a – *forma* prescrita ou não defesa em lei".

CAPÍTULO XI – AÇÃO DE CONHECIMENTO DECLARATÓRIA

Para muitos atos, efetivamente, a forma é essencial, como sucede com o casamento (art. 1.533 e seguintes do Código Civil), e a compra e venda de imóvel, que exige escritura pública (art. 108 do Código Civil), exemplificativamente.

Porém, mesmo que o ato jurídico não seja solene, em muitas oportunidades ele vem concretizado num documento, como, por exemplo, um contrato de prestação de serviços.

O documento, pois, quer seja ou não seja essencial ao ato, por atestar, no fundo, a existência ou inexistência de uma relação jurídica, é de importância inquestionável na sociedade moderna.

Daí o Código de Processo Civil tornar possível que a autenticidade ou falsidade de um documento possa ser eliminada pela ação declaratória.

Declará-lo autêntico ou falso, pois, tem muito a ver com a declaração da existência ou não da relação jurídica, mas é possível que esta exista de fato, conquanto falso o documento que a atesta. Suponha-se a falsificação de uma assinatura na Carteira Profissional, conquanto o contrato de trabalho exista efetivamente. A Carteira Profissional é um documento falso, mas a relação jurídica de trabalho existe.

Para ser viável a ação declaratória neste caso, além da alegação da parte, é preciso narrar os fatos que ponham em dúvida a autenticidade ou falsidade do documento considerado.

7. A SENTENÇA DECLARATÓRIA

A ação declaratória visa à formulação de uma regra jurídica concreta a ser feita numa sentença – a *sentença declaratória*.

A sentença que contém a formulação de uma regra jurídica concreta favorável ao autor tem a estrutura de um silogismo, onde:

(a) a *premissa maior* é dada pela norma jurídica genérica e abstrata aplicável ao caso;

(b) a *premissa menor* consiste na verificação dos fatos havidos como verdadeiros e a

(c) *conclusão* que consubstancia a regra jurídica concreta.[7]

Assim, numa ação de nulidade de casamento, a sentença declaratória teria o seguinte esquema:

(i) premissa maior: "não podem casar os irmãos, unilaterais ou bilaterais" (art. 1.521, inciso IV, primeira parte do Código Civil);

(ii) premissa menor: "A" é irmão de "B", como restou comprovado pela instrução probatória;

(iii) conclusão: fica declarada a nulidade desse casamento (formulação da regra jurídica concreta), ou, melhor, fica declarada a inexistência de relação jurídica de casamento entre "A" e "B".

De se observar que a regra jurídica concreta terá sempre por base legal o art. 19 do Código de Processo Civil, pois a certeza – bem jurídico que se pretende pela ação declaratória – é garantido por essa norma processual.[8]

A característica fundamental da ação declaratória está em que ela é decidida por uma sentença *onde há apenas e tão somente a declaração*, ou apenas o chamado *momento declaratório*. Por essa razão, a ação declaratória também é conhecida como *ação meramente declaratória*.

A sentença declaratória produz efeitos jurídicos *ex tunc* (desde então), ou seja, a sentença declaratória:

(i) ao declarar a existência de uma relação jurídica ou a autenticidade de um documento, em verdade está declarando que aquela relação jurídica, ou aquele documento sempre produziram

---

[7] V. Capítulo X/*(2.2.1.)*.

[8] Por não se prestar para deduzir em juízo um direito material ou processual diverso da certeza que busca, a ação declaratória é chamada de *mera ação*. Pelas demais ações de conhecimento sempre se deduz em juízo um direito diverso do direito de ação – e isto não ocorre na ação declaratória.

CAPÍTULO XI – AÇÃO DE CONHECIMENTO DECLARATÓRIA

seus normais efeitos jurídicos e isto desde o momento em que foram gerados;

(ii) ao declarar a inexistência de uma relação jurídica ou a falsidade de um documento, a sentença explicita que nunca houve aquela relação jurídica e que o documento desde sempre era falso – nenhum deles, pois, jamais produziu efeitos jurídicos válidos.

A sentença declaratória, portanto, apenas constata a realidade, sem lhe acrescentar nada: o que não existe nunca existiu e, vice-versa, o que existe sempre existiu. O autêntico desde sempre foi autêntico e o falso idem: sempre foi falso.

8. SENTENÇA QUE JULGA A AÇÃO DECLARATÓRIA IMPROCEDENTE – SENTENÇA IGUALMENTE DECLARATÓRIA

Exercido o direito de ação, ao órgão jurisdicional será possível (de acordo com o que ficar comprovado) entender que o autor tem razão, ou tem razão parcialmente, ou que ele não tem razão. No primeiro caso, profere uma sentença de *procedência* da ação (ou sentença positiva) e, no segundo, de *procedência parcial* (parcialmente positiva). No último, a sentença será de *improcedência* (sentença negativa).

A sentença de procedência (total ou parcial) sempre terá a mesma natureza da ação ajuizada: será uma sentença declaratória, ou uma sentença condenatória executiva ou uma sentença constitutiva.

Porém, toda sentença que julgar qualquer ação improcedente (sentença de improcedência) *é sempre uma sentença declaratória.*[9]

Se o autor ajuizou uma ação declaratória pleiteando a declaração de existência de uma relação jurídica e não conseguiu provar sua afirmação, o juiz irá julgar sua ação improcedente e na sua sentença irá *declarar*

---

[9] Isto mesmo se a ação for uma ação cautelar.

201

o oposto, isto é, a inexistência daquela relação jurídica – e esta será, pois, uma sentença declaratória.

Se a ação declaratória versava sobre a autenticidade de um documento, não comprovada, o juiz irá proferir também uma sentença de improcedência para dizer que o documento é falso e essa sentença é de natureza declaratória.

A sentença que julga improcedente a ação condenatória e a ação constitutiva tem a natureza de sentença declaratória porque através dela o juiz julga inexistente a relação jurídica exposta pelo autor em juízo, como veremos em breve.

9. SENTENÇA DECLARATÓRIA INCIDENTAL

No sistema do Código de Processo Civil de 1974, quando houvesse uma questão prejudicial – ou seja, sempre que se tornasse controvertida uma relação jurídica que não consistia objeto da ação, mas pressuposto de sua existência ou inexistência, tanto o autor como o réu podiam requerer que o juiz a declarasse na sentença. Nesses casos a ação declaratória era chamada de incidental, porque se inseria num processo pendente.[10] O Código de Processo Civil é silente a respeito desse tema.

Todavia, pelo princípio da economia processual é perfeitamente possível admitir-se que as partes peçam ao juiz que declare a existência ou a inexistência da relação jurídica que se transformou em questão prejudicial. Nesse caso, à ação original fica cumulada outra ação, de natureza declaratória.

---

[10] Aduas normas do CPC de 1974 regulavam a matéria: "Art. 5º Se, no curso do processo, se tornar litigiosa relação jurídica de cuja existência ou inexistência depender o julgamento da lide, qualquer das partes poderá requerer que o juiz a declare por sentença" e "Art. 325. Contestando o réu o direito que constitui fundamento do pedido, o autor poderá requerer, no prazo de dez (10) dias, que sobre êle o juiz profira sentença incidente, se da declaração da existência ou inexistência do direito depender, no todo ou em parte, o julgamento da lide".

CAPÍTULO XI – AÇÃO DE CONHECIMENTO DECLARATÓRIA

Ademais, seria pura perda de tempo e de energia obrigar a parte a propor, em separado, a ação declaratória tendo por objeto a mesma questão prejudicial – que, aliás, seria anexada à primeira (art. 286, I).

10. AÇÃO DECLARATÓRIA QUANDO CABÍVEL A AÇÃO CONDENATÓRIA

O artigo 20 do Código de Processo Civil assim estatui:

> Art. 20. É admissível a ação meramente declaratória, ainda que tenha ocorrido a violação do direito.
>
> Art. 4º (*omissis*)
> Parágrafo único. É admissível a ação declaratória, ainda que tenha ocorrido a violação do direito.

Veremos em breve que a violação do direito enseja a ação condenatória executiva – mas pode ocorrer que, simultaneamente, haja incerteza objetiva a respeito da existência ou inexistência de relação jurídica ou sobre a autenticidade ou falsidade de documento – por outras palavras, uma situação que enseja também a ação declaratória.

Após vivas discussões doutrinárias sobre a matéria, o Código de Processo Civil anterior e o atual optaram expressamente pelo pensamento da maioria dos autores, segundo o qual é possível o ajuizamento de ação declaratória ao invés da condenatória executiva, porque pela primeira se obtém um bem jurídico (a certeza) diverso daquele perseguido pela segunda.

Após a sentença declaratória favorável nada impede que o autor ingresse com a ação condenatória executiva, então com boa parte das questões já resolvidas.

Mesmo na Itália (onde se admite a ação declaratória mesmo na falta de norma expressa similar às dos nossos artigos 19 e 20), a dourina entende que é possivel a opção pela ação declaratória, ainda que caiba ação condenatória, uma vez que não se pode limitar a liberdade de escolha do autor.[11]

---

[11] LIEBMAN, Enrico Tullio. *Manuale di Diritto Processuale Civile*: Principi. 7ª ed. Milano: Giuffrè Editore, 2007, p. 170.

Capítulo XII

AÇÃO DE CONHECIMENTO CONDENATÓRIA EXECUTIVA

Sumário: 1. Situação jurídica que torna necessária e adequada a ação de conhecimento condenatória executiva. 2. Da ação condenatória executiva no vigente Código de Processo Civil. 2.1 Explicações prévias – denominação "ação condenatória executiva". 2.2 Notícia histórica. 2.3 A ação condenatória executiva no Código de Processo Civil vigente. 3. Ação condenatória executiva: aspectos gerais. 4. A ação de conhecimento condenatória executiva: conceito. 5. Pressuposto para a procedência da ação condenatória executiva: a existência da relação judicial na qual se situa o direito alegado pelo autor e a obrigação do réu. 6. Formulação da regra jurídica concreta que condena o réu à sanção executiva. 7. Fases do processo de conhecimento condenatório executivo. 8. Momentos da sentença condenatória executiva. 9. Estrutura da sentença condenatória executiva. 10. Imutabilidade da sentença condenatória executiva.

1. SITUAÇÃO JURÍDICA QUE TORNA NECESSÁRIA E ADEQUADA A AÇÃO DE CONHECIMENTO CONDENATÓRIA EXECUTIVA

A ação de conhecimento condenatória executiva visa à obtenção de uma tutela jurisdicional homônima, que se encerra com uma *sentença que confere a tutela condenatória e a tutela executiva*: a tutela condenatória permite a formulação da regra jurídica concreta e a tutela executiva permite o seu imediato cumprimento, *no mesmo processo*, para a satisfação de um direito obrigacional não cumprido espontaneamente pelo obrigado.

Desde logo se percebe, pois, que o processo condenatório executivo apresenta duas fases distintas – a primeira se encerra com a sentença condenatória e a segunda com as providências executivas para o cumprimento da sentença.

Esse direito, não adimplido, pode integrar três espécies de relações jurídicas obrigacionais: *(i)* – obrigação de dar; *(ii)* – obrigação de fazer; ou *(iii)* – obrigação de não fazer.[1]

Portanto, a situação da vida real que torna *adequada* e *necessária* a ação de conhecimento condenatória executiva é o *descumprimento* de uma obrigação de dar, de fazer ou de não fazer.

O descumprimento de uma obrigação significa que uma das partes dessa relação jurídica *não* teve seu direito espontaneamente satisfeito pela outra. Impedido de valer-se da autodefesa ou autotutela, o titular do direito violado deverá exercer o direito de ação para obter a sua satisfação – e como a tutela adequada, no caso, é a *tutela jurisdicional de conhecimento condenatória executiva*, a ação exercida será a *ação conhecimento condenatória executiva*.

2. DA AÇÃO CONDENATÓRIA EXECUTIVA NO VIGENTE CÓDIGO DE PROCESSO CIVIL

2.1 EXPLICAÇÕES PRÉVIAS – DENOMINAÇÃO "AÇÃO CONDENATÓRIA EXECUTIVA"

A Lei n. 11.232, de 22 de dezembro de 2005 e Lei n. 11.382, de 6 de dezembro de 2006, modificaram radicalmente o sistema que até então

---

[1] Escreve Liebman: "(....) é claro que a ação condenatória tem como causa uma situação de fato, na qual o autor denuncia a lesão de um seu direito, por obra de outra pessoa, obrigada, em relação a ele, de dar, fazer ou não fazer alguma coisa". CF. LIEBMAN, Enrico Tullio. *Manuale di Diritto Processuale Civile*: Principi. 7ª ed. Milano: Giuffrè Editore, 2007, p. 172.

CAPÍTULO XII – AÇÃO DE CONHECIMENTO CONDENATÓRIA...

vigia segundo o Código de Processo Civil (desde 1974) no que tange às ações de conhecimento e ações de execução.

Realmente, o Código de Processo Civil de 1974 adotara a doutrina clássica, que distinguia a atividade jurisdicional, basicamente, em cognição e execução forçada. Calamandrei exprime essa ideia, após examinar as espécies de garantias (tutelas) jurisdicionais, dentre as quais, diz ele, "podemos distinguir dois momentos: a cognição e a execução forçada. A cognição tem em mira o acertamento de um comando individualizado (primário ou sancionatório) e se exprime numa decisão: a execução forçada tem em mira a fazer com que o comando individualizado, acertado com a decisão, seja praticamente realizado".[2]

A doutrina processual clássica sempre propugnou pela total independência entre as duas funções básicas da jurisdição – a de *formulação* da regra jurídica concreta e a de sua *realização* prática.

Assim, no regime anterior (antes daquelas leis), a sentença de conhecimento condenatória continha a sanção executiva – mas, para que esta pudesse ser posta em prática era necessário que o autor da ação condenatória ajuizasse *outra* ação – a ação de execução.

Portanto, encerrada a ação de conhecimento condenatória com uma sentença condenatória, aguardava-se que o réu cumprisse espontaneamente a regra jurídica concreta formulada na sentença. Caso não o fizesse, ficava sujeito a uma nova ação – a ação de execução, que buscava realizar praticamente aquela mesma regra jurídica concreta formulada.

No sistema que passou a viger após o advento das leis acima referidas, essa espécie de ação condenatória, que se encerra com uma sentença condenatória e depois enseja a ação de execução, apenas subsistiu em caso de condenação proferida contra a Fazenda Pública e condenação ao pagamento de prestação alimentícia.

Nas demais hipóteses de cabimento da ação condenatória, esta encerra um ciclo do processo, com uma sentença (condenatória) e, *na*

---

[2] CALAMANDREI, Piero. *Opere Giuridiche*. vol. 4. Morano Editore, 1970, p. 63.

mesma relação jurídica processual já instaurada, *também ocorrerá* a realização prática da regra jurídica concreta (aplicação da sanção executiva), sem necessidade de propositura de ação de execução autônoma, caso o réu, instado a cumprir a sentença, deixe de fazê-lo.

Considerando que a doutrina processual, durante muitos e muitos anos, elaborou uma sofisticada distinção entre formulação e atuação prática da regra jurídica concreta, para não perdemos essa evolução do pensamento processual, preferimos manter a denominação genérica de ação de conhecimento condenatória e acrescentar-lhe a expressão "executiva", indicando, assim, as duas fases do respectivo processo: *(i)* a fase de conhecimento, que se encerra com a sentença condenatória e *(ii)* a fase executiva, que realiza o efetivo cumprimento dessa decisão.

2.2 NOTÍCIA HISTÓRICA

Em 1948, o professor Enrico Tullio Liebman publicou um artigo intitulado "*Institutos do Direito Comum no Processo Civil Brasileiro*", no qual principia por dizer:

> "Quem se adentra no estudo desses direitos verá crescer o seu interesse, cada vez que se aprofunda mais na pesquisa, porque descobrirá, por sua vez, um fato inesperado: que justamente nesses países (*Portugal e Espanha*) e, sobretudo naqueles mais longínquos e de mais recente formação (*Brasil*), que o rosto originário do Direito Comum europeu conservou-se mais genuíno até estes tempos modernos. Dentro desses ordenamentos jurídicos encontramos, muitas vezes quase intactos, numerosos institutos do nosso direito intermédio, que entre nós estão há muito tempo desaparecidos ou então mudaram totalmente seu aspecto. Tem-se a impressão de se estar ao lado de uma janela e assistir, estupefatos e interessados, o desenvolvimento em pleno vigor de institutos e relações dos quais havíamos até agora um indireto conhecimento pelos empoeirados volumes de Durante e de Bartolo".[3]

---

[3] LIEBMAN, Enrico Tullio. *Problemi del Processo Civile*. Morano Editore, 1962, p. 490 e ss.

CAPÍTULO XII – AÇÃO DE CONHECIMENTO CONDENATÓRIA...

Dentre os institutos que então passa em revista, Liebman destaca a figura do *processus executivus*, que no Brasil unificou dois casos que a lei portuguesa tratava separadamente: a) aquele que era submetido à uma cognição sumária e em seguida, de forma provisória, promovia-se a realização prática da regra jurídica concreta e b) o *processus executivus*, admitidos para alguns créditos especiais.

Cita então o art. 298 do Código de Processo Civil anterior (Decreto-Lei n. 1.608, de 18 de setembro de 1939, que entrou em vigor em 1º de fevereiro de 1940):

> Art. 298. Além das previstas em lei, serão processadas pela forma executiva as ações:
>
> I – dos serventuários de justiça, para cobrança de custas, contadas na conformidade do respectivo regimento;
>
> II – dos intérpretes, ou tradutores públicos, para cobrança dos emolumentos taxados em regimento;
>
> III – dos corretores, para cobrança das despesas e comissões de corretagem, e dos leiloeiros ou porteiros, para a das despesas e comissões das vendas judiciais;
>
> IV – dos condutores, ou comissários de fretes;
>
> V – dos procuradores judiciais, médicos, cirurgiões-dentistas, engenheiros e professores, para cobrança de seus honorários, desde que comprovada inicialmente. ou no curso da lide, a prestação do serviço contratado por escrito;
>
> VI – dos credores por dívida garantida por caução judicial ou hipoteca;
>
> VII – dos credores por obrigações ao portador (debêntures), por letras hipotecárias, e "coupons" de juros de ambos esses títulos;
>
> VIII – do credor pignoratício, mediante depósito prévio da coisa apenhada, salvo a hipótese de não ter havido tradição;
>
> IX – dos credores por foros, laudêmios, aluguéis, ou rendas de imóveis, provenientes de contrato escrito ou verbal;
>
> X – do administrador, para cobrar do co-proprietário de edifício de apartamentos a quota relativa às despesas gerais fixadas em orçamento;

XI – dos credores de prestação alimentícia e de renda vitalícia ou temporária;

XII – dos credores por dívida líquida e certa, provada por instrumento público, ou por escrito particular, assinado pelo devedor e subscrito por duas testemunhas;

XIII – dos credores por letra de câmbio, nota promissória ou cheque;

XIV – do credor por fatura, ou conta assinada, ou conta-corrente reconhecida pelo devedor;

XV – dos portadores de "warrants", ou de conhecimentos de depósito, na forma das leis que regem os armazéns gerais;

XVI – do liquidatário de massa falida:

a) para haver do acionista de sociedade anônima, ou em comandita, ou do sócio de responsabilidade limitada, a integralização de suas ações ou quotas;

b) para cobrar do arrematante o preço ou o complemento do preço, da arrematação, si os bens da massa falida tiverem de ir a novo leilão, ou nova praça, e si o arrematante não pagar à vista, ou dentro do prazo legal;

XVII – para cobrança da soma estipulada nos contratos de seguro de vida em favor do segurado, ou de seus herdeiros ou beneficiários;

XVIII – dos credores cessionários dos créditos especificados neste artigo, ou neles sub-rogados.

Ao final, Liebman diz que: "Malgrado as diferenças existentes em confronto com o *processus executivus* da prática medieval, encontramos no processo brasileiro aquele *caráter misto de cognição e execução* que é típico dessa forma de processo e do qual não há mais exemplo no nosso direito hodierno". E conclui: "A execução pura e simples tem lugar, ao contrário, no Brasil, somente com base numa sentença de condenação, exequível, de regra, somente quando não seja mais sujeita à apelação".[4]

---

[4] LIEBMAN, Enrico Tullio. *Problemi del Processo Civile*. Morano Editore, 1962, p. 516, grifamos.

CAPÍTULO XII – AÇÃO DE CONHECIMENTO CONDENATÓRIA...

O procedimento das ações executivas (que continham um misto de cognição e execução) era, basicamente, o seguinte:

> Art. 299. A ação executiva será iniciada por meio de citação para que o réu pague dentro de vinte e quatro (24) horas, sob pena de penhora.
>
> Parágrafo único. A petição para a cobrança das dívidas previstas nos n.ºˢ V e IX, será instruída com a prova de que o autor está quite com os impostos e taxas referentes ao imóvel ou ao exercício da profissão.
>
> Art. 300. A penhora far-se-á de acordo com o disposto no Livro VIII, Título III, Capítulo III.
>
> Art. 301. Feita a penhora, o réu terá dez (10) dias para contestar a ação, que prosseguirá com o rito ordinário.

À época, a doutrina costumava, então, distinguir a *ação executiva lato sensu* das *ações de execução*.

A ação executiva lato senso correspondia às ações executivas (*processus executivus* – com misto de conhecimento e execução), e não pertenciam ao processo de execução estrito senso (e daí o nome – *lato sensu*), mas, isto sim, ao processo de conhecimento.

A ação de execução fundava-se em título executivo judicial (sentença condenatória) e em títulos executivos extrajudiciais.

Com o advento da Lei n. 11.232, de 22 de dezembro de 2005, houve um retorno, basicamente, ao sistema do Código de Processo Civil de 1939 (exceção apenas dos créditos alimentares e contra a Fazenda Pública, que continuaram sujeitos à clássica ação de execução, depois da ação condenatória), com a diferença essencial que primeiro se promove o processo de conhecimento, com cognição ampla e depois da sentença condenatória é que, sem necessidade de se instaurar nova relação jurídica processual, prossegue-se com a mesma para a realização prática da regra jurídica concreta. Esta fase final se chama "cumprimento de sentença".

2.3 A AÇÃO CONDENATÓRIA EXECUTIVA NO CÓDIGO DE PROCESSO CIVIL VIGENTE

O Código de Processo Civil vigente aboliu a ação de execução contra a Fazenda Pública e para cobrança de pensão alimentícia – *todas* as ações de conhecimento condenatórias *são também executivas*: a sanção executiva se exerce numa segunda fase do mesmo processo.

A ação de execução que dá origem a um processo autônomo somente poderá ter por fundamento um título executivo *extrajudicial*.

Porém, *todas* as sentenças que contêm uma obrigação inadimplida pelo devedor, ao invés de ensejarem ação de execução, dão lugar ao "cumprimento de sentença":

> Art. 515. São títulos executivos judiciais, cujo cumprimento dar-se-á de acordo com os artigos previstos neste Título:
>
> I – as decisões proferidas no processo civil que reconheçam a exigibilidade de obrigação de pagar quantia, de fazer, de não fazer ou de entregar coisa;
>
> II – a decisão homologatória de autocomposição judicial;
>
> III – a decisão homologatória de autocomposição extrajudicial de qualquer natureza;
>
> IV – o formal e a certidão de partilha, exclusivamente em relação ao inventariante, aos herdeiros e aos sucessores a título singular ou universal;
>
> V – o crédito de auxiliar da justiça, quando as custas, emolumentos ou honorários tiverem sido aprovados por decisão judicial;
>
> VI – a sentença penal condenatória transitada em julgado;
>
> VII – a sentença arbitral;
>
> VIII – a sentença estrangeira homologada pelo Superior Tribunal de Justiça;
>
> IX – a decisão interlocutória estrangeira, após a concessão do *exequatur* à carta rogatória pelo Superior Tribunal de Justiça;
>
> X – (VETADO).

CAPÍTULO XII – AÇÃO DE CONHECIMENTO CONDENATÓRIA...

§ 1º Nos casos dos incisos VI a IX, o devedor será citado no juízo cível para o cumprimento da sentença ou para a liquidação no prazo de 15 (quinze) dias.

§ 2º A autocomposição judicial pode envolver sujeito estranho ao processo e versar sobre relação jurídica que não tenha sido deduzida em juízo.

3. AÇÃO CONDENATÓRIA EXECUTIVA: ASPECTOS GERAIS.

A ação condenatória, como espécie de ação de conhecimento, busca a formulação da regra jurídica concreta através de uma sentença, que declara a existência de um direito a uma prestação e o seu inadimplemento e confere a essa regra jurídica concreta uma *eficácia executiva imediata*.[5]

Que significa essa eficácia executiva imediata?

Significa que o descumprimento da regra jurídica concreta formulada na *sentença condenatória* sujeita o réu à direta realização prática dessa mesma regra jurídica concreta. É a *fase executiva* do (mesmo) processo que recebe o nome técnico de cumprimento da sentença. Consiste na realização prática da regra jurídica concreta: uma série de medidas para a efetiva satisfação do credor.

4. AÇÃO DE CONHECIMENTO CONDENATÓRIA EXECUTIVA: CONCEITO

Ação de conhecimento condenatória executiva é *aquela que tem por finalidade provocar a formulação de uma regra jurídica concreta garantida por*

---

[5] Dada a preponderância das atividades de conhecimento, entendemos que é possível ainda considerar a ação condenatória executiva como espécie de ação de conhecimento. Não seria impossível imaginar-se um *quarto* tipo de tutela jurisdicional, ao lado da de conhecimento, de urgência (ou cautelar) e de execução e nele enquadrar a ação condenatória executiva. Neste primeiro momento, preferimos mantê-la dentre as ações de conhecimento.

uma sanção executiva de cumprimento imediato, tendo por pressuposto a declaração da existência da relação jurídica no âmbito da qual nasceu o direito alegado pelo autor e o seu inadimplemento.

5. PRESSUPOSTO PARA A PROCEDÊNCIA DA AÇÃO CONDENATÓRIA EXECUTIVA: A EXISTÊNCIA DA RELAÇÃO JURÍDICA NA QUAL SE SITUA O DIREITO ALEGADO PELO AUTOR E A OBRIGAÇÃO DESCUMPRIDA PELO RÉU

Na ação condenatória executiva os pressupostos para que a ação seja julgada procedente e, pois, condenado o réu, são: *(i)* a existência da relação jurídica (consistente numa obrigação de dar, fazer ou não fazer) na qual se situa o direito alegado pelo primeiro e *(ii)* a violação desse direito (ou o descumprimento da obrigação) pelo segundo.

Vejamos o tema com maior proximidade. Imaginemos três contratos: (1º) pelo primeiro, uma pessoa tomou emprestada certa quantia e se obrigou a devolver o dinheiro em determinada data – esta é uma obrigação de *dar*; (2º) pelo outro ajuste, uma delas se obrigou a pintar um quadro – obrigação de *fazer*; (3º) e por um terceiro, a não construir um muro acima de determinada altura – aqui a obrigação é de *não fazer*.

Descumpridas tais obrigações, o prejudicado ingressa com *ação de conhecimento condenatória executiva*, na qual pede: a formulação da regra jurídica concreta e seu imediato cumprimento, a fim de obter o bem jurídico que é o objeto da obrigação descumprida: recebimento da importância dada por empréstimo; o quadro e a não construção do muro além da altura combinada.

Esses bens jurídicos são aqueles para o qual se voltam os direitos que restaram insatisfeitos pelo inadimplemento das obrigações.

Na ação de conhecimento condenatória executiva, cabe ao autor alegar em juízo:

(i)   O direito ao cumprimento de uma obrigação;

CAPÍTULO XII – AÇÃO DE CONHECIMENTO CONDENATÓRIA...

(ii) A relação jurídica obrigacional em que se situa esse direito (ou essa posição jurídica); e

(iii) A violação desse direito pelo seu não cumprimento espontâneo.

Remarque-se que todo direito nasce da prática de um ato ou da verificação de um fato jurídico (*ex facto oritur ius*), que também dá vida, simultaneamente, a uma relação jurídica, vinculando duas ou mais pessoas, no seio da qual aquele direito se situa. Portanto, quando o autor diz ser titular de um direito, está também, e indissociavelmente, considerando existente uma relação jurídica, dentro da qual esse direito se situa. Nessa mesma relação jurídica também se coloca a correspondente *obrigação* da outra parte.[6]

Portanto, "alegar um direito" significa descrever seus *fatos constitutivos* (isto é, seus fatos geradores – como o contrato, nos exemplos dados) e situá-lo dentro de uma relação jurídica, na qual se situa também a obrigação do réu, que restou inadimplida.

A existência dessa relação jurídica, na qual se localiza o direito alegado pelo autor e a obrigação do réu, assim, é um *pressuposto lógico* para a existência do direito deduzido em juízo (pelo autor) e da obrigação (do réu).

Para que o órgão jurisdicional possa prolatar a sua sentença, formulando a regra jurídica concreta, ele tem que admitir como existente essa relação jurídica.

A presença desse pressuposto, a ser constatada pelo órgão jurisdicional quando da *verificação dos fatos*, tais como foram revelados pela instrução probatória, *prepara* a formulação da regra jurídica concreta.

Vamos raciocinar com um contrato de mútuo, pelo qual alguém toma emprestada certa quantia de dinheiro de outrem, assumindo a

---

[6] Já vimos, anteriormente, que numa relação obrigacional de compra e venda há direitos e obrigações recíprocos: o comprador tem o direito ao bem e ao pagamento do preço; o vendedor tem o direito ao preço e à entrega do bem. Por comodidade didática, na exposição sempre se considera o sujeito passivo aquele que descumpre a obrigação.

obrigação de devolvê-la num determinado dia, nos termos do art. 586 do Código Civil e que dá origem à uma obrigação de dar:

> Art. 586. O mútuo é o empréstimo de coisas fungíveis. O mutuário é obrigado a restituir ao mutuante o que dele recebeu em coisas do mesmo gênero, qualidade e quantidade.

Se no dia aprazado não ocorrer o adimplemento da obrigação, caracteriza-se o seu descumprimento e o credor, não podendo exercer a autotutela de seu direito, deverá ingressar com uma ação condenatória executiva.

Ao expor a sua pretensão de receber aquela importância, o credor deverá deduzir em juízo o seu direito enquanto mutuante: para tanto, afirmará que ele e o devedor celebraram um contrato de mútuo, em razão do qual nasceu entre ambos uma relação jurídica homônima, esclarecendo que seu direito não foi espontaneamente satisfeito pelo devedor.

Ora, no caminho lógico de sua conclusão, é evidente que o órgão jurisdicional precisará saber se efetivamente existiu aquela relação jurídica de mútuo alegada pelo credor, para poder verificar se seu direito de receber a quantia emprestada existe e foi violado, pelo inadimplemento do devedor.

Num primeiro momento, pois, a atividade cognitiva do juiz terá esse objetivo: *o de verificar a existência da relação jurídica na qual se situa o direito alegado pelo autor e a obrigação que não foi adimplida pelo réu.*

6. FORMULAÇÃO DA REGRA JURÍDICA CONCRETA QUE CONDENA O RÉU À SANÇÃO EXECUTIVA

Se o juiz se convencer da existência da relação jurídica afirmada pelo autor, o segundo passo será verificar se ele tem o direito que nessa relação jurídica se situa. Por fim, se houve ou não a violação desse direito, pelo descumprimento da obrigação.

CAPÍTULO XII – AÇÃO DE CONHECIMENTO CONDENATÓRIA...

As conclusões afirmativas a respeito desses quesitos levarão o órgão jurisdicional a formular uma *regra jurídica concreta positiva* que, na ação condenatória, tem a finalidade específica de condenar o réu ao cumprimento da obrigação e, *simultaneamente*, submetê-lo à sanção executiva imediata.

Sanção em sentido amplo, segundo as lições de Liebman: "é toda medida estabelecida pelo direito como consequência do fato ilícito". Porém, prossegue o mestre, dá-se o nome de *sanção executiva* "àquela medida que procura a satisfação coativa do direito do credor, mediante o exercício do poder dos órgãos jurisdicionais, os quais atingem tal escopo prescindindo da boa vontade e da colaboração do devedor".[7]

Essa sanção executiva – que é a realização prática da regra jurídica concreta ocorrerá na mesma relação jurídica processual instaurada pelo exercício da ação condenatória executiva.

7. FASES DO PROCESSO DE CONHECIMENTO CONDENATÓRIO EXECUTIVO

O processo, enquanto complexo de atos tendentes a um determinado fim, qual seja a obtenção da tutela jurisdicional, acaba recebendo o nome dessa tutela pleiteada – nome que também se estende à ação. Assim se a tutela pedida é a condenatória executiva, temos um processo de conhecimento condenatório executivo e uma ação de conhecimento condenatória executiva.

O processo de conhecimento executivo comporta duas fases bem distintas, correspondentes ao núcleo de cada tutela jurisdicional que se pede: a tutela jurisdicional condenatória, a se encerrar com uma sentença condenatória (e esta seria a fase propriamente de conhecimento) e o cumprimento da sentença, que é a tutela executiva. Na sentença condenatória o juiz formula a regra jurídica concreta e na fase executiva realiza praticamente essa mesma regra.

---

[7] LIEBMAN, Enrico Tullio. *Problemi del Processo Civile*. Morano Editore, 1962, p. 192/193.

Note-se que o próprio Código de Processo Civil menciona a expressão "Processo de Conhecimento", no próprio título do Livro I de sua Parte Especial (art. 318 e seguintes).

Em seguida, no art. 513 estatui as atividades executivas, que denomina de *cumprimento de sentença*:

> Art. 513. O cumprimento da sentença será feito segundo as regras deste Título, observando-se, no que couber e conforme a natureza da obrigação, o disposto no Livro II da Parte Especial deste Código.

Já o § 1º do art. 513 sujeita a fase executiva ou de cumprimento da sentença que condena o réu a pagar quantia certa a requerimento do credor (autor) e o devedor será intimado para cumprir a sentença (§ 2º).

Essa fase executiva obedece a procedimentos próprios, consoante se trate de: sentença condenatória em quantia certa (arts. 523 a 527); condenatória ao pagamento de alimentos (arts. 528 a 533); condenatória ao pagamento de quantia certa por parte da Fazenda Pública (arts. 534 a 535); sentença condenatória em obrigação de fazer, não fazer (arts. 536 e 537) ou de entregar coisa (art. 538).

8. MOMENTOS DA SENTENÇA CONDENATÓRIA EXECUTIVA

Como o pressuposto para a condenação do réu — e, pois, para a prolação de sentença condenatória — é sempre a existência da relação jurídica na qual se situa o direito alegado pelo autor e seu inadimplemento, essa parte da sentença condenatória corresponde ao seu *momento declaratório*.

Mas, a sentença condenatória contém, ainda, o *momento condenatório*, no qual o juiz impõe ao réu a *obrigação de cumprir a obrigação* (formula a regra jurídica concreta) *e lhe aplica a sanção executiva imediata.*

Portanto, podemos distinguir três momentos na sentença condenatória executiva:

CAPÍTULO XII – AÇÃO DE CONHECIMENTO CONDENATÓRIA...

(i) O <u>momento declaratório</u>, em que o juiz declara a existência da relação jurídica no âmbito da qual se situa o direito do autor e seu descumprimento;

(ii) O <u>momento condenatório</u>, no qual é enunciada a regra jurídica concreta;

(iii) O <u>momento executivo</u> no qual é aplicada a sanção executiva.

9. ESTRUTURA DA SENTENÇA CONDENATÓRIA EXECUTIVA

A estrutura básica e simplificada da sentença condenatória executiva é a seguinte:

(i) <u>premissa maior</u> – a norma jurídica genérica e abstrata aplicável ao caso (em cuja hipótese se enquadra o caso concreto);

(ii) <u>premissa menor</u> (*momento declaratório*) – é dada pela verificação dos fatos (considerados verdadeiros pelo juiz); e

(iii) <u>conclusões</u> – que compreende:

a. *momento condenatório* – consiste na formulação da regra jurídica concreta (extraída do preceito daquela norma jurídica aplicável) determinando o cumprimento da obrigação; e

b. *momento executivo* – sujeitando o réu à sanção executiva imediata, caso não cumpra a regra jurídica concreta.

Remarque-se que, para o órgão jurisdicional proferir a sentença condenatória, precisa antes chegar à conclusão da existência da relação jurídica na qual se situa o direito do autor, que foi violado, e a obrigação do réu.

Tal pressuposto há de resultar da *verificação dos fatos*. Será pelo exame da prova produzida que o órgão jurisdicional irá se convencer de que tal pressuposto realmente aconteceu, no passado. Ele integra, assim, a premissa menor do silogismo que se contém na sentença.

Tecnicamente, dizemos que esse pressuposto é declarado como existente pelo órgão jurisdicional, no momento declaratório da sentença condenatória.

10. A IMUTABILIDADE DA SENTENÇA CONDENATÓRIA EXECUTIVA

A sentença do juiz, sempre será sujeita a recurso aos tribunais. Porém, quando não mais couber recurso algum, a decisão (do juiz ou do tribunal) revestir-se-á de um especial atributo que é a sua *imutabilidade*. Quando ela atinge esse grau de imutabilidade dizemos que ela *transitou em julgado* ou *fez coisa julgada*.[8]

Pois bem. A importância de distinguirmos os momentos da sentença condenatória está em que o seu momento declaratório jamais irá se tornar imutável, pois não faz coisa julgada. Apenas seu momento condenatório e as providências executivas.[9]

Como vimos anteriormente, o momento declaratório da sentença *declaratória* transita em julgado (torna-se imutável); mas, na sentença condenatória executiva o que se torna imutável são os *momentos condenatório* e *executivo*.

Portanto, com o trânsito em juilgado não podem mais ser alterada a regra jurídica concreta formulada e a sujeição do réu à sanção executiva, e, ainda, os atos praticados para a realização prática da regra jurídica concreta.[10]

---

[8] V. Capítulo L sobre coisa julgada.

[9] Quando o juiz profere sentença de improcedência, ele declara a *inexistência da relação jurídica que abriga o direito do autor e a obrigação do réu* – por isso ela é de natureza declaratória. Essa sentença de improcedência, embora contendo apenas o momento declaratório, *transita em julgado*, isto é, torna-se imutável.

[10] Que podem ser dispensados, se o réu cumprir o disposto na sentença de forma voluntária.

Capítulo XIII

AÇÃO DE CONHECIMENTO CONSTITUTIVA

Sumário: 1. Ação de conhecimento constitutiva: aspectos gerais. 2. Conceito de ação de conhecimento constitutiva. 3. Formulação da regra jurídica concreta na ação constitutiva. 4. A sentença constitutiva. 5. A importância da distinção entre os dois momentos da sentença constitutiva. 6. Momento em que a sentença constitutiva produz seus efeitos. 7. Caso especial de ação constitutiva – sentença que substitui a declaração de vontade.

1. AÇÃO DE CONHECIMENTO CONSTITUTIVA: ASPECTOS GERAIS

A ação de conhecimento constitutiva é uma espécie de ação de conhecimento e, portanto, destinada a provocar a atividade dos órgãos jurisdicionais tendente à *formulação* de uma regra jurídica concreta através de uma sentença, chamada *sentença constitutiva*.[1]

---

[1] A sentença sempre recebe o nome da ação proposta, quando de procedência. Será declaratória em todos os casos de improcedência da ação.

O que torna adequada e necessária a ação de conhecimento constitutiva é a presença de um direito cujo objeto consiste em obter a *mutação de uma relação jurídica*.

A mutação jurídica pode consistir na *modificação* ou na *extinção* de uma relação jurídica ou estado jurídico já existente: essa modificação ou extinção são os bens jurídicos que se constituem no objeto de uma categoria especial de direitos, chamados *direitos à mutação jurídica*.[2]

Ao direito à mutação jurídica pode corresponder à obrigação de outrem consistente em proceder ou concordar com essa alteração – e, neste caso, a sua recusa é que irá tornar *necessária* e *adequada* a ação constitutiva.

Por exemplo: quando duas pessoas adquirem uma área rural, eles passam a ser proprietárias de *partes ideais* dessa fazenda que, por essa razão, recebe o nome de propriedade em comum, compropriedade ou condomínio (art. 1.314 do Código Civil).

---

[2] É comum se dizer que a ação constitutiva, além da modificação ou extinção, também pode se destinar à *criação* ou *constituição* de uma relação jurídica. Como já anotamos alhures, preferimos evitar a menção a tal finalidade, uma vez que a criação de uma relação jurídica, totalmente nova, vinculando pessoas que nunca anteriormente estiveram ligadas juridicamente entre si, não nos parece possível. O que pode ocorrer é a modificação mais profunda de uma relação jurídica preexistente, talvez de natureza diferente ou até mesmo com o acrescentamento de um segmento novo à relação ou ao vínculo que já existia – mas, mesmo nesses casos, entendemos ser mais correto dizer tratar-se de *alteração* da relação anterior, pois *criar* é tirar alguma coisa do nada. Talvez por força dessa dificuldade, Liebman tenha escrito que: "a figura da sentença constitutiva representa uma exceção à regra da natureza declarativa da função jurisdicional, exceção estabelecida pela própria lei, que nestes casos atribui à parte justamente o direito de obter uma modificação da situação jurídica por obra da sentença" (LIEBMAN, Enrico Tullio. *Manuale di Diritto Processuale Civile*: Principi. 7ª ed. Milano: Giuffrè Editore, 2007, p. 178). Porém, se considerarmos que o direito de obter a modificação jurídica já estava gerado dentro da relação jurídica anterior (que será alterada), por fatos que se situam no seu próprio contexto, a obra da sentença será apenas a de dar satisfação a esse direito, que, de duas uma: ou podia ser satisfeito pela outra parte, ou não. Declarado existente esse direito (à semelhança do que ocorre na sentença condenatória executiva) a sentença constitutiva opera a modificação (como, na sentença condenatória executiva, torna o réu sujeito à própria executividade), com a diferença apenas que na ação constitutiva a sentença já é plenamente satisfativa e, na condenatória, antes da fase executiva, não.

CAPÍTULO XIII – AÇÃO DE CONHECIMENTO CONSTITUTIVA

O direito, contudo, busca sempre evitar a copropriedade. Já diziam os romanos que *comunio est mater discordorum*. Por esse motivo, confere ao condômino, individualmente, o direito de obter a modificação jurídica consistente em encerrar o estado de propriedade em comum (condomínio) para se tornar proprietário de parte certa e determinada do imóvel, como estabelece o Código Civil:

> Art. 1.320. A todo tempo será lícito ao condômino exigir a divisão da coisa comum, respondendo o quinhão de cada um pela sua parte nas despesas da divisão.[3]

O direito de exigir a divisão da coisa comum é exatamente um *direito à modificação jurídica* porque enseja alteração da situação jurídica anterior: feita a divisão, cada um dos condôminos passa a ser proprietário de determinada área.

Essa divisão poderia ter sido feita *voluntariamente* pelas partes, porque os condôminos podem realizá-la amigavelmente, concordando entre si sobre a localização espacial de cada um deles, contratando um agrimensor para fazer o memorial descritivo da divisão e levá-la ao registro imobiliário. Caso o condômino que exigiu a divisão não consiga realizá-la amigavelmente, terá que ajuizar uma ação constitutiva denominada ação de divisão de terras, para obter a satisfação de seu direito.

Contudo, há direitos à mutação jurídica que não podem ser satisfeitos pela outra parte. Isto ocorre dada a importância que o ordenamento jurídico confere a certas relações jurídicas, que não podem ser alteradas sem a intervenção do órgão jurisdicional.

O direito à anulação de um casamento, por exemplo, nada mais é que o direito de obter uma modificação da relação jurídica de matrimônio, consistente na sua extinção. Contudo, devido à importância que se atribui a essa espécie de relação jurídica, não há outra maneira de se obter a satisfação daquele direito senão pela via jurisdicional: àquele que

---

[3] O Código de Processo Civil disciplina um procedimento próprio para essa divisão, a partir do art. 569. A regra do Código Civil está no inciso II dessa norma.

quer anular seu casamento, alternativa não tem senão ajuizar a ação de conhecimento constitutiva. Mesmo que a outra parte esteja de acordo, não há como se obter o desfazimento dessa relação jurídica senão pela via jurisdicional.[4]

A diferença entre essas duas espécies de direito à modificação jurídica se reflete no *fato gerador do direito de ação*:

(i) Quando o direito à modificação jurídica pode ser satisfeito pela outra parte, a sua *recusa* é que dá nascimento ao direito à ação constitutiva (essa recusa se equivale ao descumprimento de uma obrigação);

(ii) Quando o direito à modificação jurídica não tem outro meio de realização, a não ser a via jurisdicional, a recusa da outra parte é irrelevante e nesse caso basta a presença dos fatos geradores daquele direito para a propositura da ação constitutiva.

Vejamos um exemplo dessa segunda hipótese.

Diz o Código Civil, em seu art. 1.550, inciso IV, que é anulável o casamento contraído por incapaz de consentir.

Isto significa que a simples celebração do casamento em que um dos nubentes (ou ambos) seja incapaz de consentir é o suficiente para gerar o direito de obter a modificação jurídica consistente no desfazimento (anulação) dessa relação jurídica de casamento.

Portanto, as situações da vida real que ensejam a propositura da ação de conhecimento constitutiva são:

(i) O não cumprimento *espontâneo* do direito de obter mutação jurídica; ou

(ii) a simples existência do direito de obter uma mutação jurídica, sempre que esta somente possa ser conseguida pela via jurisdicional.

---

[4] Tal como ocorre com a nulidade do casamento. A nulidade, porém, enseja ação declaratória.

CAPÍTULO XIII – AÇÃO DE CONHECIMENTO CONSTITUTIVA

2. CONCEITO DE AÇÃO DE CONHECIMENTO CONSTITUTIVA

Ação de conhecimento constitutiva *é aquela tem por finalidade provocar a formulação de uma regra jurídica concreta que opere a modificação ou extinção de uma relação jurídica ou de um estado jurídico.*

3. FORMULAÇÃO DA REGRA JURÍDICA CONCRETA NA AÇÃO CONSTITUTIVA

Como a ação constitutiva é uma das espécies de ação de conhecimento, ela visa à formulação de uma regra jurídica concreta através de uma sentença, que se chama *sentença constitutiva.*

Ao exercer o direito de ação constitutiva, o autor deverá expor ao órgão jurisdicional os *fatos geradores de seu direito à mutação jurídica* e descrever a relação jurídica que pretende modificar ou extinguir e em que consiste tal modificação.

Caso a mutação jurídica puder ser atendida pela outra ou pelas outras partes envolvidas naquela situação jurídica, deve o autor também descrever o não cumprimento espontâneo de seu direito.[5] Porém, se a modificação somente pode ser obtida pela via jurisdicional, basta alegar a existência do direito àquela alteração.

O *direito à mutação jurídica* – como todo direito – existe dentro de uma relação jurídica: assim, a existência desse direito no seio de uma relação jurídica é o pressuposto lógico da procedência da ação.

Vamos voltar ao exemplo da divisão de terras.

Se o condômino não concordar em fazer a divisão amigável, ao outro não restará alternativa senão ajuizar uma ação constitutiva, para que seu direito de obter a modificação jurídica seja satisfeito.

---

[5] Essa referência ao não cumprimento espontâneo do direito à mutação jurídica nem sempre é exigido por parte do juiz que examina a petição inicial. Porém, a rigor, se a outra parte afirmar, na sua defesa, que se dispunha a tanto, faltará ao autor o interesse em propor ação. Mas, se a parte contrária fizer oposição, a questão ficará superada.

225

Ao expor a sua pretensão de dividir a fazenda, o autor deverá alegar a existência da relação jurídica de condomínio no âmbito da qual nasceu para ele o direito de obter a divisão, previsto no já citado art. 1.320 do Código Civil (e no art. 569 inc. II do Código de Processo Civil).

No caminho lógico de sua conclusão, é evidente que o órgão jurisdicional precisará saber se efetivamente existe seu direito de obter a divisão, o que significa saber se a relação jurídica condominial também existe.

Num primeiro momento, pois, a atividade cognitiva do juiz terá por objetivo verificar a existência do direito alegado pelo autor no âmbito da relação jurídica também deduzida em juízo.

Convencido, pela verificação dos fatos, que existe a relação jurídica, no âmbito da qual nasceu o direito do autor em obter a mutação jurídica, o órgão jurisdicional irá *formular* a regra jurídica concreta positiva que, na ação constitutiva, tem a finalidade específica de *operar efetivamente* a modificação jurídica pretendida pelo autor.

A categoria de direito tendente à obtenção de uma mutação jurídica tem por objeto um *efeito jurídico* que ocorrerá, pois, no mundo jurídico, isto é, um efeito sensível apenas à luz do ordenamento jurídico. Desfazer um contrato não é destruir o documento, mas acrescer, no mundo jurídico, um efeito que o torna desfeito. Contudo, à evidência, essa mutação jurídica tem aptidão para ser causa de outros efeitos sensíveis, que podem ser sentidos no mundo fenomênico, como a efetiva divisão da propriedade, no exemplo dado.

Operada a divisão da fazenda por ato sentencial, caso o ex-condômino não queira desocupar a área que ficou para o outro, este poderá se valer de outros instrumentos jurídicos para obter a efetiva satisfação de seu direito reconhecido na sentença constitutiva. Tal efeito jurídico operará na realidade, com a retirada do condômino recalcitrante.

Operar efetivamente a mutação jurídica pretendida pelo autor *é realizar concretamente a modificação ou extinção de relação jurídica*, anulando

CAPÍTULO XIII – AÇÃO DE CONHECIMENTO CONSTITUTIVA

o casamento ou o contrato; aprovando a divisão das terras, que se constitui em documento hábil para o registro da propriedade certa e determinada e assim por diante.

A partir da formulação da regra jurídica concreta, a relação jurídica anterior, tal como era, não existe mais: ou ela será nenhuma (anulado o casamento, a relação jurídica de matrimônio não mais existe), porque foi extinta, ou ela será outra, que se coloca no lugar da antiga, pela modificação operada pelo órgão jurisdicional.

4. A SENTENÇA CONSTITUTIVA[6]

A sentença constitutiva tem, à semelhança das demais (declaratórias e condenatórias executivas), a estrutura básica de um silogismo, no qual temos:

(i) Premissa maior, que é dada pela norma jurídica genérica e abstrata aplicável ao caso (em cuja hipótese se enquadra o caso concreto);

(ii) Premissa menor, que é constituída pela verificação dos fatos (considerados verdadeiros pelo juiz); e

(iii) Conclusão, consistente na formulação da regra jurídica concreta (extraída do preceito da norma jurídica que é a premissa maior) que opera a modificação jurídica.

A verificação dos fatos feita pelo órgão jurisdicional tem por objeto constatar se existe a relação jurídica alegada pelo autor na qual se situa o seu direito à mutação jurídica – e esta conclusão será declarada na premissa menor do silogismo acima.

A formulação da regra jurídica concreta objetiva a realizar a modificação jurídica pretendida – e esta é a conclusão do mesmo silogismo.

---

[6] A sentença de improcedência da ação constitutiva é uma ação declaratória, porque declara inexistente a relação jurídica dentro da qual o autor entendia se situar seu direito de obter a modificação pleiteada.

Dessa forma, a sentença constitutiva tem dois momentos distintos:

(i) O momento declaratório – no qual o órgão jurisdicional declara a existência do direito à mutação jurídica, nascido no âmbito de uma relação jurídica também havida como existente; e

(ii) O momento constitutivo – no qual o órgão jurisdicional opera a modificação ou a extinção pretendida pelo autor.

Aplicando tais conceitos ao exemplo da divisão de terras:

(i) Premissa maior: – "A todo tempo será lícito ao condômino exigir a divisão da coisa comum." (art. 1.320 do Código Civil);

(ii) Premissa menor – (*momento declaratório*) – pela verificação dos fatos, o órgão jurisdicional declara a existência do direito do autor em obter a divisão da compropriedade, nascido na relação jurídica de condomínio;

(iii) Conclusão – (*momento constitutivo*) – "a fazenda "X" fica dividida em duas glebas, cada uma delas tendo a descrição dada pelo laudo, ficando atribuída a gleba n. 01 ao condômino "A" e a gleba n. 02 ao condômino "B" (formulação da regra jurídica concreta, que opera efetivamente a modificação pretendida).

5. A IMPORTÂNCIA DA DISTINÇÃO ENTRE OS DOIS MOMENTOS DA SENTENÇA CONSTITUTIVA

A relevância da distinção entre os dois momentos da sentença constitutiva é a mesma que fizemos a respeito dos dois momentos da sentença condenatória executiva.

A declaração da existência do direito à modificação jurídica, alegado pelo autor, nascido no seio de determinada relação jurídica, e que está presente no momento *declaratório* da sentença constitutiva é uma

CAPÍTULO XIII – AÇÃO DE CONHECIMENTO CONSTITUTIVA

decisão prolatada pelo juiz apenas *incidenter tantum*, isto é, como um caminho de passagem: esse momento não se torna imutável porque *não transita em julgado*.

Já a formulação da regra jurídica concreta, ou seja, a efetiva modificação produzida pela sentença e que está no seu momento *constitutivo* tornar-se-á *imutável*, quando da decisão não mais couber recurso algum.

Finalmente, observe-se que, como a própria sentença opera a mutação jurídica pretendida, com ela o autor já consegue tudo o que pretendia, não dependendo de nenhum comportamento do réu.[7]

6. MOMENTO EM QUE A SENTENÇA CONSTITUTIVA PRODUZ SEUS EFEITOS

A sentença constitutiva normalmente produz efeito *ex nunc* (*desde agora*, ou seja, desde o momento em que a sentença transitou em julgado).

Mas, em certos casos, pode produzir efeitos a partir de um momento anterior ao seu trânsito em julgado, protraindo seus efeitos para a data em que ocorreu o fato gerador do direito à modificação, sempre que esta circunstância *seja essencial à sua utilidade*.

Liebman cita alguns exemplos e, dentre eles, a indignidade para a sucessão como situação jurídica na qual o efeito constitutivo da sentença não ocorreria a partir de seu trânsito em julgado.[8]

Conquanto o ilustre processualista não explicite claramente a razão dessa exceção, do conjunto do seu texto podemos inferir que o critério seria aquele que ficou adito acima – o efeito será *ex nunc* (a partir do trânsito em julgado) se a sentença for útil dessa maneira; caso

---

[7] Por essa razão, não há que se falar aqui em atividade jurisdicional depois de prolatada a sentença. Tal como ocorre com a ação declaratória, as providências remanescentes (registrar em cartório a decisão de anulação de casamento, por exemplo) são administrativas.

[8] LIEBMAN, Enrico Tullio. *Manuale di Diritto Processuale Civile*: Principi. 7ª ed. Milano: Giuffrè Editore, 2007, p. 178.

contrário, produzirá efeito retroagindo para a data em nasceu o direito à mutação jurídica.

A indignidade vem prescrita no Código Civil Brasileiro, art. 1.814 e, segundo o art. 1.815, sempre deverá ser "declarada" por sentença.

Na verdade, não se trata de *declaração*, porque a ação respectiva é de natureza constitutiva, uma vez que a mutação jurídica (do estado de herdeiro para o estado de não-herdeiro) somente se opera pela sentença. Assim, se a sentença que declarar indigno determinado herdeiro for proferida depois de aberta a sucessão do *de cujus*, o seu efeito não se efetiva a partir de seu trânsito em julgado (pois, nesse caso, seria inútil), mas a partir do momento em que se verificou o fato ou fatos que geraram a indignidade: antes, pois, do indigno herdar.

7. CASO ESPECIAL DE AÇÃO CONSTITUTIVA – SENTENÇA QUE SUBSTITUI A DECLARAÇÃO DE VONTADE

A situação jurídica em epígrafe é objeto da norma do art. 501 Código de Processo Civil:

> Art. 501. Na ação que tenha por objeto a emissão de declaração de vontade, a sentença que julgar procedente o pedido, uma vez transitada em julgado, produzirá todos os efeitos da declaração não emitida.
>
> Art. 466. A. Condenado o devedor a emitir declaração de vontade, a sentença, uma vez transitada em julgado, produzirá todos os efeitos da declaração não emitida.

Essa sentença é constitutiva, como preleciona Liebman, ao citar como exemplo de ação constitutiva a que tem por objeto "a pronúncia de uma sentença que produza os efeitos do contrato, que a parte era obrigada a concluir".[9]

---

[9] LIEBMAN, Enrico Tullio. *Manuale di Diritto Processuale Civile*: Principi. 7ª ed. Milano: Giuffrè Editore, 2007, p. 178.

CAPÍTULO XIII – AÇÃO DE CONHECIMENTO CONSTITUTIVA

Assim, e em verdade, o autor tinha o direito de obter uma modificação jurídica cujo núcleo era voltado, por exemplo, exatamente para a conclusão de um contrato (na ausência de cláusula que exclua a ação para tanto), direito esse que se localizava numa relação jurídica anterior, entre ele e o obrigado. Descumprido esse direito, poderá ser proposta ação de conhecimento constitutiva que modifique a relação jurídica anterior para uma nova relação contratual definitiva.

A regra jurídica do art. 501 se aplica sempre que alguém tenha o direito a que outrem emita uma declaração de vontade – como se trata de obrigação incoercível, o direito se vale da sentença judicial para produzir o mesmo efeito da declaração do obrigado.

Capítulo XIV

ESTUDO COMPARATIVO DAS AÇÕES DE CONHECIMENTO E RESPECTIVAS SENTENÇAS

Sumário: 1. Estudo comparativo das ações de conhecimento. 1.1 Principais pontos comuns. 1.2 Diferenças principais. 2. Estudo comparativo entre as sentenças positivas proferidas nas ações de conhecimento. 3. Estudo comparativo entre as sentenças negativas proferidas nas ações de conhecimento. 3.1 Na ação declaratória ajuizada. 3.2 Na ação condenatória executiva ajuizada. 3.3 Na ação constitutiva ajuizada. 3.4 Conclusões. 4. Ação de nulidade e ação anulatória. 5. Sentenças nas ações de conhecimento e efeitos *ex tunc* e *ex nunc*. 6. Quadros comparativos.

1. ESTUDO COMPARATIVO DAS AÇÕES DE CONHECIMENTO

É de comum sabença que todas as espécies do mesmo gênero apresentam, obrigatoriamente, pontos em comum e diferenças específicas.

O mesmo ocorre com as ações declaratórias, condenatórias executivas e constitutivas, porque são espécies do gênero *ação de conhecimento*.

1.1 PRINCIPAIS PONTOS COMUNS

(1ª) <u>Todas elas provocam uma *intensa atividade cognitiva* por parte do órgão jurisdicional, tendo por objeto a verificação dos fatos e a aplicação do direito.</u>

Os fatos, que são objeto de conhecimento do juiz, por meio das provas, são os controvertidos, pertinentes e relevantes. Como vimos anteriormente, eles se classificam em: fatos constitutivos, fatos modificativos, impeditivos e extintivos, sempre em referência aos fatos que foram alegados pelo autor.

A ação ajuizada traça um primeiro limite de conhecimento (investigação) dos fatos: exatamente aqueles alegados pelo autor como constitutivos ou geradores de seu direito e da obrigação do réu.

Esse primeiro limite pode ser ampliado quando o réu deduz uma *defesa indireta de mérito*, isto é, quando alega fatos modificativos, impeditivos e extintivos do direito do autor: esses fatos, que sem a alegação do réu não seriam objeto de conhecimento, agora passam a sê-lo. Se o réu alega uma *defesa direta de mérito* (nega a existência do fato constitutivo do direito do autor ou suas consequências jurídicas) a área de conhecimento a respeito dos fatos e que fora traçada pelo autor não se altera.

Assim, se o autor alega que, por força de determinado contrato o réu lhe deve R$ 1.000,00 e o réu diz que já pagou (defesa indireta – alegação de fato extintivo) o fato consistente no "pagamento" será objeto de conhecimento (verificação desse fato para saber se ele efetivamente correu). O autor deverá provar a existência do contrato (fato constitutivo de seu direito e da obrigação do réu) e o réu deverá provar que efetuou o pagamento (fato extintivo do direito do autor).[1]

Porém, se o réu nega a existência do contrato, ou nega que por causa desse contrato ele seja devedor da importância cobrada (defesa direta – negação dos fatos constitutivos do direito do autor ou de suas consequências

---

[1] Essas regras estão no art. 373 do CPC. Todavia, o juiz pode, em dadas circunstâncias, inverter o ônus da prova.

CAPÍTULO XIV – AÇÕES DE CONHECIMENTO E RESPECTIVAS...

jurídicas) o autor continuará a ter que provar a existência do contrato e o não pagamento, mas não houve ampliação da área de conhecimento do juiz.

Por fim, o réu pode *diminuir* a área de conhecimento do juiz. Isso ocorre sempre que deixar de contestar especificamente todos ou alguns dos fatos narrados pelo autor como constitutivos de seu direito – esses fatos não se tornam controversos e são admitidos como verdadeiros segundo a norma do art. 341 do Código de Processo Civil, que traz também exceções a esse princípio:

> Art. 341. Incumbe também ao réu manifestar-se precisamente sobre as alegações de fato constantes da petição inicial, presumindo-se verdadeiras as não impugnadas, salvo se:
>
> I – não for admissível, a seu respeito, a confissão;
>
> II – a petição inicial não estiver acompanhada de instrumento que a lei considerar da substância do ato;
>
> III – estiverem em contradição com a defesa, considerada em seu conjunto.
>
> Parágrafo único. O ônus da impugnação especificada dos fatos não se aplica ao defensor público, ao advogado dativo e ao curador especial.
>
> Art. 302. Cabe também ao réu manifestar-se precisamente sobre os fatos narrados na petição inicial. Presumem-se verdadeiros os fatos não impugnados, salvo:
>
> I – se não for admissível, a seu respeito, a confissão;
>
> II – se a petição inicial não estiver acompanhada do instrumento público que a lei considerar da substância do ato;
>
> III – se estiverem em contradição com a defesa, considerada em seu conjunto.
>
> Parágrafo único. Esta regra, quanto ao ônus da impugnação especificada dos fatos, não se aplica ao advogado dativo, ao curador especial e ao órgão do Ministério Público.

Assim, a ação proposta e a defesa do réu traçam os limites quanto aos fatos que podem ser objeto de conhecimento (e de prova) e essas balizas são absolutamente intransponíveis pelo órgão jurisdicional, pena de violação ao princípio da inércia da jurisdição (art. 2º).

Formada a convicção do juiz, essa verificação dos fatos irá integrar a *premissa menor* do silogismo a que, teoricamente, se reduzem as sentenças proferidas nas ações de conhecimento.[2]

Feita a verificação dos fatos, cabe ao juiz formar sua convicção quanto à veracidade dos mesmos e depois enquadrá-los numa norma jurídica (*premissa maior* do silogismo que se contém na sentença) e extrair dela a regra jurídica concreta aplicável à situação jurídica deduzida em juízo pelo autor (*conclusão* daquele silogismo). Entretanto, não há limitação para o órgão jurisdicional no que tange à valoração jurídica dos fatos porque *iura novit curia*.

Tendo por fundamento o mesmo fato alegado, pode o juiz dar-lhe outra qualificação jurídica e decidir com base nesta sua avaliação de direito, desde que não altere o objeto do processo e a tutela jurisdicional pleiteada pelo autor.

(2ª) Toda a atividade cognoscitiva do órgão jurisdicional tem por finalidade a prolação de uma *sentença*.

Todas as ações de conhecimento buscam a prolação de uma sentença, que poderá ser *positiva* (a favor do autor, total ou parcialmente) e nesse caso terá a *mesma natureza* da ação proposta (sentença declaratória, condenatória executiva ou constitutiva), ou será negativa (a favor do réu) e então será sempre *declaratória*.

A sentença positiva tem a natureza da ação exercitada pelo autor que, a seu turno, tem a mesma natureza da tutela jurisdicional necessária e adequada para solucionar a situação jurídica exposta ao órgão jurisdicional. Ajuizada uma ação constitutiva, *v.g.*, a tutela pleiteada tem a natureza constitutiva e a sentença positiva será também constitutiva, dando ao autor a tutela pedida. Assim, o sistema é coerente consigo mesmo e os seus elementos são homogêneos.

---

[2] O CPC autoriza o juiz a determinar a produção de provas – mas estas apenas podem se referir a fatos expostos pelo autor e pelo réu: Art. 370. Caberá ao juiz, de ofício ou a requerimento da parte, determinar as provas necessárias ao julgamento do mérito. Parágrafo único. O juiz indeferirá, em decisão fundamentada, as diligências inúteis ou meramente protelatórias.

CAPÍTULO XIV – AÇÕES DE CONHECIMENTO E RESPECTIVAS...

1.2 DIFERENÇAS PRINCIPAIS

(1ª) <u>A primeira e principal diferença entre as ações de conhecimento está nas *situações jurídicas que as tornam necessárias e adequadas*:</u>

(i) **a ação de conhecimento declaratória** – torna-se necessária e adequada em duas situações diferentes:

(i.a.) Ante o estado de *incerteza objetiva* a respeito da existência ou da inexistência de uma relação jurídica ou da autenticidade ou falsidade de um documento;

(i.b.) Quando a *incerteza* a respeito da existência ou inexistência da relação jurídica somente pode ser eliminada pela via jurisdicional;

(ii) **a ação de conhecimento condenatória executiva** – torna-se necessária e adequada quando há o descumprimento de uma obrigação de dar, de fazer ou de não fazer:

(iii) **a ação de conhecimento constitutiva** – torna-se necessária e adequada em duas situações diferentes:

(iii.a.) quando um dos partícipes da relação jurídica não concorda com a modificação ou extinção da relação jurídica em face do direito de outro partícipe em obtê-la (direito de obter uma mutação jurídica);

(iii.b.) quando a modificação ou extinção da relação jurídica somente pode ser obtida pela via jurisdicional.

2ª) <u>A segunda principal diferença reside nas espécies de tutelas pedidas em cada espécie de ação de conhecimento:</u>

(2.i.) na ação de conhecimento declaratória a tutela pedida é declaratória ou seja, de sentença declaratória;

(2.ii) na ação de conhecimento condenatória executiva a tutela pedida é a condenatória executiva, misto é, sentença condenatória executiva); e

(3.iii) na ação de conhecimento constitutiva, a tutela pedida é a constitutiva: sentença constitutiva.

2. ESTUDO COMPARATIVO ENTRE AS SENTENÇAS POSITIVAS PROFERIDAS NAS AÇÕES DE CONHECIMENTO

Embora as ações de conhecimento provoquem sempre a prolação de uma *sentença* e mesmo que em todas haja a *formulação de uma regra jurídica concreta positiva* (sentenças positivas), elas são diferentes entre si, já que se destinam a solucionar distintas situações da vida real, por meio de tutelas jurisdicionais diversas.

Vejamos as diferenças, examinando a composição das sentenças em seus momentos específicos:

(i) sentença declaratória:

(i.a.) Tem apenas o *momento declaratório*, no qual é formulada a regra jurídica concreta para eliminar a incerteza quanto à existência ou inexistência de uma relação jurídica ou quanto à autenticidade ou falsidade de um documento;

Observação – esse momento declaratório da sentença declaratória *transita em julgado*, isto é, torna-se imutável quando da decisão não mais couber recurso algum.

(ii) sentença condenatória executiva

(ii.a) momento declaratório – no qual o juiz declara a existência de uma relação jurídica no âmbito da qual nasceu o direito alegado pelo autor e a violação desse direito;

(ii.b.) momento condenatório – neste momento o juiz formula a regra jurídica concreta;

(ii.c.) *momento executivo* – no qual o juiz aplica ao réu a sanção executiva.

Observações:

(1ª) O momento declaratório da sentença condenatória não transita em julgado, e, pois, nunca poderá tornar imutável a existência da relação jurídica no âmbito da qual nasceu o direito alegado pelo autor

CAPÍTULO XIV – AÇÕES DE CONHECIMENTO E RESPECTIVAS...

(relação jurídica que poderá ser rediscutida em outra ação) e a violação do direito;[3]

(2ª) O momento condenatório e o momento executivo da sentença condenatória executiva transitam em julgado: a regra jurídica concreta formulada se torna indiscutível e imutável, bem assim a aplicação da sanção executiva.[4]

(iii) sentença constitutiva:

> *(iii.a.) Momento declaratório* – no qual o juiz declara a existência do direito do autor em obter uma modificação jurídica;
>
> *(iv.b.) Momento constitutivo* – contém a formulação da regra jurídica concreta e sua imediata concreção, pois através deste momento o juiz opera efetivamente a mutação jurídica pretendida pelo autor, extinguindo ou modificando a relação jurídica deduzida em juízo.

Observações:

(1ª) O momento declaratório da sentença constitutiva não transita em julgado, não se tornando imutável a declaração da existência do direito de obter a modificação jurídica, alegado pelo autor;

(2ª) O momento constitutivo da sentença constitutiva transita em julgado e torna imutável a modificação jurídica produzida, quando da decisão não mais couber recurso.

---

[3] Suponha-se que um contrato contenha várias obrigações e que por uma delas o obrigado sofreu ação condenatória executiva: no momento declaratório da sentença condenatória executiva o juiz reconheceu a relação jurídica contratual, mas como esse reconhecimento não passa em julgado, numa ação futura, por outra obrigação, poderá ocorrer uma decisão dizendo que essa relação contratual não existe – e essa contradição é possível no mundo jurídico.

[4] Note-se que, para efeito da sentença, uma realidade é a relação jurídica na qual se insere o direito alegado pelo autor e outra, distinta, é o direito em si e a respectiva obrigação. Esse direito é destacado da relação jurídica e passa a ter vida própria, uma vez que, transitada em julgado a sentença, ele será indiscutível para sempre; mas o mesmo não ocorre com a relação jurídica, que poderá ser rediscutida e até mesmo ter sua existência negada em outra ação.

3. ESTUDO COMPARATIVO ENTRE AS SENTENÇAS NEGATIVAS PROFERIDAS NAS AÇÕES DE CONHECIMENTO

Quando as ações de conhecimento dão ensejo à prolação de sentenças que as julgam improcedentes (o autor não tem razão), nelas há a formulação de uma regra jurídica concreta *negativa* (sentenças negativas).

São negativas porque negam ao autor a tutela jurisdicional e o bem jurídico pedido: essas sentenças terão sempre *natureza declaratória*, embora o conteúdo concreto de cada uma delas seja diverso.

Elas são sentenças declaratórias porque, ao *não dar razão* ao autor, o juiz terá que declarar:

3.1 NA AÇÃO DECLARATÓRIA AJUIZADA:

A sentença negativa (ou de improcedência) conterá uma declaração *inversa* àquela pedida pelo autor. Se for pedida a declaração de existência de uma relação jurídica, para julgar a ação improcedente, o juiz precisa declarar que ela não existe, e vice-versa. O mesmo, em caso de autenticidade ou falsidade de documento. Porém, sempre a sentença negativa conterá apenas uma declaração – e daí a sua natureza de sentença declaratória.

3.2 NA AÇÃO CONDENATÓRIA EXECUTIVA AJUIZADA:

A sentença negativa (ou de improcedência) proferida quando do julgamento de uma condenatória executiva irá declarar que *não existe a relação jurídica alegada pelo autor, no âmbito da qual pudesse nascer o direito que ele dizia ter sido violado.*

Ora, declarar a inexistência de relação jurídica é função típica da sentença declaratória.

Note-se que, muitas vezes, a sentença nega a existência do direito. Ao fazer isto, em verdade, ela estará dizendo que a relação jurídica entre o autor e o réu não existe: se não existe o direito de crédito, por

CAPÍTULO XIV – AÇÕES DE CONHECIMENTO E RESPECTIVAS...

exemplo, na verdade não existe a relação jurídica de crédito/débito entre o autor e o réu.

3.3 NA AÇÃO CONSTITUTIVA AJUIZADA:

A sentença negativa (ou de improcedência) proferida numa ação constitutiva irá declarar que *não existe o direito de obter a modificação jurídica, alegado pelo autor.* Ao declarar inexistente esse direito, a sentença declara que a relação jurídica que se pretendia modificar é certa e que permanecerá como estava antes da ação ser ajuizada. Se o autor não tem o direito de anular o contrato, a relação jurídica contratual permanecerá tal como estava, isto é, certa e existente e essa circunstância será *declarada* na sentença que, destarte, toma essa natureza.

3.4 CONCLUSÕES

A sentença negativa, justamente por ter a natureza de sentença declaratória, em qualquer hipótese *transita em julgado* e torna imutável a declaração que nela se contém não podendo o autor conseguir, por via de outra ação, com fundamento nos mesmos fatos alegados na primeira, alterar aquele resultado.[5]

4. AÇÃO DE NULIDADE E AÇÃO ANULATÓRIA

Toda vez que se pretende, pela via jurisdicional, a nulidade de um ato, a ação adequada é a ação de conhecimento declaratória.

Quando se pretende a *nulidade* de um ato jurídico, o que se quer, no fundo, é a declaração de que esse ato não gerou uma relação jurídica, justamente porque é nulo. Ou, por outras palavras – o que se pleiteia

---

[5] Quando se diz que o autor não pode conseguir alterar o resultado anterior, não se está afirmando que o autor não possa tentar, isto é, propor outra vez a mesma ação. O que se quer dizer é que ele não conseguirá uma sentença que modifique o que ficou decidido na sentença negativa porque essa nova ação será paralisada.

é a declaração de inexistência de uma relação jurídica *desde sempre*, dada a nulidade que atinge o ato que seria seu fato gerador.

Todavia, quando se quer a *anulação* de um ato, a ação adequada é a constitutiva.

O ato anulável faz nascer o direito de se obter uma modificação jurídica, qual seja: o direito de se pleitear a alteração da relação jurídica que ele fez nascer, a fim de extingui-la. Essa extinção se opera pela sentença.

O ato anulável tem a tendência natural de se convalidar, com o passar do tempo. Quem interrompe essa tendência é a sentença: por força dela é que o ato foi anulado.

Já o ato nulo não tem a possibilidade de se convalidar — a sentença declaratória apenas constata essa circunstância, eliminando a incerteza sobre a existência da relação jurídica, que, mesmo sem a sentença declaratória, jamais teria existência válida.

Portanto, a sentença constitutiva é quem interrompe aquele ciclo vital do ato anulável, desmanchando-o, desconstituindo-o. Ela opera essa modificação jurídica.

A sentença declaratória apenas torna indiscutível o fato de que a relação jurídica, que parecia existir, efetivamente nunca existiu.

Suponha-se um procedimento administrativo em que foi negado ao interessado o direito à ampla defesa (CF, art. 5º, LV) e que lhe impôs uma restrição de direito (imposição de uma multa, por exemplo). Esse interessado poderá ingressar com ação declaratória para que o juiz anule o ato de restrição de direito (a multa) que lhe foi aplicado. Todavia, essa é a visão mais superficial do fenômeno. Tecnicamente, diríamos que o autor pleiteia a declaração de inexistência da relação jurídica nascida daquele ato de restrição de direito (relação jurídica de crédito e débito de uma multa), porque originária de um procedimento absolutamente nulo por infringir o princípio da ampla defesa. Na sentença de procedência dessa ação o juiz irá declarar que nunca existiu a relação de débito por multa, eliminando a incerteza que havia quanto à sua existência ou não.

CAPÍTULO XIV – AÇÕES DE CONHECIMENTO E RESPECTIVAS...

5. SENTENÇAS NAS AÇÕES DE CONHECIMENTO E EFEITOS *EX TUNC* E *EX NUNC*

A sentença projeta seus efeitos para o futuro, a partir do momento em que se torna imutável, ou a partir de algum ato praticado durante a tramitação do processo? Ou, ainda: será que retroage seus efeitos para o passado, a partir do momento em que os atos ou fatos jurídicos que geraram a situação jurídica deduzida em juízo foram praticados ou se verificaram?

No primeiro caso (quando a sentença produz efeitos a partir do trânsito em julgado) dizemos que os efeitos da sentença operam *ex nunc* (desde agora) e, se produz efeitos antes desse momento, este será *ex tunc* (desde então).

Este problema decorre da circunstância de que entre o instante em que os atos foram praticados ou em que os fatos jurídicos se verificaram e o momento da decisão há um espaço de tempo mais ou menos longo.

Suponha-se o caso de descumprimento de uma obrigação de dar. Como o beneficiário dessa obrigação não pode se valer da autotutela, mas deve provocar a atividade jurisdicional do Estado, por meio do exercício do direito de ação, é evidente que a tutela condenatória executiva pedida não será dada imediatamente, pois uma série enorme de atos deverá ser praticada antes que o órgão jurisdicional possa formular a regra jurídica concreta.

Ora, essa inevitável demora não pode beneficiar o réu, que descumpriu, no passado, uma norma jurídica. Nem pode prejudicar o autor, que esperava o cumprimento espontâneo e imediato de seu direito.

Assim, a sentença, ao ser prolatada, refere-se a uma situação jurídica ocorrida no passado, mas deve ser havida, como regra geral, como se fosse dada no momento mesmo em que o direito do autor não foi satisfeito pelo réu.

Desde então, o autor tinha aquele direito. Por isso é que, como regra geral, as sentenças condenatórias executivas produzem efeitos *ex tunc*, mas que comportam exceções, como no caso das ações de despejo: a condenação do réu na entrega do imóvel vigora a partir da sentença (efeito ex *nunc*).

No caso das sentenças declaratórias o juiz apenas torna certo que nunca existiu determinada relação jurídica ou estado jurídico, ou, ao

243

contrário, que eles sempre existiram. Ou, então, que o documento sempre foi falso ou verdadeiro. Portanto, tais situações eram assim desde então – daí produzirem elas, como regra geral, efeitos *ex tunc*.

Todavia, a lei pode atribuir à ação declaratória efeito *ex nunc*, levando em conta especiais relações jurídicas. Assim, por exemplo, o art. 1.563 do Código Civil estabelece que a sentença que declara a nulidade de casamento (sentença declaratória) "retroagirá à data da sua celebração, sem prejudicar a aquisição de direitos, a título oneroso, por terceiros de boa-fé, nem a resultante de sentença transitada em julgado".

O efeito *ex tunc* não significa que a sentença seja retroativa, mas apenas que é havida como se fora dada num instante anterior, para compensar a inevitável demora da atividade jurisdicional.[6]

Também para as sentenças constitutivas a regra geral é a de que produzem efeitos *ex nunc* – a partir do momento em que transita em julgado.

Ocorre que o efeito jurídico pleiteado pelo autor se opera por força da sentença, mantendo intocados os efeitos decorrentes da situação anterior. Assim, numa separação judicial litigiosa, que se obtém por meio de uma ação constitutiva, antes da sentença havia uma relação jurídica de casamento que produzia seus efeitos jurídicos normais. Ela inexistirá a partir da sentença, que, assim, tem efeitos *ex nunc*.

Todavia, há hipóteses em que a desconstituição ou desfazimento de certas relações jurídicas se operam desde um momento anterior ao seu trânsito em julgado e então se entende que elas produzem efeitos *ex tunc*.

De um modo geral esse efeito *ex tunc* tem como termo inicial a data em que os fatos geradores do direito à mutação jurídica ocorreram, dado que de outro modo a sentença constitutiva não ofereceria qualquer utilidade.

---

[6] A atualização das verbas em dinheiro (juros e correção monetária) e o efeito *ex tunc* da sentença declaratória, são decorrências de um dos mais importantes princípios gerais do Direito Processual, enunciado por CHIOVENDA: "o processo deve dar, o quanto é possível praticamente, a quem tem um direito, tudo aquilo que ele tem direito de conseguir". Cf. CHIOVENDA, Giuseppe. *Istituzioni di Diritto Processuale Civile*. vol. I Napoli: Casa Editrice Dott. Eugenio Jovene, 1960, p. 40. O autor aponta, porém, certos limites à aplicação do princípio: limites de fato e limites de direito.

CAPÍTULO XIV – AÇÕES DE CONHECIMENTO E RESPECTIVAS...

6. QUADROS COMPARATIVOS

I) MOMENTOS DAS SENTENÇAS DE CONHECIMENTO POSITIVAS OU DE PROCEDÊNCIA

Momentos	Ação Declaratória	Ação Condenatória Executiva	Ação Constitutiva
Momento Declaratório	O juiz declara a existência ou inexistência de relação jurídica; ou a autenticidade ou falsidade de um documento.	O juiz declara a existência de uma relação jurídica dentro da qual se situa o direito alegado pelo autor e sua violação.	O juiz declara a existência do direito de obter uma modificação jurídica, alegado pelo autor.
a) Momento Condenatório e b) Momento Executivo		a) O juiz reconhece a existência do direito alegado pelo autor, seu inadimplemento e a obrigação do réu – e – b) Impõe a este a sanção executiva imediata.	
Momento Constitutivo			O juiz opera efetivamente a modificação jurídica pretendida pelo autor, extinguindo ou modificando uma relação jurídica.

II) MOMENTOS QUE TRANSITAM EM JULGADO E MOMENTOS QUE NÃO TRANSITAM EM JULGADO

Espécie de Ação	Transita em Julgado	Não Transita em Julgado
Ação declaratória	Momento declaratório	
Ação condenatória executiva	Momento condenatório e Momento executivo	Momento declaratório
Ação constitutiva	Momento constitutivo	Momento declaratório

III) CONTEÚDO DAS SENTENÇAS DE CONHECIMENTO NEGATIVAS OU DE IMPROCEDÊNCIA

Toda sentença de improcedência: é uma Sentença Declaratória	Ação originariamente declaratória – conteúdo da sentença de improcedência	Ação originariamente condenatória executiva – conteúdo da sentença de improcedência	Ação originariamente constitutiva – conteúdo da sentença de improcedência
Contém apenas o momento declaratório, que transita em julgado	Contém uma declaração inversa àquela pedida pelo autor: se foi pedida a declaração *de existência* de uma relação jurídica, a sentença de improcedência declara que ela *não existe*, e vice-versa. O mesmo, em caso de autenticidade ou falsidade de documento.	Contém a declaração de que não existe a relação jurídica alegada pelo autor, no âmbito da qual afirmara ter nascido o direito que dizia ter sido violado.	Contém a declaração de que não existe o direito de obter a modificação jurídica, alegado pelo autor. Ao declarar inexistente esse direito, a sentença declara que a relação jurídica que se pretendia modificar é certa e que permanecerá como estava antes da ação ser ajuizada.

Capítulo XV
DA AÇÃO DE EXECUÇÃO

> Sumário: 1. Finalidades da jurisdição: formulação e realização prática da regra jurídica concreta. Noção geral de título executivo. 2. Das formas de atuação prática da sanção executiva. 3. Título executivo: conceito. 4. Análise do conceito de título executivo. 4.1 O título executivo como ato jurídico. 4.2 O título executivo como ato jurídico típico. 5. Da ação de execução – pressuposto geral. 6. Da responsabilidade patrimonial. 7. Das diversas espécies de execução – visão geral. 8. Direito de defesa na ação de execução.

1. FINALIDADES DA JURISDIÇÃO: FORMULAÇÃO E REALIZAÇÃO PRÁTICA DA REGRA JURÍDICA CONCRETA. NOÇÃO GERAL DE TÍTULO EXECUTIVO

A jurisdição, enquanto atividade do Estado para solucionar as situações conflituosas, tem duas finalidades: declarar de modo solene, pela sentença, qual é a regra jurídica concreta que disciplina uma relação jurídica entre duas ou mais pessoas e realizar praticamente essa regra jurídica concreta.

A formulação pode ter por objeto:

a) Declarar a existência ou inexistência de relação jurídica ou a autenticidade ou falsidade de documento (ação declaratória);

b) Operar a modificação ou extinção da relação jurídica (ação constitutiva); ou

c) Formular a regra jurídica concreta condenatória e aplicar a sanção executiva imediata.

Nas ações declaratórias e constitutivas, a sentença já basta para satisfazer o direito do autor, pois elas lhe conferem o bem jurídico que pretende: *(i)* a sentença declaratória traz a *certeza* quanto à existência ou inexistência de uma relação jurídica ou quanto à autenticidade ou falsidade de um documento; *(ii)* a sentença constitutiva *opera* a modificação ou extinção de relação jurídica.

Nas ações condenatórias executivas, a sentença condenatória torna certa a obrigação do réu e confere à regra jurídica concreta enunciada a sanção executiva: mas ainda o direito do autor não restou satisfeito. Caso ele não cumpra a regra jurídica concreta proferida na sentença, o processo entra numa segunda fase, na qual haverá a realização prática daquela regra jurídica concreta (atuação da sanção executiva). Nesta segunda fase uma série de atos será praticada, de maneira que o direito do autor restará satisfeito. Esta fase do processo de conhecimento condenatório executivo a lei processual denomina de cumprimento da sentença.

Essa fase executiva (chamada pelo código de *cumprimento da sentença*) obedece a procedimentos próprios, consoante se trate de: sentença condenatória em quantia certa (art. 523 a 527); condenatória ao pagamento de alimentos (art. 528 a 533); condenatória ao pagamento de quantia certa por parte da Fazenda Pública (art. 534 a 535); sentença condenatória em obrigação de fazer, não fazer (art. 536 e 537) ou de entregar coisa (art. 538).

Todavia, no Estado de Direito, a fase executiva da sentença condenatória executiva representa uma séria invasão na esfera patrimonial do réu, constituindo-se mesmo em exceção às regras gerais que preservam a propriedade privada, garantida constitucionalmente:

> Art. 5º (*omissis*)
> XXII – é garantido o direito de propriedade.

CAPÍTULO XV – DA AÇÃO DE EXECUÇÃO

Dado que a regra jurídica concreta foi formulada por um magistrado, ela se tornou *certa e induvidosa* – essa certeza justifica os atos expropriatórios que serão realizados durante o cumprimento da sentença.

Mesmo quando essa formulação é feita em outro juízo e a propósito de apurar outra circunstância – como a sentença penal condenatória – a mesma certeza está presente, justificando a mesma atividade executiva de cumprimento de sentença.

Mas, não é só.

Certos atos jurídicos também não deixam dúvidas quanto a regra jurídica concreta que geram – como a emissão de um cheque, por exemplo. Em verdade, quem emite um cheque (salvo casos de dolo, fraude, coação etc. que são excepcionais) deixa clara a existência de uma relação jurídica de débito e da regra jurídica concreta que determina o seu pagamento ao beneficiário.

Esses atos jurídicos chamam-se *títulos executivos*.

A presença do título executivo (que justifica as atividades de execução) é indispensável para que as atividades executivas possam ter lugar:

> Art. 783. A execução para cobrança de crédito fundar-se-á sempre em título de obrigação certa, líquida e exigível.

A redação da norma não é feliz, pois diz menos do que deveria dizer – em verdade não apenas a execução para cobrança de crédito deve ter por fundamento um título executivo – mas toda e qualquer atividade executiva, *ainda que sob as vestes de cumprimento de sentença*.

2. DAS FORMAS DE ATUAÇÃO PRÁTICA DA SANÇÃO EXECUTIVA

Atuar praticamente a regra jurídica concreta tem por conteúdo a realização de uma série de atos que visam à satisfação efetiva do direito do autor: entregar-lhe a soma devida; o bem prometido, a demolição do muro etc.

Mas essa atuação obedece, no sistema do Código de Processo Civil, a dois sistemas distintos:

a) Quando a regra jurídica concreta foi formulada por um órgão jurisdicional, estamos diante de um *título executivo judicial*, e a sanção executiva será aplicada na modalidade *cumprimento da sentença*, a qual normalmente ocorrerá no mesmo processo em que houve aquela formulação;

b) Quando a regra jurídica concreta resulta de um ato jurídico praticado por particular, temos um *título executivo extrajudicial* e a sanção executiva, nesse caso, será aplicada mediante o ajuizamento de uma ação específica, chamada *ação de execução*.

3. TÍTULO EXECUTIVO: CONCEITO

Título executivo é o ato jurídico típico que gera uma regra jurídica concreta garantida pela sanção executiva.

O Código de Processo Civil considera dois tipos de títulos executivos – os que se formam mediante a intervenção do órgão jurisdicional e que são os *títulos executivos judiciais* e aqueles que decorrem de atos praticados por particulares – os *títulos executivos extrajudiciais*.

Como vimos acima, consoante se disponha de uma ou de outras dessas espécies de título executivo, a forma de realizar a sanção executiva é diferente (cumprimento de sentença ou ação de execução).

Os títulos executivos judiciais estão arrolados no art. 515:

> Art. 515. São títulos executivos **judiciais**, cujo cumprimento dar-se-á de acordo com os artigos previstos neste Título:
>
> I – as decisões proferidas no processo civil que reconheçam a exigibilidade de obrigação de pagar quantia, de fazer, de não fazer ou de entregar coisa;
>
> II – a decisão homologatória de autocomposição judicial;
>
> III – a decisão homologatória de autocomposição extrajudicial de qualquer natureza;

CAPÍTULO XV – DA AÇÃO DE EXECUÇÃO

IV – o formal e a certidão de partilha, exclusivamente em relação ao inventariante, aos herdeiros e aos sucessores a título singular ou universal;

V – o crédito de auxiliar da justiça, quando as custas, emolumentos ou honorários tiverem sido aprovados por decisão judicial;

VI – a sentença penal condenatória transitada em julgado;

VII – a sentença arbitral;

VIII – a sentença estrangeira homologada pelo Superior Tribunal de Justiça;

IX – a decisão interlocutória estrangeira, após a concessão do *exequatur* à carta rogatória pelo Superior Tribunal de Justiça;

X – (VETADO).

§ 1º Nos casos dos incisos VI a IX, o devedor será citado no juízo cível para o cumprimento da sentença ou para a liquidação no prazo de 15 (quinze) dias.

§ 2º A autocomposição judicial pode envolver sujeito estranho ao processo e versar sobre relação jurídica que não tenha sido deduzida em juízo.

Os *títulos executivos extrajudiciais* estão enumerados no art. 784 do Código de Processo Civil:

Art. 784. São títulos executivos extrajudiciais:

I – a letra de câmbio, a nota promissória, a duplicata, a debênture e o cheque;

II – a escritura pública ou outro documento público assinado pelo devedor;

III – o documento particular assinado pelo devedor e por 2 (duas) testemunhas;

IV – o instrumento de transação referendado pelo Ministério Público, pela Defensoria Pública, pela Advocacia Pública, pelos advogados dos transatores ou por conciliador ou mediador credenciado por tribunal;

V – o contrato garantido por hipoteca, penhor, anticrese ou outro direito real de garantia e aquele garantido por caução;

ANTONIO ARALDO FERRAZ DAL POZZO

VI – o contrato de seguro de vida em caso de morte;

VII – o crédito decorrente de foro e laudêmio;

VIII – o crédito, documentalmente comprovado, decorrente de aluguel de imóvel, bem como de encargos acessórios, tais como taxas e despesas de condomínio;

IX – a certidão de dívida ativa da Fazenda Pública da União, dos Estados, do Distrito Federal e dos Municípios, correspondente aos créditos inscritos na forma da lei;

X – o crédito referente às contribuições ordinárias ou extraordinárias de condomínio edilício, previstas na respectiva convenção ou aprovadas em assembleia geral, desde que documentalmente comprovadas;

XI – a certidão expedida por serventia notarial ou de registro relativa a valores de emolumentos e demais despesas devidas pelos atos por ela praticados, fixados nas tabelas estabelecidas em lei;

XII – todos os demais títulos aos quais, por disposição expressa, a lei atribuir força executiva.

§ 1º A propositura de qualquer ação relativa a débito constante de título executivo não inibe o credor de promover-lhe a execução.

§ 2º Os títulos executivos extrajudiciais oriundos de país estrangeiro não dependem de homologação para serem executados.

§ 3º O título estrangeiro só terá eficácia executiva quando satisfeitos os requisitos de formação exigidos pela lei do lugar de sua celebração e quando o Brasil for indicado como o lugar de cumprimento da obrigação.

Art. 585. São títulos executivos extrajudiciais:

I – a letra de câmbio, a nota promissória, a duplicata, a debênture e o cheque;

II – a escritura pública ou outro documento público assinado pelo devedor; o documento particular assinado pelo devedor e por duas testemunhas; o instrumento de transação referendado pelo Ministério Público, pela Defensoria Pública ou pelos advogados dos transatores;

III – os contratos garantidos por hipoteca, penhor, anticrese e caução, bem como os de seguro de vida;

252

CAPÍTULO XV – DA AÇÃO DE EXECUÇÃO

IV – o crédito decorrente de foro e laudêmio;

V – o crédito, documentalmente comprovado, decorrente de aluguel de imóvel, bem como de encargos acessórios, tais como taxas e despesas de condomínio;

VI – o crédito de serventuário de justiça, de perito, de intérprete, ou de tradutor, quando as custas, emolumentos ou honorários forem aprovados por decisão judicial;

VII – a certidão de dívida ativa da Fazenda Pública da União, dos Estados, do Distrito Federal, dos Territórios e dos Municípios, correspondente aos créditos inscritos na forma da lei;

VIII – todos os demais títulos a que, por disposição expressa, a lei atribuir força executiva.

§ 1º A propositura de qualquer ação relativa ao débito constante do título executivo não inibe o credor de promover-lhe a execução.

§ 2º Não dependem de homologação pelo Supremo Tribunal Federal, para serem executados, os títulos executivos extrajudiciais, oriundos de país estrangeiro. O título, para ter eficácia executiva, há de satisfazer aos requisitos de formação exigidos pela lei do lugar de sua celebração e indicar o Brasil como o lugar de cumprimento da obrigação.

4. ANÁLISE DO CONCEITO DE TÍTULO EXECUTIVO

Título executivo é o ato jurídico típico que gera uma regra jurídica concreta garantida pela sanção executiva.

4.1 O TÍTULO EXECUTIVO COMO ATO JURÍDICO.

O título executivo é sempre um *ato jurídico* e não o documento em que ele se concretiza ou que o consubstancia.

Por essa razão, a coação, por exemplo, que invalida a vontade do emitente de um cheque, compromete irremediavelmente esse título de crédito, conquanto o documento "cheque" possa estar formalmente perfeito. É evidente que o próprio documento pode estar comprometido, por conter rasuras, por exemplo, que o inviabiliza. Também o título executivo judicial é produto de um ato jurídico realizado pelo órgão jurisdicional.

4.2 O TÍTULO EXECUTIVO COMO ATO JURÍDICO TÍPICO

A *tipicidade* do título executivo representa uma garantia importantíssima, porque todos ficam sabendo, com antecipação, quais os atos que uma vez praticados se qualificam como título executivo. Ela atende, ainda, a um princípio de segurança jurídica, para que as pessoas não se vejam surpreendidas com a atividade jurisdicional que invade sua esfera patrimonial, para satisfação do direito do credor, sem lei anterior que defina a presença de um título executivo.

Destarte, o título executivo cumpre um papel importante, porque representa uma solução de equilíbrio entre a exigência de segurança jurídica e a necessidade das medidas executórias.

5. DA AÇÃO DE EXECUÇÃO – PRESSUPOSTO GERAL

O processo de execução (e a respectiva ação) vem pormenorizadamente disciplinado pelo Código de Processo Civil, a partir do art. 771 (Livro II – "*Do Processo de Execução*").

Como já dito e redito, a presença do título executivo é pressuposto essencial para tornar adequada a ação de execução ("*nulla executio sine titulo*") – título esse que deve retratar uma obrigação *certa*, *líquida* e *exigível* (art. 783).

Assim como ocorre com as ações de conhecimento, a ação de execução representa, simultaneamente, um direito e um ônus para o exequente: ele tem o direito de promover a ação de execução, mas se quiser obter a atuação prática da regra jurídica concreta tem o ônus de

CAPÍTULO XV – DA AÇÃO DE EXECUÇÃO

exercitar aquele direito, porque também para as atividades de execução a jurisdição é inerte – depende da iniciativa da parte.

A *certeza* da obrigação diz respeito a sua *existência* – não se pode executar uma nota promissória que não mais existe, por exemplo. A presença do documento "nota promissória" dá a certeza da existência da obrigação que nela se consubstancia.

A *liquidez* tem relação com o *objeto* da obrigação: deve ser alguma coisa identificada ou identificável; deve referir-se a uma soma determinada em dinheiro, um imóvel individualizado, alguma coisa identificada pelo seu gênero e qualidade e assim por diante.

A *exigibilidade* conecta-se com o *vencimento* da obrigação: o prazo estabelecido para o adimplemento da obrigação existente no título executivo deve ter transcorrido sem que tenha havido o seu cumprimento. O Código de Processo Civil preocupou-se mais com a exigibilidade da obrigação que os demais requisitos do título executivo – tanto assim que abriu uma Seção para cuidar do tema (art. 786 *usque* 788, que são auto explicáveis).

Portanto, somente em face de um título executivo líquido, certo e exigível a ação de execução se torna necessária e adequada.

6. DA RESPONSABILIDADE PATRIMONIAL

Como acentua Liebman, ao direito de ação de execução do credor corresponde, do lado passivo, à *responsabilidade executiva* do devedor: "um estado de sujeição à realização da sanção".[1]

Porém, segundo o mesmo processualista, a responsabilidade executiva e a ação de execução não são elementos da *relação obrigacional originária*, pois nascem em momentos distintos: a ação de execução com o inadimplemento e a responsabilidade executiva já existia precedentemente.

Com efeito, a *responsabilidade executiva* do devedor está garantida pelo seu patrimônio – é a chamada *responsabilidade patrimonial*:

---

[1] LIEBMAN, Enrico Tullio. *Manuale di Diritto Processuale Civile*: Principi. 7ª Ed. Milano: Giuffrè Editore, 2007, p. 195.

Art. 789. O devedor responde com todos os seus bens presentes e futuros para o cumprimento de suas obrigações, salvo as restrições estabelecidas em lei.[2]

A dissipação dos próprios bens de maneira a se reduzir a insolvência pode caracterizar fraude contra os credores (art.158 do Código Civil) ou fraude à execução, consoante prescreve o art. 792 do Código de Processo Civil.

A doutrina sempre considerou mais grave esta última, porque configura um ato atentatório à dignidade e à administração da justiça.

Observe-se que a fraude à execução ocorre não apenas quando o devedor responde por uma ação de execução, mas também quando responde por certas ações de conhecimento (*v.g.*, art. 792 inc. I)

7. DAS DIVERSAS ESPÉCIES DE EXECUÇÃO – VISÃO GERAL

O Código de Processo Civil criou várias ações de execução *típicas*: *(i)* ação de execução para entrega de coisa certa (art. 806/810) e incerta (art. 811/813); *(ii)* ação de execução para cumprimento das obrigações de fazer (art. 815/821) e de não fazer (822/823); *(iii)* execução por quantia certa (art. 824/909); *(iv)* execução contra a Fazenda Pública (910); *(v)* execução de alimentos (911/913).

Em todas as espécies de execução o legislador sempre pretende que o credor receba o *mesmo objeto* a que se obrigou o devedor na relação jurídica obrigacional – que o órgão jurisdicional confira ao credor, em outras palavras, a *tutela específica*.

---

[2] Assim, por exemplo, estará a salvo da execução o bem de família, protegido pela Lei n. 8.009, de 29 de março de 1990: "Art. 1º O imóvel residencial próprio do casal, ou da entidade familiar, é impenhorável e não responderá por qualquer tipo de dívida civil, comercial, fiscal, previdenciária ou de outra natureza, contraída pelos cônjuges ou pelos pais ou filhos que sejam seus proprietários e nele residam, salvo nas hipóteses previstas nesta lei". "Parágrafo único. A impenhorabilidade compreende o imóvel sobre o qual se assentam a construção, as plantações, as benfeitorias de qualquer natureza e todos os equipamentos, inclusive os de uso profissional, ou móveis que guarnecem a casa, desde que quitados".

CAPÍTULO XV – DA AÇÃO DE EXECUÇÃO

Assim, na ação de execução para entrega de coisa certa, o devedor será citado para entregá-la em quinze dias, podendo ser cominada multa por dia de atraso (art. 806 e § 1º). Do mandado de citação para a entrega da coisa, constará, ainda, ordem para imissão na posse (se for imóvel) ou de busca e apreensão (se for móvel) consoante estatui o § 2º do art. 806. Porém, se a coisa não puder ser entregue por qualquer razão, então entra em cena a obrigação derivada – o credor deverá pagar o valor da coisa e mais perdas e danos (art. 809).

O mesmo ocorre em relação à execução para entrega de coisa incerta. A diferença é que há um momento de escolha (pois coisa incerta é aquela determinada pelo gênero e pela quantidade) por parte do devedor, antes da entrega em si, ou, se a escolha couber ao credor, este a fará na petição inicial (art. 811) – mas tudo o mais ocorrerá como na execução para entrega de coisa certa (art. 813).

Cuidando-se de obrigação de fazer, o devedor também é citado para satisfazê-la num prazo assinado pelo juiz, se outro não constar do título executivo (art. 815). Caso não seja realizada a prestação, o credor pode pedir que a obrigação seja cumprida à custa do devedor ou, então pleitear perdas e danos (art. 816). Se a obrigação era de não fazer, a requerimento do credor o juiz também determina um prazo ao devedor para desfazer o que fez indevidamente (art. 822); não cumprida a determinação ou ela se resolve em perdas e danos, quando a desfazimento for impossível (823, parágrafo único) ou será desfeita à custa do devedor (art. 823 *caput*).

Todavia, mais complexa e mais comum é a execução por quantia certa contra devedor solvente.

"A execução por quantia certa se realiza pela expropriação de bens do executado, ressalvadas execuções especiais", reza o art. 824.

O devedor é citado para, em três dias, contados da citação (art. 829), pagar a dívida. Não realizado o pagamento no prazo, haverá uma sucessão de atos que visam à constrição de bens do devedor e sua expropriação:

Art. 825. A expropriação consiste em:

I – adjudicação;

II – alienação;

III – apropriação de frutos e rendimentos de empresa ou de estabelecimentos e de outros bens.

8. DIREITO DE DEFESA NA AÇÃO DE EXECUÇÃO

Para a propositura de uma ação de execução é exigido o *título executivo (nulla executio sine titulo)*, ou seja, é requerida a presença de um documento que consubstancie um ato jurídico típico que gera uma regra jurídica concreta garantida pela sanção executiva.

Portanto, há rigorosas condições para que se possa ajuizar a ação de execução. Em compensação, o processo de execução foi concebido para que caminhe como se não houvesse nenhum impedimento à realização prática da regra jurídica concreta.

Em linha de princípio, portanto, dentro do processo de execução não se admite qualquer matéria de defesa – mas, como o direito à ampla defesa e ao contraditório é assegurado constitucionalmente (art. 5º, LV da CF), o legislador processual concebeu essa "defesa" através do exercício do direito de ação: o devedor precisa ajuizar uma ação chamada de *embargos à execução*, que inaugura uma nova relação jurídica processual, na qual o devedor é o autor e o credor é o réu e que caminha paralelamente à ação de execução.

> Art. 914. O executado, independentemente de penhora, depósito ou caução, poderá se opor à execução por meio de embargos.
>
> § 1º Os embargos à execução serão distribuídos por dependência, autuados em apartado e instruídos com cópias das peças processuais relevantes, que poderão ser declaradas autênticas pelo próprio advogado, sob sua responsabilidade pessoal.

Os embargos à execução *não suspendem* a ação de execução (art. 919, *caput*), a menos que o juiz lhe atribua tal efeito (art. 919, § 1º).

As matérias que podem ser alegadas nos embargos estão previstas no art. 917 de forma exemplificativa, como deixa claro o inciso VI ao

CAPÍTULO XV – DA AÇÃO DE EXECUÇÃO

dizer que podem ser alegadas quaisquer outras que poderiam ser alegadas em processo de conhecimento.

Todavia, a doutrina e a jurisprudência passaram a admitir outras formas de defesa, dentro da própria relação jurídica processual de execução: a) a *exceção de executividade* e b) a *objeção de executividade*.

Ambas são formuladas por simples petição dirigida ao juiz da execução e podem ser ajuizadas desde o recebimento da petição inicial de execução.

A exceção de executividade será utilizada para alegação de qualquer *fato extintivo* ou *modificativo* da obrigação consubstanciada no título executivo e desde que haja prova pré-constituída para demonstrá-los, pois na exceção de executividade não se admite dilação probatória. Por esse meio é possível alegar o pagamento, a compensação, a confusão, a inovação, entre outros.

Já a objeção de executividade se presta para argüição de *matérias que o juiz pode conhecer de ofício* – matérias, isto é, relativas aos pressupostos processuais ou às condições da ação. Também na objeção não se admite dilação probatória – a matéria deve ser objeto de prova documental já constituída.

Em face dessa construção jurisprudencial e doutrinária, muitas das matérias que a legislação arrola como dedutíveis através dos embargos poderão ser alegadas por meio da exceção ou da objeção de executividade.

259

Capítulo XVI

TUTELAS PROVISÓRIAS: ANTECIPAÇÃO DA TUTELA – TUTELA DA EVIDÊNCIA – AÇÃO CAUTELAR

Sumário: 1. O tempo e a atividade jurisdicional. 2. Espécies de tutelas provisórias no Código de Processo Civil. 3. Tutela antecipada. 3.a Generalidades. 3.b Pedido de antecipação. 3.b.1 Pedido de antecipação autônomo. 3.b.2 Pedido de antecipação formulado na ação principal. 3.c Pedido de antecipação formulado autonomamente e deferido – sua estabilização. 3.d Impossibilidade de antecipação. 4. Tutela da evidência. 5. Tutelas de urgência cautelar – ação cautelar. 6. Conceito de ação cautelar. 7. Momentos da sentença cautelar. 8. Requisitos especiais para a concessão da medida cautelar. 8.a *Fumus boni iuris*. 8.b *Periculum in mora*. 9. Medidas cautelares previstas pelo Código de Processo Civil. 10. Tutela cautelar pedida em caráter antecedente. 11. Tutela cautelar cumulada com a ação principal. 12. Ação cautelar incidente. 13. Regras jurídicas especiais sobre ação cautelar. 13.a Garantia de ressarcimento dos danos em caso de cessação da medida cautelar. 13.b Cessão da eficácia da sentença cautelar. 13.c Fungibilidade entre pedido cautelar e de tutela antecipada. 13.d Autonomia da ação cautelar em relação à ação principal. 13.e Caráter complementar da ação cautelar – a sentença cautelar é provisória. 13.f Juízo competente e fundamentação da sentença cautelar. 14. Ação cautelar *inaudita altera parte*.

ANTONIO ARALDO FERRAZ DAL POZZO

1. O TEMPO E A ATIVIDADE JURISDICIONAL

A atividade jurisdicional se prolonga no tempo. É impossível imaginar-se um processo que tenha resposta definitiva e imediata.

Essa demora do Estado em conceder a tutela jurisdicional pode dar ensejo a que o bem jurídico (ou o direito[1]) pretendido pelo autor venha a sofrer danos irreparáveis, de tal maneira que, quando o provimento jurisdicional positivo sobrevier, não terá mais utilidade alguma.

Diante de tais situações jurídicas há a necessidade de ser concedida uma *tutela jurisdicional de urgência cautelar* e que tem por finalidade assegurar o resultado frutuoso de outra ação, então chamada de ação principal.

Porém, o tempo também pode prejudicar aquele que tem razão, dadas as alterações que podem sofrer as relações jurídicas continuativas, isto é, as que se protraem no tempo.

Assim, se eu pretendo anular um edital de concorrência pública e pretendo ingressar em juízo com esse pedido, a demora da decisão pode violar o meu direito à anulação e, quando esta se tornar definitiva, o procedimento da concorrência pública ter avançado a tal ponto que talvez o próprio contrato decorrente já tenha sido cumprido. Nestes casos, posso pedir que o juiz **antecipe** a tutela a ser dada na ação principal, suspendendo desde logo os efeitos do edital. Aqui não se cuida de obter uma medida que assegure o resultado frutuoso da ação, mas antecipação do próprio pedido (a nulidade do edital retira seus efeitos). *Trata-se de antecipação da tutela.*

Então, e em resumo, em face do tempo o Direito Processual Civil põe à disposição do interessado *duas tutelas provisórias* – a *tutela de urgência cautelar* (para assegurar o resultado frutuoso da ação principal) e *tutela antecipada* (antecipação da própria tutela pedida na ação).

Tais tutelas são provisórias – e assim são consideradas pelo Código de Processo Civil – porque em princípio têm duração temporal limitada, pois ambas se exaurem com a sentença final, seja esta positiva ou negativa.

---

[1] LIEBMAN, Enrico Tullio. *Manuale di Diritto Processuale Civile*: Principi. 7ª Ed. Milano: Giuffrè Editore, 2007, p. 201.

CAPÍTULO XVI – TUTELAS PROVISÓRIAS: ANTECIPAÇÃO DA TUTELA....

Contudo, ainda sob o gênero *tutela provisória* o Código de Processo Civil inseriu outra – a *tutela da evidência.*

Contudo, a chamada tutela da evidência, que em verdade não é provisória, mas definitiva,[2] seja ela concedida liminarmente ou após pronunciamento do réu, relaciona-se com o fator tempo para apressar o desfecho do processo. Portanto, responde a uma exigência do princípio de economia processual.

Vejamos um exemplo. Determinado Município decide cobrar taxa pela iluminação pública. Um munícipe ingressa com pedido administrativo de anulação da taxa cobrada, ao argumento que a Súmula Vinculante n. 41 do Supremo Tribunal Federal proíbe tal cobrança ("O serviço de iluminação pública não pode ser remunerado mediante taxa" – Súmula vinculante n. 41 do STF). Todavia, o Município insiste na cobrança. O munícipe, então, ingressa em juízo com pedido de anulação do ato administrativo que formalizou a cobrança da taxa. Com fundamento no art. 311, inciso II, última parte, combinado com o seu parágrafo único, o juiz julga a ação procedente liminarmente, mesmo sem ouvir a parte contrária. Obviamente, esta será citada para apresentar recurso de apelação, se quiser.

Dada a evidência macroscópica da ação (ela é *evidentemente* procedente), pois a hipótese fática se subsume numa súmula vinculante, seria pura perda de tempo e de dinheiro prosseguir com o processo. Todavia, aqui a relação entre a tutela e o tempo diz respeito à duração do processo.

2. ESPÉCIES DE TUTELAS PROVISÓRIAS NO CÓDIGO DE PROCESSO CIVIL

Ao cuidar das tutelas provisórias, o Código de Processo Civil abre o tema com o art. 294:

---

[2] Embora sujeita a ser desfeita em ação própria dentro de dois anos, como veremos adiante.

> Art. 294. A tutela provisória pode fundamentar-se em *urgência* ou *evidência*.

A leitura do texto positivo revela que sob o gênero *tutela provisória*, o Código de Processo Civil disciplina:

(i) Tutela de urgência cautelar, que pode ser pedida de forma:

a. Antecipada; ou

b. Cumulada com a ação principal.

(ii) Tutela antecipada;

(iii) Tutela da evidência.

A tutela de urgência cautelar será examinada por último.

3. TUTELA ANTECIPADA

3.a GENERALIDADES

A matéria já vinha disciplinada pelo Código de Processo Civil revogado, mas recebeu novo tratamento pelo Código de Processo Civil em vigor:

> Art. 303. Nos casos em que a *urgência* for contemporânea à propositura da ação, a petição inicial pode limitar-se ao requerimento da tutela antecipada e à indicação do pedido de tutela final, com a exposição da lide, do direito que se busca realizar e do perigo de dano ou do risco ao resultado útil do processo.
>
> Art. 273. O juiz poderá, a requerimento da parte, antecipar, total ou parcialmente, os efeitos da tutela pretendida no pedido inicial, desde que, existindo prova inequívoca, se convença da verossimilhança da alegação e:
>
> I – haja fundado receio de dano irreparável ou de difícil reparação; ou
>
> II – fique caracterizado o abuso de direito de defesa ou o manifesto propósito protelatório do réu.

CAPÍTULO XVI – TUTELAS PROVISÓRIAS: ANTECIPAÇÃO DA TUTELA....

> § 1º Na decisão que antecipar a tutela, o juiz indicará, de modo claro e preciso, as razões do seu convencimento.
>
> § 3º A efetivação da tutela antecipada observará, no que couber e conforme sua natureza, as normas previstas nos arts. 588, 461, §§ 4º e 5º, e 461-A. (Redação dada pela Lei n. 10.444, de 7.5.2002)
>
> § 4º A tutela antecipada poderá ser revogada ou modificada a qualquer tempo, em decisão fundamentada.
>
> § 5º Concedida ou não a antecipação da tutela, prosseguirá o processo até final julgamento.
>
> § 6º A tutela antecipada também poderá ser concedida quando um ou mais dos pedidos cumulados, ou parcela deles, mostrar-se incontroverso.

Como se vê, o legislador pretendeu incluir a antecipação da tutela como hipótese específica de urgência, que se faz presente no momento do ajuizamento da ação.

Dessa maneira, a urgência, além de justificar as medidas cautelares, justifica também a antecipação da tutela.

Porém, são situações jurídicas inconfundíveis: a urgência que justifica a tutela cautelar diz respeito a uma medida que nada tem a ver com o pedido feito na ação principal, mas uma providência que assegure o seu resultado frutuoso. Exemplo: o sequestro de um cavalo de raça que se encontra em poder do réu, que o vem maltratando de tal forma que ele poderá até morrer ou perder seu valor. O cavalo é retirado da guarda do réu e posto em segurança. Se o autor que reivindica o cavalo ganhar a demanda, receberá o animal em perfeitas condições. O objeto da medida cautelar e da ação principal são diversos e inconfundíveis.

Já a antecipação da tutela diz respeito à própria tutela pedida em via principal, que em razão de determinadas circunstâncias, pode ser concedida *antecipadamente* ao autor. Essa antecipação tem por ponto de referência o momento processual em que a tutela principal normalmente seria apreciada.

Importante notar que a antecipação da tutela *não se constitui em um novo tipo de tutela jurisdicional* – mas de um mero pedido que pode ser formulado em quaisquer das ações de conhecimento: declaratória, condenatória executiva ou constitutiva. A ação continua a ter essa natureza, que lhe é dada pelo tipo de tutela pedida, mas o seu pedido se reveste de um atributo singular, que é a sua própria antecipação.

3.b PEDIDO DE ANTECIPAÇÃO

O autor pode optar por dois caminhos, que lhe faculta o Código de Processo Civil: pode desde logo cumular o pedido de antecipação com a ação principal ou, então, se restringir ao pedido de antecipação, simplificando os termos da ação principal (pedido de antecipação autônomo).[3]

Nos dois casos, porém, cabe ao autor do pedido, além de evidenciar a existência provável de seu direito deduzido em juízo, demonstrar a circunstância que justifica a urgência da antecipação: o perigo da demora (*periculum in mora*) e, segundo o § 4º do art. 303, indicar o valor da causa tendo em vista o pedido principal.

O procedimento nos dois casos varia.

3.b.1 PEDIDO DE ANTECIPAÇÃO AUTÔNOMO

O pedido de antecipação formulado de modo autônomo está previsto no art. 303 *caput*:

> Art. 303. Nos casos em que a urgência for contemporânea à propositura da ação, a petição inicial pode limitar-se ao requerimento da tutela antecipada e à indicação do pedido de tutela final, com a exposição da lide, do direito que se busca realizar e do perigo de dano ou do risco ao resultado útil do processo.

---

[3] Salvo casos raríssimos, de urgência absoluta, como situações em que o autor precisa se submeter imediatamente à cirurgia e seu plano de assistência se nega a pagar, por exemplo, o ideal será sempre formular a ação principal por inteiro e pedir a antecipação da tutela.

CAPÍTULO XVI – TUTELAS PROVISÓRIAS: ANTECIPAÇÃO DA TUTELA....

Optando por este modelo, o autor precisa preencher os requisitos da ação principal, ou seja, descrever, ainda que de maneira sucinta, a causa de pedir (os fatos e fundamentos jurídicos do pedido) e formular o pedido principal. Deve se manifestar expressamente que está se valendo do benefício concedido pelo art. 303 (art. 303, § 5º) Neste caso, basta demonstrar a fumaça do bom direito (*fumus boni iuris*).

Concedida a antecipação, aplica-se o disposto no § 1º do art. 303, *verbis*:

> Art. 303. (*omissis*)
>
> § 1º Concedida a tutela antecipada a que se refere o *caput* deste artigo:
>
> I – o autor deverá aditar a petição inicial, com a complementação de sua argumentação, a juntada de novos documentos e a confirmação do pedido de tutela final, em 15 (quinze) dias ou em outro prazo maior que o juiz fixar;
>
> II – o réu será citado e intimado para a audiência de conciliação ou de mediação na forma do art. 334;
>
> III – não havendo autocomposição, o prazo para contestação será contado na forma do art. 335.
>
> § 2º Não realizado o aditamento a que se refere o inciso I do § 1º deste artigo, o processo será extinto sem resolução do mérito.
>
> § 3º O aditamento a que se refere o inciso I do § 1º deste artigo dar-se-á nos mesmos autos, sem incidência de novas custas processuais.

As regras são claras.

Resta recordar o disposto no § 6º:

> Art. 303. (*omissis*)
>
> § 6º Caso entenda que não há elementos para a concessão de tutela antecipada, o órgão jurisdicional determinará a emenda da petição inicial em até 5 (cinco) dias, sob pena de ser indeferida e de o processo ser extinto sem resolução de mérito.

3.b.2 PEDIDO DE ANTECIPAÇÃO FORMULADO NA AÇÃO PRINCIPAL

Por esta via, isto é, formulando o pedido de antecipação na própria ação principal, o quesito referente à demonstração do direito estará na inicial e apenas restará a demonstração do *periculum in mora*.[4]

Neste caso, concedida ou não a antecipação (da qual cabe recurso de agravo de instrumento), o processo segue seus trâmites normais.

3.c PEDIDO DE ANTECIPAÇÃO FORMULADO AUTONOMAMENTE E DEFERIDO – SUA ESTABILIZAÇÃO

O Código de Processo Civil entende que se o réu, devidamente citado, permanece inerte e omisso diante da antecipação (total ou parcial) da tutela pedida de forma autônoma, esta se estabiliza:

> Art. 304. A tutela antecipada, concedida nos termos do art. 303, torna-se *estável* se da decisão que a conceder não for interposto o respectivo recurso.
>
> § 1º No caso previsto no *caput*, o processo será extinto.

Essa estabilização, porém, é *provisória* (daí a antecipação estar incluída dentre as tutelas provisórias): ela produzirá seus efeitos, isto é, terá eficácia temporária, por dois anos, dentro dos quais poderá ser rediscutida:[5]

> Art. 304. (*omissis*)
>
> § 2º Qualquer das partes poderá demandar a outra com o intuito de rever, reformar ou invalidar a tutela antecipada estabilizada nos termos do caput.
>
> § 3º A tutela antecipada conservará seus efeitos enquanto não revista, reformada ou invalidada por decisão de mérito proferida na ação de que trata o § 2º.

---

[4] Modelo equivalente ao do CPC revogado, art. 273.

[5] Trata-se de uma espécie de ação rescisória, mas que não se caracteriza como tal.

CAPÍTULO XVI – TUTELAS PROVISÓRIAS: ANTECIPAÇÃO DA TUTELA....

§ 4º Qualquer das partes poderá requerer o desarquivamento dos autos em que foi concedida a medida, para instruir a petição inicial da ação a que se refere o § 2º, prevento o juízo em que a tutela antecipada foi concedida.

§ 5º O direito de rever, reformar ou invalidar a tutela antecipada, previsto no § 2º deste artigo, extingue-se após 2 (dois) anos, contados da ciência da decisão que extinguiu o processo, nos termos do § 1º.

§ 6º A decisão que concede a tutela não fará coisa julgada, mas a estabilidade dos respectivos efeitos só será afastada por decisão que a revir, reformar ou invalidar, proferida em ação ajuizada por uma das partes, nos termos do § 2º deste artigo.

O § 6º acima reproduzido nos parece de duvidosa constitucionalidade. Se o réu, tomando conhecimento da antecipação deixa de recorrer, satisfeito foi o princípio do contraditório e da ampla defesa. O prazo de dois anos para o desfazimento da decisão por meio de outra ação nos parece normal – mas negar que a sentença de antecipação adquira a qualidade de coisa julgada é criar uma situação absolutamente confrontante com o princípio da segurança jurídica.

3.d IMPOSSIBILIDADE DE ANTECIPAÇÃO

O Código de Processo Civil impede que o juiz antecipe a tutela se houver perigo de irreversibilidade, caso de improcedência da demanda:

Art. 300. (*omissis*)

§ 3º A tutela de urgência de natureza antecipada não será concedida quando houver perigo de irreversibilidade dos efeitos da decisão.

Art. 273 (*omissis*)

§ 2º Não se concederá a antecipação da tutela quando houver perigo de irreversibilidade do provimento antecipado.

4. TUTELA DA EVIDÊNCIA

Como dito alhures, a tutela da evidência tem por objetivo, em princípio, reduzir os atos processuais e é ditada por razões de economia processual. Todavia, não caracteriza (assim como a antecipação da tutela) um novo tipo de tutela jurisdicional, mas uma circunstância que se agrega ao pedido condenatório executivo, declaratório ou constitutivo, que não perdem sua natureza.

Por outro lado, diferencia-se do pedido cautelar porque significa atendimento ao próprio pedido principal; distancia-se da antecipação da tutela porque independe da demonstração do *periculum in mora* (aliás, exigida no pedido cautelar também):

> Art. 311. A tutela da evidência será concedida, *independentemente da demonstração de perigo de dano ou de risco ao resultado útil do processo*, quando:
>
> I – ficar caracterizado o abuso do direito de defesa ou o manifesto propósito protelatório da parte; [6]
>
> II– as alegações de fato puderem ser comprovadas apenas documentalmente e houver tese firmada em julgamento de casos repetitivos ou em súmula vinculante;
>
> III – se tratar de pedido reipersecutório fundado em prova documental adequada do contrato de depósito, caso em que será decretada a ordem de entrega do objeto custodiado, sob cominação de multa;
>
> IV – a petição inicial for instruída com prova documental suficiente dos fatos constitutivos do direito do autor, a que o réu não oponha prova capaz de gerar dúvida razoável.
>
> Parágrafo único. Nas hipóteses dos incisos II e III, o juiz poderá decidir liminarmente.

A leitura dessas regras jurídicas indica que a tutela da evidência pode ocorrer durante o transcorrer do processo ou *in limine litis*.

---

[6] Situação que no código revogado ensejava pedido de antecipação de tutela (art. 273, II).

CAPÍTULO XVI – TUTELAS PROVISÓRIAS: ANTECIPAÇÃO DA TUTELA....

A decisão liminar ocorrerá em casos mais que evidentes quanto à procedência da ação, previstos nos incisos II e III.

No caso do inciso II é preciso, cumulativamente – comprovação documental da causa de pedir acrescida de tese firmada ou em julgamento de casos repetitivos ou constante de súmula vinculante.

O inciso III cuida do contrato de depósito, regulado pelo Código Civil, art. 627 a 652, situação em que o depositário não dispõe de como se opor à devolução do objeto móvel.

5. TUTELAS DE URGÊNCIA CAUTELAR – AÇÃO CAUTELAR

As tutelas provisórias de urgência cautelar são pleiteadas através da ação cautelar e podem ser pedidas (art. 294, parágrafo único):

(i) Antecipadamente, em face da ação principal (disciplina legal art. 305);

(ii) Cumulada com a ação principal ou nela incidente disciplina legal (art. 300).

> Art. 796. O procedimento cautelar pode ser instaurado antes ou no curso do processo principal e deste é sempre dependente.

A tutela cautelar, ao contrário da antecipação da tutela e da tutela da urgência, configura uma espécie própria de tutela, dando azo a um tipo especial de ação – a ação cautelar – que estudaremos em seguida.

6. CONCEITO DE AÇÃO CAUTELAR

Ação cautelar *é aquela que provoca a atividade jurisdicional tendente à formulação de uma regra jurídica concreta que, tendo por pressuposto a declaração da provável existência do direito deduzido em juízo e do fundado temor que a demora na concessão da tutela pleiteada na ação principal possa frustrar seu objeto, reconhece o direito do autor à medida de urgência pleiteada e determina a sua realização prática imediata.*

O conceito busca explicitar o objeto da ação: formulação de uma regra jurídica concreta que além de reconhecer o direito do autor à medida de urgência pedida, determina a realização dessa medida.

Recordando exemplo dado acima, do sequestro de um cavalo puro sangue, na sentença cautelar o magistrado reconhece o direito do autor a que essa medida seja tomada e determina a sua realização.

Porém, essa mesma sentença precisa reconhecer duas circunstâncias, que são básicas para a formulação da regra jurídica concreta: a presença da fumaça do bom direito (*fumus boni iuris*) e o perigo da demora do provimento jurisdicional (*periculum in mora*).

O juiz enquadra a situação descrita pelo autor na norma genérica e abstrata que lhe permite determinar o sequestro e extrai dela a regra jurídica concreta determinando a sua realização.

7. MOMENTOS DA SENTENÇA CAUTELAR

Assim como as sentenças proferidas nas ações de conhecimento[7], a sentença cautelar tem dois momentos: o declaratório e o cautelar:

(*i*) o <u>momento declaratório</u>, no qual ficam reconhecidas:

(*a*) a provável existência de um direito, cuja tutela se pede ou se pedirá numa outra ação, chamada principal (*fumus boni iuris*); e

(*b*) a existência de fundado temor de que a demora na concessão do provimento jurisdicional pedido ou a ser pleiteado na ação principal acarrete a impossibilidade desse provimento ser utilmente concedido (*periculum in mora*);

(*ii*) o <u>momento cautelar</u>, no qual há:

(*a*) a formulação a regra jurídica concreta reconhecendo o direito do autor à medida de urgência pleiteada;

(*b*) a determinação da imediata realização prática da regra jurídica concreta formulada, isto é, a imediata realização da medida de urgência.

---

[7] Recorde-se que a ação cautelar tem apenas o momento declaratório.

CAPÍTULO XVI – TUTELAS PROVISÓRIAS: ANTECIPAÇÃO DA TUTELA....

8. REQUISITOS ESPECIAIS PARA A CONCESSÃO DA MEDIDA CAUTELAR

8.a *FUMUS BONI IURIS*

Para a concessão da medida cautelar, o magistrado deve examinar a presença da *fumaça do bom direito* alegado pelo autor.

A efetiva presença do *fumus boni iuris* é indispensável para a concessão da medida cautelar, porque esta sempre importa em invasão da esfera jurídica ou patrimonial do réu, que não tem remédio senão suportar a medida judicialmente determinada.

No que diz respeito ao *fumus boni iuris*, o ordenamento jurídico processual não exige uma cognição plena. Por essa razão, é preciso que o autor demonstre apenas a fumaça (*fumus*) do bom (*boni*) direito (*iuris*) e não sua existência efetiva (pois onde há "fumaça", há fogo, diz o provérbio popular).

A cognição do órgão jurisdicional relativamente ao direito deduzido pelo autor da ação cautelar é, portanto, superficial, sumária: para satisfazer este requisito, basta a *aparência* de que o autor em razão.

Para tanto, o órgão jurisdicional deve fazer um *juízo abstrato* a respeito do direito alegado pelo autor, isto é, responder a este quesito lógico: se o autor provar os fatos constitutivos de seu direito, a ação principal será julgada procedente? Ao responder afirmativamente a tal indagação, o juiz deverá entender presente o *fumus boni iuris*.

Suponha-se que duas pessoas celebrem um contrato tendo por objeto a herança de uma pessoa viva e que uma delas, com base nesse contrato, ingresse com ação de conhecimento contra a outra, alegando ser proprietária do bem e pedindo sua entrega. Porém, através de ação cautelar, pede ao juiz que lhe conceda a guarda imediata do mesmo bem. O juiz, ao examinar o direito deduzido na ação cautelar (o mesmo exposto na ação de conhecimento), irá concluir que o autor jamais poderá obter a tutela de conhecimento pleiteada na ação principal, mesmo comprovada a existência daquele contrato, porque o Código Civil veda expressamente qualquer ajuste sobre herança de pessoa viva

273

(art. 426[8]). Portanto, ainda que o autor viesse a comprovar o fato constitutivo do direito que alega ter (a existência do contrato), jamais poderia obter sentença de procedência na ação principal: e isto significa que não está presente o *fumus boni iuris*. Não havendo a fumaça do bom direito não lhe poderá ser dada a tutela de urgência pedida.

A exposição do autor quanto ao *fumus boni iuris*, porém, varia consoante se trata de ação cautelar requerida em caráter antecedente, sito, pleiteada antes da ação principal ou cumulada com esta.

Quando se trata de ação cautelar cumulada, o *fumus boni iuris* deverá estar constante da inicial, pois integra a sua causa de pedir. A exposição, pois, é plena – mas o juízo de cognição do juiz é sumário.

Se a ação cautelar é antecedente, bastará uma causa de pedir (da ação principal) sumariada – e superficial também será a atividade cognitiva do magistrado.

8.b *PERICULUM IN MORA*

Se para a concessão da medida cautelar basta a fumaça do bom direito (*fumus boni iuris*), é preciso que a inicial faça demonstração cabal de que a *demora* (*periculum in mora*) acarretará prejuízo irreparável ou de difícil reparação: "perigo de dano ou o risco ao resultado útil do processo", na linguagem do art. 300.

Além da fumaça do bom direito, a concessão da tutela de urgência ainda depende da presença do *periculum in mora* – o perigo que a demora da tutela pedida na ação principal possa comprometer seu resultado.

A atividade cognoscitiva do órgão jurisdicional a respeito do *periculum in mora* na ação cautelar é muito mais ampla e profunda que a empregada em torno do *fumus boni iuris*.

Quanto ao direito, basta a sua plausibilidade, mas quanto ao *periculum in mora* é preciso sua real existência.

---

[8] Art. 426. Não pode ser objeto de contrato a herança de pessoa viva.

CAPÍTULO XVI – TUTELAS PROVISÓRIAS: ANTECIPAÇÃO DA TUTELA....

De um lado, porque a presença do "bom direito" será objeto de amplo e profundo conhecimento na ação principal, onde se coloca como tema central. Mas, o perigo de demora é assunto que será tratado *apenas e tão-somente* na ação cautelar, porque essa questão não se coloca na ação principal. Portanto, o autor deve provar o perigo da demora e o juiz deverá cuidadosamente verificar se este realmente está presente.

Vamos analisar uma ação condenatória executiva em andamento, cujo objeto é a entrega de um automóvel. O autor verifica que o réu, propositadamente, deixou o veículo abandonado, ao relento, deteriorando-se.

Nesse caso, se o autor permanecer inerte, certamente sofrerá um prejuízo irreparável ou de difícil reparação em face da demora da ação principal (ação condenatória executiva) – e, pois, nessas hipóteses está presente o *periculum in mora*.

Somente diante presença e da conjugação de dois pressupostos é que o autor da ação cautelar terá direito à providência ou medida de urgência solicitada: ele precisa ter a probabilidade do direito e o perigo da demora.

No caso do exemplo dado, para demonstrar a presença do *fumus boni iuris* bastará que o autor da ação principal reproduza os fundamentos jurídicos expostos na ação principal.

Todavia, para demonstrar o *periculum in mora*, há de se valer de argumentos e fatos que obviamente não foram utilizados na ação principal (onde não tinham razão de ser) e produzir as provas de sua ocorrência.

Essas provas não geram qualquer efeito em relação à ação principal (onde esta matéria não é sequer discutida) e hão de ser plenamente convincentes (como fotos, laudos ou declarações testemunhais).

Como essa matéria não é conhecida na ação principal, a rigor, o *periculum in mora* precisa ser comprovado na ação cautelar com a mesma intensidade com que se exige a prova do direito deduzido na ação principal.

275

9. MEDIDAS CAUTELARES PREVISTAS PELO CÓDIGO DE PROCESSO CIVIL

O Código de Processo Civil derrogado previa a *ação cautelar genérica*, pela qual se pleiteava uma *medida cautelar inominada* e também estabelecia várias *ações cautelares típicas*, pelos quais se pleiteava uma *medida cautelar nominada*.

Eram ações cautelares *típicas:* o arresto, o sequestro, a caução, a busca e apreensão, a exibição, a produção antecipada de provas, os alimentos provisionais, arrolamento de bens, a justificação, protestos, notificações e interpelações, homologação do penhor legal, posse em nome do nascituro, atentado, protesto e apreensão de títulos, além de outras previstas no seu art. 888.[9]

O vigente Código de Processo Civil preferiu apenas exemplificar algumas medidas cautelares:

> Art. 301. A tutela de urgência de natureza cautelar pode ser efetivada mediante arresto, sequestro, arrolamento de bens, registro de protesto contra alienação de bem e *qualquer outra medida idônea para asseguração do direito.*

Essa mesma orientação aparece no art. 297:

> Art. 297. O juiz poderá determinar *as medidas que considerar adequadas* para a efetivação da tutela provisória.
>
> Parágrafo único. A efetivação da tutela provisória observará as normas referentes ao cumprimento provisório da sentença, no que couber.

---

9 "Art. 888. O juiz poderá ordenar ou autorizar, na pendência da ação principal ou antes de sua propositura: I – obras de conservação em coisa litigiosa ou judicialmente apreendida; II – a entrega de bens de uso pessoal do cônjuge e dos filhos; III – a posse provisória dos filhos, nos casos de separação judicial ou anulação de casamento; IV – o afastamento do menor autorizado a contrair casamento contra a vontade dos pais; V – o depósito de menores ou incapazes castigados imoderadamente por seus pais, tutores ou curadores, ou por eles induzidos à prática de atos contrários à lei ou à moral; VI – o afastamento temporário de um dos cônjuges da morada do casal; VII – a guarda e a educação dos filhos, regulado o direito de visita; VIII – a interdição ou a demolição de prédio para resguardar a saúde, a segurança ou outro interesse público".

CAPÍTULO XVI – TUTELAS PROVISÓRIAS: ANTECIPAÇÃO DA TUTELA....

> Art. 798. Além dos procedimentos cautelares específicos, que este Código regula no Capítulo II deste Livro, poderá o juiz determinar *medidas provisórias que julgar adequadas*, quando houver fundando receio de que uma parte, antes do julgamento da lide, cause lesão ao direito da outra grave e de difícil reparação.
>
> Art. 799. No caso do artigo anterior, poderá o juiz, para evitar o dano, autorizar ou vedar a prática de determinados atos, ordenar a guarda judicial de pessoas e depósito de bens e impor a prestação de caução.

Assim sendo, o Código de Processo Civil reconhece ao juiz o Poder Cautelar Geral e permite uma grande flexibilidade dentre as medidas de urgência cautelares que sejam juridicamente possíveis e adequadas. Essa adequação deverá respeitar não apenas a *utilidade* que a medida possa trazer para os objetivos aos quais se propõe como também deve obedecer ao *princípio da razoabilidade*: dentre duas medidas possíveis, a escolha há de recair na menos onerosa.

Algumas medidas cautelares do Código de Processo Civil revogado deixaram de sê-lo, como, por exemplo:

(i) A exibição de documento ou coisa passou, que a ser um *incidente* da fase instrutória do processo (art. 396/404) e, bem assim, a produção antecipada de provas (art. 381/383);

(ii) A notificação e a interpelação que hoje são procedimentos de jurisdição voluntária (art. 726/729);

(iii) A homologação do penhor legal, que passou a ser um procedimento contencioso especial (art. 703/706).

10. TUTELA CAUTELAR PEDIDA EM CARÁTER ANTECEDENTE

Se a tutela cautelar for requerida antes do ajuizamento da ação principal, basta ao autor que indique os termos genéricos desta e faça um resumo de sua causa de pedir (para demonstrar o *fumus boni iuris*), mas exponha em profundidade o perigo de dano ou o risco ao resultado útil do processo principal (*periculum in mora*):

ANTONIO ARALDO FERRAZ DAL POZZO

> Art. 305. A petição inicial da ação que visa à prestação de tutela cautelar em caráter *antecedente* indicará a lide e seu fundamento, a exposição sumária do direito que se objetiva assegurar e o perigo de dano ou o risco ao resultado útil do processo.

O § 2º do art. 300 autoriza a concessão liminar da medida cautelar pedida, inclusive *inaudita altera parte* – que depois será citada para apresentar suas razões. A mesma regra, porém, assevera que o juiz pode determinar uma justificativa prévia (como a oitiva de uma testemunha), antes da citação do réu:

> Art. 300. (*omissis*)
>
> § 2º A tutela de urgência pode ser concedida liminarmente ou após justificação prévia.
>
> Art. 797. Só em casos excepcionais, expressamente autorizados por lei, determinará o juiz medidas cautelares sem a audiência das partes.
>
> Art. 804. É lícito ao juiz conceder liminarmente ou após justificação prévia a medida cautelar, sem ouvir o réu, quando verificar que este, sendo citado, poderá torná-la ineficaz; caso em que poderá determinar que o requerente preste caução real ou fidejussória de ressarcir os danos que o requerido possa vir a sofrer.

Deferida a medida cautelar ou não, em seguida o réu é citado para, em cinco dias, apresentar sua contestação:

> Art. 306. O réu será citado para, no prazo de 5 (cinco) dias, contestar o pedido e indicar as provas que pretende produzir.
>
> Art. 802. O requerido será citado, qualquer que seja o procedimento cautelar, para, no prazo de 5 (cinco) dias, contestar o pedido, indicando as provas que pretende produzir.
>
> Parágrafo único. Conta-se o prazo, da juntada aos autos do mandado:
>
> I – de citação devidamente cumprido;

CAPÍTULO XVI – TUTELAS PROVISÓRIAS: ANTECIPAÇÃO DA TUTELA....

> II – da execução da medida cautelar, quando concedida liminarmente ou após justificação prévia.

O réu pode contestar ou não a ação cautelar. Se apresentar contestação, o processo seguirá o rito ordinário. Caso contrário os fatos alegados pelo autor são havidos como verdadeiros:

> Art. 307. Não sendo contestado o pedido, os fatos alegados pelo autor presumir-se-ão aceitos pelo réu como ocorridos, caso em que o juiz decidirá dentro de 5 (cinco) dias.
>
> Parágrafo único. Contestado o pedido no prazo legal, observar-se-á o procedimento comum.
>
> Art. 803. Não sendo contestado o pedido, presumir-se-ão aceitos pelo requerido, como verdadeiros, os fatos alegados pelo requerente (arts. 285 e 319); caso em que o juiz decidirá dentro em 5 (cinco) dias.
>
> Parágrafo único. Se o requerido contestar no prazo legal, o juiz designará audiência de instrução e julgamento, havendo prova a ser nela produzida.

Depois de julgada a ação cautelar (em primeira e em segunda instância) o autor terá 30 dias para ajuizar a ação principal, cessando a eficácia da medida se não o fizer.

A ação principal será proposta nos mesmos autos em que foi deferida a medida cautelar, sem custas:

> Art. 308. Efetivada a tutela cautelar, o pedido principal terá de ser formulado pelo autor no prazo de 30 (trinta) dias, caso em que será apresentado nos mesmos autos em que deduzido o pedido de tutela cautelar, não dependendo do adiantamento de novas custas processuais.
>
> Art. 808. Cessa a eficácia da medida cautelar:
>
> I – se a parte não intentar a ação no prazo estabelecido no art. 806;

> **Art. 806.** Cabe à parte propor a ação, no prazo de 30 (trinta) dias, contados da data da efetivação da medida cautelar, quando esta for concedida em procedimento preparatório.

Como o autor da ação cautelar apresentou apenas um resumo da lide, agora deve complementar sua causa de pedir e formular o pedido principal. Em seguida, as partes serão citadas para a audiência de conciliação ou de mediação – e caso esta resulte infrutífera, a partir dela será contado o prazo para a contestação à ação principal.[10]

> Art. 308. (*omissis*)
>
> § 2º A causa de pedir poderá ser aditada no momento de formulação do pedido principal.
>
> § 3º Apresentado o pedido principal, as partes serão intimadas para a audiência de conciliação ou de mediação, na forma do art. 334, por seus advogados ou pessoalmente, sem necessidade de nova citação do réu.
>
> § 4º Não havendo autocomposição, o prazo para contestação será contado na forma do art. 335.

A medida cautelar concedida em caráter preparatório da ação principal tem sua eficácia cessada nos termos do art. 309:

> Art. 309. Cessa a eficácia da tutela concedida em caráter antecedente, se:
>
> I – o autor não deduzir o pedido principal no prazo legal;
>
> II – não for efetivada dentro de 30 (trinta) dias;
>
> III – o juiz julgar improcedente o pedido principal formulado pelo autor ou extinguir o processo sem resolução de mérito.
>
> Parágrafo único. Se por qualquer motivo cessar a eficácia da tutela cautelar, é vedado à parte renovar o pedido, salvo sob novo fundamento.
>
> **Art. 808.** Cessa a eficácia da medida cautelar:

---

[10] O sistema não tem correspondência no código revogado.

CAPÍTULO XVI – TUTELAS PROVISÓRIAS: ANTECIPAÇÃO DA TUTELA....

I – se a parte não intentar a ação no prazo estabelecido no art. 806;

II – se não for executada dentro de 30 (trinta) dias;

III – se o juiz declarar extinto o processo principal, com ou sem julgamento do mérito.

Parágrafo único. Se por qualquer motivo cessar a medida, é defeso à parte repetir o pedido, salvo por novo fundamento.

O parágrafo único é didático: embora a sentença cautelar não transite em julgado (por razões que veremos adiante), o novo fundamento significa uma nova ação cautelar (*diversa pela causa petendi*). O mesmo se diga se outro for a tutela cautelar pedida. O que o autor não pode é repropor *a mesma ação*.

A ação cautelar preparatória, no código anterior, obedecia a outras regras jurídicas:

Art. 801. O requerente pleiteará a medida cautelar em petição escrita, que indicará:

I – a autoridade judiciária, a que for dirigida;

II – o nome, o estado civil, a profissão e a residência do requerente e do requerido;

III – a lide e seu fundamento;

IV – a exposição sumária do direito ameaçado e o receio da lesão;

V – as provas que serão produzidas.

Parágrafo único. Não se exigirá o requisito do no III senão quando a medida cautelar for requerida em procedimento preparatório.

11. TUTELA CAUTELAR CUMULADA COM A AÇÃO PRINCIPAL

O autor pode cumular a ação principal e a ação cautelar

Art. 308. (*omissis*)

§ 1º O pedido principal pode ser formulado conjuntamente com o pedido de tutela cautelar.

Nesses casos, o autor faz a sua inicial, referente ao pedido principal, de forma completa e aduz as circunstâncias que demonstram o *periculum in mora*.

Pode pedir a concessão da medida cautelar inaudita altera parte.

O processo seguirá o rito da ação principal.

12. AÇÃO CAUTELAR INCIDENTE

Pode ocorrer que o perigo da demora venha a ocorrer ou que dele se inteire o autor da ação principal quando o processo esteja pendente: então deverá ela ingressar com uma ação cautelar como se fora uma ação preparatória (o *fumus boni iuris* já estará descrito na ação principal) e pedir que a inicial seja inserta no processo em andamento.

Essa conclusão se extrai do art. 308 *caput* – assim como o pedido principal não precisa ser formulado em autos diversos daquele em que tramita a ação cautelar, a recíproca é verdadeira.

A permissão legal para a ação cautelar incidente está no parágrafo único do art. 294 e no art. 295:

> Art. 294. A tutela provisória pode fundamentar-se em urgência ou evidência.
>
> Parágrafo único. A tutela provisória de urgência, cautelar ou antecipada, pode ser concedida em caráter antecedente ou incidental.
>
> Art. 295. A tutela provisória requerida em caráter incidental independe do pagamento de custas.

13. REGRAS JURÍDICAS ESPECIAIS SOBRE AÇÃO CAUTELAR

13.a GARANTIA DE RESSARCIMENTO DOS DANOS EM CASO DE CESSAÇÃO DA MEDIDA CAUTELAR

A medida cautelar é concedida mediante uma cognição sumária no que respeita à causa de pedir da ação principal, ou seja, dos fatos

CAPÍTULO XVI – TUTELAS PROVISÓRIAS: ANTECIPAÇÃO DA TUTELA....

geradores do direito deduzido em juízo e os próprios fundamentos jurídicos do pedido.

Ora, pode ocorrer que, mesmo concedida a medida liminar, o autor não tenha razão quanto ao mérito da ação principal, o que torna inválida a cautelar (art. 302. I). Assim sendo, dependendo das circunstâncias mais gravosas para aquele que sofre a medida liminar, a lei processual autoriza o juiz a pedir uma garantia, suficiente para ressarcimento de eventuais danos, salvo se a parte não dispuser de recursos para tanto:

> Art. 300. (*omissis*)
>
> § 1º Para a concessão da tutela de urgência, o juiz pode, conforme o caso, exigir caução real ou fidejussória idônea para ressarcir os danos que a outra parte possa vir a sofrer, podendo a caução ser dispensada se a parte economicamente hipossuficiente não puder oferecê-la.

13.b CESSÃO DA EFICÁCIA DA SENTENÇA CAUTELAR

Uma das características da sentença cautelar, além de sua natureza instrumental, é a sua provisoriedade. Sua eficácia jamais se destina a durar para sempre.

Assim, ela perdurará enquanto pendente o processo em que foi proferida, pois ela será substituída pela decisão final:

> Art. 296. A tutela provisória conserva sua eficácia na pendência do processo, mas pode, a qualquer tempo, ser revogada ou modificada.
>
> Parágrafo único. Salvo decisão judicial em contrário, a tutela provisória conservará a eficácia durante o período de suspensão do processo.
>
> Art. 807. As medidas cautelares conservam a sua eficácia no prazo do artigo antecedente e na pendência do processo principal; mas podem, a qualquer tempo, ser revogadas ou modificadas.

Parágrafo único. Salvo decisão judicial em contrário, a medida cautelar conservará a eficácia durante o período de suspensão do processo.

Porém, pode ocorrer que ela cesse antes, nos seguintes casos, nos quais se impõe a reparação de eventuais danos experimentados pelo réu:

Art. 302. Independentemente da reparação por dano processual, a parte responde pelo prejuízo que a efetivação da tutela de urgência causar à parte adversa, se:

I – a sentença lhe for desfavorável;

II – obtida liminarmente a tutela em caráter antecedente, não fornecer os meios necessários para a citação do requerido no prazo de 5 (cinco) dias;

III – ocorrer a cessação da eficácia da medida em qualquer hipótese legal;

IV – o juiz acolher a alegação de decadência ou prescrição da pretensão do autor.

Parágrafo único. A indenização será liquidada nos autos em que a medida tiver sido concedida, sempre que possível.

Art. 811. Sem prejuízo do disposto no art. 16, o requerente do procedimento cautelar responde ao requerido pelo prejuízo que lhe causar a execução da medida:

I – se a sentença no processo principal lhe for desfavorável;

II – se, obtida liminarmente a medida no caso do art. 804 deste Código, não promover a citação do requerido dentro em 5 (cinco) dias;

III – se ocorrer a cessação da eficácia da medida, em qualquer dos casos previstos no art. 808, deste Código;

IV – se o juiz acolher, no procedimento cautelar, a alegação de decadência ou de prescrição do direito do autor (art. 810).

Parágrafo único. A indenização será liquidada nos autos do procedimento cautelar.

CAPÍTULO XVI – TUTELAS PROVISÓRIAS: ANTECIPAÇÃO DA TUTELA....

13.c FUNGIBILIDADE ENTRE PEDIDO CAUTELAR E DE TUTELA ANTECIPADA

O parágrafo único do art. 305 determina que, se ao examinar o pedido, o juiz concluir que em verdade se trata de antecipação de tutela e não de medida cautelar, poderá recebê-lo como tal:

> Art. 305. (*omissis*)
>
> Parágrafo único. Caso entenda que o pedido a que se refere o *caput* [**tutela cautelar**] tem natureza antecipada, o juiz observará o disposto no art. 303.
>
> Art. 273. (*omissis*)
>
> § 7º Se o autor, a título de antecipação de tutela, requerer providência de natureza cautelar, poderá o juiz, quando presentes os respectivos pressupostos, deferir a medida cautelar em caráter incidental do processo ajuizado.

Ou seja, o autor formulou pedido de tutela cautelar – e, pois ajuizou ação cautelar – mas o juiz, verificando que se cuida em verdade de pedido de antecipação de tutela, pode receber esse pleito como sendo este último. É a fungibilidade entre o pedido cautelar e o de antecipação de tutela.

Apesar de inspirado em princípio de economia processual, a norma é nitidamente inconstitucional.

Com efeito, o pedido do autor se subdivide, como é sabido, em pedido imediato (tipo de tutela jurisdicional) e pedido mediato (bem jurídico pleiteado). Nenhum deles pode ser alterado pelo juiz, pena de violação ao princípio da iniciativa da parte, corolário do princípio da inércia da jurisdição.

> Art. 492. É vedado ao juiz proferir decisão de natureza diversa da pedida, bem como condenar a parte em quantidade superior ou em objeto diverso do que lhe foi demandado.

Cabe ao juiz, em tais circunstâncias, indeferir o pedido e o autor poderá formular em separado o pedido de antecipação da tutela.

13.d AUTONOMIA DA AÇÃO CAUTELAR EM RELAÇÃO À AÇÃO PRINCIPAL

A ação cautelar alguns tem alguns de seus elementos diversos da ação principal – principalmente o pedido e a causa de pedir.

Essas diferenças demonstram a autonomia da ação cautelar em face da principal.

Consagrando e enfatizando essa circunstância, diz o Código de Processo Civil:

> Art. 310. O indeferimento da tutela cautelar não obsta a que a parte formule o pedido principal, nem influi no julgamento desse, salvo se o motivo do indeferimento for o reconhecimento de decadência ou de prescrição.
>
> Art. 810. O indeferimento da medida não obsta a que a parte intente a ação, nem influi no julgamento desta, salvo se o juiz, no procedimento cautelar, acolher a alegação de decadência ou de prescrição do direito do autor.

A exceção prevista diz respeito à causa de extinção do direito (decadência) ou da ação (prescrição) que seriam deduzidos na ação principal.

13.e CARÁTER COMPLEMENTAR DA AÇÃO CAUTELAR – A SENTENÇA CAUTELAR É PROVISÓRIA

A ação cautelar é ligada à ação principal por uma *relação de complementaridade*: "esta relação é dada, escreve Liebman, porque a tutela que vem pedida tem o escopo de garantir o profícuo resultado da ação principal".[11]

Em relação à principal, a ação cautelar é meramente *instrumental*, conquanto seja autônoma em face da ação principal.

---

[11] Obra citada, p. 201/202.

CAPÍTULO XVI – TUTELAS PROVISÓRIAS: ANTECIPAÇÃO DA TUTELA....

Essa autonomia se comprova, em primeiro lugar, porque a situação fática que enseja a ação cautelar é diversa daquela que torna necessária e adequada a ação principal; em segundo, o objeto da ação cautelar (tutela de urgência) é diverso do objeto da ação principal.

Tenha-se presente que a procedência ou improcedência da ação cautelar não interfere na procedência ou improcedência da ação principal.

Por outro lado, a tutela cautelar tem duração efêmera e a tutela jurisdicional principal tem duração perpétua, ou, por outras palavras, a medida de urgência cautelar que "conserva a sua eficácia na pendência do processo" e "pode, a qualquer tempo, ser revogada ou modificada" (art. 296).

A razão está em que a sentença cautelar *não transita em julgado*.

13.f JUÍZO COMPETENTE E FUNDAMENTAÇÃO DA SENTENÇA CAUTELAR

A ação cautelar deve ser proposta no juízo competente para conhecer e julgar a ação principal – trata-se de caso de competência *absoluta*, pois é fixada pelo critério funcional.

Com efeito, nesse caso são necessárias duas ações para a satisfação da mesma vontade da lei:

> Art. 299. A tutela provisória será requerida ao juízo da causa e, quando antecedente, ao juízo competente para conhecer do pedido principal.
>
> Parágrafo único. Ressalvada disposição especial, na ação de competência originária de tribunal e nos recursos a tutela provisória será requerida ao órgão jurisdicional competente para apreciar o mérito.
>
> Art. 800. As medidas cautelares serão requeridas ao juiz da causa; e, quando preparatórias, ao juiz competente para conhecer da ação principal.
>
> Parágrafo único. Interposto o recurso, a medida cautelar será requerida diretamente ao tribunal.

Por fim, o art. 298 reforça a exigência constitucional (art. 93, IX) a respeito da necessidade de fundamentar a decisão cautelar, aliás, como todas as demais decisões:

> Art. 298. Na decisão que conceder, negar, modificar ou revogar a tutela provisória, o juiz motivará seu convencimento de modo claro e preciso.

14. AÇÃO CAUTELAR *INAUDITA ALTERA PARTE*

No Estado de Direito o princípio da segurança jurídica exige a adoção de uma série de princípios que foram um verdadeiro sistema – e entre eles estão o *princípio do contraditório* e o *da ampla defesa*, expressamente consagrado pela Constituição Federal, art. 5º, inciso LV.

O princípio do contraditório significa que todos os atos processuais devem ser comunicados à outra parte, que deve ter a oportunidade de se manifestar a respeito. O princípio da ampla defesa determina que aos litigantes, em processo administrativo ou judicial, sejam assegurados todos os meios predispostos pelo ordenamento jurídico para a defesa de seu direito: e dentre esses meios estão todas as intervenções nos autos e durante certos atos processuais (como a audiência, por exemplo), os recursos e os meios de prova.

Porém, o Poder Judiciário não pode agir em vão e nem aquele que tem um direito deve ser dele privado por eventual demora na prestação jurisdicional – e desses pressupostos básicos é que nasce a ação cautelar e a tutela da urgência.

Em muitas situações da vida real, se a contraparte souber da medida de urgência cautelar poderá tomar atitudes que tornarão a própria medida cautelar inútil. Ou, então, a urgência é tão grande que ou a medida é concedida imediatamente ou também não mais surtirá efeito.

Nesses casos excepcionais, o juiz poderá conceder a medida cautelar *antes* de dar à parte contrária a oportunidade de se manifestar ou de se defender.

CAPÍTULO XVI – TUTELAS PROVISÓRIAS: ANTECIPAÇÃO DA TUTELA....

Essa possibilidade vinha expressamente prevista no Código de Processo Civil revogado.[12]

O atual Código de Processo Civil não contém previsão expressa a esse respeito.

Todavia, dado que ele conferiu ao juiz o Poder Geral de Cautela, exatamente para dar a maior proteção possível aos direitos das pessoas, essa possibilidade remanesce.

Ao pleitear a concessão da tutela de urgência cautelar sem ouvir previamente o réu (*inaudita altera parte*), o autor deve demonstrar os dois pressupostos da ação cautelar (*fumus boni iuris* e *periculum in mora*) – mas, neste caso, o *periculum in mora* deve dizer respeito também *às razões* pelas quais a medida deve ser concedida antes de ouvir a parte contrária.

Se o juiz entender que a documentação apresentada não comprova devidamente ou o *fumus boni iuris* ou o *periculum in mora*, deverá indeferir a concessão *inaudita altera parte* e prosseguir normalmente com o feito: mandará citar a parte contrária antes de decidir.

Porém, se conceder a tutela de urgência cautelar (e neste caso pode exigir que o autor preste caução), logo depois desta ser efetiva deve dar oportunidade ao réu para o exercício de seu direito à ampla defesa.

---

[12] "Art. 804. É lícito ao juiz conceder liminarmente ou após justificação prévia a medida cautelar, sem ouvir o réu, quando verificar que este, sendo citado, poderá torná-la ineficaz; caso em que poderá determinar que o requerente preste caução real ou fidejussória de ressarcir os danos que o requerido vier a sofrer".

Capítulo XVII
DAS CONDIÇÕES DA AÇÃO

Sumário: 1. Introdução ao estudo das condições da ação. 2. As condições da ação. 3. Importância das condições da ação. 4. O interesse de agir. 5. O interesse de agir e o fato gerador do direito de ação. 6. Legitimação para agir (*legitimatio ad causam*). 6.1 Conceito de legitimação para agir (*legitimatio ad causam*). 6.2 Legitimação ordinária e extraordinária. 6.3 Substituição processual e representação. 6.4 Legitimação passiva para a ação e legitimação para contestar.

1. INTRODUÇÃO AO ESTUDO DAS CONDIÇÕES DA AÇÃO

No nosso sistema processual, profundamente influenciado pelas ideias de Liebman, a ação não é considerada como o poder genérico de formular qualquer pretensão junto ao Poder Judiciário (como queriam Degenkolb e Plosz) e nem está condicionada à efetiva existência do direito para o qual o autor pede a tutela jurisdicional (como querem os adeptos da corrente do direito concreto de ação).[1]

Se o nosso ordenamento jurídico processual adotasse a primeira daquelas orientações doutrinárias, o direito de ação seria um direito absolutamente incondicionado; se seguisse a segunda, a única condição

---

[1] V. Capítulo III/3 (teorias a respeito do direito de ação).

real para a o autor ter o direito de ação acabaria sendo a existência do direito para o qual o autor pede a tutela jurisdicional. Neste caso, as condições para existir o direito de ação confundir-se-iam com as condições de existência do próprio direito deduzido em juízo.

Seguindo o pensamento doutrinário de Enrico Tullio Liebman,[2] nosso Código de Processo Civil concebeu o direito de ação como um *direito abstrato e autônomo*:

(i) direito abstrato – porque ele pode existir ainda que a sentença seja desfavorável ao autor;

(ii) direito autônomo – pois seus pressupostos de existência são diversos dos pressupostos de existência do direito alegado em juízo.

Portanto, o autor pode ter o direito de ação e não ter o direito material e vice-versa, ter o direito material e não ter o direito de ação.

Todavia, o direito de ação, conquanto autônomo, sob alguns aspectos vem ligado à situação jurídica que se deduz em juízo.

2. AS CONDIÇÕES DA AÇÃO

Condições da ação *são os requisitos indispensáveis para a existência do direito de ação.*

Sem a presença de todas as suas condições, o direito de ação não existe.

O Código de Processo Civil exige a presença das condições da ação em seu art. 17:

> Art. 17. Para postular em juízo é necessário ter interesse e legitimidade.
>
> Art. 3º Para propor ou contestar ação é necessário ter interesse e legitimidade.

---

[2] Que, por sua vez se apoia em vários processualistas italianos e alemães.

CAPÍTULO XVII – DAS CONDIÇÕES DA AÇÃO

Reforçando essa mesma ideia, o art. 330 determina que o juiz indefira a petição inicial quando: "a parte for manifestamente ilegítima" e "o autor carecer de interesse processual" (incisos II e III).

Portanto, segundo o Código de Processo Civil, as condições da ação são duas:

(i) interesse de agir;

(ii) legitimação para agir;[3]

3. IMPORTÂNCIA DAS CONDIÇÕES DA AÇÃO

A ação é o direito público subjetivo de exigir do Estado a tutela jurisdicional para um direito que se alega violado ou ameaçado.

Em face do exercício do direito de ação nasce para o Estado a obrigação de prestar a proteção jurisdicional, isto é, de examinar a pretensão do autor para dar-lhe guarida ou não.

Pode acontecer, porém, que o autor ingresse em juízo com sua petição inicial, mas, em realidade, *não tenha o direito de ação* – e se isto ocorrer, não surge para o Estado a obrigação de lhe dar a tutela jurisdicional.

Uma vez ajuizada a petição inicial[4] cumpre ao órgão jurisdicional ao qual ela é endereçada examinar se está ou não presente o direito de

---

[3] O Código de Processo Civil revogado, fiel à doutrina então sustentada por Liebman, previa uma terceira condição da ação: a possibilidade jurídica do pedido. Todavia, já na edição de 1973 de seu livro *Manuale di Diritto Processuale Civile*, da Giuffrè Editore, Liebman havia reduzido as condições da ação às duas primeiras (interesse de agir e legitimação para agir – p. 120). Essa orientação foi mantida por ele, a partir de então. Na sétima edição do mesmo Manual (de 2007), houve a inserção de um tópico denominado "Possibile oggetto dell´azione" (73-bis), a respeito do qual falaremos no texto – mas não se confunde esse título com a antiga possibilidade jurídica do pedido. Portanto, o Código de Processo Civil vigente continua fiel ao pensamento do ilustre processualista italiano, em sua reformulação.

[4] A petição inicial é a peça processual na qual se consubstancia o exercício do direito de ação. Ajuizá-la significa dar sua entrada em juízo, o que normalmente se faz pelo Cartório do Distribuidor.

ANTONIO ARALDO FERRAZ DAL POZZO

ação – o que ele faz pelo exame da presença exatamente das condições da ação: estando presentes todas as condições, o autor tem o direito de ação e por essa razão o juiz determinará a citação do réu para se defender; se, contudo, faltar uma ou mais das condições da ação, o autor é *carecedor da ação* e o juiz irá proferir uma sentença que encerra imediatamente o processo, sem exame da pretensão exposta pelo autor. Ou, por outras palavras: uma sentença que não entra ou não examina o mérito da causa:

> Art. 485. O juiz *não resolverá o mérito* quando:
>
> VI – verificar ausência de legitimidade ou de interesse processual;

Se o autor carece do direito de ação, em razão de qual direito (já que o direito de ação não existe) o Estado dá a resposta para o encerramento imediato do processo, sem exame de mérito?

Esta é uma indagação que tem recebido respostas díspares por parte da doutrina processual. Temos para nós que essa resposta será dada em face do chamado "direito de petição", previsto pelo art. 5º, inciso XXXIV, letra "a" da Constituição Federal:

> Art. 5º (*omissis*)
>
> XXIV – são a todos assegurados, independentemente do pagamento de taxas:
>
> a) o direito de petição aos Poderes Públicos em defesa de direitos ou contra ilegalidades ou abuso de poder;

Trata-se de um poder cívico que "pertence à categoria dos *direitos cívicos*, que é totalmente genérico e indeterminado, inexaurível e inconsumível e não ligado à uma hipótese legal concreta", na lição de Liebman.[5]

---

[5] LIEBMAN, Enrico Tullio. *Manuale di Diritto Processuale Civile*: Principi. 7ª Ed. Milano: Giuffrè Editore, 2007, p. 140, com grifos originais. Nesse particular reside uma das questões ainda não definitivamente resolvidas pela doutrina processual civil. Porém, para que a indagação não fique sem resposta, a solução adotada no texto nos parece a única possível e disponível no momento. É claro que apresenta uma problemática questão – apenas depois do exame judicial (e isto pode ocorrer no Supremo Tribunal Federal) é que

CAPÍTULO XVII – DAS CONDIÇÕES DA AÇÃO

Para concluir se o autor tem ou não o direito de ação, o órgão jurisdicional deve examinar se estão ou não presentes as condições da ação: se as duas condições da ação estiverem presentes, o autor tem o direito de ação e o Estado tem a obrigação de examinar sua pretensão (o mérito da causa); faltando uma delas, não haverá o direito de ação e não nascerá a obrigação por parte do Estado. Neste caso o autor terá exercido o direito de petição (e não o direito de ação).

Pela importância dessa matéria, costuma-se dizer que ela é de *ordem pública* e, justamente por ter essa natureza, pode ser examinada *ex officio* pelo órgão jurisdicional a qualquer tempo, conforme autoriza o § 3º do art. 483 do Código de Processo Civil.[6]

> Art. 485. O juiz *não resolverá o mérito* quando:
>
> VI – verificar ausência de legitimidade ou de interesse processual;
>
> § 3º O juiz conhecerá de ofício da matéria constante dos incisos IV, V, **VI** e IX, em qualquer tempo e grau de jurisdição, enquanto não ocorrer o trânsito em julgado.

Naturalmente, a carência do direito de ação pode e deve também ser alegada pelo réu, como se deduz do inciso XI do art. 337:

> Art. 337. Incumbe ao réu, antes de discutir o mérito, alegar:
>
> XI – ausência de legitimidade ou de interesse processual;

---

podemos saber se estamos diante do direito de ação ou do direito de petição. Mas essa é uma questão menor e nem tanto insólita: somente depois da sentença declaratória transitada em julgado é que podemos saber se determinada relação jurídica existe ou não. A impossibilidade de identificação de um direito em fase pré-jurisdicional não significa muito, pois que é essa é uma das mais nobres funções do Poder Judiciário (cf. CHIOVENDA, Giuseppe. *Istituzioni di Diritto Processuale Civile*. Vol. I. Napoli: Casa Editrice Dott. Eugenio Jovene, 1960, p. 41 – item 13 – "*Il processo come fonte autonoma di beni*").

[6] Art. 267. Extingue-se o processo sem resolução de mérito: VI – quando não concorrer qualquer das condições da ação, como a possibilidade jurídica do pedido, a legitimidade das partes e o interesse processual. § 3º – O juiz conhecerá de ofício, em qualquer tempo e grau de jurisdição, enquanto não proferida a sentença de mérito, da matéria constante dos n. IV, V e VI; (...).

Se concluir pela ausência do direito de ação, o órgão jurisdicional irá proferir uma sentença declarando a *carência de ação* (o autor é carecedor da ação).

Não se confundem a sentença de *carência* de ação e a sentença de *improcedência* da ação: na primeira julga-se que o autor não tem o direito de ação; na segunda, decide-se que o autor tinha o direito de ação, mas não tem o direito alegado em juízo.

As consequências jurídicas de tais sentenças também são bem diversas: as de improcedência da ação tornam-se imutáveis, não sendo possível uma nova decisão a respeito do mesmo objeto.[7]

Quando se cuida de sentença de carência da ação, no entanto, pode o autor propô-la de novo e até mesmo vir a obter êxito, desde que a condição da ação faltante venha a se verificar:

> Art. 486. O pronunciamento judicial que não resolve o mérito *não obsta a que a parte proponha de novo a ação.*
>
> § 1º No caso de extinção em razão de litispendência e nos casos dos incisos I, IV, **VI** e VII do art. 485, a propositura da nova ação depende da correção do vício que levou à extinção do processo sem resolução do mérito.

Suponha-se que o credor, por exemplo, ajuíze ação de conhecimento condenatória executiva antes do vencimento da dívida: ele será julgado carecedor da ação (por razões que veremos logo mais). Todavia, vencida e não pago o débito, pode o credor ajuizar a mesma ação novamente e obter a condenação do réu.

Contudo, se a ação condenatória houvesse sido julgada improcedente, de nada adiantaria o seu novo ajuizamento, pois ela jamais poderia ser decidida outra vez.

Como vê conclui com facilidade, o tema das condições da ação é extremamente importante e as consequências jurídicas das sentenças de carência da ação e de improcedência da ação são muito diferentes.

---

[7] Caso o autor ajuíze novamente a mesma ação, ela não terá condições de prosseguir por força da coisa julgada anterior.

CAPÍTULO XVII – DAS CONDIÇÕES DA AÇÃO

4. O INTERESSE DE AGIR

Segundo o Código de Processo Civil, o interesse de agir é necessário para propor a ação:

> Art. 17. Para postular em juízo é *necessário ter interesse* {e legitimidade}.
>
> Art. 3º Para propor ou contestar ação *é necessário ter interesse* (...).

Interesse de agir *é a condição da ação que resulta da necessidade da jurisdição e da adequação do provimento jurisdicional pedido à situação jurídica descrita pelo autor.*[8]

A presença do interesse de agir depende desses dois requisitos: *necessidade da jurisdição* e *adequação do provimento jurisdicional*; faltando um deles não haverá o interesse de agir.

Por essa razão e comodidade didática, distinguimos no interesse de agir o binômio: *necessidade* e *adequação*.

A necessidade da jurisdição surge numa de duas situações hipoteticamente possíveis:

(i) quando a jurisdição é o *único meio* de satisfação do direito;

(ii) quando o meio de cumprimento *espontâneo* do direito, que existe, venha a falhar.

No primeiro caso se diz presente uma *ação necessária*, pois somente por seu intermédio se pode satisfazer um direito. Neste caso, nasce a necessidade da jurisdição simultaneamente ao nascimento do direito que somente pode se realizar pelo exercício do direito de ação: é o caso, por exemplo, da ação de anulação de casamento. Desde o momento em que nasceu o direito de se obter essa mutação jurídica já estava presente a

---

[8] Liebman assim define o interesse de agir: "*a relação de utilidade existente entre a lesão de um direito que é afirmada e o provimento de tutela jurisdicional que vem demandado*" (LIEBMAN, Enrico. *Manuale di Diritto Processuale Civile*: Principi. 7ª ed. Milano: Giuffrè Editore, 2007, p. 146). Nessa definição se inspira toda a doutrina brasileira, inclusive a exposta no texto.

necessidade da jurisdição. O ajuizamento da ação constitutiva, nesse caso, depende apenas da alegação da existência do direito de se obter a anulação da relação jurídica de matrimônio.

Na segunda hipótese, isto é, quando o direito pode ser satisfeito por espontânea vontade do obrigado, o interesse-necessidade não nasce ao mesmo tempo em que nasce o direito lesado ou ameaçado. Fatos e circunstâncias posteriores é que irão conferir ao seu titular a necessidade da jurisdição. Assim, o ajuizamento da ação depende da alegação dos seguintes fatos, por parte do autor:

(i) Fatos que dão origem à *incerteza objetiva*, quando o autor pretender a declaração de existência ou inexistência de relação jurídica ou a autenticidade ou falsidade de documento (fatos que geram o interesse-necessidade para as ações de conhecimento declaratórias);

(ii) Descumprimento de uma obrigação de dar, fazer ou não fazer (fatos que geram o interesse-necessidade para as ações de conhecimento condenatórias executivas);[9]

(iii) Recusa do obrigado em constituir ou desconstituir uma relação jurídica (fatos que geram o interesse-necessidade para as ações de conhecimento constitutivas);

(iv) A presença da *fumaça do bom direito* e do *perigo da demora* que pode por em risco o resultado frutuoso de uma outra ação, chamada principal (fatos que geram o interesse-necessidade para as ações cautelares);

(v) Descumprimento de obrigação garantida por título executivo extrajudicial (fatos que geram o interesse-necessidade para as ações de execução).

Em sua petição inicial, portanto, ao ajuizar uma ação não-necessária, caberá ao autor descrever pormenorizadamente esses fatos para

---

[9] Para a fase executiva dessas ações é preciso que o réu se recuse a cumprir a regra jurídica concreta formulada na sentença.

CAPÍTULO XVII – DAS CONDIÇÕES DA AÇÃO

demonstrar ao órgão jurisdicional que tem interesse de agir sob o aspecto necessidade: precisa da atividade jurisdicional para realizar ou satisfazer seu direito, já que não pode exercer a autotutela ou autodefesa.

Todavia, os fatos que geram o interesse-necessidade devem fundamentar um *pedido adequado*: em face de cada situação concreta que torna necessária a atividade jurisdicional do Estado, cabe ao autor *escolher* o tipo de provimento correto para a realização de seu direito – e essa escolha deve ser norteada por um critério de *utilidade*, ou seja, pela "idoneidade do provimento pedido para proteger e satisfazer" o direito deduzido em juízo.[10]

Vejamos um exemplo, que nos ajudará a expor o tema.

Suponha-se uma nota promissória – que é um título executivo extrajudicial – não paga no dia de seu vencimento. Desde o momento em que foi realizado o negócio jurídico que lhe deu causa, seu beneficiário passou a ter um direito de crédito. Porém, no momento que o título venceu e não foi honrado, o titular do direito de crédito passou a ter *necessidade* da atividade jurisdicional do Estado, pois não pode realizar a autotutela de seu direito.

Essa necessidade da atividade jurisdicional do Estado, contudo, não é difusa ou abstrata, mas se volta para um *tipo determinado de provimento jurisdicional*: exatamente aquele que tem aptidão para resolver a situação jurídica conflituosa – no caso do exemplo, um provimento jurisdicional de *execução por quantia certa contra* (art. 824 e seguintes do Código de Processo Civil).

O titular daquele direito de crédito, dessa forma, não teria a necessidade de uma tutela jurisdicional de conhecimento condenatória executiva porque não precisa da formulação da regra jurídica concreta, uma vez que o título de crédito supre essa etapa e permite desde logo a realização prática da regra jurídica concreta através da ação de execução.

A necessidade da jurisdição, portanto, deve se conectar com um provimento jurisdicional específico, aquele tenha *utilidade* para a satisfação do direito deduzido em juízo.

---

[10] LIEBMAN, Enrico Tullio. *Manuale di Diritto Processuale Civile*: Principi. 7ª Ed. Milano: Giuffrè Editore, 2007, p. 145.

Como o Poder Judiciário não deve se movimentar sem razão, sua atividade deve ser *necessária* (interesse-necessidade) e *adequada* para a realização do direito deduzido (interesse-adequação). Se for necessária, mas, da forma como foi solicitada, *inútil*, o interesse necessidade estará presente, mas ausente o interesse-adequação.

Faltando um dos elementos constitutivos do interesse de agir, em verdade o próprio interesse de agir estará ausente e o autor será carecedor do direito de ação.

Somente diante da *necessidade da jurisdição* (interesse-necessidade) e do *pedido de um provimento jurisdicional útil* para a realização do direito deduzido em juízo (interesse-adequação) é que se completa e se faz presente o interesse de agir.

Duas razões básicas existem para que se exija a presença do interesse-adequação: em primeiro lugar porque a atividade jurisdicional não pode se movimentar à toa, em vão – ela existe para solucionar uma situação jurídica conflituosa; em segundo, dado o princípio da *inércia da jurisdição*: como o órgão jurisdicional não pode modificar o tipo de provimento jurisdicional pedido este precisa ser adequado.

O interesse-adequação, pois, é sempre avaliado por um critério de *utilidade*: apenas se o provimento pedido for útil para a solução da situação jurídica deduzida em juízo estará presente o interesse-adequação.

Podemos dizer que o interesse de agir, considerado em seus dois aspectos, nasce *da necessidade de determinado provimento jurisdicional* – assim como o doente necessita de determinado remédio para debelar sua enfermidade.

Se a verificação do interesse-necessidade é feita pelo exame da utilidade do provimento pedido para a satisfação do direito deduzido em juízo, qual seria o sentido da regra do art. 20 do Código de Processo Civil, ao estabelecer que "é admissível a ação meramente declaratória ainda que tenha ocorrido a violação do direito"? Por que ele autoriza o autor a ingressar com ação declaratória ainda que tenha ocorrido a violação do direito e, pois, em situação para a qual seria adequada a

CAPÍTULO XVII – DAS CONDIÇÕES DA AÇÃO

conhecimento condenatória que, à primeira vista, poderia trazer maior utilidade para o autor?

É que o legislador processual, de forma correta, entendeu que a *certeza* a ser obtida por meio da sentença declaratória sempre terá alguma utilidade ao autor, pois nada a substitui.

Ademais, a ação declaratória tem uma utilidade diversa daquela da ação condenatória – a primeira busca tornar certa e indiscutível a existência de determinada relação jurídica – indiscutibilidade que a mesma relação jurídica não teria na ação condenatória, de cuja sentença é mero pressuposto para a formulação da regra jurídica concreta e a sua executividade imediata ou mediata.[11]

Portanto, ainda que o Código de Processo Civil não disciplinasse dessa forma a matéria, a solução a ser encontrada seria a mesma.[12]

5. O INTERESSE DE AGIR E O FATO GERADOR DO DIREITO DE AÇÃO

Sob outro ângulo de observação podemos concluir que os fatos que dão origem ao interesse de agir são os mesmos que dão nascimento ao próprio direito de ação.

Vejamos.

Desde o momento em que foi celebrado um contrato para entrega de coisa certa as partes envolvidas nessa relação jurídica são titulares de direitos e obrigações.

---

[11] Recorde-se que o momento declaratório da sentença condenatória executiva não transita em julgado.

[12] Nesse sentido, as palavras de Liebman: "Mas, onde está a norma que constrange o autor a pedir que em todos os casos a tutela jurídica na forma mais completa consentida pela situação de fato? Essa norma não existe e não se pode limitar a sua liberdade de escolha e vedar-lhe de se contentar com a simples declaração, ainda no caso em que seria possível obter mais, isto é a condenação" (LIEBMAN, Enrico Tullio. *Manuale di Diritto Processuale Civile*: Principi. 7ª Ed. Milano: Giuffrè Editore, 2007, p. 170).

Se no vencimento do prazo ajustado a coisa não é entregue, o titular daquele direito passa a ter necessidade de uma tutela jurisdicional de conhecimento condenatória executiva – portanto, o *inadimplemento* fez nascer o interesse de agir e também o próprio direito de ação: agora o titular do direito material passa a ter *também* o direito de ação.

Contudo, o direito ao recebimento da coisa e o direito de ação são direitos diversos e de naturezas diversas:

(i) o direito ao recebimento da coisa é um direito material, nascido quando da celebração do contrato de entrega de coisa certa e cujas condições de existência estão disciplinadas pelo Código Civil (art. 104[13]), sendo que seu núcleo se volta para a obtenção da coisa;

(ii) o direito de ação é de natureza processual, nascido no momento em que o primeiro (direito material) não foi espontaneamente cumprido (a coisa não foi entregue), e tem suas condições próprias de existência (as condições da ação). Seu núcleo se volta para o exame do mérito da situação jurídica deduzida em juízo pelo órgão jurisdicional.[14]

A fonte legal do direito de ação está na própria Constituição Federal, pois se ela dispõe que "*a lei não excluirá da apreciação do Poder Judiciário lesão ou ameaça de lesão*" (art. 5º, XXXV) – automaticamente está autorizando o direito infraconstitucional a criar o mecanismo para tanto – o direito de ação.

Nessa esteira é que assim dispõe o art. 2º do Código de Processo Civil:

---

[13] Art. 104. A validade do negócio jurídico requer: I – agente capaz; II – objeto lícito, possível determinado ou determinável; III – forma prescrita ou não defesa em lei.

[14] Porém, quando o processo é a única forma de satisfação de um direito (a ação é necessária) o direito de ação nasce no mesmo instante em que ocorreu a desconformidade do ato jurídico em face da lei de regência (nulidade ou anulação de casamento, p. e.).

CAPÍTULO XVII – DAS CONDIÇÕES DA AÇÃO

Art. 2º O processo começa por iniciativa da parte e se desenvolve por impulso oficial, salvo as exceções previstas em lei.

Art. 2º Nenhum juiz prestará a tutela jurisdicional senão quando a parte ou o interessado a requerer, nos casos e forma legais.

6. LEGITIMAÇÃO PARA AGIR (*LEGITIMATIO AD CAUSAM*)

6.1 CONCEITO DE LEGITIMAÇÃO PARA AGIR (*LEGITIMATIO AD CAUSAM*)

O direito de ação, como todo direito, é bilateral, ou seja, somente tem algum sentido por estabelecer uma relação jurídica entre duas ou mais pessoas.

No direito de ação podemos observar essa mesma bilateralidade – a ele corresponde a obrigação do Estado em dar a tutela jurisdicional. Porém, há no direito de ação uma singularidade – ele se destina a produzir efeito na esfera jurídica de uma terceira pessoa, via atuação estatal.

Aquele que exerce o direito de ação deve ser o seu titular, em princípio. O terceiro, a seu turno, deve ser a pessoa que irá arcar com os efeitos da decisão judicial – circunstâncias que correspondem à *legitimação*, que compreende dois aspectos: *legitimação para agir* e *legitimação para sofrer as consequências da decisão.*

A legitimação para agir é a *legitimação ativa* e a legitimação para arcar com os efeitos do provimento jurisdicional é a *legitimação passiva.*

A legitimação para agir (*legitimatio ad causam*) somente estará presente diante da legitimação ativa e da legitimação passiva.

Com efeito. O Estado não estará obrigado a examinar o mérito da causa se aquele que exerce o direito de ação não for o titular do direito deduzido em juízo.[15] Também não deve examinar o mérito se a

---

[15] Há situações em que o direito de ação pode ser exercido por quem não é o titular do direito, mas veremos a questão logo em seguida. Por comodidade didática aqui nos referimos apenas ao titular do direito deduzido em juízo.

303

pessoa indicada pelo autor não for aquela que deva responder pelos efeitos da sentença, pois neste caso a jurisdição terá se exercido inutilmente.

Por tais motivos Liebman afirma que a legitimação para agir é, em suma, "a titularidade (ativa e passiva) da ação".[16]

Portanto, a legitimação para agir se desdobra em dois aspectos: a *legitimação do que exerce o direito de ação* (legitimação ativa) e a *legitimação daquele que irá suportar os efeitos do provimento jurisdicional pedido* (legitimação passiva).

Insista-se: somente se houver a legitimação ativa e passiva estará preenchida a condição da ação denominada de legitimação para agir (*legitimatio ad causam*).

Vejamos um contrato de compra e venda, cuja coisa adquirida e paga não é entregue ao comprador.

Quem é o titular ativo do direito de ação?

Obviamente o comprador, pois seu direito material é que foi lesado pelo comportamento do vendedor: ele pagou o preço e não recebeu a coisa. Seu direito material é que necessita de proteção jurisdicional. Ele é o titular do direito e ação para buscar essa proteção jurisdicional.

Quem é o titular passivo do direito de ação?

O vendedor, que descumpriu a obrigação, porque será na sua esfera jurídica que o provimento jurisdicional condenatório pedido pelo autor produzirá (ou poderá produzir) efeitos.

Ora, se aquele comprador exercer o direito de ação contra outra pessoa, que não o vendedor, estará ausente a *titularidade passiva da ação* – e a consequência será a falta de legitimação para agir do autor (o autor não está legitimado a agir contra aquela pessoa, mas somente contra o vendedor).

---

[16] LIEBMAN, Enrico Tullio. *Manuale di Diritto Processuale Civile*: Principi. 7ª Ed. Milano: Giuffrè Editore, 2007, p. 147.

CAPÍTULO XVII – DAS CONDIÇÕES DA AÇÃO

O mesmo se diga se a ação for exercida por outrem, que não aquele comprador (embora contra o vendedor correto): faltar-lhe á a *legitimação ativa para agir* (essa pessoa, que exerceu o direito de ação, não está legitimada para exercer o direito de ação).

Portanto somente quando o direito de ação for exercido pelo seu titular (legitimação ativa) e contra a pessoa que deve suportar os efeitos do provimento jurisdicional, caso sejam verdadeiros os fatos deduzidos em juízo (legitimação passiva), é que estará presente a legitimação para agir.

Não será demais reproduzir a lição de Liebman: "a ação cabe ao sujeito ativamente legitimado somente em relação àquele que é legitimado passivamente: também a legitimação passiva é elemento ou aspecto da legitimação para agir. E a legitimação passiva cabe ao *contra-interessado*, isto é, àquele em relação ao qual o provimento jurisdicional que se pede deverá produzir os seus efeitos, àquele contra o qual deverá operar a tutela jurisdicional invocada pelo autor".[17]

Contudo, antes do réu contestar a ação, como saber se ele é a parte passiva legítima ou não?

Ao examinar a petição inicial e os documentos que a instruem, o órgão jurisdicional deve se ater aos fatos narrados e tal como foram narrados pelo autor: será com base nesse exame, que ainda é uma versão *unilateral* do autor, é que servirá de base para seu primeiro julgamento sobre a presença da legitimação para agir tanto ativa como passiva.[18]

Feita essa superficial cognição, o magistrado pode concluir pela presença da legitimação ativa e passiva e determinará a citação do réu.

---

[17] LIEBMAN, Enrico Tullio. *Manuale di Diritto Processuale Civile*: Principi. 7ª Ed. Milano: Giuffrè Editore, 2007, p. 148.

[18] Mesmo quando a ação é julgada improcedente, a legitimação ativa estava presente. Naquela situação jurídica descrita pelo autor o réu é quem sofreria os efeitos do provimento jurisdicional, caso ele fosse positivo, de procedência. O fato de alguém adimplir uma obrigação não lhe retira a qualificação de "obrigado" – mas, um "obrigado" que cumpriu sua obrigação. Também a sentença de improcedência não retira do réu essa condição – mas será um "réu inocente", por assim dizer.

ANTONIO ARALDO FERRAZ DAL POZZO

A lei, então determina que o réu alegue a ilegitimidade de parte dele próprio ou do autor (art. 337, XI).

6.2 LEGITIMAÇÃO ORDINÁRIA E EXTRAORDINÁRIA

A legitimação ativa que foi examinada até agora se constitui na regra geral do ordenamento processual: em princípio somente o titular do direito deduzido em juízo tem legitimação ativa para agir. Por essa razão, ela é denominada de legitimação ordinária.

Diz o art. 18 do Código de Processo Civil:

> Art. 18. Ninguém poderá pleitear direito alheio em nome próprio, salvo quando autorizado pelo ordenamento jurídico.
>
> Parágrafo único. Havendo substituição processual, o substituído poderá intervir como assistente litisconsorcial.
>
> Art. 6º Ninguém poderá pleitear, em nome próprio, direito alheio, *salvo quando autorizado por lei.*

A ressalva da parte final da regra está a demonstrar que, em certas situações, a lei permite que outra pessoa, diversa do titular do direito deduzido em juízo, tenha a legitimação ativa. Nestes casos fala-se em *legitimação extraordinária* ou *substituição processual.*

Portanto, a regra é a legitimação ordinária: quem vai a juízo demanda em seu próprio nome e pleiteia a tutela jurisdicional para um direito seu.

Excepcionalmente, a lei autoriza que alguém ingresse em juízo em seu próprio nome, mas defendendo direito de que não é titular. Porém, frise-se que a legitimação extraordinária só ocorre quando a lei expressamente a autoriza.

O nome substituição processual decorre exatamente dessa circunstância: quem está presente em juízo é o *substituto*, pois deduz em seu nome um direito alheio; quem fica de fora é o substituído, titular do direito defendido pelo primeiro.[19]

---

[19] V. Capítulo XIX (elementos da ação – *pars,*).

CAPÍTULO XVII – DAS CONDIÇÕES DA AÇÃO

Vejamos um caso de legitimação extraordinária ou de substituição processual, previsto no inciso LXXIII, do art. 5º da Constituição Federal: *"qualquer cidadão é parte legítima para propor ação popular que vise a anular ato lesivo ao patrimônio público (...)"*.

Trata-se de uma ação especial, disciplinada pela Lei Maior. O titular do patrimônio público que se busca reparar é o Estado. Mas, diante da prática de um ato lesivo a esse patrimônio, a Constituição Federal confere *legitimação extraordinária* a qualquer cidadão para ingressar com uma ação, denominada ação popular, e pleitear, em seu nome, a condenação de determinada autoridade à reparação do prejuízo causado ao patrimônio público. O cidadão é o substituto processual do Estado (substituído) e deduz, em seu nome, o direito daquele. É claro que, em havendo condenação, o beneficiário final será o titular do direito (o Estado).

Outro caso de legitimação extraordinária está expressamente previsto no art. 1.549 do Código Civil, que permite a qualquer interessado ingressar com a ação de nulidade de casamento. Neste caso, o direito de obter a declaração de inexistência da relação jurídica de casamento é de cada um dos cônjuges, mas um terceiro interessado (o pai de um dos cônjuges, por exemplo), agindo em seu próprio nome, como substituto processual, pode deduzir em juízo aquele direito, que não lhe pertence.

O Ministério Público também age, inúmeras vezes, como substituto processual, hipóteses em que são qualificados por Liebman como casos de *"sostituzione ufficiosa"*: entre nós, também o Ministério Público está legitimado a promover ação de nulidade de casamento pelo citado art. 1.549 do Código Civil.[20]

---

[20] LIEBMAN, Enrico Tullio. *Manuale di Diritto Processuale Civile*: Principi. 7ª Ed. Milano: Giuffrè Editore, 2007, p. 129. Liebman entende que "nos casos em que a lei concede ao Ministério Público a ação civil, estamos em presença de uma legitimação para agir, reconhecida a este órgão em via extraordinária, em relação a uma relação jurídica à qual o Estado é estranho, para a tutela da lei por meio da propositura de uma demanda, em substituição àquela do titular da relação, que não quer ou não pode agir, *substituição oficial*".

6.3 SUBSTITUIÇÃO PROCESSUAL E REPRESENTAÇÃO

Não devemos confundir a *substituição processual* com o instituto da *representação*.

A representação tem lugar quando, por qualquer motivo, o titular do direito não pode ou não quer exercê-lo pessoalmente: um menor com dez anos de idade se precisar ajuizar uma ação, deverá fazê-lo representado por seu pai. O pai desse menor é apenas seu representante: o autor da ação é o menor, que defende seu próprio direito, tão somente representado pelo seu pai.

Também é possível que alguém outorgue a outrem poderes (por meio de procuração) para ser seu representante. A situação é a mesma.

Contudo, como vimos, na substituição processual ou legitimação extraordinária parte ativa da ação é o substituto e não o substituído.

Portanto:

(i) na substituição processual (legitimação extraordinária), o autor é o substituto, que defende, em seu nome, direito alheio (do substituído);

(ii) na representação, o autor é o representado (no exemplo, o menor) que comparece em juízo através de seu representante (mas o representante pratica os atos em nome do representado).

6.4 LEGITIMAÇÃO PASSIVA PARA A AÇÃO E LEGITIMAÇÃO PARA CONTESTAR

Diversa da legitimação passiva para a ação é a legitimação para *contestar* a ação, ou melhor, para se defender.

A legitimação passiva (condição da ação) decorre do fato de se estar (teoricamente) sujeito aos efeitos da prestação jurisdicional pleiteada pelo autor.

CAPÍTULO XVII – DAS CONDIÇÕES DA AÇÃO

Já a legitimação para contestar decorre da mera circunstância de ser parte na ação, isto é, *de figurar como parte passiva de uma ação*. Advém do simples fato de se ter sido apontado como réu numa ação.

Se o locador move a ação de despejo contra quem não é seu inquilino, quais as consequências?

Este locador não terá o direito de ação, por falta de legitimação passiva daquele que aponta como réu na ação de despejo. Todavia, aquele contra quem a ação de despejo foi (indevidamente) proposta tem legitimação para contestá-la, exatamente para poder dizer que não é o titular passivo daquela ação.

Capítulo XVIII
DOS ELEMENTOS DA AÇÃO

Sumário: 1. Introdução ao estudo dos elementos da ação. 2. Conceito de identificação das ações. 3. Os elementos da ação. 4. Elementos subjetivos da ação: as partes (*pars*). 5. Elemento objetivo: pedido ou objeto (*petitum*). 6. Elemento objetivo: causa de pedir (*causa petendi*). 6.1 Teorias a respeito da causa de pedir. 6.2 Causa de pedir próxima. 6.3 O princípio *iura novit curia*: o juiz conhece o direito. 6.4 Causa de pedir remota. 6.4.1 Causa de pedir remota nas ações pessoais e ações reais. 6.4.2 Causa de pedir remota nas ações pessoais. 6.4.3 Causa de pedir remota nas ações reais. 6.4.4 Conclusões quanto a causa de pedir remota

1. INTRODUÇÃO AO ESTUDO DOS ELEMENTOS DA AÇÃO

Por inúmeras razões, muitas vezes será preciso identificar duas ou mais ações e compará-las, para verificar se elas são idênticas (portanto, a mesma, duplicada), parcialmente idênticas ou totalmente diversas.

A identificação das ações, entretanto, não é tarefa simples, dado que o exercício do direito de ação se faz concretamente por meio de palavras escritas, que mudam de uma petição inicial para outra.

Mas, dentro dessa diversidade, há certos elementos constitutivos da ação – chamados *elementos da ação* – que permitem sua identificação, apesar da diversidade das palavras que expressam o seu exercício e seu conteúdo.

Os elementos da ação nos permitem identificá-la porque correspondem às suas partes constituintes e invariáveis: as *partes*, a *causa de pedir* e o *objeto*.[1]

São, por assim dizer, as impressões digitais das ações, que nos permitem sua identificação completa, ainda que variem as palavras que lhe dão roupagens.

Se as ações forem idênticas é porque elas são a mesma e única realidade, apenas descritas e expostas com palavras diversas (e isto ocorre quando há identidade entre os três elementos da ação); a absoluta diversidade está a indicar que são duas ações completamente diferentes entre si (os três elementos são diferentes); finalmente, elas podem ser parcialmente idênticas, por apresentarem um ou dois de seus elementos iguais ou mesmo parcialmente iguais.

Uma ação somente pode tramitar licitamente se for a única que se desenvolve perante o Poder Judiciário. Caso a ação esteja pendente e venha a ser proposta novamente, a segunda deverá ser paralisada porque se verifica o fenômeno da *litispendência* (pendência da mesma lide).

Também não é possível repropor utilmente a ação cuja decisão de mérito já transitou em julgado.

Eis as normas a respeito da matéria:

> Art. 337. (*omissis*)
>
> § 3º Há litispendência quando se repete ação que está em curso.
>
> § 4º Há coisa julgada quando se repete ação que já foi decidida por decisão transitada em julgado.

---

[1] LIEBMAN, Enrico Tullio. *Manuale di Diritto Processuale Civile*: Principi. 7ª Ed. Milano: Giuffrè Editore, 2007, p. 180.

CAPÍTULO XVIII – DOS ELEMENTOS DA AÇÃO

Ainda se relacionam com o tema da identificação das ações o instituto da intervenção de terceiros, do litisconsórcio, da continência e da conexão, que serão estudados adiante.

Estas breves considerações nos dão a medida da importância do instituto de a identificação das ações.

2. CONCEITO DE IDENTIFICAÇÃO DAS AÇÕES

Na definição de Chiovenda, a identificação das ações "é a operação por meio da qual se confrontam entre si várias ações, com o fim de estabelecer se são idênticas ou diversas".[2]

Escreve Liebman que "os elementos relevantes para a identificação da ação são aqueles que concorrem para configurar seu esquema lógico e, precisamente: *as partes, a causa e o objeto*. Quando em duas demandas estes elementos são todos iguais, a ação proposta é a mesma; quando ainda que um só deles for diverso, quer dizer que as ações são diversas".[3]

3. OS ELEMENTOS DA AÇÃO

Os elementos da ação dividem-se em subjetivos e objetivos:

(i) elementos subjetivos:

(i.a) as partes (*pars*):

(i.a.1) sujeito ativo;

(i.a.2) sujeito passivo;

(ii) elementos objetivos:

(ii.a) pedido ou objeto (*petitum*):

---

[2] CHIOVENDA, Giuseppe. *Istituzioni di Diritto Processuale Civile*. Napoli: Editora Eugenio Jovene, 1960, p. 305.

[3] LIEBMAN, Enrico Tullio. *Problemi del Processo Civile*. Morano Editore, 1962, p. 180 (grifos originais).

(*ii.a.1*) pedido ou objeto imediato;

(*ii.a.2*) pedido ou objeto mediato

(*ii.b*) causa de pedir (*causa petendi*):

(*ii.b.1*) causa de pedir próxima;

(*ii.b.2*) causa de pedir remota.

Para que tenhamos duas ações idênticas, é preciso que todos os elementos das ações comparadas sejam exatamente os mesmos. Neste caso, teremos ações iguais, ou, melhor, uma única e mesma ação certamente descritas com palavras diversas.

Duas ações são idênticas, pois, quando têm as mesmas partes (*eadem personae*), mesmo objeto ou pedido (*eadem res*) e mesma causa de pedir (*eadem causa petendi*).

Se um desses elementos for diverso, as ações são diferentes entre si. É a regra do art. 335, § 2º do Código de Processo Civil:

> Art. 337. (*omissis*).
>
> § 2º Uma ação é idêntica a outra quando possui as mesmas partes, a mesma causa de pedir e o mesmo pedido.
>
> Art. 301. (*omissis*)
>
> § 2º Uma ação é idêntica à outra quando tem as mesmas partes, a mesma causa de pedir e o mesmo pedido.

4. ELEMENTOS SUBJETIVOS DA AÇÃO: AS PARTES (*PARS*)

Conquanto o direito de ação se volte contra o Estado, que se obrigou a prestar a tutela jurisdicional, ele atinge também a pessoa em cuja esfera jurídica o autor pretende que o provimento jurisdicional demandado produza seus efeitos.

Quando cuidamos do elemento subjetivo da ação – *pars* – desconsidera-se a figura do Estado e considera-se apenas aquele (ou aqueles) que propôs (ou propuseram) a ação e aquela (ou aquelas) que o autor

CAPÍTULO XVIII – DOS ELEMENTOS DA AÇÃO

nominou como a (as) que deve (devem) suportar os efeitos da tutela jurisdicional demandada. Por comodidade didática, porém, sempre nos referimos aos elementos subjetivos da ação no singular.

Dessa forma, são elementos subjetivos do direito de ação:

(i) o sujeito ativo (ou parte ativa);

(ii) o sujeito passivo (ou parte passiva).

Sujeito ativo é aquele que exerce o direito de ação, exigindo do Estado a prestação jurisdicional.

Sujeito passivo é aquele em cuja esfera jurídica o sujeito ativo pretende que a prestação jurisdicional pedida produza efeitos jurídicos.

Para sabermos quais são as partes de uma ação não precisamos indagar se elas têm legitimação para agir, pois essa é uma investigação própria ao tema das condições da ação.

As partes da ação são aquelas que estão materializadas na relação jurídica processual, em face da petição inicial e da ação *tal como foi ajuizada*: a parte que exerce o direito de ação e a parte em cuja esfera jurídica o autor pretende que a ação produza seus efeitos. Pouco importa se são legítimas ou não.

Para a identificação das partes (elementos da ação), contudo, não basta a identidade *física* da pessoa que exerce o direito de ação e em face da qual o direito de ação é exercido, pois é preciso verificar a *qualidade jurídica* sob a qual elas estão em juízo.

Há que se ter cuidado, pois, com o instituto da representação, porque nesse caso a parte (ativa ou passiva) é o representado e não o representante: se a mãe ingressa com ação representando seu filho menor, este é a parte ativa, não a mãe que o representa.

No caso da substituição processual (ou legitimação extraordinária), porém, parte é o substituto e não o substituído. Caso o Ministério Público ingresse com ação de nulidade de casamento (como permite o art. 1.549 do Código Civil) e um dos cônjuges faça o mesmo, entre essas ações não há identidade de partes.

315

A denominação das partes varia muito em função das ações propostas: nas ações de conhecimento, normalmente são designadas por autor e réu. O mesmo ocorre nas cautelares. Já nas ações de execução, são chamadas de exeqüente ou credor e executado ou devedor. Na ação de embargos, embargante e embargado, na de alimentos, alimentante e alimentado entre outras nomenclaturas.

Há ações que podem ser exercidas por mais de um autor e outras que podem ou devem ser exercidas contra mais de um réu. Nestes casos, configura-se o instituto do *litisconsórcio*, que se caracteriza exatamente pela existência de várias partes no processo. Há litisconsórcio ativo (mais de um autor), litisconsórcio passivo (mais de um réu) e misto (vários autores e vários réus).[4]

As circunstâncias de uma situação jurídica podem determinar, ainda, que na ação exercida por um autor contra um só réu, venham a participar outras partes (ativas ou passivas): trata-se do fenômeno processual chamado intervenção de terceiros.[5]

A identificação das partes − caso haja *pluralidade* de partes ativas ou passivas − está a exigir que *todas elas* sejam consideradas, quando do confronto entre duas ou mais ações.

5. ELEMENTO OBJETIVO: PEDIDO OU OBJETO (*PETITUM*)

Por meio do exercício do direito de ação o autor formula *dois pedidos* ao Estado:

(i) o pedido de um *provimento jurisdicional determinado*; e

(ii) o pedido de um *bem jurídico*.

Somente numa única hipótese o autor formula *apenas* o pedido de provimento jurisdicional, que é, em si mesmo, o próprio bem jurídico

---

[4] V. Capítulo XXXVII.
[5] V. Capítulo XXXIIII.

CAPÍTULO XVIII – DOS ELEMENTOS DA AÇÃO

pretendido pelo autor: trata-se da ação de conhecimento declaratória. Nessa ação, ao autor basta a sentença declaratória (positiva) para que ele obtenha tudo aquilo que deseja: certeza quanto à existência ou inexistência de uma relação jurídica ou quanto à autenticidade ou falsidade de um documento. Quando se cuida de uma ação declaratória, portanto, *não temos um bem jurídico diverso do provimento jurisdicional.*

Nas demais ações, o provimento jurisdicional representa apenas um meio pelo qual se busca conseguir outro bem jurídico.

Quem ajuíza uma ação constitutiva, por exemplo, pretende um provimento jurisdicional constitutivo e pretende também conseguir a modificação ou a desconstituição (extinção) de uma relação jurídica.

Como o pedido feito em primeiro lugar sempre corresponde a um tipo de tutela jurisdicional (no exemplo: provimento jurisdicional constitutivo), esse pedido é chamado de *imediato*, ao passo que o bem jurídico fica sendo o pedido *mediato* (no exemplo dado: a modificação ou extinção de relação jurídica).

O *pedido ou objeto mediato* é o bem jurídico pretendido.

Já vimos que por bem jurídico entende-se um bem da vida – material ou imaterial – juridicamente protegido, isto é, um bem que é levado em consideração pelo ordenamento jurídico, porque pode se constituir em algo idôneo a satisfazer um direito: pode ser um imóvel ou o direito de frequentar uma aula. [6]

Numa ação condenatória executiva, *v.g.*, o autor pede a condenação do réu e a aplicação imediata da sanção executiva (tipo de tutela jurisdicional – pedido imediato) para a entrega da coisa (bem jurídico – pedido mediato).

O pedido ou objeto imediato, pois, é o tipo de provimento jurisdicional pleiteado pelo autor.

---

[6] Por outro lado, bem da vida é tudo aquilo que tem aptidão para satisfazer uma necessidade humana.

ANTONIO ARALDO FERRAZ DAL POZZO

Uma ação condenatória executiva e uma ação de execução jamais serão iguais entre si porque têm pedidos imediatos diferentes (provimento condenatório executivo e provimento de execução).

Muitas vezes o bem da vida pretendido é o mesmo, mas as tutelas solicitadas são diferentes. O mesmo cavalo puro sangue pode ser objeto de uma ação cautelar (de sequestro) e de uma ação condenatória executiva (entrega definitiva do animal). Como as tutelas jurisdicionais pedidas são diferentes, essas ações têm pedidos imediatos diversos e, conseqentemente, são diversas entre si.[7]

Quando estamos diante de duas ações (entre as mesmas partes) que têm o mesmo pedido ou objeto *imediato* (em ambas se pede, por exemplo, o provimento condenatório executivo), o que irá definir se elas são iguais ou não será o pedido ou objeto *mediato*: o bem jurídico pretendido. Se numa delas se pede a condenação no pagamento de R$ 1.000,00 e na outra, a condenação na entrega de um quadro, as ações são diversas entre si. [8]

Nem sempre o pedido ou objeto mediato é alguma coisa material, como ocorre nas ações em que se pleiteia a guarda de um filho ou a declaração de falsidade de um documento.

Nas ações constitutivas o bem jurídico pretendido consiste numa mutação jurídica. Assim, na ação de divisão de terras em condomínio, a alteração jurídica consistente no fato de se tornar proprietário de uma parte certa e determinada da gleba é o bem jurídico pleiteado.

Nas ações declaratórias, porém, como ficou demonstrado acima, inexiste pedido ou objeto mediato – o que o autor pretende é apenas e tão somente a sentença, isto é, o provimento jurisdicional consistente na declaração de existência ou inexistência de uma relação jurídica ou da autenticidade ou falsidade de um documento. Esse provimento jurisdicional traz consigo a certeza, que é o bem jurídico que o autor pleiteia.

---

[7] Nos casos de tutela da urgência o problema não se coloca porque temos apenas uma ação, com pedido antecipado e pedido final.

[8] Todavia, se nas duas ações o pedido mediato é de uma mesma quantia em dinheiro, a verificação se desloca para a causa de pedir, como veremos em breve.

CAPÍTULO XVIII – DOS ELEMENTOS DA AÇÃO

6. ELEMENTO OBJETIVO: CAUSA DE PEDIR (*CAUSA PETENDI*)

6.1 TEORIAS A RESPEITO DA CAUSA DE PEDIR

Em sede doutrinária duas são as teorias que existem a respeito da causa de pedir: a teoria da *individualização* e a teoria da *substanciação*.

Para a teoria da individualização, a causa de pedir está na natureza do direito que o autor alega em juízo: direito de propriedade, direito de mútuo; direito a alimentos ou outro direito: basta que o autor individualize a natureza do direito no qual fundamenta seu pedido, para que sua petição inicial contenha a causa de pedir.

Para a teoria da substanciação, além da *natureza* do direito, a causa de pedir se compõe, ainda, dos *fatos geradores* desse direito.

A teoria da substanciação é melhor e foi acolhida pelo nosso Código de Processo Civil, no art. 319:

> Art. 319. A petição inicial indicará:
> III – o *fato* e os *fundamentos jurídicos* do pedido;

Realmente, diante de duas ações condenatórias executivas (que têm pedidos ou objetos imediatos iguais) propostas pelo mesmo autor contra o mesmo réu (partes iguais), objetivando a condenação deste ao pagamento de mil reais e nas quais o autor alega ser titular de um direito de mútuo, como saber se estamos ou não diante de duas ações idênticas?

O decisivo, obviamente, serão os *fatos geradores do direito* de mútuo. Se na primeira ação o fato gerador foi o contrato X e na segunda o contrato Y, estaremos, sem dúvida, diante de duas ações diferentes. Tais fatos geradores indicam, com clareza, que o autor alega ser titular de dois direitos contra o réu, que nasceram de fatos diversos e pertencem a relações jurídicas diferentes.

Segundo a teoria da substanciação (e perante nossa legislação processual) a causa de pedir de uma mesma ação se desdobra em:

(i) causa de *pedir próxima*; e

(ii) causa de *pedir remota*.

6.2 CAUSA DE PEDIR PRÓXIMA

A causa de pedir próxima são os *fundamentos jurídicos do pedido* (segunda parte do inciso III do art. 319 do CPC).

Ao contrário do que à primeira vista possa aparecer, o fundamento jurídico do pedido não é dado pela legislação ou artigos de lei que o autor entende aplicáveis ao caso. Em verdade, é possível haver uma petição inicial perfeita sem um só artigo de lei citado.

O fundamento jurídico do pedido é dado pela *natureza do direito* que o autor pretende ver satisfeito pela via jurisdicional.

Para expor o fundamento jurídico da causa, o autor dispõe de dois caminhos:

(i) Pode indicar a natureza jurídica do direito que pretende ver tutelado jurisdicionalmente (direito *de propriedade*, direito *de mútuo*, direito *de posse* etc.); ou

(ii) Pode qualificar juridicamente o fato gerador do direito que pretende ver tutelado jurisdicionalmente (contrato *de mútuo*, contrato *de locação*, contrato *de compra e venda* etc.).

As fórmulas acima se equivalem: tanto faz o autor afirmar que pretende a condenação executiva do réu ao pagamento de determinada importância em razão de seu *direito de mútuo*, ou, então, em razão de um *contrato de mútuo*. São maneiras diferentes de se afirmar a mesma coisa.

Se alguém invade uma propriedade rural e ali se estabelece, o proprietário pode ajuizar contra o invasor a ação de reivindicação com fundamento no seu direito de propriedade (art. 1.228 do Código Civil[9]).

---

[9] Art. 1.228. O proprietário tem a faculdade de usar, gozar e dispor da coisa, e o direito de reavê-la do poder de quem quer que injustamente a possua ou detenha.

CAPÍTULO XVIII – DOS ELEMENTOS DA AÇÃO

Se o juiz determinar que o invasor saia dela, qual o fundamento jurídico dessa decisão? O direito de propriedade, que garante ao proprietário o direito de reavê-la de quem injustamente a possua. Esse direito de propriedade é o fundamento jurídico do pedido reivindicatório.

A lei processual, portanto, ao exigir que o autor exponha na sua petição inicial o fundamento jurídico de seu pedido, em verdade está exigindo que ele declare a natureza do direito que pretende ver satisfeito pela via jurisdicional.

6.3 O PRINCÍPIO *IURA NOVIT CURIA*: O JUIZ CONHECE O DIREITO[10]

Quando estudamos os pontos comuns entre as ações de conhecimento, o princípio segundo o qual o juiz conhece o direito (*iura novit curia*) foi mencionado para traçar os limites de uma área que nem o exercício do direito de ação e tampouco o exercício do direito de defesa pode impor restrições ao conhecimento do órgão jurisdicional: a *valoração jurídica dos fatos*.

Então figuramos o seguinte exemplo: o autor ao exercer seu direito de ação, entende que o contrato celebrado com o réu é de comodato e, com base nele, pede a devolução do imóvel. Se dos fatos narrados e da instrução probatória o juiz concluir que aquele contrato é de locação e que o autor tem direito à devolução do imóvel, pode julgar a ação procedente com fundamento nessa nova valoração jurídica. Obviamente há de se tratar do *mesmo* contrato indicado pelo autor.

Agora podemos examinar com maior técnica o fenômeno.

Conquanto o autor deva declinar a causa de pedir próxima, ou seja, indicar os fundamentos jurídicos de seu pedido (apontando a natureza do direito ou valorando juridicamente os seus fatos geradores), a

---

[10] V. Capítulo X/4.

tais fundamentos não está adstrito o juiz, que pode alterá-los *desde que não altere os fatos da causa e o bem jurídico pretendido pelo autor.*

Relativamente ao enquadramento dos fatos narrados pelo autor ou pelo réu em hipóteses normativas (ou seja, na atividade de valoração jurídica dos fatos), o juiz é absolutamente desvinculado daquilo que as partes afirmam – mas, é preciso que essa nova valoração jurídica dos fatos permita que o juiz conceda o *mesmo tipo de tutela jurisdicional* e o *mesmo bem jurídico pedido* pelo autor.

Se a nova qualificação jurídica dos fatos implicar alteração da tutela ou do bem jurídico pedido ela estará vedada ao juiz, pois nesse caso haveria violação ao princípio da inércia da jurisdição.

Também é preciso insistir em que a nova valoração jurídica feita pelo juiz diga respeito *aos mesmos fatos expostos* pelo autor e pelo réu – a alteração dos fatos é vedada sempre ao órgão jurisdicional, dado o princípio da inércia da jurisdição.

Assim:

(i) se o autor pede a entrega de uma casa com fundamento num determinado contrato, que qualifica juridicamente como sendo de locação, o juiz poderá condenar o réu mesmo que, para tanto, deva qualificar corretamente aquele mesmo contrato como sendo de comodato. O que não poderá fazer é condenar o réu a entregar coisa diversa da pedida.

(ii) se o autor pede a declaração de existência de uma relação jurídica de locação, por força de determinado contrato, não poderá o juiz declarar existente uma relação jurídica de comodato, ainda que esta seja a relação jurídica efetivamente gerada pelo contrato em que o autor baseou seu pedido. Neste caso, o juiz estaria – ao aplicar o princípio *iura novit curia* – dando ao autor algo que não pediu e, assim, ferindo o princípio da inércia da jurisdição (proferindo, isto é, um julgamento *extra petita*). Nesse caso o magistrado teria que julgar improcedente a ação, declarando a inexistência da relação jurídica de locação, sem afirmar existir qualquer outra.

CAPÍTULO XVIII – DOS ELEMENTOS DA AÇÃO

6.4 CAUSA DE PEDIR REMOTA

6.4.1 Causa de pedir remota nas ações pessoais e ações reais

A causa de pedir remota varia, conforme se trate de ações pessoais ou de ações reais: as primeiras têm por fundamento um direto real e as últimas, direitos pessoais.

Segundo Washington de Barros Monteiro, direito real "é a relação jurídica em virtude da qual o titular pode retirar da coisa, de modo exclusivo e contra todos, as utilidades que ela é capaz de produzir", ao passo que direito pessoal "conceitua-se como relação jurídica mercê da qual ao sujeito ativo assiste o poder de exigir do sujeito passivo determinada prestação, positiva ou negativa".[11]

Como no direito real há um titular e a obrigação negativa de *todos* os demais, trata-se de um direito *absoluto* (*erga omnes*). O direito pessoal, por se estabelecer entre determinadas pessoas, é um direito *relativo*.

As ações pessoais têm por fundamento um direito do qual é titular pessoa(s) determinada(s) ou pessoa(s) determinável(is) e que tem como seu sujeito passivo pessoa ou pessoas também determinadas ou determináveis.

Quando duas pessoas celebram um contrato, todas as demais pessoas que não participaram desse contrato (e da respectiva relação jurídica) são terceiros. Os direitos que nascem desse contrato são relativos, porque estão a ligar apenas os *contratantes*.

Já em face do direito de propriedade, todos os demais membros da sociedade são *obrigados* a respeitá-lo – daí seu caráter absoluto.

6.4.2 Causa de pedir remota nas ações pessoais

Nas ações pessoais, a causa de pedir remota está a exigir do autor:

---

[11] MONTEIRO, Washington de Barros. *Curso de Direito Civil*. vol. 3: Direito das Coisas. 38ª Ed. Ed. Saraiva, p.12.

ANTONIO ARALDO FERRAZ DAL POZZO

(i) a exposição dos fatos geradores do direito que deduz em juízo (determinado contrato, determinada obrigação, determinada relação jurídica, determinado vício de vontade etc.); e

(ii) a narrativa dos fatos geradores do interesse-necessidade, salvo se se tratar de uma ação necessária, quando então bastará a exposição dos fatos geradores do direito deduzido em juízo, que não podem ser satisfeitos senão pela via jurisdicional.

Numa ação condenatória executiva em que se busca condenação do vendedor na entrega da coisa vendida e paga, a causa de pedir remota consistirá na exposição:

(i) do negócio jurídico de compra e venda devidamente caracterizado e individualizado (fato gerador do direito deduzido em juízo);

(ii) do inadimplemento da obrigação por parte do vendedor (fato gerador do interesse-necessidade).

Já numa ação de anulação de casamento (ação necessária), bastará ao autor a exposição dos fatos que lhe dão o direito de obter essa mutação jurídica.

A causa de pedir remota busca explicar o porquê de o autor estar pedindo uma tutela jurisdicional e, com exceção das ações declaratórias, também um bem jurídico: ao alegar a existência de um contrato e afirmar que se trata de contrato de compra e venda, o autor expôs o fundamento jurídico do seu pedido; mas, ao dizer que por força desse contrato adquiriu o direito de obter a coisa comprada, a qual não lhe foi espontaneamente entregue, conquanto paga, estará dando as razões pelas quais vem a juízo buscar a satisfação de seu direito: a *causa* de pedir ou a *causa* de seu pedido.

Para comparar uma ação pessoal com outra há que se cotejarem aqueles dois elementos: os fatos geradores do direito deduzido em juízo e os fatos geradores do interesse de agir.

Assim, cabe ao autor, por exemplo, individualizar o contrato e o seu inadimplemento. Suponha-se que, pelo mesmo contrato, o sujeito

CAPÍTULO XVIII – DOS ELEMENTOS DA AÇÃO

passivo se obrigou a entregar duas parcelas de R$ 1.000,00 cada uma, em datas diversas: as datas dos inadimplementos determinam as obrigações diferentes e as ações serão diversas, embora o contrato seja o mesmo.

6.4.3 Causa de pedir remota nas ações reais

Segundo abalizada doutrina, quando se trata de ações reais, para identificação da causa de pedir basta a referência à *natureza do direito* (causa de pedir próxima), não se colocando, em relação a tais ações, a questão da causa de pedir remota.

Para quem segue este entendimento pouco importam os fatos geradores do direito "já que – preleciona Liebman – o direito permanece o mesmo, qualquer que seja o seu fato singular gerador que a cada vez venha invocado: a propriedade de um bem permanece o mesmo direito, tanto se foi adquirida por herança, compra e venda ou usucapião".[12]

Todavia, há quem entenda que, em face do nosso direito positivo (o art. 319, inciso III do Código de Processo Civil), mesmo em se tratando de ação que visa à tutela jurisdicional de um direito absoluto, necessário se faz que o autor exponha:

(i) o modo pelo qual adquiriu o direito deduzido em juízo;[13]

(ii) e os fatos que violam esse direito.

Ficamos a meio caminho entre essas posições.

Entendemos que o autor tem que expor os fatos geradores do seu direito de propriedade, *mas apenas para demonstrar que é titular desse direito*. Essa exposição visa a preencher a condição da ação denominada *legitimação* (ativa) *para agir*, mas nada tem a ver com a causa de pedir remota da ação.

---

[12] LIEBMAN, Enrico Tullio. *Manuale di Diritto Processuale Civile*: Principi. 7ª Ed. Milano: Giuffrè Editore, 2007, p. 181.

[13] SANTOS, Moacyr Amaral. *Primeiras Linhas de Direito Processual Civil*. vol. 1. Ed. Saraiva, 2009, p. 172 entende que é preciso a referência ao modo de aquisição do direito absoluto.

Para nós, a causa de pedir remota nas ações reais consiste na exposição dos fatos que *violam* esse direito e que são os fatos geradores do interesse de agir-necessidade, que, em última análise, é um dos fatos geradores do direito de ação.

Vejamos um exemplo. Diz o Código Civil, em seu art. 1.228, que a lei assegura ao proprietário o direito de reaver seus bens de quem quer que injustamente os possua.[14]

Suponha-se que alguém invada uma fazenda, passando a possuí-la injustamente. O proprietário dispõe de uma ação para restaurar o seu direito de propriedade que, nos termos daquele dispositivo da lei civil, confere ao seu titular o direito de usar, gozar e dispor de seus bens: ação esta denominada ação de reivindicação.

Nessa ação de reivindicação, o autor precisa provar que tem o direito de propriedade – anexando à petição inicial a respectiva prova documental – mas, isto para demonstrar que tem legitimação ativa (imagine-se que o direito de propriedade do autor sobre a fazenda, tenha por origem uma herança). Nessa ação de reivindicação, deverá ainda o autor demonstrar que o réu, injustamente, isto é, de modo contrário ao direito, invadiu sua propriedade de tal maneira e em tal data, passando a possuí-la e impedindo-o de usá-la.

Julgada improcedente aquela ação, poderia o autor ajuizar outra, desta feita alegando que se tornou proprietário daquela fazenda por escritura de compra e venda, mas reproduzindo exatamente os demais fatos da ação anterior?

Entendemos que não, pois haverá identidade de ações: nas palavras de Liebman, acima reproduzidas, a propriedade de um bem permanece a mesma independentemente da forma de sua aquisição.

Pouco importa que os fatos geradores do direito de propriedade não sejam os mesmos: o decisivo, nestes casos, *serão os fatos geradores do direito de*

---

[14] *Res ubiunque sit, pro domino suo clamat* ("onde quer que se encontre a coisa, ela clama pelo seu dono").

CAPÍTULO XVIII – DOS ELEMENTOS DA AÇÃO

ação de reivindicar a propriedade – se estes fatos são os mesmos, estamos diante da mesma ação, se estes fatos forem diferentes, teremos outra ação.

No mesmo exemplo dado, suponha-se, agora, que a ação foi julgada procedente e a posse da fazenda devolvida ao proprietário. Logo após, a mesma pessoa pratica outra invasão – e o proprietário ajuíza nova ação de reivindicação. Esta segunda ação será *outra ação*, pois os fatos geradores do direito de ação são diversos dos fatos geradores da primeira (são duas ações distintas), embora os fatos geradores do direito de propriedade sejam os mesmos alegados anteriormente (mesma herança, ou mesma escritura de compra e venda).

Assim, não haverá alteração da causa de pedir remota pelo simples fato do autor, numa ação, se referir ao direito de propriedade como originário de uma compra e venda e, noutra, proveniente de uma herança. Mas haverá essa alteração se os fatos que geraram o seu direito de ação foram diversos.

Isto comprova que nas ações reais a causa de pedir remota é dada pelos fatos geradores do interesse-necessidade.

6.4.4 Conclusões quanto a causa de pedir remota

Concluindo, temos que é importante distinguir que:

(i) nas *ações pessoais* a causa de pedir remota é dada pelos fatos geradores do direito deduzido em juízo e pelos fatos geradores do interesse de agir sob o aspecto interesse-necessidade (salvo em caso de ação necessária, para a qual bastam os fatos geradores do direito deduzido em juízo);[15]

(ii) nas ações reais a causa de pedir remota é dada pelos fatos geradores do interesse de agir sob o aspecto interesse-necessidade (o fato gerador do direito real é dado apenas para a comprovação da legitimação ativa, que é uma das condições da ação).

---

[15] V. Capítulo XVII.

Capítulo XIX

ESTUDO COMPARATIVO ENTRE AS CONDIÇÕES DA AÇÃO E OS ELEMENTOS DA AÇÃO

Sumário: 1. Os elementos da ação e as condições da ação. 2. Exame comparativo no caso de uma ação de alimentos.

1. OS ELEMENTOS DA AÇÃO E AS CONDIÇÕES DA AÇÃO

Os elementos da ação (partes, pedido e causa de pedir) são utilizados quando é necessário fazer a *comparação* entre duas ou mais ações para verificarmos se elas são diferentes, idênticas ou parcialmente idênticas.

As condições da ação (interesse de agir, legitimação para agir e possibilidade jurídica do pedido) são requisitos para a *existência* do direito de ação, os quais o juiz deve examinar para saber se terá ou não que examinar o mérito da causa ou realizar praticamente a regra jurídica concreta.

Portanto, os elementos da ação e as condições da ação resolvem dois problemas diferentes no campo do Direito Processual: enquanto os primeiros são utilizados para a *identificação* das ações, as condições da ação são perquiridas para demonstrar a *existência* ou a *inexistência* do direito de ação.

Portanto, eles respondem a quesitos distintos:

(i) quando se quer saber se uma ação é igual, diferente ou parcialmente igual à outra, valemo-nos dos elementos da ação *para compará-las*;

(ii) quando se quer saber se existe ou não o direito de ação, a resposta será dada pela verificação da presença ou não das condições da ação.

O exame dos elementos da ação revela quais as partes (autor e réu), qual o pedido feito (tipo de tutela jurisdicional e bem jurídico pretendido) e a razão do pedido (causa de pedir), sem qualquer valoração, como se fosse uma fotografia da ação.

As condições da ação, que se referem à mesma realidade, buscam saber: se o autor tem interesse de agir e se as partes são legítimas – há, nessas indagações, pois, um juízo de valor.

À indagação sobre quais são as partes da ação a resposta será dada pelo exame do elemento da ação referente às partes, tal como as definiu o autor na inicial.

Para se saber se a parte é legítima, no entanto, a resposta será dada pelo exame da condição da ação chamada legitimação para agir, que importa verificar se o autor é ou não titular do direito deduzido em juízo (salvo legitimação extraordinária) e se o réu é quem deve suportar os efeitos da decisão de mérito.

Portanto, para isolarmos os elementos da ação é feita a mera constatação: as partes, a causa de pedir e o pedido tal como são mencionados pelo autor na petição inicial.

Já no campo das condições da ação é feita uma valoração jurídica, ou seja, há um questionamento, para se constatar se as partes são legítimas e se o autor tem interesse de agir.

CAPÍTULO XIX – ESTUDO COMPARATIVO ENTRE AS CONDIÇÕES...

2. EXAME COMPARATIVO NO CASO DE UMA AÇÃO DE ALIMENTOS

Exemplo: uma ação de alimentos proposta pelo filho menor, representado por sua mãe, em face do pai, alegando dificuldades para sua própria manutenção e educação, argumentando que seu genitor tem amplas possibilidades de lhe dar sustento e pleiteando sua condenação ao pagamento de alimentos no valor de R$ 1.000,00, mensais.

Na sua petição inicial constam os artigos 1.694 e 1.695 do Código Civil:

> Art. 1.694. Podem os parentes, os cônjuges ou companheiros pedir uns aos outros os alimentos de que necessitem para viver de modo compatível com a sua condição social, inclusive para atender às necessidades de sua educação.
>
> § 1º Os alimentos devem ser fixados na proporção das necessidades do reclamante e dos recursos da pessoa obrigada.
>
> § 2º Os alimentos serão apenas os indispensáveis à subsistência, quando a situação de necessidade resultar de culpa de quem os pleiteia.
>
> Art. 1.695. São devidos os alimentos quando quem os pretende não tem bens suficientes, nem pode prover, pelo seu trabalho, à própria mantença, e aquele, de quem se reclamam, pode fornecê-los, sem desfalque do necessário ao seu sustento.

Em primeiro lugar, não seria necessário que o autor transcrevesse os artigos do Código Civil em sua petição inicial, embora se recomende que o faça. Mas, precisaria descrever uma situação jurídica que se enquadrasse na hipótese genérica e abstrata da norma do art. 1.694 *caput* e 1.965. Além disso, deveria alegar que o pai tem negado a lhe dar espontaneamente os alimentos pretendidos.

ELEMENTOS DESSA AÇÃO:

(i) **Partes**:

a. Ativa – o filho menor (e não a mãe, que o representa)

b. Passiva – o pai.

(ii) **Causa de pedir**:

   a. Próxima – direito a alimentos, decorrente do estado de filiação (fundamento jurídico do pedido);

   b. Remota:

      i. a situação aflitiva em que o autor se encontra não podendo prover à própria subsistência digna etc. (fatos geradores do direito a alimentos – direito de natureza pessoal);

      ii. a recusa do pai em dar alimentos espontaneamente (fatos geradores do interesse-necessidade).

(iii) **Pedidos**:

   a. Imediato – tutela jurisdicional condenatória executiva (tipo de provimento jurisdicional);

   b. Mediato – alimentos, no valor de R$ 1.000,00, mensais.

CONDIÇÕES DESSA AÇÃO:

(i) **Interesse de agir**:

   a. Interesse de agir necessidade – a recusa do pai em dar sustento ao filho de forma espontânea;

   b. Interesse de agir adequação – ação de conhecimento condenatória de executividade mediata.

(ii) **Legitimação para agir**:

   a. Ativa – o filho menor (conquanto representado pela mãe – o titular do direito a alimentos, deduzido em juízo);

   b. Passiva – o pai (em cuja esfera jurídica o autor pretende que a tutela jurisdicional pedida produza seus efeitos)

Como se conclui facilmente, os elementos da ação são colhidos na petição inicial, tal e qual o autor os descreveu.

Já as condições de ação necessitam de uma valoração: *(i)* As partes são legítimas? *(ii)* Está presente a necessidade da jurisdição? *(iii)* O pedido feito é adequado?

Essa avaliação, num primeiro momento, decorre do exame da situação jurídica exposta pelo autor e, num segundo, da resposta do réu.

CAPÍTULO XIX – ESTUDO COMPARATIVO ENTRE AS CONDIÇÕES...

De se observar, porém, que o interesse de agir e a legitimação de agir, por decorrerem da situação fática, salvo casos teratológicos (o autor, por exemplo, juntar recibo de pagamento da dívida cobrada judicialmente), realmente dependem da contestação do réu.

Por fim, nas ações pessoais e nas ações reais o interesse de agir integra a causa de pedir remota, o que representa um momento de interação entre ambos, um verdadeiro ponto de união entre os elementos e as condições da ação.

Capítulo XX

AÇÕES GENÉRICAS E AÇÕES TÍPICAS – AÇÕES NECESSÁRIAS E AÇÕES COMUNS

> Sumário: 1. Ações genéricas e ações típicas. 2. Ações necessárias e ações não necessárias.

1. AÇÕES GENÉRICAS E AÇÕES TÍPICAS

A engenhosidade do Direito Processual Civil moderno consiste em estabelecer umas poucas *espécies de tutelas jurisdicionais* para socorrer as crises que podem afetar milhares e milhares de hipóteses de descumprimento dos mais variados direitos.

Essa circunstância se torna ainda mais digna de admiração quando nos lembramos de que praticamente todos os atos realizados em nossa vida de relação estão disciplinados pelo ordenamento jurídico e, portanto, quase todos dão origem a relações jurídicas, no seio das quais se situam direitos e obrigações, estas nem sempre devidamente adimplidas, tornando necessária a intervenção dos órgãos jurisdicionais.

Todavia, mesmo diante desse complexo emaranhado de relações jurídicas que envolve o nosso viver cotidiano, com umas poucas espécies

335

de tutelas jurisdicionais esses direitos podem receber a devida proteção por parte do Poder Judiciário.

Ora, como para cada espécie de tutela corresponde uma *espécie de ação*[1], estas também são em número reduzido e se prestam a satisfazer uma infinidade de direitos ameaçados ou violados.

É o que ocorre com as três ações de conhecimento: condenatória executiva, declaratória e constitutiva. Elas socorrem e atendem milhares de situações jurídicas inteiramente diversas entre si.

Por meio das ações de conhecimento condenatórias executivas, por exemplo, pode-se obter a satisfação dos direitos ínsitos em todas as variadíssimas obrigações de dar, fazer e não fazer, nas quais se subsumem as relações jurídicas que movimentam grande parte de nossa vida social.

As ações declaratórias, a seu turno, se prestam a declarar a existência ou inexistência de qualquer espécie de relação jurídica e a autenticidade ou falsidade de qualquer tipo de documento.

Por fim, pelo ajuizamento das ações constitutivas é possível modificar e extinguir relações jurídicas das mais diversas naturezas e matizes.

Mas, não é só. As ações cautelares podem conferir tutelas de urgência a situações díspares da vida do dia a dia.

Todas essas ações (declaratórias, condenatórias, constitutivas e cautelares inominadas) são *ações genéricas*, porque se prestam a resolver situações jurídicas muito diversas entre si.

Porém, o ordenamento jurídico processual abriga ações de espectro mais limitado, uma vez que são adequadas a situações bem específicas: estas são as *ações típicas*.

Com efeito, o Código de Processo Civil regulamenta uma série de ações típicas, às quais confere uma denominação própria e, normalmente, anuncia as hipóteses em que elas têm cabimento.

---

[1] Recorde-se que as ações são classificadas pelo critério da tutela jurisdicional pedida.

CAPÍTULO XX – AÇÕES GENÉRICAS E AÇÕES TÍPICAS – AÇÕES...

Devido ao tratamento normativo dispensado, as ações de execução no Direito Processual Civil Brasileiro *são ações típicas* – o Código de Processo Civil cuida separadamente das seguintes ações de execução:

(i) Ação de execução para entrega de coisa certa (art. 806/810);

(ii) Ação de execução para entrega de coisa incerta (art. 811/813);

(iii) Ação de execução para cumprimento das obrigações de fazer (art. 815/821)

(iv) Ação de execução para cumprimento das obrigações de não fazer (822/823);

(v) Ação de execução por quantia certa (art. 824/909);

(vi) Ação de execução contra a Fazenda Pública (910);

(vii) Ação de execução de alimentos (911/913).

Também há os *procedimentos especiais*, que ensejam o ajuizamento de ações típicas, a saber:

I. Ação de consignação em pagamento (art. 539/549);

II. Ação de exigir contas (art. 550/553);

III. Ações possessórias (art. 554/568);

IV. Ação de divisão e de demarcação de terras particulares (art. 569/598);

V. Ação de dissolução parcial de sociedade (art. 599/609);

VI. Ação para inventário e partilha (art. 610/681);

VII. Ação para oposição (art. 682/686)

VIII. Ação de embargos de terceiro (art. 673/686);

IX. Ação para habilitação (art. 687/692)

X. Ações de família (art. 693/699);

XI. Ação monitória (art. 700/702);

XII. Ação de homologação de penhor legal (art. 703/706);

XIII. Ação para regulação de avaria grossa (art. 7076/711);

XIV. Ação de restauração de autos (art. 712/718);

A diferenciação que aqui se faz entre ações típicas e ações genéricas (ou atípicas) tem uma importante razão de ser: as ações genéricas devem ser utilizadas pelo critério da exclusão: sempre que o ordenamento processual civil prever o uso de uma ação típica para determinada situação jurídica, esta deve ser exercida (e não, uma ação genérica).

Se o autor se valer de ação genérica em havendo uma ação típica, terá seu pedido de mérito não examinado, por falta de interesse de agir sob o aspecto *adequação* da ação utilizada à situação jurídica deduzida em juízo. Será julgado carecedor da ação.[2]

Outra circunstância a ser observada é a de que a situação fática que enseja uma ação típica normalmente vem descrita na lei processual e basta que nela se enquadre o caso concreto.

Assim, por exemplo, a ação de divisão de terras é uma ação típica, cujo rito procedimental está previsto expressamente. Conquanto a ação seja de natureza constitutiva, pois é a sentença que opera a divisão pleiteada, essa é uma ação constitutiva típica, diversa *da ação constitutiva genérica*, que atende outras situações jurídicas.

Portanto, uma ação típica pode ter natureza declaratória, condenatória, constitutiva ou cautelar – a diferença não está na natureza da ação, mas no fato das ações típicas serem previstas para *situações específicas*. Mesmo a estrutura básica da sentença de uma ação típica pode ser a mesma das ações genéricas.

2. AÇÕES NECESSÁRIAS E AÇÕES NÃO-NECESSÁRIAS

Ações necessárias são aquelas que se constituem no *único* mecanismo jurídico existente para a satisfação de um direito.

A grande maioria dos direitos materiais pode ser satisfeita mediante espontâneo cumprimento por parte do obrigado: o pagamento da dívida, a entrega da coisa, a confecção do vestido etc.

---

[2] V. Capítulo XVII/4.

CAPÍTULO XX – AÇÕES GENÉRICAS E AÇÕES TÍPICAS – AÇÕES...

Todavia, dada a importância de certos valores que alguns tipos de direito albergam em seu núcleo, eles apenas podem ser satisfeitos por meio do ajuizamento de uma ação e pela formulação ou realização prática da regra jurídica concreta pelo órgão jurisdicional. Sem a participação do órgão jurisdicional no exercício da jurisdição, tais direitos não podem se realizar.

Destarte, a ação é *necessária* (isto é, indispensável) à realização desses direitos – e daí a sua denominação.

No âmbito do direito processual civil esses direitos se restringem, praticamente, à área daqueles que disciplinam o estado das pessoas. A nulidade ou a anulação de um casamento, *v. g.*, somente podem ocorrer pela via jurisdicional, dada a importância dessa relação jurídica na vida social. O direito de obter essa declaração (para tornar certa a inexistência da relação jurídica de casamento) e o direito de conseguir a mutação jurídica (para desfazer o casamento anulável) são direitos que apenas se realizam mediante o ajuizamento da ação adequada (declaratória e constitutiva, respectivamente, nas situação referidas).

A característica da ação necessária está em que ela nasce não em decorrência do comportamento de uma das partes envolvidas na situação jurídica (nos exemplos, de um ato praticado pelo marido ou pela mulher), mas é gerada pelo mesmo fato que deu causa à nulidade ou à anulação do casamento.

Não fosse hipótese de ação declaratória de nulidade de casamento, mas de ação declaratória referente a uma relação jurídica negocial, por exemplo, o seu autor teria que narrar e demonstrar os fatos que deram origem à *incerteza objetiva*, para que se tenha por nascido o próprio direito de ação declaratória.[3]

Fácil constatar, portanto, que a circunstância de se cuidar de uma ação necessária ou de uma ação não-necessária produz importantes reflexos no interesse de agir, especialmente no seu aspecto necessidade da jurisdição e, consequentemente, até mesmo no momento em que nasce o direito de ação.

---

[3] V. Capítulo XI/4.

Tratando-se de ação não-necessária, o interesse-necessidade (e, pois, o próprio direito de ação), nasce no momento em que a satisfação do direito do autor se frustrou pelo comportamento da outra parte, que poderia tê-lo satisfeito: a partir de então o autor passa a ter necessidade da jurisdição (e o direito de ação) e precisa descrever esse fato em sua petição inicial.

Contudo, quando a ação é necessária a necessidade da jurisdição independe de qualquer comportamento da outra parte – basta a presença do direito material para que desde logo esteja presente o interesse-necessidade (e o direito de ação).

No campo do Direito Processual Civil as ações não-necessárias são a imensa maioria; a ação necessária representa mesmo uma verdadeira exceção. Por essa razão, a qualificação de ação não-necessária somente aparece quando do confronto entre essas duas espécies: normalmente falamos apenas em *direito de ação* e já se entende tratarmos de ação não-necessária.[4]

---

[4] A constatação de que no âmbito do processo civil a regra é a ação não-necessária e a *exceção* é a ação necessária está a evidenciar que não se podem transpor para o campo do Processo Penal todas as concepções elaboradas pela Ciência Processual Civil, mormente no que tange às condições da ação, pois a ação penal é uma ação necessária: o réu não pode sofrer pena alguma senão pela via jurisdicional.

Capítulo **XXI**

DA CONEXÃO – DA CONTINÊNCIA – DA LITISPENDÊNCIA E DA COISA JULGADA

> Sumário: 1. Introdução ao estudo dos temas do Capítulo. 2. Conexão. 2.1 Conceito de conexão. 2.2 Razões de ser da conexão. 2.3 Conexão pelo pedido ou objeto. 2.4 Conexão pela causa de pedir. 3. Continência. 4. Litispendência e coisa julgada. 5. Momento para arguição da conexão, continência, litispendência e coisa julgada.

1. INTRODUÇÃO AO ESTUDO DOS TEMAS DO CAPÍTULO

Pela identificação das ações podemos concluir que duas ações são:

(i) totalmente diversas;

(ii) parcialmente iguais; e

(iii) absolutamente idênticas.

Se elas forem idênticas, na verdade temos uma única ação que se repete: e então ocorre a *litispendência* ou a *coisa julgada*, como veremos em breve. Porém, quando duas ações são *parcialmente* iguais, podemos ter um caso de *conexão* ou de *continência*.

2. CONEXÃO

2.1 CONCEITO DE CONEXÃO

O conceito de conexão está no art. 55:

> Art. 55. Reputam-se conexas duas ou mais ações quando lhes for comum o pedido ou a causa de pedir.
>
> Art. 103. Reputam-se conexas duas ou mais ações quando lhes for comum o objeto ou a causa de pedir.

A *conexão* é um vínculo que se estabelece entre duas ações, quando um ou todos os seus elementos objetivos (*petitum* e *causa petendi*) forem comuns a ambas.

Como se verifica, o sistema processual civil pátrio não considera ocorrer conexão quando houver apenas a identidade de partes entre duas demandas.[1]

2.2 RAZÕES DE SER DA CONEXÃO

As ações conexas, tendo em comum o pedido ou a causa de pedir, são parcialmente iguais entre si.

Há razões para que o sistema seja assim. Comecemos pela análise do art. 54 e 55 do Código de Processo Civil:

> Art. 54. A competência relativa poderá modificar-se pela *conexão* ou pela continência, observado o disposto nesta Seção.
>
> Art. 55. (*omissis*)

---

[1] No direito italiano ocorre conexão pela identidade de partes e daí a doutrina distinguir a *conexão subjetiva* (identidade de sujeitos e diversidade de elementos objetivos da ação) da *conexão objetiva* (identidade apenas de um ou dos dois elementos objetivos: pedido ou causa de pedir). No Brasil, portanto, há apenas a conexão objetiva. V. LIEBMAN, Enrico Tullio. *Problemi del Processo Civile*. Morano Editore, 1962, p. 184.

CAPÍTULO XXI – DA CONEXÃO – DA CONTINÊNCIA –...

§ 1º Os processos de ações conexas serão reunidos para decisão conjunta, salvo se um deles já houver sido sentenciado.

§ 2º Aplica-se o disposto no *caput*:

I – à execução de título extrajudicial e à ação de conhecimento relativa ao mesmo ato jurídico;

II – às execuções fundadas no mesmo título executivo.

Art. 105. Havendo conexão (...), o juiz, de ofício ou a **requerimento de qualquer das partes, pode ordenar a** *reunião das ações propostas em separado,* **a** fim de que sejam decididas simultaneamente.

O motivo determinante da reunião das ações conexas (unificação que altera a competência de um juízo) que tenham sido ajuizadas separadamente se prende a razões de economia processual e da manifesta intenção do legislador em evitar decisões conflitantes, que tanto desprestigiam o Poder Judiciário.

As decisões conflitantes ou contraditórias produzem tal descrédito no Poder Judiciário, que o Código de Processo Civil buscou reunir processos mesmo sem conexão entre eles:

Art. 55. (*omissis*)

§ 3º Serão reunidos para julgamento conjunto os processos que possam gerar risco de prolação de decisões conflitantes ou contraditórias caso decididas separadamente, mesmo sem conexão entre eles.

Observe-se o § 1º do art. 55 determina ao juiz a obrigatória reunião dos processos, porque o motivo que determina essa reunião é de ordem pública.

Podemos, pois, concluir, que essas mesmas razões é que inspiram o instituto da conexão.

Realmente. Se duas ações conexas correm em separado, mas ambas com fundamento nos *mesmos fatos* (mesma causa de pedir remota), que devem ser demonstrados por uma mesma prova pericial ou teste-munhal, por exemplo, seria perda de tempo e de dinheiro fazer essa prova em cada um dos processos, separadamente. A conexão, possibilitando a reunião dos processos, torna factível produzi-las de uma só vez, para as duas ações.

Já a identidade de partes, por si só, não gera nenhum dos inconvenientes que a conexão procura evitar – e esta é a razão pela qual não produz este efeito.

Todavia, recorde-se do art. 327 do Código de Processo Civil, que permite o ajuizamento de várias ações contra o mesmo réu, ainda que entre elas não haja conexão – e neste caso a norma tem por fundamento apenas o princípio de economia processual.

A conexão também autoriza o processo com várias partes ou o processo litisconsorcial:

> Art. 113. Duas ou mais pessoas podem litigar, no mesmo processo, em conjunto, ativa ou passivamente, quando:
>
> II – entre as causas houver conexão pelo pedido ou causa de pedir.

As razões são as mesmas que determinam a junção dos processos com ações conexas.

2.3 CONEXÃO PELO PEDIDO OU OBJETO

Como temos duas espécies de pedido – o imediato (espécie de provimento jurisdicional) e o mediato (bem jurídico pretendido) – e como a causa de pedir se desdobra em causa próxima (fundamentos jurídicos do pedido) e causa remota (fatos geradores do direito deduzido em juízo ou fatos geradores do interesse-necessidade), a conexão deve ser analisada em face de cada um deles.

Vejamos a conexão pelo objeto ou pelo pedido.

Essa conexão (pelo *petitum*) existirá:

CAPÍTULO XXI – DA CONEXÃO – DA CONTINÊNCIA –...

(1ª Hipótese): as ações têm os *mesmos* pedidos ou objetos imediatos e mediatos (o mesmo bem jurídico e a mesma espécie de provimento jurisdicional);

(2ª Hipótese): as ações têm o *mesmo* objeto ou pedido mediato (mesmo bem jurídico), ainda que os pedidos ou objetos imediatos sejam diferentes (provimentos jurisdicionais diversos);

(3ª Hipótese): em se tratando de ações declaratórias, diversas são as hipóteses de conexão, que estará presente quando:

- *(i)* numa das ações se pede a declaração de existência e noutra a de inexistência da *mesma* relação jurídica;
- *(ii)* numa delas se pleiteia a declaração de autenticidade e na outra a de falsidade do *mesmo* documento;
- *(iii)* as ações têm por objeto a declaração de existência ou de inexistência da mesma relação jurídica;
- *(iv)* as ações têm por objeto a declaração da autenticidade ou da falsidade do mesmo documento.

Uma primeira conclusão, pela análise das hipóteses aventadas, é a de que a conexão pelo objeto ocorre *sempre que o objeto mediato for o mesmo ou parcialmente o mesmo* – salvo em caso de ações *declaratórias*, que apresentam apenas o objeto imediato (o provimento jurisdicional declaratório) e, portanto, a conexão possível será por causa deste.

Examinemos alguns exemplos.

(1ª Hipótese): mesmo pedido ou objeto imediato e mesmo pedido ou objeto mediato: haverá conexão entre duas ações nas quais se pede, em cada uma delas, a *condenação* de um dos dois vendedores à entrega de um *quadro*.[2] Ajuizadas duas ações separadas, os processos devem ser reunidos.

(2ª Hipótese): mesmo pedido ou objeto mediato e pedido ou objeto imediato diferente: – ação *condenatória executiva* que tem

---

[2] Nesta hipótese, temos duas ações: uma contra cada uma dos vendedores, pois no polo passivo, como réus, temos duas pessoas diferentes.

ANTONIO ARALDO FERRAZ DAL POZZO

por objeto mediato um *quadro* é conexa à ação *cautelar* em que se pede o seqüestro do *mesmo quadro*. Os pedidos imediatos são diversos porque na primeira ação é de um provimento condenatório executivo, e, na segunda, de um provimento cautelar.

(3ª Hipótese) – ações declaratórias:

(i) caso de duas ações declaratórias, numa das quais se pede a declaração de existência e noutra, de inexistência de uma mesma relação jurídica, ou vice-versa: haveria conexão entre a ação declaratória ajuizada por "A", na qual pleiteia a declaração de existência de uma determinada sociedade com "B" e a ação declaratória proposta por "B", na qual este pede a declaração de inexistência da mesma sociedade com "A".

(ii) duas ações declaratórias, uma visando à declaração de autenticidade e outra pleiteando a declaração de falsidade do mesmo documento, ou vice-versa: suponha-se que "A" proponha uma ação para a declaração de falsidade de uma escritura e que "B" proponha ação declaratória para a declaração de autenticidade da mesma escritura: estas ações são conexas.

(iii) duas ações declaratórias visando à declaração de existência ou de inexistência da mesma relação jurídica: a ação declaratória proposta por "A" contra "B", pretendendo a declaração de existência (ou de inexistência) de uma relação jurídica societária entre ambos é conexa à ação declaratória de "A" ajuizada contra "C" visando a declaração de existência (ou de inexistência) da mesma relação jurídica societária entre estes últimos ("A" e "C").

(iv) duas ações declaratórias visando à declaração de autenticidade ou de falsidade de um mesmo documento: a ação declaratória proposta por "A" contra "B", pretendendo a declaração de autenticidade (ou de falsidade) de uma procuração é conexa à ação declaratória de "A" ajuizada contra "C" visando a declaração de autenticidade (ou de falsidade) da mesma procuração.

346

CAPÍTULO XXI – DA CONEXÃO – DA CONTINÊNCIA –...

2.4 CONEXÃO PELA CAUSA DE PEDIR

A conexão pela causa de pedir existirá:

(1ª Hipótese): as ações, fundadas em *direito pessoal*, pleiteiam a tutela jurisdicional de direitos que têm o *mesmo* fato gerador, isto é, a mesma causa de causa de pedir remota;

(2ª Hipótese): as ações, fundadas em *direito real*, têm os *mesmos* fatos geradores do interesse-necessidade, isto é, a mesma causa de pedir remota.

Essas conclusões nos levam a esta outra – *não há conexão pela causa de pedir próxima*, ou seja, pelos fundamentos jurídicos do pedido.

Vejamos exemplos desses casos.

(1ª Hipótese) – ações fundadas em direito pessoal: ações que visam à condenação do réu na entrega de um quadro e de um automóvel, por força do *mesmo* contrato, são conexas entre si porque o fato gerador dos direitos deduzidos em cada uma delas é o mesmo (o mesmo contrato).[3]

(2ª Hipótese) – ações fundadas em direito real: entre as ações reivindicatórias contra várias pessoas que injustamente detêm a posse da fazenda, por invasão praticada ao mesmo tempo, por exemplo, há conexão pela identidade dos fatos geradores do interesse-necessidade, isto é, dos fatos que geraram o direito de ação. Nestes casos, não importam os fatos geradores do direito para o qual se pede a tutela jurisdicional (direito de propriedade), como vimos oportunamente.[4]

---

[3] O fato gerador, no caso, – o mesmo contrato – é uma unidade complexa, mas que pode gerar vários direitos, da mesma ou de espécies diferentes. Pense-se, por exemplo, no casamento, que é fato gerador de inúmeros direitos. A cada direito corresponde uma obrigação e uma ação.

[4] V. Capítulo XIX.

3. CONTINÊNCIA

O Código de Processo Civil diz o que é continência:

> Art. 56. Dá-se a continência entre 2 (duas) ou mais ações quando houver identidade quanto às partes e à causa de pedir, mas o pedido de uma, por ser mais amplo, *abrange o das demais*.

> Art. 104. Dá-se a continência entre duas ou mais ações sempre que há identidade quanto às partes e à causa de pedir, mas o objeto de uma, por ser mais amplo, abrange o de outras.

O principal efeito jurídico que a continência produz é o mesmo que aquele estudado em relação à conexão, constante do art. 54 do Código de Processo Civil:

> Art. 54. A competência relativa poderá modificar-se pela conexão ou pela *continência*, observado o disposto nesta Seção.

> Art. 105. Havendo (...) ou continência, o juiz, de ofício ou a requerimento de qualquer das partes, pode ordenar a reunião das ações propostas em separado, a fim de que sejam decididas simultaneamente.

A primeira crítica que se costuma fazer ao artigo 54 é a de que ele seria desnecessário porque a identidade de objetos (ainda que parcial) induz conexão cuja consequência jurídica é a mesma daquela produzida pela continência.

Porém, o legislador fez muito bem em distinguir as hipóteses porque, se não se verifica um prejuízo mais sério quando porventura *não houver* a reunião das ações conexas, este prejuízo poderá ser *bastante grave* quando, em caso de continência, essa reunião não é efetuada.

Realmente, como se pode perceber pela leitura do art. 56, a continência pode ser representada por dois círculos concêntricos, mas de grandezas diversas: uma das ações, de objeto mais amplo, é o continente; a outra, o conteúdo.

CAPÍTULO XXI – DA CONEXÃO – DA CONTINÊNCIA –...

Ora, se essas ações correrem em separado, o réu sempre poderá ser condenado, por exemplo, por duas vezes, numa mesma parte da obrigação que deve cumprir (correspondentes às partes em que os círculos se sobrepõem).

Pelo simples risco dessa *dupla decisão* contrária ao réu em caso de continência o órgão jurisdicional também é obrigado a promover a reunião das ações num único processo (como em caso de conexão).

Vejamos o tema mais de perto.

Para que haja continência, segundo nossa lei processual, é preciso que:

(i) haja identidade de partes;

(ii) haja identidade de causa de pedir;

(iii) objeto de uma das ações seja mais amplo, de molde a abranger o objeto da outra ou das outras ações.

A identidade de causas de pedir exigida para a continência *é mais completa que a exigida pela conexão*: na continência há necessidade de que tanto a causa de pedir próxima quanto a remota sejam *exatamente* as mesmas.

Por fim, a amplitude de objeto a que se refere o art. 56 é aquela concernente ao pedido *mediato*, ou seja, relativa ao *bem jurídico* pretendido. Nas ações declaratórias (nas quais inexiste o pedido ou objeto mediato), mede-se a continência pela extensão da relação jurídica ou pelo documento a cujo respeito se pleiteia a declaração judicial.

Portanto, quando a lei fala em objeto *mais amplo*, está se referindo ao objeto de uma ação que também se repete na outra – ou seja, os objetos de ambas as ações são idênticos, embora um mais amplo que o outro.

Assim, se numa ação é pedida condenação à entrega de todos os livros de uma biblioteca e em ação separada uma determinada coleção de livros – sempre por força do mesmo contrato de compra e venda, que abrange a universalidade dos volumes, pela mesma causa de pedir são ajuizadas duas ações, sendo que o objeto mediato da

349

primeira (toda a biblioteca) abrange ou contém o objeto mediato da segunda (coleção de livros).

Note-se que entre essas ações há:

(i) identidade de parte ativa e passiva;

(ii) identidade de causa de pedir remota (direito decorrente do mesmo contrato de compra e venda);

(iii) objetos diversos, mas o da primeira ação, por ser mais amplo (a biblioteca), abrange o objeto da outra ação (coleção de livros).

Veja-se este outro caso. Numa ação é pedida a anulação de uma cláusula contratual, e noutra ação é pedida a anulação de todo o contrato, pelo mesmo motivo, entre as mesmas partes: está configurada a continência. Neste caso, teríamos uma ação constitutiva. Se, em idênticas circunstâncias, o que se pede é a nulidade, primeiro de uma cláusula, depois do contrato, estamos diante de ações declaratórias, mas também ante um caso de continência.

Não configura, porém, a continência, se numa ação se discute uma relação jurídica prejudicial em relação ao pedido feito noutra ação, como ocorre entre a ação de investigação de paternidade e a de alimentos, ou entre a ação de despejo e a anulatória do contrato de locação. Nestes casos, de prejudicialidade, teremos a figura da conexão, pois um pedido não abrange o outro, embora possa interferir na sua procedência.

Reunidos os processos por causa da continência, obviamente que terá prosseguimento apenas a que tem objeto mais amplo.[5]

4. LITISPENDÊNCIA E COISA JULGADA

Também em razão da identificação das ações, podemos concluir que duas ou mais ações são absolutamente idênticas – ou seja, elas são a mesma e única ação, reproduzida de modo diferente.

---

[5] Na verdade, havendo a continência, falta ao autor o interesse de agir (necessidade) para a ação de menor objeto.

CAPÍTULO XXI – DA CONEXÃO – DA CONTINÊNCIA –...

Neste caso, poderá ocorrer ou a *litispendência* ou a *coisa julgada*, conforme a situação processual das ações cotejadas.

Se as ações estão tramitando concomitantemente, caracteriza-se a *litispendência* (as lides estão pendentes); se uma delas já se encerrou definitivamente, teremos a *coisa julgada*.

Diz o Código de Processo Civil, em seu art. 337 §§ 1º, 3º e 4º:

> Art. 335. (*omissis*)
>
> § 1º Verifica-se a litispendência ou a coisa julgada quando se reproduz ação anteriormente ajuizada. (...)
>
> § 3º Há litispendência quando se repete ação que está em curso.
>
> § 4º Há coisa julgada quando se repete ação que já foi decidida por decisão transitada em julgado.
>
> Art. 301. (*omissis*)
>
> § 3º Há litispendência quando se repete ação que está em curso; há coisa julgada quando se repete ação que já foi decidida por sentença, de que não caiba recurso.[6]

Havendo litispendência, a ação proposta em primeiro lugar é a única que terá prosseguimento; em caso de coisa julgada, todas as demais ações repropostas serão encerradas.

Em caso de litispendência e de coisa julgada, ao autor falta interesse de interesse de agir para a segunda ação – ele não tem necessidade do mesmo provimento jurisdicional já pedido.

5. MOMENTO PARA ARGUIÇÃO DA CONEXÃO, CONTINÊNCIA, LITISPENDÊNCIA E COISA JULGADA

Como é o autor, com a propositura da ação, quem dá origem à litispendência, à coisa julgada e à conexão de causas, a matéria

---

[6] Sentença é a decisão do juiz e Acórdão é a decisão do Tribunal. No artigo, a palavra sentença deve ser interpretada como abrangendo também a decisão dos Tribunais. Dessa decisão não cabe mais recurso porque ou eles já se esgotaram, ou porque não foram utilizados.

normalmente vem arguida pelo réu, devendo fazê-lo em sua contestação, que é a peça processual na qual deduz seu direito de defesa e como *questão preliminar*.

É o que determina o art. 337 do Código de Processo Civil:

> Art. 337. Incumbe ao réu, antes de discutir o mérito, alegar:
>
> VI – litispendência;
>
> VII – coisa julgada;
>
> VIII – conexão;
>
> Art. 301. Compete-lhe (ao réu), porém, antes de discutir o mérito, alegar:
>
> V – litispendência;
>
> VI – coisa julgada;
>
> VII – conexão.

Conquanto a lei processual silencie a respeito da *continência*, configurando ela um caso de conexão, deve ser arguida também na contestação.

Porém, se o réu constatar a existência dessas questões após a apresentação da contestação deverá alegá-las imediatamente.

A continência, a litispendência e a coisa julgada, porém, são matérias que o juiz também pode conhecer de ofício, isto é, independentemente da alegação do réu.

> Art. 337. Incumbe ao réu, antes de discutir o mérito, alegar:
>
> § 5º Excetuada a convenção de arbitragem e a incompetência relativa, o juiz conhecerá de ofício das matérias enumeradas neste artigo.

Todavia, se o próprio autor quiser levantar tais matérias, por ter se apercebido de sua ocorrência depois do ajuizamento da ação que lhe deu causa, poderá e deverá fazer a alegação imediatamente ao órgão jurisdicional.

Capítulo **XXII**

DO PROCESSO COM VÁRIAS AÇÕES: CONCURSO E CUMULAÇÃO DE AÇÕES

> Sumário: 1. Direitos concorrentes e ações concorrentes. 2. Ações concorrentes e concurso de ações. 3. Ações concorrentes e a decisão. 4. Cumulação de ações – generalidades. 5. Cumulação de ações sem conexão – requisitos. 5.1 Pedidos compatíveis entre si. 5.2 Normas institucionais a respeito do tema. 5.3 Competência do juízo para conhecer dos pedidos. 5.4 Adequação do mesmo tipo de procedimento.

1. DIREITOS CONCORRENTES E AÇÕES CONCORRENTES

Direitos concorrentes são aqueles que, embora distintos e autônomos entre si, tendem à obtenção de um mesmo resultado, o qual somente pode ser obtido *uma única vez* e, assim a satisfação de um deles extingue os demais.[1]

Aos direitos concorrentes correspondem as chamadas *ações concorrentes*.

---

[1] LIEBMAN, Enrico Tullio. *Problemi del Processo Civile*. Morano Editore, 1962, p. 187 e seguintes, cujas lições adotamos no texto.

2. AÇÕES CONCORRENTES E CONCURSO DE AÇÕES

As ações concorrentes, quando reunidas num mesmo processo, porque ajuizadas em conjunto, numa mesma petição inicial, dão lugar ao instituto processual chamado *concurso de ações*.

Dado que o *petitum* das diversas ações concorrentes obrigatoriamente *é sempre o mesmo*, duas hipóteses podem ocorrer:

(i) As partes dessas ações são as mesmas, mas as causas de pedir são diversas; ou

(ii) As causas de pedir são idênticas e as partes são diferentes.

No primeiro caso, como o que varia é um dos elementos objetivos da ação (*diversas causas de pedir*), o concurso se diz *objetivo*; no segundo, como o que varia é o elemento subjetivo da ação (*diversidade de partes*), o concurso é *subjetivo*.[2]

Um caso de concurso objetivo (mesmas partes e mesmo pedido) seria o de várias ações ajuizadas numa única petição inicial visando à separação judicial, mas tendo várias causas de pedir, previstas no Código Civil, art. 1.57:

I – adultério;

II – tentativa de morte;

III – sevícia ou injúria grave;

IV – abandono voluntário do lar conjugal, durante um ano contínuo;

V – condenação por crime infamante;

VI – conduta desonrosa.

---

[2] Os elementos objetivos são a causa de pedir e o pedido. Elementos subjetivos são as partes. Quando o elemento que varia e que é cumulado é a causa de pedir, o concurso é objetivo, exatamente por essa razão. Quando a causa de pedir é única e o elemento que varia e que é cumulado é o subjetivo (partes), **o** concurso chama-se subjetivo.

CAPÍTULO XXII – DO PROCESSO COM VÁRIAS AÇÕES; CONCURSO...

Suponha-se que o cônjuge inocente arrolou os motivos dos incisos I, II e III. Cada um desses fatos geradores faz nascerem direitos distintos à obtenção do desfazimento da sociedade conjugal (direitos à modificação jurídica).

Mas, o resultado almejado somente pode ser obtido uma única vez: satisfeito o respectivo direito, os demais se extinguem. Todavia, em primeiro grau de jurisdição o órgão julgador deve examinar todos esses direitos, ou seja, todas essas ações cumuladas, para que, na eventualidade de haver recurso o tribunal possa examinar a segunda ação, caso entenda improcedente a primeira, e assim por diante.[3]

Hipótese de *concurso subjetivo* (diversidade de pessoas – mesma causa de pedir e mesmo pedido) seria a de várias pessoas buscando, num mesmo processo, anular a decisão de uma Assembleia Geral Condominial, porque sua convocação ocorreu em desconformidade com o estatuto social: na verdade cada um dos sócios tem direito de obter essa anulação, pela mesma causa de pedir, mas ela somente pode ser decretada uma única vez, obviamente. Neste caso, ao entendemos que há uma única ação, com parte ativa complexa. Assim sendo a sentença decide a única ação proposta.

Quando as ações concorrentes *não* forem reunidas para o seu ajuizamento, poderão posteriormente ser reunidas para tramitarem juntas, dado que entre elas existe conexão ou pelo pedido ou pela causa de pedir ou por ambos.[4]

3. AÇÕES CONCORRENTES E A DECISÃO

Quando há um concurso de ações (várias ações reunidas num mesmo processo, ou porque foram ajuizadas ao mesmo tempo, ou porque foram reunidas por força da conexão) todas elas serão decididas numa mesma oportunidade – numa mesma sentença.

---

[3] A questão também tem reflexos nas despesas e custas processuais, que serão examinadas no Capítulo XXXI.

[4] V. art. 55, § 1º do CPC.

ANTONIO ARALDO FERRAZ DAL POZZO

No caso de concurso subjetivo (diversidade de pessoas – mesma causa de pedir e mesmo pedido) a sentença de mérito será única para todos os autores, pois em realidade o processo contém uma única ação, com parte ativa complexa.

No caso de concurso objetivo (mesmas partes e mesmo pedido, mas causas de pedir diversas) ainda que o juiz julgue procedente a primeira ação examinada, deverá julgar as demais, conquanto o resultado somente possa ser obtido uma única vez.

Vejamos o caso com maior proximidade. A rigor, o juiz, reconhecendo o primeiro motivo para a separação, deveria julgar o cônjuge autor carecedor das demais ações em concurso, por falta da necessidade da jurisdição, eis que a separação somente pode ser declarada uma única vez.

Ocorre, porém, que sua decisão é recorrível e o tribunal poderá modificar essa decisão quanto ao primeiro fundamento. A consequência – caso não fossem decididas as demais ações concorrentes – seria a devolução do processo ao juiz de primeiro grau para examinar a segunda ação e, assim, sucessivamente, até se esgotarem as ações concorrentes e em concurso, o que seria pura perda de tempo e de dinheiro. Decidindo todas elas, bastará um pronunciamento do tribunal a respeito das ações em concurso – podem ser dotas procedentes e o resultado convergente é um só.

Questão mais delicada existe quando temos diversas ações concorrentes que foram ajuizadas em momentos diferentes e transitaram em julgado também em momentos diversos.

Suponha-se, assim, que um daqueles sócios de nosso exemplo ajuíze a ação para a anulação da deliberação da Assembleia Geral e que, julgada a sua ação, outro sócio venha a propor nova ação com o mesmo fundamento.

Nesse caso, temos duas hipóteses possíveis:

(1ª) se a primeira ação foi julgada *procedente*, o segundo sócio será julgado carecedor da ação, por falta de interesse de agir: ele não tem necessidade de obter o provimento jurisdicional constitu-

CAPÍTULO XXII – DO PROCESSO COM VÁRIAS AÇÕES; CONCURSO...

tivo de anulação da deliberação *porque esta anulação já ocorreu com a primeira ação* e esse resultado somente pode ser obtido uma única vez;

(2ª) se, porém, a ação do primeiro sócio foi julgada *improcedente*, nada impede que o segundo ajuíze a sua ação e tenha sucesso. Esta possibilidade existe porque as ações *não são* idênticas entre si (no caso, pela diversidade de partes).

O mesmo raciocínio se aplica às ações de um dos cônjuges contra o outro para obter a separação judicial – mesmo julgando improcedente a primeira ação, o juiz poderá julgar o autor vencedor da segunda; mas se a primeira for procedente, o autor não terá interesse de agir para propor a outra.

4. CUMULAÇÃO DE AÇÕES – GENERALIDADES

A cumulação de ações vem a ser a existência de várias ações *não concorrentes* num mesmo processo.

Portanto, se no concurso de ações *sempre há um mesmo pedido* (que denota a existência de direitos concorrentes), na cumulação de ações *há vários pedidos*.

A cumulação de ações, isto é, a coexistência de várias ações numa única relação jurídica processual sempre tem por fundamento o princípio de economia processual e o objetivo de se evitar decisões judiciais contraditórias ou conflitantes. Normalmente a cumulação ocorre por conta da conexão – identidade total ou parcial de causas de pedir ou de pedidos (salvo caso especial, abaixo examinado).

A presença da conexão poderá ensejar a presença de vários autores ou poderá terminar a presença de vários réus no mesmo processo – fenômeno que se chama, tecnicamente, de *litisconsórcio*.[5]

---

[5] Matéria cuidada no Capítulo XXXII.

ANTONIO ARALDO FERRAZ DAL POZZO

De outra parte, a cumulação pode ocorrer desde o início do processo, quando as ações são ajuizadas ao mesmo tempo, numa só petição inicial por vários autores ou contra vários réus.

Mas, pode se verificar posteriormente, pelo ingresso de uma parte num processo pendente (*intervenção de terceiro* [6]) ou mesmo pela reunião de processos motivada pela conexão entre ações que corriam separadamente.

Na cumulação, todas as ações são julgadas simultaneamente, pela mesma sentença, que não será sempre igual para todos.[7]

5. CUMULAÇÃO DE AÇÕES SEM CONEXÃO – REQUISITOS

Razões ligadas ao princípio da economia processual – redução do número de atos processuais e de despesas com o processo – autorizam a cumulação de ações contra um mesmo réu, ainda que entre as respectivas ações *não haja conexão*. É o que autoriza o *caput* do art. 327 do Código de Processo Civil:

> Art. 327. É lícita a cumulação, num único processo, contra o mesmo réu, de vários pedidos, ainda que entre eles não haja conexão.
>
> Art. 292. É permitida a cumulação, num único processo, contra o mesmo réu, de vários pedidos, ainda que entre eles não haja conexão.

Note-se que a lei fala em conexão "entre eles" parecendo se referir à inexistência de conexão apenas por identidade de "pedidos", quando, na verdade, a cumulação é permitida ainda que não haja conexão também pela causa de pedir.

É o que ocorre, por exemplo, quando, o autor move contra o mesmo réu (ou contra os mesmos réus) duas ações condenatórias executivas,

---

[6] V. Capítulo XXXIII.

[7] Será igual em caso de litisconsórcio unitário. Capítulo XXXII.

CAPÍTULO XXII – DO PROCESSO COM VÁRIAS AÇÕES; CONCURSO...

num mesmo processo, com fundamento em dois contratos distintos (causas de pedir diversas), pedindo a condenação ao cumprimento de duas obrigações distintas (objetos mediatos diferentes). Neste caso, não fora o art. 327 do Código de Processo Civil e essa cumulação não seria possível, já que entre aquelas duas ações não há conexão.[8]

Certos requisitos são exigidos para que seja possível a cumulação de ações entre as quais não haja conexão:

> Art. 327. (*omissis*)
> § 1º São requisitos de admissibilidade da cumulação que:
> I – os pedidos sejam compatíveis entre si;
> II – seja competente para conhecer deles o mesmo juízo;
> III – seja adequado para todos os pedidos o tipo de procedimento.
>
> Art. 292. (*omissis*)
> § 1º São requisitos de admissibilidade da cumulação:
> I – que os pedidos sejam compatíveis entre si;
> II – que seja competente para conhecer deles o mesmo juízo;
> III – que seja adequado para todos os pedidos o tipo de procedimento.

5.1 PEDIDOS COMPATÍVEIS ENTRE SI

Questão bastante sutil diz respeito à *compatibilidade* dos pedidos formulados.

Há hipóteses muito claras de incompatibilidade, conquanto difíceis de ocorrer na vida real: o autor pede a declaração de autenticidade e de falsidade do mesmo documento. Nessa circunstância a incompatibilidade é mais que evidente. Ou o autor pede a declaração de nulidade de todo o contrato e a validade de uma de suas cláusulas.

---

[8] Segundo o art. 55, *caput* – "Reputam-se conexas 2 (duas) ou mais ações quando lhes for comum o pedido ou a causa de pedir". Portanto a identidade de partes não gera conexão. Art. 113. inciso I "Reputam-se conexas duas ou mais ações, quando lhes for comum o objeto ou a causa de pedir".

Qual a razão de não poder haver cumulação entre pedidos incompatíveis?

O fundamento dessa vedação é claríssimo: – *o juiz, não podendo acatar todos os pedidos simultaneamente* (o documento é totalmente falso e autêntico; o contrato todo é nulo, mas a cláusula *X* é válida) – ao optar por um deles estaria flagrantemente violando o princípio da inércia da jurisdição e, portanto, o princípio da isonomia e da igualdade das partes.

A regra é esta: haverá incompatibilidade sempre que o órgão jurisdicional encontre um *óbice jurídico* para julgar todos os pedidos formulados procedentes, porque o acolhimento de um, torna juridicamente impossível o acolhimento do outro.[9]

Todavia, há hipóteses em que essa incompatibilidade é menos perceptível, à primeira vista.

5.2 NORMAS INCONSTITUCIONAIS A RESPEITO DO TEMA

O Código de Processo Civil, porém, violando o princípio da inércia da jurisdição, e alterando o sistema anterior (que era constitucional), assim dispôs:

Contudo, o Código de Processo Civil, violando de modo direto esses princípios, editou regras jurídicas de inconstitucionalidade solar:

> Art. 327. (*omissis*)
>
> § 3º O inciso I do § 1º não se aplica às cumulações de pedidos de que trata o art. 326.
>
> Art. 326. É lícito formular mais de um pedido em ordem subsidiária, a fim de que o juiz conheça do posterior, quando não acolher o anterior.
>
> Parágrafo único. É lícito formular mais de um pedido, alternativamente, para que o juiz acolha um deles.

---

[9] Não confundir com o caso de concurso de ações, onde há sempre *um só pedido*. No caso ora examinado são dois ou mais pedidos diversos.

CAPÍTULO XXII – DO PROCESSO COM VÁRIAS AÇÕES; CONCURSO...

O Código de Processo Civil revogado continha a norma escrita de forma correta:

> *Art. 324. É lícito formular mais de um pedido em ordem subsidiária, a fim de que o juiz conheça do posterior, em não acolhendo o anterior.*

A diferença de tratamento é óbvia: no sistema revogado, a lei dizia que o juiz somente poderia conhecer do pedido posterior em não acolhendo o anterior – e essa expressão "não acolhendo" correspondia à uma impossibilidade física ou material de acolher o primeiro pedido (chamado então de principal). No sistema atual, o juiz acolhe, de acordo com seu *exclusivo alvedrio*, um dos dois pedidos formulados (o autor pede o automóvel ou a casa, que o réu se comprometeu a entregar como em dação em pagamento de mútuo e o juiz *escolhe* qual desses bens o autor deve receber...).

Note-se que a doutrina sempre enfatizou que o pedido subsidiário – que configura caso de cumulação de pedidos, obviamente – deve ter por fundamento *uma única causa de pedir*.

Hipótese clássica de pedidos subsidiários está prevista no art. 500 do Código Civil, que autoriza o adquirente de gleba por área determinada (*ad mensuram*), ao encontrar área menor que a declarada, pedir: a sua *(i)* complementação, *(ii)* a redução do preço ou *(iii)* a rescisão do contrato.

O autor pode formular o pedido de complementação da área (pedido principal) e *um* dos outros dois subsidiários. O primeiro apenas não lhe será concedido se o réu não dispuser de área para a devida complementação (impossibilidade fática). Não podendo acolher o principal, o juiz acolhe o subsidiário – de acordo com a ordem posta *pelo autor*.

Observe-se que formulação desses pedidos sucessivos (complementação da área ou redução do preço, por exemplo), não outorga ao juiz nenhuma livre opção: somente na impossibilidade real de atender ao pedido principal, acolherá o pedido subsidiário – mas ambos *têm o mesmo fato gerador*: dimensão da área adquirida menor que a declarada na escritura de compra e venda e realização dos pedidos formulados em uma certa ordem de preferência pelo autor da ação.

Todavia, o autor não poderia formular como pedido principal a redução do preço e como pedido subsidiário a rescisão do contrato (ou vice-versa), pois que nenhum deles jamais encontrará um obstáculo real para ser atendido e nesse caso retornaríamos à *escolha unilateral do juiz*, com violação ao princípio da inércia da jurisdição.

No sistema vigente, porém, o legislador optou por uma solução *inconstitucional* – ao autor é lícito formular mais de um pedido, de forma alternativa, para que o juiz acolha um deles (parágrafo único do art. 326). Ora, no momento em que o magistrado, de forma livre opta por um dos pedidos feitos, está em verdade como que promovendo a ação, colocando-se como o seu autor, como o seu sujeito ativo – e quebrando, assim, o princípio consagrado no art. 2º:

> Art. 2º O processo começa por iniciativa da parte e se desenvolve por impulso oficial, salvo as exceções previstas em lei.

Aliás, a ressalva da norma – "salvo exceções previstas em lei" refere-se ao impulso oficial apenas, e não à primeira parte da norma, que sacraliza o princípio da iniciativa da parte, uma das bases e um dos fundamentos do Estado de Direito, pois garante a imparcialidade do Poder Judiciário.

Mesmo na vigência do Código de Processo Civil anterior, em ações por ato de improbidade administrativa, o Ministério Público sempre pedia a condenação dos réus em dois ou três incisos do art. 12 da Lei n. 8.429/92 (Lei de Improbidade Administrativa) sendo certo que cada inciso se aplica para um dos três tipos de atos: enriquecimento ilícito, dano ao erário e violação a certos deveres impostas aos servidores.

Sempre sustentamos a impossibilidade dessa cumulação por incompatibilidade entre os pedidos, eis que ao juiz não seria possível acolher a todos simultaneamente (eles se excluem para evitar o *bis in idem*). Não podendo acolher todos, a opção fica a critério do magistrado – o

CAPÍTULO XXII – DO PROCESSO COM VÁRIAS AÇÕES; CONCURSO...

que viola o princípio da inércia da jurisdição. Dada a inconstitucionalidade do parágrafo único do art. 326, a alegação continua válida.

5.3 COMPETÊNCIA DO JUÍZO PARA CONHECER DOS PEDIDOS

A prorrogação da competência em caso de ações diversas entre si somente ocorre em caso de conexão entre elas:

> Art. 55. (*omissis*)
> § 1º Os processos de ações conexas serão reunidos para decisão conjunta, salvo se um deles já houver sido sentenciado.

Todavia, se não há conexão, impossível reunir pedidos perante juízos com competências diferentes: suponha-se uma demanda de competência da Vara da Família e outra, da Vara da Fazenda Pública.

5.4 ADEQUAÇÃO DO MESMO TIPO DE PROCEDIMENTO

O procedimento determina, dentre outras exigências formais, que os atos processuais sejam praticados em determinada ordem sequencial.

Se cada pedido cumulado deve obedecer a um tipo de procedimento (procedimento comum ou procedimento especial, por exemplo), o § 2º do art. 327 admite a cumulação se o autor optar pelo procedimento comum.

Todavia, a norma permite, ainda, o uso de expedientes processuais previstos para o procedimento especial a que estava sujeito o pedido, desde que não conflite com as regras do procedimento comum:

> Art. 327. (*omissis*)
> § 2º Quando, para cada pedido, corresponder tipo diverso de procedimento, será admitida a cumulação se o autor empregar o procedimento comum, sem prejuízo do emprego das técnicas

processuais diferenciadas previstas nos procedimentos especiais a que se sujeitam um ou mais pedidos cumulados, que não forem incompatíveis com as disposições sobre o procedimento comum.

A disposição é salutar, porque a especificidade da situação jurídica pode mesmo requerer a aplicação de técnica processual prevista no procedimento especial.

Título IV

DO PROCESSO E DO PROCEDIMENTO

Capítulo **XXIII**

DO PROCESSO E DO PROCEDIMENTO: RELAÇÃO JURÍDICA PROCESSUAL E OS PRESSUPOSTOS PROCESSUAIS

> Sumário: 1. Introdução ao estudo dos pressupostos processuais: a relação jurídica processual. 2. Características da relação jurídica processual. 3. A relação jurídica processual – posições jurídicas – natureza jurídica do processo. 4. Principais posições jurídicas na relação jurídica processual. 4.1 Poderes e faculdades. 4.2 Deveres e sujeições. 4.3 Ônus. 4.4 Direitos e obrigações. 4.5 Considerações finais. 5. Autonomia da relação jurídica processual em face da relação jurídica deduzida em juízo. 5.1 Sujeitos da relação jurídica processual e da relação jurídica deduzida em juízo. 5.2 Objeto da relação jurídica processual e da relação jurídica deduzida em juízo. 5.3 Pressupostos da relação jurídica processual e da relação jurídica deduzida em juízo. 6. Classificação dos pressupostos processuais. 7. Programa de estudo dos pressupostos processuais.

1. INTRODUÇÃO AO ESTUDO DOS PRESSUPOSTOS PROCESSUAIS: A RELAÇÃO JURÍDICA PROCESSUAL

O terceiro instituto fundamental do Direito Processual é *complexo*, pois é um fenômeno único que admite duas perspectivas: uma que corresponde ao escopo finalístico e unitário dos atos processuais e outra, que diz respeito às formalidades e à sucessão dos mesmos atos processuais.

Quando nos referimos à primeira delas, estamos nos referindo ao processo; na segunda perspectiva, ao procedimento.

O principal elemento de ligação entre o processo e o procedimento é a relação jurídica processual, cujos pressupostos – chamados de *pressupostos processuais* – são requisitos de validade de ambos.

No Capítulo IX, que cuida da classificação das ações pelo critério da tutela jurisdicional pedida pelo autor, estudamos alguns aspectos da relação jurídica, aos quais remetemos o leitor.

Como toda relação jurídica, a processual tem seu nascimento com a prática de um ato jurídico – o ajuizamento da ação.

Dentro da relação jurídica processual (como, aliás, em todas as demais), as pessoas que participam do processo passam a ocupar *posições jurídicas*.

Poder, dever, direitos, obrigações, ônus e faculdades são algumas das principais posições jurídicas que as partes (autor e réu), o órgão jurisdicional, auxiliares da justiça, testemunhas, peritos etc. ocupam dentro da relação jurídica processual.

Diante dessa constatação, poderíamos imaginar que em verdade haveria um feixe de relações jurídicas processuais – na extremidade de cada segmento poderíamos colocar as posições jurídicas contrapostas, como o direito e a obrigação.

Mas, em verdade, todas as possíveis posições jurídicas se encaixam dentro de uma *única* relação jurídica processual – e as posições jurídicas que se contrapõem (como direito e obrigação) acabam determinando a prática de atos processuais que se apresentam como ação e reação em cadeia – e este é o *caráter dialético do processo*.

Calamandrei assinala este aspecto: "Esses atos processuais realizados por diversas pessoas se ligam entre si como componentes de um procedimento único e individualizado, não tanto pela sua exterior proximidade espacial e temporal, e não apenas pela conexão teleológica

368

CAPÍTULO XXIII – DO PROCESSO E DO PROCEDIMENTO: RELAÇÃO...

entre eles; mas, antes, porque *cada um deles nasce como consequência daquele que o precedeu,* e, por sua vez, *opera como estímulo daquele que o segue.* É este o caráter *dialético* do processo, pelo qual o processo se desenvolve como um esquema de ação e de reação, de ataque e de defesa (...)".[1]

2. CARACTERÍSTICAS DA RELAÇÃO JURÍDICA PROCESSUAL

A relação jurídica processual é *unitária, complexa, continuativa* e de *direito público.*

A unitariedade resulta de quanto vimos acima – a relação jurídica processual é una e não um feixe de relações.

Por outro lado, é complexa, pois alberga um número enorme de posições jurídicas que se alternam e que dão a estrutura dialética ao processo.

Continuativa porque se prolonga no tempo, uma vez que entre o exercício do direito de ação e o trânsito em julgado da decisão medeia um enorme espaço temporal.

Por fim, conquanto outras pessoas ocupem determinadas posições jurídicas na relação jurídica processual, seus sujeitos são três: o autor, o réu e o órgão jurisdicional. Portanto, ela é *triangular* ou *trilateral.*

Justamente por contar com o órgão jurisdicional como um de seus sujeitos, a relação jurídica processual é regulada pelo Direito Público, uma vez que o magistrado integra o Poder Judiciário. É uma relação de *direito público.*

3. A RELAÇÃO JURÍDICA PROCESSUAL – POSIÇÕES JURÍDICAS – NATUREZA JURÍDICA DO PROCESSO

Para alcançar o escopo de solucionar as situações de conflito que lhe são submetidas, o Estado criou um modo técnico para tanto,

---

[1] CALAMANDREI, Piero. *Opere Giuridiche.* vol. 4. Morano Editore, 1970, p. 176. O autor adverte que a expressão é de Redenti. Grifamos.

um método para alcançar esse resultado, dotado de certa lógica e de um sistema: o processo.

Esse método se desenvolve a partir de um ato inicial, que é o ajuizamento de uma ação e se extingue com um ato final, que pode ser a sentença ou um provimento satisfativo. Entre eles, uma série de outros atos deve ser praticada, todos eles no exercício ou em função das diversas posições jurídicas que a doutrina costuma identificar em: poderes, deveres, faculdades, direitos, obrigações e ônus.

Todavia, o processo e o procedimento *não são e nem se confundem* com relação jurídica processual.

Sabemos o que são processo e procedimento. Sabemos que são maneiras diferentes de encarar o método criado pelo ordenamento jurídico para a formulação ou realização prática da regra jurídica concreta.[2]

A constatação da existência de uma relação jurídica processual apenas *qualifica* o processo e o procedimento como *métodos jurídicos*. Ela confere natureza jurídica ao processo e ao procedimento. O processo e o procedimento pertencem ao mundo jurídico, justamente porque seus componentes se situam numa relação jurídica – são atos jurídicos.[3]

4. PRINCIPAIS POSIÇÕES JURÍDICAS NA RELAÇÃO JURÍDICA PROCESSUAL

Os sujeitos da relação jurídica processual ocupam posições jurídicas ativas ou passivas no desenvolvimento do processo, independentemente de sua posição inicial de autor ou de réu. Assim, num determinado momento e tendo em vista determinado ato a ser

---

[2] V. Capítulo IV.

[3] O mesmo ocorre com a compra e venda, que tem natureza jurídica porque envolve uma relação jurídica, eis que nasce da prática de um ato jurídico. A reação entre a amônia e o ácido clorídrico produz o cloreto de amônia – e esse processo se qualifica como *processo químico* porque resulta de mudanças da composição química das substâncias. O *processo é jurídico* porque resultado de atos jurídicos.

CAPÍTULO XXIII – DO PROCESSO E DO PROCEDIMENTO: RELAÇÃO...

realizado, o autor pode ocupar uma posição jurídica passiva e o réu uma posição jurídica ativa.

Isto ocorre durante o progressivo desenvolvimento da relação jurídica processual e em razão do caráter dialético do processo, que provoca a alternância das posições jurídicas ativas e passivas.

Denomina-se sujeito ativo (ou autor) aquele que exerce o direito de ação, mas no decorrer da existência da relação jurídica processual muitas vezes esse sujeito ativo se encontra numa posição jurídica passiva, como quando, por exemplo, tem o *ônus* de produzir as provas do direito que alegou em juízo.

O sujeito passivo do direito de ação (aquele em face de quem o direito de ação foi exercido), por sua vez, pode ocupar uma posição jurídica ativa na relação jurídica processual, como aquela que corresponde ao seu *direito* de defesa.

Essa alternatividade de posições entre o sujeito ativo e passivo do direito de ação é interna e própria da relação jurídica.

Portanto, a denominação de sujeito ativo (autor) e de sujeito passivo (réu) da relação jurídica processual tem como referencial o exercício do direito de ação e em face de quem ele é exercido. Mas, não tem em vista as singulares e alternadas posições jurídicas em que eles vão se encontrando ao longo do desenvolvimento da relação processual.

A posição jurídica será ativa quando quem a ocupa for titular de um *poder*, de um *direito* ou de uma *faculdade*; será passiva, se tiver, a seu encargo, um *dever*, uma *sujeição*, uma *obrigação*, um *ônus*.

Tanto para o exercício de um poder, de um direito ou de uma faculdade, como para o desencargo de um dever, de uma obrigação ou de um ônus, os sujeitos do processo (autor, réu e juiz) devem praticar determinados atos jurídicos que se inserem na relação jurídica processual. Tais atos, disciplinados pelo Direito Processual denominam-se *atos processuais*.

Remarque-se, porém, que além dos sujeitos do processo (parte ativa, parte passiva e órgão jurisdicional), outras pessoas podem dele participar, como os órgãos auxiliares da justiça e as testemunhas, por exemplo, que também ocupam posições jurídicas na relação jurídica processual.

Vejamos em que consistem as principais posições jurídicas dentro da relação processual:

4.1 PODERES E FACULDADES

Ambas são posições jurídicas *ativas* e têm em comum o fato de que correspondem à permissão para a prática de certos atos processuais.

No entanto, não se confundem.

O exercício de uma faculdade não faz nascer uma nova posição jurídica que lhe exija resposta. Assim, o juiz, em determinadas circunstâncias, tem a faculdade de dispensar a oitiva de testemunhas das partes. Exercida essa faculdade, não estará criando nenhuma posição jurídica nova. E nem provoca uma ação reativa.[4]

Já o ato resultante do exercício de um poder faz nascer para outrem uma posição jurídica nova. Se o juiz exerce o seu poder de determinar o comparecimento da testemunha em juízo, esse exercício faz nascer uma posição jurídica nova para a testemunha, consistente no dever de comparecer em juízo para depor.[5]

4.2 DEVERES E SUJEIÇÕES

São posições jurídicas passivas.

O dever é, por assim dizer, o reverso do poder, e significa a exigência de um determinado comportamento. No exemplo acima, a testemunha tem o dever de comparecer em juízo.

---

[4] É claro que essa reação pode ocorrer pela via recursal – mas aqui estamos cuidando de atos que se realizam dentro como resultado imediato de outro ato anterior.

[5] As posições jurídicas estudadas não são unívocas, mas ambíguas. Assim, o juiz tem o poder/dever de reconhecer certas matérias processuais de ordem pública.

CAPÍTULO XXIII – DO PROCESSO E DO PROCEDIMENTO: RELAÇÃO...

A sujeição é a posição jurídica de quem não pode evitar as consequências de um determinado ato processual. Assim, perante a decisão do juiz, a posição jurídica do autor e do réu é a de sujeição.

4.3 ÔNUS

O ônus é a posição jurídica de quem deve praticar determinado ato para evitar um resultado desfavorável, dentro da própria relação jurídica processual.

Quem se encontra nessa posição jurídica pode optar entre a prática do ato e a sua omissão, mas, neste caso, sofrerá as consequências de sua inércia.

O ônus diferencia-se do dever porque o descumprimento deste, embora também gere uma consequência para o omisso, ocorrerá *fora* da relação jurídica processual.

O réu tem o ônus de contestar os fatos narrados pelo autor. Se não o fizer, esses fatos poderão ser havidos como verdadeiros (consequência que se verifica dentro da relação jurídica processual).

O juiz tem o (poder) dever de decidir – se não o fizer poderá também sofrer consequências – mas estas acontecerão fora da relação jurídica processual (num procedimento administrativo sancionatório, por exemplo).

Sob certo aspecto, o ônus pode ser visto como um direito – assim, o autor tem o ônus de ajuizar a ação para a proteção de seu direito, mas ao mesmo tempo o direito de fazê-lo. O mesmo se diga quanto ao direito de defesa do réu, que também pode ser encarado como um ônus.

4.4 DIREITOS E OBRIGAÇÕES

Direito, que neste sentido significa *direito subjetivo processual*, designa uma posição jurídica protegida pelo ordenamento jurídico processual, cujo núcleo é a possibilidade de exigir alguma coisa de outrem.

Os mais importantes direitos subjetivos processuais são o direito de ação e o direito de defesa.

373

Obrigação é uma posição jurídica passiva, que sujeita o inadimplente a sanções processuais. Assim, quando a parte deseja a realização de um ato processual, tem a obrigação de adiantar o pagamento das despesas (art. 82 do Código de Processo Civil). Caso não o adiante, sofrerá uma sanção processual consistente na não realização daquele ato.

4.5 CONSIDERAÇÕES FINAIS

Nem sempre será fácil a diferenciação entre as posições jurídicas acima estudadas. Não existe, em verdade, um critério bastante seguro para diferenciá-las entre si. Todavia, os traços mais característicos de cada uma delas foram delineados e, com base neles, quase sempre será possível se saber de qual posição jurídica se trata.

Essa dificuldade se acentua pelo fato de que há, muitas vezes, uma *relatividade intrínseca* à própria situação jurídica que, encarada de certo ângulo, é uma posição ativa, mas que, vista de outro, é passiva.

Assim, como vimos acima, o exercício do direito de defesa: se é um direito, é também um ônus. É direito porque se trata de uma posição jurídica protegida pelo direito e em razão da qual se pode exigir que Estado leve em conta as razões da parte passiva quando da entrega da prestação jurisdicional. Todavia, também é um ônus, porque se não for exercido, o réu sofrerá terríveis consequências : os fatos narrados pelo autor poderão ser havidos por verdadeiros e, assim, estará praticamente decidida a sorte da demanda.

O poder de decidir é também um dever: se exercido, faz nascer uma nova situação jurídica para as partes. Mas, deixando o juiz de cumprir com o seu dever de decidir, sofrerá sanções disciplinares pela omissão.

5. AUTONOMIA DA RELAÇÃO JURÍDICA PROCESSUAL EM FACE DA RELAÇÃO JURÍDICA DEDUZIDA EM JUÍZO

A relação jurídica processual é autônoma em face da relação jurídica que o sujeito ativo (autor) deduz em juízo e para a qual pede a tutela jurisdicional.

CAPÍTULO XXIII – DO PROCESSO E DO PROCEDIMENTO: RELAÇÃO...

Essa autonomia se demonstra pelos seus sujeitos, pelo seu objeto e pelos seus *pressupostos*.

5.1 SUJEITOS DA RELAÇÃO JURÍDICA PROCESSUAL E DA RELAÇÃO JURÍDICA DEDUZIDA EM JUÍZO

Os sujeitos (principais) da relação jurídica processual são:

(i) o sujeito ativo do direito de ação (sujeito ou parte ativa);

(ii) o sujeito passivo do direito de ação (sujeito ou parte passiva);

(iii) o órgão jurisdicional.

Já os sujeitos da relação jurídica deduzida em juízo são as pessoas (naturais ou jurídicas) que participaram do negócio jurídico realizado.

Imaginemos uma ação de conhecimento condenatória executiva, proposta pelo credor contra o devedor. Ajuizada a ação, o seu autor deduz em juízo uma relação jurídica de crédito/débito, dentro da qual nasceu seu direito ao recebimento de determinada importância, direito esse que não foi satisfeito espontaneamente pelo devedor. *Esta é a relação jurídica deduzida em juízo.*

O exercício do direito de ação, já o sabemos, faz nascer a relação jurídica processual.

Os sujeitos da relação deduzida em juízo são o credor e o devedor. Os sujeitos principais da relação jurídica processual são o autor (credor), o réu (devedor) *e o órgão jurisdicional*, que, em face da existência do direito de ação do autor tem a obrigação de dar a tutela jurisdicional.[6]

5.2 OBJETO DA RELAÇÃO JURÍDICA PROCESSUAL E DA RELAÇÃO JURÍDICA DEDUZIDA EM JUÍZO

O objeto da relação jurídica deduzida em juízo é um bem da vida protegido pelo direito, ou seja, um bem jurídico, que pode ser material

---

[6] Às vezes o autor não é o titular do direito, como no caso da substituição processual (art.18 do CPC).

375

ou imaterial, ou até mesmo consistir no próprio provimento jurisdicional em si mesmo, como ocorre nas ações declaratórias (a certeza). Corresponde ao *objeto mediato* da ação, salvo no caso da ação declaratória, que contém apenas o pedido imediato.

Porém, o objeto da relação jurídica processual é, invariavelmente, o *próprio tipo de provimento jurisdicional* pleiteado pelo autor (objeto imediato da ação).

Assim, o que extingue a relação jurídica deduzida em juízo é o conseguimento do bem da vida pretendido; o que extingue a relação jurídica processual é a entrega do provimento jurisdicional.

Na ação julgada improcedente, o autor não consegue o bem da vida pretendido, mas a relação jurídica processual se extingue da mesma maneira, com a sentença dada.

Num caso, porém, há coincidência entre o objeto dessas duas relações jurídicas – o das *ações declaratórias*, pois nestas o bem da vida pretendido é a própria prestação jurisdicional (recorde-se que na ação declaratória não existe o objeto mediato). Todavia, a autonomia entre ambas existe mesmo aqui, porque nas ações declaratórias, os sujeitos e pressupostos de cada uma são diversos entre si.

5.3 PRESSUPOSTOS DA RELAÇÃO JURÍDICA PROCESSUAL E DA RELAÇÃO JURÍDICA DEDUZIDA EM JUÍZO

As relações jurídicas que podem ser deduzidas em juízo são variadíssimas e disciplinadas pelos diferentes ramos do Direito.[7]

Não seria possível enumerar os pressupostos de todas as relações jurídicas deduzidas em juízo, em todos os variados campos do Direito. Podemos exemplificar com aquelas que se situam no campo do Direito Civil, o qual estabelece os seguintes pressupostos gerais: (a) agente capaz,

---

[7] Recorde-se que a situação jurídica deduzida em juízo pode até mesmo ser disciplinada pelo próprio Direito Processual, como ocorre nas ações rescisórias.

CAPÍTULO XXIII – DO PROCESSO E DO PROCEDIMENTO: RELAÇÃO...

(b) objeto lícito, possível, determinado ou determinável; (c) forma prescrita ou não defesa em lei (art. 104 do Código Civil).[8]

Os pressupostos da relação jurídica processual são denominados, mais sinteticamente "pressupostos processuais".

Pressupostos processuais são os requisitos necessários para a validade do processo.[9]

Observe-se atentamente o conceito dado: os pressupostos processuais *não são requisitos para a existência do processo* – como acontece em relação às condições da ação, que são requisitos para a existência do direito de ação.

Os pressupostos processuais são requisitos para a *validade* do processo. A falta dos pressupostos processuais torna o processo irregular, mas não inexistente. Já a falta das condições da ação torna inexistente o direito de ação, tanto que, neste caso, o processo se encerra com uma sentença de carência da ação.

O processo existe mesmo quando faltarem os pressupostos processuais. Tanto existe que será no processo que a ausência dos pressupostos processuais será corrigida ou declarada.

Nem todos os pressupostos processuais são do mesmo grau de importância para a validade do processo: por essa razão, enquanto a falta momentânea de alguns pode ser convalidada, a de outros comprometerá irremediavelmente a relação jurídica processual e, nestes casos, não haverá outra solução senão encerrá-la sem a entrega da prestação jurisdicional colimada pelo direito de ação.

A falta de um, ou de vários dos pressupostos processuais, em se tratando de requisito ou de requisitos que não podem ser supridos,

---

[8] Art. 104. A validade do negócio jurídico requer: I – agente capaz; II – objeto lícito, possível, determinado ou determinável; III – forma prescrita ou não defesa em lei.

[9] O tema foi tratado por Bülow na sua famosa obra "Teoria das Exceções Dilatórias e dos Pressupostos Processuais", onde demonstrou que a relação jurídica deduzida em juízo e a relação jurídica processual são autônomas entre si.

impedirá que o processo chegue até o seu fim normal, isto é, àquele ao qual teoricamente se destina (formulação ou realização prática da regra jurídica concreta), porque a relação jurídica processual não se instaurou validamente.

Pode ocorrer que o autor tenha o direito de ação (estão presentes as condições da ação) e que falte um ou mais dos pressupostos processuais. Neste caso, se a relação jurídica processual, que não é válida, não puder ser convalidada, o direito de ação não poderá atingir o seu objetivo, que é a entrega da prestação jurisdicional.

6. CLASSIFICAÇÃO DOS PRESSUPOSTOS PROCESSUAIS

O tema da classificação dos pressupostos processuais não é pacífico na doutrina. Seguiremos, no texto, embora com ressalvas que serão feitas oportunamente, a classificação exposta por Galeno Lacerda, citada também por Moacyr Amaral Santos.[10]

Segundo essa linha doutrinária, os pressupostos processuais classificam-se em *subjetivos* e *objetivos*.

Os pressupostos processuais subjetivos dizem respeito, como o nome está a indicar, aos *sujeitos* da relação jurídica processual. Como os sujeitos da relação jurídica processual são o *juiz* e as *partes* (ativa e passiva), temos uma subdivisão dos pressupostos processuais subjetivos em:

(i) pressupostos processuais subjetivos referentes ao juiz; e

(ii) pressupostos processuais subjetivos referentes às partes.

Os pressupostos processuais *objetivos* referem-se ao procedimento.

O quadro geral dos pressupostos processuais é o seguinte:

---

[10] SANTOS, Moacyr Amaral. *Primeiras Linhas de Direito Processual Civil*. vol. 1. Ed. Saraiva, 2009, p. 334.

CAPÍTULO XXIII – DO PROCESSO E DO PROCEDIMENTO: RELAÇÃO...

Pressupostos Processuais Subjetivos:

(i) Referentes ao Juiz:

    a. Investidura em cargo jurisdicional;

    b. Competência;

    c. Imparcialidade.

(ii) Referentes às partes:

    a. Capacidade de ser parte;

    b. Capacidade processual ou de estar em juízo;

    c. Capacidade postulatória.

Pressupostos Processuais Objetivos:

(i) Regularidade formal dos atos processuais

(ii) Regularidade do rito procedimental.[11]

7. PROGRAMA DE ESTUDO DOS PRESSUPOSTOS PROCESSUAIS

O processo e o procedimento são perspectivas diversas do mesmo e único método criado para solucionar as situações jurídicas conflituosas.

O liame entre eles se estabelece pela relação jurídica processual, cujos pressupostos de validade são *(i)* subjetivos e *(ii)* objetivos, e nessa ordem serão estudados nos próximos Capítulos.

---

[11] Com a classificação dada nos afastamos um pouco das lições de Liebman, para quem os pressupostos processuais seriam: a) a jurisdição e a competência do juiz; b) a capacidade e legitimação formal das partes; c) ausência de impedimentos decorrentes da litispendência e do compromisso arbitral (LIEBMAN, Enrico Tullio. *Problemi del Processo Civile.* Morano Editore, 1962, p. 164/165). O desenvolvimento do texto evidenciará que os dois primeiros pressupostos referidos por Liebman estão entre aqueles que adotamos. O último, porém, nos parece conduzir à falta do direito de ação, pois em face de outra demanda pendente (e até mesmo da coisa julgada) e do compromisso arbitral o autor não tem interesse de agir (interesse-necessidade) para propor a ação.

Título V

PRESSUPOSTOS PROCESSUAIS SUBJETIVOS REFERENTES AO JUIZ

Capítulo **XXIV**

DO JUIZ – PODERES – DEVERES – RESPONSABILIDADE

Sumário: 1. Do Juiz de Direito. 2. Os poderes do juiz na condução do processo: poderes jurisdicionais e poderes administrativos. 3. Poderes jurisdicionais. 3.1 Poderes decisórios. 3.1.1 Decisões interlocutórias. 3.1.2 Sentenças e acórdãos. 3.1.2.1 Sentenças terminativas e questões prejudiciais. 3.1.2.2 Sentenças terminativas e questões preliminares. 3.2 Poderes instrutórios. 3.3 Poderes ordinatórios – despachos de mero expediente. 4. Disposições do Código de Processo Civil sobre o poder jurisdicional do juiz na condução do processo. 4.1 Poderes do juiz na condução do processo. 4.2 Limites da decisão do juiz. 4.3 Princípio da livre convicção. 5. Dos deveres do Juiz no Código de Processo Civil. 6. Disposições da Lei Orgânica Nacional da Magistratura sobre os deveres do juiz. 7. Poderes administrativos do juiz. 7.1 Poderes de Polícia. 7.2 Poderes de documentação. 8. Da responsabilidade do juiz.

1. DO JUIZ DE DIREITO

Antes de estudarmos os pressupostos processuais subjetivos referentes ao juiz, precisamos nos aproximar desse importante protagonista do processo.

Os agentes políticos que ocupam os órgãos do Poder Judiciário integram a *Magistratura*.

Dentre os magistrados, a denominação *Juiz de Direito* é de cunho genérico, normalmente é utilizada para designar os agentes políticos investidos do Poder Jurisdicional do Estado para o exercício da jurisdição de primeiro grau ou de primeira instância. Muitas vezes a expressão "de Direito" é substituída pela designação da Justiça à qual o juiz pertence: Juiz Federal (da Justiça Federal); Juiz do Trabalho (Justiça do Trabalho) e assim sucessivamente.

Nos Tribunais, onde é exercida a jurisdição de segundo grau ou de segunda instância, os magistrados ocupam cargos de *Desembargadores* ou *Ministros*. A tais denominações se agrega, em seguida, o nome do respectivo tribunal, como: Desembargador do Tribunal de Justiça do Estado de São Paulo; Ministro do Supremo Tribunal Federal e assim por diante.

O Código de Processo Civil cuida especificamente da figura do Juiz do art. 139 *usque* 147.

Advirta-se, contudo, que essas regras jurídicas não esgotam todas as disposições da legislação processual sobre a figura do magistrado.

Dentre os sujeitos da relação jurídica processual, não há dúvida de que o Juiz é o mais importante, pois representa o Estado na relação jurídica processual, dentro da qual exerce a parcela de soberania conferida ao Poder Judiciário. É, ainda, o responsável pela condução do processo (art. 2º).

O poder do magistrado é deveras amplo e profundo no Estado de Direito: ele pode examinar quase todos os atos praticados pelos demais poderes estatais (Executivo e Legislativo) e, assim, deverá estar sempre atento ao princípio da separação e da autonomia entre eles, a fim de não invadir, indevidamente, esferas próprias e reservadas a cada um; todos os atos jurídicos das pessoas físicas e jurídicas – salvo aqueles que estão sob compromisso arbitral[1] – estão igualmente sujeitos à decisão do magistrado, que deve estar atento aos princípios constitu-

---

[1] Matéria regulada pela Lei n. 9.307, de 11 de setembro de 1996.

CAPÍTULO XXIV– DO JUIZ – PODERES – DEVERES –...

cionais sobre seu comportamento no processo (princípios da inércia da jurisdição, da isonomia, da imparcialidade, do devido processo legal – com respeito ao contraditório e à ampla defesa –, do direito adquirido, do ato jurídico perfeito e da coisa julgada, da segurança jurídica, da confiança legítima, da legalidade entre outros); por fim é o magistrado que confere vida às normas jurídicas, mediante sua interpretação, que deve ser fiel às tendências de seu tempo, sem personalismos e desvios.

Nada confere à sociedade maior tranquilidade que um magistrado justo, sereno e estudioso do direito, posicionando-se sempre como um servidor do ordenamento jurídico e das pessoas que o procuram.

Sua participação confere àquela relação jurídica processual sua natureza pública, pois nela representa o Estado, pessoa jurídica de Direito Público.

Também por essa mesma razão é que o próprio Direito Processual é um dos ramos do Direito Público, eis que disciplina a atuação de um órgão estatal – o órgão jurisdicional.

A participação de um órgão do Estado na relação jurídica processual ainda interfere na própria concepção do processo, que não pode ser visto *como um mero instrumento das partes*, mas como um método de solução de situações jurídicas, instituído para atender a um anseio da própria sociedade e, de conseguinte, para consecução do interesse público na disseminação da paz e da harmonia social para que todos possam se realizar como pessoas humanas dignas.

O estudo da História da Civilização indica com clareza que a evolução das sociedades humanas dispersas pela Terra inteira foi transferindo o poder de resolver as situações de conflito dos particulares (ou das próprias partes) para um poder central, cuja configuração também foi se aperfeiçoando até atingirmos o Estado de Direito Democrático, com a divisão dos Poderes de Estado nos três ramos – Legislativo, Executivo e Judiciário –, tendo este assumido a tarefa de decidir as situações jurídicas que lhes são submetidas, mediante o exercício da jurisdição.

Completando essa evolução, nos modernos Estados de Direito há uma tendência no sentido de abandonarmos a figura do juiz meramente receptivo, para dotá-lo de maiores poderes na condução do processo, sem perder de vista a equidistância que deve manter das partes, o equilíbrio que deve reinar entre elas, a possibilidade delas se manifestarem e de exercerem a ampla defesa, com profundo respeito às balizas que demarcam as competências reservadas aos demais Poderes de Estado (Legislativo e Executivo).

Assim como o processo não é mais concebido como instrumento das partes, mas instrumento para o exercício da atividade jurisdicional, o próprio Juiz não pode ficar à mercê dos particulares, no sentido de se sujeitar à vontade destes para que o processo caminhe e chegue ao seu final.

Essa inclinação do Direito Processual não significa, porém, dar ao Juiz poderes autoritários ou imotivados: insista-se que os poderes que lhes são conferidos devem sempre levar em conta a igualdade de tratamento das partes (princípio da isonomia); a possibilidade delas se contraporem, umas às outras, quer em relação às suas razões e argumentações de fato como de direito (princípio do contraditório) e, principalmente, devem ser poderes vinculados às normas legais (princípio da segurança jurídica e da legalidade) e suas decisões devem ser sempre fundamentadas (princípio da ampla defesa).

Em suma, o juiz, conquanto não se sujeite à vontade das partes na condução do processo, deve fazer uso dos poderes legais que lhe são conferidos dentro dos princípios que informam o Estado de Direito Democrático Brasileiro.

2. OS PODERES DO JUIZ NA CONDUÇÃO DO PROCESSO: PODERES JURISDICIONAIS E PODERES ADMINISTRATIVOS

Podemos dizer que os poderes do juiz, na condução do processo, e, pois, como sujeito da relação jurídica processual, podem se classificar em dois grandes grupos:

CAPÍTULO XXIV– DO JUIZ – PODERES – DEVERES –...

(i) poderes jurisdicionais; e

(ii) poderes administrativos.[2]

3. PODERES JURISDICIONAIS

O juiz exerce o seu poder jurisdicional com três finalidades distintas: *(i)* para decidir questões incidentes ou encerrar o processo; *(ii)* para instruir o processo (produção de provas) ou *(iii)* para impulsionar o processo em busca de seu final.

Assim sendo, costuma-se classificar os poderes jurisdicionais do juiz em:

(i) poderes decisórios;

(ii) poderes ordinatórios;

(iii) poderes instrutórios.

3.1 PODERES DECISÓRIOS

A grande maioria dos atos praticados pelo juiz dentro do processo tem conteúdo decisório, com objetivos os mais variados, conforme o momento e as circunstâncias.

Os atos decisórios podem se agrupar em duas espécies:

(i) Decisões interlocutórias;

---

[2] O tema será examinado no item 5, deste Capítulo. Cf. SANTOS, Moacyr Amaral. *Primeiras Linhas de Direito Processual Civil.* vol. 1. Ed. Saraiva, 2009, p. 340 e seguintes. O autor, no entanto, fala em poderes jurisdicionais e *poderes de polícia.* Preferimos a classificação do texto, porque os poderes de polícia são uma das espécies de poderes administrativos que o juiz exerce. Note-se, ainda, que falamos em poderes relacionados com a condução do processo, pois o Juiz de Direito tem inúmeras outras funções administrativas, como a de ser o Diretor do Fórum, isto é, do edifício sede da Comarca, de fazer correições nos Ofícios de Justiça (fiscalização dos serviços), além de funções normativas, como baixar Portarias, entre outros.

(ii) Sentenças (e acórdãos).

> Art. 203. Os pronunciamentos do juiz consistirão em *sentenças, decisões interlocutórias* e despachos.

3.1.1 Decisões interlocutórias

As decisões interlocutórias são aquelas que o juiz profere na pendência da relação jurídica processual, resolvem *questões incidentes* e não encerram o processo.

Questão é um ponto controvertido – de *fato* ou de *direito*: há questões de fato e questões de direito.

As questões de direito que incidem no processo durante seu desenvolvimento são resolvidas por decisões interlocutórias, que têm uma característica essencial – elas nunca encerram o processo.

Assim, logo que o autor ajuíza sua petição inicial, o juiz deve examiná-la para decidir se está em termos ou não. Ao recebê-la e mandar citar o réu, proferiu uma decisão interlocutória. Ante um requerimento para adiamento de audiência, para produção de prova por exemplo, o juiz sempre irá proferir uma decisão interlocutória.

Segundo o critério da lei, identificamos a decisão interlocutória *por exclusão* – tudo quanto não se encaixar no conceito de sentença ou de acórdão é decisão interlocutória.

É o que preceitua o § 2º do art. 203, cujo § primeiro dá o conceito de sentença:

> Art. 201. (*omissis*)
>
> § 1º Ressalvadas as disposições expressas dos procedimentos especiais, sentença é o pronunciamento por meio do qual o juiz, com fundamento nos arts. 485 e 487, põe fim à fase cognitiva do procedimento comum, bem como extingue a execução.
>
> § 2º Decisão interlocutória é todo pronunciamento judicial de natureza decisória que não se enquadre no § 1º.

CAPÍTULO XXIV– DO JUIZ – PODERES – DEVERES –...

3.1.2 Sentenças e acórdãos

As sentenças e acórdãos, ao contrário das decisões interlocutórias, *põem fim ao processo* – encerram-no.[3]

A sentença é a decisão proferida pelo órgão jurisdicional unipessoal (juiz de direito) e o acórdão, a decisão colegiada dos tribunais:

> Art. 204. Acórdão é o julgamento colegiado proferido pelos tribunais.

O direito de ação é o direito de exigir do Estado a prestação jurisdicional – mas essa obrigação do Poder Judiciário somente existe se o autor possuir o direito de ação e se estiverem presentes todos os pressupostos processuais. Havendo o direito de ação e estando regularmente constituída a relação jurídica processual o juiz tem o poder/dever de examinar o mérito da causa. Caso contrário, irá encerrar o processo sem exame de mérito.

A sentença que examina o mérito, acolhendo ou rejeitando o pedido do autor chama-se *sentença definitiva* – mas a que encerra o processo sem julgamento de mérito denomina-se *sentença terminativa*.

O art. 485 prevê as hipóteses em que o juiz não entra no exame do mérito da causae o art. 487, aquelas nas quais o juiz resolve o mérito da causa.

Há uma fundamental diferença entre as sentenças terminativas e as sentenças definitivas: somente estas últimas transitam em julgado e impedem a repropositura da mesma ação em outro processo. Tal não ocorre com as sentenças terminativas, cumpridas algumas exigências:

> Art. 486. O pronunciamento judicial que não resolve o mérito não obsta a que a parte proponha de novo a ação.

---

[3] A interposição de um recurso contra uma sentença ou um acórdão reabre o processo, mas tendo por endereço outro órgão jurisdicional.

ANTONIO ARALDO FERRAZ DAL POZZO

§ 1º No caso de extinção em razão de litispendência e nos casos dos incisos I, IV,VI e VII do art. 485, a propositura da nova ação depende da correção do vício que levou à sentença sem resolução do mérito.

Os incisos mencionados do art. 485 dizem respeito:

1) Ao indeferimento da petição inicial;

2) À ausência de pressupostos de constituição e de desenvolvimento válido e regular do processo;

3) À ausência de legitimidade ou de interesse processual;

4) Existência de convenção de arbitragem ou quando o juízo arbitral reconhecer sua competência.

3.1.2.1 Sentenças terminativas e questões prejudiciais

As sentenças terminativas encerram o processo sem julgamento de mérito e envolvem questões que devem ser examinadas pelo juiz antes daquele – pois somente se as resolver de modo positivo o mérito poderá ser decidido.

Essas questões podem configurar uma *questão prejudicial* ou em uma *questão preliminar*.

A questão prejudicial diz respeito a uma relação jurídica que, conquanto seja um pressuposto lógico da decisão do mérito, não se insere neste, pois o juiz iria conhecê-la apenas de passagem.

Preleciona Liebman: "Pode ocorrer, realmente, que para decidir a demanda, o juiz deva conhecer questões que dizem respeito à existência ou inexistência de um distinto estado ou de uma relação jurídica que, sem se constituir no objeto da demanda, representem um antecedente lógico desta".[4]

---

[4] LIEBMAN, Enrico Tullio. *Manuale di Diritto Processuale Civile*: Principi. 7ª Ed. Milano: Giuffrè Editore, 2007, p. 162.

CAPÍTULO XXIV– DO JUIZ – PODERES – DEVERES –...

Exemplo clássico é o da ação de conhecimento condenatória executiva em que se pleiteiam alimentos e que tem como pressuposto a relação de parentesco entre o autor e o réu. Normalmente o juiz, para decidir a causa, iria examinar apenas a *possibilidade* daquele em face de quem o autor pede alimentos e a *necessidade* deste. Mas, o réu pode contestar a relação de parentesco – e então essa contestação faz surgir uma questão prejudicial: as partes são ou não são parentes? É óbvio que se o juiz decidir que não há a relação de parentesco o pedido do autor fica prejudicado – e por essa razão que tal questão se chama *questão prejudicial*. Instaurada uma questão prejudicial, cabe ao juiz decidi-la previamente ao exame de mérito e, caso lhe dê provimento, profere uma sentença *terminativa* julgando o autor carecedor da ação por *ilegitimidade de parte passiva*, pois o ordenamento jurídico civil não prevê a possibilidade de se pedir alimentos quando não há relação jurídica de parentesco.

3.1.2.2 *Sentenças terminativas e questões preliminares*

Questões preliminares são aquelas que se instauram sempre que for alegada a ausência das condições da ação ou de um pressuposto processual que não possa ser convalidado.

A matéria pode ser examinada pelo juiz de ofício, mas então não se instaura, verdadeiramente, uma questão preliminar, que deve decorrer de uma alegação do réu.

Reconhecendo a ausência de uma das condições da ação a sentença terminativa julgará o autor carecedor da ação.

Se reconhecer a ausência de um pressuposto processual, que não pode ser sanado, o juiz deverá encerrar o processo porque a relação jurídica processual não se instaurou validamente.

3.2 PODERES INSTRUTÓRIOS

Instruir a causa tem o sentido de produzir provas a respeito dos fatos.

391

Como regra geral, cabe às partes requerer as provas com as quais pretendem provar suas alegações de fato – e ao juiz, decidir se as defere ou não.

O indeferimento deve ser motivado na *inutilidade* da prova (porque a matéria não é controvertida, ou porque já há suficiente prova documental ou porque visam a fatos irrelevantes) ou em seu *caráter meramente protelatório* (como seria, por exemplo, o pedido de oitiva de testemunha num país estrangeiro, para apenas comprovar os antecedentes da parte):

> Art. 370. (*omissis*)
>
> Parágrafo único. O juiz indeferirá, em decisão fundamentada, as diligências inúteis ou meramente protelatórias.

O princípio geral, portanto, é o *princípio dispositivo* – as partes devem pleitear as respectivas provas, como consta do art. 373, ao repartir o ônus da prova dentre as partes.

Mas, entende-se, hodiernamente, que o juiz não pode ficar à mercê das partes, mas deve se esforçar para encontrar a verdade dos fatos – e este é o fundamento de seu *poder instrutório*.

Uma primeira – e mais leve manifestação desse poder – está na possibilidade que a lei lhe confere de inverter o ônus da prova:

> Art. 373. (*omissis*)
>
> § 1º Nos casos previstos em lei ou diante de peculiaridades da causa relacionadas à impossibilidade ou à excessiva dificuldade de cumprir o encargo nos termos do caput ou à maior facilidade de obtenção da prova do fato contrário, poderá o juiz atribuir o ônus da prova de modo diverso, desde que o faça por decisão fundamentada, caso em que deverá dar à parte a oportunidade de se desincumbir do ônus que lhe foi atribuído.
>
> § 2º A decisão prevista no § 1º deste artigo não pode gerar situação em que a desincumbência do encargo pela parte seja impossível ou excessivamente difícil.

CAPÍTULO XXIV– DO JUIZ – PODERES – DEVERES –...

Contudo, manifestação do verdadeiro e próprio poder instrutório do juiz consiste na sua *determinação* de produção de provas, independentemente de requerimento das partes.

> Art. 370. Caberá ao juiz, *de ofício* ou a requerimento da parte, *determinar as provas necessárias ao julgamento do mérito.*

> Art. 130. Caberá ao juiz, de ofício ou a requerimento da parte, determinar as provas necessárias à instrução do processo.

A lei processual confere poderes instrutórios ao juiz porque ele não pode deixar de julgar (ou pronunciar o *non liquet*),[5] alegando não estar convencido de nenhuma das versões apresentadas no processo. Como para julgar ele precisa estar convencido de como os fatos realmente ocorreram, pode o juiz praticar atos instrutórios.

> Art. 140. O juiz não se exime de decidir sob a alegação de lacuna ou obscuridade do ordenamento jurídico.

Todavia, para manter sua imparcialidade, grande deve ser a prudência do juiz no exercício dos seus poderes instrutórios.

Assim, em primeiro lugar, deve ele justificar a razão pela qual entende necessária determinada prova, que não foi produzida, mas sempre serão observadas as seguintes e principais limitações:

1ª) Deve o juiz aguardar a produção das provas solicitadas pelas partes e somente se elas forem insuficientes para a formação de sua convicção é que deve converter o julgamento em diligência e determinar a realização das provas que julgue necessárias;[6]

---

[5] No CPC anterior: Art. 126. O juiz não se exime de sentenciar ou despachar alegando lacuna ou obscuridade da lei. No julgamento da lide caber-lhe-á aplicar as normas legais; não as havendo, recorrerá à analogia, aos costumes e aos princípios gerais de direito.

[6] Realizadas todas as provas, o processo se encontra pronto para o julgamento. Ao entender que devam ser produzidas novas provas sobre aqueles fatos, o juiz *converte* o

2ª) Não pode o juiz, no exercício de seus poderes instrutórios, tratar desigualmente as partes;

3ª) Não pode o juiz determinar a realização de prova de fato não controvertido, a cujo respeito a lei processual cria a presunção de serem verdadeiros:

> Art. 341. Incumbe também ao réu manifestar-se precisamente sobre as alegações de fato constantes da petição inicial, presumin-do-se verdadeiras as não impugnadas, salvo se:
>
> I – não for admissível, a seu respeito, a confissão;
>
> II – a petição inicial não estiver acompanhada de instrumento que a lei considerar da substância do ato;
>
> III – estiverem em contradição com a defesa, considerada em seu conjunto.
>
> Parágrafo único. O ônus da impugnação especificada dos fatos não se aplica ao defensor público, ao advogado dativo e ao curador especial.

Na prática, o que mais se encontra é a determinação judicial para realizar novamente uma prova já produzida, por ter o juiz se convencido da imprestabilidade da primeira.

Uma das provas que o juiz pode realizar pessoalmente e de ofício é a *inspeção judicial* de pessoas ou coisas (e mesmo um determinado local), a fim de se esclarecer sobre algum fato que interesse à decisão da causa.[7]

Assim, numa causa que diga respeito a um acidente de automóvel, por exemplo, pode o juiz inspecionar pessoalmente o local. Isto se torna necessário para que fique o registro da prova nos autos, uma vez que o juiz não pode julgar com fundamento em seus conhecimentos meramente pessoais, sem que estes estejam, de alguma forma, consignados nos autos.

---

julgamento em diligência, exatamente para a produção daquelas provas que ele acha indispensáveis. Esta conversão se faz por um despacho, que é irrecorrível. Todavia, nada impede que a parte, depois de proferido o julgamento, alegue (em recurso) que a atitude do juiz conferiu um tratamento desigual às partes.

[7] V. art. 481 e seguintes do Código de Processo Civil.

CAPÍTULO XXIV– DO JUIZ – PODERES – DEVERES –...

Também o juiz pode, de ofício, determinar o comparecimento pessoal das partes e fazer seu interrogatório.[8]

Ainda, como manifestação dos poderes instrutórios do juiz, nosso sistema processual adota a inquirição das testemunhas feita diretamente pelo juiz, para que possa colher sua impressão pessoal sobre o conteúdo de suas declarações.

3.3 PODERES ORDINATÓRIOS – DESPACHOS DE MERO EXPEDIENTE

Os poderes ordinatórios são aqueles que se realizam através dos atos chamados *despachos de mero expediente*, que se destinam apenas a impulsionar o processo, para que ele não fique estagnado. Eles não têm nenhum conteúdo decisório, expresso ou implícito, pois é uma determinação.

Como se vê, os despachos de mero expediente são proferidos em razão do poder jurisdicional do juiz na condução do processo: o juiz profere os despachos de mero expediente tendo em vista, como finalidade última, a de tornar possível a prestação da tutela jurisdicional e a prolação do provimento jurisdicional, e, como finalidade imediata, fazer com que o processo tramite e avance.

Os despachos são pronunciamentos judiciais que não se caracterizam como sentença, acórdão ou decisão interlocutória:

> Art. 203. (*omissis*)
> § 3º São despachos todos os demais pronunciamentos do juiz praticados no processo, de ofício ou a requerimento da parte.

Teoricamente seria possível conceber um sistema em que o andamento do processo ficasse na inteira dependência da vontade das partes, mas, de acordo com as tendências atuais, nosso Código de Processo Civil adotou princípio oposto – o chamado *princípio do impulso oficial*.

---

[8] V. art. 772, I do Código de Processo Civil.

Mais uma vez, recordemos o teor do art. 2º:

> Art. 2º O processo começa por iniciativa da parte e se desenvolve por impulso oficial, salvo exceções previstas em lei.
>
> Art. 262. O processo civil começa por iniciativa da parte, mas se desenvolve por impulso oficial.

Portanto, o titular do direito de ação tem a possibilidade de optar em dar ou não início ao processo; mas, uma vez este iniciado, não fica inteiramente ao seu dispor a marcha processual, pois o Estado (melhor: a sociedade) quer que ele chegue ao seu final, para que haja tranquilidade social em tempo razoável (art. 4º).

Na prática, esse impulso oficial se realiza mediante a remessa dos autos do processo ao juiz, feita pelo escrivão ou chefe da secretaria judicial,[9] o que ocorre depois de cada ato processual praticado, a fim de que ele decida alguma questão ou simplesmente determine a realização do próximo ato (proferindo, então o despacho de mero expediente).

Consequência da adoção do princípio do impulso oficial é a possibilidade do encerramento do processo sem a entrega da prestação jurisdicional se ele ficar parado durante mais de um ano por negligência das partes, como estatui o art. 485, inciso II do Código de Processo Civil.

Antes, porém, de encerrar o processo, a *parte*, a quem incumbe a realização do ato, deve ser intimada pessoalmente para suprir a falta, em 05 (cinco), pois a negligência pode ser de seu advogado e procurador (cf. § 1º do art. 485).

Todavia, há atos de impulso que independem de despacho judicial – são os chamados atos meramente ordinatórios, muitos dos quais praticados pelo escrivão ou chefe da secretaria:

---

[9] V. art. 152, VI, alínea "a". A remessa dos autos do processo ao Juiz de Direito cabe ao escrivão. Para tanto, ele faz a "conclusão" dos autos ao Juiz (o que normalmente ocorre mediante a aposição de um carimbo com esses dizeres – "conclusão", com a data e o nome do Juiz de Direito). Ao procurar os autos no Ofício de Justiça e receber a resposta de que os autos estão conclusos ao Juiz, entende-se que eles foram remetidos ao magistrado para algum despacho.

CAPÍTULO XXIV– DO JUIZ – PODERES – DEVERES –...

Art. 203. (*omissis*)

§ 4º Os atos meramente ordinatórios, como a juntada e a vista obrigatória, independem de despacho, devendo ser praticados de ofício pelo servidor e revistos pelo juiz quando necessário.

4. DISPOSIÇÕES DO CÓDIGO DE PROCESSO CIVIL SOBRE O PODER JURISDICIONAL DO JUIZ NA CONDUÇÃO DO PROCESSO

Sobre o poder jurisdicional do juiz na condução do processo, e, em especial, sobre o seu poder decisório, inúmeras são as disposições do Código de Processo Civil, já que, em verdade, trata-se de sua tarefa primordial.

Todavia, neste passo, vamos examinar apenas aquelas que se situam sob a rubrica "Dos poderes, dos deveres e da responsabilidade do juiz" (art. 139 a 143), que é o nosso tema central.

4.1 PODERES DO JUIZ NA CONDUÇÃO DO PROCESSO

O art. 139 do Código de Processo Civil enuncia os principais poderes/deveres do juiz na condução do processo:

Art. 139. O juiz dirigirá o processo conforme as disposições deste Código, incumbindo-lhe:

I – assegurar às partes igualdade de tratamento;

II – velar pela duração razoável do processo;

III – prevenir ou reprimir qualquer ato contrário à dignidade da justiça e indeferir postulações meramente protelatórias;

IV – determinar todas as medidas indutivas, coercitivas, mandamentais ou sub-rogatórias necessárias para assegurar o cumprimento de ordem judicial, inclusive nas ações que tenham por objeto prestação pecuniária;

V – promover, a qualquer tempo, a autocomposição, preferencialmente com auxílio de conciliadores e mediadores judiciais;

VI – dilatar os prazos processuais e alterar a ordem de produção dos meios de prova, adequando-os às necessidades do conflito de modo a conferir maior efetividade à tutela do direito;

VII – exercer o poder de polícia, requisitando, quando necessário, força policial, além da segurança interna dos fóruns e tribunais;

VIII – determinar, a qualquer tempo, o comparecimento pessoal das partes, para inquiri-las sobre os fatos da causa, hipótese em que não incidirá a pena de confesso;

IX – determinar o suprimento de pressupostos processuais e o saneamento de outros vícios processuais;

X – quando se deparar com diversas demandas individuais repetitivas, oficiar o Ministério Público, a Defensoria Pública e, na medida do possível, outros legitimados a que se referem os arts. 5º da Lei n. 7.347, de 24 de julho de 1985, e 82 da Lei n. 8.078, de 11 de setembro de 1990, para, se for o caso, promover a propositura da ação coletiva respectiva.

Parágrafo único. A dilação de prazo prevista no inciso VI somente pode ser determinada antes de encerrado o prazo regular.

Esses comandos positivos têm a finalidade de nortear a atividade *jurisdicional* do juiz. Todavia, o inciso VII diz respeito à sua atividade *administrativa* (exercício do poder de polícia).

Vejamos os diversos incisos.

(i) Igualdade das partes

A igualdade das partes é a aplicação no campo do processo do princípio da isonomia, um dos pilares do Estado de Direito e a ele o juiz sempre deve total obediência.

Ao decidir qualquer questão incidente no processo, isto é, ao proferir decisões interlocutórias, o juiz deve estar atento ao seu dever de assegurar a igualdade entre as partes, não podendo beneficiar uma delas em detrimento da outra. O tratamento processual dispensado ao autor e ao réu deve ser o mesmo, a fim de que se mantenha entre eles o equilíbrio necessário. O indeferimento de uma prova requerida por

CAPÍTULO XXIV– DO JUIZ – PODERES – DEVERES –...

uma das partes e o deferimento dessa mesma prova para outra, por exemplo, seria dispensar um tratamento desigual entre as partes.

(ii) Duração razoável do processo

Velar pela rápida solução dos litígios significa que o juiz deve imprimir a maior velocidade possível ao andamento do processo, decidindo pela não realização de atos processuais inúteis ou meramente protelatórios, atendendo, aliás, a comando constitucional (art. 5º, inciso LXXVIII), marcando as audiências para datas as mais próximas possíveis.

Para que o processo tenha duração razoável, o juiz deve indeferir postulações meramente protelatórias (inciso III, parte final) e, ainda: agilizar o trabalho do ofício de justiça e dos oficiais de justiça; exercer seu poder correcional sobre os trabalhos do cartório, pedindo maior estrutura ao tribunal ao qual estiver subordinado; exigir modernas técnicas para colher depoimentos e declarações, por meio de gravações informatizadas; exercer com maior rigor o seu poder de indeferir petições iniciais ineptas ou sem condições de prosperar. Tudo, enfim, que estiver sob seu alcance e vigilância deve ser examinado e analisado. Muito da demora da Justiça é uma questão de gestão dos recursos humanos e materiais da Vara ou Juízo e dos cartórios.

Com efeito, ao conferir às partes o direito a uma duração razoável do processo e estipular para o magistrado o dever de "velar pela duração razoável do processo", na verdade a lei processual está vinculando o juiz ao *princípio da eficiência*. Sua omissão pode e deve gerar consequências administrativas e até sancionatórias.

(iii) Dignidade da Justiça

A dignidade da Justiça é um dos valores mais importantes a serem preservados, pois uma Justiça digna é fator decisivo para a paz e tranquilidade sociais.

A ordem judicial necessariamente tem que ser cumprida, pois esse é o poder de coerção do Estado. Ordem descumprida desprestigia a justiça e traz o descrédito no Poder Judiciário (inciso IV).

O dever ora examinado se volta também para o próprio Magistrado, que deve manter uma conduta pessoal ilibada.

(iv) Conciliação

A tentativa de conciliação é uma das maneiras de se evitar que a demanda subsista por longo período.[10] O Código de Processo Civil determina caber ao juiz tentar promover a autocomposição a qualquer tempo (inciso V).

(v) Dilação de prazo e inversão do ônus da prova

A dilação de prazos processuais, sempre antes de seu encerramento (parágrafo único) deve ser justificada amplamente, para não ser ferido o princípio da igualdade das partes. A inversão do ônus da prova, da mesma maneira, carece de justificativas bem fundamentadas, pelo mesmo motivo (inciso VI).

(vi) Depoimento pessoal da parte

Sempre que a contraparte requerer o depoimento da outra, seu não comparecimento resulta, em princípio, na pena de confissão (art. 385 e § 1º). Mas, o juiz pode determinar esse comparecimento. Nesse caso, porém, a ausência da parte não acarreta a pena de confissão (inciso VIII), conquanto o não comparecimento possa pesar na decisão judicial.

(vii) Suprimento de pressupostos processuais

Há pressupostos processuais que podem ser supridos.

---

[10] Atualmente há um exagerado movimento para a conciliação das partes, com o indisfarçável intuito de diminuir o número de processos pendentes, pois o Judiciário Brasileiro está afogado em meio aos autos e não consegue dar resposta rápida à sociedade. Mas, a conciliação sempre significa abrir mão de parte de um direito – e por essa razão jamais deve se constituir num objetivo institucional do Poder Judiciário. A conciliação deve ser buscada quando há razões contrapostas das partes e cada uma delas puder abrir mão de parte de seu direito. Fora dessas circunstâncias, o que se faz é injustiça, pois a parte se sente ameaçada pelo juiz e acaba concordando em perder parte de seu direito para comodidade do órgão jurisdicional, que fica com um processo a menos na sua conta...

CAPÍTULO XXIV– DO JUIZ – PODERES – DEVERES –...

Dado o princípio da *economia processual,* nessa hipótese cabe ao juiz determinar seu suprimento, para não ter que extinguir o processo sem resolução de mérito (inciso IX).

O inciso VII respeitante ao poder de polícia do juiz e bem assim o inciso X serão oportunamente estudados.

4.2 LIMITES DA DECISÃO DO JUIZ

O art. 141 do Código de Processo Civil fixa os limites da decisão do juiz:

> Art. 141. O juiz decidirá o mérito nos limites propostos pelas partes, sendo-lhe vedado conhecer de questões não suscitada, a cujo respeito a lei exige a iniciativa da parte.
>
> Art. 128. O juiz decidirá a lide nos limites em que foi proposta, sendo-lhe defeso conhecer de questões, não suscitadas, a cujo respeito a lei exige a iniciativa da parte.

Na sua primeira parte, a norma processual se refere à decisão em que o juiz examina o mérito da causa, isto é, quando ele emite uma regra jurídica concreta positiva ou negativa.

A regra jurídica concreta positiva não poderá dar ao autor tutela jurisdicional ou bem jurídico *diverso* do pedido e nem *além* do que foi pleiteado.

A decisão que violar esta norma será havida como *extra* ou *ultra petita partium* e provocará nulidade absoluta da sentença, porque o juiz estará agindo *de ofício,* fora do conteúdo do direito de ação exercido pelo autor e violando o princípio da inércia da jurisdição e, de maneira frontal, o artigo sob análise e também o 2º do Código de Processo Civil.

A regra jurídica concreta negativa também não poderá ultrapassar os limites traçados pelos fatos da causa, para analisar outras relações jurídicas estranhas à demanda. Se o autor pediu a entrega do imóvel com fundamento num contrato de locação, o juiz, ao proferir sentença negativa, não poderá declarar, por exemplo, que inexiste a relação jurídica de locação e ainda qualquer outra.

A segunda parte da regra – "sendo-lhe defeso vedado de questões não suscitadas a cujo respeito a lei exige a iniciativa da parte" – tem por fonte de inspiração, igualmente, o princípio da *inércia da jurisdição*.

Porém, ela deixa entrever que no sistema processual há, sob o aspecto examinado, duas espécies de questões: *(i)* as que podem ser conhecidas de ofício pelo juiz e *(ii)* as que exigem alegação das partes para que possam ser examinadas.

De um modo geral, podemos dizer que o juiz pode conhecer de ofício quase todas as questões atinentes aos pressupostos processuais e todas as questões referentes às condições da ação, pois são havidas como matérias de ordem pública. O Poder Judiciário não deve se por em movimento inutilmente, o que ocorreria se a relação jurídica fosse nula (pela falta de pressuposto processual) ou se faltasse o direito de ação (caso em que o Estado não tem obrigação da prestar a tutela jurisdicional).

No que tange ao direito deduzido em juízo pelo autor, o juiz somente poderá conhecer das questões que surgirem das alegações das partes.

Uma sentença passível de ser proferida de ofício pelo juiz, independentemente de alegações das partes está no art. 142, e que ocorre quando o órgão jurisdicional se convence de que elas estão se valendo do processo para a prática de um ato simulado ou para conseguir fim proibido por lei[11]:

> Art. 142. Convencendo-se, pelas circunstâncias, de que autor e réu se serviram do processo para praticar ato simulado ou conseguir

---

[11] Segundo Washington de Barros Monteiro, a simulação apresenta as seguintes características: "a) em regra, é declaração bilateral de vontade; b) é sempre concertada com a outra parte, ou com pessoas a quem ela se destina; c) não corresponde à intenção das partes; d) é feita no sentido de iludir terceiros". *Curso de Direito Civil*. vol. 1. Saraiva, 2007, p. 255.

CAPÍTULO XXIV– DO JUIZ – PODERES – DEVERES –...

fim vedado por lei, o juiz proferirá decisão que impeça os objetivos das partes, aplicando, de ofício, as penalidades da litigância de má-fé.

Art. 129. Convencendo-se, pelas circunstâncias da causa, de que autor e réu se serviram do processo para praticar ato simulado ou conseguir fim vedado por lei, o juiz proferirá sentença que obste aos objetivos das partes.

Assim, por exemplo, se a autora, concubina do réu casado e agindo de comum acordo com este, move-lhe uma ação para cobrar uma dívida em verdade inexistente, seu real intento é o de contornar a proibição do art. 550 do Código Civil. Neste caso, as partes estão querendo, pela via processual, obter um fim proibido por lei. A vantagem da utilização do processo estaria na obtenção de uma decisão judicial transitada em julgado, que a tornaria imutável após dois anos, enquanto que a doação pura e simples (ou simulada através de uma compra e venda, por exemplo), poderia ser anulada até dois anos depois de dissolvida a sociedade conjugal, nos termos daquele art. 550 do Código Civil. Neste caso, o juiz pode encerrar o processo, sem julgamento do mérito.

Suponha-se, agora, este outro caso: duas pessoas usam o processo para que uma delas seja condenada ao pagamento de elevada soma à outra. Na verdade, o réu da ação está querendo transferir ao autor parte de seu patrimônio, porque está com muitas dívidas (e seu patrimônio responde por elas). Se seu intento for alcançado, contará com a transferência justificada por uma sentença judicial.

4.3 PRINCÍPIO DA LIVRE CONVICÇÃO

O art. 371 do Código de Processo Civil consagra o princípio da livre convicção do juiz:

Art. 371. O juiz apreciará a prova constante dos autos, independentemente do sujeito que a tiver promovido, e indicará na decisão as razões da formação de seu convencimento.

> Art. 131. O juiz apreciará livremente a prova, atendendo aos fatos e circunstâncias constantes dos autos, ainda que não alegados pelas partes; mas deverá indicar, na sentença, os motivos que lhe formaram o convencimento.

No Código de Processo Civil revogado, o seu art. 131 se referia expressamente à *livre apreciação da prova*. Embora o art. 371 não o diga expressamente, induz ao mesmo resultado, pois determina que o juiz desconsidere quem produziu a prova e que indique, na sentença, os motivos que o levaram a acreditar como os fatos ocorreram.

A norma busca conferir ao magistrado a maior liberdade possível para apreciar as provas e formar seu convencimento sobre a verdade dos fatos.

Mas, livre convencimento não significa convencimento arbitrário, desligado das provas produzidas pelas partes: significa convencimento livre, mas fundamentado. O juiz deve expor as razões que o levam a crer na veracidade dos fatos.

5. DOS DEVERES DO JUIZ NO CÓDIGO DE PROCESSO CIVIL

O mais importante dos deveres do juiz é aquele que se contrapõe ao seu poder jurisdicional é o de *prestar a tutela jurisdicional.*

A prestação da tutela jurisdicional é um dever-poder[12] do juiz, conforme o ângulo que se a encare. É um poder, no sentido de que é uma emanação da soberania estatal; mas é um dever, que satisfaz o exercício do direito de ação.[13]

---

[12] Celso Antônio Bandeira de Mello (*Curso de Direito Administrativo*, 28ª Ed. Malheiros, p. 72) preleciona, com toda razão, que: "Tendo em vista este caráter de assujeitamento do poder a uma finalidade instituída no interesse de todos – e não da pessoa exercente do poder –, as prerrogativas da Administração não devem ser vistas ou denominadas como "poderes" ou como "poderes-deveres". Antes se qualificam melhor se designam como "deveres-poderes", pois nisto se ressalta sua índole própria e se atrai a atenção para o aspecto subordinado do poder em relação ao dever, sobressaindo, então o aspecto finalístico que as informa, do que decorrerão suas inerentes limitações".

[13] Na verdade é uma obrigação do juiz. Em respeito à autoridade judiciária, costuma-se falar em *dever.*

CAPÍTULO XXIV– DO JUIZ – PODERES – DEVERES –...

Nesse sentido, o art. 140 do Código de Processo Civil estabelece que:

> Art. 140. O juiz não se exime de decidir sob a alegação de lacuna ou obscuridade do ordenamento jurídico.
>
> Parágrafo único. O juiz só decidirá por equidade nos casos previstos em lei.
>
> Art. 126. O juiz não se exime de sentenciar ou despachar alegando lacuna ou obscuridade da lei. No julgamento da lide caber-lhe-á aplicar as normas legais; não as havendo, recorrerá à analogia, aos costumes e aos princípios gerais de direito.

Portanto, o juiz não pode deixar de sentenciar ou de despachar. Se a lei contém uma lacuna ou se é obscura, cabe-lhe interpretá-la e buscar a melhor solução. Se inexistir norma legal onde possa enquadrar a questão a ser resolvida, deve se valer da analogia, dos costumes e dos princípios gerais de direito, que estão ínsitos no próprio ordenamento jurídico.

A Lei n. 12.376/2010, que estabelece a Lei de Introdução às Normas do Direito Brasileiro, assim dispõe:

> Art. 4º Quando a lei for omissa, o juiz decidirá o caso de acordo com a analogia, os costumes e os princípios gerais de direito.[14]

Outros importantes deveres do juiz o Código de Processo Civil enumera ao se referir à responsabilidade civil do magistrado.

6. DISPOSIÇÕES DA LEI ORGÂNICA NACIONAL DA MAGISTRATURA SOBRE OS DEVERES DO JUIZ

A Lei Complementar n. 35, de 14 de março de 1979 – a Lei Orgânica da Magistratura Nacional – traz inúmeros deveres impostos ao Juiz, que merecem ser abordados:

---

[14] A analogia consiste em aplicar as mesmas regras jurídicas às situações semelhantes. Os costumes precisam ser reconhecidos em determinado local como a prática corriqueira e obrigatória; Os princípios gerais de direito são normas axiológicas fundamentais do sistema jurídico.

ANTONIO ARALDO FERRAZ DAL POZZO

Art. 35. São deveres do magistrado:

I – cumprir e fazer cumprir, com independência, serenidade e exatidão, as disposições legais e os atos de ofício;

II – não exceder injustificadamente os prazos para sentenciar ou despachar;

III – determinar as providências necessárias para que os atos processuais se realizem nos prazos legais;

IV – tratar com urbanidade as partes, os membros do Ministério Público, os advogados, as testemunhas, os funcionários e auxiliares da Justiça, e atender aos que o procurarem a qualquer momento quanto se trate de providência que reclame e possibilite solução de urgência.

V – residir na sede da Comarca salvo autorização do órgão disciplinar a que estiver subordinado;

VI – comparecer pontualmente à hora de iniciar-se o expediente ou a sessão, e não se ausentar injustificadamente antes de seu término;

VII – exercer assídua fiscalização sobre os subordinados, especialmente no que se refere à cobrança de custas e emolumentos, embora não haja reclamação das partes;

VIII – manter conduta irrepreensível na vida pública e particular.

(i) *cumprir e fazer cumprir, com independência, serenidade e exatidão, as disposições legais e os atos de ofício;*

Tais mandamentos são de fundamental importância para o bom exercício do poder jurisdicional.

Agir com independência significa ficar imune a quaisquer pressões – sejam de autoridades, da mídia, da população – e tomar as medidas que a Constituição Federal e as leis determinam. Nas sociedades modernas, as redes sociais adquiriram uma capacidade de movimentação de pessoas com incrível rapidez e organizam protestos de rua que se multiplicam. A mídia televisiva é sedutora. Mas, o juiz deve ter como trincheira inexpugnável a ordem jurídica. A função jurisdicional não pode servir de meio ou instrumento demagógico e nem é trampolim para cargos eletivos.

406

CAPÍTULO XXIV– DO JUIZ – PODERES – DEVERES –...

Além dessa independência, deve o juiz manter sua serenidade, agir sem se perturbar por qualquer circunstância estranha aos autos do processo. Um juiz manso e ordeiro – sem perder sua autoridade – é um ideal a ser buscado.

Independência, serenidade e exação no cumprimento dos seus deveres e das leis – eis o que se espera do Poder Judiciário.

(ii) *Não exceder injustificadamente os prazos para sentenciar ou despachar e*

(iii) *Determinar as providências necessárias para que os atos processuais se realizem nos prazos legais; comparecer pontualmente à hora de iniciar-se o expediente ou a sessão, e não se ausentar injustificadamente antes de seu término;*

Essas determinações dizem respeito à celeridade do processo, tema já examinado.

(iv) *Tratar com urbanidade as partes, os membros do Ministério Público, os advogados, as testemunhas, os funcionários e auxiliares da Justiça, e atender aos que o procurarem a qualquer momento quanto se trate de providência que reclame e possibilite solução de urgência.*

Tratar as partes com urbanidade significa respeitá-las, ser afável e cortês, sem qualquer prepotência, recordando-se sempre o magistrado que está no seu cargo para servir da melhor maneira aos cidadãos. Ele é, antes de tudo, um servidor público.

A norma vincula o atendimento aos que procurarem o Juiz a casos de urgência – mas, certamente disse menos do que deveria ou pretendia dizer.

O Magistrado deve receber os advogados, sendo inconcebível que se recuse a tanto. O advogado tem o direito de ser recebido, pois sua presença diante do Juiz pode esclarecer muitos pontos que seriam de grande complexidade e difícil entendimento apenas com uma exposição escrita. Como diz o velho ditado, uma fotografia vale por mil palavras

407

ANTONIO ARALDO FERRAZ DAL POZZO

– e um despacho oral pode valer por mil palavras também. E, ao receber o advogado, deve tratá-lo com urbanidade.[15]

O Estatuto da Ordem dos Advogados do Brasil (Lei n. 8.906, de 04 de julho de 1994) assim estatui em seu art. 7º:

> Art. 7º São direitos do advogado:
>
> VIII – dirigir-se diretamente aos magistrados nas salas e gabinetes de trabalho, independentemente de horário previamente marcado ou outra condição, observando-se a ordem de chegada;

(v) *Residir na sede da Comarca salvo autorização do órgão disciplinar a que estiver subordinado;*

Nos Estados da Federação mais desenvolvidos não há motivos razoáveis para que o magistrado não resida na comarca, especialmente quando se trata de pequenas ou médias cidades do Interior. A presença constante do juiz na cidade é deveras importante para os cidadãos. Ela marca o princípio da autoridade. A eventual falta de maiores recursos na cidade não pode servir de fundamento para que nela não more o juiz.

Todavia, onde houver conurbação, especialmente se formada por grandes cidades, essa presença não é realmente notada – e nesses casos, se houver necessidade, poderá o juiz residir em cidade vizinha.

(vi) *Comparecer pontualmente à hora de iniciar-se o expediente ou a sessão, e não se ausentar injustificadamente antes de seu término;*

Na importante função de dirigir os trabalhos forenses, o magistrado tem o dever de comparecer pontualmente no horário em que o

---

15 Infelizmente, ainda existem magistrados que se recusam a receber os advogados. Ou que, ao recebê-los, fazem esta desconcertante indagação: – "Doutor, o que o Senhor veio dizer está na sua petição? Se estiver. Eu a leio depois..." Todavia, o magistrado jamais deveria se comportar dessa maneira, pois em sentido amplo é um servidor público (conquanto agente político), que exerce o importante papel de tranquilizar a sociedade, ministrando Justiça. O diálogo com o advogado deve ser sagrado. Não concorrem para a dignidade do Poder Judiciário, aqueles que não pensam assim. O mesmo se diga quanto ao atendimento de outras autoridades, de qualquer escala de poder.

CAPÍTULO XXIV– DO JUIZ – PODERES – DEVERES –...

expediente tem início – seja para presidir audiências ou comparecer às sessões de julgamento dos tribunais:

> Art. 212. Os atos processuais serão realizados em dias úteis, das 6 (seis) às 20 (vinte) horas.
>
> § 1º Serão concluídos após as 20 (vinte) horas os atos iniciados antes, quando o adiamento prejudicar a diligência ou causar grave dano.

A norma também impõe ao magistrado o dever de permanecer no local onde ocorrem os atos processuais em andamento até o seu final, a menos que possa justificar sua retirada antes do término dos trabalhos. Todavia, para que possa se retirar é preciso que os atos processuais possam ocorrer sem a sua presença, como a assinatura pelas partes, das peças produzidas na audiência e por ele já assinadas.

(vii) Exercer assídua fiscalização sobre os subordinados, especialmente no que se refere à cobrança de custas e emolumentos, embora não haja reclamação das partes;

Esse assunto também já examinado e se prende à necessidade de conferir aos ofícios de justiça e secretaria judiciais melhor estrutura material e humana, para que o processo possa realmente ter uma duração razoável.

Pena que o legislador apenas se refira aos interesses fazendários de cobrança de custas e emolumentos. Certos interesses de pessoas carentes são muito mais importantes e dignos de pronto atendimento.

(viii) Manter conduta irrepreensível na vida pública e particular.

O magistrado encarna a Justiça, aos olhos do povo. Sua conduta particular, por tal razão deve ser ilibada. O exercício de cargos de alta relevância impõe aos que exercem certas restrições que não se aplicam às pessoas comuns. Não se pretende que o juiz não possa levar uma vida normal, mas deve se abster daquilo que não faria um bom pai de família.

Preservar a dignidade da Justiça é seu primeiro mandamento – e isto inclui um comportamento pessoal irreprochável.

409

7. PODERES ADMINISTRATIVOS DO JUIZ

Os poderes administrativos são instrumentais em relação aos jurisdicionais, pois ou objetivam assegurar a ordem e a dignidade da Justiça ou visam a conferir autenticidade a certos atos processuais.

Como se vê, os objetos imediatos dos atos processuais praticados pelo juiz são diferentes, conforme sejam eles manifestação do seu poder jurisdicional ou do seu poder administrativo: os primeiros são praticados para possibilitar que o processo chegue ao seu final, com a entrega do provimento jurisdicional, o mais rapidamente possível; todavia, se emanam do seu poder administrativo, destinam-se a garantir que a atividade jurisdicional se cerque de respeito ou, então, tem por finalidade assegurar que os atos processuais tenham autenticidade indiscutível.

Os poderes administrativos do juiz na condução do processo são:

(i) Poderes de polícia; e

(ii) Poderes de documentação.

7.1 PODERES DE POLÍCIA

Sendo o representante do Estado na relação jurídica processual, cabe ao juiz o *poder de polícia*, condicionando e restringindo o exercício dos direitos individuais das partes e de terceiros, em benefício da ordem durante a realização de atos processuais ou em prol da dignidade da Justiça.[16]

No exercício desse poder, compete-lhe, dentre outras atividades:

> Art. 360. O juiz exerce o poder de polícia e incumbe-lhe:
> I – manter a ordem e o decoro na audiência;

---

[16] Segundo Hely Lopes Meirelles, poder de polícia "é a faculdade de que dispõe a Administração Pública para condicionar e restringir o uso e gozo dos bens, atividades e direitos individuais, em benefício da coletividade ou do próprio Estado" (*Direito Administrativo Brasileiro*. 33ª Ed. Malheiros, p. 115). No texto, foram feitas as adaptações necessárias.

CAPÍTULO XXIV– DO JUIZ – PODERES – DEVERES –...

II – ordenar que se retirem da sala de audiência os que se comportarem inconvenientemente;

III – requisitar, quando necessário, a força policial;

IV – tratar com urbanidade as partes, os advogados, os membros do Ministério Público e da Defensoria Pública e qualquer pessoa que participe do processo;

V – registrar em ata, com exatidão, todos os requerimentos apresentados em audiência.

Art. 445. O juiz exerce o poder de polícia, competindo-lhe:

I – manter a ordem e o decoro da audiência;

II – ordenar que se retirem da sala da audiência os que se comportarem inconvenientemente;

III – requisitar, quando necessário, a força policial.

Além do Oficial de Justiça, que deve estar presente no recinto das audiências ou próximo àquele, normalmente há força policial por perto, que será chamada se as pessoas não obedecerem ao juiz.

7.2 PODERES DE DOCUMENTAÇÃO

Os poderes de documentação do juiz visam a conferir autenticidade a determinados atos processuais realizados por ele ou em sua presença.

Assim, o termo de audiência, que é uma espécie de ata daquilo que ocorre durante esse ato processual, será subscrito pelo juiz.

8. DA RESPONSABILIDADE DO JUIZ

O órgão jurisdicional é um órgão público.

Assim, segundo as regras do Direito Administrativo, "a realização dos órgãos é imputada à pessoa jurídica que eles integram", ensina Hely Lopes Meirelles.[17]

---

[17] *Direito Administrativo Brasileiro.* 33ª Ed. Malheiros, p. 65.

Pelos atos praticados pelo juiz, responde a União ou o Estado-membro, conforme a Justiça seja da União ou dos Estados, mas tais pessoas jurídicas de direito público podem reaver do juiz o que tiver que indenizar pelos atos por ele praticados e que causaram prejuízo.[18]

Os atos praticados pelo juiz, pelos quais a União ou o Estado respondem, são os constantes da norma do art. 143 do Código de Processo Civil:

> Art. 143. O juiz responderá, civil e regressivamente, por perdas e danos quando:
>
> I – no exercício de suas funções, proceder com dolo ou fraude;
>
> II – recusar, omitir ou retardar, sem justo motivo, providência que deva ordenar de ofício ou a requerimento da parte.
>
> Parágrafo único. As hipóteses previstas no inciso II somente serão verificadas depois que a parte requerer ao juiz que determine a providência e o requerimento não for apreciado no prazo de 10 (dez) dias.
>
> Art. 133. Responderá por perdas e danos o juiz, quando:
>
> I – No exercício de suas funções, proceder com dolo ou fraude;
>
> II – recusar, omitir ou retardar providência que deva ordenar de ofício ou a requerimento da parte.
>
> Parágrafo único. Reputar-se-ão verificadas as hipóteses previstas no n. II só depois que a parte, por intermédio do escrivão, requerer ao juiz que determine a providência e este não lhe atender ao pedido dentro de 10 (dez) dias.

Portanto, não será possível responsabilizar o juiz por culpa em sentido estrito, isto é, por ato voluntário praticado por imprudência, negligência ou imperícia. Apenas se o elemento subjetivo for o dolo poderá ser responsabilizado pessoalmente – isto é, desde que tenha agido com a deliberada intenção de produzir o resultado danoso, independentemente

---

[18] Nesse caso, o Estado tem o chamado *direito de regresso*, isto é, de voltar-se contra o agente público.

CAPÍTULO XXIV– DO JUIZ – PODERES – DEVERES –...

dos objetivos por ele colimados (se para satisfazer sentimento pessoal, obter vantagem ilícita etc.).

No caso de recusa, omissão ou retardamento de ato que deva ser praticado de ofício, ou a requerimento da parte, a tipificação da conduta do juiz pressupõe que a parte requeira, através do escrivão, que o magistrado tome a providência e que este deixe de atender ao pedido no prazo de 10 (dez) dias (art. 143, parágrafo único).

Por recusa, obviamente, não se entende o indeferimento do ato requerido, mas, sim, a *omissão* do juiz quanto à prática do ato, sem justo motivo.

Neste aspecto, a Lei Orgânica Nacional da Magistratura dispõe no mesmo sentido, sendo até mesmo lícito supor tenha sido ela a fonte de inspiração do Código de Processo Civil.[19]

---

[19] LOMAN – Art. 49. Responderá por perdas e danos o magistrado, quando: I – no exercício de suas funções, proceder com dolo ou fraude; II – recusar, omitir ou retardar, sem justo motivo, providência que deva ordenar o ofício, ou a requerimento das partes. Parágrafo único. Reputar-se-ão verificadas as hipóteses previstas no inciso II somente depois que a parte, por intermédio do Escrivão, requerer ao magistrado que determine a providência, e este não lhe atender o pedido dentro de dez dias.

Capítulo XXV

DA PRIMEIRA INVESTIDURA E DA IMPARCIALIDADE DO JUIZ

> Sumário: 1. Pressupostos processuais referentes ao juiz. 2. Investidura (agente político investido de jurisdição). 3. Imparcialidade. 3.1 A imparcialidade do juiz. 3.2 Casos de impedimento do juiz – art. 144 do Código de Processo Civil. 3.3 Casos de suspeição do juiz – art. 145 do Código de Processo Civil. 3.4 Autodeclaração de suspeição. 4. A arguição do impedimento ou da suspeição – visão geral.

1. PRESSUPOSTOS PROCESSUAIS REFERENTES AO JUIZ

Os pressupostos processuais subjetivos referentes ao juiz são:

(i) investidura;

(ii) competência; e

(iii) imparcialidade.

Neste capítulo serão examinados os pressupostos referentes à investidura do juiz em cargo que integra um órgão jurisdicional e a imparcialidade do magistrado. A matéria referente à competência, pela sua amplitude e complexidade, ficará para o próximo.

415

2. INVESTIDURA (AGENTE POLÍTICO INVESTIDO DE JURISDIÇÃO)

Como em todos os órgãos públicos, nos órgãos jurisdicionais há *cargos*, *funções* (competência) e *agentes*, sendo estes últimos as pessoas físicas que ocupam aqueles cargos e exercem as funções do órgão. No caso dos magistrados, eles adquirem a qualidade de *agentes políticos*.

Para que as pessoas físicas se tornem magistrados e possam exercer a jurisdição, há que ocorrer a sua *investidura* em cargo existente no órgão jurisdicional.

Investidura é o procedimento legal a ser cumprido para que se estabeleça um vínculo entre uma determinada pessoa e o Estado, passando ela a ser um agente público (servidores em geral) ou um agente político, ocupante de um cargo e com a atribuição de exercer as funções do órgão público.

A investidura em determinado cargo pode ser *originária* (ou primeira investidura) e *derivada*.

Ocorre a primeira investidura ou investidura originária quando essa vinculação ocorre pela *primeira vez*, tendo em vista o cargo considerado. É a primeira nomeação para aquele cargo.

A investidura derivada tem esse nome porque depende ou decorre da anterior (da primeira) e terá lugar sempre que o cargo ocupado pelo agente seja escalonado em carreira: ele ingressa no primeiro cargo pela investidura originária e depois galga os demais cargos da carreira por meio da investidura derivada.[1]

Há quatro formas de investidura originária nos cargos da magistratura.

---

[1] A investidura derivada, portanto, pressupõe um vínculo anterior entre o agente público e o Estado. Se há mudança de carreira (ou de cargo, não organizado em carreira), há nova investidura, pois antes de haver a investidura nesse novo cargo, há a cessação da anterior. Ela será, pois, originária. Assim, se um Delegado de Polícia presta concurso público para um cargo de juiz e vem a ser nomeado, essa é um investidura originária, porque ele deve antes, se exonerar do cargo anterior.

CAPÍTULO XXV – DA PRIMEIRA INVESTIDURA E DA IMPARCIALIDADE...

1ª Espécie de investidura:

Na Jurisdição Inferior, a investidura originária sempre ocorre pela aprovação *em concurso público de provas e de títulos* e pela nomeação do candidato aprovado no cargo inicial da carreira. É o que diz a Constituição Federal:

> Art. 93. Lei complementar, de iniciativa do Supremo Tribunal Federal, disporá sobre o Estatuto da Magistratura, observados os seguintes princípios:
>
> I – ingresso na carreira, cujo cargo inicial será o de juiz substituto, mediante *concurso público de provas e títulos*, com a participação da Ordem dos Advogados do Brasil em todas as fases, exigindo-se do bacharel em direito, no mínimo, três anos de atividade jurídica e obedecendo-se, nas nomeações, à ordem de classificação;

2ª Espécie de investidura

Contudo, a Constituição Federal determina que um quinto dos cargos existentes nos Tribunais Regionais Federais, nos Tribunais dos Estados e do Distrito Federal e Territórios seja destinado a membros do Ministério Público com mais de dez anos de carreira e a advogados de notório saber jurídico e de reputação ilibada, com mais de dez anos de atividade profissional:

> Art. 94. Um quinto dos lugares dos Tribunais Regionais Federais, dos Tribunais dos Estados, e do Distrito Federal e Territórios *será composto de membros do Ministério Público, com mais de dez anos de carreira, e de advogados de notório saber jurídico e de reputação ilibada, com mais de dez anos de efetiva atividade profissional,* indicados em lista sêxtupla pelos órgãos de representação das respectivas classes.
>
> Parágrafo único. Recebidas as indicações, o tribunal formará lista tríplice, enviando-a ao Poder Executivo, que, nos vinte dias subseqüentes, escolherá um de seus integrantes para nomeação.

Há a elaboração de uma lista com seis nomes, pelos órgãos de representação do Ministério Público e da Advocacia. Em seguida, o tribunal no qual existe o cargo vago (por seu órgão interno competente) reduz a lista sêxtupla a uma lista tríplice, para escolha de um deles pelo Chefe do Poder Executivo (Presidente da República ou Governador do Estado ou do Distrito Federal) – nestes casos a investidura originária não pressupõe concurso público.[2]

3ª Espécie de investidura

Mas, a investidura para os cargos de Ministros, nos chamados Tribunais Superiores, é feita de forma diferente das anteriores.

A dos Ministros do Supremo Tribunal Federal é feita por nomeação pelo Presidente da República, após o indicado ser aprovado pelo Senado Federal (art. 101 e parágrafo único da Constituição Federal).

> Art. 101. O Supremo Tribunal Federal compõe-se de onze Ministros, escolhidos[3] dentre cidadãos com mais de trinta e cinco e menos de sessenta e cinco anos de idade, de notável saber jurídico e reputação ilibada.
>
> Parágrafo único. Os Ministros do Supremo Tribunal Federal serão nomeados pelo Presidente da República, depois de aprovada a escolha pela maioria absoluta do Senado Federal.

O mesmo ocorre com os Ministros do Superior Tribunal de Justiça:

> Art. 104. O Superior Tribunal de Justiça compõe-se de, no mínimo, trinta e três Ministros.
>
> Parágrafo único. Os Ministros do Superior Tribunal de Justiça serão nomeados pelo Presidente da República, dentre brasileiros com mais de trinta e cinco e menos de sessenta e cinco anos, de notável saber jurídico e reputação ilibada, depois de aprovada a escolha pela maioria absoluta do Senado Federal, sendo:
>
> I – um terço dentre juízes dos Tribunais Regionais Federais e um

---

[2] Lembre-se de que a investidura no cargo de juiz é sempre vitalícia.

[3] Escolha feita através de indicação do Presidente da República.

CAPÍTULO XXV – DA PRIMEIRA INVESTIDURA E DA IMPARCIALIDADE...

terço dentre desembargadores dos Tribunais de Justiça, indicados em lista tríplice elaborada pelo próprio Tribunal;

II – um terço, em partes iguais, dentre advogados e membros do Ministério Público Federal, Estadual, do Distrito Federal e Territórios, alternadamente, indicados na forma do art. 94.

Quanto ao Tribunal Superior do Trabalho:

Art. 111-A. O Tribunal Superior do Trabalho compor-se-á de vinte e sete Ministros, escolhidos dentre brasileiros com mais de trinta e cinco e menos de sessenta e cinco anos, nomeados pelo Presidente da República após aprovação pela maioria absoluta do Senado Federal, sendo:

I – um quinto dentre advogados com mais de dez anos de efetiva atividade profissional e membros do Ministério Público do Trabalho com mais de dez anos de efetivo exercício, observado o disposto no art. 94

II – os demais dentre juízes dos Tribunais Regionais do Trabalho, oriundos da magistratura da carreira, indicados pelo próprio Tribunal Superior.

4ª Espécie de investidura

Todavia, há uma quarta forma de investidura originária, para os membros do Tribunal Superior Eleitoral:

Art. 119. O Tribunal Superior Eleitoral compor-se-á, no mínimo, de sete membros, escolhidos:

I – mediante eleição, pelo voto secreto:

a) três juízes dentre os Ministros do Supremo Tribunal Federal;

b) dois juízes dentre os Ministros do Superior Tribunal de Justiça;

II – por nomeação do Presidente da República, dois juízes dentre seis advogados de notável saber jurídico e idoneidade moral, indicados pelo Supremo Tribunal Federal.

ANTONIO ARALDO FERRAZ DAL POZZO

A investidura derivada, como vimos, consiste nas nomeações subsequentes para os diversos cargos da carreira da Magistratura. Porém, como o juiz é inamovível (salvo caso de interesse público: art. 93, VIII e 95, II da Constituição Federal), para que ele possa ser promovido ou removido é preciso que se inscreva para tanto e a promoção será feita alternadamente, por antiguidade e merecimento:

> Art. 93. (*omissis*)
>
> II – promoção de entrância para entrância, alternadamente, por antiguidade e merecimento, atendidas as seguintes normas:
>
> a) é obrigatória a promoção do juiz que figure por três vezes consecutivas ou cinco alternadas em lista de merecimento;
>
> b) a promoção por merecimento pressupõe dois anos de exercício na respectiva entrância e integrar o juiz a primeira quinta parte da lista de antiguidade desta, salvo se não houver com tais requisitos quem aceite o lugar vago;
>
> c) aferição do merecimento conforme o desempenho e pelos critérios objetivos de produtividade e presteza no exercício da jurisdição e pela frequência e aproveitamento em cursos oficiais ou reconhecidos de aperfeiçoamento;
>
> d) na apuração de antiguidade , o tribunal somente poderá recusar o juiz mais antigo pelo voto fundamentado de dois terços de seus membros, conforme procedimento próprio, e assegurada ampla defesa, repetindo-se a votação até fixar-se a indicação;
>
> e) não será promovido o juiz que, injustificadamente, retiver autos em seu poder além do prazo legal, não podendo devolvê-los ao cartório sem o devido despacho ou decisão;

A investidura originária e a derivada são essenciais para que o juiz esteja *regularmente investido* nas funções jurisdicionais.

Portanto, a relação jurídica processual somente terá validade se for instaurada perante órgão jurisdicional cujo agente político tenha sido regularmente investido no cargo – e por essa razão é que estamos diante de um pressuposto processual.[4]

---

[4] Recorde-se: pressupostos processuais são requisitos de *validade* da relação jurídica processual e do processo.

CAPÍTULO XXV – DA PRIMEIRA INVESTIDURA E DA IMPARCIALIDADE...

Realmente. O Estado se faz presente na relação jurídica processual por meio do agente político que ocupa um cargo no órgão jurisdicional, que exercerá uma parcela de sua soberania: se investidura não houver, ou for ilícita, não haverá legítimo exercício da função jurisdicional.

Exemplificativamente: não sabendo que sua aposentadoria foi publicada, o Juiz de Direito despacha uma petição inicial determinando a citação do réu – esse trecho da relação jurídica é inexistente porque havia cessado a investidura daquele juiz.[5]

A investidura cessa com a morte, a aposentadoria, a disponibilidade ou a exoneração do juiz, que assim perde sua competência jurisdicional.

3. IMPARCIALIDADE

3.1 A IMPARCIALIDADE DO JUIZ

A imparcialidade do juiz, como se tem insistido, é a sua qualidade mais importante.

No Estado de Direito, impõe-se o tratamento igual das pessoas, como enfaticamente vem proclamado no art. 5º de nossa Constituição Federal:

> Art. 5º Todos são iguais perante a lei, sem distinção de qualquer natureza, garantindo-se aos brasileiros e aos estrangeiros residentes no País a inviolabilidade do direito à vida, à liberdade, à igualdade, à segurança e à propriedade.

Esse dispositivo, ao consagrar o princípio da isonomia, derrama por sobre todas as atividades estatais a sua determinação de igualdade de tratamento: um órgão jurisdicional parcial não estaria tratando igualmente as partes processuais e, destarte, a relação jurídica processual instaurada

---

[5] Tais hipóteses estão se tornando raras, graças à informática. Mas ainda há comarcas em certas regiões do Brasil (como a Amazônia) em que os atos oficiais demoram dias e dias para chegar ao destino.

em face desse juiz não teria condições de validade, porque infringiria aquele preceito constitucional.

O Código de Processo Civil distingue duas espécies de situações em que a imparcialidade do juiz está ou pode estar comprometida, descrevendo as hipóteses em que considera ocorrer ou o *impedimento* ou a *suspeição* do juiz.

Verificada a situação de impedimento, o juiz *está proibido* de exercer as funções jurisdicionais. Caso venha a fazê-lo, a qualquer tempo a parte pode arguir o impedimento. Se desse impedimento a parte tomar ciência somente depois de transitada em julgado a decisão proferida, a parte prejudicada pode até mesmo ingressar com uma ação rescisória, no prazo de dois anos, para desfazer aquele julgamento.[6]

Já a suspeição não pode ser alegada depois do trânsito em julgado da decisão, pois representa uma situação menos comprometedora e menos indicativa da parcialidade do juiz. Este, porém, tem o dever de se afastar do processo, se entender que se sente sem condições de atuar imparcialmente. Se assim não proceder, a parte pode alegar a sua suspeição. Mas, se o juiz não se sentir suspeito e nem houver alegação da parte, a situação fática que poderia fazer nascer a suspeição é como se não houvesse acontecido. O processo será válido.

3.2 CASOS DE IMPEDIMENTO DO JUIZ – ART. 144 DO CÓDIGO DE PROCESSO CIVIL

As hipóteses de impedimento estão no art. 144 do Código de Processo Civil:

> Art. 144. Há impedimento do juiz, sendo-lhe vedado exercer suas funções no processo:
>
> I – em que interveio como mandatário da parte, oficiou como perito, funcionou como membro do Ministério Público ou prestou depoimento como testemunha;

---

[6] Cf. art. 966, inciso II do Código de Processo Civil.

CAPÍTULO XXV – DA PRIMEIRA INVESTIDURA E DA IMPARCIALIDADE...

II – de que conheceu em outro grau de jurisdição, tendo-lhe proferido qualquer decisão;

III – quando nele estiver postulando, como defensor público, advogado ou membro do Ministério Público, seu cônjuge ou companheiro, ou qualquer parente, consanguíneo ou afim, em linha reta ou colateral, até o terceiro grau, inclusive;

IV – quando for parte no feito ele próprio, seu cônjuge ou companheiro, ou parente, consanguíneo ou afim, em linha reta ou colateral, até o terceiro grau, inclusive;

V – quando for sócio ou membro de direção ou de administração de pessoa jurídica parte no processo;

VI – quando for herdeiro presuntivo, donatário ou empregador de qualquer das partes;

VII – em que figure como parte instituição de ensino com a qual tenha relação de emprego ou decorrente de contrato de prestação de serviços;

VIII – em que figure como parte cliente do escritório de advocacia de seu cônjuge, companheiro ou parente, consanguíneo ou afim, em linha reta ou colateral, até o terceiro grau, inclusive, mesmo que patrocinado por advogado de outro escritório;

IX – quando promover ação contra a parte ou seu advogado.

Examinemos as hipóteses separadamente:

INCISO I

Vejamos a norma:

Art. 144. Há impedimento do juiz, sendo-lhe vedado exercer suas funções no processo:

I – em que interveio como mandatário da parte, oficiou como perito, funcionou como membro do Ministério Público ou prestou depoimento como testemunha;

Art. 134 É defeso ao juiz exercer as suas funções no processo contencioso ou voluntário:

II – em que interveio como mandatário da parte, oficiou como perito, funcionou como órgão do Ministério Público, ou prestou depoimento como testemunha;

423

A regra geral a se extrair desse dispositivo é a de que a lei processual impede que atue como juiz da causa aquele que anteriormente nela funcionou *de maneira a influir no seu resultado*.

Por mandatário da parte, se entende aquele que foi seu procurador judicial "quer na qualidade de advogado, ou de provisionado, ou mesmo na de estagiário ou solicitador".[7] Quem se tornou juiz não pode exercer o ofício jurisdicional na causa em que atuou em favor de uma das partes, pois estará comprometida a sua imparcialidade.

Da mesma maneira, se o juiz oficiou na causa, anteriormente, como órgão do Ministério Público, a lei presume que ele: *(i)* ou já formou sua opinião a favor de uma das partes, nos casos em que atua desvinculadamente, ou, então, *(ii)* sua atuação já era vinculada a um dos interesses postos no processo, desde o início: em ambas as hipóteses não terá a necessária imparcialidade para agora ser o juiz dessa mesma causa.[8]

Já o fato de ter sido testemunha ou de ter servido como perito revela que o juiz tem *conhecimento particular* sobre os fatos da causa, em cuja versão acredita – tanto que nesse sentido já depôs (como testemunha) ou confeccionou seu laudo (como perito).

Fora dessas hipóteses previstas no inciso em comentário, somente estará impedido de atuar como juiz aquele que participou do processo *de maneira a influir no seu resultado*, como no exemplo lembrado por Celso Agrícola Barbi: após ter certificado, como escrivão, de que o autor não deu andamento à causa por mais de trinta dias, vem a se tornar juiz dessa causa e então deve decidir, com base naquilo que certificou, a extinção do processo, em face de alegação feita pelo autor de que não foi intimado para movimentá-la (art. 483, inciso III e § 1º do Código

---

[7] BARBI, Celso Agrícola. *Comentários ao Código de Processo Civil*. 13ª Ed. Forense. vol. I, p. 423.

[8] Trataremos do tema *Ministério Público* mais adiante. Exemplo de sua atuação vinculada é a que exerce em defesa dos direitos dos incapazes no processo. Se já defendia o incapaz, está comprometido com essa defesa, não podendo vir a ser o juiz da demanda. Nos casos de separação judicial, por exemplo, o Ministério Público age desvinculadamente, ou seja, é um fiscal da lei, e não defensor do interesse do marido ou da mulher – mas a lei entende que já pode ter firmado sua convicção a favor da pretensão de um deles, perdendo a indispensável imparcialidade para ser juiz desse processo.

CAPÍTULO XXV – DA PRIMEIRA INVESTIDURA E DA IMPARCIALIDADE...

de Processo Civil). Neste caso, a alegação do autor contraria a certidão passada por quem era escrivão e agora é juiz – e daí o impedimento daquele que era escrivão e agora é juiz.[9]

Não sendo situação jurídica análoga a esta última não haverá impedimento, mesmo nela houver intervindo como escrivão, oficial de justiça, contador ou outro, pois o princípio que inspirou o legislador foi o de que ninguém pode ser juiz de uma causa se nela interveio anteriormente de molde a influir no seu resultado.

INCISO II

O inciso II do art. 144 cria o seguinte impedimento:

> Art. 144. Há impedimento do juiz, sendo-lhe vedado exercer suas funções no processo:
>
> II – de que conheceu em outro grau de jurisdição, tendo-lhe proferido qualquer decisão;
>
> Art. 134. É defeso ao juiz exercer as suas funções no processo contencioso ou voluntário:
>
> III – que conheceu em primeiro grau de jurisdição, tendo-lhe proferido sentença ou decisão;

Note-se que o inciso cria o impedimento nos casos em que o juiz, promovido para exercer a Jurisdição Superior ou de Segundo Grau, tenha proferido qualquer decisão (mesmo interlocutória) naquela mesma causa, quando exercia a Jurisdição Inferior ou de Primeiro Grau.

Da mesma forma, se um magistrado, que era Desembargador do Tribunal de Justiça e proferiu decisão na causa, estará impedido de julgá-la se vier a se tornar Ministro do Superior Tribunal de Justiça.

A ideia, pois, é a de que o juiz deve estar totalmente desvinculado da causa, para ser imparcial.

---

[9] BARBI, Celso Agrícola. *Comentários ao Código de Processo Civil*. 13ª Ed. Forense. vol. I, p. 423

Se apenas proferiu um despacho de mero expediente ou ordinatório, sem nada decidir, o impedimento não se verifica.[10]

INCISO III

> Art. 144. Há impedimento do juiz, sendo-lhe vedado exercer suas funções no processo:
>
> III – quando nele estiver postulando, como defensor público, advogado ou membro do Ministério Público, seu cônjuge ou companheiro, ou qualquer parente, consanguíneo ou afim, em linha reta ou colateral, até o terceiro grau, inclusive;
>
> Art. 134. É defeso ao juiz exercer as suas funções no processo contencioso ou voluntário:
>
> IV – Quando nele estiver postulando, como advogado da parte, o seu cônjuge ou qualquer parente seu, consanguíneo ou afim, em linha reta; ou na linha colateral até o segundo grau;

A lei parte do pressuposto que o juiz será parcial se houver determinados laços de parentesco entre ele e o advogado da parte, ou se este for seu cônjuge.

Esse parentesco entre o juiz e o advogado, seja por consanguinidade ou por afinidade, na linha reta, não encontra limites; porém, se o parentesco se der na linha colateral, está limitado ao terceiro grau, inclusive – o que atinge os irmãos ou cunhados do juiz e seus sobrinhos.

No que tange à adoção, há que se destacar a norma do § 6º do art. 227 da Constituição Federal e o art. 41, §§ 1º e 2º do Estatuto da Criança e do Adolescente (Lei n 8.069, de 13 de julho de 1990):

> *Constituição Federal*:
> Art. 227. (*omissis*)

---

[10] Deve ser lembrada a Súmula 252 do Supremo Tribunal Federal: "Na ação rescisória não estão impedidos juízes que participaram do julgamento rescindendo".

CAPÍTULO XXV – DA PRIMEIRA INVESTIDURA E DA IMPARCIALIDADE...

§ 6º Os filhos, havidos ou não da relação do casamento, ou por adoção, terão os mesmos direitos e qualificações, proibidas quaisquer designações discriminatórias relativas à filiação.

Estatuto da Criança e do Adolescente:

Art. 41. A adoção atribui a condição de filho ao adotado, com os mesmos direitos e deveres, inclusive sucessórios, desligando-o de qualquer vínculo com pais e parentes, salvo os impedimentos matrimoniais.

§ 1º Se um dos cônjuges ou concubinos adota o filho do outro, mantêm-se os vínculos de filiação entre o adotado e o cônjuge ou concubino do adotante e os respectivos parentes.

§ 2º É recíproco o direito sucessório entre o adotado, seus descendentes, o adotante, seus ascendentes, descendentes e colaterais até o 4º grau, observada a ordem de vocação hereditária.

A respeito deste tema, há que se levar em conta, ainda, o disposto no § 1º do art. 144:

Art. 144. (*omissis*)

§ 1º Na hipótese do inciso III, o impedimento só se verifica quando o advogado, defensor público ou membro do Ministério Público já integrava a causa antes do início da atividade judicante do juiz.

§ 2º É vedada a criação de fato superveniente a fim de caracterizar impedimento do juiz.

Art. 134. (*omissis*)

Parágrafo único. No caso do n. IV, o impedimento só se verifica quando a advogado já estava exercendo o patrocínio da causa; é, porém, vedado ao advogado pleitear em processo, a fim de criar o impedimento do juiz.

A redação da norma no vigente Código de Processo Civil é muito melhor que aquela a que lhe correspondia no código anterior.

A conjugação dos dois parágrafos transcritos cria as seguintes regras: (1ª) somente quando as pessoas enumeradas no inciso III do art. 144 já estiverem atuando no processo haverá o impedimento do juiz; (2ª) tais pessoas, porém, ficam proibidas de advogar em caso de parentesco com o juiz da causa.

> Art. 144. (*omissis*)
>
> § 3º O impedimento previsto no inciso III também se verifica no caso de mandato conferido a membro de escritório de advocacia que tenha em seus quadros advogado que individualmente ostente a condição nele prevista, mesmo que não intervenha diretamente no processo.

A norma estende o alcance da regra do inciso III, para alcançar todos os que pertençam a escritório de advocacia, caso um deles se enquadre no *caput*.

INCISO IV

Diz o inciso IV:

> Art. 144. Há impedimento do juiz, sendo-lhe vedado exercer suas funções no processo:
>
> IV – quando for parte no feito ele próprio, seu cônjuge ou companheiro, ou parente, consanguíneo ou afim, em linha reta ou colateral, até o terceiro grau, inclusive;
>
> Art. 134. É defeso ao juiz exercer as suas funções no processo contencioso ou voluntário:
>
> I – de que for parte;
>
> V – quando cônjuge, parente, consanguíneo ou afim, de alguma das partes, em linha reta, ou, na colateral, até o terceiro grau;

No inciso anterior o impedimento advém da circunstância do parente estar postulando – e agora, no inciso IV, quando for *parte*.

É óbvio que, em sendo *parte* da relação jurídica processual (autor ou réu), o juiz está impedido de funcionar como órgão jurisdicional, pois ninguém pode ser juiz (imparcial) de si mesmo.

CAPÍTULO XXV – DA PRIMEIRA INVESTIDURA E DA IMPARCIALIDADE...

Assim, por exemplo, se o juiz é autor de uma determinada ação e depois, em razão de sua promoção, passa a ocupar um cargo no Tribunal, competente para julgar recurso existente naquela mesma ação, estará impedido de participar do julgamento.

Como lembra Celso Agrícola Barbi, o juiz pode não ser parte na causa desde o início, mas tornar-se parte posteriormente (pode adquirir a coisa litigiosa): o efeito é o mesmo, isto é, a partir de então estará impedido de prosseguir funcionando como juiz.[11]

O mesmo ocorre quando, embora não sendo parte formal na causa, nesta se discute um direito de que também é titular, como ocorre no caso das ações concorrentes.[12]: em caso de pedido de anulação de uma Assembléia de Convenção de Condomínio por descumprimento das formalidades de sua convocação e formulado por vários condôminos, se o juiz fizer parte do mesmo condomínio, conquanto não figure formalmente como parte no processo estará impedido de funcionar como juiz dessa causa, porque nela se discute um direito de que ele também é titular.[13]

Também a lei prevê a hipótese de parentesco entre o juiz e a própria parte.

Valem as observações feitas ao inciso anterior quanto às situações de parentesco.

Conquanto a lei fale em parte, se houver o grau de parentesco previsto na norma, entre o juiz e o representante da parte, o impedimento

---

[11] BARBI, Celso Agrícola. *Comentários ao Código de Processo Civil*. 13ª Ed. Forense, p. 422/423. Nos seus comentários, basicamente, está apoiado o texto a seguir.

[12] V. Capítulo XII.

[13] Recorde-se que, neste caso, há um concurso subjetivo de ações, porque existe identidade de causa de pedir e diversidade de partes (daí a denominação de concurso *subjetivo*: o concurso se verifica entre o elemento subjetivo da ação, ou seja, *pars*). Como adverte Celso Agrícola Barbi, não se aplica, à hipótese exemplificada, o disposto no art. 135, inciso V, pois neste se fala em interesse, e, aqui, o juiz tem um direito próprio em jogo (BARBI, Celso Agrícola. *Comentários ao Código de Processo Civil*. 13ª Ed. Forense, p. 423.)

existe[14] porque esse parentesco certamente é suficiente para quebrar a imparcialidade do magistrado. Suponha-se que a filha do juiz é tutora do menor: ao representá-lo em juízo, não se torna parte, mas com certeza a sua condição influenciará na decisão.

INCISO V

> Art. 144. Há impedimento do juiz, sendo-lhe vedado exercer suas funções no processo:
>
> V – quando for sócio ou membro de direção ou de administração de pessoa jurídica parte na causa;
>
> Art. 134. É defeso ao juiz exercer as suas funções no processo contencioso ou voluntário:
>
> VI – quando for órgão de direção ou de administração de pessoa jurídica, parte na causa.

O art. 95, parágrafo único da Constituição Federal veda aos juízes – ainda que em disponibilidade – "o exercício de qualquer outro cargo ou função, salvo uma, de magistério".

Assim sendo, o juiz apenas participará da direção ou da administração de pessoa jurídica se esta for entidade de classe.[15]

Porém, o juiz pode ser sócio de pessoa jurídica, desde que não exerça sua administração ou direção.

INCISO VI

> Art. 144. Há impedimento do juiz, sendo-lhe vedado exercer suas funções no processo:
>
> VI – quando for herdeiro presuntivo, donatário ou empregador de qualquer das partes;

---

[14] Na representação, como sabemos, parte é o representado e não o representante.

[15] Todos os magistrados que integram as Justiça se filiam a uma entidade de classe. Em São Paulo há a APAMAGIS – Associação Paulista dos Magistrados. Eles contam, ainda, com órgão nacional.

CAPÍTULO XXV – DA PRIMEIRA INVESTIDURA E DA IMPARCIALIDADE...

Herdeiro presuntivo é aquele que, presumivelmente, será herdeiro de outrem, como o filho em relação ao pai, porque normalmente aquele sobrevive a este.

Donatário é quem recebe uma doação.

Empregador é aquele que mantém uma relação de trabalho com alguém.

Em todos esses casos, é óbvio que o legislador considerou que não haverá a imparcialidade do julgador.

INCISO VII

> Art. 144. Há impedimento do juiz, sendo-lhe vedado exercer suas funções no processo:
> VII – em que figure como parte instituição de ensino com a qual tenha relação de emprego ou decorrente de contrato de prestação de serviços.

A Constituição Federal, como vimos, permite que o juiz ocupe um cargo de magistério – que pode ser desde o ensino fundamental até cursos de doutorado. Caso a instituição para a qual trabalhe seja parte da causa, o juiz estará proibido de oficiar.

INCISO VIII

> Art. 144. Há impedimento do juiz, sendo-lhe vedado exercer suas funções no processo:
> VIII – em que figure como parte cliente do escritório de advocacia de seu cônjuge, companheiro ou parente, consanguíneo ou afim, em linha reta ou colateral, até o terceiro grau, inclusive, mesmo que patrocinado por advogado de outro escritório;

A norma é altamente salutar, pois impede que o juiz oficie em causas em que as pessoas confiram procuração para integrantes de escritório ao qual pertencem parentes do juiz. Mesmo que da procuração não conste o parente do juiz, o impedimento estará presente.

O impedimento persiste ainda que eventualmente um advogado de outro escritório venha a integrar procuração outorgada a advogados que pertençam a escritório de advocacia do qual participem os parentes do juiz enumerados na regra legal.

INCISO IX

> Art. 144. Há impedimento do juiz, sendo-lhe vedado exercer suas funções no processo:
> IX – quando promover ação contra a parte ou seu advogado.

Se o juiz estiver processando alguém que é também parte em outro processo que tramita em juízo ou vara onde está o juiz investido, neste estará impedido. O mesmo ocorrerá se o demandado for o advogado dessa mesma parte.

CASO ESPECIAL DO ART. 147

> Art. 147. Quando 2 (dois) ou mais juízes forem parentes, consanguíneos ou afins, em linha reta ou colateral, até o terceiro grau, inclusive, o primeiro que conhecer do processo impede que o outro nele atue, caso em que o segundo se escusará, remetendo os autos ao seu substituto legal.

A norma tem um sentido claro: não se espera que nessas circunstâncias o segundo magistrado se sinta à vontade para divergir do primeiro.

3.3 CASOS DE SUSPEIÇÃO DO JUIZ – ART. 145 DO CÓDIGO DE PROCESSO CIVIL

Quaisquer das hipóteses de suspeição descritas no art. 145 do Código de Processo Civil geram a *presunção* de parcialidade do juiz:

CAPÍTULO XXV – DA PRIMEIRA INVESTIDURA E DA IMPARCIALIDADE...

presunção essa, porém, que ficará sem produzir qualquer efeito se o próprio magistrado não se der por suspeito e nem houver alegação da parte. Nesse caso, a relação jurídica processual terá se instaurado validamente.

Os motivos de suspeição estão no art. 145, a saber:

> Art. 145. Há suspeição do juiz:
>
> I – amigo íntimo ou inimigo de qualquer das partes ou de seus advogados;
>
> II – que receber presentes de pessoas que tiverem interesse na causa antes ou depois de iniciado o processo, que aconselhar alguma das partes acerca do objeto da causa ou que subministrar meios para atender às despesas do litígio;
>
> III – quando qualquer das partes for sua credora ou devedora, de seu cônjuge ou companheiro ou de parentes destes, em linha reta até o terceiro grau, inclusive;
>
> IV – interessado no julgamento de causa em favor de qualquer das partes.

Vejamos os incisos separadamente:

INCISO I

> Art. 145. Há suspeição do juiz:
>
> I – amigo íntimo ou inimigo de qualquer das partes ou de seus advogados;
>
> Art. 135. Reputa-se fundada a suspeição de parcialidade do juiz quando:
>
> I – amigo íntimo ou inimigo capital de qualquer das partes.

O dispositivo se explica por si mesmo, mas observe-se que a amizade deve ser íntima e que a inimizade deve ser capital: os laços de amizade devem ser estreitos, próximos, constantes, e a inimizade, bastante grave, acentuada, irreconciliável.

ANTONIO ARALDO FERRAZ DAL POZZO

Muitos fatos poderão demonstrar a ocorrência da amizade íntima ou da inimizade capital, dependendo das circunstâncias.

O Código de Processo Civil vigente ampliou este caso de suspeição para alcançar o advogado da parte – o que está certo.

Nesses casos, obviamente o juiz não será imparcial.

INCISO II

> Art. 145. Há suspeição do juiz:
>
> II – que receber presentes de pessoas que tiverem interesse na causa antes ou depois de iniciado o processo, aconselhar alguma das partes acerca do objeto da causa ou subministrar meios para atender às despesas do litígio;
>
> Art. 135. Reputa-se fundada a suspeição de parcialidade do juiz quando:
>
> IV – receber dádivas antes ou depois de iniciado o processo; aconselhar alguma das partes acerca do objeto da causa, ou subministrar meios para atender às despesas do litígio;

Quem recebe dádivas é donatário, e, pois, a hipótese estaria compreendida no inciso VI do art. 144, a gerar impedimento, e não suspeição.[16]

Conciliando os dois dispositivos, a melhor interpretação é a que vê o enquadramento do caso no do art. 144, inciso VI, (como doação) quando se tratar de bens de maior valor e neste inciso II (como dádiva), presentes de menor expressão econômica, mas dados na iminência de se iniciar o processo ou durante sua tramitação.[17]

O aconselhamento feito pelo juiz, desde que dirigido especificamente a uma das partes, acaba vinculando sua posição de julgador ao

---

[16] Se o juiz receber qualquer objeto de valor, estará praticando o ato de improbidade administrativa previsto no inciso I do art. 9º da Lei n. 8.429/92.

[17] Assim, BARBI, Celso Agrícola. *Comentários ao Código de Processo Civil*. 13ª Ed. Forense, p. 433.

CAPÍTULO XXV – DA PRIMEIRA INVESTIDURA E DA IMPARCIALIDADE...

conselho dado, quer seja este no sentido do ajuizamento da ação quer consista em orientação de como se defender de uma ação proposta. Dado o conselho, sua posição futura será, muito provavelmente, a de acatar a ação ou a defesa que seguiu sua orientação. Note-se que a expressão "objeto da causa" não significa o objeto imediato ou o objeto mediato, enquanto elementos da ação, mas tem aqui um sentido não técnico de aconselhamento a respeito do direito de ação e do exercício do direito de defesa.

Subministrar meios à parte, para que ela possa custear as despesas do processo é circunstância que revela a proximidade do juiz com ela, e pois, o comprometimento de sua imparcialidade.

INCISO III

> Art. 145. Há suspeição do juiz:
>
> III – quando qualquer das partes for sua credora ou devedora, de seu cônjuge ou companheiro ou de parentes destes, em linha reta até o terceiro grau, inclusive.
>
> Art. 135. Reputa-se fundada a suspeição de parcialidade do juiz quando:
>
> II – alguma das partes for credora ou devedora do juiz, de seu cônjuge ou de parentes destes, em linha reta ou na colateral até o terceiro grau;

No que concerne à questão de parentesco, aplicam-se os conceitos já vistos acima.

Porém, é preciso advertir que a boa interpretação do dispositivo nos leva a concluir que não estão excluídos os parentes afins, conquanto a eles a lei não se refira.[18]

---

[18] Cf. BARBI, Celso Agrícola. *Comentários ao Código de Processo Civil*. 13ª Ed. Forense, p. 432. Lembra este autor, que se não for assim, estaria incluído o sobrinho do cônjuge (terceiro grau, por consanguinidade) e excluído o genro (primeiro grau, por afinidade), o que é um absurdo.

Quanto ao parentesco civil, resultante da adoção, está ele incluído na expressão genérica – "parentes", utilizada pela norma em apreço.

A razão do dispositivo é clara: se a parte for devedora das pessoas indicadas, poderá o juiz julgar a causa a seu favor para aumentar seu patrimônio e, assim, garantir o recebimento da dívida que tem com aquelas; se a parte for credora daquelas mesmas pessoas, poderá o juiz julgar a seu favor para obter dela, posteriormente, um favorecimento qualquer em relação àquele crédito.

INCISO IV

> Art. 145. Há suspeição do juiz:
>
> IV – interessado no julgamento de causa em favor de qualquer das partes.
>
> Art. 135. Reputa-se fundada a suspeição de parcialidade do juiz quando:
>
> V – interessado no julgamento da causa em favor de uma das partes.

É a hipótese em que o juiz tem interesse em que a causa seja julgada em determinado sentido.

Esse interesse não pode se consubstanciar em *direito* do qual o juiz também seja titular, pois neste caso há impedimento, por aplicação analógica do art. 144, inciso VI.

Suponha-se, assim, que o juiz é credor solidário do devedor, mas não figura como parte que está cobrando o crédito – embora não estando figurando como parte, ele deve ser havido como se parte fora.

O interesse do juiz pode ser em relação ao objeto mediato da ação, do qual, de alguma maneira, poderá se beneficiar no futuro, como no caso lembrado por Celso Agrícola Barbi, em que o proprietário promete alugar a casa ao juiz, se for julgada procedente a ação de despejo que ajuizou contra o atual inquilino.[19]

---

[19] BARBI, Celso Agrícola. *Comentários ao Código de Processo Civil*. 13ª Ed. Forense, p. 435.

CAPÍTULO XXV – DA PRIMEIRA INVESTIDURA E DA IMPARCIALIDADE...

3.4 AUTODECLARAÇÃO DE SUSPEIÇÃO

O § 1º do art. 145 prescreve que:

> § 1º Poderá o juiz declarar-se suspeito por motivo de foro íntimo, sem necessidade de declarar suas razões.

Nessa declaração, o juiz não precisa declinar o motivo pelo qual ele se considera suspeito e cumpre seu dever de se afastar do processo. Isto se explica porque o legislador entendeu que a exposição das razões da própria suspeição poderia criar um inútil constrangimento ao juiz.

Poderá ser um dos motivos constantes dos diversos incisos deste art. 145, ou outro qualquer, que afete a consciência do julgador.

4. A ARGUIÇÃO DO IMPEDIMENTO OU DA SUSPEIÇÃO – VISÃO GERAL

Um primeiro regramento a respeito da arguição de impedimento ou de suspeição do juiz está no § 2º do art. 145:

> § 2º Será ilegítima a alegação de suspeição quando:
>
> I – houver sido provocada por quem a alega;
>
> II – a parte que a alega houver praticado ato que signifique manifesta aceitação do arguido.

Nesses casos é evidente que a petição da parte deve ser prontamente indeferida.

O procedimento para a alegação de impedimento ou de suspeição tem início na forma do art. 146:

> Art. 146. No prazo de quinze dias, a contar do conhecimento do fato, a parte alegará o impedimento ou a suspeição, em petição específica dirigida ao juiz do processo, na qual indicará o fundamento da recusa, podendo instruí-la com documentos em que se fundar a alegação e com rol de testemunhas.

A norma contém uma evidente inexatidão – o prazo de quinze dias somente será fatal para os casos de *suspeição*, mas jamais para o impedimento, que pode até mesmo ser alegado em ação rescisória (art. 966, II). Ora, a matéria é grave e de ordem pública – pode (e deve) ser reconhecida pelo juiz a qualquer tempo e pode ser alegada em qualquer momento processual.

No prazo de quinze dias, a partir do momento em que a parte tome conhecimento do motivo de suspeição, deverá formular petição específica, na qual irá expor os motivos do impedimento ou da suspeição, além de juntar as provas disponíveis e requerer a produção de outras.

Ajuizada a petição, duas situações podem ocorrer: (i) o juiz reconhece estar impedido ou ser suspeito; (ii) não reconhece.

> Art. 146. (*omissis*)
> § 1º Se *reconhecer* o impedimento ou a suspeição ao receber a petição, o juiz ordenará imediatamente a remessa dos autos a seu substituto legal; *caso contrário*, determinará a autuação em apartado da petição e, no prazo de 15 (quinze) dias, apresentará suas razões, acompanhadas de documentos e de rol de testemunhas, se houver, ordenando a remessa do incidente ao tribunal.

Ajuizada a petição, de duas uma: o juiz reconhece seu impedimento ou a suspeição e remete os autos ao seu substituto legal ou não os reconhece e determina a sua autuação em apartado. Em quinze dias contesta o pedido, anexando as provas que tiver e requerendo a produção de outras. O caso é remetido ao órgão competente para o julgamento com a imediata designação de um relator:

> Art. 146. (*omissis*)
> § 2º Distribuído o incidente, o relator deverá declarar os seus efeitos, sendo que, se o incidente for recebido:
> I – sem efeito suspensivo, o processo voltará a correr;
> II – com efeito suspensivo, o processo permanecerá suspenso até o julgamento do incidente.

CAPÍTULO XXV – DA PRIMEIRA INVESTIDURA E DA IMPARCIALIDADE...

Portanto, o incidente de impedimento ou de suspeição pode ou não acarretar a suspensão do processo onde foi arguido, dependendo da decisão do relator.

Mas, enquanto não for declarado em que efeito é recebido o pedido, vigora o disposto no § 3º:

> Art. 146. (*omissis*)
>
> § 3º Enquanto não for declarado o efeito em que é recebido o incidente ou quando este for recebido com efeito suspensivo, a tutela de urgência será requerida ao substituto legal.

Portanto, se houver necessidade de tutela de urgência cautelar ou de evidência, esta será decidida pelo substituto legal do juiz.

Diz a primeira parte do § 4º do art. 146 que "verificando que a alegação de impedimento ou suspeição é improcedente, o tribunal rejeitá-la-á".

Todavia em caso de procedência entram em cena várias regras:

> Art. 146. (*omissis*)
>
> § 5º Acolhida a alegação, tratando-se de impedimento ou de manifesta suspeição, o tribunal condenará o juiz nas custas e remeterá os autos ao seu substituto legal, podendo o juiz recorrer da decisão.
>
> § 6º Reconhecido o impedimento ou a suspeição, o tribunal fixará o momento a partir do qual o juiz não poderia ter atuado.
>
> § 7º O tribunal decretará a nulidade dos atos do juiz, se praticados quando já presente o motivo de impedimento ou de suspeição.

As regras legais são autoexplicativas.

Capítulo **XXVI**

DA COMPETÊNCIA – CONCEITOS BÁSICOS

Sumário: 1. Pressupostos processuais referentes ao juiz. 2. Introdução ao estudo da competência. 3. Conceito de competência. 3.1 Acepções da expressão "competência" no Direito Processual. 3.2 A competência como limite da jurisdição. 3.3 Competência originária e competência recursal. 4. Distribuição das situações jurídicas aos órgãos jurisdicionais – visão geral. 5. Critérios determinativos da competência. 6. Critério objetivo da natureza ou matéria da situação jurídica. 7. Critério objetivo do valor da causa. 8. Critério objetivo da condição ou qualidade das pessoas. 9. Critério territorial. 10. Critério funcional. 11. Competência absoluta e competência relativa. 12. Casos em que são utilizados mais de um critério determinativo da competência – prevalência de um deles. 13. Das espécies de Foro no Código de Processo Civil.

1. PRESSUPOSTOS PROCESSUAIS REFERENTES AO JUIZ

Os pressupostos processuais subjetivos referentes ao juiz são:

(i) Investidura em cargo que integra um órgão jurisdicional;

(ii) Competência; e

(iii) Imparcialidade.

Dada a sua complexidade e extensão, a matéria relativa à competência dos órgãos jurisdicionais foi dividida em dois capítulos: neste serão examinados os temas mais gerais, os quais nos servirão de base doutrinária para o estudo pouco mais aprofundado a respeito das normas jurídicas constantes da Constituição Federal e do Código de Processo Civil sobre a competência, que serão objeto do capítulo próximo.

2. INTRODUÇÃO AO ESTUDO DA COMPETÊNCIA

Como os pressupostos processuais são requisitos de *validade* da relação jurídica processual, esta, para se instaurar validamente, precisa se iniciar perante o juiz de direito *competente* para apreciar a situação jurídica que o autor deduz através do exercício do direito de ação.

Instituir a competência dos *órgãos públicos* corresponde a uma necessidade de ordem prática.

A razão é singela. Um único órgão público jamais poderia exercer todas as atividades que compete ao Poder de Estado ao qual ele pertence, sendo necessária a criação de muitos e variados órgãos na estrutura de cada um dos Poderes. O Poder Executivo Central, por exemplo, compreende os variados Ministérios, assim como o Governador do Estado precisa das Secretarias Estaduais e assim por diante.

Esses órgãos funcionam como centros gravitacionais das atividades estatais: cada órgão tem concentrado em si, certo número de atribuições.

Na organização e estrutura do Poder Judiciário Brasileiro milhares são os órgãos jurisdicionais que se dedicam à tarefa de exercer a atividade jurisdicional, repartidos entre as diversas Justiças da União e dos Estados-Membros.

Se não ficasse estabelecida previamente qual é a competência de cada órgão jurisdicional, deixando, por exemplo, que as pessoas decidissem livremente onde exercer o seu direito de ação, haveria um verdadeiro caos na Administração da Justiça, com graves consequências: alguém poderia ajuizar uma ação de despejo de um imóvel situado na cidade de

CAPÍTULO XXVI – DA COMPETÊNCIA – CONCEITOS BÁSICOS

São Paulo perante um órgão jurisdicional sediado em Manaus, com dificuldades que poderiam ser até mesmo insuperáveis para o exercício do direito de defesa, por parte do inquilino-réu. Imagine-se, ainda, uma ação de divisão de uma fazenda situada em Porto Alegre e ajuizada em Belém: haveria dificuldades invencíveis para a produção das provas etc.

Esses obstáculos mais evidentes, dentre outros, recomendam, pois, que efetivamente exista uma *racional divisão de trabalho* entre os órgãos jurisdicionais existentes no País – e essa racional divisão de trabalho é que preside a fixação da *competência* dos órgãos do Poder Judiciário.

O estabelecimento da competência dos órgãos jurisdicionais, em primeiro lugar, cabe ao legislador constitucional, que estabelece regras básicas sobre a competência dos órgãos jurisdicionais na Constituição Federal.

Em seguida, a tarefa se desloca para os legisladores estaduais, nas respectivas Constituições Estaduais.

Completando o ciclo de normas sobre a competência, entra em cena o legislador infraconstitucional, que cuida da matéria nos Códigos de Processo,[1] e nas leis processuais extravagantes. A matéria ainda se encontra nas leis de organização judiciária, cabendo ressaltar que estas últimas são de iniciativa do próprio Poder Judiciário.

Finalmente, os Regimentos Internos dos Tribunais também dispõem sobre a competência.[2]

Assim sendo, o operador do Direito precisa conhecer a competência dos órgãos jurisdicionais para saber *onde* propor determinada ação ou determinado recurso e, ainda, saber em quais critérios o legislador se baseou

---

[1] Principalmente, Código de Processo Civil e Código de Processo Penal. Há normas sobre competência em outras consolidações legislativas, como na Consolidação das Leis do Trabalho, dentre outros.

[2] O estudo completo do tema da competência dos órgãos jurisdicionais existentes no País envolve a análise de todos esses diplomas legislativos. Dados os objetivos desta obra, porém, faremos referência às normas constitucionais e estudaremos um pouco mais pormenorizadamente as disposições do Código de Processo Civil.

para estabelecer a competência, pois dessa circunstância decorrem importantes efeitos jurídicos: a competência *relativa* e a competência *absoluta*.

3. CONCEITO DE COMPETÊNCIA

3.1 ACEPÇÕES DA EXPRESSÃO "COMPETÊNCIA" NO DIREITO PROCESSUAL.

A expressão competência, no campo do Direito Processual, pode ser usada pelo menos em duas acepções mais usuais:

(i) Para designar o *conjunto* de situações jurídicas genéricas e abstratas atribuídas a determinado órgão jurisdicional;

(ii) Para indicar, relativamente a uma situação jurídica determinada e concreta, que certo órgão jurisdicional *tem atribuição* para exercitar, em face dela, a sua atividade jurisdicional.

Encarada a competência através de tais pontos de vista, são possíveis as seguintes indagações:

(i) Qual é a competência do Supremo Tribunal Federal?

(ii) O Supremo Tribunal Federal é competente para julgar a *extradição* de alguém, solicitada por país estrangeiro?

Quando formulamos a primeira indagação buscamos saber qual o rol de situações jurídicas que *abstrata e genericamente* compõem a competência do Supremo Tribunal Federal – e a resposta será encontrada no art. 102 da Constituição Federal.

Já para respondermos a segunda pergunta será preciso verificar, dentre as normas genéricas e abstratas do art. 102 da Constituição Federal se numa delas se enquadra o caso concreto – e a resposta será positiva, em face do art. 102, inciso I, alínea "g" da Constituição Federal:

> Art. 102. Compete ao Supremo Tribunal Federal, precipuamente, a guarda da Constituição, cabendo-lhe:

CAPÍTULO XXVI – DA COMPETÊNCIA – CONCEITOS BÁSICOS

I – processar e julgar, originariamente:[3] (...)

g) a extradição solicitada por Estado estrangeiro;

Competência, portanto, *(i) é o conjunto de situações jurídicas genéricas e abstratas que a lei atribui a um determinado órgão jurisdicional* e *(ii) designa a legitimidade de um determinado órgão jurisdicional para o exercício de sua atividade jurisdicional em relação a uma situação jurídica concreta.*

3.2 A COMPETÊNCIA COMO LIMITE DA JURISDIÇÃO

É comum encontrarmos a afirmação de que a competência é o limite da jurisdição, no sentido de quantidade de jurisdição de um dado órgão jurisdicional.

A ideia vem da doutrina italiana.

Liebman afirma que competência "é a *quantidade de jurisdição* atribuída ao exercício de cada órgão, ou seja 'a medida da jurisdição".[4]

Porém, se o conceito é válido na Itália, no Brasil não pode ser aceito, senão com grandes reservas.

É que a legislação italiana contém uma série de limitações ao exercício da jurisdição pelo órgão jurisdicional comum, que exerce a chamada *jurisdição ordinária,* bastando lembrar que lá existe o contencioso administrativo, cujos casos ficam fora da jurisdição comum.

No Brasil, ao contrário, não é propriamente a jurisdição que é limitada, mas o *complexo* de situações jurídicas sobre as quais os órgãos jurisdicionais podem atuar, dado que a doutrina largamente majoritária não reconhece nenhum limite à jurisdição, entendendo que toda e

---

[3] Os tribunais têm duas espécies de competência – a chamada competência originária, para as situações jurídicas que são expostas diretamente aos seus magistrados e a competência recursal, que decorre da interposição de um recurso de decisão proferida por órgão jurisdicional inferior a ele.

[4] LIEBMAN, Enrico Tullio. *Manuale di Diritto Processuale Civile*: Principi. 7ª Ed. Milano: Giuffrè Editore, 2007, p. 51. Grifos e aspas originais.

445

qualquer ameaça ou lesão de direito é passível de apreciação pelo Poder Judiciário (art. 5º, LV da Constituição Federal), salvo exceções constitucionais (art. 52 da Constituição Federal).

3.3 COMPETÊNCIA ORIGINÁRIA E COMPETÊNCIA RECURSAL

Todos os órgãos jurisdicionais têm duas espécies de competência: a *originária* e a *recursal*.

A competência se diz originária quando o órgão jurisdicional é competente para conhecer e julgar a situação jurídica *em primeiro lugar*, antes de qualquer outro.

A competência recursal é atribuída ao órgão jurisdicional para conhecer e julgar um recurso interposto em face de uma decisão. O próprio Juiz de Direito tem competência recursal para os embargos de declaração, por exemplo, segundo estatui o art. 494, inciso II do Código de Processo Civil. Essa competência, porém, é mais própria dos tribunais.

4. DISTRIBUIÇÃO DAS SITUAÇÕES JURÍDICAS AOS ÓRGÃOS JURISDICIONAIS – VISÃO GERAL

A divisão da competência entre os diversos órgãos jurisdicionais existentes no País é feita por etapas sucessivas:

1. Competência Internacional do Poder Judiciário Nacional;

2. Competência Interna dos Órgãos Jurisdicionais Brasileiros;

3. Competência de Foro;

4. Competência Interna do Foro;

5. Competência Interna do Juízo.

Competência Internacional do Poder Judiciário Nacional

A primeira etapa consiste em considerar quais as situações jurídicas que *interessam* ao Poder Judiciário Brasileiro e as que não lhes dizem respeito.

CAPÍTULO XXVI – DA COMPETÊNCIA – CONCEITOS BÁSICOS

Todavia, dentre as que interessam ao Poder Judiciário ainda temos que distinguir aquelas que são da *exclusiva competência* do Poder Judiciário Brasileiro e aquelas sobre as quais ele tem *competência concorrente* com a jurisdição estrangeira.

As situações jurídicas que interessam à autoridade judiciária brasileira (exclusivamente ou não) compõem a *Competência Internacional do Poder Judiciário Nacional*. Trata-se da fixação da competência do Poder Judiciário Brasileiro em face dos Poderes Judiciários estrangeiros.

Competência Interna dos Órgãos Jurisdicionais Brasileiros

Em seguida, é preciso tomar em consideração todas as situações jurídicas que formam a Competência Internacional do Poder Judiciário do Brasil e reparti-las dentre os órgãos jurisdicionais brasileiros previstos no art. 92 da Constituição Federal – fase que se chama fixação da *Competência Interna dos Órgãos Jurisdicionais Brasileiros*. Aqui se cuida de distribuir as causa dentre:

(i) Supremo Tribunal Federal;

(ii) Superior Tribunal de Justiça;

(iii) Justiça Federal;

(iv) Justiça do Trabalho;

(v) Justiça Eleitoral;

(vi) Justiça Militar Federal;

(vii) Justiça do Distrito Federal e Territórios;

(viii) Justiças Estaduais.

A Competência Interna dos Órgãos Jurisdicionais Brasileiros é traçada na Constituição Federal, tanto para os dois tribunais superiores (Supremo Tribunal Federal e Superior Tribunal de Justiça) como para as diversas Justiças (da União e dos Estados).

Normalmente, a repartição das situações jurídicas *dentro* de cada tribunal é feita pelo seu Regimento Interno.

Competência de Foro

Dentro de cada uma das Justiças constantes do art. 92 da Constituição Federal há uma quantidade enorme de órgãos jurisdicionais que exercem a jurisdição de primeiro grau – e será preciso repartir entre eles, as diversas situações jurídicas.

Assim, por exemplo, a Justiça do Trabalho tem competência para todas as causas oriundas do contrato de trabalho – mas em qual dos órgãos de primeiro grau da Justiça do Trabalho deve ser ajuizada a ação?

A divisão da competência dentre os órgãos de cada Justiça corresponde a uma etapa chamada *Competência de Foro*. Neste passo haverá a vinculação da situação jurídica *a um determinado território*. A razão está em que cada órgão jurisdicional de primeiro grau de cada uma das Justiças tem uma sede e uma circunscrição territorial sob sua jurisdição.

Competência Interna do Foro

Contudo, dentro do mesmo foro – isto é, da mesma circunscrição territorial – pode haver mais de um Juízo de Primeiro Grau. Suponha-se, assim, a cidade de São Paulo, com centenas de Juízos ou Vara e então será preciso estabelecer a *Competência Interna do Foro*.

Competência Interna do Juízo ou Vara

Se no Foro pode haver *vários órgãos jurisdicionais*, no próprio Juízo ou Vara pode haver *mais de um magistrado* – e então será necessário ficar a *Competência Interna do Juízo ou Vara*.

Assim se chega ao magistrado competente.

Recapitulando:

A determinação da competência, portanto, obedece a certas etapas, da mais geral até a mais particularizada, que identifica o magistrado competente. Recordemos quais são:

CAPÍTULO XXVI – DA COMPETÊNCIA – CONCEITOS BÁSICOS

- Competência Internacional do Poder Judiciário Nacional;
- Competência Interna dos Órgãos Jurisdicionais Brasileiros;
- Competência de Foro;
- Competência Interna do Foro;
- Competência Interna do Juízo.

Na primeira etapa, o legislador seleciona, dentre todas as situações jurídicas que podem ocorrer no mundo, quais interessam ao Poder Judiciário Brasileiro. O despejo de um argentino que aluga um apartamento em Buenos Aires interessa ao Brasil? Claro que não. Essa situação jurídica não integra a *Competência Internacional do Poder Judiciário Nacional*.

Na segunda o legislador tem em vista os órgãos jurisdicionais previstos na Constituição Federal e a eles atribui competências globais – é a *Competência Interna dos Órgãos Jurisdicionais Brasileiros*.

Considerando que a divisão interna do trabalho nos tribunais é resolvida pelos seus Regimentos Internos e que os órgãos de primeiro grau estão espalhados pelo território nacional, a terceira etapa é a de fixação da *Competência de Foro*.

Dentro do mesmo foro, isto é, da mesma circunscrição territorial, é possível haver vários órgãos jurisdicionais (vários Juízos ou Varas) e então urge estabelecer a *Competência Interna do Foro*.

Por fim no mesmo Juízo ou Vara pode haver mais de um magistrado e a lei deve dividir entre eles a competência, ou seja, estabelecer a *Competência Interna do Juízo*.

5. CRITÉRIOS DETERMINATIVOS DA COMPETÊNCIA

Critérios determinativos da competência *são os elementos da situação jurídica dos quais o legislador se utiliza para estabelecer a competência dos órgãos jurisdicionais*.

449

No Brasil se entende que os critérios para a formação da competência do órgão jurisdicional são:

a. Natureza ou matéria da situação jurídica deduzida **em juízo;**

b. Valor econômico da situação jurídica;

c. Condição ou qualidade das pessoas envolvidas na situação jurídica;

d. Território

e. Atuação jurisdicional prévia.

6. CRITÉRIO OBJETIVO DA NATUREZA OU MATÉRIA DA SITUAÇÃO JURÍDICA

O critério da natureza ou matéria da situação jurídica leva em conta, como o nome está a indicar, a *espécie de situação jurídica* a ser considerada.

Essa tipificação pode se dar pela própria natureza do direito alegado pelo autor como pelo *petitum* da ação.

Assim, por exemplo, quando a Constituição Federal fala em "ação direta de *inconstitucionalidade*" (art. 102, I, "a") como uma das situações jurídicas que são da competência do Supremo Tribunal Federal, está se referindo ao pedido formulado: a verificação da desconformidade da lei com as regras constitucionais. Essa é a matéria dessa situação jurídica.

Também quando a Constituição Federal menciona "as ações oriundas da relação de trabalho" como aquelas que integram a competência da Justiça do Trabalho (art. 114, I) está se referindo à matéria da causa, revelada pelo direito exposto em juízo.

7. CRITÉRIO OBJETIVO DO VALOR DA CAUSA

O critério do valor da causa leva em conta para a determinação da competência o *valor econômico* atribuído à situação jurídica, tendo-se presente que todas as causas devem ter um valor expresso em moeda nacional:

CAPÍTULO XXVI – DA COMPETÊNCIA – CONCEITOS BÁSICOS

> Art. 291. A toda causa será atribuído valor certo, ainda que não tenha conteúdo econômico imediatamente aferível.
>
> Art. 258. A toda causa será atribuído um valor certo, ainda que não tenha conteúdo econômico imediato.

Assim, por exemplo, a Lei n. 9.099, de 26 de setembro de 1995, que instituiu os chamados Juizados Especiais Cíveis e Criminais, atribui a estes a competência, dentre outras, para "causas cujo valor não exceda a quarenta vezes o salário mínimo" (art. 3º, I).

8. CRITÉRIO OBJETIVO DA CONDIÇÃO OU QUALIDADE DAS PESSOAS

O critério da condição ou qualidade das pessoas, como o nome indica, faz referência ao cargo ou função das pessoas. Isso ocorre quando a norma se refere, por exemplo: ao "Presidente da República", "Vice-Presidente", "Membros do Congresso Nacional", "Ministros de Estado" etc. – como se lê no art. 102, I, letra "b" da Constituição Federal.

9. CRITÉRIO TERRITORIAL

O critério territorial leva em conta uma vinculação possível entre a situação jurídica e um ponto do espaço físico do território nacional, que sempre pertence a um determinado foro. Por exemplo: foro do *domicílio do réu*.

10. CRITÉRIO FUNCIONAL

É o mais complexo deles, não havendo, a seu respeito, uniformidade na doutrina.

Entendemos que o critério funcional fixa a competência pelo critério funcional quando:

ANTONIO ARALDO FERRAZ DAL POZZO

(i) A competência de um órgão jurisdicional para reexaminar uma decisão lhe é conferida *pelo simples fato de que ele próprio a prolatou*. Ex.: o recurso de embargos de declaração é dirigido ao magistrado que proferiu a decisão embargada;[5]

(ii) *São necessárias duas ou mais ações judiciais para a satisfação do direito deduzido em juízo*. Tal ocorre quando magistrado, por ter conhecido uma ação, fica competente para as demais que digam respeito ao mesmo direito. Ex.: O cumprimento da sentença efetua-se no juízo que decidiu a causa em primeiro grau de jurisdição (art. 516, II).

(iii) As atividades jurisdicionais exercidas em face de uma única situação jurídica, *são divididas entre vários órgãos jurisdicionais*[6];

(iv) Há *um único Órgão Jurisdicional de Jurisdição Superior* para exercer a atividade jurisdicional de reexame das decisões proferidas por aqueles que exercem a Jurisdição Inferior dentro da mesma Justiça. Ex.: O Tribunal de Justiça do Estado de São Paulo é competente para todos os recursos no âmbito da jurisdição civil estadual.

11. COMPETÊNCIA ABSOLUTA E COMPETÊNCIA RELATIVA

Não existe nenhuma regra disciplinando, *a priori*, qual dos critérios determinativos da competência o legislador deve se valer quando está fixando a competência dos órgãos jurisdicionais, cabendo-lhe fazer um juízo de conveniência e oportunidade para eleger o mais adequado à situação jurídica considerada.

Embora nem sempre seja uma tarefa fácil, ao operador do direito cabe *identificar* qual daqueles critérios foi utilizado, pois as consequências

---

[5] Art. 494, II do CPC – é um recurso para eliminar obscuridade ou contradição da decisão ou sempre que esta omitir ponto sobre o qual deveria se pronunciar.

[6] Exemplo dessa situação é encontrado no Direito Processual Penal, onde há a possibilidade (como ocorre presentemente na Comarca de São Paulo) de um Juiz de Direito conduzir o processo até a fase da pronúncia e outro presidir o Tribunal do Júri.

CAPÍTULO XXVI – DA COMPETÊNCIA – CONCEITOS BÁSICOS

jurídicas que decorrem do emprego de um ou de outro são diferentes e importantes, porque é o critério que define se a competência do órgão jurisdicional é *absoluta* ou *relativa*.

Competência absoluta é aquela que não pode ser alterada pelas partes, seja de maneira tácita ou expressa. Como a competência é requisito de validade da relação jurídica processual (trata-se de pressuposto processual referente ao juiz) se ela for instaurada perante juiz absolutamente incompetente ela será nula.

O Código de Processo Civil estabelece quais critérios determinam a competência absoluta:

> Art. 62. A competência determinada em *razão da matéria*, da *pessoa* ou da *função* é inderrogável por convenção das partes.

Portanto, se o critério de que se valeu a lei foi o da matéria da causa (ou natureza da situação jurídica), da qualidade (ou condição) da pessoa ou pelo critério funcional, a competência é *absoluta*.

Competência relativa, ao contrário, é aquela que pode ser alterada expressa ou tacitamente pelas partes:

> Art. 63. As partes podem modificar a competência em razão do *valor* e do *território*, elegendo foro onde será proposta ação oriunda de direitos e obrigações.

Portanto, a competência estabelecida com base no valor da causa ou do território pode ser alterada – trata-se de *competência relativa*.

A alteração expressa ocorre quando as partes convencionam órgão jurisdicional diverso daquele que pelas regras legais seria competente – elas elegem o foro competente, este se chama Foro de Eleição. A alteração tácita ocorre quando a parte deixa de alegar a incompetência relativa do órgão jurisdicional no prazo de que dispõe para tanto – nesse caso, a competência desse órgão se diz "prorrogada"; o órgão que era relativamente incompetente se torna competente.

453

Resumindo, temos:

I – COMPETÊNCIA ABSOLUTA – aquela fixada pelos seguintes critérios:

(i) Natureza ou matéria da situação jurídica deduzida em juízo;

(ii) Critério objetivo em razão da qualidade ou da condição das pessoas;

(iii) Critério funcional.

II – COMPETÊNCIA RELATIVA – aquela estabelecida pelos seguintes critérios:

(i) Valor da causa;

(ii) Territorial.

12. CASOS EM QUE SÃO UTILIZADOS MAIS DE UM CRITÉRIO DETERMINATIVO DA COMPETÊNCIA – PREVALÊNCIA DE UM DELES

Muitas vezes a lei se vale de mais de um critério determinativo da competência, conjugando-os para um determinado resultado que pretende alcançar.

Assim, exemplificativamente, o art. 46 do Código de Processo Civil estabelece a seguinte regra:

> Art. 46. A ação fundada em direito *pessoal* ou em direito *real sobre bens móveis* será proposta, em regra, no foro de domicílio do réu.
>
> Art. 94. A ação fundada em direito pessoal e a ação fundada em direito real sobre bens móveis serão propostas, em regra, no foro do domicílio do réu.

A norma fala em "ação fundada em direito pessoal ou em direito real sobre bens móveis" e, nesse passo, refere-se obviamente à natureza ou matéria sobre a qual versa a ação.

CAPÍTULO XXVI – DA COMPETÊNCIA – CONCEITOS BÁSICOS

Por esse prisma, a competência seria absoluta, pois tem essa natureza quando fixada pela matéria da causa.

Porém, a regra menciona o foro do domicílio do réu, o que sugere uma competência relativa.

Cabe, pois, a pergunta: o art. 46 contempla caso de competência absoluta ou relativa?

Ora, o fator decisivo para a fixação do foro competente é o *critério territorial*, o que fica ainda mais evidente quando se lê os seus diversos parágrafos, que contemplam outros *foros alternativos*, isto é, tendo sempre em vista a ligação da causa com um ponto do território. Portanto, o caso, aqui, é de competência relativa.

Já o art. 47, contém esta outra regra:

> Art. 47. Para as ações fundadas em direito real sobre imóveis é competente o foro de situação da coisa.
>
> § 1º O autor pode optar pelo foro de domicílio do réu ou pelo foro de eleição, se o litígio não recair sobre direito de propriedade, vizinhança, servidão, divisão e demarcação de terras e de nunciação de obra nova.
>
> § 2º A ação possessória imobiliária será proposta no foro de situação da coisa, cujo juízo tem competência absoluta.
>
> Art. 95. Nas ações fundadas em direito real sobre imóveis é competente o foro da situação da coisa. Pode o autor, entretanto, optar pelo foro do domicílio ou de eleição, não recaindo o litígio sobre o direito de propriedade, vizinhança, servidão, posse, divisão e demarcação de terras e nunciação de obra nova.

Se a norma se encerrasse na primeira parte ("Nas ações fundadas em direito real sobre imóveis é competente o foro da situação da coisa"), estaríamos diante de um caso de competência relativa para todas as ações fundadas em direito real sobre imóveis, dado que o legislador teria se valido unicamente do critério territorial.

Contudo, o § 1º nos obriga a fazer uma distinção: a competência será relativa, desde que não de trate de litígio sobre o *direito de propriedade, vizinhança, servidão, posse, divisão e demarcação de terras e nunciação de obra nova*, pois, nestes casos, o autor *não pode* optar pelo foro do domicílio ou de eleição. Nestes casos, pois, a competência é absoluta, e será do foro da situação da coisa, já que o critério prevalente é o da *matéria ou natureza sobre a qual versa o litígio*. O mesmo se diga quanto ao § 2º, que, aliás, é expresso.

13. DAS ESPÉCIES DE FORO NO CÓDIGO DE PROCESSO CIVIL

Foro é a circunscrição territorial dentro do qual determinado órgão jurisdicional (ou órgãos jurisdicionais) exerce a jurisdição. Às vezes essa circunscrição também é chamada de Comarca.[7]

O Código de Processo Civil prevê algumas espécies de foro, a saber: *(i)* Foro de Eleição ou Foro Contratual; *(ii)* Foro Exclusivo; *(iii)* Foros Concorrentes; *(iv)* Foro Subsidiário.

<u>Foro de eleição ou foro contratual</u>

O foro de eleição ou foro contratual é incompatível com as hipóteses em que a lei prevê competência absoluta de foro. Mas, se for relativa, as partes podem eleger – por *escrito* – qual o foro será competente para as ações que porventura decorrerem de *determinada* obrigação que estão celebrando. Esse será o foro de eleição ou contratual:

> Art. 63. As partes podem modificar a competência em razão do valor e do território, <u>elegendo foro</u> onde será proposta ação oriunda de direitos e obrigações.
>
> § 1º <u>A eleição de foro só produz efeito quando constar de instrumento escrito e aludir expressamente a determinado negócio jurídico</u>.

---

[7] No Estado de São Paulo, para efeito da Justiça Paulista o território estadual é dividido em comarcas ou foros.

CAPÍTULO XXVI – DA COMPETÊNCIA – CONCEITOS BÁSICOS

§ 2º O foro contratual obriga os herdeiros e sucessores das partes.

§ 3º Antes da citação, a cláusula de eleição de foro pode ser reputada ineficaz de ofício pelo juiz se abusiva, hipótese em que determinará a remessa dos autos ao juízo do foro de domicílio do réu.

§ 4º Citado, incumbe ao réu alegar a abusividade da cláusula de eleição de foro na contestação, sob pena de preclusão.

Art. 111. (*omissis*)

§ 1º O acordo, porém, só produz efeito, quando constar de contrato escrito e aludir expressamente a determinado negócio jurídico.

Como a lei não entra em pormenores quanto à forma, a eleição do foro pode ser feita no próprio contrato através do qual se realiza o negócio jurídico ou em contrato separado; estipulado no momento em que o contrato principal é elaborado ou posteriormente. De outro lado, as partes contratantes podem ser pessoas naturais ou pessoas jurídicas. Todavia, há de ser sempre feita por escrito e com referência a determinado negócio jurídico, ou seja, a negócio jurídico já existente, e não a ser celebrado no futuro.

Finalmente, observe-se que o foro de eleição não precisa ser exclusivo, pois as partes podem estabelecer foros de eleição *alternativos*.

A eleição do foro "obriga os herdeiros e sucessores das partes" (§ 2º). A regra tem aplicação quando o contrato é *silente*, mas podem os contratantes estipular que o foro de eleição não obrigará seus herdeiros ou sucessores.

Ocorrido o falecimento de uma das partes, porém, não mais será possível introduzir a cláusula que afasta o foro de eleição para seus herdeiros ou sucessores.

Foro exclusivo

O foro é exclusivo quando somente nele a ação pode ser ajuizada: trata-se de competência absoluta desse foro.

Assim, por exemplo, a ação de divisão de terras somente pode ser ajuizada no foro da situação do imóvel (art. 47, § 1º, segunda parte, do Código de Processo Civil).

Foros concorrentes

Foros concorrentes são aqueles simultaneamente competentes para a mesma situação jurídica. Neste caso, a competência dos diversos foros é relativa e em cada um deles o respectivo órgão jurisdicional tem *competência concorrente* com a do outro.

As ações fundadas em direito real – desde que não sejam daquelas que têm foro exclusivo – podem ser ajuizadas: *(i)* no foro da situação da coisa; *(ii)* ou no foro de domicílio do réu *(iii)* ou no foro de eleição. Todos esses foros são concorrentes (Art. 47 e § 1º).

Foro Subsidiário

Foro subsidiário é aquele que se torna competente *à falta do foro considerado principal*: o art. 46 e parágrafos do Código de Processo Civil estabelecem que as ações pessoais, em regra, são ajuizadas no foro do domicílio do réu. Porém, se este tiver mais de um domicílio, elas poderão ser interpostas no foro de qualquer um deles. Se seu domicílio for incerto ou desconhecido, onde for encontrado ou no foro de domicílio do autor.

Neste último caso (de domicílio incerto ou desconhecido) a lei estabeleceu *foros subsidiários concorrentes*: foro onde ele for encontrado ou no foro do domicílio do autor, de acordo com a opção que fizer este último (§ 2º, do art. 46 do Código de Processo Civil).

Capítulo XXVII

LINHAS GERAIS SOBRE A FIXAÇÃO DA COMPETÊNCIA NA CONSTITUIÇÃO FEDERAL E NO CÓDIGO DE PROCESSO CIVIL

Sumário: 1. Competência Internacional da Autoridade Judiciária Brasileira. 2. A Competência Internacional na legislação brasileira. 2.1 Regras na Lei de Introdução às normas do Direito Brasileiro. 2.2 Regras no Código de Processo Civil. 2.2.1 Competência Internacional Concorrente. 2.2.1.1 Competência Internacional Concorrente: réu com domicílio no Brasil. 2.2.1.2 Competência Internacional Concorrente: obrigação a ser cumprida no Brasil. 2.2.1.3 Competência Internacional Concorrente: fato ocorrido ou praticado no Brasil. 2.2.1.4 Competência Internacional Concorrente: ações de alimentos. 2.2.1.5 Competência Internacional Concorrente: ações decorrentes de relações de consumo. 2.2.1.6 Competência Internacional Concorrente: o Brasil como foro de eleição ou contratual. 2.2.2 Validade da tutela jurisdicional prestada por autoridade judiciária estrangeira em casos de Competência Internacional Concorrente. 2.2.3 Competência Internacional Concorrente: ações ajuizadas no Brasil e perante autoridade judiciária estrangeira. 2.3 Competência Internacional Exclusiva. 2.3.1 Não validade de sentença estrangeira em caso de Competência Internacional Exclusiva. 3. Cooperação

459

internacional. 4. Do Auxílio Direto. 5. Competência Interna: Competência do Supremo Tribunal Federal, do Superior Tribunal de Justiça e Competência das Justiças Internas. 5.1 Competência do Supremo Tribunal Federal e do Superior Tribunal de Justiça. 5.2 Competência da Justiça Federal. 5.3 Competência da Justiça do Trabalho. 5.4 Competência da Justiça Eleitoral. 5.5 Competência da Justiça Militar. 5.6 Competência das Justiças Estaduais e da Justiça do Distrito Federal. 6. Competência Interna das Justiças Estaduais. 7. Competência Interna em razão do critério funcional. 7.1 Casos de competência funcional pela necessidade de várias ações para a satisfação do direito do autor. 7.2 Casos de competência funcional para reexame de decisão apenas pelo fato de tê-la pronunciado. 8. Competência de foro – critério territorial – espécies de foros. 8.1 Foro competente para as ações pessoais e reais sobre bens móveis: foro do domicílio do réu chamado foro geral. 8.1.1 Domicílio da pessoa natural. 8.1.2 Domicílio das pessoas jurídicas de direito público. 8.1.3 Domicílio da pessoa jurídica de direito privado. 8.1.4 Réu com mais de um domicílio – ação contra vários réus com domicílios diferentes. 8.1.5 Réu com domicílio incerto ou desconhecido. 8.1.6 Foro competente para ação decorrente do exercício profissional exercido em diversos locais. 8.1.7 Réu sem domicílio ou sem residência no Brasil. 8.1.8 Foro competente para ações fundadas em direito real sobre bens imóveis: foro da situação do imóvel (*forum rei sitae*). 8.1.9 Foro da sucessão. 8.1.10 Foro para as ações contra o ausente. 8.1.11 Foro para as ações propostas contra o incapaz. 8.1.12 Foro para a ação de separação judicial, para a conversão desta em divórcio e para a anulação de casamento. 8.1.13 Foro competente para as ações de alimentos. 8.1.14 Foro competente para ações que visam ao cumprimento da obrigação. 8.1.15 Foro competente para a ação de reparação de dano. 8.1.16 Foro competente para a ação em que o réu for o administrador ou gestor de negócios alheios. 8.1.17 Foro competente para a ação com fundamento no Estatuto do Idoso. 8.1.18 Foro competente para a ação de reparação de dano sofrido em razão de ato de ofício praticado por serventia notarial ou de registro. 9. Competência Interna do Foro nas Justiças Estaduais – *perpetuatio jurisdicionis*. 9.1 O princípio da perpetuação da jurisdição *perpetuatio jurisdicionis*. 9.2 Momento da perpetuação da competência. 10. Das modificações da competência. 10.1 As

CAPÍTULO XXVII – LINHAS GERAIS SOBRE A FIXAÇÃO DA...

modificações do art. 43 do Código de Processo Civil. 10.2 As alterações do art. 54 do Código de Processo Civil. 10.3 Alteração da competência em razão de conexão. 10.4 Alteração da competência em razão da continência. 10.5 Alteração pela possibilidade de sentenças contraditórias. 10.6 Alteração da competência por escolha do foro. 10.7 Alteração pela inércia da parte. 10.8 Recapitulação do tópico. 11. Competência Interna do Juízo. 12. Alegação da incompetência. 13. Conflito de competência.

1. COMPETÊNCIA INTERNACIONAL DA AUTORIDADE JUDICIÁRIA BRASILEIRA

Como vimos no capítulo anterior, a fixação da competência ocorre por etapas sucessivas, a saber:

1. Competência Internacional do Poder Judiciário Nacional;

2. Competência Interna dos Órgãos Jurisdicionais Brasileiros;

3. Competência de Foro;

4. Competência Interna do Foro;

5. Competência Interna do Juízo.

Neste capítulo veremos as regras gerais sobre as três primeiras etapas, a começar pela *Competência Internacional da Autoridade Judiciária Brasileira ou do Poder Judiciário Nacional.*

Esta tarefa consiste em verificar, dentre todas as situações jurídicas que reclamam a intervenção de um órgão jurisdicional, quais as que interessam ou devam se incluir na competência do *Poder Judiciário Nacional.*

Nesse momento estamos colocando o Poder Judiciário Nacional, visto como um todo, em confronto com os Poderes Judiciários de todos os demais países do mundo.

Em última análise, aquilo que acaba orientando as leis que definem a Competência Internacional do Estado Brasileiro, como lembra Celso

461

Agrícola Barbi, é o chamado *princípio da efetividade*: a atividade jurisdicional deve se exercer apenas quando ela tem a possibilidade de se tornar efetiva, isto é, de produzir os efeitos colimados pelas partes.[1]

Como existem limites ao poder do Estado Brasileiro e dos Estados estrangeiros, o órgão jurisdicional não deve realmente se movimentar em vão, isto é, conhecer e decidir situações jurídicas em face das quais depois não poder impor sua decisão, dadas essas barreiras internacionais.

Imagine-se, por exemplo, um juiz brasileiro julgando uma ação de despejo entre dois argentinos, versando sobre locação havida em Buenos Aires, onde se situa o imóvel locado: sua decisão seria inócua, porque a autoridade judiciária argentina não cumpriria o mandado de despejo expedido por um juiz nacional.

É com base naquele princípio, na experiência que decorre da convivência internacional e da existência de acordos ou tratados internacionais, que a lei brasileira cuida de delimitar, num primeiro momento, a Competência Internacional do Poder Judiciário Nacional – e, ao fazê-lo, estará simultaneamente estabelecendo limites à atividade jurisdicional dos organismos estrangeiros.

2. A COMPETÊNCIA INTERNACIONAL NA LEGISLAÇÃO BRASILEIRA

2.1 REGRAS NA LEI DE INTRODUÇÃO ÀS NORMAS DO DIREITO BRASILEIRO

Assim estatui o art. 12 e seu § 1º, ambos da antiga Lei de Introdução ao Código Civil, hoje Lei de Introdução às Normas do Direito Brasileiro[2]:

---

[1] BARBI, Celso Agrícola, *Comentários ao Código de Processo Civil*. 13ª Ed. Forense, p. 301.

[2] A Lei de Introdução ao Código Civil era o Decreto-Lei n. 4.657, de 04 de setembro de 1942, alterado pela Lei n. 12.376, de 30 de dezembro de 2010, passando a se chamar Lei de Introdução às Normas do Direito Brasileiro.

CAPÍTULO XXVII – LINHAS GERAIS SOBRE A FIXAÇÃO DA...

Art. 12. É competente a autoridade judiciária brasileira, *quando for o réu domiciliado no Brasil* ou *aqui tiver de ser cumprida a obrigação*.

§ 1º Só à autoridade judiciária brasileira compete conhecer das ações relativas a imóveis situados no Brasil.

O *caput* do art. 12 enuncia uma regra que estabelece a autoridade judiciária brasileira com competência concorrente, mas o parágrafo 1º estabelece uma competência internacional exclusiva.

2.2 REGRAS NO CÓDIGO DE PROCESSO CIVIL

O Código de Processo Civil trata da matéria nos seus artigos 21 a 25, que estão sob a rubrica "Dos limites da Jurisdição Nacional".

O Código de Processo Civil também prevê, no que respeita às regras de competência internacional da autoridade judiciária brasileira, casos de *Competência Internacional Concorrente* e hipóteses de *Competência Internacional Exclusiva* da autoridade judiciária brasileira.

2.2.1 Competência Internacional Concorrente

Quando a autoridade judiciária brasileira dispuser de Competência Internacional *Concorrente*, tanto ela quanto a autoridade judiciária estrangeira podem exercer a atividade jurisdicional em face da mesma situação jurídica, porque tanto o foro brasileiro como o do estrangeiro é considerado competente (daí a denominação – *concorrente*).

O Código de Processo Civil, nos seus artigos 21 e 22, aponta as situações jurídicas sobre as quais o Poder Judiciário Nacional tem Competência Internacional *Concorrente* com os Poderes Judiciários Estrangeiros:

Art. 21. Compete à autoridade judiciária brasileira processar e julgar as ações em que:

I – o réu, qualquer que seja a sua nacionalidade, estiver domiciliado no Brasil;

II – no Brasil tiver de ser cumprida a obrigação;

III – o fundamento seja fato ocorrido ou ato praticado no Brasil.

Parágrafo único. Para o fim do disposto no inciso I, considera-se domiciliada no Brasil a pessoa jurídica estrangeira que nele tiver agência, filial ou sucursal.

Art. 88. É competente a autoridade judiciária brasileira quando:

I – o réu, qualquer que seja a sua nacionalidade, estiver domiciliado no Brasil;

II – no Brasil tiver de ser cumprida a obrigação;

III – a ação se originar de fato ocorrido ou de ato praticado no Brasil.

Parágrafo único. Para o fim do disposto no n. I, reputa-se domiciliada no Brasil a pessoa jurídica estrangeira que aqui tiver agência, filial ou sucursal.

Art. 22. Compete, ainda, à autoridade judiciária brasileira processar e julgar as ações:

I – de alimentos, quando:

a) o credor tiver domicílio ou residência no Brasil;

b) o réu mantiver vínculos no Brasil, tais como posse ou propriedade de bens, recebimento de renda ou obtenção de benefícios econômicos;

II – decorrentes de relações de consumo, quando o consumidor tiver domicílio ou residência no Brasil;

III – em que as partes, expressa ou tacitamente, se submeterem à jurisdição nacional.

Como se observa desde logo o Código de Processo Civil amplia as hipóteses de foro internacional competente em face do art. 12 da Lei de Introdução às Normas do Direito Brasileiro.

2.2.1.1 *Competência Internacional Concorrente: réu com domicílio no Brasil*

O inciso I do art. 21 (repetindo a regra do art. 12, primeira parte, da Lei de Introdução ao Código Civil) torna irrelevante a nacionalidade

CAPÍTULO XXVII – LINHAS GERAIS SOBRE A FIXAÇÃO DA...

do réu, levando em conta apenas o fato dele ser *domiciliado* no Brasil, aplicando-se à questão do domicílio as normas do nosso Código Civil.[3]

Todavia, em se cuidando de réu pessoa jurídica estrangeira, há que se observar a regra do parágrafo único do art. 21, segundo o qual se considera domiciliada no Brasil a pessoa jurídica estrangeira que nele tiver agência, filial ou sucursal.

2.2.1.2 Competência Internacional Concorrente: obrigação a ser cumprida no Brasil

O inciso II do art. 21 (que repete a regra do art. 12, segunda parte, da Lei de Introdução ao Código Civil) não leva em consideração o lugar onde a obrigação foi contraída e nem a nacionalidade das partes contratantes, mas apenas o fato dela ter que ser cumprida no Brasil.

2.2.1.3 Competência Internacional Concorrente: fato ocorrido ou praticado no Brasil

Finalmente, o inciso III do art. 21 está a exigir que o fato ou ato gerador do direito deduzido em juízo (e que integra a causa de pedir remota da ação proposta) tenha ocorrido ou tenha sido praticado no Brasil.

2.2.1.4 Competência Internacional Concorrente: ações de alimentos

O art. 22 se dedica inteiramente a regulamentar quando ações de alimento podem ser ajuizadas no Brasil.

A primeira hipótese é a do credor (alimentando – aquele que precisa de alimentos) que tem domicílio ou residência no Brasil. Se ele

---

[3] Cf. arts. 70 a 78 do Código Civil.

irá pleitear alimentos porque não tem como se sustentar, é justo que promova a ação onde mora ou reside, sempre que o devedor dos alimentos não more ou não resida no Brasil. A execução da obrigação alimentar depende de tratados e convenções internacionais.

Na segunda hipótese o devedor de alimentos mantém vínculos com o Brasil – e a norma exemplifica com posse ou propriedade de bens, recebimentos de rendas ou obtenção de benefícios econômicos – o que torna mais fácil o cumprimento da sentença.[4]

2.2.1.5 Competência Internacional Concorrente: ações decorrentes de relações de consumo

Tal como ocorre com a ação de alimentos, o inciso II do art. 22 prevê a possibilidade do consumidor com domicílio ou residência no Brasil acionar o fornecedor no foro de seu próprio domicílio, o que se revela uma regra bastante salutar, em tempos de aquisição de produtos importados. Nem se deve esquecer que o consumidor é considerado nas suas relações de consumo, sempre como a parte mais fraca.

2.2.1.6 Competência Internacional Concorrente: o Brasil como foro de eleição ou contratual

É a hipótese do inciso III do art. 22 ("em que as partes, expressa ou tacitamente, se submeterem à jurisdição nacional").

No caso de opção expressa – sempre por escrito – o foro pode ser exclusivo ou concorrente.

Porém, se a exclusividade diz respeito a escolha por foro estrangeiro, em contrato internacional, a autoridade brasileira não terá competência para conhecer e julgar a causa:

---

[4] É óbvio que se o devedor de alimentos reside no Brasil, aplicam-se as regras comuns da competência da autoridade brasileira. Nesse caso, não se cogita de competência internacional.

CAPÍTULO XXVII – LINHAS GERAIS SOBRE A FIXAÇÃO DA...

> Art. 25. Não compete à autoridade judiciária brasileira o processamento e o julgamento da ação quando houver cláusula de eleição de foro exclusivo estrangeiro em contrato internacional, arguida pelo réu na contestação.

Mas, pode ocorrer que haja prorrogação *tácita* da autoridade judicial brasileira (art. 22, III) e isto ocorrerá sempre que, em se cuidando de competência internacional concorrente, o réu não alegue essa circunstância em sua defesa.

2.2.2 Validade da tutela jurisdicional prestada por autoridade judiciária estrangeira em casos de Competência Internacional Concorrente

Se uma situação jurídica que integra a Competência Internacional Concorrente da autoridade judiciária brasileira for apreciada por órgão jurisdicional estrangeiro, a tutela jurisdicional prestada por este último somente terá validade no Brasil depois de devidamente *homologada* pelo Supremo Tribunal Federal, nos termos dos artigos 959/964 do Código de Processo Civil.

2.2.3 Competência Internacional Concorrente: ações ajuizadas no Brasil e perante autoridade judiciária estrangeira

Por último, à Competência Internacional Concorrente aplica-se o disposto no art. 24 do Código de Processo Civil:

> Art. 24. A ação proposta perante tribunal estrangeiro não induz litispendência e não obsta a que a autoridade judiciária brasileira conheça da mesma causa e das que lhe são conexas, ressalvadas as disposições em contrário de tratados internacionais e acordos bilaterais em vigor no Brasil.
>
> Parágrafo único. A pendência de causa perante a jurisdição brasileira não impede a homologação de sentença judicial estrangeira quando exigida para produzir efeitos no Brasil.

> Art. 90. A ação intentada perante tribunal estrangeiro não induz litispendência, nem obsta a que a autoridade brasileira conheça da mesma causa e das que lhe são conexas.

O artigo configura duas hipóteses:

(i) a de que a *mesma* ação esteja tramitando perante a autoridade judiciária brasileira e a estrangeira;

(ii) que essas ações, embora não idênticas (isto, não sendo a mesma ação), sejam *conexas*.

No primeiro caso, a parte não poderá alegar *litispendência* no processo que tramita perante a autoridade judiciária brasileira, em face da ação que corre no estrangeiro, com a finalidade de paralisá-lo (o que aconteceria se ambas tramitassem perante autoridades judiciárias brasileiras).

No segundo, não se poderá alegar a conexão entre a ação que tramita no Brasil e a que pende no estrangeiro com a finalidade de remeter o processo aqui instaurado à autoridade judiciária estrangeira, deslocamento que seria possível se ambas tramitassem no território nacional.[5]

A partir do momento em que a sentença estrangeira for homologada pelo Supremo Tribunal Federal, porém, será possível arguir a existência de *coisa julgada* – ela passa a existir como se fosse proferida no Brasil.

Por último, não será possível a homologação de sentença estrangeira se já houver sentença proferida por autoridade judiciária brasileira a respeito da mesma ação, porque a norma do art. 24 do Código de Processo Civil faz clara opção pela prevalência da atividade jurisdicional exercida pela autoridade nacional.

2.3 COMPETÊNCIA INTERNACIONAL EXCLUSIVA

Ao lado da Competência Internacional Concorrente há a Competência Internacional *Exclusiva*, ou seja, aquela que abrange situações

---

[5] V. arts. 54 e seguintes do Código de Processo Civil.

CAPÍTULO XXVII – LINHAS GERAIS SOBRE A FIXAÇÃO DA...

jurídicas que apenas e exclusivamente podem ser conhecidas e julgadas por autoridade judiciária brasileira.

É o que dispõe o art. 23 do Código de Processo Civil:

> Art. 23. Compete à autoridade judiciária brasileira, com *exclusão* de qualquer outra:
>
> I – conhecer de ações relativas a imóveis situados no Brasil;
>
> II – em matéria de sucessão hereditária, proceder à confirmação de testamento particular e ao inventário e à partilha de bens situados no Brasil, ainda que o autor da herança seja de nacionalidade estrangeira ou tenha domicílio fora do território nacional;[6]
>
> III – em divórcio, separação judicial ou dissolução de união estável, proceder à partilha de bens situados no Brasil, ainda que o titular seja de nacionalidade estrangeira ou tenha domicílio fora do território nacional.
>
> Art. 89. Compete à autoridade judiciária brasileira, *com exclusão de qualquer outra:*
>
> I – conhecer de ações relativas a imóveis situados no Brasil;
>
> II – proceder a inventário e partilha de bens, situados no Brasil, ainda que o autor da herança seja estrangeiro e tenha residido fora do território nacional.

2.3.1 Não validade de sentença estrangeira em caso de Competência Internacional Exclusiva

A expressão utilizada pela cabeça do art. 23 – "Compete à autoridade judiciária brasileira, *com exclusão de qualquer outra*" – está a indicar que a lei processual eliminou a possibilidade de qualquer autoridade judiciária estrangeira conhecer validamente das situações jurídicas constantes dos seus incisos.

---

[6] Diz o art. 5º, inciso XXXI da CF: "A sucessão de bens de estrangeiros situados no País será regulada pela lei brasileira em benefício do cônjuge ou dos filhos brasileiros, sempre que não lhes seja mais favorável a lei pessoal do *de cujus*". A norma não cuida de competência, mas do sistema de sucessão.

O primeiro caso está previsto no inciso I, ao falar em "ações relativas a imóveis situados no Brasil" não faz qualquer distinção entre a natureza do direito deduzido em juízo pelo autor, pouco importando, pois, se a ação é real ou pessoal.

Se o imóvel está situado no País, a autoridade judiciária brasileira será a *única* competente para decidir, trate-se, por exemplo, de uma ação de reivindicação (fundada em direito real), ou de locação (fundada em direito pessoal).

Na segunda hipótese (inciso II), a única circunstância que confere à autoridade brasileira a Competência Internacional Exclusiva é o fato de *existirem bens no Brasil*, pouco importando se são bens móveis, imóveis ou semoventes.

Assim, não interessa a nacionalidade do falecido, se ele residiu ou não no Brasil em algum momento de sua vida e onde foi o local do seu falecimento: havendo bens no País, aqui hão de se processar o inventário e a partilha desses bens.

Se o *de cujus* tiver bens em outros países, estes poderão ser objeto de inventário e partilha perante autoridade judiciária estrangeira (caso em que haverá dois inventários e duas partilhas).[7]

Por fim, no terceiro caso (inciso III) a competência é exclusiva da autoridade brasileira para proceder à partilha de bens situados no Brasil, ainda que o titular seja de nacionalidade estrangeira ou tenha domicílio fora do território nacional, em casos de divórcio, separação judicial ou dissolução de união estável, proceder.

A norma segue a inteligência do inciso II – bens situados no Brasil.

---

[7] Celso Agrícola Barbi lembra que em se tratando de bens imóveis, os países não reconhecem a sentença estrangeira. Então, pelo *princípio da efetividade*, a autoridade judiciária brasileira não deve conhecer de ações que versem sobre bens imóveis situados no exterior, pois lá sua decisão não teria eficácia. BARBI, Celso Agrícola, *Comentários ao Código de Processo Civil*. 13ª Ed. Forense, p. 304.

CAPÍTULO XXVII – LINHAS GERAIS SOBRE A FIXAÇÃO DA...

3. COOPERAÇÃO INTERNACIONAL

Atento à circunstância de ter o mundo se transformado, por influência dos novos meios de comunicação, o Código de Processo Civil abre uma seção para cuidar de regras gerais a respeito da *cooperação internacional*, que sempre será regida pelos tratados internacionais, cada vez mais frequentes, os quais buscam eliminar a impunidade que geravam os chamados "Paraísos Fiscais", até então inexpugnáveis, especialmente com a finalidade de combate à lavagem ou ocultação de dinheiro proveniente do tráfico de drogas, das vendas de armas e da corrupção.

> Art. 26. A cooperação jurídica internacional será regida por tratado de que o Brasil faz parte e observará:
>
> I – o respeito às garantias do devido processo legal no Estado requerente;
>
> II – a igualdade de tratamento entre nacionais e estrangeiros, residentes ou não no Brasil, em relação ao acesso à justiça e à tramitação dos processos, assegurando-se assistência judiciária aos necessitados;
>
> III – a publicidade processual, exceto nas hipóteses de sigilo previstas na legislação brasileira ou na do Estado requerente;
>
> IV – a existência de autoridade central para recepção e transmissão dos pedidos de cooperação;
>
> V – a espontaneidade na transmissão de informações a autoridades estrangeiras.

A principal característica da cooperação internacional está em que ela deve ser solicitada – ou solicitada *por autoridade judiciária estrangeira* à autoridade brasileira, ou pela *autoridade jurisdicional brasileira* ao Poder Judiciário estrangeiro.

Se a solicitação parte de outro órgão – como o Ministério Público, por exemplo – o caso se enquadra no chamado "Auxílio Direto", previsto no art. 28 e seguintes do Código de Processo Civil.[8]

---

[8] V. item a seguir.

471

As regras legais são autoexplicativas, mas sublinhe-se a exigência de que o País que requer colaboração do Brasil deve obedecer aos princípios do devido processo legal (*due process of law*), que são basicamente a ampla defesa e o contraditório. Também o respeito ao princípio da isonomia (inciso II), especialmente no que concerne ao acesso ao Judiciário. O princípio da publicidade (salvo exceções legais) também é exigido. Por fim ressalte-se que o Brasil não pode ser constrangido a fornecer informações, mas estas podem ser solicitadas ou prestadas espontaneamente.

Todas essas cautelas estão a exigir, numa palavra, o respeito aos princípios constitutivos do Estado de Direito Brasileiro:

> Art. 26. (*omissis*)
> § 3º Na cooperação jurídica internacional não será admitida a prática de atos que contrariem ou que produzam resultados incompatíveis com as normas fundamentais que regem o Estado brasileiro.

Na ausência de tratado internacional, a cooperação pode se realizar com base na *reciprocidade*, sempre manifestada por via diplomática entre o país solicitante e o Brasil, e vice-versa (art. 26, § 1º) – mas essa reciprocidade não é exigida para a homologação de sentença estrangeira pelo Supremo Tribunal Federal (§ 2º).

O inciso IV do art. 26 exige a "existência de autoridade central para recepção e transmissão dos pedidos de cooperação", competência que o Código de Processo Civil atribui ao *Ministério da Justiça*:

> Art. 26. (*omissis*)
> § 4º O Ministério da Justiça exercerá as funções de autoridade central na ausência de designação específica.

A lei processual ainda especifica quais são os escopos da cooperação internacional:

> Art. 27. A cooperação jurídica internacional terá por objeto:
> I – citação, intimação e notificação judicial e extrajudicial;

CAPÍTULO XXVII – LINHAS GERAIS SOBRE A FIXAÇÃO DA...

II – colheita de provas e obtenção de informações;

III – homologação e cumprimento de decisão;

IV – concessão de medida judicial de urgência;

V – assistência jurídica internacional;

VI – qualquer outra medida judicial ou extrajudicial não proibida pela lei brasileira.

4. DO AUXÍLIO DIRETO

O art. 28 conceitua o Auxílio Direto, que é diferente da Cooperação Internacional, porque esta última tramita entre autoridades judiciárias:

> Art. 28. Cabe auxílio direto quando a medida *não decorrer diretamente de decisão de autoridade jurisdicional estrangeira* a ser submetida a juízo de delibação no Brasil.

O juízo de deliberação a que se refere a norma é exatamente o exame dos pressupostos da cooperação internacional, constantes dos artigos acima examinados.

A solicitação de auxílio será encaminhada à autoridade central brasileira (Ministério da Justiça – art. 26, § 4º, se não houver outra, designada pela Presidência da República):

> Art. 29. A solicitação de auxílio direto será encaminhada pelo órgão estrangeiro interessado à autoridade central, cabendo ao Estado requerente assegurar a autenticidade e a clareza do pedido.

O Código de Processo Civil também enumera, exemplificativamente, as finalidades do auxílio direto:

> Art. 30. Além dos casos previstos em tratados de que o Brasil faz parte, o auxílio direto terá os seguintes objetos:
>
> I – obtenção e prestação de informações sobre o ordenamento jurídico e sobre processos administrativos ou jurisdicionais findos ou em curso;

ANTONIO ARALDO FERRAZ DAL POZZO

II – colheita de provas, salvo se a medida for adotada em processo, em curso no estrangeiro, de competência exclusiva de autoridade judiciária brasileira;

III – qualquer outra medida judicial ou extrajudicial não proibida pela lei brasileira.

O procedimento para atendimento do auxílio solicitado está no art. 33 – a autoridade designada como autoridade central encaminha o pedido à Advocacia-Geral da União (AGU), que providencia em juízo a medida solicitada. Caso a autoridade central seja o órgão do Ministério Público, este fará a solicitação judicial:

> Art. 33. Recebido o pedido de auxílio direto passivo, a autoridade central o encaminhará à Advocacia-Geral da União, que requererá em juízo a medida solicitada.
>
> Parágrafo único. O Ministério Público requererá em juízo a medida solicitada quando for autoridade central.

A competência para exame da medida solicitada por auxílio direto é da *Justiça Federal* – e, mais precisamente, *do juízo federal do local onde a medida deva ser executada*:

> Art. 34. Compete ao juízo federal do lugar em que deva ser executada a medida apreciar pedido de auxílio direto passivo que demande prestação de atividade jurisdicional.

Por fim, o art. 31 cria deveres à autoridade central brasileira incumbida de receber as solicitações de auxílio direto:

> Art. 31. A autoridade central brasileira comunicar-se-á diretamente com suas congêneres e, se necessário, com outros órgãos estrangeiros responsáveis pela tramitação e pela execução de pedidos de cooperação enviados e recebidos pelo Estado brasileiro, respeitadas disposições específicas constantes de tratado.

Trata-se de norma salutar, que desburocratiza a comunicação, normalmente necessária em casos urgentes e graves.

474

CAPÍTULO XXVII – LINHAS GERAIS SOBRE A FIXAÇÃO DA...

5. COMPETÊNCIA INTERNA: COMPETÊNCIA DO SUPREMO TRIBUNAL FEDERAL, DO SUPERIOR TRIBUNAL DE JUSTIÇA E COMPETÊNCIA DAS JUSTIÇAS INTERNAS

Após ter vencido a etapa de se fixar a Competência Internacional do Poder Judiciário Brasileiro (exclusiva e concorrente), coube ao legislador constitucional estabelecer, num primeiro momento, a competência dos dois tribunais que não pertencem a nenhuma delas – o Supremo Tribunal Federal e o Superior Tribunal de Justiça – e a competência das diversas Justiças Internas.

Esta é a primeira tarefa do constituinte, na fixação da Competência Interna.

5.1 COMPETÊNCIA DO SUPREMO TRIBUNAL FEDERAL E DO SUPERIOR TRIBUNAL DE JUSTIÇA

A competência do Supremo Tribunal Federal vem estabelecida pelo artigo 102 da Constituição Federal, que prevê no seu inciso I a sua competência *originária* e nos seus incisos II e III sua competência *recursal.*

Se analisarmos todos os diversos dispositivos legais que estão naquele art. 102, verificaremos que, em relação ao Supremo Tribunal Federal, o constituinte sempre se valeu de critérios determinativos de competência que geram a *competência absoluta.*

Assim, por exemplo, na alínea "a" do inciso I, o critério utilizado foi o da natureza da situação jurídica (ação direta de inconstitucionalidade); na alínea "b", o da qualidade ou condição das pessoas (Presidente da República, Vice-Presidente, membros do Congresso Nacional, Ministros, Procurador-Geral da República).

A competência do Superior Tribunal de Justiça está fixada no art. 105 da Constituição Federal, cujo inciso I trata de sua competência *originária* e cujos incisos II e III, cuidam de sua competência *recursal.* Em todos os casos, sua competência também sempre será *absoluta.*

475

5.2 COMPETÊNCIA DA JUSTIÇA FEDERAL

No seu art. 108 a Constituição Federal fixa a competência dos Tribunais Regionais Federais (*originária* e *recursal*, nos incisos I e II, respectivamente) e no art. 109, a dos Juízes Federais.

A somatória dessas situações jurídicas constitui a competência da Justiça Federal – e sempre será absoluta.[9]

5.3 COMPETÊNCIA DA JUSTIÇA DO TRABALHO

A competência da Justiça do Trabalho (dos Tribunais Regionais do Trabalho e das Varas do Trabalho) vem estabelecida no art. 114 da Constituição Federal, que sempre se vale do critério da natureza da situação jurídica. Trata-se, pois, de competência *absoluta*.[10]

5.4 COMPETÊNCIA DA JUSTIÇA ELEITORAL

A Constituição Federal preferiu remeter a competência da Justiça Eleitoral para o legislador infraconstitucional, no seu art. 121.

Todavia, como o nome está a indicar, trata-se de Justiça com competência para situações jurídicas relacionadas com o sistema eleitoral (natureza da situação jurídica), o que significa que sua competência também é *absoluta*.

5.5 COMPETÊNCIA DA JUSTIÇA MILITAR

A competência de a Justiça Militar está prevista no art. 124 da Constituição Federal, que optou pelo critério da natureza da situação

---

[9] A Justiça Federal é disciplinada pela Lei n. 5.010/96 e hoje existem seis Tribunais Regionais Federais, distribuídos em seis Regiões e que cobrem todo o território nacional. Assim, o Tribunal Regional Federal da 3ª Região abrange os Estados de São Paulo e Mato Grosso do Sul.

[10] O art. 674 da Consolidação das Leis do Trabalho (CLT) estabelece que são 24 regiões para efeito da jurisdição dos Tribunais Regionais do Trabalho – sendo que o Estado de São Paulo fica na 2ª Região.

CAPÍTULO XXVII – LINHAS GERAIS SOBRE A FIXAÇÃO DA...

jurídica (crimes militares definidos em lei), tratando-se, assim, de competência absoluta.

5.6 COMPETÊNCIA DAS JUSTIÇAS ESTADUAIS E DA JUSTIÇA DO DISTRITO FEDERAL

A Constituição Federal não contém norma expressa sobre a competência das Justiças Estaduais e da Justiça do Distrito Federal e, por essa razão, entende-se que fixou a competência dessas Justiças *por exclusão*: tudo aquilo que não for da competência das demais Justiças examinadas até agora, será da competência das Justiças Estaduais ou da competência da Justiça do Distrito Federal.[11]

A competência dos Tribunais de Justiça Estaduais é estabelecida nas Constituições Estaduais, *ex vi* do § 1º do art. 125 da Constituição Federal.

Uma única competência da Justiça Estadual vem estabelecida na Constituição Federal – a de conhecer de ação de inconstitucionalidade de lei ou atos normativos estaduais ou municipais em face da Constituição Estadual respectiva (art. 125, § 2º) – porque se assim ela não dispusesse, tal competência poderia ser interpretada como sendo do Supremo Tribunal Federal, ou, o que seria pior, não contar com órgão jurisdicional competente.

Mesmo fixada, em sua grande maioria, por via indireta, tanto a competência das Justiças Estaduais e como a do Distrito Federal e Territórios *são absolutas*: uma situação de competência de uma Justiça Estadual jamais poderia ser conhecida por outra Justiça Interna, porque todas as Justiças Internas têm competência absoluta.[12]

A Carta Magna fixou expressamente a competência das Justiças Militares Estaduais no seu art. 125 § 4º valendo-se, nesse caso, do critério

---

[11] A Justiça do Distrito Federal é disciplinada pela Lei n. 11.967, de 13 de junho de 2008.

[12] Todavia, dentro de cada Justiça há casos de competência absoluta e de competência relativa em face de seus órgãos jurisdicionais internos.

477

da natureza da situação jurídica e da condição das pessoas (policiais militares e bombeiros militares nos crimes militares definidos em lei) – o que revela tratar-se também de competência absoluta.[13]

6. COMPETÊNCIA INTERNA DAS JUSTIÇAS ESTADUAIS

O estudo da Competência Interna das Justiças Estaduais tem em vista as normas do Código de Processo Civil sobre a competência dos órgãos jurisdicionais que exercem a Jurisdição Inferior ou de Primeiro Grau, pois os Tribunais de Justiça têm sua competência fixada nas Constituições de cada um dos Estados-Membros.

O Código de Processo Civil cuidou de traçar regras básicas para a distribuição da competência entre os órgãos jurisdicionais de Primeiro Grau de Jurisdição.

Duas regras gerais são enunciadas pelo Código de Processo Civil:

> Art. 42. As causas cíveis serão processadas e decididas pelo juiz nos limites de sua competência, ressalvado às partes o direito de instituir juízo arbitral, na forma da lei.
>
> Art. 44. Obedecidos aos limites estabelecidos pela Constituição Federal, a competência é determinada pelas normas previstas neste Código ou em legislação especial, pelas normas de organização judiciária e, ainda, no que couber, pelas constituições dos Estados.

A primeira norma traça um limite para o exercício do poder jurisdicional do juiz – o magistrado não pode conhecer de causas cíveis que não sejam de sua competência.

---

[13] Atualmente, apenas os Estados de São Paulo, de Minas Gerais e do Rio de Janeiro contam com Tribunais de Justiça Militar Estadual. Nos demais Estados a jurisdição de segundo grau da Justiça Militar é exercida pelo respectivo Tribunal de Justiça Estadual.

CAPÍTULO XXVII – LINHAS GERAIS SOBRE A FIXAÇÃO DA...

Conquanto a norma excetue os casos em que as partes instituam o juízo arbitral, ainda assim disse mais do que pretendia, pois em hipóteses de incompetência relativa, o juiz relativamente incompetente poderá se tornar competente se a parte não arguir essa circunstância.

A segunda regra aponta as fontes legais para que determine o juiz competente: a Constituição Federal, as normas previstas neste Código de Processo Civil, em legislação especial, pelas normas de organização judiciária e, ainda, no que couber, pelas Constituições dos Estados.

Como se vê, a determinação da competência é matéria bastante complexa e que envolve vários diplomas legais.

7. COMPETÊNCIA INTERNA EM RAZÃO DO CRITÉRIO FUNCIONAL

O Código de Processo Civil, ao contrário do Código de Processo Civil revogado, não dispensou um artigo específico para a competência determinada pelo critério funcional, que, todavia, continua a vigorar em algumas de suas normas.[14]

A competência funcional dos tribunais Superiores (Supremo Tribunal Federal e Superior Tribunal de Justiça) e dos Tribunais das Justiças Especiais vem determinada na Constituição Federal, que remete o estabelecimento da competência funcional dos Tribunais Estaduais para as Constituições Estaduais e normas de organização judiciária.

No que tange à competência funcional dos juízes, o Código de Processo Civil não a estabelece num determinado dispositivo, mas ao longo de seu texto, em normas jurídicas não concentradas numa única seção.

---

[14] Dizia o CPC revogado: Art. 93. Regem a competência dos tribunais as normas da Constituição da República e de organização judiciária. A competência funcional dos juízes de primeiro grau é disciplinada neste Código.

479

7.1 CASOS DE COMPETÊNCIA FUNCIONAL PELA NECESSIDADE DE VÁRIAS AÇÕES PARA A SATISFAÇÃO DO DIREITO DO AUTOR

Ações acessórias

A respeito desta hipótese de competência funcional, isto é, quando são necessárias várias ações para a satisfação do direito do autor, o Código de Processo Civil estabelece que:

> Art. 61. A ação acessória será proposta *no juízo competente para a ação principal.*

> Art. 108. A ação acessória será proposta perante o juiz competente para a ação principal.[15]

Como se vê, o dispositivo cuida de hipótese de competência funcional, porque configura casos em que há a necessidade de várias ações para que um determinado direito possa ser satisfeito.

Outro exemplo seria a habilitação dos sucessores do falecido:

> Art. 689. Proceder-se-á à habilitação nos <u>autos do processo principal</u>, na instância em que estiver, suspendendo-se, a partir de então, o processo.

Cumprimento de sentença

Também o cumprimento de sentença é hipótese de competência funcional, como fica evidenciado no art. 516, com ressalvas contidas nos incisos II e III pelo parágrafo único:

> Art. 516. O cumprimento da sentença efetuar-se-á perante:
>
> I – os tribunais, nas causas de sua competência originária;

---

[15] O CPC revogado ainda dispunha: Art. 109. O juiz da causa principal é também competente para a reconvenção, a ação declaratória incidente, as ações de garantia e outras que respeitam ao terceiro interveniente.

CAPÍTULO XXVII – LINHAS GERAIS SOBRE A FIXAÇÃO DA...

II – o juízo que decidiu a causa no primeiro grau de jurisdição;

III – o juízo cível competente, quando se tratar de sentença penal condenatória, de sentença arbitral, de sentença estrangeira ou de acórdão proferido pelo Tribunal Marítimo.

Parágrafo único. Nas hipóteses dos incisos II e III, o exequente poderá optar pelo juízo do atual domicílio do executado, pelo juízo do local onde se encontrem os bens sujeitos à execução ou pelo juízo do local onde deva ser executada a obrigação de fazer ou de não fazer, casos em que a remessa dos autos do processo será solicitada ao juízo de origem.

Embargos à execução

Também nessa hipótese, a competência é funcional:

Art. 914. O executado, independentemente de penhora, depósito ou caução, poderá se opor à execução por meio de embargos.

§ 1º Os embargos à execução serão distribuídos <u>por dependência</u>, autuados em apartado e instruídos com cópias das peças processuais relevantes, que poderão ser declaradas autênticas pelo próprio advogado, sob sua responsabilidade pessoal.

A distribuição por dependência indica que eles devem ser atribuídos ao mesmo juiz da execução.

Tutelas provisórias

As tutelas provisórias devem ser ajuizadas perante o juízo da ação principal ou, se anterior, ao juízo que for competente para a futura ação principal:

Art. 299. A tutela provisória será requerida ao juízo da causa e, quando antecedente, ao juízo competente para conhecer do pedido principal.

Parágrafo único. Ressalvada disposição especial, na ação de competência originária de tribunal e nos recursos a tutela provisória será requerida ao órgão jurisdicional competente para apreciar o mérito.

481

7.2 CASOS DE COMPETÊNCIA FUNCIONAL PARA REEXAME DE DECISÃO APENAS PELO FATO DE TÊ-LA PRONUNCIADO

Vejamos um caso concreto: há um recurso chamado de *embargos de declaração*, que deve ser utilizado sempre que a sentença for obscura, contiver contradição, omissão sobre uma questão que deveria ter enfrentado ou erro material (art. 1.022). Este recurso é dirigido ao mesmo órgão jurisdicional que proferiu a decisão recorrida – trata-se, também, de caso de competência funcional (cf. art. 1.023 do Código de Processo Civil).[16] Nesses casos estamos diante de hipótese de competência funcional porque o órgão jurisdicional tem atribuição para reexaminar uma decisão pelo simples fato de que ele próprio a proferiu.

8. COMPETÊNCIA DE FORO – CRITÉRIO TERRITORIAL – ESPÉCIES DE FOROS

O critério territorial estabelece a competência do foro ou da comarca onde a ação deve ser ajuizada.

Ao levar em conta o critério territorial, a lei estabelece uma *ligação* entre a situação jurídica deduzida em juízo e um ponto do território nacional.

Esse ponto do território nacional, por sua vez, se localiza dentro de um *foro* (ou *comarca*) – isto é, numa determinada circunscrição territorial dentro da qual o órgão jurisdicional exerce a jurisdição.

Assim, por exemplo, se a ação deve ser ajuizada no local do domicílio do réu, este se situa num ponto territorial que fica situado num determinado foro – e o órgão jurisdicional que exerce as suas funções nesse foro é que terá competência para examiná-la.[17]

---

[16] O mesmo se pode dizer dos recursos de embargos infringentes e do agravo de instrumento (este admite o chamado juízo de retratação pelo magistrado que proferiu a decisão recorrida).

[17] Se no mesmo foro houver mais de um órgão jurisdicional, será preciso definir a competência de um deles, como vimos, acima, ao nos referirmos à Competência Interna do Foro.

CAPÍTULO XXVII – LINHAS GERAIS SOBRE A FIXAÇÃO DA...

Com o critério territorial, portanto, a lei estabelece a Competência de Foro e ao assim fazê-lo, já estabelece, simultaneamente, a competência do Juízo.

O Código de Processo Civil reconhece várias espécies de foro:

(i) Foro geral – aquele que é comum para ações reais sobre imóveis e ações pessoais;

(ii) Foro principal – é o que não prevalece apenas quando situações de fato não liguem o réu a determinado local;

(iii) Foro subsidiário – aquele que é considerado pela lei, caso não possa a ação ser ajuizada no foro principal;

(iv) Foros concorrentes – são aqueles que podem ser escolhidos livremente pelo autor;

Vamos examinar os diversos dispositivos do Código de Processo Civil sobre a matéria.

8.1 FORO COMPETENTE PARA AS AÇÕES PESSOAIS E REAIS SOBRE BENS MÓVEIS: FORO DO DOMICÍLIO DO RÉU (CHAMADO FORO GERAL)[18]

Eis o teor do art. 46:

> Art. 46. A ação fundada em direito pessoal ou em direito real sobre bens móveis será proposta, em regra, *no foro de domicílio do réu*.
>
> Art. 94. A ação fundada em direito pessoal e a ação fundada em direito real sobre bens móveis serão propostas, em regra, *no foro do domicílio do réu*.

---

[18] Além das normas sobre foro constantes do CPC, ora examinadas, há outras regras em leis esparsas, como, por exemplo, no Estatuto da Criança e do Adolescente (ECA), que estabelece regras a respeito do foro competente no art. 147 e também no art. 209. Assim, por exemplo, os mandados de segurança para garantir acesso ao ensino elementar para crianças que completam seis anos de idade no segundo semestre do ano da matrícula, competente é o foro da residência do menor.

483

O direito pessoal, consoante preleciona o saudoso civilista , que foi Professor da Universidade de São Paulo, Washington de Barros Monteiro, "conceitua-se como a relação jurídica mercê da qual ao sujeito ativo assiste o poder de exigir do sujeito passivo determinada prestação, positiva ou negativa".[19]

O mesmo autor sublinha o direito real "como a relação jurídica em virtude da qual o titular pode retirar da coisa de modo exclusivo e contra todos, as utilidades que ela é capaz de produzir".[20]

Esses delineamentos orientam com segurança a distinção que se deve fazer entre aquelas duas espécies de direitos, às quais a lei processual se refere. Eles tornam possível a identificação da natureza do direito de ação que será ajuizada para tutelá-los pela via jurisdicional. Se a ação tem por escopo a proteção de um direito real ela será uma *ação* também *real* e, vice-versa, se cuida de proteger um direito pessoal, será uma *ação pessoal.*

Todavia, somente a ação real sobre *bens móveis* será proposta no foro do domicílio do réu (direito de propriedade de um livro, por exemplo), pois quando a ação real versa sobre bens *imóveis* há outra regra específica no art. 47, a ser examinada mais adiante.

O foro previsto neste art. 46 – foro do domicílio do réu – é denominado de *foro geral*, pois ele é o competente para a generalidade das ações pessoais e para as ações reais sobre bens móveis.[21]

Porém, o réu poderá ser uma pessoa natural ou uma pessoa jurídica – circunstâncias que influem na *determinação de seu domicílio.*

Vejamos essas possibilidades.

---

[19] MONTEIRO, Washington de Barros. *Curso de Direito Civil*: Direito das Coisas. Ed. Saraiva, 2007, p. 11.

[20] MONTEIRO, Washington de Barros. *Curso de Direito Civil*: Direito das Coisas. Ed. Saraiva, 2007, p. 11.

[21] A grande maioria das ações que tramitam na Justiça são ações pessoais.

CAPÍTULO XXVII – LINHAS GERAIS SOBRE A FIXAÇÃO DA...

8.1.1 Domicílio da pessoa natural

Domicílio da pessoa natural é um conceito que nos vem do Código Civil, art. 70:

> Art. 70. O domicílio civil da pessoa natural é o lugar onde ela estabelece a sua residência com ânimo definitivo.

Portanto, como lembra o jurista já citado, Washington de Barros Monteiro, dois elementos devem estar presentes para a caracterização do domicílio: "um, *objetivo*, material, a radicação do indivíduo em determinado lugar; outro, *subjetivo*, psicológico, a intenção de aí fixar-se com ânimo definitivo, de modo estável e permanente".[22] Este é o chamado *domicílio voluntário*.

Mas há, na lei civil, os casos de *domicílio necessário* (aquele que é determinado pela lei):

> Art. 76. Têm domicílio necessário o incapaz, o servidor público, o militar, o marítimo e o preso.
>
> Parágrafo único. O domicílio do incapaz é o do seu representante ou assistente; o do servidor público, o lugar em que exercer permanentemente suas funções; o do militar, onde servir, e, sendo da Marinha ou da Aeronáutica, a sede do comando a que se encontrar imediatamente subordinado; o do marítimo, onde o navio estiver matriculado; e o do preso, o lugar em que cumprir a sentença.
>
> Art. 77. O agente diplomático do Brasil, que, citado no estrangeiro, alegar extraterritorialidade sem designar onde tem, no país, o seu domicílio, poderá ser demandado no Distrito Federal ou no último ponto do território brasileiro onde o teve.

Nesses casos, há que se respeitar o local que a lei considera ser o domicílio do réu, pouco importando a situação concreta. Assim embora

---

[22] MONTEIRO, Washington de Barros. *Curso de Direito Civil*: Parte Geral. Ed. Saraiva, 2007, p. 165/166.

ANTONIO ARALDO FERRAZ DAL POZZO

o servidor público resida noutra cidade, seu domicílio necessário é o do lugar em que ele deve exercer permanentemente suas funções.

8.1.2 Domicílio das pessoas jurídicas de direito público

As causas em que aparece a *União* como parte no processo são da competência da Justiça Federal (art. 109, I da Constituição Federal).

Sobre a União, o Código de Processo Civil dispõe que:

> Art. 51. É competente o *foro de domicílio do réu* para as causas em que seja autora a União.
>
> Parágrafo único. Se a União for a demandada, a ação poderá ser proposta no foro de domicílio do autor, no de ocorrência do ato ou fato que originou a demanda, no de situação da coisa ou no Distrito Federal.
>
> Art. 99. O foro da Capital do Estado ou do território é competente:
>
> I – para as causas em que a União for autora, ré ou interveniente;
>
> II – para as causas em que o Território for autor, réu ou interveniente.

Todavia, a Constituição Federal de 1988 também contém dispositivos sobre a matéria, em dois parágrafos do art. 109, sendo que o primeiro deles é igual à regra já existente no art. 51 *caput* do Código de Processo Civil (acima transcrito), ao dizer que:

> Art. 109. (*omissis*)
>
> § 1º As causas em que a União *for autora* serão aforadas na seção judiciária[23] onde tiver domicílio a outra parte.

---

[23] O art. 110 da Constituição Federal esclarece o que é seção judiciária: "Cada Estado, bem como o Distrito Federal, constituirá uma seção judiciária que terá por sede a

CAPÍTULO XXVII – LINHAS GERAIS SOBRE A FIXAÇÃO DA...

Portanto, quando a União *é autora*, o foro competente é o da Capital do Estado onde a outra parte tem seu domicílio, ou o do Distrito Federal, se neste ela for domiciliada. Neste ponto, há coincidência entre o disposto no Código de Processo Civil e na Constituição Federal, valendo lembrar, porém, que se no local (isto é, na comarca) onde reside o réu houver Vara da Justiça Federal, nesta deverá ser ajuizada a ação.[24]

Também nas hipóteses em que a União *for ré*, a regra da Constituição Federal coincide com as do Código de Processo Civil, de acordo com o § 2º do art. 109:

> Art. 109. (*omissis*)
>
> § 2º As causas intentadas *contra a União* poderão ser aforadas na seção judiciária em que for domiciliado o autor, naquela em que houver ocorrido o ato ou fato que deu origem à demanda ou onde esteja situada a coisa, ou, ainda, no Distrito Federal.

Quando a União *intervém* num processo em andamento, normalmente ele tramitava em órgão jurisdicional situado em outro foro e, nesse caso, aplica-se a regra do art. 45 do Código de Processo Civil:

> Art. 45. Tramitando o processo perante outro juízo, os autos serão remetidos ao juízo federal competente se nele *intervier* a União, suas empresas públicas, entidades autárquicas e fundações, ou conselho de fiscalização de atividade profissional, na qualidade de parte ou de terceiro interveniente, exceto as ações:

---

respectiva Capital, e varas localizadas segundo o estabelecido em lei". Para efeito de competência, essa seção judiciária é o foro da Justiça Federal.

[24] No entanto, a regra geral tem uma exceção, no que concerne às ações de execução fiscal que são propostas pela União, nos termos da Súmula 40 do Superior Tribunal de Justiça: "A execução fiscal da Fazenda Pública Federal <u>será proposta perante o juiz de direito da comarca do domicílio do devedor, desde que não seja ela sede de Vara da Justiça Federal</u>". Esta execução será processada, portanto, ou na Vara da Fazenda Federal, se houver, ou perante os juízos estaduais, o que é possível diante da permissão contida no parágrafo único do art. 110 da Constituição Federal.

I – de recuperação judicial, falência, insolvência civil e acidente de trabalho;

II – sujeitas à justiça eleitoral e à justiça do trabalho.

§ 1º Os autos não serão remetidos se houver pedido cuja apreciação seja de competência do juízo perante o qual foi proposta a ação.

§ 2º Na hipótese do § 1º, o juiz, ao não admitir a cumulação de pedidos em razão da incompetência para apreciar qualquer deles, não examinará o mérito daquele em que exista interesse da União, de suas entidades autárquicas ou de suas empresas públicas.

Art. 99. (*omissis*)

Parágrafo único. Correndo o processo perante outro juiz, serão os autos remetidos ao juiz competente da Capital do Estado ou Território, tanto que neles intervenha uma das entidades mencionadas neste artigo.

Excetuam-se:

I – o processo de insolvência;[25]

II – os casos previstos em lei.

Note-se que a força atrativa decorrente da intervenção da União não opera se a matéria que estiver sob análise do juiz for de sua competência absoluta (§ 1º). Neste caso, em o juiz não admitirá o pedido da União e nem poderá examinar a matéria que interessa à esta, por também ser de competência absoluta (em razão da pessoa) de outro juízo. Suponha-se que a Fazenda Estadual esteja promovendo ação contra uma empresa transportadora. Esta ação é de competência de uma das Varas da Fazenda do Estado. Todavia, a União intervém nos autos para dizer que ela também tem interesse na apuração do acidente que deu causa às indenizações pleiteadas pelo Estado e pela União. O juiz da Vara da Fazenda Estadual não permitirá a acumulação dos pedidos, decidirá sobre a questão atinente à Vara Estadual e remeterá o pedido da União a uma das Varas da Fazenda Federal.

---

[25] Se o caso é de falência, não há alteração de foro. Porém, não por força da regra do parágrafo, mas porque essa intervenção sempre terá *natureza fiscal*, aplicando-se a Súmula referida na nota anterior.

CAPÍTULO XXVII – LINHAS GERAIS SOBRE A FIXAÇÃO DA...

Finalmente, cumpre observar o art. 75 do Código Civil, quanto ao domicílio das demais pessoas jurídicas de direito público:

> Art. 75. Quanto às *pessoas jurídicas*, o domicílio é:
>
> I – da União, o Distrito Federal;
>
> II – dos *Estados e Territórios*, as respectivas capitais;
>
> III – do *Município*, o lugar onde funcione a administração municipal;

8.1.3 Domicílio da pessoa jurídica de direito privado

Em relação às pessoas jurídicas de direito privado, aplica-se o disposto no art. 53 do Código de Processo Civil:

> Art. 53. É competente o foro:
>
> III – do lugar:
>
> a) onde está a sede, para a ação em que for ré *pessoa jurídica*;
>
> b) onde se acha agência ou sucursal, quanto às obrigações que a *pessoa jurídica* contraiu;
>
> c) onde exerce suas atividades, para a ação em que for *ré socieda-de ou associação sem personalidade jurídica*;
>
> Art. 100. É competente o foro:
>
> IV – do lugar:
>
> a) onde está a sede, para ação em que for ré a pessoa jurídica;
>
> b) onde se acha a agência ou sucursal quanto às obrigações que ela contraiu;
>
> c) onde exerce sua atividade principal, para a ação em que for ré a sociedade, que carece de personalidade jurídica;

No que tange à pessoa jurídica estrangeira, há que se fazer uma primeira distinção – se ela estiver *regularmente instalada* no Brasil e aqui tiver uma *sede*, aplica-se o disposto na alínea "a" do art. 53.

Se aqui mantiver apenas *agência, filial ou sucursal, regularmente ins-taladas*, também se sujeitam às regras do art. 53, *ex vi* do parágrafo único do art. 21, que considera, nesse caso, a pessoa jurídica estrangeira como tendo domicílio no Brasil:

> Art. 21. Compete à autoridade judiciária brasileira processar e julgar as ações em que:
>
> I – o réu, qualquer que seja a sua nacionalidade, estiver domiciliado no Brasil;
>
> Parágrafo único. Para o fim do disposto no inciso I, considera-se domiciliada no Brasil a *pessoa jurídica estrangeira* que nele tiver agência, filial ou sucursal.
>
> Art. 75. (*omissis*)
>
> § 2º Se a administração, ou diretoria, tiver a sede no estrangeiro, haver-se-á por domicílio da pessoa jurídica, no tocante às obrigações contraídas por cada uma das suas agências, o lugar do estabelecimento, sito no Brasil, a que ela corresponder.

A pessoa jurídica adquire personalidade com o registro de seus estatutos ou contrato social – antes dessa providência, é uma sociedade de fato, mas não de direito, como se lê no Código Civil:

> Art. 45. Começa a existência legal das pessoas jurídicas de direito privado com a inscrição do ato constitutivo no respectivo registro, precedida, quando necessário, de autorização ou aprovação do Poder Executivo, averbando-se no registro todas as alterações por que passar o ato constitutivo.

Caso não tenha feito esse registro, em matéria de competência aplica-se a regra do inciso III, letra "c", acima transcrita.

8.1.4 Réu com mais de um domicílio – ação contra vários réus com domicílios diferentes

O art. 46 do Código de Processo Civil, como visto, estabelece o chamado foro geral ("*A ação fundada em direito pessoal e a ação fundada em direito real sobre bens móveis será proposta, em regra, no foro do domicílio do réu*").

CAPÍTULO XXVII – LINHAS GERAIS SOBRE A FIXAÇÃO DA...

Todavia, essa norma jurídica está pressupondo que o réu tenha um *único* domicílio – mas ele pode, legalmente, ter mais de um, consoante permite o Código Civil:

> Art. 71. Se, porém, a pessoa natural tiver diversas residências, onde, alternadamente, viva, considerar-se-á domicílio seu qualquer delas.

Para estes casos, o Código de Processo Civil cria regra específica, no § 1º, do art. 46:

> Art. 46. (*omissis*)
>
> § 1º Tendo mais de um domicílio, o réu será demandado no foro *de qualquer deles.*
>
> Art. 94. (*omissis*)
>
> § 1º Tendo mais de um domicílio, o réu será demandado no foro *de qualquer deles.*

Esses foros, portanto, são *concorrentes*.

No caso da ação ou de várias ações cumuladas serem ajuizadas contra mais de um réu, com domicílios diferentes, prevalece a regra do § 4º do art. 46:

> Art. 46. (*omissis*)
>
> § 4º Havendo *dois ou mais réus*, com *diferentes domicílios*, serão demandados no foro de qualquer deles, à escolha do autor.
>
> Art. 94. (*omissis*)
>
> § 4º Havendo dois ou mais réus, com diferentes domicílios, serão demandados no foro de qualquer deles, à escolha do autor.

Também aqui os foros são concorrentes.

Tanto na hipótese do § 1º como na do § 4º do art. 46, os foros competentes não são foros subsidiários, são foros *principais*, embora *concorrentes* – a escolha sempre caberá ao autor.

8.1.5 Réu com domicílio incerto ou desconhecido

Se o domicílio do réu for incerto ou desconhecido, aplica-se a regra do § 2º do art. 46:

> Art. 46. (*omissis*)
>
> § 2º Sendo *incerto* ou *desconhecido* o domicílio do réu, ele será demandado onde for encontrado ou no foro do domicílio do autor.
>
> Art. 94. (*omissis*)
>
> § 2º Sendo *incerto* ou *desconhecido* o domicílio do réu, ele será demandado onde for encontrado ou no foro do domicílio do autor.

O domicílio incerto é caracterizado pela inexistência de uma residência habitual, caso em que, segundo o § 2º o autor pode optar pelo foro em que o réu for encontrado ou o foro de seu próprio.

Para a caracterização do domicílio incerto, *basta a alegação do autor* – porém se o réu, na realidade, tiver domicílio certo, deverá arguir essa circunstância ao exercer o seu direito de defesa: trata-se de matéria atinente à incompetência *relativa* do juiz. Assim agindo, o réu poderá fazer com que o processo se desloque para o foro de seu domicílio (certo) facilitando, obviamente, sua própria atuação processual. Caso não faça a arguição, a competência do juiz perante o qual a ação foi ajuizada será prorrogada e ele se tornará competente.

A opção do autor, entre propor a demanda no foro onde o réu for encontrado ou no do seu próprio domicílio, é livre: estamos diante de *foros subsidiários concorrentes* – porque não tendo domicílio, o réu não tem foro principal.

8.1.6 Foro competente para ação decorrente do exercício profissional exercido em diversos locais

Trata-se de previsão do Código Civil:

CAPÍTULO XXVII – LINHAS GERAIS SOBRE A FIXAÇÃO DA...

> Art. 72. É também domicílio da pessoa natural, quanto às relações concernentes à profissão, o lugar onde esta é exercida.
>
> Parágrafo único. Se a pessoa exercitar profissão em lugares diversos, cada um deles constituirá domicílio para as relações que lhe corresponderem.

Assim, se a profissão é exercida num único lugar, esse será o domicílio do réu – mas se ela for exercida em vários lugares, cada um deles será havido como seu domicílio e aqui estamos diante de *foros principais concorrentes*.

8.1.7 Réu sem domicílio ou sem residência no Brasil

A matéria vem disciplinada pelo § 3º, primeira parte, do art. 94 do Código de Processo Civil:

> Art. 46. (*omissis*)
>
> § 3º Quando o réu não tiver domicílio ou residência no Brasil, a ação será proposta no foro de domicílio do autor, e, se este também residir fora do Brasil, a ação será proposta em qualquer foro.
>
> Art. 94. (*omissis*)
>
> § 3º Quando o réu não tiver domicílio nem residência no Brasil, a ação será proposta no foro do domicílio do autor. Se este também residir fora do Brasil, a ação será proposta em qualquer foro.

Vê-se que o dispositivo criou duas alternativas:

(i) o réu não tem domicílio nem residência no Brasil – poderá ser demandado no foro do domicílio do autor, situado no País;

(ii) se o autor também não tem nem residência e nem domicílio no Brasil, qualquer Foro do território nacional será competente.

O foro do domicílio do autor somente será o competente se o réu não tiver no Brasil nem domicílio e nem residência e este será um foro *subsidiário* (pois o principal seria o da residência ou do domicílio do réu no Brasil). Todavia, se também o autor não tiver nem residência e nem domicílio no País, será competente qualquer foro brasileiro – e estes serão foros *subsidiários concorrentes.*

A norma cria, como se vê, foros subsidiários concorrentes. Na verdade, "qualquer foro" significa que todos os foros da Justiça Interna competente para a causa são foros competentes concorrentes.

8.1.8 Foro competente para ações fundadas em direito real sobre bens imóveis: foro da situação do imóvel (*forum rei sitae*)

Estabelece o art. 47 do Código de Processo Civil:

> Art. 47. Para as ações fundadas em direito real sobre *imóveis* é competente o foro de situação da coisa.
>
> § 1º O autor pode optar pelo foro de domicílio do réu ou pelo foro de eleição se o litígio *não recair sobre direito de propriedade, vizinhança, servidão, divisão e demarcação de terras e de nunciação de obra nova.*
>
> § 2º A *ação possessória imobiliária* será proposta no foro de situação da coisa, cujo juízo tem competência absoluta.
>
> Art. 95. Nas ações fundadas em direito real sobre imóveis é competente o foro da situação da coisa. Pode o autor, entretanto, optar pelo foro do domicílio ou de eleição, não recaindo o litígio sobre *direito de propriedade, vizinhança, servidão, posse, divisão e demarcação de terras e nunciação de obra nova.*

A respeito das ações reais sobre bens imóveis, o Código de Processo Civil criou uma distinção importante:

(i) Para as ações que versem sobre *direito de propriedade, de vizinhança, de servidão, de divisão e demarcação de terras e de nunciação de obra nova (§ 1º) ou sobre posse imobiliária (§ 2º)*, o foro competente é o da situação da coisa (*forum rei sitae*). Trata-se de

CAPÍTULO XXVII – LINHAS GERAIS SOBRE A FIXAÇÃO DA...

competência *absoluta*, pois fixada em face da matéria sobre que versa a causa;

(ii) Para as ações fundadas em outros direitos reais, a lei prescreve caso de *competência relativa*, e o foro poderá ser:

(ii.a) o da situação da coisa;

(ii.b) o do domicílio do réu; ou

(ii.c) o de eleição.

Nestes casos, o foro de eleição elimina as outras possibilidades. Não havendo, os demais (da situação da coisa e do domicílio do réu) serão *foros concorrentes*.

8.1.9 Foro da sucessão

Vejamos o art. 48 do Código de Processo Civil:

> Art. 48. O foro de domicílio do autor da herança, no Brasil, é o competente para o inventário, a partilha, a arrecadação, o cumprimento de disposições de última vontade, a impugnação ou anulação de partilha extrajudicial e para todas as ações em que o espólio for réu, ainda que o óbito tenha ocorrido no estrangeiro.
>
> Parágrafo único. Se o autor da herança não possuía domicílio certo, é competente:
>
> I – o foro de situação dos bens imóveis;
>
> II – havendo bens imóveis em foros diferentes, qualquer destes;
>
> III – não havendo bens imóveis, o foro do local de qualquer dos bens do espólio.
>
> Art. 96. O foro do domicílio do autor da herança, no Brasil, é o competente para o inventário, a partilha, a arrecadação, o cumprimento das disposições de última vontade e todas as ações em que o espólio for réu, ainda que o óbito tenha ocorrido no estrangeiro.
>
> Parágrafo único. É, porém, competente o foro:

I – da situação dos bens, se o autor da herança não possuía domicílio certo;

II – do lugar em que ocorreu o óbito, se o autor da herança não tinha domicílio certo e possuía bens em lugares diferentes.

A regra da cabeça do art. 48 fixa o *foro geral* competente para o inventário, a partilha, a arrecadação, o cumprimento das disposições de última vontade, a impugnação ou anulação de partilha extrajudicial e todas as ações em que o espólio for réu, ainda que o óbito tenha ocorrido no estrangeiro: esse foro geral é *o foro do domicílio do falecido*.

Trata-se de caso de *competência relativa*, porque determinada pelo critério territorial.

Ao lado desse foro geral, a lei estabeleceu três foros *subsidiários* (mas não concorrentes, pois a escolha não é livre) nos incisos do parágrafo único do art. 48, se o autor da herança não tinha domicílio certo:

(i) o da situação dos bens imóveis, se estes se situam num só foro ou comarca;

(ii) o foro de qualquer dos bens imóveis, quando estes se situem em diferentes comarcas;

(iii) se não houve bem imóveis, em qualquer foro em que se encontrem quaisquer dos bens do falecido.

Não ter domicílio certo significa que ele é *incerto*, isto é, como vimos acima, caracterizado pela inexistência de uma residência habitual.

8.1.10 Foro para as ações contra o ausente

A hipótese está prevista no art. 49 do Código de Processo Civil:

> Art. 49. A ação em que o *ausente for réu* será proposta no foro de seu último domicílio, também competente para a arrecadação, o inventário, a partilha e o cumprimento de disposições testamentárias.

CAPÍTULO XXVII – LINHAS GERAIS SOBRE A FIXAÇÃO DA...

> Art. 97. As ações em que o ausente *for réu* correm no foro de seu último domicílio, que é também competente para a arrecadação, o inventário, a partilha e o cumprimento de disposições testamentárias.

O conceito de ausência é dado pelo art. 22 do Código Civil:

> Art. 22. Desaparecendo uma pessoa do seu domicílio sem dela haver notícia, se não houver deixado representante ou procurador a quem caiba administrar-lhe os bens, o juiz, a requerimento de qualquer interessado ou do Ministério Público, declarará a ausência, e nomear-lhe-á curador.[26]

O foro competente para as ações contra o ausente, segundo as regras analisadas, é o do *seu último domicílio*: ele será o competente não apenas para a declaração da própria ausência, mas também para as demais providências judiciais ligadas à questão da ausência (arrecadação, inventário, partilha e cumprimento de disposições de eventual testamento deixado pelo ausente).

Todavia, as ações que houverem de ser propostas por seu curador (nas quais o ausente será *o autor*) seguirão as regras gerais de competência.

8.1.11 Foro para as ações propostas contra o incapaz

As ações propostas contra o incapaz seguem a regra do art. 98 do Código de Processo Civil:

> Art. 50. A ação em que o incapaz *for réu* será proposta no foro de domicílio de seu representante ou assistente.
>
> Art. 98. A ação em que o incapaz *for réu* se processará no foro do domicílio de seu representante.

---

[26] Ocorrendo a ausência, o juiz nomeia para o ausente um curador, fixando-lhe os poderes e obrigações, conforme as circunstâncias, que será sempre o cônjuge, desde que não separado judicialmente ou separado de fato por mais de dois anos (Código Civil, art. 25 *caput*). Na falta de cônjuge, o curador será o pai, a mãe ou descendentes, nessa ordem (art. 25, § 1º). Na falta dessas pessoas, o juiz nomeia livremente o curador (art. 25, § 2º).

A norma foi reproduzida do Código Civil:

> Art. 76. Têm domicílio necessário o incapaz (...).
>
> Parágrafo único. O domicílio do incapaz é o do seu representante ou assistente (...).

Ao se referir ao incapaz, a lei processual está fazendo menção, obviamente, àquele que não tem a capacidade de exercício ou de fato, a qual, segundo art. 1º do Código Civil, consiste na capacidade para ser titular de direitos e deveres na ordem civil.

De outra parte, a lei civil distingue a *incapacidade absoluta* – quando o incapaz é *representado* por outra pessoa – da *incapacidade relativa* – casos em que o incapaz é assistido. Assim, um menor de 16 anos, por ser absolutamente incapaz, é representado pelo seu pai; e o menor de 18 anos e maior de 16 é assistido por seu pai, já que é relativamente incapaz.[27]

O art. 49 do Código de Processo Civil, ao falar em domicílio do representante ou do assistente do incapaz, traçou a regra válida *tanto para os absolutamente como para os relativamente incapazes.*

Como o conceito de incapacidade é dado pela lei civil, nela é que devemos buscar os casos em que ocorre.[28]

Há que se lembrar, também, da perda da capacidade pela *interdição*, com a nomeação de um curador para o interdito. Antes de pronunciada judicialmente a interdição, porém, ainda que haja motivos para ela, a pessoa é considerada capaz, se por outro motivo não ocorrer a incapacidade.[29]

---

[27] A Lei n. 13.146, de 6 de julho de 2015 (Lei Brasileira de Inclusão Social) introduziu mudanças importantes no sistema de nosso Direito Civil tradicional, eliminado as antigas hipóteses de incapacidade absoluta, para considerar absolutamente incapazes apenas os menores de 16 anos. No que tange à idade, são relativamente incapazes os maiores de 16 e menores de 18 anos.

[28] Cf. arts. 3º; 4º e 5º do Código Civil incluir no final – com a redação dada pela Lei n. 13.146, de 6 de julho de 2015 (Lei Brasileira de Inclusão Social)

[29] V. art. 1.767 do Código Civil incluir no final – com a redação dada pela Lei n. 13.146, de 6 de julho de 2015 (Lei Brasileira de Inclusão Social)

CAPÍTULO XXVII – LINHAS GERAIS SOBRE A FIXAÇÃO DA...

8.1.12 Foro para a ação de separação judicial, para a conversão desta em divórcio e para a anulação de casamento

O Código de Processo Civil vigente estabeleceu algumas alterações em face do estatuto anterior:

> Art. 53. É competente o foro:
> I – para a ação de divórcio, separação, anulação de casamento e reconhecimento ou dissolução de união estável:
> a) de domicílio do guardião de filho incapaz;
> b) do último domicílio do casal, caso não haja filho incapaz;
> c) de domicílio do réu, se nenhuma das partes residir no antigo domicílio do casal.

Essas ações dizem respeito ao estado das pessoas.

Se uma das partes tem a guarda de filho incapaz, a lei quis de certa maneira não onerá-la ainda mais com o processo judicial – seu domicílio será o foro competente.

Não havendo filho incapaz prevalece a regra da alínea "b" – o foro do último domicílio do casal, pressupondo o legislador que as partes não morem mais debaixo do mesmo teto.

Mas, se ambos saíram do antigo domicílio, volta a prevalecer o foro geral – o foro do domicílio do réu.

Finalmente, embora a regra processual em análise fale em ação para a anulação de casamento, deve ela valer tanto para as ações de anulação como para as de nulidade de casamento.[30]

8.1.13 Foro competente para as ações de alimentos

Segundo o inciso II, do art. 53 do Código de Processo Civil:

---

[30] Cf. art. 1.548 e seguintes, do Código Civil.

499

Art. 53. É competente o foro: (...)

II – de domicílio ou residência do alimentando, para a ação em que se pedem alimentos;

Art. 100. É competente o foro: (...)

II – do domicílio ou da residência do alimentando, para a ação em que se pedem alimentos.

Os alimentos são devidos entre parentes, cônjuges ou companheiros, se quem os pretende deles "necessitem para viver de modo compatível com sua condição social, inclusive para atender às necessidade de sua educação", diz o art. 1.694 do Código Civil.

Logo, presume-se que a pessoa que precisa de alimentos (alimentando) não teria também condições para se deslocar até o foro do domicílio daquele de quem os pretende. A regra, pois, é instituída em favor da parte economicamente mais fraca – que, por essa razão, pode dela abrir mão e se valer da regra geral do art. 46 do Código de Processo Civil para propor a ação no foro do domicílio do réu.

8.1.14 Foro competente para ações que visam ao cumprimento da obrigação

Vejamos a regra legal:

Art. 53. É competente o foro: (...)

III – do lugar:

d) onde a obrigação deve ser satisfeita, para a ação em que se lhe exigir o cumprimento;

Art. 100. É competente o foro: (...)

IV – do lugar:

d) onde a obrigação deve ser satisfeita, para a ação em que se lhe exigir o cumprimento.

A obrigação, à qual se refere essa norma, não pode ser consequência de um ato ilícito, porque neste caso há regra especial: a do inciso V,

CAPÍTULO XXVII – LINHAS GERAIS SOBRE A FIXAÇÃO DA...

letra "a", do mesmo art. 53, que será estudada logo a seguir, segundo a qual o foro competente é o daquele em que ocorreu o fato ou foi praticado o ato ilícito.

Deve se tratar de obrigação de natureza contratual.

Apesar de opiniões diferentes, entendemos que a regra de competência ora estudada não se aplica às hipóteses em que se discute o próprio contrato ou a obrigação, como em caso de ações que visem à anulação ou nulidade do contrato.[31]

8.1.15 Foro competente para a ação de reparação de dano

A matéria é disciplinada pelo art. 53, inciso IV, alínea "a" do Código de Processo Civil:

> Art. 53. É competente o foro: (...)
>
> IV – do lugar do lugar do ato ou fato para a ação:
>
> a) de reparação de dano;
>
> Art. 100. É competente o foro: (...)
>
> V – do lugar do ato ou fato:
>
> a) para a ação de reparação de dano;

Portanto a ação deve ser proposta no lugar onde foi praticado o ato ou ocorreu o fato gerador do direito à reparação.

A reparação do dano tem por fundamento a prática de um *ato ilícito*. Porém, de acordo com o exposto no item anterior, esta regra não se aplica quando se tratar de descumprimento de cláusula contratual que, embora configurando também um ato ilícito, tem o foro determinado pelo local onde a obrigação contratual deve ser cumprida.[32]

---

[31] Nesse sentido, BARBI, Celso Agrícola, *Comentários ao Código de Processo Civil*. 13ª Ed. Forense, p. 348.

[32] O inadimplemento da obrigação consiste no descumprimento de cláusula contratual que se configura como ato ilícito.

Além dessa ressalva, a regra em estudo também não se aplica no caso do inciso V do art. 53:

> Art. 53. É competente o foro: (...)
>
> V – de domicílio do autor ou do local do fato, para a ação de reparação de dano sofrido em razão *de delito ou acidente de veículos, inclusive aeronaves.*
>
> Art. 100. *(omissis)*
>
> Parágrafo único. Nas ações de reparação de dano sofrido em razão de delito ou acidente de veículos, será competente o foro do domicílio do autor ou do local do fato.

Portanto, quanto às ações fundadas em ato ilícito temos as seguintes situações:

(i) se o ato ilícito consistir no descumprimento de cláusula contratual, o foro competente será o do local onde a obrigação deve ser cumprida (art. 53, inciso III, letra "d");

(ii) se o ato ilícito for um delito de natureza penal ou a reparação tem por fundamento fático um acidente de veículos, o foro competente será o do domicílio do autor ou o do local do fato, que são *foros concorrentes* (art. 53, inciso V);

(iii) nas demais hipóteses de atos ilícitos o foro competente será o do local do ato ou do fato (art. 53, inciso IV, letra "a").

Exemplificativamente – uma ação de conhecimento condenatória de executividade imediata objetivando indenização por danos morais, que não foram objeto de ação penal, terá por foro competente o do local onde o ato ilícito ocorreu (item III, acima).

Finalmente, observe-se que a regra do inciso V do art. 53 do Código de Processo Civil traz *foros concorrentes* para o autor da ação, que pode optar por qualquer deles. Se quiser, poderá, ainda, abrir mão do foro instituído em seu favor e optar pelo do domicílio do réu (art. 46 do Código de Processo Civil). O mesmo se diga em relação ao autor da ação fundada em ato ilícito contrário à lei.

CAPÍTULO XXVII – LINHAS GERAIS SOBRE A FIXAÇÃO DA...

8.1.16 Foro competente para a ação em que o réu for o administrador ou gestor de negócios alheios

Observemos a seguinte regra jurídica:

> Art. 53. É competente o foro:
>
> IV – do lugar do ato ou fato para a ação:
>
> b) em que for réu administrador ou gestor de negócios alheios;
>
> Art. 100. É competente o foro:
>
> V – do lugar do ato ou fato:
>
> b) para a ação em que for réu o administrador ou gestor de negócios alheios.

Portanto, o foro competente para as ações que o réu for administrador ou gestor de negócios alheios é o do lugar do fato ou do ato que deu origem à demanda (*forum gestae administrationis*).

A regra alcança casos de ações ajuizadas contra tutores e curadores, além dos administradores ou gestores de negócios alheios, quer sejam ajuizadas por terceiros ou pelo dono dos bens ou negócio contra o administrador ou gestor.

8.1.17 Foro competente para a ação com fundamento no Estatuto do Idoso

O Estatuto do Idoso (Lei n. 10.741, de 1º de outubro de 2003). Estabelece uma série de direitos àqueles que têm idade igual ou superior a sessenta anos.

Tendo em vista que o idoso, presumivelmente, é a parte que encontra maiores dificuldades para ver prevalecer seus direitos, ou responder por ações – sempre baseadas no respectivo estatuto – o foro de seu domicílio será o competente:

> Art. 53. É competente o foro: (...)

III – do lugar:

e) de residência do idoso, para a causa que verse sobre direito previsto no respectivo estatuto;

8.1.18 Foro competente para a ação de reparação de dano sofrido em razão de ato de ofício praticado por serventia notarial ou de registro.

Serventia notarial ou cartório de notas é aquela que redige escrituras, procurações, testamentos, autenticações, reconhecimento de firmas, dentre outra atividades.

Há Cartório de Registro Imobiliário e Cartório de Registro Civil. O primeiro se encarrega basicamente dos registros dos imóveis e de títulos e documentos. O segundo registra os atos da vida civil, como nascimento, casamento, aquisição de nacionalidade brasileira, alteração do patronímico familiar, óbitos e outros.

Todos eles cuidam de relações jurídicas importantíssimas para a nossa vida de relação – e qualquer ato de ofício dessas serventias que não corresponda à verdade, ou seja, praticada com negligência, causa danos que devem ser reparados. O foro competente para essas ações está previsto na alínea "f" do inciso III do art. 53:

> Art. 53. É competente o foro: (...)
>
> III – do lugar:
>
> f) da sede da serventia notarial ou de registro, para a ação de reparação de dano por ato praticado em razão do ofício;

9. COMPETÊNCIA INTERNA DE FORO NAS JUSTIÇAS ESTADUAIS – *PERPETUATIO JURISDICIONIS*

O critério territorial liga um dos elementos constitutivos da ação a um determinado ponto do território que, por sua vez, se situa numa dada circunscrição, dentro da qual há um ou vários órgãos jurisdicionais com competência para o exercício da função jurisdicional.

CAPÍTULO XXVII – LINHAS GERAIS SOBRE A FIXAÇÃO DA...

Dentro desse espaço físico, portanto, é preciso agora determinar – dentre os diversos que possam existir – *qual é o Juízo ou a Vara competente.*

Para tanto, alguns temas precisam ser estudados, mas a questão será enfocada tendo em vista apenas as *Justiças Estaduais.*

9.1 O PRINCÍPIO DA PERPETUAÇÃO DA JURISDIÇÃO (*PERPETUATIO JURISDICIONIS*)[33]

Um dos problemas que pode ocorrer com a aplicação do critério territorial diz respeito ao próprio elo entre a ação e o território, que pode sofrer *alterações* pelo decurso do tempo, sendo fácil lembrar, *v.g.,* o caso em que o réu mude seu domicílio ou a sua residência para outra localidade.

Urgente, pois, que a lei estabeleça um momento em que determinado órgão jurisdicional se torne *efetiva e definitivamente competente* em face do direito de ação exercido e a partir do qual, em princípio, aquelas modificações se tornem *irrelevantes.*

Realmente, desde o direito romano se entende que há a necessidade de *perpetuar a jurisdição* do órgão jurisdicional, ou seja, de considerar que, uma vez fixada a competência de determinado órgão jurisdicional, ela não mais se modifique.

Nesse sentido é que se fala em *perpetuatio jurisdicionis,* que significa a inalterabilidade da competência do órgão jurisdicional, a partir de determinado ato processual, salvo as exceções previstas em lei.

As regras de competência de muito pouco adiantariam se a ela pudesse ser alterada a todo o instante, removendo o processo de um Foro para outro, ou de um Juízo ou Vara para outra.

Suponha-se que a competência, determinada pelo domicílio do réu, se alterasse a cada mudança de domicílio deste: não haveria a menor

---

[33] Melhor seria que o princípio se chamasse de *perpetuação da competência*, pois é a esta que o instituto se refere. Todavia, por tradição, ficaremos com o nome utilizado no texto.

estabilidade e de nenhum valor seriam as normas jurídicas sobre a competência, eis que esta poderia ser deslocada, pela exclusiva vontade do réu a todo o momento.

Um ponto importante a ser salientado é que não se confundem a *fixação* da competência com a sua própria *perpetuação*.

A fixação da competência dos órgãos jurisdicionais é feita pela lei mediante a utilização dos critérios determinativos da competência. Por este caminho se estabelece, de forma *abstrata e genérica*, a competência do foro ou do órgão jurisdicional, perante o qual se deve exercer o direito de ação.

A perpetuação da competência é a *vinculação concreta* de um órgão jurisdicional a uma ação já proposta, cuja competência se perpetua e se torna inalterável, salvo exceções legais.

Destarte, perpetuada a competência, somente aquele órgão jurisdicional pode apreciar aquela situação jurídica, ainda que seja para dizer que ele próprio não é competente para conhecê-la (reconhecer a própria incompetência). Nenhum outro órgão jurisdicional poderá, a partir de então, tomar o seu lugar, salvo as exceções expressas na lei.

9.2 MOMENTO DA PERPETUAÇÃO DA COMPETÊNCIA

Vejamos o art. 43, primeira parte, do Código de Processo Civil:

> Art. 43. Determina-se a competência no momento do <u>registro</u> ou da <u>distribuição</u> da petição inicial (...).
>
> Art. 87. Determina-se a competência *no momento em que a ação é proposta.* (...).

Coerente com seu sistema, o Código de Processo Civil cuidou da distribuição e do registro de forma bem minuciosa, a partir do art. 284:

> Art. 284. Todos os processos estão sujeitos a registro, devendo ser distribuídos onde houver mais de um juiz.

CAPÍTULO XXVII – LINHAS GERAIS SOBRE A FIXAÇÃO DA...

O registro consiste na inscrição do processo – que recebe um número – no competente livro do cartório e no seu sistema de informática, se houver.

Todavia, antes de ser registrado, o processo precisa ser distribuído, sempre que na comarca houver mais de um juiz. Se na comarca houver um único juiz, mas dois Ofícios de Justiça, a distribuição também será indispensável, para equilibrar o trabalho entre eles.

Na verdade, a distribuição tem exatamente essa finalidade – de equalizar o trabalho entre juízos e ofícios de justiça:

> Art. 285. A distribuição, que poderá ser eletrônica, será alternada e aleatória, obedecendo-se rigorosa igualdade.

A distribuição deve ser *aleatória* porque não cabe à parte determinar qual é o juiz competente para sua causa – mas o sorteio é que decidirá a respeito.

Para conferir maior transparência, o parágrafo único do art. 285 determina que a distribuição seja publicada no Diário da Justiça:

> Art. 285. (*omissis*)
> Parágrafo único. A lista de distribuição deverá ser publicada no Diário de Justiça.

Dessa forma, as partes e interessados podem fiscalizar a lisura da distribuição:

> Art. 289. A distribuição poderá ser fiscalizada pela parte, por seu procurador, pelo Ministério Público e pela Defensoria Pública.
> Art. 288. O juiz, de ofício ou a requerimento do interessado, corrigirá o erro ou compensará a falta de distribuição.

Portanto, no momento do registro (quando dispensada a prévia distribuição) ou da distribuição, ficará determinada a competência: ocorre a *perpetuatio jurisdicionis*.

10. DAS MODIFICAÇÕES DA COMPETÊNCIA

10.1 AS MODIFICAÇÕES DO ART. 43 DO CÓDIGO DE PROCESSO CIVIL

Apesar de ter ocorrido a *perpetuatio jurisdicionis*, pode haver, excepcionalmente, alteração, consoante prevê a segunda parte do art. 43:

> Art. 43. (...) sendo irrelevantes as modificações do estado de fato ou de direito ocorridas posteriormente, *salvo quando suprimirem órgão judiciário ou alterarem a competência absoluta.*

> Art. 87. (...) São irrelevantes as modificações de fato ou de direito ocorridas posteriormente, salvo quando suprimirem o órgão judiciário ou alterarem a competência em razão da matéria ou da hierarquia.

Portanto, ocorrendo a *perpetuatio jurisdicionis*, as modificações posteriores de fato, tais como a alteração do domicílio do réu, seu falecimento ou outras alterações. são irrelevantes: elas não alteram a competência já perpetuada. Também irrelevantes são as alterações de direito, como a criação de novo órgão jurisdicional no mesmo foro.

Porém, a regra não é absoluta.

Como está expresso no artigo em exame, há alterações que, por exceção, são relevantes. São elas, a saber:

(i) As que acarretam a supressão do órgão judiciário. Essa supressão pode se dar pela Lei de Organização Judiciária Estadual, sempre que extinguir determinado órgão jurisdicional ou até mesmo uma comarca. Nesse caso a própria lei dará um destino aos feitos que tramitavam perante o órgão extinto;

(ii) As que mudam as regras da competência absoluta. A norma fala em competência em razão da matéria ou da hierarquia (que definimos como funcional). Mas ela se aplica também quando houver mudança em razão da qualidade das pessoas. Exemplo desta hipótese é a criação de uma vara especializada

CAPÍTULO XXVII – LINHAS GERAIS SOBRE A FIXAÇÃO DA...

na comarca, para a qual serão remetidos os feitos pendentes: criada a Vara de Família ou da Fazenda Pública, por exemplo, para lá serão encaminhadas as causas que versem sobre essas matérias.

10.2 AS ALTERAÇÕES DO ART. 54 DO CÓDIGO DE PROCESSO CIVIL

O art. 54 do Código de Processo Civil prevê modificação da competência relativa em razão de dois fatores: *(i)* conexão ou *(ii)* continência:

> Art. 54. A competência relativa poderá modificar-se pela conexão ou pela continência, observado o disposto nesta Seção.

Vejamos esses dois casos:

10.3 ALTERAÇÃO DA COMPETÊNCIA EM RAZÃO DE CONEXÃO

A própria lei processual conceitua a conexão:

> Art. 55. Reputam-se conexas 2 (duas) ou mais ações quando lhes for comum o pedido ou a causa de pedir.
>
> Art. 103. Reputam-se conexas duas ou mais ações, quando lhes for comum o objeto ou a causa de pedir.

Os elementos da ação – que auxiliam sua identificação – são três: partes, pedido (ou objeto) e causa de pedir[34].

Para que duas ações sejam idênticas é necessário que todos os seus três elementos sejam idênticos – mas, se apenas o pedido ou a causa de pedir, ou ambos forem os mesmos ou parcialmente os mesmos, ocorre a conexão.

---

[34] V. Capítulo XVIII.

Como se vê, nossa lei processual não considera conexas ações que tenham apenas as mesmas partes.

O motivo está na própria razão de ser da conexão: evitar que sejam pronunciadas decisões conflitantes, além de atender também a um princípio de economia processual. Ora, a presença das mesmas partes, por si só, não estaria a ensejar decisões contraditórias e nem economizaria atos processuais – e assim, essa circunstância não induz conexão.

Verificada a conexão, as ações serão reunidas para que seja proferida uma decisão única para todas elas:

> Art. 55. (*omissis*)
>
> § 1º Os processos de ações conexas serão reunidos para decisão conjunta, salvo se um deles já houver sido sentenciado.
>
> Art. 105. Havendo conexão ou continência, o juiz, de ofício ou a requerimento de qualquer das partes, pode ordenar a reunião de ações propostas em separado, a fim de que sejam decididas simultaneamente.

Para que ocorra essa reunião, a lei processual anterior previa ou o requerimento da parte ou determinação de ofício pelo juiz. O código em vigor nada diz a respeito, mas a regra anterior continua válida, pois é do interesse público evitar decisões conflitantes.

Para evitar dúvidas, o Código de Processo Civil determina a reunião de processos nos seguintes casos particulares:

> Art. 55. (*omissis*)
>
> § 2º Aplica-se o disposto no *caput*:
>
> I – à execução de título extrajudicial e à ação de conhecimento relativa ao mesmo ato jurídico;
>
> II – às execuções fundadas no mesmo título executivo.

O inciso I cuida de ações com objetos distintos, mas com conexão pela causa de pedir: suponha-se uma execução de um cheque (título executivo extrajudicial) e uma ação de conhecimento declaratória de

CAPÍTULO XXVII – LINHAS GERAIS SOBRE A FIXAÇÃO DA...

nulidade do mesmo cheque. É de todo conveniente que tais demandas sejam anexadas, evitando-se conclusões contrastantes entre a execução e a ação declaratória.

O inciso II é de mais fácil compreensão, pois há uma evidente economia de atos processuais, ainda que os beneficiários do título sejam pessoas diferentes (a conexão se dá pela causa de pedir – mesmo título executivo).

Se as ações corriam em separado, mas perante o *mesmo juízo*, não haverá dificuldade alguma – basta que sejam elas anexadas e então passam a correr em conjunto.

Mas, se tramitavam perante juízos diversos, a lei processual traça um critério para determinar qual é o competente:

> Art. 58. A reunião das ações propostas em separado far-se-á no juízo prevento, onde serão decididas simultaneamente.

A prevenção decorre de um ato praticado no processo, que a lei processual leva em conta para determinar, dentre vários juízes competentes, qual deles deve ser havido como *prevento* (ou que tem a sua competência preventa) para receber o processo que tramitava perante outro juiz:[35]

> Art. 59. O registro ou a distribuição da petição inicial torna prevento o juízo.

A prevenção não é critério determinativo da competência, justamente porque ela pressupõe um juiz já competente e nem se confunde

---

[35] Portanto, temos agora três institutos que não podem ser confundidos entre si:

(i) *os critérios determinativos da competência* – que foram levados em conta, abstrata e genericamente na regra jurídica, para a determinação do foro ou do juízo competente.

(ii) a *perpetuatio jurisdicionis* – que se verifica com a propositura da ação, a qual, por sua vez, ocorre no momento do despacho preliminar do juiz ou da distribuição, e que tornam irrelevantes, em princípio, as modificações de fato e de direito ocorridas após o ajuizamento da ação;

(iii) *a prevenção* – que é o ato processual levado em conta para se saber, em face de vários juízes competentes, perante qual deles devem ser reunidas ações conexas ou ligadas por relação de continência, que correm em processos separados.

com a *perpetuatio jurisdicionis*, que lhe é sempre anterior (no momento de se examinar a prevenção, a jurisdição já foi perpetuada pelo despacho preliminar, pelo registro ou pela distribuição).

Portanto, é preciso verificar *em que juízo ocorreu por primeiro ou o registro ou ao qual foi distribuída a causa*: este será o juízo competente para todas as ações conexas.

Quando o autor ajuizar uma ação que sabe ser conexa com outra, já proposta anteriormente, é seu dever solicitar uma *distribuição por dependência* – isto é pedir que a causa seja distribuída ao mesmo juízo para a qual foi distribuída a primeira. A distribuição por dependência se opõe à distribuição livre, que é a regra geral.

Essa é a regra do art. 286:

> Art. 286. Serão distribuídas por dependência as causas de qualquer natureza:
>
> I – quando se relacionarem, por conexão ou continência, com outra já ajuizada;
>
> Art. 253. Distribuir-se-á por dependência, os feitos de qualquer natureza, quando se relacionarem, por conexão ou continência, com outro já ajuizado.

Por fim, pode ocorrer que o imóvel ultrapasse os limites territoriais do juízo prevento – mas sua competência será prorrogada para decidir sobre toda a área:

> Art. 60. Se o imóvel se achar situado em mais de um Estado, comarca, seção ou subseção judiciária, a competência territorial do juízo prevento estender-se-á sobre a totalidade do imóvel.

10.4 ALTERAÇÃO DA COMPETÊNCIA EM RAZÃO DA CONTINÊNCIA

Para que haja a continência, é preciso que entre as duas ações haja identidade das partes e da causa de pedir – mas que o objeto ou pedido de uma delas seja mais amplo e assim compreenda o outro:

CAPÍTULO XXVII – LINHAS GERAIS SOBRE A FIXAÇÃO DA...

> Art. 56. Dá-se a continência entre 2 (duas) ou mais ações quando houver identidade quanto às partes e à causa de pedir, mas o pedido de uma, por ser mais amplo, abrange o das demais.

Assim, se o autor numa ação pede a declaração de nulidade de um item do contrato e noutra pela a nulidade do contrato inteiro, é evidente que a primeira está contida na segunda (continente).

Pode ocorrer que a ação continente seja proposta antes da ação contida ou, vice-versa, que a ação contida tenha sido ajuizada em primeiro lugar. Para tais situações, assim prescreve o Código de Processo Civil:

> Art. 57. Quando houver continência e a ação continente tiver sido proposta anteriormente, no processo relativo à ação contida será proferida sentença sem resolução de mérito, caso contrário, as ações serão necessariamente reunidas.

A regra processual é muito clara: se a ação de objeto mais abrangente já fora proposta, falta ao autor interesse de agir para a ação de objeto mais restrito (não tem ele necessidade de provimento jurisdicional para esta ação, pois o primeiro requerido já é suficiente). Ao ser julgado carecedor da ação, o juiz proferiu decisão terminativa, que deixou de examinar o mérito.

Todavia, se a ação continente for ajuizada em segundo lugar, haverá reunião dos processos – mas ao decidir as demandas, deverá o juiz igualmente encerrar a ação contida sem julgamento de mérito também por ausência do interesse de agir necessidade. E isso mesmo que julgue a ação continente improcedente. Este, o real sentido da norma ora examinada.

No que diz respeito à reunião dos processos, prevalece a mesma regra de prevenção já estudadas acima (artigos 58, 59, 60).

10.5 ALTERAÇÃO PELA POSSIBILIDADE DE SENTENÇAS CONTRADITÓRIAS

Suponha-se que várias pessoas tenham sofrido sérios distúrbios por ingestão de produto contaminado por substância tóxica. Todas elas podem acionar o produtor – mas cada uma terá que formular um pedido próprio e alegar uma causa de pedir específica para seu caso (local onde adquiriu o produto, quando o ingeriu, quais as lesões sofridas, as despesas decorrentes etc.). Essas ações não têm conexão entre si.[36]

Todavia, elas apresentam o risco de gerarem decisões contraditórias caso sejam distribuídas para diversos juízos de uma mesma comarca. Daí a regra do § 3º do art. 55:

> Art. 55. (*omissis*)
>
> § 3º Serão reunidos para julgamento conjunto os processos que possam gerar risco de prolação de decisões conflitantes ou contraditórias caso decididos separadamente, *mesmo sem conexão entre eles.*

Nesses casos, a lei prevê a possibilidade de distribuição por dependência:

> Art. 286. Serão distribuídas por dependência as causas de qualquer natureza:
>
> III – quando houver ajuizamento de ações nos termos do art. 55, § 3º, ao juízo prevento.

10.6 ALTERAÇÃO DA COMPETÊNCIA POR ESCOLHA DO FORO

A competência absoluta não pode ser alterada pelas partes porque ela vem fixada por razões de interesse público.

Todavia, a competência relativa tem em mira muito mais a facilitação de ajuizamento pelas partes que qualquer outro motivo. Por essa razão, ela pode ser modificada por ato voluntário dos interessados – eles podem escolher o foro para suas futuras e eventuais demandas – é o chamado *foro de eleição:*

---

[36] Mas as pessoas poderiam formar um litisconsórcio por afinidade de questões por ponto comum de fato e de direito (art. 113, III do CPC). O tema será melhor estudado adiante.

CAPÍTULO XXVII – LINHAS GERAIS SOBRE A FIXAÇÃO DA...

> Art. 63. As partes podem modificar a competência em razão do valor e do território, elegendo foro onde será proposta ação oriunda de direitos e obrigações.
>
> § 1º A eleição de foro só produz efeito quando constar de instrumento escrito e aludir expressamente a determinado negócio jurídico.
>
> § 2º O foro contratual obriga os herdeiros e sucessores das partes.

As regras acima são autoexplicativas. Mas, pode ocorrer que uma das partes seja muito beneficiada pela escolha e a outra, em contrapartida, muito prejudicada – e essas circunstâncias caracterizam a cláusula de eleição de foro como abusiva, situação que o Código de Processo Civil quer coibir:

> Art. 63. (*omissis*)
>
> § 3º Antes da citação, a cláusula de eleição de foro, se abusiva, pode ser reputada ineficaz de ofício pelo juiz, que determinará a remessa dos autos ao juízo do foro de domicílio do réu.

A abusividade pode ser tão evidente que cabe ao juiz proclamá-la de ofício e, anulando-a, remeter os autos ao foro do domicílio do réu, que é o foro geral.

Porém, se não for de macroscópica evidência, caberá ao réu fazer essa alegação quando apresentar a sua contestação:

> Art. 63. (*omissis*)
>
> § 4º Citado, incumbe ao réu alegar a abusividade da cláusula de eleição de foro na contestação, sob pena de preclusão.

Caso não faça a alegação, ela lhe estará preclusa – não pode ser feita noutra oportunidade.

10.7 ALTERAÇÃO PELA INÉRCIA DA PARTE

Resta recordar a hipótese do silêncio do réu em contestação, quando é caso de incompetência relativa:

> Art. 65. Prorrogar-se-á a competência relativa se o réu não alegar a incompetência em preliminar de contestação.

Assim, o juiz relativamente incompetente torna-se competente pela prorrogação de sua competência para alcançar aquela causa.

10.8 RECAPITULAÇÃO DO TÓPICO

A perpetuação da competência se dá quando a ação é proposta, o que ocorre *(i)* ou no momento em que o juiz a despacha, se for o único naquele foro, ou, então, *(ii)* no momento em que é registrada ou distribuída entre as diversas varas ou juízos existentes no foro (art. 43, primeira parte).

A perpetuação da competência, como regra geral, torna irrelevantes as modificações de fato e de direito posteriores, salvo:

(i) quando suprimirem o órgão judiciário (art. 43, 2ª parte);

(ii) quando houver novas regras de competência absoluta (art. 43, 2ª parte);

(iii) quando ocorrer caso de conexão ou continência, com ação ajuizada posteriormente (art. 54);

(iv) quando houver possibilidade de decisões contraditórias (art. 55, § 3º).

Nos dois primeiros casos [(i) e (ii)], a própria lei designará os novos juízos competentes.

Na terceira e quarta hipóteses, os processos serão reunidos perante o juiz prevento (art. 58 e 59).

11. COMPETÊNCIA INTERNA DO JUÍZO

Se no mesmo juízo oficiam dois ou mais órgãos jurisdicionais, as normas de organização judiciária devem trazer os critérios para a repartição do ofício jurisdicional entre eles.

CAPÍTULO XXVII – LINHAS GERAIS SOBRE A FIXAÇÃO DA...

No Segundo Grau de Jurisdição normalmente essas regras vêm estabelecidas nos regimentos internos dos tribunais.

12. ALEGAÇÃO DA INCOMPETÊNCIA

O Código de Processo Civil determina que a incompetência, seja absoluta ou relativa, deve ser alegada como *matéria preliminar,* em contestação:

> Art. 64. A incompetência, absoluta ou relativa, será alegada como questão preliminar de contestação.

Trata-se de questão preliminar que diz respeito ao pressuposto processual da competência do juiz – que é um dos elementos para a válida constituição da relação jurídica processual.[37]

A competência absoluta é fixada tendo em vista o interesse público – e por essa razão, a incompetência absoluta pode ser declarada em qualquer momento e em qualquer grau de jurisdição.

Além disso, a incompetência absoluta pode ser reconhecida de ofício pelo juiz:

> Art. 64. (*omissis*)
>
> § 1º A incompetência absoluta pode ser alegada em qualquer tempo e grau de jurisdição e deve ser declarada de ofício.

A incompetência relativa, porém, se não for alegada em contestação não poderá mais ser arguida – o juiz que era relativamente incompetente se torna competente (tem sua competência *prorrogada* para alcançar aquela causa).

> Art. 65. Prorrogar-se-á a competência relativa se o réu não alegar a incompetência em preliminar de contestação.

---

[37] Pelo CPC revogado, a incompetência relativa era arguida por meio de uma exceção (art. 112) e a absoluta, na contestação.

517

Parágrafo único. A incompetência relativa pode ser alegada pelo Ministério Público nas causas em que atuar.

A regra do parágrafo único é ampla – o Ministério Público pode alegar a incompetência relativa (e é claro, com maior razão a absoluta), quando for parte na ação ou quando atuar como fiscal da lei (*custos legis*).

Apresentada a contestação com alegação de incompetência, a parte contrária deverá se manifestar a respeito:

> Art. 64. A incompetência, absoluta ou relativa, será alegada como questão preliminar de contestação.
>
> § 2º Após manifestação da parte contrária, o juiz decidirá imediatamente a alegação de incompetência.

Mesmo que a parte contrária concorde com a alegação, o juiz é livre para decidir a respeito e, caso acolha a arguição, remeterá os autos ao juízo competente:

> Art. 64. (*omissis*)
>
> § 3º Caso a alegação de incompetência seja acolhida, os autos serão remetidos ao juízo competente.

Note-se que a norma fala em *juízo competente* – mas, se no juízo competente houver mais de um juiz competente, haverá distribuição.

Se a alegação não for acolhida, da decisão caberá recurso de agravo de instrumento.[38]

Todavia, pode acontecer que mesmo reconhecendo sua própria incompetência, o juiz já tenha proferido alguma decisão incidente. O § 4º resolve essa situação jurídica:

---

[38] O art. 1.015 do CPC enumera as hipóteses em que cabe agravo de instrumento e, nos seus diversos incisos, não está prevista a hipótese de desacolhimento de alegação de incompetência, mas como sua enumeração é meramente exemplificativa (e não taxativa), nesse caso (não acolhimento de alegação de incompetência absoluta ou relativa), o recurso adequado é o de agravo de instrumento.

CAPÍTULO XXVII – LINHAS GERAIS SOBRE A FIXAÇÃO DA...

> Art. 64. (*omissis*)
>
> § 4º Salvo decisão judicial em sentido contrário, conservar-se-ão os efeitos de decisão proferida pelo juízo incompetente até que outra seja proferida, se for o caso, pelo juízo competente.

13. CONFLITO DE COMPETÊNCIA

Diz o art. 66 do Código de Processo Civil:

> Art. 66. Há conflito de competência quando:
>
> I – 02 (dois) ou mais juízes se declaram competentes;
>
> II – 02 (dois) ou mais juízes se consideram incompetentes, atribuindo um ao outro a competência;
>
> III – entre 02 (dois) ou mais juízes surge controvérsia acerca da reunião ou separação de processos.
>
> Parágrafo único. O juiz que não acolher a competência declinada deverá suscitar o conflito, salvo se a atribuir a outro juízo.
>
> Art. 115. Há conflito de competência:
>
> I – quando dois ou mais juízes se declaram competentes;
>
> II – quando dois ou mais juízes se consideram incompetentes;
>
> III – quando entre dois ou mais juízes surge controvérsia a cerca da reunião ou separação de processos.

A expressão "conflito de competência" indica uma controvérsia a respeito de qual juízo ou juiz é o competente.

A hipótese sob o inciso I – quando dois ou mais juízes se declaram competentes – chama-se *conflito positivo de competência*; a do inciso II, *conflito negativo de competência*.

O conflito positivo de competência se instaura ainda que dois ou mais juízes não se declarem expressamente competentes para a mesma ação – basta que pratiquem atos que pressupõem a competência de cada um deles. Esta situação ocorreria, por exemplo, quando a mesma ação vem ajuizada em juízos diversos e ambos os juízes praticam atos que pressupõem o reconhecimento da própria competência.

ANTONIO ARALDO FERRAZ DAL POZZO

Já o conflito será negativo sempre que um juiz se declara incompetente e remete o processo para outro, que entende que o primeiro, e não ele próprio é o competente.[39]

O inciso III do artigo analisado diz respeito aos casos de reunião ou de separação de processos – mas é preciso que a controvérsia caracterize um conflito positivo ou negativo. Se um juiz determina a separação de processos e o juiz que o recebe entende que essa separação não deve ocorrer, porque o primeiro juiz era o competente, há um conflito negativo. Se dois juízes pretendem a reunião do mesmo processo a um feito que tramita em seu juízo, o conflito é positivo.

Em qualquer caso, o conflito pressupõe causas em andamento.

No que se refere à alegação do conflito, observa-se o disposto no art. 951 e seu parágrafo único:

> Art. 951. O conflito de competência pode ser suscitado por qualquer das partes, pelo Ministério Público ou pelo juiz.
>
> Parágrafo único. O Ministério Público somente será ouvido nos conflitos de competência relativos aos processos previstos no art. 178, mas terá qualidade de parte nos conflitos que suscitar.
>
> Art. 952. Não pode suscitar conflito a parte que, no processo, arguiu incompetência relativa.
>
> Parágrafo único. O conflito de competência não obsta, porém, a que a parte que não o arguiu suscite a incompetência.
>
> Art. 116. O conflito pode ser suscitado por qualquer das partes, pelo Ministério Público ou pelo juiz.
>
> Parágrafo único. O Ministério Público será ouvido em todos os conflitos de competência; mas terá qualidade de parte naqueles que suscitar.

---

[39] Se o segundo juiz entende que um terceiro é o competente, enquanto este não se declarar incompetente e afirmar a competência de um dos dois primeiros, não há, ainda o conflito negativo, e, assim sucessivamente, como lembra Celso Agrícola Barbi. BARBI, Celso Agrícola, *Comentários ao Código de Processo Civil*. 13ª Ed. Forense, p. 377, final.

CAPÍTULO XXVII – LINHAS GERAIS SOBRE A FIXAÇÃO DA...

> Art. 117. Não pode suscitar o conflito a parte que, no processo, ofereceu exceção de incompetência.
>
> Parágrafo único. O conflito de competência não obsta, porém, que a parte, que não o suscitou, ofereça exceção declinatória de foro.

A legislação aponta os legitimados a suscitar o conflito: ao próprio juiz, as partes e o Ministério Público. Mas, a regra alcança todos que agirem na qualidade de parte processual, como o Defensor Público, o Procurador do Estado ou outro.

Quanto ao Ministério Público a lei explicita, no parágrafo único do art. 951, que obrigatoriamente será ouvido quando funciona como fiscal da lei, hipóteses que exemplificativamente enumera no art. 178.[40] Todavia, se oficiando como fiscal da lei ele argui o conflito, passa a exibir a qualidade de parte *nesse incidente*.

Se a parte alegou incompetência relativa, em seguida não pode suscitar o conflito, porque haveria falta de interesse ou manobra condenada pelo ordenamento processual. Porém, mesmo em havendo conflito, a parte que não fez a arguição poderá fazê-lo (art. 952 e parágrafo único).

Nos artigos 953 a 959, o Código de Processo Civil estabelece normas sobre o procedimento a ser seguido para a instauração e julgamento do conflito de competência:

> Art. 953. O conflito será suscitado ao tribunal:
>
> I – pelo juiz, por ofício;
>
> II – pela parte e pelo Ministério Público, por petição.
>
> Parágrafo único. O ofício e a petição serão instruídos com os documentos necessários à prova do conflito.

---

[40] Art. 178. O Ministério Público será intimado para, no prazo de 30 (trinta) dias, intervir como fiscal da ordem jurídica nas hipóteses previstas em lei ou na Constituição Federal e nos processos que envolvam: I – interesse público ou social; II – interesse de incapaz; III – litígios coletivos pela posse de terra rural ou urbana. Parágrafo único. A participação da Fazenda Pública não configura, por si só, hipótese de intervenção do Ministério Público. – Esta matéria será revista quando estudarmos o Ministério Público.

ANTONIO ARALDO FERRAZ DAL POZZO

Art. 954. Após a distribuição, o relator determinará a oitiva dos juízes em conflito ou, se um deles for suscitante, apenas do suscitado.

Parágrafo único. No prazo designado pelo relator, incumbirá ao juiz ou aos juízes prestar as informações.

Art. 955. O relator poderá, de ofício ou a requerimento de qualquer das partes, determinar, quando o conflito for positivo, o sobrestamento do processo e, nesse caso, bem como no de conflito negativo, designará um dos juízes para resolver, em caráter provisório, as medidas urgentes.

Parágrafo único. O relator poderá julgar de plano o conflito de competência quando sua decisão se fundar em:

I – súmula do Supremo Tribunal Federal, do Superior Tribunal de Justiça ou do próprio tribunal;

II – tese firmada em julgamento de casos repetitivos ou em incidente de assunção de competência.

Art. 956. Decorrido o prazo designado pelo relator, será ouvido o Ministério Público, no prazo de 5 (cinco) dias, ainda que as informações não tenham sido prestadas, e, em seguida, o conflito irá a julgamento.

Art. 957. Ao decidir o conflito, o tribunal declarará qual o juízo competente, pronunciando-se também sobre a validade dos atos do juízo incompetente.

Parágrafo único. Os autos do processo em que se manifestou o conflito serão remetidos ao juiz declarado competente.

Art. 958. No conflito que envolva órgãos fracionários dos tribunais, desembargadores e juízes em exercício no tribunal, observar-se-á o que dispuser o regimento interno do tribunal.

Art. 959. O regimento interno do tribunal regulará o processo e o julgamento do conflito de atribuições entre autoridade judiciária e autoridade administrativa.[41]

---

[41] Art. 118. O conflito será suscitado ao presidente do tribunal:
I – pelo juiz, por ofício;
II – pela parte e pelo Ministério Público, por petição.
Parágrafo único. O ofício e a petição serão instruídos com os documentos necessários à prova do conflito.

CAPÍTULO XXVII – LINHAS GERAIS SOBRE A FIXAÇÃO DA...

Art. 119. Após a distribuição, o relator mandará ouvir os juízes em conflito, ou apenas o suscitado, se um deles for suscitante; dentro do prazo assinado pelo relator, caberá ao juiz ou juízes prestar as informações.

Art. 120. Poderá o relator, de ofício, ou a requerimento de qualquer das partes, determinar, quando o conflito for positivo, seja sobrestado o processo, mas, neste caso, bem como no de conflito negativo, designará um dos juízes para resolver, em caráter provisório, as medidas urgentes.

Parágrafo único. Havendo jurisprudência dominante do tribunal sobre a questão suscitada, o relator poderá decidir de plano o conflito de competência, cabendo agravo, no prazo de cinco dias, contado da intimação da decisão às partes, para o órgão recursal competente.

Art. 121. Decorrido o prazo, com informações ou sem elas, será ouvido, em 5 (cinco) dias, o Ministério Público; em seguida o relator apresentará o conflito em sessão de julgamento.

Art. 122. Ao decidir o conflito, o tribunal declarará qual o juiz competente, pronunciando-se também sobre a validade dos atos do juiz incompetente.

523

Título VI

PRESSUPOSTOS PROCESSUAIS SUBJETIVOS REFERENTES ÀS PARTES

Capítulo XXVIII

DOS PRESSUPOSTOS PROCESSUAIS REFERENTES ÀS PARTES

Sumário: 1. Pressupostos processuais – breve recapitulação. 2. Qualidade de parte. 3. A capacidade na órbita jurídica. 4. Capacidade de ser parte. 5. Capacidade processual ou capacidade de estar em juízo (*legitimatio ad processum*). 5.1 Capacidade processual ou capacidade de estar em juízo (*legitimatio ad processum*). 5.2 Capacidade de exercício da pessoa natural. 5.2.1 Pessoas com absoluta incapacidade processual. 5.2.1.1 Representação legal. 5.2.1.2 Representação judicial. 5.2.2 Pessoas com relativa incapacidade processual. 5.2.3 Pessoas com plena capacidade processual. 5.3 Capacidade processual das pessoas casadas. 5.4 Capacidade processual das pessoas jurídicas. 5.4.1 Representação das pessoas jurídicas de Direito Público. 5.4.2 Representação da massa falida. 5.4.3 Representação do espólio, da herança jacente e da herança vacante. 5.4.4 Representação das pessoas jurídicas de Direito Privado. 5.4.5 Representação do condomínio. 5.4.6 Casos de representação e a personalidade jurídica dos representados. 6. Capacidade postulatória – o advogado. 6.1 Capacidade postulatória. 6.2 Representação da parte por advogado. 6.3 Direitos do advogado. 7. Ausência dos pressupostos processuais referentes às partes – consequências. 7.1 Quanto à capacidade de ser parte. 7.2 Quanto à capacidade de estar em juízo, à irregularidade de representação e capacidade postulatória. 8. Aplicação dos conceitos estudados.

1. PRESSUPOSTOS PROCESSUAIS – BREVE RECAPITULAÇÃO

Os pressupostos processuais são requisitos *de validade* da relação jurídica processual. A ausência desses requisitos torna inválida a relação processual e o próprio processo.

Alguns desses pressupostos processuais devem estar preenchidos desde o momento da instauração da relação jurídica, isto é, desde a propositura da ação; outros serão exigidos em momentos posteriores. Constatada a falta ou deficiência no cumprimento desses requisitos, alguns podem ser sanados; outros, porém, não.

Assim, por exemplo, se o juiz perante o qual se ajuíza a ação não está investido nas funções jurisdicionais, a falta desse pressuposto processual não poderá ser suprida jamais e a relação jurídica processual será irremediavelmente nula. Mas, um erro na representação da parte pode ser corrigido e assim convalidar-se a relação jurídica processual.

Os pressupostos referentes ao juiz e já estudados são: a) investidura; b) competência e c) imparcialidade.

Neste momento serão analisados os pressupostos processuais referentes às *partes*, a saber:

a) capacidade de ser parte;

b) capacidade processual ou de estar em juízo;

c) capacidade postulatória.

2. QUALIDADE DE PARTE

Sujeitos da relação jurídica processual são o juiz e as partes, sendo estas as pessoas que instituíram o contraditório perante o primeiro, e em face das quais o magistrado irá dar a tutela jurisdicional. São os litigantes, os contendores, na expressão de Liebman – todos os demais que não são partes de um processo são *terceiros*.[1]

---

[1] LIEBMAN, Enrico Tullio. *Manuale di Diritto Processuale Civile*: Principi. 7ª Ed. Milano: Giuffrè Editore, 2007, p. 85/86.

CAPÍTULO XXVIII – DOS PRESSUPOSTOS PROCESSUAIS REFERENTES...

A qualidade de parte numa relação jurídica processual se adquire:

(i) pelo ajuizamento da ação, que define a parte ativa e a parte passiva;

(ii) em decorrência de sucessão na posição da parte originária;

(iii) por efeito da intervenção, voluntária ou não, num processo pendente.[2]

Note-se que aqui a expressão "parte" indica individualmente quem é o sujeito ativo ou o sujeito passivo da relação jurídica processual e, pois, coincide com o que podemos identificar como *parte da ação* (*pars*), que é um de seus elementos (ao lado do pedido e da causa de pedir). Veremos, a seu tempo, que pode haver mais de uma parte ativa e mais de uma parte passiva.

Quando se busca identificar a parte não se trata de saber se ela é ou não parte *legítima* (condição da ação – *legitimatio ad causam*), mas se figura ou não na relação jurídica processual (identificação da parte como elemento da ação).[3]

3. A CAPACIDADE NA ÓRBITA JURÍDICA

Capacidade é um conceito que o Direito Civil nos oferece.

Na conceituação de Washington de Barros Monteiro, "capacidade é a aptidão para ser sujeito de direitos e obrigações e exercer, por si ou por outrem, atos da vida civil".[4]

---

[2] LIEBMAN, Enrico Tullio. *Manuale di Diritto Processuale Civile*: Principi. 7ª Ed. Milano: Giuffrè Editore, 2007, p. 86. Sobre a aquisição da qualidade de parte pelo ajuizamento da ação já falamos em várias oportunidades. Todavia, por mera questão metodológica, veremos a aquisição dessa qualidade por força de sucessão da parte originária e pela intervenção de alguém num processo pendente logo adiante.

[3] V. Capítulo XX.

[4] MONTEIRO, Washington de Barros. *Curso de Direito Civil*: Direito das Coisas. Ed. Saraiva, 2007, p. 66. As referências no texto são da mesma fonte.

O conceito expendido pelo ilustre civilista engloba *duas* situações bem diferentes: uma delas diz respeito à *aptidão* para ser sujeito de direitos e obrigações; a outra se refere ao *exercício* de atos da vida civil.

Com efeito, a doutrina civilista distingue a capacidade em:

(i) capacidade de direito (ou de gozo, ou jurídica); e

(ii) capacidade de exercício (de agir, ou de fato).

A capacidade de direito é inerente à pessoa humana, como proclama o art. 1º do Código Civil:

> Art. 1º Toda pessoa é capaz de direitos e deveres na ordem civil.

Ela é, pois, a idoneidade para ser sujeito de direitos e deveres ou obrigações, que todas as pessoas humanas possuem.

A capacidade de exercício, como o nome está a indicar, é a aquela que permite à pessoa exercer, por si mesma, livremente, seus próprios direitos, e, pois, praticar atos jurídicos.

Se todos os homens têm a capacidade de direito, a capacidade de exercício subordina-se a certos requisitos de idade e de condições de saúde para estar presente , como regra geral à idade.

É na seara do Direito Civil que buscamos os elementos para saber se determinada pessoa tem capacidade de exercício ou não.

4. CAPACIDADE DE SER PARTE

Da capacidade de direito decorre a *capacidade de ser parte* numa relação jurídica processual, que é um pressuposto processual.

Dado que toda pessoa humana tem a capacidade de direito, toda pessoa humana tem, *ipso facto*, capacidade de ser parte num processo — seja para buscar a tutela de um direito (isto é, para agir como autora), seja para responder pelo cumprimento de um dever ou de uma obrigação (como ré, portanto).

CAPÍTULO XXVIII – DOS PRESSUPOSTOS PROCESSUAIS REFERENTES...

Também possuem capacidade para ser parte no processo[5] as pessoas jurídicas e certas "coletividades organizadas e patrimônios autônomos, embora, a estes últimos a lei não reconheça a verdadeira personalidade jurídica" e, pois, a capacidade de direito.[6]

As sociedades de fato, isto é, aquelas que não têm personalidade jurídica, porque não foram legalmente constituídas, têm capacidade de ser parte. O mesmo se diga da massa falida ou do espólio, por exemplo, que podem ser partes num processo, embora também não tenham personalidade jurídica. Essa capacidade de ser parte é outorgada pelo ordenamento jurídico processual para que essas entidades não fiquem totalmente desprotegidas ou imunes – podendo figurar como autores ou como réus, podem buscar a tutela de seus direitos ou serem compelidos a cumprir seus deveres e obrigações.

Portanto, podemos dizer que têm capacidade para ser parte:

(i) o nascituro e as pessoas naturais (artigos 1º e 2º do Código Civil);[7]

(ii) as pessoas jurídicas de direito público interno e externo e as pessoas jurídicas de direito privado[8] (art. 40 do Código Civil);

---

[5] Há coincidência absoluta entre as expressões: "parte na relação jurídica processual", "parte no processo" e "parte na ação". Elas sempre indicam a pessoa ou as pessoas que figuram no polo ativo e no pólo passivo.

[6] LIEBMAN, Enrico Tullio. *Manuale di Diritto Processuale Civile*: Principi. 7ª Ed. Milano: Giuffrè Editore, 2007, p. 87. Daí alguns autores denominarem tais coletividades e patrimônios de *pessoas formais*, como Moacyr Amaral Santos (SANTOS, Moacyr Amaral. *Primeiras Linhas de Direito Processual Civil*. vol. 1. Ed. Saraiva, 2009, p. 369), no sentido de que não são nem pessoas naturais e nem pessoas jurídicas – mas havidas como *pessoas* apenas para o processo.

[7] Código Civil – Art. 2º A personalidade civil da pessoa começa do nascimento com vida; mas a lei põe a salvo, desde a concepção, os direitos do nascituro.
O nascituro, como lembra Washington de Barros Monteiro, "é pessoa condicional; a aquisição da personalidade acha-se sob a dependência de condição suspensiva, o nascimento com vida. A esta situação toda especial chama Planiol de antecipação da personalidade" (MONTEIRO, Washington de Barros. *Curso de Direito Civil*. vol. 1. Saraiva, 2007, p. 66).

[8] Código Civil – "Art. 40. As pessoas jurídicas são de direito público, interno ou externo, e de direito privado". A partir desse dispositivo, a matéria vem tratada no Código Civil.

(iii) a massa falida; a herança jacente ou vacante; o espólio; as sociedades sem personalidade jurídica (Código de Processo Civil, art. 75, IV, V, VI, VIII)

(art. 12 incisos: III, IV, V, VII).

5. CAPACIDADE PROCESSUAL OU CAPACIDADE DE ESTAR EM JUÍZO (*LEGITIMATIO AD PROCESSUM*)

5.1 CAPACIDADE PROCESSUAL OU CAPACIDADE DE ESTAR EM JUÍZO (*LEGITIMATIO AD PROCESSUM*)[9]

A capacidade processual (ou capacidade de estar em juízo), também designada pela expressão latina *"legitimatio ad processum"*, decorre da capacidade de exercício, sendo que esta vem a ser a condição pessoal que autoriza a pessoa natural a exercer por si mesma seus próprios direitos ou cumprir seus próprios deveres e obrigações.[10]

Portanto, nem todos aqueles que têm a capacidade de ser parte têm também a capacidade processual: o menor de dez anos de idade, por exemplo, tem a primeira (pois tem a capacidade jurídica para ser sujeito de direitos e deveres), mas não dispõe da segunda.

A questão tem que ser analisada à luz dos princípios do Direito Civil, pois a capacidade de exercício é disciplinada por esse ramo do ordenamento jurídico.

5.2 CAPACIDADE DE EXERCÍCIO DA PESSOA NATURAL

Quanto à capacidade de exercício da pessoa natural, a lei civil faz uma distinção entre:

---

[9] Não confundir a *legitimatio ad processum* (capacidade processual ou de estar em juízo), que é um pressuposto processual, com a *legitimatio ad causam* (legitimação para agir), que é condição da ação.

[10] As pessoas jurídicas, por definição, têm capacidade de exercício – em relação a elas, como veremos adiante, coloca-se o problema de quem a representa legalmente.

CAPÍTULO XXVIII – DOS PRESSUPOSTOS PROCESSUAIS REFERENTES...

(i) pessoas absolutamente incapazes;

(ii) pessoas relativamente incapazes;

(iii) pessoas plenamente capazes.

Dessa discriminação feita pelo Direito Civil, decorre, para o Direito Processual, correspondentemente:

(i) pessoas com absoluta incapacidade processual;

(ii) pessoas com relativa incapacidade processual;

(iii) pessoas com plena capacidade processual.

5.2.1 Pessoas com absoluta incapacidade processual

As pessoas com absoluta incapacidade processual são os absolutamente incapazes do art. 3º do Código Civil:

> Art. 3º. São absolutamente incapazes de exercer pessoalmente os atos da vida civil os menores de 16 (dezesseis) anos. (Redação dada pela Lei n. 13.146, de 2015)

Para que essas pessoas possam figurar como parte na relação jurídica processual – uma vez que elas têm capacidade para ser parte – deverão estar *representadas* – mas, parte da relação jurídica processual é o representado e não seu representante.

A representação pode ser legal, judicial ou convencional.

5.2.1.1 Representação legal

A *representação legal*, como o nome está a indicar, decorre da própria lei e dela cuida o art. 71 do Código de Processo Civil, quando diz que os incapazes serão representados por seus pais, tutores ou curadores, na forma da lei civil.[11]

---

[11] Cf. art. 116 do Código Civil. A designação de tutor é reservada ao representante do

> Art. 71. O incapaz será representado (...) por seus pais, ou por tutor ou curador, na forma da lei.
>
> Art. 8º Os incapazes serão *representados* (...) por seus pais, tutores ou curadores, na forma da lei civil.

As pessoas que necessitam de representação legal são as que têm absoluta incapacidade processual e, pois, não praticam nenhum ato jurídico, por si mesmas – quem os realiza é seu representante.

Porém, o art. 71 fala também em assistência:

> Art. 71. O incapaz será (...) ou assistidos por seus pais, ou por tutor ou curador, na forma da lei.
>
> Art. 8º Os incapazes serão (...) ou *assistidos* por seus pais, tutores ou curadores, na forma da lei civil.

A assistência é instituto que se aplica aos *relativamente incapazes* – e como são apenas "relativamente" incapazes, eles praticam atos jurídicos, mas sob a *assistência* de seus pais, tutores ou curadores.

Portanto, o representado *não realiza ato jurídico* – quem os pratica por ele são seus representantes; o assistido *realiza ato jurídico*, mas sob a assistência de seus pais, tutores ou curadores (na relação processual, porém, partes serão sempre o representado e o assistido).

Assim, por exemplo, o menor com absoluta incapacidade processual será citado na pessoa de seu representante legal; mas o menor com relativa incapacidade processual deverá ser citado pessoalmente, assistido, nesse ato, por seu representante legal.

---

incapaz menor de idade (isto ocorre quando o menor não tem pais ou estes foram destituídos do pátrio poder); já a de curador, ao representante do incapaz por problemas mentais (desde que regularmente interdito, através de ação própria, disciplinada pelo art. 1.177 e seguintes do Código de Processo Civil). Os tutores e curadores, para propor ação e defender em juízo os incapazes, precisam de autorização judicial (cf., respectivamente, arts. 1.748,V; 1.774 e 1.781 do Código Civil).

CAPÍTULO XXVIII – DOS PRESSUPOSTOS PROCESSUAIS REFERENTES...

5.2.1.2 *Representação judicial*

A *representação judicial* é aquela que decorre de um ato do juiz, como a hipótese do art. 72 do Código de Processo Civil:

> Art. 72. O juiz nomeará curador especial ao:
>
> I – incapaz, se não tiver representante legal ou se os interesses deste colidirem com os daquele, enquanto durar a incapacidade;
>
> II – réu preso revel, bem como ao réu revel citado por edital ou com hora certa, enquanto não for constituído advogado.
>
> Parágrafo único. A curatela especial será exercida pela Defensoria Pública, nos termos da lei.
>
> Art. 9º O juiz dará curador especial:
>
> I – ao incapaz, se não tiver representante legal, ou se os interesses deste colidirem com os daquele;
>
> II – ao réu preso, bem como ao revel citado por edital ou com hora certa.

O menor de 16 anos, normalmente, é representado pelos pais. Se for órfão ou se estes forem destituídos do pátrio poder, ao menor será nomeado um tutor, que o representará. Pode ocorrer, entretanto, num e noutro caso, que os interesses do menor e os de seus pais ou tutor sejam colidentes. Isto ocorreria, por exemplo, se o menor necessitasse mover ação de alimentos contra seu próprio pai. Nessa hipótese, e apenas para efeitos processuais, o juiz nomeia um curador especial para esse menor, a quem incumbe sua representação processual.

Também ao réu preso será nomeado curador especial pelo juiz, uma vez que a pessoa privada de sua liberdade presumivelmente não está em plenas condições de poder defender amplamente os seus direitos. Mesmo que o réu preso tenha advogado constituído nos autos, deve haver a nomeação desse curador especial, que velará pelos seus interesses.

Aquele que foi citado por edital ou com hora certa também terá curador especial, desde que seja *revel*, isto é, se deixar escoar o prazo para se defender sem apresentar sua resposta à ação ajuizada. Essa nomeação é feita por que, dada a forma pela qual foi citado, não se tem certeza absoluta de que chegou efetivamente ao seu conhecimento a notícia e o conteúdo da ação que deve responder. Na dúvida, e para garantir o direito à ampla defesa (art. 5º, LV da Constituição Federal), o ordenamento processual ordena que lhe seja nomeado um curador especial, a quem incumbirá sua defesa.

Ainda há outro caso de nomeação de curador especial, previsto no art. 245 do Código de Processo Civil: quando o oficial de justiça for citar o réu e constatar que ele é demente, ou está impossibilitado de recebê-la:

> Art. 245. Não se fará citação quando se verificar que o citando é mentalmente incapaz ou está impossibilitado de recebê-la.
>
> § 1º O oficial de justiça descreverá e certificará minuciosamente a ocorrência.
>
> § 2º Para examinar o citando, o juiz nomeará médico, que apresentará laudo no prazo de 5 (cinco) dias.
>
> § 3º Dispensa-se a nomeação de que trata o § 2o se pessoa da família apresentar declaração do médico do citando que ateste a incapacidade deste.
>
> § 4º Reconhecida a impossibilidade, o juiz nomeará curador ao citando, observando, quanto à sua escolha, a preferência estabelecida em lei e restringindo a nomeação à causa.
>
> § 5º A citação será feita na pessoa do curador, a quem incumbirá a defesa dos interesses do citando.

Quem será esse curador especial?

O parágrafo único do art. 72 do Código de Processo Civil diz:

> Art. 72. (*omissis*)
>
> Parágrafo único. A curatela especial será exercida pela Defensoria Pública, nos termos da lei.
>
> Art. 9º (*omissis*)
>
> Parágrafo único. Nas comarcas onde houver representante judicial de incapazes ou de ausentes, a este competirá a função de curador especial.

CAPÍTULO XXVIII – DOS PRESSUPOSTOS PROCESSUAIS REFERENTES...

Essa atribuição cabe à Defensoria Pública ou, onde não houver Defensor Público, a nomeação deve recair em Advogado, a quem cabe zelar pelos interesses do incapaz, do preso ou do réu revel citado por edital ou com hora certa.[12]

A nomeação não precisa recair diretamente em advogado: qualquer pessoa poderá ser nomeada pelo juiz, e ela, então, deverá constituir um advogado para as providências judiciais necessárias.

O curador especial também recebe o nome de *curador à lide*, isto é, para determinada ação, onde há uma situação conflituosa, a fim de não ser confundido com o curador de que cuida a lei civil.

5.2.2 Pessoas com relativa incapacidade processual

As pessoas com relativa incapacidade processual são os relativamente incapazes do Direito Civil:

> Art. 4º São incapazes, relativamente a certos atos ou à maneira de os exercer:[13]
>
> I – os maiores de dezesseis e menores de dezoito anos;
>
> II – os ébrios habituais e os viciados em tóxico;
>
> III – aqueles que, por causa transitória ou permanente, não puderem exprimir sua vontade;
>
> IV – os pródigos.
>
> Parágrafo único. A capacidade dos indígenas será regulada por legislação especial.[14]

---

[12] Atualmente essa função cabe, primordialmente, à Defensoria Pública, organizada pela Lei complementar n. 80 de 12 de janeiro de 1994. Na Comarca da Capital do Estado de São Paulo, essa função vinha atribuída ao Ministério Público. Quando ocupávamos o cargo de Procurador-Geral da Justiça, por força da Constituição Federal de 1988, entendemos que o Ministério Público não mais tinha atribuição constitucional para exercê-la, e extinguimos a Curadoria de Ausentes e Incapazes. V ainda, Constituição Federal, Art. 134 e seu parágrafo único.

[13] Redação dada pela Lei n. 13.146, de 2015.

[14] Quanto aos índios, cf. Lei n. 6.001, de 19/12/73 (Estatuto do Índio) –

As pessoas com relativa incapacidade processual, como vimos acima, são *assistidas* pelos seus pais, tutores ou curadores, nos termos do art. 71 do Código de Processo Civil.

Isto significa que elas têm capacidade processual ou de estar em juízo, mas desde que o façam acompanhados por aqueles que complementam sua capacidade (elas não são representadas): isto significa que os relativamente incapazes praticam o ato sob a assistência do representante legal.[15]

5.2.3 Pessoas com plena capacidade processual

As pessoas com plena capacidade processual são aquelas referidas no art. 5º do Código Civil:

> Art. 5º A menoridade cessa aos dezoito anos completos, quando a pessoa fica habilitada à prática de todos os atos da vida civil.
>
> Parágrafo único. Cessará, para os menores, a incapacidade:
>
> I – pela concessão dos pais, ou de um deles na falta do outro, mediante instrumento público, independentemente de homologação judicial, ou por sentença do juiz, ouvido o tutor, se o menor tiver dezesseis anos completos;
>
> II – pelo casamento;
>
> III – pelo exercício de emprego público efetivo;
>
> IV – pela colação de grau em curso de ensino superior;
>
> V – pelo estabelecimento civil ou comercial, ou pela existência de relação de emprego, desde que, em função deles, o menor com dezesseis anos completos tenha economia própria.

"Art. 7º Os índios e as comunidades indígenas ainda não integrados à comunhão nacional ficam sujeitos ao regime tutelar estabelecido nesta Lei". "§ 1º – Ao regime tutelar estabelecido nesta Lei aplicam-se no que couber, os princípios e normas da tutela de direito comum, independendo, todavia, o exercício da tutela da especialização de bens imóveis em hipoteca legal, bem como da prestação de caução real ou fidejussória.

[15] O menor, relativamente incapaz, por exemplo, outorga a procuração ao advogado, mas seu pai assina junto com ele – isto é, o assiste na realização do ato.

CAPÍTULO XXVIII – DOS PRESSUPOSTOS PROCESSUAIS REFERENTES...

Contemplando a generalidade dessas situações, dispõe o art. 70 do Código de Processo Civil:

> Art. 70. Toda pessoa que se encontre no exercício de seus direitos tem capacidade para estar em juízo.
>
> Art. 7º Toda pessoa que se acha no exercício de seus direitos tem capacidade para estar em juízo.

Os absolutamente capazes podem também ser representados em juízo – mas aqui se trata da representação *convencional*, isto é, por livre vontade do que se deseja fazer representar por outrem.[16]

5.3 CAPACIDADE PROCESSUAL DAS PESSOAS CASADAS

O Código de Processo Civil cuida especificamente da capacidade processual das pessoas casadas, para determinadas situações processuais.

Em princípio, dado o disposto no art. 5º, inciso I da Constituição Federal, marido e mulher são pessoas com plena capacidade processual:

> Art. 5º (*omissis*)
>
> I – homens e mulheres são iguais em direitos e obrigações, nos termos desta Constituição.

A matéria vem tratada pelo art. 73 do Código de Processo Civil:

> Art. 73. O cônjuge necessitará do consentimento do outro para propor ação que verse sobre direito *real imobiliário*, salvo quando casados sob o regime de separação absoluta de bens.

---

[16] Na representação voluntária da parte, ela outorga procuração à outrem, que será seu representante ou mandatário. Conferido este mandato, o mandatário poderá realizar todos os atos processuais representando o mandante – mas, como sempre ocorre na figura da representação, parte é o mandante (representado) e não o mandatário (representante). Cf. art. 653 e seguintes do Código Civil.

> Art. 10. O cônjuge somente necessitará do consentimento do outro para propor ações que versem sobre direitos reais imobiliários.

Essas normas têm em vista proteger os direitos das pessoas casadas, e em nome dessa proteção, criam certas limitações, bem assim as que usufruam da união estável:

> Art. 73. (*omissis*)
>
> § 3º Aplica-se o disposto neste artigo à união estável comprovada nos autos.[17]

A primeira delas diz respeito às ações que versem sobre direitos reais *imobiliários*, para as quais o cônjuge necessita do consentimento do outro (art. 73, *caput* do Código de Processo Civil). Sem esse consentimento, a pessoa casada não dispõe de capacidade processual para ajuizar aquelas ações.

Cuidando-se de *ações possessórias*, porém, pode incidir a regra do § 2º daquele art. 73:

> Art. 73. (*omissis*)
>
> § 2º Nas ações possessórias, a participação do cônjuge do autor ou do réu somente *é indispensável nas hipóteses de compose ou de ato por ambos praticado.*
>
> Art. 10. (*omissis*)
>
> § 2º Nas ações possessórias, a participação do cônjuge do autor ou do réu somente é indispensável nos casos de compose ou de ato por ambos praticados.

O art. 1.647, inciso II do Código Civil estatui que: "Ressalvado o disposto no art. 1.648, nenhum dos cônjuges pode, sem autorização do

---

[17] O CPC revogado não se referia à união estável, mas as regras se aplicavam a ela, dado que se trata de novo estado das pessoas, em tudo semelhante ao casamento. Cf. art. 226, § 3º da Constituição Federal e Lei n. 9.278, de 10 de maio de 1996.

CAPÍTULO XXVIII – DOS PRESSUPOSTOS PROCESSUAIS REFERENTES...

outro, exceto no regime de separação absoluta: I – alienar ou gravar de ônus real os bens imóveis; II – pleitear como autor ou réu, acerca desses bens ou direitos; "

A autorização do cônjuge, quando exigida e se negada, pode ser pleiteada judicialmente, nos termos do art. 74 do Código de Processo Civil:

> Art. 74. O consentimento previsto no art. 73 pode ser suprido judicialmente quando for negado por um dos cônjuges sem justo motivo, ou quando lhe seja impossível concedê-lo.
>
> Parágrafo único. A falta de consentimento, quando necessário e não suprido pelo juiz, invalida o processo.
>
> Art. 11. A autorização do marido e a outorga da mulher podem suprir-se judicialmente, quando um cônjuge a recuse ao outro sem justo motivo, ou lhe seja impossível dá-la.

Em outras hipóteses, o Código de Processo Civil, nos §§ 1º e 2º do art. 73, prevê a necessidade de citação do marido e da mulher, quando estes forem réus:

> Art. 73. (*omissis*)
>
> § 1º Ambos os cônjuges serão necessariamente citados para a ação:
>
> I – que verse sobre direito real imobiliário, salvo quando casados sob o regime de separação absoluta de bens;
>
> II – resultante de fato que diga respeito a ambos os cônjuges ou de ato praticado por eles;
>
> III – fundada em dívida contraída por um dos cônjuges a bem da família;
>
> IV – que tenha por objeto o reconhecimento, constituição ou extinção de ônus sobre imóvel de um ou de ambos os cônjuges.
>
> § 2º Nas ações possessórias, a participação do cônjuge do autor ou do réu somente é indispensável nas hipóteses de composse ou de ato por ambos praticado.
>
> Art. 10. (*omissis*)

§ 1º Ambos os cônjuges serão necessariamente citados para as ações:

I – que versem sobre direitos reais imobiliários;

II – resultantes de fatos que digam respeito a ambos os cônjuges ou de atos praticados por eles;

III – fundadas em dívidas contraídas pelo marido a bem da família, mas cuja execução tenha de recair sobre o produto do trabalho da mulher ou os seus bens reservados;

IV – que tenham por objeto o reconhecimento, a constituição ou a extinção de ônus sobre imóveis de um ou de ambos os cônjuges.

Nesses casos, por força do disposto no art. 114 do Código de Processo Civil configura-se caso de litisconsórcio necessário *por disposição de lei*, matéria a ser estudada adiante.

5.4 CAPACIDADE PROCESSUAL DAS PESSOAS JURÍDICAS

As pessoas jurídicas – sejam de direito público ou de direito privado – têm capacidade de ser parte (porque podem ser sujeitos de direito e obrigações) e têm capacidade processual (porque têm capacidade de exercício).

Em relação a elas, porém, coloca-se o problema de sua *representação*, isto é, de quem irá representá-la em juízo, já que, pela sua natureza, ao contrário das pessoas naturais, não podem agir por si mesmas.

Observe-se, pois, que enquanto a representação dos absolutamente incapazes decorre da *falta* de capacidade de exercício destes, a representação das pessoas jurídicas decorre da impossibilidade daquelas comparecerem em juízo ou em atos da vida civil de outro modo, pois são consideradas "pessoas" por ficção jurídica.

Contudo, a questão processual permanece a mesma: tanto a falta de representação dos absolutamente incapazes como a equivocada representação da pessoa jurídica significam ausência de pressuposto processual e, pois, indicam uma relação jurídica processual que não se constituiu validamente.

542

CAPÍTULO XXVIII – DOS PRESSUPOSTOS PROCESSUAIS REFERENTES...

A propósito, estabelece o art. 75 do Código de Processo Civil:

Art. 75. Serão representados em juízo, ativa e passivamente:

I – a União, pela Advocacia-Geral da União, diretamente ou mediante órgão vinculado;

II – o Estado e o Distrito Federal, por seus procuradores;

III – o Município, por seu prefeito ou procurador;

IV – a autarquia e a fundação de direito público, por quem a lei do ente federado designar;

V – a massa falida, pelo administrador judicial;

VI – a herança jacente ou vacante, por seu curador;

VII – o espólio, pelo inventariante;

VIII – a pessoa jurídica, por quem os respectivos atos constitutivos designarem ou, não havendo essa designação, por seus diretores;

IX – a sociedade e a associação irregulares e outros entes organizados sem personalidade jurídica, pela pessoa a quem couber a administração de seus bens;

X – a pessoa jurídica estrangeira, pelo gerente, representante ou administrador de sua filial, agência ou sucursal aberta ou instalada no Brasil;

XI – o condomínio, pelo administrador ou síndico.

§ 1º Quando o inventariante for dativo, os sucessores do falecido serão intimados no processo no qual o espólio seja parte.

§ 2º A sociedade ou associação sem personalidade jurídica não poderá opor a irregularidade de sua constituição quando demandada.

§ 3º O gerente de filial ou agência presume-se autorizado pela pessoa jurídica estrangeira a receber citação para qualquer processo.

§ 4º Os Estados e o Distrito Federal poderão ajustar compromisso recíproco para prática de ato processual por seus procuradores em favor de outro ente federado, mediante convênio firmado pelas respectivas procuradorias.

Art. 12. Serão representados em juízo, ativa e passivamente:

I – a União, os Estados, o Distrito Federal e os Territórios, por seus procuradores;

II – o Município, por seu Prefeito ou procurador;

III – a massa falida, pelo síndico;

IV – a herança jacente ou vacante, por seu curador;

V – o espólio, pelo inventariante;

VI – as pessoas jurídicas, por quem os respectivos estatutos designarem, ou, não os designando, por seus diretores;

VII – as sociedades sem personalidade jurídica, pela pessoa a quem couber a administração dos seus bens;

VIII – a pessoa jurídica estrangeira, pelo gerente, representante ou administrador de sua filial, agência ou sucursal aberta ou instalada no Brasil (art. 88, parágrafo único);

IX – o condomínio, pelo administrador ou pelo síndico.

§ 1º Quando o inventariante for dativo, todos os herdeiros e sucessores do falecido serão autores ou réus nas ações em que o espólio for parte.

§ 2º As sociedades sem personalidade jurídica, quando demandadas, não poderão opor a irregularidade de sua constituição.

§ 3º O gerente da filial ou agência presume-se autorizado, pela pessoa jurídica estrangeira, a receber citação inicial para o processo de conhecimento, de execução, cautelar e especial.

5.4.1 Representação das pessoas jurídicas de Direito Público

Os incisos I, II e III cuidam da representação das pessoas jurídicas de Direito Público.

A União, segundo o art. 131 da Constituição Federal, será representada pelo Advogado-Geral da União, que poderá delegar esses poderes aos demais integrantes da carreira da Advocacia-Geral da União.

Já nos casos de ações de execução fundadas em certidões da dívida ativa de natureza tributária – ações chamadas de execuções fiscais – a União será representada pelos Procuradores da Fazenda Nacional (art. 131, § 3º da Constituição Federal).

CAPÍTULO XXVIII – DOS PRESSUPOSTOS PROCESSUAIS REFERENTES...

Os Estados-membros e o Distrito Federal são representados por seus Procuradores – integrantes da carreira da Procuradoria do Estado (art. 132 da Constituição Federal).

Os Municípios podem ou não ter a carreira de Procuradores Municipais. Se tiverem, e assim dispuser sua Lei Orgânica, serão representados por seus Procuradores; em caso negativo, pelo Prefeito.

De qualquer maneira, é preciso que os Procuradores, sejam da União, dos Estados, do Distrito Federal ou dos Municípios e tenham, segundo a legislação própria, poderes para receber citação em nome da respectiva pessoa jurídica de Direito Público. Muitas vezes tais poderes cabem apenas ao chefe de cada uma das carreiras.[18]

Merece atenção o disposto no § 4º do art. 75, segundo o qual os Estados e o Distrito Federal poderão ajustar compromisso recíproco para prática de ato processual por seus procuradores em favor de outro ente federado, mediante convênio firmado pelas respectivas procuradorias.

5.4.2 Representação da massa falida

A massa falida é formada pelo conjunto dos bens arrecadados em processo de falência, instaurado contra comerciante, que é uma espécie de execução coletiva contra ele, da qual participam todos os seus credores. Essa massa falida é representada pelo administrador judicial, que é a pessoa nomeada pelo juiz para cuidar, basicamente, da própria falência. O administrador representa a massa falida em juízo – ativa ou passivamente. Todavia, encerrada a falência, cessa essa representação, por que desaparece a figura da massa falida.[19]

---

[18] Todavia, as Casas Legislativas não têm personalidade jurídica e, pois, de ser parte. No entanto, a jurisprudência do Supremo Tribunal Federal admite que elas tenham capacidade processual para defesa de suas prerrogativas e assuntos institucionais. Nas demais hipóteses estarão em juízo pelo representante da pessoa jurídica de direito público a que se vinculam.

[19] O processo de falência vem disciplinado pela Lei n. 11.101, de 9 de fevereiro de 2005, que prevê a figura do administrador judicial. O CPC revogado, seguindo a legislação anterior mencionava o síndico.

5.4.3 Representação do espólio, da herança jacente e da herança vacante

O conjunto de bens, direitos e obrigações de uma pessoa falecida recebe o nome de *espólio* ou *herança*.

O espólio ou herança será representado em juízo pelo *inventariante*, que é a pessoa nomeada pelo juiz para, resumidamente, administrar os bens deixados pelo falecido e tomar as providências necessárias para que o processo de inventário chegue ao seu final.

O art. 617 e 616 do Código de Processo Civil enumeram as pessoas que devem ser nomeadas inventariantes. Se estes recusarem a nomeação, o juiz tiver que nomear pessoa estranha, este será chamado de *inventariante dativo*.

Neste caso, há que se observar o disposto no § 1º do art. 75: o inventariante dativo não exerce a representação judicial do espólio (ou da herança) em ações das quais o espólio for parte ativa ou passiva. Nestes casos, o espólio é representado por todos os herdeiros e sucessores do falecido, que serão autores e réus nas ações versando os bens, direitos ou obrigações que constituem o espólio.[20]

A herança é considerada *jacente* quando não se conhece os herdeiros do falecido ou, então, quando estes a repudiaram. Nesse caso, o juiz deve determinar a arrecadação dos bens do falecido e nomear um curador para a herança jacente. Este curador deve guardar, conservar e administrar os bens que a integram. Depois de um ano após a publicação do edital da última arrecadação dos bens, não havendo nenhum herdeiro que tenha sido considerado como tal, ou não havendo discussão pendente sobre a qualidade de herdeiro de alguém, a herança será considerada *vacante*, e os bens passarão para o domínio do Estado.

---

[20] Observe-se que a redação do § 1º do art. 75 é equivocada, pois termina dizendo "nas ações em que o espólio seja parte". Ora, como bem observa Celso Agrícola Barbi, o espólio, nesse caso, não é parte, pois partes são apenas os herdeiros ou sucessores do *de cujus* (BARBI, Celso Agrícola, *Comentários ao Código de Processo Civil*. 13ª Ed. Forense, p. 103).

CAPÍTULO XXVIII – DOS PRESSUPOSTOS PROCESSUAIS REFERENTES...

Tanto a herança jacente como a vacante será representada em juízo por aquele curador.[21]

5.4.4 Representação das pessoas jurídicas de Direito Privado

A regra geral está no inciso VIII do art. 75 do Código de Processo Civil, que é de fácil compreensão.

Essas pessoas jurídicas, porque regularmente constituídas, têm personalidade jurídica.

Aquelas pessoas jurídicas que não foram regularmente constituídas são chamadas de sociedades de fato (pois existem de fato, mas não de direito). Estas são representadas pela pessoa a quem couber a administração de seus bens (inciso VII).[22]

Cuidando-se de pessoa jurídica estrangeira, aplica-se o disposto no inciso X do art. 75 do Código de Processo Civil:

> X – a pessoa jurídica estrangeira, pelo gerente, representante ou administrador de sua filial, agência ou sucursal aberta ou instalada no Brasil;[23]
>
> VIII – a pessoa jurídica estrangeira, pelo gerente, representante ou administrador de sua filial, agência ou sucursal aberta ou instalada no Brasil (art. 88, parágrafo único);

Aqui fica evidente a intenção do legislador de não deixar qualquer abertura para que ela pudesse alegar a impossibilidade de receber citação, por exemplo, e, consequentemente , de ser demanda.

---

[21] V. art. 737 e seguintes do Código de Processo Civil.

[22] V. o § 2º deste art. 12, sob comentário.

[23] O art. 1.134 do Código Civil estabelece: "A sociedade estrangeira, qualquer que seja o seu objeto, não pode, sem autorização do Poder Executivo, funcionar no País, ainda que por estabelecimentos subordinados, podendo, todavia, ressalvados os casos expressos em lei, ser acionista de sociedades anônimas brasileiras". Em seguida, disciplina como fazer o requerimento para a autorização.

Deve ser recordada a regra do art. 21, parágrafo único:

> Art. 21. (*omissis*)
>
> Parágrafo único. Para o fim do disposto no inciso I, considera-se domiciliada no Brasil a pessoa jurídica estrangeira que nele tiver agência, filial ou sucursal.

Trata-se de regra de Competência Internacional Concorrente do Poder Judiciário Brasileiro, fixando o domicílio da pessoa jurídica estrangeira no foro em que, no Brasil, ela tiver agência, filiar ou sucursal.

5.4.5 Representação do condomínio

Aqui a lei processual cuida do condomínio em edificações ou incorporações imobiliárias, disciplinado pela Lei n. 4.591, de 16 de dezembro de 1964, com várias alterações posteriores. Este condomínio é administrado por um *síndico* (lei citada, art. 22, § 1º, letra "a"), mas durante a fase de construção haverá uma Comissão de Representantes (idem, art. 50), um ou outro, conforme o caso, serão os representantes do condomínio, tanto ativa como passivamente em juízo.[24]

5.4.6 Casos de representação e a personalidade jurídica dos representados

Tanto a massa falida, a herança jacente, a herança vacante, o espólio e as pessoas jurídicas de fato *não têm personalidade jurídica*, perante a legislação brasileira.

Mas, atendendo a uma questão de ordem prática, o ordenamento processual lhes confere *capacidade processual*, isto é, a capacidade de ser parte ativa ou parte passiva da relação jurídica processual, à qual comparecem mediante representação.

---

[24] Não se trata, portanto, do condomínio da lei civil (art.1.314 do Código Civil).

CAPÍTULO XXVIII – DOS PRESSUPOSTOS PROCESSUAIS REFERENTES...

Outros representados, contudo têm personalidade jurídica – e a representação decorre de uma situação peculiar em se tratando de pessoa natural ou da própria impossibilidade de praticar atos jurídicos por si mesma, quando se cuida de pessoa jurídica.

Qualquer defeito de representação – nesses casos todos – a consequência jurídica é a mesma: haverá falta de um pressuposto processual concernente à capacidade processual, à capacidade de estar em juízo ou à *legitimatio ad processum* e, pois, a relação jurídica processual não se instaura validamente. Caso não corrigida a falha, não terá validade para prosseguir.

6. CAPACIDADE POSTULATÓRIA – O ADVOGADO

6.1 CAPACIDADE POSTULATÓRIA

A parte, para poder praticar por si mesma os atos processuais, além de capacidade para ser parte e da capacidade processual (*legitimatio ad processum*) precisa ainda ter a *capacidade postulatória*, também chamada de capacidade de pedir em juízo, ou de exercer o *ius postulandi*.

No dizer de Calamandrei, *ius postulandi* "é o poder de tratar diretamente com o juiz, de expor-lhe os pedidos e as razões das partes" [25]

O mesmo processualista recorda que há um fundamento de ordem psicológica e outro, de ordem técnica, para que a capacidade postulatória, como regra geral, venha conferida a determinadas pessoas, legalmente habilitadas para tanto – os advogados.[26]

Sob o ponto de vista psicológico, há necessidade da causa ser exposta por alguém que com ela não esteja envolvido emocionalmente, pois somente assim poderá expô-la com objetividade e serenidade. Do ângulo técnico, somente um especialista na Ciência Jurídica, um operador do direito, poderá sustentar suas razões com fundamentos jurídicos adequados.

---

[25] CALAMANDREI, Piero. *Opere Giuridiche*. vol. 4. Morano Editore, 1970, p. 477.

[26] CALAMANDREI, Piero. *Opere Giuridiche*. vol. 4. Morano Editore, 1970, p. 485.

Daí o art. 103 do Código de Processo Civil estabelecer que:

> Art. 103. A parte será representada em juízo por advogado regularmente inscrito na Ordem dos Advogados do Brasil.
>
> Parágrafo único. É lícito à parte postular em causa própria quando tiver habilitação legal.
>
> Art. 36. A parte será representada em juízo por advogado legalmente habilitado. Ser-lhe-á lícito, no entanto, postular em causa própria, quando tiver habilitação legal ou, não a tendo, no caso de falta de advogado no lugar ou recusa ou impedimento dos que houver.

Em consonância com essa norma, o art. 1º da Lei n. 8.906, de 04/07/94 (Estatuto da OAB) arrola, dentre as atividades privativas da advocacia:

> Art. 1º (*omissis*)
>
> I – a postulação a órgão do Poder Judiciário e aos juizados especiais;[27]

Segundo o mesmo Estatuto, também podem exercer esses atos postulatórios:

> Art. 3º (*omissis*)
>
> § 1º Exercem atividade de advocacia, sujeitando-se ao regime desta lei, além do regime próprio a que se subordinem, os integrantes da Advocacia-Geral da União, da Procuradoria da Fazenda Nacional, da Defensoria Pública e das Procuradorias e Consultorias Jurídicas dos Estados, do Distrito Federal, dos Municípios e das respectivas entidades de administração indireta e fundacional.
>
> § 2º O estagiário de advocacia, regularmente inscrito, pode praticar os atos previstos no art. 1º, na forma do regimento geral, em conjunto com advogado e sob responsabilidade deste.

---

[27] O art. 8º do Estatuto da OAB dispõe sobre os requisitos para a inscrição como advogado e o seu art. 9º, para inscrição como estagiário.

CAPÍTULO XXVIII – DOS PRESSUPOSTOS PROCESSUAIS REFERENTES...

Os membros do Ministério Público têm capacidade postulatória, mas não exercem atividades próprias da advocacia.

Se a parte tiver capacidade postulatória, embora não seja recomendável, poderá postular em causa própria, mas deverá atender ao disposto no art. 106:

> Art. 106. Quando postular em causa própria, incumbe ao advogado:
>
> I – declarar, na petição inicial ou na contestação, o endereço, seu número de inscrição na Ordem dos Advogados do Brasil e o nome da sociedade de advogados da qual participa, para o recebimento de intimações;
>
> II – comunicar ao juízo qualquer mudança de endereço.
>
> § 1º Se o advogado descumprir o disposto no inciso I, o juiz ordenará que se supra a omissão, no prazo de 5 (cinco) dias, antes de determinar a citação do réu, sob pena de indeferimento da petição.
>
> § 2º Se o advogado infringir o previsto no inciso II, serão consideradas válidas as intimações enviadas por carta registrada ou meio eletrônico ao endereço constante dos autos.
>
> Art. 39. Compete ao advogado, ou à parte quando postular em causa própria:
>
> I – declarar, na petição inicial ou na contestação, o endereço em que receberá intimação;
>
> II – comunicar ao escrivão do processo qualquer mudança de endereço.
>
> Parágrafo único. Se o advogado não cumprir o disposto no n. I deste artigo, o juiz, antes de determinar a citação do réu, mandará que se supra a omissão no prazo de 48 (quarenta e oito) horas, sob pena de indeferimento da petição; se infringir o previsto no n. II, reputar-se-ão válidas as intimações enviadas, em carta registrada, para o endereço constante dos autos.

Tais dados como veremos normalmente constam da procuração que a parte outorga ao advogado, mas, postulando em causa própria, inexistirá o instrumento da procuração, razão pela qual a declaração deverá ser feita na petição inicial ou na contestação, conforme o caso.

6.2 REPRESENTAÇÃO DA PARTE POR ADVOGADO

A representação de que ora se cuida nada tem a ver com a questão da capacidade de estar em juízo – agora estamos falando do instituto da *representação em face da capacidade postulatória*, que é atribuída ao advogado legalmente habilitado.

Se o advogado legalmente habilitado tem capacidade postulatória, a parte (salvo o caso de postulação em causa própria) precisa se fazer representar em juízo por ele, o que ocorre com a outorga de um instrumento de mandato, comumente denominado de procuração *ad judicia*.

É o que prescreve o art. 104 do Código de Processo Civil:

> Art. 104. O advogado não será admitido a postular em juízo sem procuração, salvo para evitar preclusão, decadência ou prescrição, ou para praticar ato considerado urgente.
>
> § 1º Nas hipóteses previstas no *caput*, o advogado deverá, independentemente de caução, exibir a procuração no prazo de 15 (quinze dias), prorrogável por igual período por despacho do juiz.
>
> § 2º O ato não ratificado será considerado ineficaz relativamente àquele em cujo nome foi praticado, respondendo o advogado pelas despesas e perdas e danos.
>
> Art. 37. Sem instrumento de mandato, o advogado não será admitido a procurar em juízo. Poderá, todavia, em nome da parte, intentar ação, a fim de evitar decadência ou prescrição, bem como intervir, no processo, para praticar atos urgentes. Nestes casos, o advogado se obrigará, independentemente de caução, a exigir o instrumento de mandato no prazo de quinze (15) dias, prorrogável até outros quinze (15), por despacho do juiz.

Como se vê, a lei processual exige o instrumento de mandato, mas permite exceções, a fim de que a parte não sofra prejuízos decorrentes da *decadência* (perda do direito pelo seu não exercício em determinado tempo) ou da *prescrição* (perda da ação, pelo mesmo motivo).

CAPÍTULO XXVIII – DOS PRESSUPOSTOS PROCESSUAIS REFERENTES...

Para postular sem procuração, basta que o advogado *alegue* tais motivos, sem necessidade de prestar caução, isto é, de dar garantias para a eventualidade de não conseguir juntar o instrumento de mandato no prazo a fim de assegurar o ressarcimento de eventuais prejuízos que resultem do ato processual praticado (sem a procuração), para a outra parte.[28]

Sobre a procuração outorgada a advogado, diz o art. 105 do Código de Processo Civil:

> Art. 105. A procuração geral para o foro, outorgada por instrumento público ou particular assinado pela parte, habilita o advogado a praticar todos os atos do processo, exceto receber citação, confessar, reconhecer a procedência do pedido, transigir, desistir, renunciar ao direito sobre o qual se funda a ação, receber, dar quitação, firmar compromisso e assinar declaração de hipossuficiência econômica, que devem constar de cláusula específica.
>
> § 1º A procuração pode ser assinada digitalmente, na forma da lei.
>
> § 2º A procuração deverá conter o nome do advogado, seu número de inscrição na Ordem dos Advogados do Brasil e endereço completo.
>
> § 3º Se o outorgado integrar sociedade de advogados, a procuração também deverá conter o nome dessa, seu número de registro na Ordem dos Advogados do Brasil e endereço completo.
>
> § 4º Salvo disposição expressa em sentido contrário constante do próprio instrumento, a procuração outorgada na fase de conhecimento é eficaz para todas as fases do processo, inclusive para o cumprimento de sentença.
>
> Art. 38. A procuração geral para o foro, conferida por instrumento público, ou particular assinado pela parte, habilita o advogado a praticar todos os atos do processo, salvo para receber citação inicial, confessar, reconhecer a procedência do pedido, transigir, desistir, renunciar ao direito sobre que se funda a ação, receber, dar quitação e firmar compromisso.

---

[28] Segundo Celso Agrícola Barbi, a intervenção do advogado, nestes casos, é modalidade de gestão de negócios, aplicando-se-lhe, pois, as normas do art. 653 e seguintes do Código Civil (BARBI, Celso Agrícola. *Comentários ao Código de Processo Civil*. 13ª Ed. Forense, p. 177).

O dispositivo assinala, pois, que se for conferida "procuração geral para o foro", nenhum dos atos específicos que ele mesmo enumera poderá ser praticado pelo advogado. Para poder realizá-los, o instrumento da procuração (público ou privado) deverá registrá-los expressamente, um por um.

A procuração *ad judicia* poderá ser outorgada a mais de um advogado. Esses procuradores poderão agir, na ordem de nomeação, um à falta do outro. Porém, é mais conveniente (e por isso mais comum), a nomeação conjunta dos procuradores, que, assim, poderão agir conjunta ou isoladamente, sem observar a ordem de nomeação.[29]

O § 3º exige que, se o outorgado – ou outorgados – integrar sociedade de advogados, a procuração também deverá conter o nome desta, seu número de registro na Ordem dos Advogados do Brasil e endereço completo. Trata-se de inovação que deverá ser doravante obedecida.

Por fim, a procuração dada é válida – a menos que dele conste o contrário – é válida para todas as fases do processo, segundo preceitua o § 4º.

6.3 DIREITOS DO ADVOGADO

Os principais direitos do advogado estão no art. 7º da Lei n. 8.906 de 04/07/1994 (Estatuto da Advocacia e a Ordem dos Advogados do Brasil – OAB)[30]:

> Art. 7º São direitos do advogado:
>
> I – exercer, com liberdade, a profissão em todo o território nacional;
>
> II – a inviolabilidade de seu escritório ou local de trabalho, bem como de seus instrumentos de trabalho, de sua correspondência

---

[29] Além da procuração, normalmente existe, entre o advogado e o cliente, um contrato de serviços, que pode ser escrito ou verbal.

[30] A norma é extensa, mas vale a pena sua reprodução no texto, pois é preciso que se conheça os direitos do advogado por parte daqueles que pretendem ser operadores do direito.

CAPÍTULO XXVIII – DOS PRESSUPOSTOS PROCESSUAIS REFERENTES...

escrita, eletrônica, telefônica e telemática, desde que relativas ao exercício da advocacia;

III – comunicar-se com seus clientes, pessoal e reservadamente, mesmo sem procuração, quando estes se acharem presos, detidos ou recolhidos em estabelecimentos civis ou militares, ainda que considerados incomunicáveis;

IV – ter a presença de representante da OAB, quando preso em flagrante, por motivo ligado ao exercício da advocacia, para lavratura do auto respectivo, sob pena de nulidade e, nos demais casos, a comunicação expressa à seccional da OAB;

V – não ser recolhido preso, antes de sentença transitada em julgado, senão em sala de Estado Maior, com instalações e comodidades condignas, (*assim reconhecidas pela OAB* – expressões excluídas), e, na sua falta, em prisão domiciliar; (Vide ADIN 1.127-8)

VI – ingressar livremente:

a) nas salas de sessões dos tribunais, mesmo além dos cancelos que separam a parte reservada aos magistrados;

b) nas salas e dependências de audiências, secretarias, cartórios, ofícios de justiça, serviços notariais e de registro, e, no caso de delegacias e prisões, mesmo fora da hora de expediente e independentemente da presença de seus titulares;

c) em qualquer edifício ou recinto em que funcione repartição judicial ou outro serviço público onde o advogado deva praticar ato ou colher prova ou informação útil ao exercício da atividade profissional, dentro do expediente ou fora dele, e ser atendido, desde que se ache presente qualquer servidor ou empregado;

d) em qualquer assembleia ou reunião de que participe ou possa participar o seu cliente, ou perante a qual este deva comparecer, desde que munido de poderes especiais;

VII – permanecer sentado ou em pé e retirar-se de quaisquer locais indicados no inciso anterior, independentemente de licença;

VIII – dirigir-se diretamente aos magistrados nas salas e gabinetes de trabalho, independentemente de horário previamente marcado ou outra condição, observando-se a ordem de chegada;[31]

---

[31] O inciso IX foi excluído por ação de declaratória de inconstitucionalidade.

555

ANTONIO ARALDO FERRAZ DAL POZZO

X – usar da palavra, pela ordem, em qualquer juízo ou tribunal, mediante intervenção sumária, para esclarecer equívoco ou dúvida surgida em relação a fatos, documentos ou afirmações que influam no julgamento, bem como para replicar acusação ou censura que lhe forem feitas;

XI – reclamar, verbalmente ou por escrito, perante qualquer juízo, tribunal ou autoridade, contra a inobservância de preceito de lei, regulamento ou regimento;

XII – falar, sentado ou em pé, em juízo, tribunal ou órgão de deliberação coletiva da Administração Pública ou do Poder Legislativo;

XIII – examinar, em qualquer órgão dos Poderes Judiciário e Legislativo, ou da Administração Pública em geral, autos de processos findos ou em andamento, mesmo sem procuração, quando não estejam sujeitos a sigilo, assegurada a obtenção de cópias, podendo tomar apontamentos;

XIV – examinar em qualquer repartição policial, mesmo sem procuração, autos de flagrante e de inquérito, findos ou em andamento, ainda que conclusos à autoridade, podendo copiar peças e tomar apontamentos;

XV – ter vista dos processos judiciais ou administrativos de qualquer natureza, em cartório ou na repartição competente, ou retirá-los pelos prazos legais;

XVI – retirar autos de processos findos, mesmo sem procuração, pelo prazo de dez dias;

XVII – ser publicamente desagravado, quando ofendido no exercício da profissão ou em razão dela;

XVIII – usar os símbolos privativos da profissão de advogado;

XIX – recusar-se a depor como testemunha em processo no qual funcionou ou deva funcionar, ou sobre fato relacionado com pessoa de quem seja ou foi advogado, mesmo quando autorizado ou solicitado pelo constituinte, bem como sobre fato que constitua sigilo profissional;

XX – retirar-se do recinto onde se encontre aguardando pregão para ato judicial, após trinta minutos do horário designado e ao qual ainda não tenha comparecido a autoridade que deva presidir a ele, mediante comunicação protocolizada em juízo.

CAPÍTULO XXVIII – DOS PRESSUPOSTOS PROCESSUAIS REFERENTES...

§ 1º Não se aplica o disposto nos incisos XV e XVI:

1) aos processos sob regime de segredo de justiça;

2) quando existirem nos autos documentos originais de difícil restauração ou ocorrer circunstância relevante que justifique a permanência dos autos no cartório, secretaria ou repartição, reconhecida pela autoridade em despacho motivado, proferido de ofício, mediante representação ou a requerimento da parte interessada;

3) até o encerramento do processo, ao advogado que houver deixado de devolver os respectivos autos no prazo legal, e só o fizer depois de intimado.

§ 2º O advogado tem imunidade profissional, não constituindo injúria, difamação (*ou desacato* – expressão excluída) puníveis qualquer manifestação de sua parte, no exercício de sua atividade, em juízo ou fora dele, sem prejuízo das sanções disciplinares perante a OAB, pelos excessos que cometer. (Vide ADIN 1.127-8)

§ 3º O advogado somente poderá ser preso em flagrante, por motivo de exercício da profissão, em caso de crime inafiançável, observado o disposto no inciso IV deste artigo.

§ 4º O Poder Judiciário e o Poder Executivo devem instalar, em todos os juizados, fóruns, tribunais, delegacias de polícia e presídios, salas especiais permanentes para os advogados, com uso (*e controle* – expressão excluída) assegurados à OAB. (Vide ADIN 1.127-8)

§ 5º No caso de ofensa a inscrito na OAB, no exercício da profissão ou de cargo ou função de órgão da OAB, o conselho competente deve promover o desagravo público do ofendido, sem prejuízo da responsabilidade criminal em que incorrer o infrator.

§ 6º Presentes indícios de autoria e materialidade da prática de crime por parte de advogado, a autoridade judiciária competente poderá decretar a quebra da inviolabilidade de que trata o inciso II do caput deste artigo, em decisão motivada, expedindo mandado de busca e apreensão, específico e pormenorizado, a ser cumprido na presença de representante da OAB, sendo, em qualquer hipótese, vedada a utilização dos documentos, das mídias e dos objetos pertencentes a clientes do advogado averiguado, bem como dos demais instrumentos de trabalho que contenham informações sobre clientes. (Incluído pela Lei n. 11.767, de 2008).

§ 7º A ressalva constante do § 6º deste artigo não se estende a clientes do advogado averiguado que estejam sendo formalmente investigados como seus partícipes ou co-autores pela prática do mesmo crime que deu causa à quebra da inviolabilidade. (Incluído pela Lei n. 11.767, de 2008)

O Código de Processo Civil também cuida da matéria, no seu art. 107:

Art. 107. O advogado tem direito a:

I – examinar, em cartório de fórum e secretaria de tribunal, mesmo sem procuração, autos de qualquer processo, independentemente da fase de tramitação, assegurados a obtenção de cópias e o registro de anotações, salvo na hipótese de segredo de justiça, nas quais apenas o advogado constituído terá acesso aos autos;

II – requerer, como procurador, vista dos autos de qualquer processo, pelo prazo de 5 (cinco) dias;

III – retirar os autos do cartório ou da secretaria, pelo prazo legal, sempre que neles lhe couber falar por determinação do juiz, nos casos previstos em lei.

§ 1º Ao receber os autos, o advogado assinará carga em livro ou documento próprio.

§ 2º Sendo o prazo comum às partes, os procuradores poderão retirar os autos somente em conjunto ou mediante prévio ajuste, por petição nos autos.

§ 3º Na hipótese do § 2º., é lícito ao procurador retirar os autos para obtenção de cópias, pelo prazo de 2 (duas) a 6 (seis) horas, independentemente de ajuste e sem prejuízo da continuidade do prazo.

§ 4º O procurador perderá no mesmo processo o direito a que se refere o § 3º. se não devolver os autos tempestivamente, salvo se o prazo for prorrogado pelo juiz.

Art. 40. O advogado tem o direito de:

I – examinar, em cartório de Justiça e secretaria de tribunal, autos de qualquer processo, salvo o disposto no art. 155;

II – requerer, como procurador, vista dos autos em qualquer processo pelo prazo de cinco (5) dias;

CAPÍTULO XXVIII – DOS PRESSUPOSTOS PROCESSUAIS REFERENTES...

> III – retirar os autos do cartório ou secretaria, pelo prazo legal, sempre que lhe competir falar neles por determinação do juiz, nos casos previstos em lei.
>
> § 1º Ao receber os autos, o advogado assinará carga no livro competente.
>
> § 2º Sendo comum às partes o prazo, só em conjunto ou mediante prévio ajuste por petição nos autos poderão os seus procuradores retirar os autos.

Tais direitos, mais específicos da atuação processual dos advogados, são bem coerentes com as suas necessidades profissionais.

Assim, embora não seja procurador judicial de nenhuma das partes do processo, pode o advogado ter necessidade de consultar os autos, o que fará no Ofício de Justiça ou secretaria de qualquer tribunal. Somente não poderá fazê-lo se foi decretado segredo de justiça, casos estes previstos no parágrafo único do art. 11 do Código de Processo Civil. Tal vedação, obviamente, não se aplica se ele for procurador de uma das partes.

Poderá, porém, retirar esses autos, se foi nomeado procurador de uma das partes, mediante carga no livro próprio.[32]

Se o prazo para manifestação nos autos é comum às partes, ou seja, é o mesmo para todas elas, a retirada dos autos pelo procurador de uma prejudicaria a outra, que ficaria com prazo menor: daí a norma do § 2º, que garante uma igualdade de tratamento entre elas.

Todavia, para não prejudicar o exercício da ampla defesa, o § 3º esclarece que é lícito ao procurador retirar os autos para obtenção de cópias, pelo prazo de duas a seis horas, independentemente de ajuste e sem prejuízo da continuidade do prazo – mas perderá esse direito caso não faça a devolução a tempo, diz o § 4º que, todavia, ressalva a possibilidade de prorrogação pelo juiz, dadas as peculiaridades do caso.

---

[32] Tal livro é chamado normalmente de *Livro Carga*, onde se registra o dia em que o processo foi retirado, o número deste, bem como o nome do advogado que o assina.

559

7. AUSÊNCIA DOS PRESSUPOSTOS PROCESSUAIS REFERENTES ÀS PARTES – CONSEQUÊNCIAS

7.1 QUANTO À CAPACIDADE DE SER PARTE

Ausente a capacidade de ser parte, outro remédio não terá o juiz senão encerrar a relação jurídica processual, que não tem condições de ser aproveitada.

O Código de Processo Civil não cuida diretamente desta matéria, mas esta é a única solução possível.[33]

7.2 QUANTO À CAPACIDADE DE ESTAR EM JUÍZO, À IRREGULARIDADE DE REPRESENTAÇÃO E À CAPACIDADE POSTULATÓRIA

A norma processual que cuida da matéria é o art. 76 do Código de Processo Civil:

> Art. 76. Verificada a incapacidade processual ou a irregularidade da representação da parte, o juiz suspenderá o processo e designará prazo razoável para que seja sanado o vício.
>
> § 1º Descumprida a determinação, caso o processo esteja na instância originária:
>
> I – o processo será extinto, se a providência couber ao autor;
>
> II – o réu será considerado revel, se a providência lhe couber;
>
> III – o terceiro será considerado revel ou excluído do processo, dependendo do polo em que se encontre.
>
> § 2º Descumprida a determinação em fase recursal perante tribunal de justiça, tribunal regional federal ou tribunal superior, o relator:

---

[33] Porém, é uma situação que muito dificilmente ocorrerá, na prática. Em nossa experiência vimos acontecer apenas um caso, em que um Bloco Carnavalesco, sem se constituir em pessoa jurídica, pleiteou em juízo e teve encerrado o processo por lhe faltar capacidade de ser parte.

CAPÍTULO XXVIII – DOS PRESSUPOSTOS PROCESSUAIS REFERENTES...

> I – não conhecerá do recurso, se a providência couber ao recorrente;
>
> II – determinará o desentranhamento das contrarrazões, se a providência couber ao recorrido.
>
> Art. 13. Verificando a incapacidade processual ou a irregularidade da representação das partes, o juiz, suspendendo o processo, marcará prazo razoável para ser sanado o defeito. Não sendo cumprido o despacho dentro do prazo, se a providência couber:
>
> I – ao autor, o juiz decretará a nulidade do processo;
>
> II – ao réu, reputar-se-á revel;
>
> III – ao terceiro, será excluído do processo.

A incapacidade a que se refere a norma, logo no início, é a incapacidade processual, a *legitimatio ad processum*, uma vez que a incapacidade para ser parte é vício insanável, como vimos acima. Também segue as mesmas regras a questão da representação irregular da parte.

A matéria quanto aos pressupostos processuais deve ser conhecida de ofício pelo juiz, isto é, independentemente de alegação das partes que, todavia, podem fazer essa alegação: é o que estatui o art. 485:

> Art. 485. O juiz não resolverá o mérito quando:
>
> IV – verificar a ausência de pressupostos de constituição e de desenvolvimento válido e regular do processo;
>
> 3º O juiz conhecerá de ofício da matéria constante dos incisos **IV**, V, VI e IX, em qualquer tempo e grau de jurisdição, enquanto não ocorrer o trânsito em julgado.

Quanto à capacidade processual, pode ocorrer falta ou irregularidade de representação de pessoa natural; irregularidade de representação de pessoa jurídica e falta ou irregularidade de assistência às pessoas naturais.

Exemplos:

(i) Falta de representação de pessoa natural – uma pessoa menor de 16 anos comparece em juízo outorgando procuração a advogado;

561

(ii) Irregularidade de representação de pessoa natural – quem outorga a procuração é um tio do menor, que tem pais exercendo o pátrio poder;

(iii) Irregularidade de representação de pessoa jurídica – a procuração ao advogado é outorgada por pessoa diversa da que foi autorizada pelos estatutos da empresa; [34]

(iv) falta de assistência – o maior de 16 anos e menor de 18 outorga procuração sem assistência do pai;

(v) irregularidade de assistência – a procuração é outorgada por parente distante, tendo, o menor, pais no exercício do pátrio poder.

A consequência , porém, em todos os casos, é a mesma: a incapacidade processual da parte, que deve ser regularizada (art. 76).

No que concerne à *capacidade postulatória* pode ocorrer ela esteja ausente (o procurador não é advogado legalmente inscrito na OAB, procuração não assinada, suspensão do direito de advogar etc.) ou que sejam irregulares os dados da procuração (equívoco quanto ao número de inscrição do advogado na OAB, *v.g.*). Também a consequência é uma só: falta de capacidade postulatória.

Caso especial de falta de capacidade postulatória pode acontecer quando houver postulação em causa própria. Nestes casos, ao examinar a petição inicial, cabe ao juiz verificar se o advogado declarou ou não, na petição inicial, o endereço em que receberá intimação, como determina o inciso I, do art. 106 do Código de Processo Civil. Caso não conste, o juiz dará ao advogado oportunidade para que supra essa omissão – e se não o fizer, a petição inicial será indeferida (art. art. 106, § 1º do Código de Processo Civil).

Em se tratando de postulação em causa própria para exercício de direito de defesa, na contestação as exigências são as mesmas das que examinamos para a petição inicial e o mesmo procedimento será adotado

---

[34] Quanto às pessoas jurídicas somente é cogitável a irregularidade de representação, pois sem uma representação (irregular) ela não pode praticar ato jurídico.

CAPÍTULO XXVIII – DOS PRESSUPOSTOS PROCESSUAIS REFERENTES...

pelo juiz. Não sanado o defeito, a contestação será indeferida, tornando-se o réu revel (art. 106 § 2º do Código de Processo Civil).

8. APLICAÇÃO DOS CONCEITOS ESTUDADOS

Examinemos dois exemplos que apresentam questões relacionadas com os pressupostos processuais:

Caso a) Um portador de deficiência mental precisa ajuizar uma ação contra um espólio .

O portador de deficiência mental será *representado* por seu curador, o que pressupõe um processo de interdição, no qual se comprovou a sua incapacidade. Nesse mesmo processo foi nomeado seu curador, para representá-lo nos atos da vida civil.[35]

Presente a necessidade de ajuizar uma ação para preservar um direito desse incapaz, o curador deve, em primeiro lugar, obter uma *autorização judicial* para tanto (V. art. 1.774 e 1.748,V do Código Civil).

Conseguida a autorização, o curador deverá contratar um *advoga-do*, uma vez que não tem capacidade postulatória.

Veja-se, assim, que o portador de deficiência mental tem capacidade de direito (de gozo ou jurídica) e, pois, capacidade de ser parte (é sujeito de direitos – tem o direito de ação). Porém, como não tem a capacidade de exercício (de agir, ou de fato), não pode praticar, por si mesmo, atos jurídicos. Tais atos serão praticados por seu representante (o seu curador), em seu nome. O curador, no entanto, como vimos, precisará contratar um advogado (ato jurídico que o representado não pode praticar) porque ele, curador, não tem capacidade postulatória.

O instrumento de mandato será outorgado ao advogado pelo incapaz, representado por seu curador. Na petição inicial, o advogado fará referência ao incapaz como o autor da ação, representado, porém

---

[35] V. art. 1.767 e seguintes do Código Civil, com a redação dada pela Lei n. 13.146/2015.

por seu curador: somente assim estará resolvida a questão da capacidade processual ou *legitimatio ad processum,* no exemplo analisado, tornando, de outro lado, possível a postulação em juízo pelo seu advogado.[36]

Quem praticará os atos processuais em juízo (desde o ajuizamento da ação) será o advogado, que tem capacidade postulatória, mas sempre em nome do representado, que far-se-á presente por seu representante.

A ação será proposta contra o espólio, que será, por sua vez, representado pelo inventariante, caso não seja dativo. Sendo dativo, todos os sucessores deverão ser intimados do processo (art. 75, § 1º). O inventariante que não for dativo também deverá contratar um advogado para exercer o direito de defesa. O réu da ação é o espólio, representado pelo inventariante, que agirá em juízo através de seu advogado.

Caso b) uma pessoa maior e capaz, "A", precisa propor uma ação contra outra pessoa maior e capaz, "B".

O autor da ação será "A" e o réu será "B" – ambos têm capacidade de ser parte e capacidade de estar em juízo, pois têm, respectivamente, capacidade de direito e capacidade de exercício. Porém, os dois deverão contratar advogados, outorgando-lhes instrumento de mandado, pois nenhum deles tem a capacidade postulatória.

---

[36] A inicial deverá dizer: "Fulano de Tal, interdito, neste ato representado por seu curador Beltrano...".

Capítulo XXIX

DAS DESPESAS E MULTAS PROCESSUAIS IMPOSTAS ÀS PARTES E AOS ADVOGADOS DOS HONORÁRIOS ADVOCATÍCIOS DA JUSTIÇA GRATUITA

Sumário: 1. Introdução ao tema do Capítulo. 2. Princípio geral que rege a matéria – "o processo deve dar a quem tem razão tudo quanto ele tem direito de obter". 3. Princípio da causalidade da demanda e princípio da sucumbência. 4. As despesas gerais com o processo. 4.1 Quais são as despesas que podem decorrer do processo. 4.2 Despesas processuais propriamente ditas. 4.3 Multas processuais. 5. Honorários advocatícios. 5.1 Dos honorários advocatícios. 5.2 Momento de fixação dos honorários advocatícios – quando são devidos. 5.3 Critérios para fixação dos honorários. 5.4 Causas de valor inestimável ou irrisório. 5.5 Ação por indenização por ato ilícito contra pessoa. 5.6 Ações em que a Fazenda Pública for parte. 5.7 Fixação de honorários pelos tribunais. 6. Natureza jurídica dos honorários advocatícios. 7. Ônus de antecipação das despesas processuais. 7.1 Antecipações a cargo do autor. 7.2 Antecipação do pagamento do perito e dos assistentes técnicos. 8. Autor residente fora do País ou que deixa de residir no Brasil – garantia para pagamento das custas. 9. Pagamento definitivo das despesas processuais e honorários advocatícios. 9.1 Sentença de procedência ou improcedência em processo com só autor e um só réu. 9.2 Casos de jurisdição voluntária. 9.3 Despesas em caso de ação de divisão e de demarcação. 9.4 Despesas processuais por atos efetuados a requerimento do Ministério Público ou da Fazenda. 9.5 Sentença de procedência ou improcedência em processo com mais de um autor ou mais de um réu. 9.6 Sentença de procedência parcial em processo com um só réu ou só autor. 9.7 Sentença de improcedência quando há assistência. 10. Casos de sentenças terminativas. 11. Caso de encerramento do processo por ato da parte. 12. Despesas com recurso – preparo e porte de retorno. 13. Da Justiça Gratuita 13.1 Beneficiários e alcance da gratuidade. 13.2 Regras especiais quanto aos emolumentos devidos a notários ou registradores. 13.3 Caráter temporário da concessão da gratuidade. 13.4 Do pedido de gratuidade. 13.5 Deferimento do pedido e sua impugnação. 13.6 Recursos cabíveis.

1. INTRODUÇÃO AO TEMA DO CAPÍTULO

A Administração da Justiça é uma das atividades fundamentais do Estado, atribuída a um dos seus Poderes – o Judiciário – e devida a todos, indiscriminadamente.

O Estado, contudo, para poder cumprir suas tarefas precisa recolher tributos e taxas.

Com a atuação jurisdicional ocorre o mesmo: a Administração da Justiça *não é gratuita*, salvo para determinadas pessoas "cuja situação econômica não lhe permita pagar as custas do processo e os honorários de advogado, sem prejuízo do sustento próprio ou da família", nos dizeres do art. 2º, parágrafo único da Lei n. 1.060, de 5 de fevereiro de 1950, que disciplina a concessão de assistência judiciária aos necessitados.[1]

---

[1] Lei n. 1.060, de 05 de fevereiro de 1950: "Art. 2º Gozarão dos benefícios desta Lei os nacionais ou estrangeiros residentes no país, que necessitarem recorrer à Justiça penal, civil, militar ou do trabalho". "Parágrafo único. Considera-se necessitado, para os fins legais, todo aquele cuja situação econômica não lhe permita pagar as custas do processo e os honorários de advogado, sem prejuízo do sustento próprio ou da família".

CAPÍTULO XXIX – DAS DESPESAS E MULTAS PROCESSUAIS IMPOSTAS...

A grande maioria dos atos processuais geram despesas, principalmente pela atuação dos órgãos auxiliares da Justiça.

O tema vem disciplinado pelo Código de Processo Civil, do artigo 82 ao 97, sob a rubrica "Das despesas, dos honorários advocatícios e das Multas".

2. PRINCÍPIO GERAL QUE REGE A MATÉRIA – "*O PROCESSO DEVE DAR A QUEM TEM RAZÃO TUDO QUANTO ELE TEM DIREITO DE OBTER*"

Chiovenda, com a genialidade que lhe é própria, enunciou um dos mais importantes princípios do Direito Processual, cujos valores se espraiam por vários campos do processo, como temos sentido ao longo destas exposições:

> "*o processo deve dar o quanto for praticamente possível a quem tem um direito tudo aquilo que ele tem direito de obter*".[2]

Trata-se, realmente, de fundamental princípio geral, com aplicação em vários campos do Direito Processual Civil e que se constitui no fundamento último do *ônus do pagamento das despesas gerais com o processo*, seja para a obtenção da formulação ou para a realização prática da regra jurídica concreta pelos órgãos jurisdicionais.

Com efeito, estando impedido de realizar justiça diretamente – salvo casos excepcionais e expressos em lei[3] – aquele que tiver seu direito

---

[2] CHIOVENDA, Giuseppe. *Istituzioni di Diritto Processuale Civile*. Edição Jovene, Nápolis, 1960, p. 40. Em seguida ele escreve – "um princípio assim geral não é e nem tem necessidade de ser formulado em algum lugar" – para assinalar que se trata mesmo de um princípio geral de direito deduzido por ele próprio.

[3] Todavia, esses casos excepcionais também e de certa forma se justificam pelo princípio geral ora estudado, porque em todos eles a demora da atividade jurisdicional não proporcionaria ao lesado ou àquele na iminência de sê-lo uma tutela minimamente eficiente: então ele substitui e atividade estatal com a sua própria. Pense-se, assim, na legítima defesa.

ameaçado ou lesado deve recorrer à atividade jurisdicional do Estado, pelo exercício do direito de ação, e deve receber do Poder Judiciário tudo quanto tem direito de receber, sem qualquer ônus incidente, inclusive o decorrente de pagamento das atividades jurisdicionais.

Evidentemente, o princípio geral ora enunciado se aplica em favor do autor *desde que ele tenha razão* – pois se não tiver, o réu não poderia ser penalizado com o pagamento das despesas gerais com o processo: nessa hipótese ele é quem "terá razão", e não deve sofrer qualquer prejuízo.

3. PRINCÍPIO DA CAUSALIDADE DA DEMANDA E PRINCÍPIO DA SUCUMBÊNCIA

Dado que o processo gera custos às partes, o Código de Processo Civil busca resolver de quem é a responsabilidade pelo pagamento.

O princípio geral nesta matéria é o da *causalidade de demanda*: como o processo deve dar a quem tem razão tudo aquilo a que ele tem direito, o *vencedor* da demanda não poderia sofrer diminuição de seu patrimônio, com o pagamento das despesas processuais.

Vencedor pode ser o autor ou o réu – ou ambos, quando a ação é julgada parcialmente procedente.

A posição do vencido costuma ser designada de *sucumbência* – que designa a posição jurídica daquele que foi derrotado numa ação judicial. Se a ação foi julgada totalmente procedente, sucumbente é o réu e, vice-versa, se totalmente improcedente, sucumbente é o autor. Porém, a procedência parcial torna o autor e o réu sucumbentes, na proporção da derrota que cada um sofreu.

O princípio da sucumbência, porém, subordina-se ao princípio da causalidade da demanda, que é mais amplo.

Essa equação era expressamente acolhida pelo sistema processual anterior, como decorria da regra do art. 22:

CAPÍTULO XXIX – DAS DESPESAS E MULTAS PROCESSUAIS IMPOSTAS...

> Art. 22. O réu, que, por não arguir na sua resposta fato impeditivo, modificativo ou extintivo do direito do autor, dilatando o julgamento da lide, será condenado nas custas a partir do saneamento do processo e perderá, *ainda que vencedor na causa, o direito de haver do vencido honorários advocatícios.*

A aplicação do princípio da sucumbência, com efeito, não resolve de forma justa essa situação jurídica. Ao contrário, a equação constante do dispositivo é a correta, porque mesmo *vencedor* da causa, o que protelou inutilmente o processo teria que pagar as custas, desde o saneamento do processo, e perdia o direito de haver os honorários advocatícios da parte contrária.

O código em vigor não contém norma semelhante.

No entanto, é possível se entender que ele também adotou o princípio da causalidade da demanda, não apenas pelo sistema de que se utiliza para a repartição das despesas, mas também pela seguinte norma:

> Art. 85. (*omissis*)
> § 10 Nos casos de perda do objeto, os honorários serão devidos por quem *deu causa ao processo.*

Esse dispositivo, por analogia, poderá ser aplicado quando houver um segmento inútil do processo, provocado por uma das partes. Vale dizer que, mesmo à falta de norma processual expressa, é possível aplicar o princípio da causalidade, conquanto o Código de Processo Civil em vigor não contenha regras expressas como o anterior:

> *Art. 22. O réu, que, por não argüir na sua resposta fato impeditivo, modificativo ou extintivo do direito do autor, dilatando o julgamento da lide, será condenado nas custas a partir do saneamento do processo e perderá, ainda que vencedor na causa, o direito de haver do vencido honorários advocatícios.*
>
> *Art. 31. As despesas dos atos manifestamente protelatórios, impertinentes ou supérfluos serão pagas pela parte que os tiver promovido ou praticado, quando impugnados pela outra.*

4. AS DESPESAS GERAIS COM O PROCESSO

4.1 QUAIS SÃO AS DESPESAS QUE PODEM DECORRER DO PROCESSO

As despesas que podem decorrer da instauração de um processo judicial – denominadas *despesas gerais com o processo* – são:

(i) despesas processuais propriamente ditas;

(ii) multas processuais;

(iii) honorários advocatícios.

4.2 DESPESAS PROCESSUAIS PROPRIAMENTE DITAS

As despesas processuais propriamente ditas são aquelas geradas pela prática dos atos processuais, enumeradas no art. 84 do Código de Processo Civil:

> Art. 84. As despesas abrangem as custas dos atos do processo, a indenização de viagem, a remuneração do assistente técnico e a diária de testemunha.
>
> Art. 20. (*omissis*)
>
> § 2º As despesas abrangem não só as custas do processo, como também a indenização de viagem, diária de testemunha e remuneração do assistente técnico.

Custas, tecnicamente, são aquelas despesas *tarifadas* pela lei para a prática de determinados atos processuais.

Assim, por exemplo, para que ocorra a citação do réu, o autor deve antecipar o pagamento das custas iniciais com o processo. O mesmo ocorrerá quando a parte interpuser recurso de apelação etc.

Quanto à *indenização de viagem*, a lei não estabelece quais as pessoas que, devendo realizar uma viagem em função do processo, devam ser indenizadas.

CAPÍTULO XXIX – DAS DESPESAS E MULTAS PROCESSUAIS IMPOSTAS...

Porém, em atenção ao princípio segundo o qual nem o autor e nem o réu devem sofrer prejuízos em função da demanda, a interpretação da lei deve ser suficientemente elástica para abranger quaisquer despesas de viagem custeadas pelas partes para que elas próprias, seus advogados, testemunhas, assistentes técnicos e outros envolvidos possam realizar determinado ato processual.

Obviamente deverá o juiz coartar abusos e excessos.

Impõe-se que a viagem seja feita para a prática de um ato processual *determinado pelo órgão jurisdicional*. Viagem feita para colher subsídios para a propositura da ação, ou para a defesa, por exemplo, não deve ser indenizada. Ela é feita por conta e risco do interessado.

Suponha-se que uma das partes indique uma testemunha que deva ser ouvida em outro juízo (por meio de carta precatória). A parte contrária e seu advogado deverão se deslocar para a comarca onde a testemunha será ouvida. Deve o advogado juntar os comprovantes das despesas nos autos, para oportuna reposição pela parte contrária, caso se sagre vencedor.

A *remuneração de assistente técnico* também é devida e integra as despesas processuais gerais.

A prova pericial é necessária sempre que a prova de um fato dependa de conhecimentos especiais de técnico ou especialista na matéria e não houver outro meio de prová-lo. O exame grafotécnico, *v.g.*, para verificar a autenticidade ou falsidade de documento exige a atuação de um profissional técnico altamente especializado, que realiza essa perícia. Pode ainda ser necessária uma vistoria em determinado local ou avaliação de um bem. O juiz, para decidir a causa precisa desses subsídios para formar seu convencimento, que sempre será livre (conquanto fundamentado) e nunca vinculado aos termos da perícia.

Em nosso sistema processual o perito é nomeado pelo juiz, mas às partes é facultada a indicação de assistente técnico (isto é, de seu "perito", que recebe, todavia, a denominação legal de assistente técnico) para acompanhar a realização da prova pericial e tecer seus comentários sobre o que entende correto ou incorreto no laudo do perito.

Tanto a remuneração do perito como dos assistentes técnicos integram o conceito legal de despesas processuais.

Por fim, a *diária de testemunha*, cuja disciplina legal está no art. 462:

> Art. 462. A testemunha pode requerer ao juiz o pagamento da despesa que efetuou para comparecimento à audiência, devendo a parte pagá-la logo que arbitrada ou depositá-la em cartório dentro de 3 (três) dias.
>
> Art. 419. A testemunha pode requerer ao juiz o pagamento da despesa que efetuou para comparecimento à audiência, devendo a parte pagá-la logo que arbitrada, ou depositá-la em cartório dentro de 3 (três) dias.
>
> Parágrafo único. O depoimento prestado em juízo é considerado serviço público. A testemunha, quando sujeita ao regime da legislação trabalhista, não sofre, por comparecer à audiência, perda de salário nem desconto no tempo de serviço.

A diária de testemunha, portanto, corresponde à despesa que teve para comparecer à audiência. O trabalhador pelo regime da Consolidação das Leis do Trabalho e o servidor público, não sofrem desconto no salário ou vencimentos e nem perdem o dia de serviço, que será contado para todos os efeitos e vantagens (art. 463 e parágrafo único).

A testemunha deve apresentar documentos que comprovem a despesa para o juiz, que decidirá de plano, cabendo à parte que solicitou seu comparecimento efetuar o pagamento imediatamente ou depositar a quantia em cartório no prazo de três dias.

Resta enfatizar que a enumeração constante do art. 84 do Código de Processo Civil não é taxativa, mas meramente *exemplificativa*.

Isto significa que outras despesas com o processo, devidamente comprovadas, serão incluídas na condenação.

Assim, por exemplo, já se decidiu que devem ser incluídas as despesas realizadas pelo locador com a remoção dos bens deixados pelo inquilino, quando do cumprimento do mandado de despejo.[4]

---

[4] NEGRÃO, Theotonio. *Código de Processo Civil e Legislação Processual em vigor.* 43ª Ed. Saraiva, 2011, p. 89, nota 14 ao art. 20 do Código de Processo Civil.

CAPÍTULO XXIX – DAS DESPESAS E MULTAS PROCESSUAIS IMPOSTAS...

Também são despesas processuais as que estão previstas no § 13 do art. 85, quando os embargos à execução forem rejeitados ou julgados improcedentes:

> Art. 85. (*omissis*)
>
> § 13 As verbas de sucumbência arbitradas em *embargos à execução* rejeitados ou julgados improcedentes e em fase de cumprimento de sentença serão acrescidas no valor do débito principal, para todos os efeitos legais.

4.3 MULTAS PROCESSUAIS

O Código de Processo Civil cuida das *multas processuais*, que são penalidades de natureza pecuniária, impostas expressamente pela prática de um ato no processo em desacordo com o disposto na lei processual.

Assim, por exemplo, se o advogado retém os autos em seu poder além do prazo, e, intimado, não o devolve em três dias, incorrerá em multa "correspondente à metade do salário mínimo" (art. 234, § 2º). Nessas circunstâncias, o juiz deverá comunicar o fato à seção local da OAB para o respectivo procedimento disciplinar e a imposição da multa (§ 3º).

Outro caso de multa processual está previsto no art. 1.026 § 2º do Código de Processo Civil, para a parte que interpuser o recurso de embargos de declaração meramente protelatórios (multa de até 2% sobre o valor atualizado da causa), que em caso de reiteração poderá se de até 10% (§ 3º).

O art. 96 determina que o valor das multas impostas sejam revertidas em benefício da parte contrária, se resultante de litigância de má-fé e em benefício do Estado membro ou da União, se impostas a serventuários da justiça, dependendo do processo tramitar perante uma das Justiças da União ou de um Estado:

> Art. 96. O valor das sanções impostas ao litigante de má-fé reverterá em benefício da parte contrária, e o valor das sanções impostas aos serventuários pertencerá ao Estado ou à União.

O código ainda abre uma oportunidade para a constituição de um fundo (federal ou estadual) para que os valores nele depositados possam ser usados para a modernização do Poder Judiciário:

> Art. 97. A União e os Estados podem criar fundos de modernização do Poder Judiciário, aos quais serão revertidos os valores das sanções pecuniárias processuais destinadas à União e aos Estados, e outras verbas previstas em lei.

5. HONORÁRIOS ADVOCATÍCIOS

Dada a extensão da matéria e sua complexidade, examinaremos a matéria referente aos honorários advocatícios neste item, separado das demais despesas gerais com o processo.

5.1 DOS HONORÁRIOS ADVOCATÍCIOS

Há duas espécies de honorários advocatícios: *(i)* aquele que o interessado ajusta com o advogado pelo trabalho que irá executar e *(ii)* aquele que é fixado pelo juiz, para quem perder a causa (total ou parcialmente).

O Estatuto da Ordem dos Advogados do Brasil (Lei n. 8.906, de 4 de julho de 1994) assim dispõe:

> Art. 22. A prestação de serviço profissional assegura aos inscritos na OAB o direito aos *honorários convencionados*, aos *fixados por arbitramento* judicial e aos de *sucumbência*.

Honorários convencionados são aqueles concertados com o cliente. Os da sucumbência decorrem de ter o advogado vencido a demanda. Por fim, são fixados por arbitramento os honorários que não foram estipulados com a parte:

> Art. 22. (*omissis*)
>
> § 2º Na falta de estipulação ou de acordo, os honorários são fixados por arbitramento judicial, em remuneração compatível com

CAPÍTULO XXIX – DAS DESPESAS E MULTAS PROCESSUAIS IMPOSTAS...

o trabalho e o valor econômico da questão, não podendo ser inferiores aos estabelecidos na tabela organizada pelo Conselho Seccional da OAB.

Os honorários decorrentes da sucumbência são devidos, ainda que o advogado esteja atuando em causa própria:

> Art. 85. (*omissis*)
>
> § 17 Os honorários serão devidos quando o advogado atuar em causa própria.

O Código de Processo Civil também prevê o percebimento de honorários por parte dos advogados públicos – procuradores da União, dos Estados, do Distrito Federal e dos Municípios:

> Art. 85. (*omissis*)
>
> § 19 Os advogados públicos perceberão honorários de sucumbência, nos termos da lei.

Como fica evidente, deverá haver uma lei que estabeleça os critérios e forma de pagamento. Mas, como muitas leis nesse sentido já existem, elas acabaram recepcionadas pelo estatuto processual.

5.2 MOMENTO DE FIXAÇÃO DOS HONORÁRIOS ADVOCATÍCIOS – QUANDO SÃO DEVIDOS

Cabe ao juiz, ao proferir sua sentença, condenar o vencido a pagar os honorários do advogado do vencedor:

> Art. 85. A sentença condenará o vencido a pagar honorários ao advogado do vencedor.

Todavia, se a decisão for omissa, pode o advogado intentar ação para estabelecer o valor dos honorários e para cobrá-los:

> Art. 85. (*omissis*)
>
> § 18 Caso a decisão transitada em julgado seja omissa quanto ao direito aos honorários ou ao seu valor, é cabível ação autônoma para sua definição e cobrança.

O Código de Processo Civil enuncia em que situações são devidos os honorários advocatícios

> Art. 85. (*omissis*)
>
> § 1º São devidos honorários advocatícios na reconvenção, no cumprimento de sentença, provisório ou definitivo, na execução, resistida ou não, e nos recursos interpostos, cumulativamente.
>
> Art. 34. Aplicam-se à reconvenção, à oposição, à ação declaratória incidental e aos procedimentos de jurisdição voluntária, no que couber, as disposições desta seção.

A norma pretende que os honorários englobem todos esses atos, de maneira que a atribuição de verba honorária para um deles não se compensa ou não anula outras verbas por outros fatos — são verbas devidas cumulativamente.

As situações jurídicas enunciadas, pois, são:

(i) A reconvenção — trata-se de ação do réu contra o autor, possível em determinadas circunstâncias[5];

(ii) Cumprimento de sentença, provisório ou definitivo — note-se que o cumprimento da sentença ocorre em face da ação condenatória executiva;

(iii) Execução, resistida ou não — isto é, haja ou não o executado interposto embargos à execução.[6]

(iv) Recursos interpostos.

---

[5] Art. 343. Na contestação, é lícito ao réu propor reconvenção para manifestar pretensão própria, conexa com a ação principal ou com o fundamento da defesa.

[6] O CPC em vigor trata dos honorários devidos em ação de execução e em cumprimento de sentença. É muito mais justo que o anterior, pois nesses casos os honorários eram fixados por equidade (art. 20, § 4º).

CAPÍTULO XXIX – DAS DESPESAS E MULTAS PROCESSUAIS IMPOSTAS...

A norma não fala em honorários devidos por ação declaratória ou constitutiva, julgadas procedentes, bem assim por medidas de urgência cautelar ou de evidência – mas é óbvio que a enumeração do § 1º do art. 85 não é exaustiva. Nesses casos ora lembrados também são devidos honorários advocatícios.

Mais: são devidos honorários pela primeira fase da ação condenatória executiva – quando o juiz, por sentença, formula a regra jurídica concreta. Outros honorários serão devidos pelo cumprimento da mesma ou de outra sentença (proferida no juízo penal, por exemplo).

Note-se que as regras processuais não se referem à condenação do Ministério Público ao pagamento de honorários advocatícios ou despesas processuais.

Na vigência do Código de Processo Civil anterior – e nada faz crer que haverá mudanças – a jurisprudência de maneira unânime entendia (e irá entender, sem dúvida), que o Ministério Público somente pode ser condenado ao pagamento dos honorários advocatícios em casos de comprovada má-fé.

A razão para esse entendimento é que a ameaça de pagamento de honorários poderia desestimular o Ministério Público para o exercício de suas funções, relevantes para a sociedade.

Entendemos correto esse entendimento.

Mas, a jurisprudência deveria também entender que o sujeito passivo das ações ministeriais, mormente em casos de ações por ato de improbidade administrativa, deveria ficar isento do preparo dos recursos até a decisão final – pois caso seja absolvido pelos tribunais, não teria suportado nenhum ônus financeiro, atendendo-se ao princípio de Chiovenda já referido. Atualmente, o réu suporta o pagamento de pesadas custas de preparo e, em sendo inocentado, não tem como reaver o que gastou sem culpa reconhecida de sua parte.[7]

---

[7] Nas ações por improbidade administrativa, equivocadamente, o Ministério Público pleiteia a devolução de todo o valor do contrato administrativo, por exemplo, acrescido

5.3 CRITÉRIOS PARA FIXAÇÃO DOS HONORÁRIOS

A regra geral está no § 2º do art. 85:

> Art. 85. (*omissis*)
>
> § 2º Os honorários serão fixados entre o mínimo de dez e o máximo de vinte por cento *sobre o valor da condenação*, do proveito econômico obtido ou, não sendo possível mensurá-lo, sobre o valor atualizado da causa, atendidos:
>
> I – o grau de zelo do profissional;
>
> II – o lugar de prestação do serviço;
>
> III – a natureza e a importância da causa;
>
> IV – o trabalho realizado pelo advogado e o tempo exigido para o seu serviço.
>
> Art. 20. (*omissis*)
>
> § 3º Os honorários serão fixados entre o mínimo de dez por cento (10%) e o máximo de vinte por cento (20%) sobre o valor da condenação, atendidos:
>
> a) grau de zelo profissional;
>
> b) o lugar de prestação do serviço;
>
> c) a natureza e importância da causa, o trabalho realizado pelo advogado e o tempo exigido para o seu serviço.

Em primeiro lugar, cumpre observar que os limites percentuais, tanto o mínimo (10%) como o máximo (20%), não devem ser desrespeitados pelo juiz.

Segundo a regra legal, esses percentuais incidem: *(i)* sobre o valor da condenação; *(ii)* ou sobre o valor do proveito econômico obtido; *(iii)* ou, não sendo possível mensurá-lo, sobre o valor atualizado da causa.

---

de multas, o que eleva o valor da causa a patamares nas alturas. De um lado, é claro que o magistrado deveria reduzir o valor da causa, pois a devolução de todo o valor contratual implica enriquecimento ilícito do Poder Público e ainda desconsiderar a multa, que somente será devida com a condenação com trânsito em julgado. Porém, a impugnação ao valor da causa nem sempre é reconhecida.

CAPÍTULO XXIX – DAS DESPESAS E MULTAS PROCESSUAIS IMPOSTAS...

Para a dosagem do percentual a ser aplicado, a lei oferece critérios a serem observados pelo juiz.

Em primeiro lugar, o grau de zelo profissional, medido pela atuação rápida e dentro dos prazos legais; pela provocação feita para que o processo caminhe para frente, dentre outros indicativos.

O local da prestação dos serviços também é levado em conta, pois uma coisa é atuar no foro central de uma cidade e outra, bem diversa, é oficiar em comarcas de difícil acesso, como as que existem, por exemplo, no Amazonas, aonde se chega apenas de barco e, às vezes, de avião.

A complexidade ou natureza da causa também deve ser valorada, pois ela está a indicar as horas de trabalho do advogado para a preparação das peças processuais, muitas vezes a demandar pesquisas de doutrina e de jurisprudência. Também o grau de importância da causa, aferida tendo em vista as condições pessoais da parte.[8]

Por fim, a eficiência e a qualidade do trabalho do advogado, que juntamente com a natureza da causa dão uma ideia do tempo de serviço gasto pelo causídico na defesa dos interesses de seu cliente.

5.4 CAUSAS DE VALOR INESTIMÁVEL OU IRRISÓRIO

A toda ação deve ser atribuído um valor econômico – valor esse que deve ser certo – ainda que a causa não tenha conteúdo econômico imediato:

> Art. 291. A toda causa será atribuído valor certo, ainda que não tenha conteúdo econômico imediatamente aferível.

Por exemplo: um dos licitantes ajuíza ação para anular cláusulas do edital – conquanto não tenha nenhuma vantagem econômica com a

---

[8] Essa complexidade pode dizer respeito às questões de direito, mas também à matéria de fato, que muitas vezes exige exame de vários documentos, balanços, laudos, entre outros.

procedência da demanda, precisa atribuir um valor à causa, para cálculo das despesas gerais.

Para pagar custas iniciais menores, muitas vezes o autor atribui à causa um valor irrisório. Entra em cena, então o art. 85, § 8º:

> Art. 85. (*omissis*)
>
> § 8º Nas causas em que for *inestimável ou irrisório* o proveito econômico ou, ainda, quando o valor da causa for muito baixo, o juiz fixará o valor dos honorários por apreciação equitativa, observando o disposto nos incisos do § 2º.

Vale dizer que a norma libera o juiz de aplicar os percentuais entre dez a vinte por cento sobre o valor da causa (art. 85, § 2º) – e levando em conta os critérios já analisados e constantes do § 2º do art. 85, fixar equitativamente o valor dos honorários – de modo a não aviltar a profissão de advogado e também não onerar demasiadamente a parte vencida. Cabe aqui invocação ao princípio da proporcionalidade e da razoabilidade.

5.5 AÇÃO POR INDENIZAÇÃO POR ATO ILÍCITO CONTRA PESSOA

> Art. 85. (*omissis*)
>
> § 9º Na ação de indenização por ato ilícito contra pessoa, o percentual de honorários incidirá sobre *a soma das prestações vencidas acrescida de 12 (doze) prestações vincendas.*
>
> Art. 20. (*omissis*)
>
> § 5º Nas ações de indenização por ato ilícito contra pessoa, o valor da condenação será a soma das prestações vencidas com o capital necessário a produzir a renda correspondente às prestações vincendas (art. 602), podendo estas ser pagas, também mensalmente, na forma do § 2º do referido art. 602, inclusive em consignação na folha de pagamento do devedor.

Quando ocorre a prática de um ato ilícito que atinge a vida ou a integridade física de alguém – seja por dolo, isto é, quando o agente quer

CAPÍTULO XXIX – DAS DESPESAS E MULTAS PROCESSUAIS IMPOSTAS...

o resultado, seja por culpa (negligência, imprudência ou imperícia) – o Código Civil estabelece critérios para a indenização:

> Art. 948. No caso de *homicídio*, a indenização consiste, sem excluir outras reparações:
>
> I – no pagamento das despesas com o tratamento da vítima, seu funeral e o luto da família;
>
> II – na prestação de alimentos às pessoas a quem o morto os devia, levando-se em conta a duração provável da vida da vítima.
>
> Art. 949. No caso de *lesão ou outra ofensa à saúde*, o ofensor indenizará o ofendido das despesas do tratamento e dos lucros cessantes até ao fim da convalescença, além de algum outro prejuízo que o ofendido prove haver sofrido.
>
> Art. 950. Se da ofensa resultar *defeito pelo qual o ofendido não possa exercer o seu ofício ou profissão, ou se lhe diminua a capacidade de trabalho*, a indenização, além das despesas do tratamento e lucros cessantes até ao fim da convalescença, incluirá pensão correspondente à importância do trabalho para que se inabilitou, ou da depreciação que ele sofreu.
>
> Parágrafo único. O prejudicado, se preferir, poderá exigir que a indenização seja arbitrada e paga de uma só vez.
>
> Art. 951. O disposto nos arts. 948, 949 e 950 aplica-se ainda no caso de indenização devida por aquele que, *no exercício de atividade profissional, por negligência, imprudência ou imperícia*, causar a morte do paciente, agravar-lhe o mal, causar-lhe lesão, ou inabilitá-lo para o trabalho.

Conquanto apenas o art. 951 se refira à culpa, os demais artigos também admitem a forma culposa, dado o teor do art. 927 *caput* do Código Civil:

> Art. 927. Aquele que, por ato ilícito (arts. 186 e 187), causar dano a outrem, fica obrigado a repará-lo.
>
> Art. 186. Aquele que, por ação ou omissão voluntária, negligência ou imprudência, violar direito e causar dano a outrem, ainda que exclusivamente moral, comete ato ilícito.

Art. 187. Também comete ato ilícito o titular de um direito que, ao exercê-lo, excede manifestamente os limites impostos pelo seu fim econômico ou social, pela boa-fé ou pelos bons costumes.

Em tais casos, o percentual devido e relativo aos honorários advocatícios incidirá sobre a soma das prestações vencidas acrescida de 12 (doze) prestações vincendas.

Mesmo nessa particular situação, o juiz deve – para fixar os honorários advocatícios entre os 10% e os 20%, levar em conta os critérios do § 2º do art. 85.

5.6 AÇÕES EM QUE A FAZENDA PÚBLICA FOR PARTE

O Código de Processo Civil cuidou extensamente dos honorários advocatícios nas ações em que a União for parte, pouco importando se autora ou ré.[9]

Apesar de vincular os honorários aos critérios do § 2º do art. 85, o legislador processual abandona os percentuais máximo e mínimo (20% e 10%), para estabelecer outras balizas:

> Art. 85. (*omissis*)
>
> § 3º Nas causas em que a Fazenda Pública for parte, a fixação dos honorários observará os critérios estabelecidos nos incisos I a IV do § 2º e os seguintes percentuais:
>
> I – mínimo de dez e máximo de vinte por cento sobre o valor da condenação ou do proveito econômico obtido até 200 (duzentos) salários-mínimos;

---

[9] O CPC anterior tinha sistema mais simples que o atual: "Art. 20. (*omissis*) – § 4º Nas causas de pequeno valor, nas de valor inestimável, naquelas em que *não houver condenação* ou *for vencida a* Fazenda Pública, e nas execuções, embargadas ou não, os honorários serão fixados consoante apreciação equitativa do juiz, atendidas as normas das alíneas "a", "b" e "c" do parágrafo anterior". Contudo, a dose de discricionariedade concedida ao juiz era realmente grande demais – e o novo estatuto processual resolveu adotar um critério mais objetivo e mais tarifário.

CAPÍTULO XXIX – DAS DESPESAS E MULTAS PROCESSUAIS IMPOSTAS...

II – mínimo de oito e máximo de dez por cento sobre o valor da condenação ou do proveito econômico obtido acima de 200 (duzentos) salários-mínimos até 2.000 (dois mil) salários-mínimos;

III – mínimo de cinco e máximo de oito por cento sobre o valor da condenação ou do proveito econômico obtido acima de 2.000 (dois mil) salários-mínimos até 20.000 (vinte mil) salários-mínimos;

IV – mínimo de três e máximo de cinco por cento sobre o valor da condenação ou do proveito econômico obtido acima de 20.000 (vinte mil) salários-mínimos até 100.000 (cem mil) salários-mínimos;

V – mínimo de um e máximo de três por cento sobre o valor da condenação ou do proveito econômico obtido acima de 100.000 (cem mil) salários-mínimos.

§ 4º Em qualquer das hipóteses do § 3º:

I – os percentuais previstos nos incisos I a V devem ser aplicados desde logo, quando for líquida a sentença;

II – não sendo líquida a sentença, a definição do percentual, nos termos previstos nos incisos I a V, somente ocorrerá quando liquidado o julgado;

III – não havendo condenação principal ou não sendo possível mensurar o proveito econômico obtido, a condenação em honorários dar-se-á sobre o valor atualizado da causa;

IV – será considerado o salário-mínimo vigente quando prolatada sentença líquida ou o que estiver em vigor na data da decisão de liquidação.

Complementando o sistema:

§ 5º Quando, conforme o caso, a condenação contra a Fazenda Pública ou o benefício econômico obtido pelo vencedor ou o valor da causa for superior ao valor previsto no inciso I do § 3º, a fixação do percentual de honorários deve observar a faixa inicial e, naquilo que a exceder, a faixa subsequente, e assim sucessivamente.

§ 6º Os limites e critérios previstos nos §§ 2º e 3º aplicam-se independentemente de qual seja o conteúdo da decisão, inclusive aos casos de improcedência ou de sentença sem resolução de mérito.

Portanto, se a Fazenda for vencida e a condenação ou o benefício econômico ou, ainda, o valor da causa superar 200 salários mínimos, aplica-se um percentual entre 10 e 20% e, sobre o excedente, aplica-se o percentual previsto no inciso II e, assim, sucessivamente.

A fórmula prevista na lei é assaz complexa e acaba ficando demasiadamente aberta para um critério discricionário do juiz.

Oxalá a jurisprudência venha a estabelecer critérios mais simples, baseada mesmo nas lições do Professor Celso Antônio Bandeira de Mello, aplicável aqui por analogia entre as situações jurídicas consideradas:

"Não se poderá considerar válida lei administrativa que preveja multa variável de um valor muito modesto para um extremamente alto, dependendo da gravidade da infração, porque isto significaria, na real verdade, a outorga de uma 'discricionariedade' tão desatada, que a sanção seria determinável pelo administrador e não pela lei, incorrendo esta em manifesto vício de falta de 'razoabilidade'. É dizer: teria havido um simulacro de obediência ao princípio da legalidade; não, porém, uma verdadeira obediência a ele. Norma que padecesse deste vício seria nula, por insuficiência de delimitação de sanção".[10]

O § 6º não seria necessário, mas veio explicitar solução que seria dada pela aplicação dos princípios gerais – ou seja, os honorários são devidos e sempre calculados do mesmo modo, pouco importando o teor da decisão e se esta é definitiva ou terminativa.

Como se observa, houve um deliberado propósito (já tradição no nosso sistema processual) de *beneficiar a Fazenda Pública* em caso de sua derrota judicial, o que é muito injusto. Injusto porque a forma de pagamento já é demorada, pois ocorre via precatórios. Injusto porque o Estado não devia manter tantas demandas com particulares, se prestasse maior obediência ao princípio da legalidade.[11]

---

[10] BANDEIRA DE MELLO, Celso Antônio. *Curso de Direito Administrativo*. 31ª Ed. Malheiros, p. 873.

[11] Na verdade o Estado Brasileiro – União, Estados Membros, Distrito Federal e

CAPÍTULO XXIX – DAS DESPESAS E MULTAS PROCESSUAIS IMPOSTAS...

Esse sistema de precatórios influi até mesmo na concessão ou não de honorários, como se lê no § 7º do art. 85:

> § 7º Não serão devidos honorários no cumprimento de sentença contra a Fazenda Pública que enseje expedição de precatório, desde que não tenha sido impugnada.

Em primeiro lugar é preciso recordar o disposto no art. 100 da Constituição Federal, que estabelece, como regra, o pagamento por meio dos precatórios:

> Art. 100. Os pagamentos devidos pelas Fazendas Públicas Federal, Estaduais, Distrital e Municipais, em virtude de sentença judiciária, far-se-ão exclusivamente na ordem cronológica de apresentação dos precatórios e à conta dos créditos respectivos, proibida a designação de casos ou de pessoas nas dotações orçamentárias e nos créditos adicionais abertos para este fim.

Contudo, a norma constitucional ressalva as hipóteses de obrigações de pequeno valor:

> Art. 100. (*omissis*)
>
> § 3º O disposto no *caput* deste artigo relativamente à expedição de precatórios não se aplica aos pagamentos de obrigações definidas em leis como de pequeno valor que as Fazendas referidas devam fazer em virtude de sentença judicial transitada em julgado.
>
> § 4º Para os fins do disposto no § 3º, poderão ser fixados, por leis próprias, valores distintos às entidades de direito público, segundo as diferentes capacidades econômicas, sendo o mínimo igual ao valor do maior benefício do regime geral de previdência social.

Portanto, esses parágrafos autorizam que o pagamento das obrigações de pequeno valor seja feito diretamente, isto é, independentemente de

---

Municípios – é um dos maiores demandistas que existem no País, a ponto de justificar Varas Privativas da Fazenda.

precatório e que leis especiais definam o que o ente público entende por pequeno valor.

Ante do advento de tais leis, em vigor o sistema criado pelo art. 87 do Ato das Disposições Constitucionais Transitórias, com a redação dada pela EC n. 37/2002:

> Art. 87. Para efeito do que dispõem o § 3º do art. 100 da Constituição Federal e o art. 78 deste Ato das Disposições Constitucionais Transitórias serão considerados de pequeno valor, até que se dê a publicação oficial das respectivas leis definidoras pelos entes da Federação, observado o disposto no § 4º do art. 100 da Constituição Federal, os débitos ou obrigações consignados em precatório judiciário, que tenham valor igual ou inferior a:
>
> I – quarenta salários-mínimos, perante a Fazenda dos Estados e do Distrito Federal;
>
> II – trinta salários-mínimos, perante a Fazenda dos Municípios.
>
> Parágrafo único. Se o valor da execução ultrapassar o estabelecido neste artigo, o pagamento far-se-á, sempre, *por meio de precatório*, sendo facultada à parte exequente a renúncia ao crédito do valor excedente, para que possa optar pelo pagamento do saldo sem o precatório, da forma prevista no § 3º do art. 100.

Portanto, a norma estabeleceu valores válidos para a União, os Estados e Municípios até que leis próprias venham a estatuir quanto deva se entender por débito ou obrigações de pequeno valor.

No âmbito federal, a Lei n. 10.259, de 12 de julho de 2001, cuidou da matéria.

Em primeiro lugar, aquela Lei, que dispôs sobre a instituição dos Juizados Especiais Cíveis e Criminais no âmbito da Justiça Federal, estabeleceu a respectiva competência pelo valor da causa (além de excluir várias matérias[12]):

---

[12] V. § 1º do artigo 3º.

CAPÍTULO XXIX – DAS DESPESAS E MULTAS PROCESSUAIS IMPOSTAS...

> Art. 3º Compete ao Juizado Especial Federal Cível processar, conciliar e julgar causas de competência da Justiça Federal até o valor de <u>sessenta salários mínimos</u>, bem como executar as suas sentenças.

Completando o quadro para efeito de pagamento de forma direta dos honorários, assim dispõe a norma do art. 17 e parágrafos dessa mesma Lei:

> Art. 17. Tratando-se de obrigação de pagar quantia certa, após o trânsito em julgado da decisão, o pagamento será efetuado no prazo de sessenta dias, contados da entrega da requisição, por ordem do Juiz, à autoridade citada para a causa, na agência mais próxima da Caixa Econômica Federal ou do Banco do Brasil, independentemente de precatório.
>
> § 1º <u>Para os efeitos do § 3º. do art. 100 da Constituição Federal, as obrigações ali definidas como de pequeno valor, a serem pagas independentemente de precatório, terão como limite o mesmo valor estabelecido nesta Lei para a competência do Juizado Especial Federal Cível</u> (art. 3º, *caput*).
>
> § 2º Desatendida a requisição judicial, o Juiz determinará o sequestro do numerário suficiente ao cumprimento da decisão.

Portanto, no âmbito da Justiça Federal, será considerada obrigação pecuniária de pequeno valor, para pagamento independentemente de expedição de precatórios, os honorários que sejam iguais ou inferiores a sessenta salários mínimos.

No Estado de São Paulo a matéria é objeto da Portaria n. 9.095/2014, da Presidência do Tribunal de Justiça, que adota os valores estipulados pelo art. 87 do Ato das Disposições Constitucionais Transitórias (Fazenda Estadual – até 40 salários mínimos; Fazenda Municipal – até 30 salários mínimos).

5.7 FIXAÇÃO DE HONORÁRIOS PELOS TRIBUNAIS

O Código de Processo Civil em vigor contém regra que vem fazer justiça ao trabalho desenvolvido pelos advogados. Com efeito, fixados os honorários pela sentença, no sistema anterior eles somente seriam objeto de análise pelo tribunal, quando da interposição de recurso se fossem questionados. Agora o sistema determina que essa revisão seja feita *ex officio*:

> Art. 85. (*omissis*)
>
> § 11º O tribunal, ao julgar recurso, majorará os honorários fixados anteriormente levando em conta o trabalho adicional realizado em grau recursal, observando, conforme o caso, o disposto nos §§ 2º a 6º, sendo vedado ao tribunal, no cômputo geral da fixação de honorários devidos ao advogado do vencedor, ultrapassar os respectivos limites estabelecidos nos §§ 2º e 3º para a fase de conhecimento.
>
> § 12º Os honorários referidos no § 11º são cumuláveis com multas e outras sanções processuais, inclusive as previstas no art. 77.

6. NATUREZA JURÍDICA DOS HONORÁRIOS ADVOCATÍCIOS

O Código de Processo Civil definiu os honorários advocatícios como de natureza alimentar – o que privilegia o crédito de várias maneiras: contra a Fazenda Pública, é colocado na fila especial dos precatórios alimentares; não podem ser penhorados ou tornados indisponíveis ou compensados de outra forma.

A norma é a do § 14º do art. 85:

> § 14º Os honorários constituem direito do advogado e têm natureza alimentar, com os mesmos privilégios dos créditos oriundos da legislação do trabalho, sendo vedada a compensação em caso de sucumbência parcial.

Caso pertença a uma sociedade de advogados, pode ele requerer que o pagamento seja feito à pessoa jurídica, como consta do § 15º do art. 85:

> § 15º O advogado pode requerer que o pagamento dos honorários que lhe caibam seja efetuado em favor da sociedade de

CAPÍTULO XXIX – DAS DESPESAS E MULTAS PROCESSUAIS IMPOSTAS...

advogados que integra na qualidade de sócio, aplicando-se à hipótese o disposto no § 14º.

A lei processual ainda determina que os juros de mora sobre os honorários advocatícios incidam após o trânsito em julgado da decisão, pois somente então eles são definitivamente devidos:

> Art. 85. (*omissis*)
>
> § 16º Quando os honorários forem fixados em quantia certa, os juros moratórios incidirão a partir da data do trânsito em julgado da decisão.

7. ÔNUS DE ANTECIPAÇÃO DAS DESPESAS PROCESSUAIS

Segundo o Código de Processo Civil, assim se distribui o ônus de antecipação das despesas, uma vez que elas devem preceder à realização do ato:

> Art. 82. Salvo as disposições concernentes à gratuidade da justiça, incumbe às partes prover as despesas dos atos que realizarem ou requererem no processo, antecipando-lhes o pagamento, desde o início até a sentença final ou, na execução, até a plena satisfação do direito reconhecido no título.
>
> § 1º Incumbe ao autor adiantar as despesas relativas a ato cuja realização o juiz determinar de ofício ou a requerimento do Ministério Público, quando sua intervenção ocorrer como fiscal da ordem jurídica.
>
> Art. 19. Salvo as disposições concernentes à justiça gratuita, cabe às partes prover as despesas dos atos que realizam ou requerem no processo, antecipando-lhes o pagamento desde o início até sentença final; e bem ainda, na execução, até a plena satisfação do direito declarado na sentença.
>
> § 1º O pagamento de que trata este artigo será feito por ocasião de cada ato processual.
>
> § 2º Compete ao autor adiantar as despesas relativas a atos, cuja realização o juiz determinar de ofício ou a requerimento do Ministério Público.

ANTONIO ARALDO FERRAZ DAL POZZO

Portanto, a regra geral da lei processual é esta: aquele (autor ou réu) que praticar ou requerer a prática de determinado ato processual sujeito a pagamento deve antecipá-lo.[13]

O pagamento é efetuado a cada ato processual realizado, cabendo ao autor antecipar as despesas com os atos requeridos pelo representante do Ministério Público quando atuar como fiscal da lei (*custos legis*) e, portanto, não como parte ou, ainda, determinados *ex officio* pelo juiz.[14]

Ainda deve ser observada a norma do art. 93 do Código de Processo Civil:

> Art. 93. As despesas de atos adiados ou cuja repetição for necessária ficarão a cargo da parte, do auxiliar da justiça, do órgão do Ministério Público ou da Defensoria Pública ou do juiz que, sem justo motivo, houver dado causa ao adiamento ou à repetição.

> Art. 29. As despesas dos atos, que forem adiados ou tiverem de repetir-se, ficarão a cargo da parte, do serventuário, do órgão do Ministério Público ou do juiz que, sem justo motivo, houver dado causa ao adiamento ou à repetição.

A antecipação das despesas, contudo, caracteriza uma situação provisória, pois aquele que vier a ser vencido na demanda reembolsará o vencedor, pagando-lhe todas as despesas que antecipou (art. 82, § 2º)[15] ou serão elas rateadas se cada litigante for em parte vencedor e vencido (art. 86).

---

[13] As custas têm a natureza jurídica de taxa e somente podem ser instituídas e alteradas por lei. O valor dessas despesas vem previsto no denominado Regimento de Custas, sendo que cada Estado-membro tem o seu, bem como a própria Justiça Federal. O pagamento é feito em estabelecimento bancário, mediante o preenchimento de uma guia própria.

[14] O Ministério Público pode estar nos autos como *fiscal da lei*, isto é, naquelas ações que envolvem valores considerados mais importantes pelo legislador e que normalmente versam sobre direitos indisponíveis, como ação de investigação de paternidade. Mas, pode atuar como parte ativa, caso em que deverá adiantar as despesas dos atos que praticar ou requerer.

[15] Como escreve Liebman: *victus victori*. LIEBMAN, Enrico Tullio. *Manuale di Diritto Processuale Civile*: Principi. 7ª Ed. Milano: Giuffrè Editore, 2007, p. 118.

590

CAPÍTULO XXIX – DAS DESPESAS E MULTAS PROCESSUAIS IMPOSTAS...

7.1 ANTECIPAÇÕES A CARGO DO AUTOR

As antecipações ficam a cargo do autor, não apenas quando ele próprio pretende praticar o ato, mas quando o ato é determinado de ofício pelo juiz ou realizado a requerimento do Ministério Público quando oficiar como fiscaliza a lei (*custos legis*), como prescreve o citado 82 e seu § 1º.

Equiparado ao autor, mas tecnicamente diferente dele é o interessado que instaura procedimento de jurisdição voluntária: a ele cabe antecipar as despesas, segundo o art. 88 do Código de Processo Civil:

> Art. 88. Nos procedimentos de jurisdição voluntária, as despesas serão adiantadas pelo requerente e rateadas entre os interessados.

Todavia, como a medida administrativa irá beneficiar a todos, as despesas serão rateadas entre eles.

7.2 ANTECIPAÇÃO DO PAGAMENTO DO PERITO E DOS ASSISTENTES TÉCNICOS

Diz o art. 95 do Código de Processo Civil:

> Art. 95. Cada parte adiantará a remuneração do assistente técnico que houver indicado, sendo a do perito adiantada pela parte que houver requerido a perícia ou rateada quando a perícia for determinada de ofício ou requerida por ambas as partes.
>
> § 1º O juiz poderá determinar que a parte responsável pelo pagamento dos honorários do perito deposite em juízo o valor correspondente.
>
> § 2º A quantia recolhida em depósito bancário à ordem do juízo será corrigida monetariamente e paga de acordo com o art. 465, § 4º.
>
> § 3º Quando o pagamento da perícia for de responsabilidade de beneficiário de gratuidade da justiça, ela poderá ser:

591

I – custeada com recursos alocados no orçamento do ente público e realizada por servidor do Poder Judiciário ou por órgão público conveniado;

II – paga com recursos alocados no orçamento da União, do Estado ou do Distrito Federal, no caso de ser realizada por particular, hipótese em que o valor será fixado conforme tabela do tribunal respectivo ou, em caso de sua omissão, do Conselho Nacional de Justiça.

§ 4º Na hipótese do § 3º, o juiz, após o trânsito em julgado da decisão final, oficiará a Fazenda Pública para que promova, contra quem tiver sido condenado ao pagamento das despesas processuais, a execução dos valores gastos com a perícia particular ou com a utilização de servidor público ou da estrutura de órgão público, observando-se, caso o responsável pelo pagamento das despesas seja beneficiário de gratuidade da justiça, o disposto no art. 98, § 2º

§ 5º Para fins de aplicação do § 3º, é vedada a utilização de recursos do fundo de custeio da Defensoria Pública.

Art. 33. Cada parte pagará a remuneração do assistente técnico que houver indicado; a do perito será paga pela parte que houver requerido o exame, ou pelo autor, quando requerido por ambas as partes ou determinado de ofício pelo juiz.

Parágrafo único. O juiz poderá determinar que a parte responsável pelo pagamento dos honorários do perito deposite em juízo o valor correspondente a essa remuneração. O numerário, recolhido em depósito bancário à ordem do juízo e com correção monetária, será entregue ao perito após a apresentação do laudo, facultada a sua liberação parcial, quando necessária.

A regra para o pagamento dos honorários do perito (para o assistente técnico cada parte arca com o seu) é justa e segue os princípios adotados pelo Código de Processo Civil – serão eles adiantados pela parte que requereu a perícia, ou então rateados entre as partes se ambas a requereram ou foi determinada pelo juiz.

Estabelecido quem adianta os honorários, o juiz determina que o responsável deposite o valor correspondente em conta bancária vinculada ao juízo, que será corrigida (§ § 1º e 2º).

CAPÍTULO XXIX – DAS DESPESAS E MULTAS PROCESSUAIS IMPOSTAS...

Maior complexidade surge quando o pagamento é da responsabilidade de beneficiário da justiça gratuita, devendo ela ser custeada:

(i) Com recursos alocados no orçamento do ente público e realizada por servidor do Poder Judiciário ou por órgão público conveniado;

(ii) Com recursos alocados no orçamento da União, do Estado ou do Distrito Federal, no caso de ser realizada por particular, hipótese em que o valor será fixado conforme tabela do tribunal respectivo ou, em caso de sua omissão, do Conselho Nacional de Justiça (§ 3º, incisos I e II).

Nos casos acima, diz o art. 95 § 4º que "o juiz, após o trânsito em julgado da decisão final, oficiará a Fazenda Pública para que promova, contra quem tiver sido condenado ao pagamento das despesas processuais, a execução dos valores gastos com a perícia particular ou com a utilização de servidor público ou da estrutura de órgão público, observando-se, caso o responsável pelo pagamento das despesas seja beneficiário de gratuidade da justiça, o disposto no art. 98, § 2º" ("A concessão de gratuidade não afasta a responsabilidade do beneficiário pelas despesas processuais e pelos honorários advocatícios decorrentes de sua sucumbência").

8. AUTOR RESIDENTE FORA DO PAÍS OU QUE DEIXA DE RESIDIR NO BRASIL – GARANTIA PARA PAGAMENTO DAS CUSTAS

O legislador processual se preocupa em garantir o pagamento das custas quando o autor – pouco importando a sua nacionalidade – reside no exterior ou passa a residir em país estrangeiro durante a pendência do processo, desde que não tenha bens imóveis situados no Brasil:

> Art. 83. O autor, brasileiro ou estrangeiro, que residir fora do Brasil ou deixar de residir no país ao longo da tramitação de processo prestará caução suficiente ao pagamento das custas e dos honorários de advogado da parte contrária nas ações que propuser, se não tiver no Brasil bens imóveis que lhes assegurem o pagamento (...).

593

§ 2º Verificando-se no trâmite do processo que se desfalcou a garantia, poderá o interessado exigir reforço da caução, justificando seu pedido com a indicação da depreciação do bem dado em garantia e a importância do reforço que pretende obter.

Portanto, o autor que se enquadrar nessas situações deve prestar caução e reforçá-la, quando for o caso.

Na omissão do autor, o juiz deverá suspender o processo e proferir sentença terminativa (sem exame de mérito), com fundamento no art. 495, III (*"O juiz não resolverá o mérito quando: por não promover os atos e as diligências que lhe incumbir, o autor abandonar a causa por mais de 30 (trinta) dias"*).

Todavia, há hipóteses em que a lei dispensa o autor de prestar caução:

> Art. 83. (*omissis*)
>
> § 1º Não se exigirá a caução de que trata o *caput*:
>
> I – quando houver dispensa prevista em acordo ou tratado internacional de que o Brasil faz parte;
>
> II – na execução fundada em título extrajudicial e no cumprimento de sentença;
>
> III – na reconvenção.

O inciso I é autoexplicativo.

Quando se trata de atividades de execução – seja execução propriamente dita, por título executivo extrajudicial, seja o cumprimento da sentença condenatória executiva – há razoável dose de certeza (dada pela existência do título ou da sentença) de que o autor tem razão. Seria demasia exigir dele a caução.

Na reconvenção existe uma ação do réu contra o autor:

> Art. 343. Na contestação, é lícito *ao réu* propor reconvenção para manifestar pretensão própria, conexa com a ação principal ou com o fundamento da defesa.

CAPÍTULO XXIX – DAS DESPESAS E MULTAS PROCESSUAIS IMPOSTAS...

Nesse caso a atitude comissiva primeira é de outrem – do autor da ação principal, que na reconvenção acaba sendo réu reconvindo.

9. PAGAMENTO DEFINITIVO DAS DESPESAS PROCESSUAIS E HONORÁRIOS ADVOCATÍCIOS

9.1 SENTENÇA DE PROCEDÊNCIA OU IMPROCEDÊNCIA EM PROCESSO COM UM SÓ AUTOR E UM SÓ RÉU

A fixação da responsabilidade pelo pagamento das despesas e honorários advocatícios será feita a final, segundo dispõem o § 2º do art. 82 e o *c* do art. 85:

> Art. 82. (*omissis*)
>
> § 2º A sentença condenará o vencido a pagar ao vencedor <u>as despesas que antecipou</u>.
>
> Art. 85. A sentença condenará o vencido a pagar <u>honorários</u> ao advogado do vencedor.
>
> Art. 20. A sentença condenará o vencido a pagar ao vencedor as despesas que antecipou e os honorários advocatícios. Essa verba honorária será devida, também nos casos em que o advogado funcionar em causa própria.

9.2 CASOS DE JURISDIÇÃO VOLUNTÁRIA[16]

Assim estatui o art. 88 do Código de Processo Civil, já mencionado acima:

> Art. 88. Nos procedimentos de jurisdição voluntária, as despesas serão adiantadas pelo requerente e rateadas entre os interessados.
>
> Art. 24. Nos procedimentos de jurisdição voluntária, as despesas serão adiantadas pelo requerente, mas rateadas entre os interessados.

---

[16] V. Capítulo II/ 9.

A redação da norma jurídica voltada para os casos de jurisdição voluntária deixa claro que neste campo não se aplica o princípio da causalidade e da sucumbência, válidos apenas para a jurisdição contenciosa.

Como na jurisdição voluntária há uma atividade administrativa exercida pelos órgãos jurisdicionais (administração pública de interesses privados), em verdade todos os que participam da situação jurídica a ser resolvida mediante a intervenção judicial são beneficiados de alguma maneira e assim, devem arcar com as despesas processuais: mas o rateio deverá observar a proporcionalidade dos interesses envolvidos.

A norma conserva apenas a regra atinente ao *adiantamento* das despesas, que devem ficar a cargo do interessado que requereu a medida.

Os honorários advocatícios serão pagos pelos interessados, cada um respondendo pelo seu.

9.3 DESPESAS EM CASO DE AÇÃO DE DIVISÃO E DE DEMARCAÇÃO

Para a ação de divisão de terras e de demarcação de limites há regra especial no Código de Processo Civil:

> Art. 89. Nos juízos divisórios, não havendo litígio, os interessados pagarão as despesas proporcionalmente a seus quinhões.
>
> Art. 25. Nos juízos divisórios, não havendo litígio, os interessados pagarão as despesas proporcionalmente aos seus quinhões.

A norma cuida da ação típica de divisão ou de demarcação de terras particulares, destinando-se, a primeira, a extinguir o condomínio existente sobre o imóvel e, a segunda, para constituir, aviventar ou renovar os limites entre propriedades.

Dessa forma, a ação, julgada procedente, acaba beneficiando todos os condôminos ou todos os confrontantes, sendo justo, pois, que paguem, proporcionalmente, as despesas processuais.

CAPÍTULO XXIX – DAS DESPESAS E MULTAS PROCESSUAIS IMPOSTAS...

Todavia, se a ação for julgada *improcedente* é porque houve resistência à pretensão do autor (caracterizando-se o litígio) e, então se aplica a regra geral de condenação do vencido (isto é, do autor) nas despesas.

Pode ainda ocorrer que, havendo litígio, a ação seja julgada procedente. Neste caso, o réu arcará com as despesas.

No que concerne aos honorários advocatícios, não havendo litígio, cada parte arcará com o seu.

9.4 DESPESAS PROCESSUAIS POR ATOS EFETUADOS A REQUERIMENTO DO MINISTÉRIO PÚBLICO OU DA FAZENDA

Os atos requeridos ou efetuados pelo Ministério Público, quando atuar como fiscal da lei (*custos legis*) terão seu pagamento adiantado pelo autor, segundo o art. 82, § 1º do Código de Processo Civil:[17]

> Art. 82. (*omissis*)
>
> § 1º Incumbe ao autor adiantar as despesas relativas a ato cuja realização o juiz determinar de ofício ou a requerimento do Ministério Público, quando sua intervenção ocorrer como *fiscal* da ordem jurídica.

Todavia, as despesas com os atos requeridos ou efetuados pela Fazenda Pública e nas hipóteses em que o Ministério Público for parte o regime é outro:

> Art. 91. As despesas dos atos processuais praticados a requerimento da Fazenda Pública, do Ministério Público ou da Defensoria Pública serão pagas ao final pelo vencido.

---

[17] O Ministério Público pode atuar no processo por duas razões – como parte ativa ou como fiscal da lei. Neste último caso, a ação é ajuizada por terceiro, mas dada a relevância da relação jurídica discutida em juízo, a norma processual determina a intervenção ministerial para vigiar a correta aplicação da lei, dispondo do direito de requerer a produção de provas. Isso ocorre, por exemplo, numa ação de investigação de paternidade.

§ 1º As perícias requeridas pela Fazenda Pública, pelo Ministério Público ou pela Defensoria Pública poderão ser realizadas por entidade pública ou, havendo previsão orçamentária, ter os valores adiantados por aquele que requerer a prova.

§ 2º Não havendo previsão orçamentária no exercício financeiro para adiantamento dos honorários periciais, eles serão pagos no exercício seguinte ou ao final, pelo vencido, caso o processo se encerre antes do adiantamento a ser feito pelo ente público.

Art. 27. As despesas dos atos processuais, efetuados a requerimento do Ministério Público ou da Fazenda Pública, serão pagas ao final pelo vencido.

Segundo o sistema do código, portanto, quando a Fazenda Pública e o Ministério Público forem partes na ação, ou as perícias serão realizadas por entidade pública ou, havendo previsão orçamentária, os valores serão adiantados por aquele que requerer a prova (art. 91, § 1º).

Todavia, se não houver previsão orçamentária no exercício financeiro para adiantamento dos honorários periciais, eles serão pagos no exercício seguinte ou ao final, pelo vencido, caso o processo se encerre antes do adiantamento a ser feito pelo ente público (art. 91, § 2º).

Se não houver previsão orçamentária, caberá ao perito realizar a perícia sem qualquer adiantamento – se o particular for vencido, pagará os honorários periciais; caso contrário o *expert* receberá no ano seguinte.

9.5 SENTENÇA DE PROCEDÊNCIA OU IMPROCEDÊNCIA EM PROCESSO COM MAIS DE UM AUTOR OU MAIS DE UM RÉU

O processo pode contar com uma ou mais partes ativas (vários autores) ou com uma ou mais partes passivas (vários réus), ou, ainda, com várias partes ativas e várias partes passivas. Quando há vários sujeitos ativos ou vários sujeitos passivos, ocorre o *litisconsórcio*.

Esta situação tem reflexos no pagamento das despesas processuais e honorários advocatícios a serem estabelecidos pelo juiz, na sentença final.

CAPÍTULO XXIX – DAS DESPESAS E MULTAS PROCESSUAIS IMPOSTAS...

A regra está no art. 87 do Código de Processo Civil:

> Art. 87. Concorrendo *diversos autores ou diversos réus*, os vencidos respondem *proporcionalmente* pelas despesas e pelos honorários.
>
> § 1º A sentença deverá distribuir entre os litisconsortes, de forma expressa, a responsabilidade proporcional pelo pagamento das verbas previstas no *caput*.
>
> § 2º Se a distribuição de que trata o § 1º não for feita, os vencidos responderão solidariamente pelas despesas e pelos honorários.
>
> Art. 23. Concorrendo diversos autores ou diversos réus, os vencidos respondem pelas despesas e honorários em proporção.

A proporção a que se refere a norma diz respeito ao interesse de cada parte objeto do processo – seja para obtê-lo, seja em face da responsabilidade por ele. Assim, se um dos autores tem 90% do bem e outro apenas 10%, nessa proporção eles arcarão com as despesas e honorários, se forem vencidos. Da mesma forma, se um dos réus reponde por 90% da dívida e o outro por 10%, uma vez vencidos, nessa mesma proporção deverão responder pelas despesas processuais e honorários advocatícios.

Merece atenção o disposto no § 1º – o juiz deve distribuir expressamente entre os litisconsortes, a responsabilidade proporcional de cada um pelo pagamento das despesas e honorários, isto é, fixar em percentuais os valores devidos.

Caso não o faça, o advogado deverá interpor *embargos de declaração* para corrigir a omissão judicial – e se nada fizer, a dívida passa a ser solidária, isto é, cada um fica responsável pela dívida inteira, conquanto dispondo de ação regressiva contra os demais.

9.6 SENTENÇA DE PROCEDÊNCIA PARCIAL EM PROCESSO COM UM SÓ RÉU OU SÓ AUTOR

Se a ação foi julgada parcialmente procedente é porque nem o autor nem o réu tinham *inteira* razão.

É claro que esta circunstância influi na distribuição do pagamento das despesas processuais e dos honorários advocatícios.

Estabelece o art. 86 do Código de Processo Civil que:

> Art. 86. Se *cada litigante* for, em parte, vencedor e vencido, serão proporcionalmente distribuídas entre eles as despesas.
>
> Parágrafo único. Se um litigante sucumbir em parte mínima do pedido, o outro responderá, por inteiro, pelas despesas e pelos honorários.
>
> Art. 21. Se cada litigante for em parte vencedor e vencido, serão recíproca e proporcionalmente distribuídos e compensados entre eles os honorários e as despesas.

Portanto, nestes casos, deve o juiz cotejar os pedidos formulados e o teor do provimento jurisdicional dado, para encontrar a justa proporção entre a pretensão formulada e a pretensão acolhida, a fim de distribuir os ônus financeiros entre as partes.

No entanto, se um dos litigantes perde uma fração mínima do que pretendia – e esse mínimo cabe ao juiz avaliar – ficará isento do pagamento (parágrafo único).

9.7 SENTENÇA DE IMPROCEDÊNCIA QUANDO HÁ ASSISTÊNCIA

Assistente é um terceiro que ingressa no processo para ajudar uma das partes, que passa a ser chamado de assistido:

> Art. 94. Se o assistido for vencido, o assistente será condenado ao pagamento das custas em proporção à atividade que houver exercido no processo.

Em caso de derrota do assistido, ela será também do assistente – e por essa razão deve arcar com custas em proporção aos atos processuais que houver praticado.

CAPÍTULO XXIX – DAS DESPESAS E MULTAS PROCESSUAIS IMPOSTAS...

10. CASOS DE SENTENÇAS TERMINATIVAS

Sentenças terminativas são aquelas que encerram o processo sem julgamento de mérito, pela ausência de uma das condições da ação ou por falta de um dos pressupostos processuais.

As regras a respeito do pagamento das custas e honorários advocatícios para as sentenças terminativas são as mesmas que estudamos para as sentenças definitivas, isto é, aquelas que encerram o processo com julgamento de mérito.

Não obstante, assim dispôs o Código de Processo Civil:

> Art. 92. Quando, a requerimento do réu, o juiz proferir sentença sem resolver o mérito, o autor não poderá propor novamente a ação sem pagar ou depositar em cartório as despesas e os honorários a que foi condenado.
>
> Art. 28. Quando, a requerimento do réu, o juiz declarar extinto o processo sem julgar o mérito (art. 267, § 2º), o autor não poderá intentar de novo a ação, sem pagar ou depositar em cartório as despesas e os honorários, em que foi condenado.

A decisão que encerra o processo sem solução do mérito da causa pode ocorrer por uma decisão proferida *ex officio*, quando houver falta de uma das condições da ação ou ausência de pressuposto processual insanável.

Nesse caso, as despesas processuais correm por conta do autor, como regra geral. Caso a decisão tenha por fundamento requerimento do réu, o autor continua respondendo pelas despesas e *ainda pelos honorários advocatícios*.

Mas, em qualquer hipótese, não poderá repropor a ação sem efetuar tais pagamentos.

11. CASO DE ENCERRAMENTO DO PROCESSO POR ATO DA PARTE

O desfecho normal do processo se opera por ato do órgão jurisdicional, seja com ou sem exame do mérito ou dando ou não o provimento jurisdicional satisfativo.

ANTONIO ARALDO FERRAZ DAL POZZO

Todavia, a lei processual confere a certos atos da parte o condão de, em determinadas circunstâncias, encerrar o processo, com ou sem a atribuição total ou parcial do bem jurídico discutido.

Note-se que o processo sempre se encerra por decisão do judicial – pois certos atos, quando praticados pelas partes, têm o efeito de não deixar ao órgão jurisdicional alternativa diversa, senão encerrar o feito.

Assim, se o réu *reconhece* o pedido feito pelo autor, nada mais restará ao órgão jurisdicional senão (atendidos os requisitos legais do reconhecimento do pedido) julgar procedente a demanda em favor do autor.

Outro modo das partes determinarem o encerramento do processo é a *transação*, isto é, o acordo celebrado nos autos. Também aqui (sempre atendidas as exigências legais) nada mais resta ao juiz senão proferir uma sentença homologatória desse acordo.

Finalmente, pode o autor *desistir* da demanda sem o consentimento do réu, se formulada antes da citação, ou com a concordância deste, se ele já foi citado. Feita a desistência, o juiz deve encerrar o processo, através de uma sentença terminativa (sem exame de mérito ou sem o provimento satisfativo).

Ora, tais comportamentos processuais das partes têm influência na questão do pagamento das despesas processuais e honorários de advogado:

> Art. 90. Proferida sentença com fundamento em desistência, em renúncia ou em reconhecimento do pedido, as despesas e os honorários serão pagos pela parte que desistiu, renunciou ou reconheceu.
>
> § 1º Sendo parcial a desistência, a renúncia ou o reconhecimento, a responsabilidade pelas despesas e pelos honorários será proporcional à parcela reconhecida, à qual se renunciou ou da qual se desistiu.
>
> § 2º Havendo transação e nada tendo as partes disposto quanto às despesas, estas serão divididas igualmente.
>
> Art. 26. Se o processo terminar por desistência ou reconhecimento do pedido, as despesas e os honorários serão pagos pela parte que desistiu ou reconheceu.

CAPÍTULO XXIX – DAS DESPESAS E MULTAS PROCESSUAIS IMPOSTAS...

> § 1º Sendo parcial a desistência ou o reconhecimento, a responsabilidade pelas despesas e honorários será proporcional à parte de que se desistiu ou que se reconheceu.
>
> § 2º Havendo transação e nada tendo as partes disposto quanto às despesas, estas serão divididas igualmente.

O Código de Processo Civil, nesses casos especiais de encerramento do processo, não se afasta do sistema geral e dos mesmos princípios já estudados. De se observar, no entanto, que, em caso de transação, os honorários advocatícios serão sempre arcados pelas respectivas partes, caso o contrário não tenha sido avençado entre elas.

Resta consignar que tanto o § 3º como o § 4º buscam motivar as partes a realizar uma composição amigável, pondo fim ao processo.

> Art. 90. (*omissis*)
>
> § 3º Se a transação ocorrer antes da sentença, as partes ficam dispensadas do pagamento das custas processuais remanescentes, se houver.
>
> § 4º Se o réu reconhecer a procedência do pedido e, simultaneamente, cumprir integralmente a prestação reconhecida, os honorários serão reduzidos pela metade.

12. DESPESAS COM RECURSO – PREPARO E PORTE DE RETORNO

A interposição dos recursos se submete a um requisito de admissibilidade, que é o pagamento prévio de custa judicial chamada *preparo*, cuja ausência ou insuficiência acarretam a *deserção* do recurso, ou seja, o seu não conhecimento.

Nas custas do preparo estão compreendidas também as despesas com o chamado porte de retorno, que é a despesa pela movimentação dos autos que devem retornar ao juízo de origem após o julgamento do recurso.

A matéria está prevista no art. 1.007 e parágrafos:

> Art. 1.007. No ato de interposição do recurso, o recorrente comprovará, quando exigido pela legislação pertinente, o respectivo preparo, inclusive porte de remessa e de retorno, sob pena de deserção.

> Art. 511. No ato de interposição do recurso, o recorrente comprovará, quando *exigido pela legislação pertinente*, o respectivo preparo, inclusive porte de remessa e de retorno, sob pena de deserção.

> § 2º A insuficiência no valor do preparo implicará deserção, se o recorrente, intimado, não vier a supri-lo no prazo de cinco dias.

A leitura do art. 1007 está a indicar que o valor do preparo será determinado por legislação que não está no Código de Processo Civil – e realmente constam de leis estaduais, federais e resoluções dos tribunais superiores.[18]

Caso não efetue o preparo, o recurso será havido como deserto – e não será conhecido pelo órgão jurisdicional.

13. DA JUSTIÇA GRATUITA

13.1 BENEFICIÁRIOS E ALCANCE DA GRATUIDADE

O Código de Processo Civil traz um rol de normas disciplinadoras da concessão da gratuidade da Justiça, matéria que anteriormente vinha regulada apenas pela Lei n. 1.060, de 5 de fevereiro de 1950.

Em suas disposições finais, o Código de Processo Civil revogou inúmeros dispositivos desse diploma legal, a saber:

> Art. 1.072. Revogam-se:

---

[18] Atualmente está em vigor, para o Supremo Tribunal Federal, a Resolução n. 462/2011; para o Superior Tribunal de Justiça, a Lei n. 11.636/2007 e a Resolução n. 01/2008 e para o Estado de São Paulo a Lei n. 11.608/2003.

CAPÍTULO XXIX – DAS DESPESAS E MULTAS PROCESSUAIS IMPOSTAS...

III – os arts. 2º, 3º, 4º, 6º, 7º, 11, 12 e 17 da Lei n. 1.060, de 5 de fevereiro de 1950;[19]

---

[19] Lei n. 1.060, de 5/2/1950, sem os artigos revogados:

Art. 1º Os poderes públicos federal e estadual, independente da colaboração que possam receber dos municípios e da Ordem dos Advogados do Brasil, – OAB, concederão assistência judiciária aos necessitados nos termos da presente Lei.

Art. 5º O juiz, se não tiver fundadas razões para indeferir o pedido, deverá julgá-lo de plano, motivando ou não o deferimento dentro do prazo de setenta e duas horas.

§ 1º Deferido o pedido, o juiz determinará que o serviço de assistência judiciária, organizado e mantido pelo Estado, onde houver, indique, no prazo de dois dias úteis, o advogado que patrocinará a causa do necessitado.

§ 2º Se no Estado não houver serviço de assistência judiciária, por ele mantido, caberá a indicação à Ordem dos Advogados, por suas Seções Estaduais, ou Subseções Municipais.

§ 3º Nos municípios em que não existirem subseções da Ordem dos Advogados do Brasil. o próprio juiz fará a nomeação do advogado que patrocinará a causa do necessitado.

§ 4º Será preferido para a defesa da causa o advogado que o interessado indicar e que declare aceitar o encargo.

§ 5º Nos Estados onde a Assistência Judiciária seja organizada e por eles mantida, o Defensor Público, ou quem exerça cargo equivalente, será intimado pessoalmente de todos os atos do processo, em ambas as Instâncias, contando-se-lhes em dobro todos os prazos.

Art. 8º Ocorrendo as circunstâncias mencionadas no artigo anterior, poderá o juiz, *ex officio*, decretar a revogação dos benefícios, ouvida a parte interessada dentro de quarenta e oito horas improrrogáveis.

Art. 9º Os benefícios da assistência judiciária compreendem todos os atos do processo até decisão final do litígio, em todas as instâncias.

Art. 10. São individuais e concedidos em cada caso ocorrente os benefícios de assistência judiciária, que se não transmitem ao cessionário de direito e se extinguem pela morte do beneficiário, podendo, entretanto, ser concedidos aos herdeiros que continuarem a demanda e que necessitarem de tais favores, na forma estabelecida nesta Lei.

Art. 13. Se o assistido puder atender, em parte, as despesas do processo, o Juiz mandará pagar as custas que serão rateadas entre os que tiverem direito ao seu recebimento.

Art. 14. Os profissionais liberais designados para o desempenho do encargo de defensor ou de perito, conforme o caso, salvo justo motivo previsto em lei ou, na sua omissão, a critério da autoridade judiciária competente, são obrigados ao respectivo cumprimento, sob pena de multa de Cr$ 1.000,00 (mil cruzeiros) a Cr$ 10.000,00 (dez mil cruzeiros), sujeita ao reajustamento estabelecido na Lei n. 6.205, de 29 de abril de 1975, sem prejuízo de sanção disciplinar cabível.

§ 1º Na falta de indicação pela assistência ou pela própria parte, o juiz solicitará a do órgão de classe respectivo.

ANTONIO ARALDO FERRAZ DAL POZZO

O Código de Processo Civil abre o tema indicando quem pode ser beneficiário da gratuidade da justiça:

> Art. 98. A pessoa *natural ou jurídica*, brasileira ou estrangeira, com insuficiência de recursos para pagar as custas, as despesas processuais e os honorários advocatícios tem direito à gratuidade da justiça, na forma da lei.

Note-se que a lei processual torna a pessoa jurídica também habilitada a gozar da gratuidade, desde que não disponha de numerário para pagar despesas processuais, incluindo custas e honorários advocatícios.

---

§ 2º A multa prevista neste artigo reverterá em benefício do profissional que assumir o encargo na causa.

Art. 15. São motivos para a recusa do mandato pelo advogado designado ou nomeado:

§ 1º estar impedido de exercer a advocacia.

§ 2º ser procurador constituído pela parte contrária ou ter com ela relações profissionais de interesse atual;

§ 3º ter necessidade de se ausentar da sede do juízo para atender a outro mandato anteriormente outorgado ou para defender interesses próprios inadiáveis;

§ 4º já haver manifestado por escrito sua opinião contrária ao direito que o necessitado pretende pleitear;

§ 5º haver dada à parte contrária parecer escrito sobre a contenda.

Parágrafo único. A recusa será solicitada ao juiz, que, de plano a concederá, temporária ou definitivamente, ou a denegará.

Art. 16. Se o advogado, ao comparecer em juízo, não exibir o instrumento do mandato outorgado pelo assistido, o juiz determinará que se exarem na ata da audiência os termos da referida outorga.

Parágrafo único. O instrumento de mandato não será exigido, quando a parte for representada em juízo por advogado integrante de entidade de direito público incumbido na forma da lei, de prestação de assistência judiciária gratuita, ressalvados:

a) os atos previstos no art. 38 do Código de Processo Civil;

b) o requerimento de abertura de inquérito por crime de ação privada, a proposição de ação penal privada ou o oferecimento de representação por crime de ação pública condicionada.

Art. 18. Os acadêmicos de direito, a partir da 4ª série, poderão ser indicados pela assistência judiciária, ou nomeados pelo juiz para auxiliar o patrocínio das causas dos necessitados, ficando sujeitos às mesmas obrigações impostas por esta Lei aos advogados.

Art. 19. Esta Lei entrará em vigor trinta dias depois da sua publicação no Diário oficial da União, revogadas as disposições em contrário.

CAPÍTULO XXIX – DAS DESPESAS E MULTAS PROCESSUAIS IMPOSTAS...

O § 1º dessa mesma norma enumera o que compreende a gratuidade:

> Art. 98. (*omissis*)
>
> § 1º A gratuidade da justiça compreende:
>
> I – as taxas ou as custas judiciais;
>
> II – os selos postais;
>
> III – as despesas com publicação na imprensa oficial, dispensando-se a publicação em outros meios;
>
> IV – a indenização devida à testemunha que, quando empregada, receberá do empregador salário integral, como se em serviço estivesse;
>
> V – as despesas com a realização de exame de código genético – DNA e de outros exames considerados essenciais;
>
> VI – os honorários do advogado e do perito e a remuneração do intérprete ou do tradutor nomeado para apresentação de versão em português de documento redigido em língua estrangeira;
>
> VII – o custo com a elaboração de memória de cálculo, quando exigida para instauração da execução;
>
> VIII – os depósitos previstos em lei para interposição de recurso, para propositura de ação e para a prática de outros atos processuais inerentes ao exercício da ampla defesa e do contraditório;
>
> IX – os emolumentos devidos a notários ou registradores em decorrência da prática de registro, averbação ou qualquer outro ato notarial necessário à efetivação de decisão judicial ou à continuidade de processo judicial no qual o benefício tenha sido concedido.

Todavia, o juiz poderá delimitar o âmbito da gratuidade:

> Art. 95. (*omissis*)
>
> § 5º A gratuidade poderá ser concedida em relação a algum ou a todos os atos processuais, ou consistir na redução percentual de despesas processuais que o beneficiário tiver de adiantar no curso do procedimento.

Ainda há a possibilidade de o juiz conceder o parcelamento de despesas que o beneficiário tiver que adiantar:

> Art. 95. (*omissis*)
>
> § 6º Conforme o caso, o juiz poderá conceder direito ao parcelamento de despesas processuais que o beneficiário tiver de adiantar no curso do procedimento.

13.2 REGRAS ESPECIAIS QUANTO AOS EMOLUMENTOS DEVIDOS A NOTÁRIOS OU REGISTRADORES

Tais emolumentos são os previstos no inciso IX do § 1º do art. 98:

> IX – os emolumentos devidos a notários ou registradores em decorrência da prática de registro, averbação ou qualquer outro ato notarial necessário à efetivação de decisão judicial ou à continuidade de processo judicial no qual o benefício tenha sido concedido.

Numa ação de usucapião, por exemplo, tais atos notariais serão necessários em caso de procedência da demanda.

Ao custeio de tais emolumentos há regras previstas:

> Art. 98. (*omissis*)
>
> § 7º Aplica-se o disposto no art. 95, §§ 3º a 5º, ao custeio dos emolumentos previstos no § 1º, inciso IX, do presente artigo, observada a tabela e as condições da lei estadual ou distrital respectiva.
>
> Art. 95. (*omissis*)
>
> § 3º Quando o pagamento da perícia for de responsabilidade de beneficiário de gratuidade da justiça, ela poderá ser:
>
> I – custeada com recursos alocados no orçamento do ente público e realizada por servidor do Poder Judiciário ou por órgão público conveniado;
>
> II – paga com recursos alocados no orçamento da União, do Estado ou do Distrito Federal, no caso de ser realizada por

CAPÍTULO XXIX – DAS DESPESAS E MULTAS PROCESSUAIS IMPOSTAS...

particular, hipótese em que o valor será fixado conforme tabela do tribunal respectivo ou, em caso de sua omissão, do Conselho Nacional de Justiça.

§ 4º Na hipótese do § 3º, o juiz, após o trânsito em julgado da decisão final, oficiará a Fazenda Pública para que promova, contra quem tiver sido condenado ao pagamento das despesas processuais, a execução dos valores gastos com a perícia particular ou com a utilização de servidor público ou da estrutura de órgão público, observando-se, caso o responsável pelo pagamento das despesas seja beneficiário de gratuidade da justiça, o disposto no art. 98, § 2º.

§ 5º Para fins de aplicação do § 3º, é vedada a utilização de recursos do fundo de custeio da Defensoria Pública.

Sobre o mesmo tema, ainda há a norma do § 8º do art. 98:

Art. 98. (*omissis*)

§ 8º Na hipótese do § 1º, inciso IX, havendo dúvida fundada quanto ao preenchimento atual dos pressupostos para a concessão de gratuidade, o notário ou registrador, após praticar o ato, pode requerer, ao juízo competente para decidir questões notariais ou registrais, a revogação total ou parcial do benefício ou a sua substituição pelo parcelamento de que trata o § 6º deste artigo, caso em que o beneficiário será citado para, em 15 (quinze) dias, manifestar-se sobre esse requerimento.

13.3 CARÁTER TEMPORÁRIO DA CONCESSÃO DA GRATUIDADE

Se o beneficiário for *vencido* na demanda na qual foi beneficiário da gratuidade, ficará responsável pelas despesas processuais e honorários advocatícios pelos próximos cinco anos após o trânsito em julgado da decisão – e se após esse período ainda não dispuser de condições de pagamento, suas obrigações se extinguem:

Art. 98. (*omissis*)

§ 2º A concessão de gratuidade não afasta a responsabilidade do beneficiário pelas despesas processuais e pelos honorários advocatícios decorrentes de sua sucumbência.

§ 3º Vencido o beneficiário, as obrigações decorrentes de sua sucumbência ficarão sob condição suspensiva de exigibilidade e somente poderão ser executadas se, nos 5 (cinco) anos subsequentes ao trânsito em julgado da decisão que as certificou, o credor demonstrar que deixou de existir a situação de insuficiência de recursos que justificou a concessão de gratuidade, extinguindo-se, passado esse prazo, tais obrigações do beneficiário.

§ 4º A concessão de gratuidade não afasta o dever de o beneficiário pagar, ao final, as multas processuais que lhe sejam impostas.

13.4 DO PEDIDO DE GRATUIDADE

O pretendente à gratuidade da justiça poderá formular seu pedido ou na petição inicial (se for autor) ou na contestação (se for réu), ou, ainda, na petição em que, embora não sendo parte originária, pretende ingressar nos autos:

> Art. 99. O pedido de gratuidade da justiça pode ser formulado na petição inicial, na contestação, na petição para ingresso de terceiro no processo ou em recurso.

Todavia, se depois de estar presente na relação jurídica processual sobrevém a impossibilidade de arcar com as despesas do processo e honorários advocatícios, o interessado pode pleitear o benefício em petição própria:

> Art. 96. (*omissis*)
>
> § 1º Se superveniente à primeira manifestação da parte na instância, o pedido poderá ser formulado por petição simples, nos autos do próprio processo, e não suspenderá seu curso.

Essa situação superveniente pode ocorrer até mesmo quando o processo já estiver em fase de recurso. Tal situação jurídica é disciplinada pelo § 7º do art. 97:

CAPÍTULO XXIX – DAS DESPESAS E MULTAS PROCESSUAIS IMPOSTAS...

> Art. 97. (*omissis*)
>
> § 7º Requerida a concessão de gratuidade da justiça em recurso, o recorrente estará dispensado de comprovar o recolhimento do preparo, incumbindo ao relator, neste caso, apreciar o requerimento e, se indeferi-lo, fixar prazo para realização do recolhimento.

Isso significa que o relator não pode julgar o recurso deserto (por falta de preparo), mas conferir prazo para recolhimento das custas devidas.

A lei processual confere presunção de verdade na alegação feita por pessoa natural, a respeito da necessidade da justiça gratuita – mas trata-se de presunção *juris tantum*, isto é, que admite prova em contrário:

> Art. 95. (*omissis*)
>
> § 3º Presume-se verdadeira a alegação de insuficiência deduzida exclusivamente por pessoa natural.

Assim, por demonstração da parte contrária ou por evidência existente nos próprios autos, o juiz pode indeferir o pedido. Antes, porém, em atenção ao princípio da ampla defesa e do contraditório, determinará ao interessado que comprove as condições para obtenção da gratuidade:

> Art. 95. (*omissis*)
>
> § 2º O juiz somente poderá indeferir o pedido se houver nos autos elementos que evidenciem a falta dos pressupostos legais para a concessão de gratuidade, devendo, antes de indeferir o pedido, determinar à parte a comprovação do preenchimento dos referidos pressupostos.

O direito à gratuidade é de natureza pessoal e, portanto, intransmissível. A concessão de gratuidade aos litisconsortes ou sucessores será feita com fundamento na condição pessoal destes últimos.

611

Art. 95. (*omissis*)

§ 6º O direito à gratuidade da justiça é pessoal, não se estenden-do a litisconsorte ou a sucessor do beneficiário, salvo requerimen-to e deferimento expressos.

O fato de o interessado contar com seu advogado nos autos não impede o pedido de gratuidade da justiça. Nesses casos, aconselha-se juntar declaração do advogado de que não está cobrando honorários pelos seus serviços:

Art. 95. (*omissis*)

§ 4º A assistência do requerente por advogado particular não impede a concessão de gratuidade da justiça.

§ 5º Na hipótese do § 4º, o recurso que verse exclusivamente sobre valor de honorários de sucumbência fixados em favor do advogado de beneficiário estará sujeito a preparo, salvo se o pró-prio advogado demonstrar que tem direito à gratuidade.

13.5 DEFERIMENTO DO PEDIDO E SUA IMPUGNAÇÃO

Os princípios do *due processo of law* – do devido processo legal – sempre devem ser respeitados. Por essa razão, o legislador previu a possibilidade de a outra parte impugnar o pedido de gratuidade da justiça.

Dependendo do momento em que o pedido foi feito, essa im-pugnação poderá ser apresentada em contestação, na réplica, nas con-trarrazões de recurso ou, nos casos de pedido superveniente ou formu-lado por terceiro, por meio de petição simples, a ser apresentada no prazo de quinze dias. A impugnação não suspende o processo:

Art. 100. Deferido o pedido, a parte contrária poderá oferecer impugnação na contestação, na réplica, nas contrarrazões de re-curso ou, nos casos de pedido superveniente ou formulado por terceiro, por meio de petição simples, a ser apresentada no prazo de 15 (quinze) dias, nos autos do próprio processo, sem suspen-são de seu curso.

CAPÍTULO XXIX – DAS DESPESAS E MULTAS PROCESSUAIS IMPOSTAS...

Caso o benefício concedido seja revogado em face das alegações e provas ofertadas pela outra parte, aplica-se o disposto no parágrafo único do art. 100:

> Art. 100. (*omissis*)
>
> Parágrafo único. Revogado o benefício, a parte arcará com as despesas processuais que tiver deixado de adiantar e pagará, em caso de má-fé, até o décuplo de seu valor a título de multa, que será revertida em benefício da Fazenda Pública estadual ou federal e poderá ser inscrita em dívida ativa.

Todavia, tais efeitos apenas ocorrerão quando do trânsito em julgado da decisão revogatória – e a falta de pagamento implicará extinção do processo por sentença terminativa:

> Art. 102. Sobrevindo o trânsito em julgado de decisão que revoga a gratuidade, a parte deverá efetuar o recolhimento de todas as despesas de cujo adiantamento foi dispensada, inclusive as relativas ao recurso interposto, se houver, no prazo fixado pelo juiz, sem prejuízo de aplicação das sanções previstas em lei.
>
> Parágrafo único. Não efetuado o recolhimento, o processo será extinto sem resolução de mérito, tratando-se do autor, e, nos demais casos, não poderá ser deferida a realização de nenhum ato ou diligência requerida pela parte enquanto não efetuado o depósito.

13.6 RECURSOS CABÍVEIS

Contra a decisão que defere ou indefere o pedido de gratuidade cabe o recurso de agravo de instrumento – se a decisão for proferida na pendência do processo – ou recurso de apelação, se concedida na sentença final:[20]

---

20 O recurso de agravo de instrumento é cabível contra decisão interlocutória – aquela que decide uma questão sem encerrar o processo. Já a apelação é recurso adequado contra a decisão final, seja definitiva ou terminativa.

Art. 101. Contra a decisão que indeferir a gratuidade ou a que acolher pedido de sua revogação caberá agravo de instrumento, exceto quando a questão for resolvida na sentença, contra a qual caberá apelação.

§ 1º O recorrente estará dispensado do recolhimento de custas até decisão do relator sobre a questão, preliminarmente ao julgamento do recurso.

§ 2º Confirmada a denegação ou a revogação da gratuidade, o relator ou o órgão colegiado determinará ao recorrente o recolhimento das custas processuais, no prazo de 5 (cinco) dias, sob pena de não conhecimento do recurso.

Portanto, assim como ocorre quando a gratuidade é requerida em fase de recurso e é indeferida, há que se dar igual oportunidade para o interessado efetuar o preparo se a denegação ou revogação da gratuidade em recurso, por decisão *singular do Relator.*

Capítulo XXX

DO PROCESSO COM PLURALIDADE DE PARTES – LITISCONSÓRCIO

Sumário: 1. Conceito de litisconsórcio e finalidades do instituto. 2. Classificações doutrinárias do litisconsórcio. 3. Hipóteses legais de litisconsórcio facultativo (ou recusável) – art. 113 do Código de Processo Civil. 4. Litisconsórcio facultativo por comunhão de direitos ou de obrigações relativamente à lide (inciso I do art. 113 do Código de Processo Civil). 5. Litisconsórcio facultativo por conexão pelo objeto ou pela causa de pedir (inciso II do art. 113 do Código De Processo Civil). 5.1 Introdução. 5.2 Litisconsórcio facultativo por conexão pela causa de pedir. 5.3 Litisconsórcio facultativo por conexão pelo objeto. 5.4 Condição específica para o litisconsórcio por conexão pela causa de pedir ou pelo objeto. 6. Litisconsórcio facultativo por afinidade de questões por um ponto comum de fato ou de direito (inciso III do art. 113 do Código de Processo Civil). 6.1 Questão de fato e questão de direito. 6.2 Questões de fato afins por um ponto comum. 6.3 Questões de direito afins por um ponto comum. 6.4 Observações finais. 7. Ações cumuladas em processo litisconsorcial facultativo e ajuizadas separadamente. 8. Litisconsórcio necessário – art. 114 do Código de Processo Civil. 9. Litisconsórcio unitário – art. 116. 9.1 Situações jurídicas que ensejam o litisconsórcio unitário. 9.2 Litisconsórcio unitário passivo e o direito de ação. 9.3 Litisconsórcio unitário ativo e o direito de ação. 9.4 Litisconsórcio unitário passivo e falta de uma das partes. 10. Regimes jurídicos do litisconsórcio. 11. Regime geral do litisconsórcio. 12. Regime especial do litisconsórcio unitário. 12.1 Princípios gerais do regime especial do litisconsórcio unitário. 12.2 Litisconsórcio unitário e o direito deduzido em juízo. 13. Regime especial das diversas espécies de litisconsórcio em face de situações processuais específicas. 13.1 Regime especial quanto aos recursos. 13.1.1 Recurso e litisconsórcio unitário. 13.1.2 Recurso e litisconsórcio necessário. 13.1.3 Recurso e litisconsórcio facultativo. 13.2 Regime especial quanto à revelia. 13.3 Regime especial quanto à impugnação especificada dos fatos narrados pelo autor. 13.4 Regime especial quanto às questões relativas ao direito de ação e ao processo. 13.5 Regime especial quanto à prova. 14. O litisconsórcio facultativo é recusável.

1. CONCEITO DE LITISCONSÓRCIO E FINALIDADES DO INSTITUTO

Recordando conceitos já estudados , principiamos com o de processo: o complexo de atos que possuem a finalidade comum de obter a formulação ou a realização prática da regra jurídica concreta pelos órgãos jurisdicionais.

Também já vimos que o processo contém uma única relação jurídica processual, mas pode conter em seu bojo *mais de uma ação*. Para que isso ocorra, é preciso que haja mais de uma parte ativa ou passiva, ou mais de uma causa de ou mais de um objeto.[1]

Nosso tema é o processo com *pluralidade de partes* – ou seja, com mais de um autor ou mais de um réu (ou ambos).

A simples existência de mais de uma ação na relação jurídica processual não significa, por si só, um processo com tais características, pois pode ocorrer que essas ações sejam propostas por um *único autor* em face

---

[1] Todavia, como veremos adiante, nem sempre a presença de mais de uma parte significa mais de uma ação.

CAPÍTULO XXX – DO PROCESSO COM PLURALIDADE DE PARTES:...

de *um único réu:* e o processo, conquanto albergue duas ou mais ações não é um processo com pluralidade de partes. As partes são únicas.

Todavia, no processo pode haver várias pessoas como partes ativas e uma única parte passiva; ou, então haver várias partes passivas e um único autor e, ainda, pode ocorrer que sejam vários autores e vários réus: em todos esses casos, o processo se diz com *pluralidade de partes.*

Quando o processo apresenta pluralidade de partes, tecnicamente dizemos que nele há um *litisconsórcio* e o processo se denomina *processo litisconsorcial.*

Litisconsórcio, pois, é a presença de várias partes ativas ou passivas num mesmo processo.[2]

"Há litisconsórcio, escreve Liebman, quando, ao invés das habituais duas partes, há mais autores, ou mais réus, ou mais autores e mais réus (respectivamente, litisconsórcio *ativo, passivo* e *misto*).[3]

Esquematicamente:

{B/C (partes ativas)– A (parte passiva)} – litisconsórcio ativo

{A (parte ativa) – B/C (partes passivas)} – litisconsórcio passivo

{A/B (partes ativas) – C/D (partes passivas)} – litisconsórcio misto

Contudo, se a presença de mais de uma causa de pedir e de mais de um pedido autônomo significa a existência de várias ações cumuladas no mesmo processo, a existência do litisconsórcio nem sempre significa a presença de mais de uma ação, como veremos adiante. Para que o processo litisconsorcial contenha mais de uma ação, é preciso que haja, também, *mais de uma causa de pedir ou mais de um pedido.*

---

[2] Como o nome está a indicar, há um *consórcio* entre as partes sobre uma determinada lide, referente ao direito de ação ou ao direito de defesa. As partes, neste caso, são chamadas de litisconsortes.

[3] LIEBMAN, Enrico Tullio. *Manuale di Diritto Processuale Civile*: Principi. 7ª Ed. Milano: Giuffrè Editore, 2007, p. 98.

O instituto do litisconsórcio se justifica pelas seguintes e principais razões:

(i) Proporciona grande economia processual, evitando a instauração de vários processos;

(ii) Evita sentenças contraditórias, que sempre desprestigiam a Justiça;

(iii) Possibilita que sentenças proferidas a respeito de determinadas relações jurídicas possam ter eficácia;

Vejamos tais justificativas:

(i) Economia processual

Suponha-se que um mesmo contrato obrigue duas pessoas a darem a uma terceira coisas diversas: a presença desses dois coobrigados num mesmo processo (litisconsorcial) evitará os gastos que seriam realizados em dois processos (não litisconsorciais) distintos.

Com efeito, o instituto do litisconsórcio atende ao princípio de economia processual porque, litigando juntas ou contra várias pessoas num único processo, há economia de custas judiciais, de atos processuais e de honorários de advogado, e outros, além da redução dos atos probatórios: a prova feita uma única vez servirá para todas as ações.

Além disso, a presença obrigatória de várias pessoas no polo passivo da relação jurídica processual, mesmo que a sentença possa ser diferente para cada uma delas, também evita processos distintos, pois, se um dos litisconsortes que deveria estar presente ficou esquecido, em face dele a sentença não terá eficácia. Para valer contra ele se exige uma nova ação, com possibilidade de ampla defesa e do contraditório.

(ii) Sentenças contraditórias

Na hipótese acima figurada de um contrato que obriga duas pessoas a prestações diversas, se os processos fossem separados, sempre haveria o risco de uma das demandas ser julgada procedente e de a outra ser julgada improcedente, por se entender, por exemplo, nesta última, que o contrato é nulo: seriam sentenças logicamente contraditórias, mas

CAPÍTULO XXX – DO PROCESSO COM PLURALIDADE DE PARTES:...

que conviveriam e seriam válidas perante nosso ordenamento jurídico, embora essas situações desprestigiem, e em muito, a própria Justiça.

(iii) Sentença ineficaz

Há certas relações jurídicas que ou bem existem para todos os que dela participam ou não existem para ninguém. A relação jurídica de casamento, por exemplo, ou existe para o marido e a mulher, ou, então, para nenhum deles. Não se pode, juridicamente, ter um marido sem a esposa. Nestas hipóteses a sentença proferida em face de um só dos cônjuges não teria condições de produzir efeitos: seria ineficaz.

2. CLASSIFICAÇÕES DOUTRINÁRIAS DO LITISCONSÓRCIO

A doutrina tem se preocupado em classificar o litisconsórcio, o que faz, no entanto, com *critérios* diferentes. Vejamos os principais:

- (i) pelo critério da posição das várias partes processuais nos dois pólos da relação jurídica processual, o litisconsórcio pode ser:

  (i.a.) ativo – quando houver apenas vários sujeitos ativos;

  (i.b.) passivo – quando houver somente vários sujeitos passivos;

  (i.c.) misto – quando houver vários sujeitos ativos e vários sujeitos passivos.

- (ii) pelo critério do momento de sua constituição:

  (ii.a) inicial – quando formado desde o ajuizamento da ação;

  (ii.b.) posterior *(ou ulterior)* – quando constituído depois do ajuizamento da ação. [4]

- (iii) pelo critério na imprescindibilidade ou não da presença de várias pessoas no pólo ativo ou de várias pessoas no pólo passivo da relação jurídica processual: [5]

---

[4] O litisconsórcio posterior ou ulterior tem lugar quando, após o ajuizamento da ação, é admitida outra parte na relação jurídica processual.

[5] Este critério também pode ser visto como sendo o da influência ou não da vontade das partes na formação do litisconsórcio. Se as partes podem decidir se formarão ou não

(iii.a.) <u>necessário</u> (ou *irrecusável*) – quando é obrigatória a presença de várias partes passivas;

(iii.b) <u>facultativo</u> (ou *recusável*) – quando, ao contrário, a presença de várias partes ativas ou de várias partes passivas não é obrigatória.

(iv) pelo critério da exigência ou não de que a decisão seja uniforme para todos os litisconsortes:

(iv.a) <u>unitário</u> – quando a decisão precisa ser uniforme para todos os litisconsortes;

(iv.b) <u>comum</u> (ou *simples*) – quando a decisão pode ser diferente para os litisconsortes.

Como essas classificações são feitas com base em diferentes critérios, o mesmo litisconsórcio pode ser, por exemplo, e simultaneamente: ativo, inicial, facultativo e simples. Isto significa que esse litisconsórcio é formado entre autores (ativo), desde o início da demanda (inicial), por livre vontade daqueles (facultativo) e que a decisão a ser proferida não precisa ser a mesma para todos (simples).

Todos os litisconsórcios podem ser ativos ou passivos. Alguns somente podem ser iniciais, mas sempre será possível a formação de litisconsórcio posterior, qualquer que seja a espécie dele.

Dentre as espécies de litisconsórcio referidas nas classificações acima, pela sua maior importância e complexidade, examinaremos com mais profundidade as duas últimas (litisconsórcios facultativos e necessários; litisconsórcios unitários e simples).

3. HIPÓTESES LEGAIS DE LITISCONSÓRCIO FACULTATIVO (OU RECUSÁVEL) – ART. 113 DO CÓDIGO DE PROCESSO CIVIL

As hipóteses em que a lei processual permite a formação de litisconsórcios facultativos estão previstas no art. 113 do Código de Processo Civil:

---

um litisconsórcio ativo, ou se a parte pode decidir se proporá a ação contra um réu ou contra vários, o litisconsórcio é facultativo; se a formação do litisconsórcio decorre de imposição de lei, ele será necessário.

CAPÍTULO XXX – DO PROCESSO COM PLURALIDADE DE PARTES:...

Art. 113. Duas ou mais pessoas podem litigar, no mesmo processo, em conjunto, ativa ou passivamente, quando:

I – entre elas houver comunhão de direitos ou de obrigações relativamente à lide;

II – entre as causas houver conexão pelo pedido ou pela causa de pedir;

III – ocorrer afinidade de questões por ponto comum de fato ou de direito.[6]

§ 1º O juiz poderá limitar o litisconsórcio *facultativo* quanto ao número de litigantes na fase de conhecimento, na liquidação de sentença ou na execução, quando este comprometer a rápida solução do litígio ou dificultar a defesa ou o cumprimento da sentença.

§ 2º O requerimento de limitação interrompe o prazo para manifestação ou resposta, que recomeçará da intimação da decisão que o solucionar.

Art. 46. Duas ou mais pessoas podem litigar, no mesmo processo, em conjunto, ativa ou passivamente, quando:

I – entre elas houver comunhão de direitos ou de obrigações relativamente à lide;

II – os direitos ou as obrigações derivarem do mesmo fundamento de fato ou de direito;

III – entre as causas houver conexão pelo objeto ou pela causa de pedir;

IV – ocorrer afinidade de questões por um ponto comum de fato ou de direito .

Parágrafo único. O juiz poderá limitar o litisconsórcio facultativo quanto ao número de litigantes, quando este comprometer a rápida solução do litígio ou dificultar a defesa. O pedido de limitação interrompe o prazo para resposta, que recomeça da intimação da decisão.

---

[6] O CPC vigente reformulou o antigo art. 46 do CPC revogado, retirando do texto o inciso II, que previa caso de litisconsórcio facultativo quando "os direitos ou as obrigações derivarem do mesmo fundamento de fato ou de direito", porque nesse caso há evidente conexão, bastando, assim, o atual inciso II, que corresponde ao inciso III do CPC anterior.

Todas essas situações previstas no art. 113 do Código de Processo Civil são de litisconsórcios *facultativos*, dada a sua própria dicção: "duas ou mais pessoas *podem* litigar".

Em todos esses casos sempre teremos no processo litisconsorcial duas ou mais ações ajuizadas cumulativamente: ou por vários autores (litisconsórcio facultativo ativo); ou pelo mesmo autor contra vários réus (litisconsórcio facultativo passivo); ou, finalmente, por vários autores contra vários réus (litisconsórcio facultativo misto).

A instituição do litisconsórcio facultativo inicial fica condicionada à *livre iniciativa dos autores*: eles é que decidem se vão ou não constituir um litisconsórcio facultativo *ativo* inicial ou se vão agir contra vários réus – ou seja, constituir um litisconsórcio facultativo *passivo* inicial.

Não existe no *ordenamento jurídico pátrio* uma norma que obrigue duas ou mais pessoas se litisconsorciarem *ativamente* para ingressar em juízo. Uma norma que assim viesse a estatuir seria inconstitucional porque cercearia o livre acesso ao Poder Judiciário, pois faria depender o ajuizamento da ação (ou das ações) da vontade de outrem que, não concedida, obstaculizaria o exercício do direito de ação, violando a Constituição Federal:

> Art. 5º (*omissis*)
>
> LV – A lei não excluirá da apreciação do Poder Judiciário nenhuma ameaça ou lesão a direito;

Portanto, *todo litisconsórcio ativo será sempre facultativo* e esse é um princípio a ser observado nesta matéria: seja o litisconsórcio de que natureza for – *necessário; unitário* ou *comum*. [7]

Da mesma forma, insista-se em que a instituição de um litisconsórcio facultativo inicial *passivo* depende exclusivamente da *vontade do*

---

[7] Há casos em que a lei exige o consentimento do outro cônjuge (art. 73), mas se este negar, o juiz pode suprir a falta desse consentimento – mas não há como forçar o cônjuge recalcitrante a ingressar em juízo.

CAPÍTULO XXX – DO PROCESSO COM PLURALIDADE DE PARTES:...

autor: ele é quem decide se vai ajuizar a ação ou as ações contra os réus num mesmo processo ou separadamente.

O litisconsórcio facultativo também recebe o nome de *recusável* porque, segundo o parágrafo único do art. 113, "o juiz poderá limitar o litisconsórcio facultativo quanto ao *número* de litigantes na fase de conhecimento, na liquidação da sentença ou na execução, quando este comprometer a rápida solução do litígio ou dificultar a defesa".

Essa norma tem aplicação em raros casos, mas pode ser utilizada pelo juiz, por exemplo, em ações propostas por um número muito grande de servidores contra a Fazenda Pública, reivindicando determinada vantagem econômica, de tal sorte que dificulte muito o exame da situação jurídica de cada autor.

Ocorrida a limitação imposta pelo juiz ou desde que requerida pela parte (art. 113, § 2º), haverá interrupção do prazo para manifestação ou resposta, que recomeça da intimação da decisão proferida a respeito.

4. LITISCONSÓRCIO FACULTATIVO POR COMUNHÃO DE DIREITOS OU DE OBRIGAÇÕES RELATIVAMENTE À LIDE (INCISO I DO ART. 113 DO CÓDIGO DE PROCESSO CIVIL)

O inciso I do art. 113 do Código de Processo Civil permite a formação de litisconsórcio *"quando houver comunhão de direitos ou de obrigações relativamente à lide"*.

Essa expressão *"lide"*, no texto legal, deve ser entendida restritivamente como *objeto da ação* .[8]

Portanto, a primeira leitura do inciso I do art. 113 deve ser esta: quando houver comunhão de direitos ou de obrigações *relativamente objeto da ação*.

---

[8] A regra era idêntica, no CPC revogado, cuja exposição de Motivos, no seu n. 6, esclarecia que "o projeto só usa a palavra lide para designar o mérito da causa" e, ainda: "a lide é, portanto, o *objeto principal do processo* e nela se exprimem as aspirações em conflito de ambos os litigantes" (grifamos). Idêntica exegese deve ser dada à norma vigente.

Como a ação tem um objeto imediato, que é o tipo de provimento jurisdicional pedido e um objeto mediato, que é o bem jurídico pretendido, a este último (objeto mediato) é que a norma processual se refere.[9]

Assim sendo, em relação ao *objeto mediato* deve haver:

(i) comunhão de *direitos* entre as pessoas que pretendam se litisconsorciar ativamente; ou

(ii) comunhão de *obrigações* entre aquelas que poderão formar o litisconsórcio passivo.

Há comunhão de *direitos* relativamente ao objeto mediato da demanda ou da ação (bem jurídico pretendido) quando este pode ser exigido por um só ou por todos os titulares do direito a ser deduzido em juízo.

Por ser "comum", o direito é idealmente de todos e de cada um de seus titulares, que, em conjunto ou isoladamente, podem exigir seu cumprimento.

Por exemplo: num condomínio sobre uma fazenda, o direito de reivindicá-la de um terceiro é comum a todos os condôminos, que podem ajuizar aquela ação isoladamente (cf. art. 1.314 do Código Civil) ou em conjunto (o direito à reivindicação é "comum" a todos). Reivindicando a fazenda em conjunto (objeto mediato da ação), os condôminos darão lugar à instituição de litisconsórcio facultativo ativo, com fundamento no inciso I, do art. 113 do Código de Processo Civil.

Da mesma forma, credores solidários podem constituir litisconsórcio ativo para cobrar a dívida do devedor comum, porque cada um

---

[9] Realmente, o tipo de *tutela jurisdicional* é irrelevante para a configuração do litisconsórcio facultativo porque não estabelece, entre eventuais ações condenatórias executivas que alguém pudesse ajuizar contra várias pessoas, por razões diversas e tendo por objeto bens jurídicos também diferentes, liame que justificasse a instauração de processo litisconsorcial: elas são ações inteiramente independentes que têm em comum apenas seu objeto imediato (tutela condenatória executiva, no exemplo dado).

CAPÍTULO XXX – DO PROCESSO COM PLURALIDADE DE PARTES:...

deles poderia fazê-lo separadamente (cf. art. 267 do Código Civil). Esse direito de cobrar a dívida é "comum" a todos os credores solidários.

A comunhão de *obrigações* relativamente ao objeto mediato (bem jurídico) da demanda se evidencia pelo fato deste poder ser exigido de um só ou de todos os coobrigados.

A obrigação, neste caso, é comum, ou seja, é exigível, por inteiro, de um e de todos os coobrigados.

Na solidariedade passiva, há essa comunhão de obrigações, porque o credor pode exigi-la tanto de um só dos devedores solidários, como de todos (cf. art. 275 do Código Civil). Se optar por esta última fórmula, o credor estará constituindo um litisconsórcio facultativo passivo.

Bem se percebe, assim, que serão as normas de direito material que indicarão se o direito e a obrigação são ou não comuns a várias pessoas.

O litisconsórcio facultativo, como todos os demais litisconsórcios facultativos, pode ser: ativo, passivo ou misto.

Os credores solidários que se litisconsorciam para exigir a obrigação do devedor comum formam um litisconsórcio facultativo ativo; se um credor solidário aciona todos os devedores solidários, dará lugar a um litisconsórcio facultativo passivo; finalmente, se credores solidários acionam devedores solidários, teremos um litisconsórcio facultativo misto.

Em todos os exemplos examinados *há mais de uma ação cumulada no mesmo processo.*

No caso do credor que move ação contra dois dos cinco devedores solidários, ele, em verdade, ajuíza duas ações, uma contra cada um deles. Pode ocorrer que uma delas, contra o devedor "A" seja julgada procedente e que a outra, contra o devedor "B" seja julgada improcedente. Portanto, são ainda litisconsórcios comuns ou simples (a decisão pode ser diferente para os litisconsortes).

5. LITISCONSÓRCIO FACULTATIVO POR CONEXÃO PELO OBJETO OU PELA CAUSA DE PEDIR (INCISO II DO ART. 113 DO CÓDIGO DE PROCESSO CIVIL)

5.1 INTRODUÇÃO

Perante a legislação processual civil brasileira há conexão quando duas ou mais ações têm em comum um ou dois dos seus elementos de identificação – *petitum* (pedido ou objeto) e *causa petendi* (causa de pedir) – uma vez que a identidade das partes (*pars* – terceiro elemento de identificação das ações) não produz aquele efeito (conexão). [10]

5.2 LITISCONSÓRCIO FACULTATIVO POR CONEXÃO PELA CAUSA DE PEDIR

A respeito da causa de pedir, nosso Código de Processo Civil adotou, no seu art. 319, inciso III, a chamada teoria da substanciação, segundo a qual é necessário que o autor exponha na inicial os fatos e os fundamentos jurídicos do pedido.

Cotejando-se as causas de pedir de duas ações, podemos chegar à conclusão de que elas são idênticas, parcialmente idênticas ou totalmente diferentes – e esses diferentes *graus de conexão* decorrem do grau de identidade entre os fatos geradores do direito deduzido em juízo.

Verificando os fatos geradores dos direitos invocados em duas ações, podemos concluir que *todos* os acontecimentos da vida real que estão numa das causas de pedir também aparecem na outra; mas, é possível que apenas *alguns* sejam comuns e, finalmente, podem ser fatos totalmente diversos.

Isto significa, por outras palavras, que há efetivamente graus de conexão pela causa de pedir: se todos os acontecimentos da vida real se repetem em duas *causae petendi*, há uma conexão em grau máximo. Mas, se isto ocorre em relação apenas a alguns deles, a conexão se estabelece em grau menor.

---

[10] Cf. art. 55, *caput* do Código de Processo Civil.

CAPÍTULO XXX – DO PROCESSO COM PLURALIDADE DE PARTES:...

Como a conexão é um instituto que tem relevância em vários campos do direito processual, nem sempre, em todos eles, ela é exigida no mesmo grau.

Na questão da identificação das ações, por exemplo, é preciso haver *conexão em grau máximo* – absoluta identidade de causa de pedir: todos os acontecimentos havidos como fatos geradores do direito, que estão na causa de pedir de uma das ações, devem estar na causa de pedir da outra, para chegarmos à conclusão de que se trata da mesma ação.

Contudo, em matéria de litisconsórcio, a conexão exigida não atinge esse mesmo grau.

Para que ele seja admissível, basta que haja *parcial identidade* entre as causas de pedir: é preciso que pelo menos *um* dos fatos geradores do direito a ser deduzido em juízo por aqueles que pretendem se litisconsorciar esteja arrolado nas diversas causas de pedir.

É suficiente que o direito de cada um dos litisconsortes tenha, dentre outros porventura existentes, pelo menos *um mesmo e único acontecimento* da vida real como seu fato gerador.

Suponha-se, assim, o caso de explosão de um viaduto, por infiltração de gás, que feriu várias pessoas e danificou bens particulares. Evidentemente, a causa de pedir, no que concerne aos fatos geradores dos direitos das vítimas à indenização, não é idêntica: cada uma delas estava num determinado lugar, sofreu um tipo particular de lesão ou prejuízo etc. – mas, a verdade é que o direito de cada uma delas originou-se de pelo menos um mesmo e único fato comum: a explosão do viaduto, por infiltração de gás.

Destarte, essas vítimas podem ajuizar ação em litisconsórcio facultativo ativo, pois as respectivas causas de pedir são comuns, embora não sejam idênticas.

Como sempre ocorre nos litisconsórcios facultativos, haverá tantas ações quantas forem as partes e respectivas causas de pedir; algumas dessas ações podem ser julgadas procedentes e outras improcedentes – trata-se, assim, de litisconsórcio *simples* ou comum.

627

Outros exemplos de conexão pela causa de pedir:

(i) *Litisconsórcio facultativo ativo*: vítimas de um desastre de ônibus, acionando, em litisconsórcio facultativo, a empresa;

(ii) *Litisconsórcio facultativo passivo*: proprietário de um automóvel movendo ação indenizatória contra vários torcedores que o destruíram à saída do campo de futebol, irritados com a derrota de seu time.

5.3 LITISCONSÓRCIO FACULTATIVO POR CONEXÃO PELO OBJETO

O inciso II do art. 113 do Código de Processo Civil prevê caso de conexão pela causa de pedir (estudado acima) e pelo *objeto*, que será examinado agora.

Como sabemos, o objeto (*petitum*) pode ser *imediato* (tipo de provimento jurisdicional pedido) e *mediato* (bem jurídico pretendido).

Para ocorrer a conexão que faculta a instituição do litisconsórcio *é preciso que as ações tenham o mesmo objeto mediato*.[11]

Assim, há conexão pelo objeto *mediato* entre as ações condenatórias executivas ajuizadas cumulativamente para entrega de determinada coisa, contra dois possuidores, alegando-se, contra um deles, existência de contrato de depósito e, contra o outro, direito de propriedade (causas de pedir diversas). Esse litisconsórcio facultativo passivo é viável pela conexão existente entre os objetos mediatos das duas ações ajuizadas (a mesma coisa) num único processo. Neste caso há um litisconsórcio facultativo passivo.[12]

---

[11] Isto revela, mais uma vez, que há graus de conexão. Para a identidade entre duas ações, é preciso que tanto o objeto mediato como o imediato, sejam os mesmos. Para ensejar o litisconsórcio, basta a identidade do primeiro deles. A identidade de objeto imediato não enseja o litisconsórcio, porque senão teríamos que admiti-lo no caso de várias ações condenatórias executivas, propostas por pessoas diversas, contra réus diversos e com diferentes causas de pedir, o que seria um absurdo.

[12] São duas as ações, porque duas são as causas de pedir e dois sujeitos passivos diversos.

CAPÍTULO XXX – DO PROCESSO COM PLURALIDADE DE PARTES:...

Como no exemplo acima temos duas ações cumuladas num mesmo processo, que contém um litisconsórcio facultativo, uma delas pode ser fundada e outra infundada – trata-se, portanto, de um litisconsórcio *simples* ou *comum*.

5.4 CONDIÇÃO ESPECÍFICA PARA O LITISCONSÓRCIO POR CONEXÃO PELA CAUSA DE PEDIR OU PELO OBJETO

Além da conexão, nos graus examinados, para que seja possível o litisconsórcio facultativo ativo com fundamento no inciso II do art. 113, é necessário que as *pretensões dos litisconsortes não sejam conflitantes entre si*.

Assim, por exemplo, se o pai e a mãe de um menor, pretendem, com *exclusividade*, a guarda de o menor que se encontra com os avós, não poderão se litisconsorciar, dada a oposição entre as pretensões de ambos. Note-se que a conexão existe pelo objeto mediato da causa (guarda do filho) – mas, como o pedido do pai e o da mãe é de guarda exclusiva, a pretensão de cada um deles se volta contra a do outro e, ainda, contra a dos avôs da criança.

6. LITISCONSÓRCIO FACULTATIVO POR AFINIDADE DE QUESTÕES POR UM PONTO COMUM DE FATO OU DE DIREITO (INCISO III DO ART. 113 DO CÓDIGO DE PROCESSO CIVIL)

6.1 QUESTÃO DE FATO E QUESTÃO DE DIREITO

Questão, em sentido estrito, significa um ponto controvertido de fato (*questão de fato*) ou de direito (*questão de direito*).

Todavia, no inciso III do art. 113 do Código de Processo Civil, a expressão *questão* não vem usada nesse sentido técnico e restrito.

Dentre outras razões para chegarmos a tal conclusão, basta considerarmos que, no momento em que os autores estão decidindo sobre a instituição de um litisconsórcio, o que ocorre obviamente *antes* do ajuizamento das respectivas ações, não há, ainda, uma questão, naquele sentido estrito – eventual questão, com esse significado de ponto de fato ou de direito controvertido, somente será juridicamente possível *após a contestação*.

Ora, se a expressão *questão* tivesse aquele sentido restrito, jamais poderia dar lugar a um litisconsórcio, que se constitui, obviamente, antes da contestação – e, neste caso, a norma em análise seria inaplicável.

Portanto, o legislador se valeu dessa expressão – questões – no inciso III, do art. 113 do Código de Processo Civil, num *sentido amplo*.

Nesse sentido amplo, questão de fato e questão de direito estão a indicar o conjunto de problemas que necessariamente deverão ser resolvidos pelo juiz, nos dois momentos de sua atividade cognitiva, os quais são etapas que ele deve vencer para que possa entregar o provimento jurisdicional:

(i) *a verificação dos fatos*, isto é, a busca de como os fatos efetivamente ocorreram no passado;

(ii) *a valoração jurídica desses fatos*, que consiste no seu enquadramento nas normas jurídicas vigentes, para delas extrair a regra jurídica concreta, que disciplina a situação que tem sob exame.

Todos os pontos de fato (que poderão ou não se tornar controvertidos, dependendo da atitude processual do réu) que o juiz deverá examinar em sua atividade cognoscitiva, formam, complexamente, *a questão de fato em sentido amplo*.

Da mesma maneira, todos os pontos de direito a serem examinados pelo juiz para a valoração jurídica dos fatos (transformem-se ou não em questões de direito, em sentido estrito, pela contestação do réu) constituem *a questão de direito em sentido amplo*.

6.2 QUESTÕES DE FATO AFINS POR UM PONTO COMUM

As questões de fato em sentido amplo serão expostas nas causas de pedir de cada uma das ações cumuladas num mesmo processo litisconsorcial facultativo.

CAPÍTULO XXX – DO PROCESSO COM PLURALIDADE DE PARTES:...

Todavia, o litisconsórcio somente será possível, com fundamento no inciso III, do art. 113 do Código de Processo Civil, se as *questões forem afins*, por um *ponto comum de fato* (ou de direito – matéria do próximo item).

Vejamos quando isto acontece.

Duas causas de pedir podem ser totalmente diversas, idênticas ou parcialmente idênticas. Contudo, elas ainda podem ser apenas *semelhantes*.

A identidade total ou parcial entre as causas de pedir está diretamente relacionada à identidade total ou parcial dos fatos que nelas se encontram – mas, sempre eles têm que ser a *mesma realidade fenomênica*, o mesmo acontecimento da vida real.

Assim, por exemplo, se é o mesmo e único contrato que aparece nas diversas causas de pedir, elas são idênticas. Porém, em se tratando do mesmo acidente de trânsito, sempre teremos causas de pedir parcialmente idênticas, pois ao acidente, que é único, somam-se fatos que dizem respeito às vítimas, em particular (como os danos sofridos, por exemplo). Nos dois casos, como já vimos, há *conexão*, embora em graus diferentes.

A *afinidade* a que se refere a norma do inciso III do art. 113, portanto, não pode significar a presença do *mesmo* fato, total ou parcialmente, enquanto acontecimento da vida real, nas causas de pedir das ações – pois esta identidade provoca a conexão, fundamento diverso daquele aqui estudado (art. 113, II).

Também não basta que os fatos sejam apenas *parecidos* ou *análogos*: podem ser parecidos todos os acidentes de trânsito ocorridos numa mesma esquina, em dias diversos e por razões diversas, mas nem por isso têm o grau de *afinidade* de que aqui se fala. Jamais as ações decorrentes desses acidentes poderiam dar lugar a um litisconsórcio, como é intuitivo, pois esse litisconsórcio não atenderia a nenhuma das razões pelas quais o instituto foi criado. Ao contrário, um litisconsórcio dessa natureza apenas tumultuaria o processo.

A *semelhança*, aqui, como diz a lei, requer *afinidade entre as questões de fato*.

Em nosso socorro vem outro requisito expresso na norma: a existência de um *ponto comum* entre as questões de fato afins, o que nos leva à conclusão que questões de fato afins *são questões que têm entre si um ponto comum*. Esse ponto comum é que confere a elas a semelhança necessária e exigida para a formação do processo litisconsorcial.

Bem examinada essa situação, conclui-se que tal ponto comum *é um quesito de fato comum* – ou, por outras palavras, um questionamento a respeito de um fato ou de fatos cuja resposta resolve as principais questões de fato que se encontram descritas nas diversas causas de pedir.

Se as ações cumuladas no processo litisconsorcial fossem ajuizadas separadamente, em todas elas haveria que se buscar resposta a uma mesma indagação fática – e justamente essa circunstância é que torna viável o litisconsórcio, que, instituído, economizará tempo e despesas, evitando decisões conflitantes.

Vejamos um exemplo, que aclarará melhor o tema: várias pessoas ingerem determinado medicamento, produzido por certo laboratório, que lhes causa danos físicos diferentes.

O evento aqui não é o mesmo: cada pessoa comprou e ingeriu o seu medicamento num determinado lugar, num determinado momento e os males causados a cada uma delas são diversos.

Não há, portanto, conexão entre as causas de pedir das ações que cada uma dessas pessoas poderá ajuizar, separadamente, contra o laboratório, pois os fatos são diversos, *são acontecimentos diferentes da vida real*.

Mas, inegavelmente, são causas de pedir *semelhantes*, pois os fatos são parecidos: em todas essas ações, as questões de fato que o órgão jurisdicional deve resolver para proferir sua decisão dependem da resposta de um quesito que lhes é comum: *o medicamento ingerido provocou danos físicos?*

Porque todas elas (questões de fato) convergiram para uma mesma indagação, todas elas apresentam afinidade entre si: o quesito de fato é uma premissa necessária à decisão de todas as ações.

CAPÍTULO XXX – DO PROCESSO COM PLURALIDADE DE PARTES:...

Há, pois, entre essas ações uma afinidade, pois elas têm entre si um ponto comum, uma indagação comum a todas elas e que resolve uma das questões de fato que o juiz irá enfrentar, em todas as ações.

Neste caso, portanto, plenamente viável a formação do litisconsórcio.

6.3 QUESTÕES DE DIREITO AFINS POR UM PONTO COMUM

Tudo quanto vimos a respeito das questões de fato afins por um ponto comum aplica-se às questões de direito afins por um ponto comum.

A única diferença está em que, enquanto em relação àquelas temos um quesito de fato, em relação a estas últimas temos um *quesito de direito*.

Vale observar que, quando temos questões de fato afins por um ponto comum, quase que invariavelmente teremos também questões de direito afins por um ponto comum.

Contudo, é possível haver apenas estas últimas.

Suponha-se, assim, o caso de vários contribuintes que pretendem a devolução de um determinado imposto, que eles têm por inconstitucional.

É claro que nas causas de pedir de cada uma dessas ações (imaginemos as ações ajuizadas separadamente), deverão ser alegados fatos semelhantes, mas diversos entre si, enquanto realidades distintas, tais como a qualidade de contribuinte e o recolhimento do imposto questionado.

Contudo, a questão de direito que resolve todas essas ações não se refere a fatos, mas envolve uma *indagação de puro direito*: o imposto é inconstitucional?

Há, pois, entre essas diversas ações, uma afinidade de questão jurídica, por um ponto comum a todas elas – tais autores, assim, podem instituir litisconsórcio para reaver o que pagaram ao fisco.

O mesmo se diga, ainda exemplificativamente, da hipótese em que servidores públicos pretendem haver da Fazenda uma diferença de vencimentos, por entenderem que a interpretação da lei respectiva, feita pelo Poder Público, foi equivocada.

6.4 OBSERVAÇÕES FINAIS

A resposta dada ao quesito de fato ou de direito em tese pode provocar a *improcedência* de todas as ações (o medicamento não faz mal à saúde; o imposto não é inconstitucional).

Porém, a recíproca não é verdadeira, pois ainda que os quesitos, nos exemplos ministrados, sejam respondidos positivamente (o medicamento faz mal à saúde, o imposto é inconstitucional) cada autor deverá provar os demais fatos que se constituem em geradores do seu direito (o medicamento foi ingerido e provocou tal lesão; o imposto em tal importância foi pago entre outros).

7. AÇÕES CUMULADAS EM PROCESSO LITISCONSORCIAL FACULTATIVO E AJUIZADAS SEPARADAMENTE

Se diversas pessoas quiserem formar um litisconsórcio facultativo ativo, nas hipóteses normativas acima, as respectivas ações estarão cumuladas num único processo e a mesma sentença decidirá todas elas.

Todavia, justamente por configurarem casos de litisconsórcio facultativo, essas mesmas ações poderiam ter sido ajuizadas separadamente.

Contudo, havendo conexão entre elas, deverá haver reunião dos processos que corriam separadamente, como determina o art. 55, § 1º do Código de Processo Civil, a fim de que sejam julgadas na mesma oportunidade.

Nesse caso, porém, não há cumulação de ações, mas apensamento de autos de vários processos, os quais conservam sua identidade.

8. LITISCONSÓRCIO NECESSÁRIO – ART. 114 DO CÓDIGO DE PROCESSO CIVIL[13]

Diz a norma do art. 114:

---

[13] O CPC revogado reunia numa só norma dois tipos diversos de litisconsórcios: o necessário e o unitário: "Art. 47. Há litisconsórcio necessário, quando, por disposição

CAPÍTULO XXX – DO PROCESSO COM PLURALIDADE DE PARTES:...

> Art. 114. O litisconsórcio será necessário por disposição de lei ou quando, pela natureza da relação jurídica controvertida, a eficácia da sentença depender da citação de todos que devam ser litisconsortes.

A primeira e importante observação a ser feita no que diz respeito ao litisconsórcio necessário é que ele *sempre será passivo*. Não há norma legal no ordenamento jurídico pátrio que obrigue alguém a ingressar em juízo contra a sua vontade.

Portanto, no litisconsórcio necessário há a obrigatoriedade da presença *de todos os réus* no polo passivo da relação jurídica processual.

Segundo a norma examinada, duas circunstâncias geram o litisconsórcio necessário:

(i) Determinação legal para que várias pessoas estejam no polo passivo da relação jurídica processual ("por disposição de lei" – primeira parte do art. 114);

(ii) Nos casos em que, "pela natureza da relação jurídica controvertida, a eficácia da sentença depender da citação de todos que devam ser litisconsortes" (art. 114, segunda parte).

No primeiro caso, temos um litisconsórcio necessário, que poderá ser unitário ou não. Será unitário se a decisão houver de ser a mesma para todos; caso contrário será comum ou simples.

Por comodidade de exposição, estudaremos o litisconsórcio unitário no próximo item.

Em algumas oportunidades, efetivamente, a própria lei exige a presença de várias pessoas integrando o polo passivo da relação jurídica processual.

---

de lei ou pela natureza da relação jurídica, o juiz tiver que decidir a lide de modo uniforme para todas as partes; caso em que a eficácia da sentença dependerá da citação de todos os litisconsortes no processo". O CPC vigente, em boa hora deles cuidou em normas diversas – o necessário, no art. 114 e o unitário no art. 116.

Exemplo dessa situação jurídica é a ação de usucapião (Código de Processo Civil, art. 246, § 3º).

É o que também ocorre na hipótese do art. 73, § 1º do Código de Processo Civil, que relaciona uma série de causas para as quais há necessidade de litisconsórcio passivo entre o marido e a mulher.[14]

O que ocorre quando um litisconsorte necessário não participa do processo?

A questão vem disciplinada pelo art. 115:

> Art. 115. A sentença de mérito, quando proferida sem a integração do contraditório, será:
>
> I – *nula*, se a decisão deveria ser *uniforme* em relação a todos que deveriam ter integrado o processo;
>
> II – *ineficaz*, nos outros casos, apenas para os que não foram citados.

O Código de Processo Civil – pelo teor das normas dos dois incisos do art. 115 considerou diferentes os casos de litisconsórcio necessário e de litisconsórcio unitário, alterando o sistema anterior.

Quando um ou mais litisconsortes unitários não participarem do processo, o inciso I diz que a decisão *será nula*.

Mas, quanto ao litisconsórcio necessário (por determinação legal), a sentença apenas deixa de ser eficaz em relação aos que não participaram do processo. No caso da ação de usucapião, por exemplo, se um dos confrontantes não foi citado e ninguém se apercebeu disso, a sentença transitada em julgado não terá eficácia alguma para ele (*res inter alios iudicata aliis neque nocet neque prodest*).

Todavia, se a requerimento da outra parte ou se o juiz de ofício perceber que falta na relação jurídica processual um litisconsorte

---

[14] Se for necessária a propositura de uma ação, se um dos cônjuges não quiser ajuizá-la, o art. 74 e seu parágrafo único disciplinam como será suprido o consentimento negado. Outro caso de litisconsórcio necessário é o da ação de demarcação de terras (Código de Processo Civil, arts. 576).

CAPÍTULO XXX – DO PROCESSO COM PLURALIDADE DE PARTES:...

necessário, determinará ao réu que requeira a sua citação, pena de extinção do processo (art. 115, parágrafo único).

> Art. 115. (*omissis*)
>
> Parágrafo único. Nos casos de litisconsórcio passivo necessário, o juiz determinará ao autor que requeira a citação de todos que devam ser litisconsortes, dentro do prazo que assinar, sob pena de extinção do processo.
>
> Art. 47. (*omissis*)
>
> Parágrafo único. O juiz ordenará ao autor que promova a citação de todos os litisconsortes necessários, dentro do prazo que assinar, sob pena de declarar extinto o processo.

A norma não é de boa técnica, pois não há litisconsórcio necessário ativo – somente passivo.

Mas, a determinação para que o autor promova a citação do litisconsorte necessário faltante deve ser precedida de emenda à inicial, pois somente o autor pode decidir contra quem quer demandar. Se não quiser demandar contra um dos litisconsortes necessários, então não poderá ajuizar a ação contra nenhum – e será o caso de extinção do processo sem exame de mérito.

O que não pode ocorrer é a determinação *ex officio* para a citação – pois essa decisão viola o princípio da inércia da jurisdição e o princípio segundo o qual ninguém é obrigado a demandar contra outrem. Cabe ao autor emendar a inicial e requerer a citação, pena da extinção do feito. Nem pode ser citado quem não está arrolado como corréu na demanda.

9. LITISCONSÓRCIO UNITÁRIO – ART. 116

9.1 SITUAÇÕES JURÍDICAS QUE ENSEJAM O LITISCONSÓRCIO UNITÁRIO

O litisconsórcio se diz unitário quando o juiz tiver que decidir a lide de modo uniforme para todas as partes:

Art. 116. O litisconsórcio será unitário quando, pela natureza da relação jurídica, o juiz tiver de decidir o mérito de modo uniforme para todos os litisconsortes.

Quando ocorrem as situações jurídicas que exigem a uniformidade da decisão judicial?

Para identificá-las, é preciso cotejar a relação jurídica deduzida em juízo com o pedido a formulado.[15]

Se a regra jurídica concreta que se pretende formulada na sentença (pedido formulado) somente possa operar praticamente se atingir de maneira absolutamente uniforme as várias posições jurídicas individuais ocupadas pelos sujeitos da relação jurídica deduzida em juízo, estamos diante de uma situação jurídica que enseja a formação do litisconsórcio unitário.

São casos em que a regra jurídica concreta somente tem condições jurídicas de ter eficácia quando conserva a homogeneidade preexistente entre as posições jurídicas individuais dentro daquela relação jurídica que foi deduzida em juízo.

Numa ação de nulidade de casamento proposta pelo Ministério Público[16] contra marido e mulher, a regra jurídica concreta que será proclamada na sentença somente poderá operar juridicamente se:

(i) considerar o casamento válido para ambos; ou

(ii) considerar o casamento nulo para ambos.[17]

A relação jurídica de casamento – relação jurídica deduzida em juízo – somente pode ser juridicamente configurada se o homem e a

---

[15] A primeira parte do que se expõe no texto baseia-se no pensamento de José Carlos Barbosa Moreira, *in* "O Litisconsórcio Unitário", que relaciona a relação jurídica com a *res in iudicium deducta*.

[16] V. art. 1.549 do Código Civil.

[17] Ao considerar válido o casamento, o juiz estará declarando a existência da relação jurídica de casamento; declarando-o nulo, estará declarando a sua inexistência. A ação, aqui, é de conhecimento declaratória.

CAPÍTULO XXX – DO PROCESSO COM PLURALIDADE DE PARTES:...

mulher forem considerados casados. Essa homogeneidade entre suas posições jurídicas, preexistente à sentença, deve por ela ser conservada, ou tal como era (o casamento não é nulo, eles são casados), ou, então, impondo-lhes uma alteração homogênea, o que será feito retirando-se ambos das posições jurídicas anteriormente ocupadas, mediante a declaração de nulidade do casamento (eles não são casados).

O que a sentença jamais poderá fazer é considerar o marido casado e a mulher não casada, ou, vice-versa. Por outras palavras: quebrar a homogeneidade das posições jurídicas existentes antes da decisão.

De uma maneira geral, podemos dizer que essa necessidade de atingir as posições jurídicas individuais de maneira homogênea estará presente quando a existência ou inexistência da posição jurídica de uma das partes na relação jurídica material (que é deduzida em juízo) depende da existência ou da inexistência da posição jurídica da outra.

Como dissemos, porém, esta conclusão somente é possível quando se compara a relação jurídica deduzida em juízo com o pedido formulado.

Vamos raciocinar com dois exemplos.

(i) numa relação jurídica societária entre cinco pessoas, uma delas, "A", propõe uma ação visando à exclusão de outras duas, "B" e "C", ou seja, uma <u>dissolução parcial da sociedade</u>.

(ii) numa relação jurídica societária entre cinco pessoas ("X"; "T"; "W"; "Y" e "Z"), uma delas, "Z", propõe uma ação visando à <u>dissolução total</u> da sociedade.

Vamos adiantar que, no primeiro caso, o litisconsórcio passivo formado pelos dois sócios ("B" e "C"), que "A" pretende excluir da sociedade, não é unitário; mas, no segundo, o litisconsórcio passivo entre todos os sócios "X"; "T"; "W" e "Y", é unitário.

Note-se que a natureza da relação jurídica material (no caso, relação jurídica de sociedade) por si só não indica se haverá ou não unitariedade do litisconsórcio, pois ela é deduzida nas duas ações, sendo que numa há litisconsórcio simples ou comum e noutra há litisconsórcio unitário.

A conclusão sobre se é ou não caso de litisconsórcio unitário resulta da correlação existente entre essa relação jurídica societária e a pretensão deduzida em juízo (num caso: exclusão de dois sócios; noutro: dissolução da sociedade).

No primeiro caso, verifica-se que a sentença bem poderá excluir um dos dois sócios ("B" ou "C") e não excluir o outro – ela pode operar esse efeito, porque a relação jurídica societária remanescente, entre os demais sócios (eram cinco), subsistirá em face dessa decisão. A relação jurídica societária continuará a existir entre "A", aquele que não foi excluído ("B" ou "C") e os demais sócios que não fizeram parte da ação. Mesmo que os dois réus sejam excluídos, a relação jurídica continuará existindo entre "A" e aqueles dois sócios que não fizeram parte do processo. A existência da posição jurídica de sócio dos demais membros da sociedade independe da existência ou não da posição jurídica de sócio de um ou mesmo dos dois réus.

No segundo caso, porém (pedido de dissolução total), não será possível considerar a sociedade (totalmente) dissolvida em relação a alguns e não dissolvida em relação a outros. A sentença que assim julgasse esta demanda não teria como operar no mundo jurídico, pois a relação jurídica societária ou existirá para todos os que fizeram parte do processo ou não existirá para ninguém. A condição de sócio de uma ou de algumas das partes depende da condição de sócio de todos os demais, em face do pedido de *dissolução total*.[18]

No caso do litisconsórcio unitário, a decisão não pode conter uma *impossibilidade em si mesma*, o que ocorreria se procurasse atribuir efeitos antagônicos e simultâneos a uma mesma situação jurídica. Ela jamais poderá atingir as posições jurídicas individuais dos partícipes de uma relação jurídica de forma desigual, se da existência da posição jurídica de um (ou de vários) depender a existência da posição jurídica de todos os demais.

---

[18] Nem poderia o juiz, neste caso, proceder a uma extinção parcial da sociedade, que não foi objeto do pedido do autor. Em caso de extinção parcial a hipótese se enquadraria no exemplo anterior.

CAPÍTULO XXX – DO PROCESSO COM PLURALIDADE DE PARTES:...

O que se disse fica ainda mais evidente na ação de nulidade de casamento, ajuizada pelo Ministério Público contra marido e mulher, referida linhas atrás – estes formam um litisconsórcio unitário passivo, já que a condição de casado de uma das partes depende da condição de casado da outra: a sentença não poderia operar se julgasse o casamento nulo em relação ao marido e válido em relação à mulher, ou vice-versa.

Concluindo, podemos dizer que a unitariedade resulta da impossibilidade da decisão atingir de maneira diversa as posições jurídicas das partes da relação jurídica deduzida em juízo e isso ocorre, insista-se, quando uma posição jurídica, para existir, depende da existência da outra.

Nesses casos, a sentença, por necessidade lógica e jurídica, deve atingir de maneira uniforme todas as posições individuais.

Outro exemplo de litisconsórcio unitário seria o da ação revocatória ou pauliana proposta pelo credor contra o devedor transmitente e o adquirente de má-fé. [19] Estes últimos constituirão litisconsórcio unitário passivo, pois a sentença não poderá anular a transmissão da coisa a título oneroso em relação ao devedor, que a transmitiu, e considerá-la válida para o adquirente de má-fé. A posição jurídica de adquirente depende da existência da posição jurídica do transmitente.

Também haverá litisconsórcio unitário no caso de ação ajuizada pelo comprador de imóvel alienado *ad mensuram*, contra os vendedores, visando à rescisão do contrato. [20] Se o comprador adquiriu imóvel por preço estipulado por medida de sua extensão e depois verifica que este não tem as dimensões dadas, e que os vendedores não podem complementá-la, pode ajuizar contra eles ação para rescindir o contrato. Ora, a sentença que julgar a ação procedente não poderá considerar o contrato rescindido em relação a alguns dos vendedores e não rescindido em relação a outros.

---

[19] O fundamento desta ação é a fraude contra credores (Código Civil, arts. 158 e seguintes), que acontece quando alguém vende seus bens sem ficar com outros que possam responder por suas dívidas. Esta ação é chamada de revocatória ou pauliana em homenagem ao seu introdutor nos editos, o pretor Paulo (Cf. MONTEIRO, Washington de Barros. *Curso de Direito Civil*. Saraiva, 2007, vol 1, p. 268/269).

[20] Cf. art. 500 do Código Civil.

De um modo geral, também dão lugar à constituição de litisconsórcio unitário todas as ações ajuizadas por participantes (ou participante) de ato jurídico contra outro participante (ou outros participantes) do mesmo ato, visando à sua anulação ou à declaração de sua nulidade.

9.2 LITISCONSÓRCIO UNITÁRIO PASSIVO E O DIREITO DE AÇÃO

No litisconsórcio unitário passivo (um autor – vários réus), se houver um único pedido e uma única causa de pedir haverá *uma única ação proposta contra uma parte passiva necessariamente complexa* (integrada por duas ou mais pessoas).

No caso da ação de nulidade de casamento ajuizada pelo Ministério Público contra marido e mulher, porque contraído perante autoridade incompetente: temos aí uma causa de pedir (nulidade por ter sido contraído perante autoridade incompetente) e um único pedido (declaração de nulidade da relação jurídica matrimonial), que a sentença deve acolher ou rejeitar de modo uniforme para o marido e para a mulher.

Não há como considerar, em hipóteses tais, haver duas ações cumuladas: uma contra o marido e outra contra a mulher, pois a decisão, para ser uniforme, logicamente é única, no sentido de resolver uma única questão jurídica, um único mérito.

De outra parte, o direito de defesa do marido e da mulher deve ser havido como um só, embora possam se manifestar de formas diferentes (por advogados diferentes, em contestações diferentes), pois seu objeto é a impugnação da mesma e única ação que existe no processo.

9.3 LITISCONSÓRCIO UNITÁRIO ATIVO E O DIREITO DE AÇÃO

No litisconsórcio unitário ativo (vários autores – único réu) sempre existe um *concurso subjetivo de ações*, que ocorre quando, pela mesma causa

CAPÍTULO XXX – DO PROCESSO COM PLURALIDADE DE PARTES:...

de pedir, várias pessoas pretendem o mesmo resultado prático (mesmo pedido), que pode ser conseguido uma única vez (*as ações são concorrentes*[21]).

Neste caso, diversamente do que ocorre no litisconsórcio passivo unitário, *as ações são diversas porque poderiam ser ajuizadas separadamente pelos autores* – o que não ocorre no primeiro caso, em que o litisconsórcio passivo é também unitário.[22] Esta conclusão não se altera se além de vários autores, houver vários réus: serão tantas ações quantas forem os autores.

9.4 LITISCONSÓRCIO UNITÁRIO PASSIVO E FALTA DE UMA DAS PARTES

O litisconsórcio unitário passivo é também necessário: exige a presença de mais de um réu (havendo ou não norma legal que determine a presença de vários réus).

Caso seja proferida a sentença na ausência de um litisconsorte unitário passivo, ela será *nula* segundo o disposto no inciso I do art. 115, acima já reproduzido.

10. REGIMES JURÍDICOS DO LITISCONSÓRCIO

Cada espécie de litisconsórcio que examinamos atende a determinadas finalidades específicas.

Os litisconsórcios facultativos do art. 113 do Código de Processo Civil, compreendendo as hipóteses de ações conexas e de ações afins que têm um quesito de fato ou de direito comuns, buscam evitar decisões contraditórias e a atender ao princípio de economia processual.

O litisconsórcio necessário por disposição de lei, além dessas, tem uma finalidade precípua: evitar que a relação jurídica processual se constitua

---

[21] V. Capítulo XXII.

[22] Neste passo alteramos entendimento exposto anteriormente, quando pensávamos haver uma única ação no litisconsórcio unitário ativo. Mas, como ele é facultativo, as ações pertencem a titulares diversos e são independentes entre si.

sem a presença de todas as pessoas que seriam atingidas pela decisão da causa. Caso uma delas fique de fora, a sentença será ineficaz em relação a ela (art. 115, II).

Finalmente, o litisconsórcio unitário ativo protege convenientemente tipos especiais de relações jurídicas materiais e, quando passivo, impede que sentenças fossem proferidas inutilmente, por impossibilidade jurídica de produzirem seus efeitos. Neste caso, a sentença proferida sem a presença de todos é nula (art. 115, I).

Os litisconsórcios, dessa maneira, atingem algumas finalidades comuns e outras, específicas. Estas últimas lhes conferem fisionomia especial e própria, de tal modo que cada um deles exige um regime jurídico também especial e próprio.

Com efeito, um mesmo tratamento jurídico-processual não resolveria todas as questões que os diversos tipos de processo litisconsorcial suscitam.

As normas que integram o regime jurídico do processo litisconsorcial dizem respeito, basicamente:

(i) às relações dos litisconsortes entre si e com a parte adversa; e

(ii) aos efeitos dos atos e omissões dos litisconsortes, uns em relação aos outros, seja em face do direito de ação, do próprio processo ou do mérito da causa.

11. REGIME GERAL DO LITISCONSÓRCIO

O regime geral é aquele inserto nos arts. 117 e 118 do Código de Processo Civil, *verbis*:

> Art. 117. Os litisconsortes serão considerados, em suas relações com a parte adversa, como litigantes distintos, exceto no litisconsórcio unitário, caso em que os atos e as omissões de um não prejudicarão os outros, mas os poderão beneficiar.
>
> Art. 118. Cada litisconsorte tem o direito de promover o andamento do processo, e todos devem ser intimados dos respectivos atos.

CAPÍTULO XXX – DO PROCESSO COM PLURALIDADE DE PARTES:...

> Art. 48. Salvo disposição em contrário, os litisconsortes serão considerados, em suas relações com a parte adversa, como litigantes distintos; os atos e omissões de um não prejudicarão nem beneficiarão os outros.
>
> Art. 49. Cada litisconsorte tem o direito de promover o andamento do processo e todos devem ser intimados dos respectivos atos.

A regra geral é a *plena autonomia* entre os litisconsortes. Assim sendo, os atos e omissões de um, em princípio, não beneficiam e nem prejudicam os demais, conservando, cada um deles, o direito de promover o andamento do processo e de ser intimado de cada ato processual realizado.

Todavia, essa regra geral comporta numerosas exceções, as quais constituem o *regime especial do litisconsórcio*.

12. REGIME ESPECIAL DO LITISCONSÓRCIO UNITÁRIO

12.1 PRINCÍPIOS GERAIS DO REGIME ESPECIAL DO LITISCONSÓRCIO UNITÁRIO

O regime especial do litisconsórcio unitário, por exigir a prolação de sentença uniforme para todas as partes e porque, quando passivo, contém apenas *uma ação*, submete-se a um regime bastante específico.

Os princípios gerais que regem esse regime jurídico especial são:

(i) Tanto o direito deduzido em juízo quanto o direito de ação são indisponíveis por ato de um ou de alguns dos litisconsortes unitários;

(ii) O direito de defesa (em sentido amplo) exercido por um ou alguns dos litisconsortes unitários a todos aproveita.[23]

---

[23] Direito de defesa em sentido amplo significa qualquer ato que tenha por finalidade impedir a procedência do pedido do autor: contestação, manifestação sobre provas, recursos entre outros.

ANTONIO ARALDO FERRAZ DAL POZZO

Vejamos os desdobramentos desses princípios:

12.2 LITISCONSÓRCIO UNITÁRIO E O DIREITO DEDUZIDO EM JUÍZO

*(i) A regra é a de que o direito deduzido em juízo por litisconsortes unitários **ativos** não é disponível por ato de um ou de alguns deles.*

Exemplo: se vários associados propõem a anulação de deliberação de assembléia geral da sociedade, esse direito de obter a anulação (direito deduzido em juízo) não pode ser renunciado por apenas parte dos litisconsortes unitários ativos, pois cada um deles é titular do *seu* direito de ação e a renúncia, portanto, precisaria ser manifestada por todos.

*(ii) Um ou alguns dos litisconsortes **passivos** unitários não pode comprometer o resultado da ação favorável ao autor (ou autores)*

Exemplo: numa ação de anulação de um contrato por vício de consentimento (direito deduzido em juízo), ajuizada por um dos contratantes contra os demais (litisconsortes unitários passivos), o reconhecimento do pedido feito por alguns dos litisconsortes unitários passivos não teria qualquer valor. Esse reconhecimento somente teria validade se formulado por todos os litisconsortes passivos unitários.

*(iii) O direito de defesa (em sentido amplo) exercido por um ou por alguns dos litisconsortes unitários **passivos** ou **ativos** a todos aproveita (inclusive recursos).*

Exemplo: no caso do litisconsórcio unitário *passivo* para a anulação de contrato, a revelia de um dos litisconsortes unitários passivos que, assim, deixa de exercer o direito de defesa, é irrelevante, se os demais o exercem. Portanto, os fatos se tornam controversos se um ou alguns dos litisconsortes passivos unitários contestam a ação, pouco importando a falta de contestação de um ou de alguns dos demais litisconsortes passivos unitários. Da mesma maneira, o recurso interposto por um dos litisconsortes unitários ativos, a todos aproveita.

646

CAPÍTULO XXX – DO PROCESSO COM PLURALIDADE DE PARTES:...

13. REGIME ESPECIAL DAS DIVERSAS ESPÉCIES DE LITISCONSÓRCIO EM FACE DE SITUAÇÕES PROCESSUAIS ESPECÍFICAS

13.1 REGIME ESPECIAL QUANTO AOS RECURSOS

O Código de Processo Civil estabelece, no seu art. 1.005 que:[24]

> Art. 1.005. O recurso interposto por um dos litisconsortes a todos aproveita, salvo se distintos ou opostos os seus interesses.
>
> Parágrafo único. Havendo solidariedade passiva, o recurso interposto por um devedor aproveitará aos outros quando as defesas opostas ao credor lhes forem comuns.
>
> Art. 509. O recurso interposto por um dos litisconsortes a todos aproveita, salvo se distintos ou opostos seus interesses.

A expressão "salvo de distintos seus interesses" refere-se ao objeto do recurso, que pode pretender o reconhecimento de uma questão de ordem processual que somente se aplica ao litisconsorte recorrente (ilegitimidade de parte, *v.g.*).

"Interesses opostos" significam objetos contrapostos na fase recursal: um dos litisconsortes reconhece parcialmente o pedido do autor e o outro pleiteia sua total improcedência. São interesses recursais colidentes.

Todavia, a matéria precisa se examinada tendo em vista as diversas espécies de litisconsórcios.

13.1.1 Recurso e litisconsórcio unitário

No litisconsórcio **unitário passivo** há uma só ação e um só direito de defesa, razão pela qual o recurso interposto por um dos litisconsortes unitários aproveita aos demais, independentemente de serem ou não distintos ou opostos seus interesses. A ação (única) será julgada em segundo

---

[24] Como veremos adiante, não concordamos com a boa parte da doutrina, no sentido de que este dispositivo se aplica apenas ao litisconsórcio unitário.

647

grau de jurisdição, graças ao recurso interposto, ainda que por apenas um dos litisconsortes (este recurso ou será manifestação do direito de ação ou do direito de defesa).

Suponha-se que, na ação de nulidade de casamento ajuizada pelo Ministério Público, a mulher se coloca a favor da pretensão ministerial (entende que deva ser declarada a nulidade) e o marido não. Declarada a nulidade em sentença de primeiro grau, apenas o marido recorre. Embora os interesses dos litisconsortes fossem opostos, é claro que o recurso do marido, se provido, aproveita à mulher, pois a decisão será obrigatoriamente uniforme para ambos.

Porém, quando se trata de litisconsórcio **unitário ativo**, conquanto nesse caso haja mais de uma ação, a solução é a mesma – se um dos litisconsortes ativos recorre, o recurso aproveita a todos, porque a decisão precisa ser uniforme para todos eles.[25]

Portanto, a conclusão é a de que o recurso, em caso de litisconsórcio unitário, *sempre aproveita aos demais litisconsortes, independentemente do disposto no art. 1.005.*

13.1.2 Recurso e litisconsórcio necessário

Neste aspecto divergimos de boa parte da doutrina, pois a maioria dos autores que entendia que o art. 509 do revogado Código de Processo Civil, (que tem os mesmos dizeres do art. 1.005 *caput* atual) se endereça apenas ao litisconsórcio unitário.

Para nós, aquele artigo visa a disciplinar a questão do recurso em caso de litisconsórcio necessário por disposição de lei, isto é, o litisconsórcio **necessário não unitário ou simples**.

Obrigando a lei que a parte seja necessariamente complexa, em contraprestação possibilita que recurso interposto por um dos litisconsortes beneficie os demais, desde que seus interesses não sejam distintos (pedidos distintos) ou opostos (excludentes) – como no caso de uma ação de usucapião.

---

[25] Aliás, o mesmo efeito aconteceria se estivessem litigando em processos separados.

CAPÍTULO XXX – DO PROCESSO COM PLURALIDADE DE PARTES:...

13.1.3 Recurso e litisconsórcio facultativo

O art. 1.005 do Código de Processo Civil **não** se endereça aos litisconsortes facultativos, pois, pela própria natureza dessa espécie de litisconsórcio, cada litisconsorte é parte autônoma em relação aos demais, de maneira que os atos e omissões não se comunicam.

Portanto, em princípio, o recurso interposto por um dos litisconsortes facultativos apenas a ele aproveita.

Porém, há também uma razão de ordem sistemática para essa conclusão, que se extrai da regra do parágrafo único do art. 1005:

> Art. 1.005. O recurso interposto por um dos litisconsortes a todos aproveita, salvo se distintos ou opostos os seus interesses.
>
> Parágrafo único Havendo solidariedade passiva, o recurso interposto por um devedor aproveitará aos outros, quando as defesas opostas lhes forem comuns.

Como a solidariedade passiva configura caso de litisconsórcio facultativo (o autor pode propor a ação contra um só ou todos os devedores solidários), caso a regra jurídica do art. 1.005, *caput,* se endereçasse aos litisconsortes facultativos, a do parágrafo único não teria razão de ser (a questão já estaria resolvida pela cabeça do art. 1.005).

Assim, em caso de *litisconsórcio facultativo* fundado na solidariedade passiva o recurso de um dos litisconsortes facultativos aproveita aos demais desde que "as defesas opostas (*ao autor*) lhes forem comuns" – e esta norma tem por fim evitar decisões contraditórias num mesmo processo litisconsorcial. Defesas comuns são aquelas que têm ou o mesmo fundamento de fato ou de direito, ou ambos.

13.2 REGIME ESPECIAL QUANTO À REVELIA

A revelia é um efeito que decorre da falta de contestação, cuja consequência é a de que os fatos afirmados pelo autor serão havidos por verdadeiros, segundo o art. 344 do Código de Processo Civil.

Art. 344. Se o réu não contestar a ação, será considerado revel e presumir-se-ão verdadeiras as alegações de fato formuladas pelo autor.

Art. 319. Se o réu não contestar a ação, reputar-se-ão verdadeiros os fatos afirmados pelo autor.

Todavia o art. seguinte excepciona:

Art. 345. A revelia não produz o efeito mencionado no art. 344 se:
I – havendo pluralidade de réus, algum deles contestar a ação;

Art. 320. A revelia não induz, contudo, o efeito mencionado no artigo antecedente:
I – se, havendo pluralidade de réus, algum deles contestar a ação;

Contestada a ação, os fatos articulados pelo autor se tornam controversos e dependerão de prova – ora, os mesmos fatos não podem ser havidos como verdadeiros para algumas das partes, independentemente de estarem provados, e dependentes de prova para assim serem considerados em relação às outras. Mesmo porque, se não vierem a ser comprovados na instrução probatória, poderia acontecer que o mesmo fato acabasse sendo verdadeiro (presumidamente) para quem foi revel e não verdadeiro para quem contestou a ação, o que é um absurdo.

A regra se aplica apenas aos fatos contestados.

Portanto, estamos diante da extensão do efeito de um ato processual praticado por um dos litisconsortes (contestação) aos demais, o que configura uma exceção ao princípio geral da autonomia daqueles.

O aproveitamento da contestação se dá em todas as espécies de litisconsórcio.

13.3 REGIME ESPECIAL QUANTO À IMPUGNAÇÃO ESPECIFICADA DOS FATOS NARRADOS PELO AUTOR

O art. 341 do Código de Processo Civil criou para o réu o ônus consistente em impugnar especificadamente os fatos articulados pelo autor na inicial, pena de serem considerados verdadeiros aqueles que não o forem.

650

CAPÍTULO XXX – DO PROCESSO COM PLURALIDADE DE PARTES:...

A regra vem acompanhada de várias exceções (que estão nos incisos seus I, II e III e no seu parágrafo único) – mas, dentre elas não há referência ao caso de processos litisconsorciais.

> Art. 341. Incumbe também ao réu manifestar-se precisamente sobre as alegações de fato constantes da petição inicial, presumindo-se verdadeiras as não impugnadas, salvo se:
>
> I – não for admissível, a seu respeito, a confissão;
>
> II – a petição inicial não estiver acompanhada de instrumento que a lei considerar da substância do ato;
>
> III – estiverem em contradição com a defesa, considerada em seu conjunto.
>
> Parágrafo único. O ônus da impugnação especificada dos fatos não se aplica ao defensor público, ao advogado dativo e ao curador especial.
>
> Art. 302. Cabe também ao réu manifestar-se precisamente sobre os fatos narrados na petição inicial. Presumem-se verdadeiros os fatos não impugnados, salvo:
>
> I – se não for admissível, a seu respeito, a confissão;
>
> II – se a petição inicial não estiver acompanhada do instrumento público que a lei considerar da substância do ato;
>
> III – se estiverem em contradição com a defesa, considerada em seu conjunto.

Conquanto a lei processual não excepcione expressamente os casos de litisconsórcio, é evidente que se um dos litisconsortes impugnar especificadamente os fatos articulados pelo autor, essa impugnação vale para os demais, pelas mesmas e idênticas razões pelas quais a contestação oferecida por um dos litisconsortes a todos aproveita.

A regra vale para todas as espécies de litisconsórcio.

13.4 REGIME ESPECIAL QUANTO ÀS QUESTÕES RELATIVAS AO DIREITO DE AÇÃO E AO PROCESSO

Em todas as espécies de litisconsórcio, qualquer alegação sobre o direito de ação (falta das condições da ação) e ao processo (ausência de pressupostos processuais) *produz efeitos em relação a todos os litisconsortes,* porque são matérias que, normalmente, o juiz pode conhecer de ofício.

Assim se um dos litisconsortes passivos arguiu a ilegitimidade de parte ativa, a decisão de carência de ação beneficiará aos demais: ou o autor é parte ativa legítima em relação a todos, ou será ilegítima em face de todos os litisconsortes.

Cabe, porém, uma observação – pode ocorrer que a alegação diga respeito à circunstância especial do *próprio* litisconsorte que a alega e, nesse caso, apenas a ele aproveita, obviamente.

Suponha-se que o litisconsorte alegue ilegitimidade passiva porque não é parte do contrato que se discute – essa defesa somente poderá beneficiar o próprio litisconsorte que a alegou. Mas, se alegasse a ilegitimidade ativa do autor, o reconhecimento da falta dessa condição da ação a todos aproveitaria.

13.5 REGIME ESPECIAL QUANTO À PROVA

As provas produzidas aproveitam a todos os litisconsortes.

Na verdade cuida-se do *princípio da absorção da prova* – ela passa a pertencer ao processo e não a determinada parte. O Juiz deve examinar e avaliar a prova *dos autos* da mesma forma, para todos, salvo se ela disser respeito à particularidade que se aplica apenas a uma das partes (demência mental, por exemplo).

Esta solução é válida para todas as espécies de litisconsórcio.

De outra parte, trata-se de aplicação do princípio consagrado no art. 345, inciso I do Código de Processo Civil, acima examinado. Se houve a necessidade de produção de prova é porque o fato se tornou controverso, ou seja, foi impugnado por algum (ou alguns) dos litisconsortes.

14. O LITISCONSÓRCIO FACULTATIVO É RECUSÁVEL

Vejamos a regra do parágrafo único do art. 46:

CAPÍTULO XXX – DO PROCESSO COM PLURALIDADE DE PARTES:...

Art. 113. *(omissis)*

§ 1º O juiz poderá limitar o litisconsórcio facultativo quanto ao número de litigantes na fase de conhecimento, na liquidação de sentença ou na execução, quando este comprometer a rápida solução do litígio ou dificultar a defesa ou o cumprimento da sentença.

§ 2º O requerimento de limitação interrompe o prazo para manifestação ou resposta, que recomeçará da intimação da decisão que o solucionar.

Art. 46. (*omissis*)

Parágrafo único. O juiz poderá limitar o litisconsórcio facultativo quanto ao número de litigantes, quando este comprometer a rápida solução do litígio ou dificultar a defesa. O pedido de limitação interrompe o prazo para resposta, que recomeça da intimação da decisão.

Em primeiro lugar, a regra há de ser aplicada somente aos casos de litisconsórcios **facultativos ativos**, pois somente estes podem comprometer a rápida solução do litígio (pela necessidade de produção de inúmeras provas atinentes a fatos geradores de direitos que dizem respeito a cada uma das partes ativas [26]) ou dificultar a defesa (pelo número de fatos a serem contestados especificadamente pelo réu). A defesa a ser produzida pela parte passiva conta sempre com um prazo e este pode ser insuficiente para análise de muitas pretensões. Haveria, assim, uma quebra da igualdade de tratamento devida às partes.

Chegado o momento de responder à ação, o réu poderá se insurgir contra o número excessivo de litisconsortes ativos facultativos, alegando exatamente um dos motivos acima examinados (comprometimento da rápida solução do litígio ou dificuldade de exercer o direito de defesa).

---

[26] Recorde-se que a causa de pedir pode ser *parcialmente* a mesma, nestes casos. Ao lado dessa parcial identidade, que é suficiente para o grau de conexão exigido para a instituição do litisconsórcio facultativo, haverá inúmeros outros fatos que dizem respeito unicamente a cada autor, e que, contestados, dependerão de prova específica.

Entendendo procedente a alegação, o juiz, de acordo com seu prudente arbítrio, limitará o número de litisconsortes.

O pedido formulado pelo réu interrompe o prazo de que dispunha para responder à ação – e, uma vez intimado da decisão do juiz a respeito (positiva ou negativa), o prazo para a resposta começa a correr de novo, por inteiro.

Por esta razão é o que o litisconsórcio facultativo também recebe o nome de *recusável*, ao contrário do necessário, que é irrecusável.[27]

Limitado o número dos litisconsortes, os demais ficarão obrigados a ajuizar a ação em processo distinto, ainda que, mais tarde, haja a reunião deles em face da conexão.

---

[27] O litisconsórcio unitário também é irrecusável, mas esta denominação, usualmente, é mais empregada em relação ao necessário.

Capítulo **XXXI**

DA INTERVENÇÃO DE TERCEIROS – VISÃO GERAL

Sumário: 1. Intervenção de terceiros e litisconsórcio. 2. A intervenção de terceiros no Código de Processo Civil.

1. INTERVENÇÃO DE TERCEIROS E LITISCONSÓRCIO

O instituto da intervenção de terceiros apresenta afinidades com o litisconsórcio e o ponto mais visível que ambos têm em comum é a presença de *pluralidade* de partes ativas, passivas ou ambas.

Porém, há uma diferença quanto ao *momento* em que se consuma essa pluralidade.

No processo puramente litisconsorcial a pluralidade de partes vem configurada desde a sua instauração: ou porque as partes se valem da faculdade de instituir um processo litisconsorcial (casos de litisconsórcio facultativo ativo ou passivo e de litisconsórcio unitário ativo), ou, então, porque o autor obrigatoriamente deve mover a ação contra mais de um réu (litisconsórcio necessário passivo e litisconsórcio unitário passivo).

655

Em todos esses casos, a configuração da relação jurídica processual, desde o *início*, já é litisconsorcial. Mesmo nos casos de litisconsórcio necessário (passivo), quando o juiz determina a citação do réu deixado de fora da petição inicial do autor, a relação jurídica processual *já era* necessariamente litisconsorcial.

Nessas hipóteses, não se pode falar em intervenção de um terceiro na relação jurídica processual, pois todos sempre foram ou deveriam ser, desde a constituição daquela, *partes*. Jamais, terceiros.

Observe-se que todas as situações mencionadas são de litisconsórcio *inicial*.

Quando o processo não contém um litisconsórcio inicial, na relação jurídica processual temos apenas um sujeito ativo e um sujeito passivo. Todas as demais pessoas físicas ou jurídicas que não participam dessa relação jurídica processual *são terceiros*.

Os terceiros não podem ser prejudicados pelos efeitos da sentença proferida entre as partes: *res inter alios iudicata tertio neque nocet neque prodest*, consoante o velho brocardo.

Todavia, o ordenamento jurídico não poderia deixar de levar em consideração o fato de que pode haver *interdependência* entre a relação jurídica deduzida em juízo (e as posições jurídicas que nela se contêm) e relações jurídicas das quais terceiros participam (e as posições jurídicas que estas encerram dentro de si).

Essa interdependência entre relação jurídicas poderá fazer com que terceiros possam sofrer determinados *reflexos* da sentença proferida entre as partes do processo.

Suponha-se, assim, um contrato com cláusula que obrigue o vendedor "B" a indenizar o comprador "A" se este vier a ser acionado judicialmente e perder a demanda. Se um terceiro "C" efetivamente reivindica a coisa do comprador "A" e este é vencido, graças à cláusula contratual ele terá uma ação regressiva contra o vendedor "B". Assim, é inegável que a decisão da ação de reivindicação do terceiro "C" atinge, ainda que reflexamente, a esfera jurídica do vendedor.

O vendedor "B", portanto, tem interesse próprio envolvido naquela causa reivindicatória, que justifica a sua entrada no processo, para auxiliar a defesa do comprador.

CAPÍTULO XXXI – DA INTERVENÇÃO DE TERCEIROS – VISÃO GERAL

Porém, o comprador "A" também tem interesse em trazer para ao processo o vendedor "B", para que já fique garantido, em caso de perder a demanda.

Admitida a intervenção, o terceiro *adquire a qualidade de parte* e forma-se, no processo, um *litisconsórcio ulterior.*

O terceiro é havido como parte e, como parte , passará a ter todos os direitos, deveres, obrigações, ônus e faculdades das partes originárias.

A conclusão que se tira de tais reflexões, assim, é a de que no litisconsórcio e na intervenção de terceiro há um processo com pluralidade de partes, mas quando essa pluralidade se deve *apenas* ao instituto do litisconsórcio, este sempre será inicial; quando ela decorre da intervenção de terceiro, o litisconsórcio sempre será *ulterior.*

Outro ponto comum entre o instituto da intervenção de terceiros e o do litisconsórcio: muitas das razões jurídicas que permitem a formação do litisconsórcio inicial também permitem a intervenção do terceiro na relação jurídica processual, razões essas ligadas principalmente ao princípio da economia processual e à necessidade de se evitar decisões conflitantes ou contraditórias.

2. A INTERVENÇÃO DE TERCEIROS NO CÓDIGO DE PROCESSO CIVIL[1]

A doutrina costuma distinguir duas modalidades de intervenção de terceiros – a *voluntária* ou *espontânea* e a *provocada* ou *coacta.*

---

[1] O CPC vigente incluiu no Título "Da Intervenção de Terceiros", acertadamente, a assistência (simples e litisconsorcial) dentre suas modalidades; de outro lado, excluiu, também com razão, do instituto de intervenção de terceiros a *oposição*, que passou a ser uma ação especial (art. 682). A oposição, com efeito, é uma ação autônoma e foge mesmo das características da intervenção de terceiro – o opoente pretende afastar o autor e réu que, na ação originária, controvertiam a respeito de coisa ou direito, por entender que ele – opoente – é o titular. Também desconsiderou a antiga *nomeação à autoria* (art. 62 a 69 do CPC revogado) da intervenção de terceiros.

Como o nome está a indicar, a intervenção voluntária ou espontânea é aquela em que a decisão de intervir é do terceiro. Ele resolve intervir no processo entre outras partes.

A provocada ou coacta é a que resulta de um requerimento da parte ou da determinação *ex officio* pelo juiz.

Nosso Código de Processo Civil dedicou um Título à matéria ("Da Intervenção de Terceiros) desenvolvendo-a nos artigos 119 *usque* 132 – com os quais disciplina: *(i)* a assistência simples; *(ii)* a assistência litisconsorcial; *(iii)* a denunciação da lide e *(iv)* o chamamento ao processo.

Porém essas espécies de intervenção não esgotam as possibilidades criadas pelo novo Código de Processo Civil que, inovando a ordem jurídica introduziu *novas figuras* de intervenção de terceiros, a qual pode ocorrer: *(v)* no pedido de desconsideração da personalidade jurídica; *(vi)* nas hipóteses de ingresso nos autos do *amicus curiae* e *(vii)* na ação de reconvenção.

Portanto, as espécies de intervenção voluntária são:

(i) Assistência simples e assistência litisconsorcial

(ii) *Amicus curiae* por iniciativa própria;

(iii) Reconvenção litisconsorcial.

Já as de intervenção provocada são:

(i) Denunciação da lide;

(ii) Do chamamento ao processo;

(iii) Desconsideração da personalidade jurídica;

(iv) *Amicus Curiae* por provocação;

(v) Reconvenção contra mais de um réu, além do autor da ação principal.

Estudaremos cada uma delas nos Capítulos que seguem.

Capítulo **XXXII**

DA ASSISTÊNCIA

Sumário: 1. Da Assistência. 1.1 Conceito. 1.2 Requisito para a assistência – interesse jurídico. 2. A assistência e o litisconsórcio – estudo comparativo. 2.1 Assistência e litisconsórcio necessário. 2.2 Assistência e litisconsórcio unitário. 2.3 Assistência e litisconsórcio facultativo. 3. Espécies de assistência – estrutura de sua disciplina legal no Código de Processo Civil. 4. Assistência simples ou adesiva e assistência litisconsorcial – conceitos. 5. Procedimento para se requerer a assistência. 6. Regime jurídico da assistência simples. 7. Regime jurídico da assistência litisconsorcial. 8. Dos efeitos da sentença em relação ao assistente. 9. Assistência e responsabilidade pelas despesas do processo.

1. DA ASSISTÊNCIA

1.1 CONCEITO

A assistência é uma das modalidades de intervenção de terceiro que se qualifica como voluntária ou espontânea.

A assistência resulta de um ato de vontade de um terceiro no sentido de ingressar numa relação jurídica processual já existente e dela tornar-se parte, a fim de assistir o réu ou o autor.

Quando a assistência é admitida, o terceiro torna-se um novo sujeito da relação jurídica processual, postando-se ao lado de uma das partes originárias, ainda que se trate de um processo litisconsorcial.

A parte, em favor da qual intervém o terceiro, continua sendo parte principal em relação ao interveniente, mas pode ser denominada também de assistida. O terceiro que intervém recebe o nome de assistente.

1.2 REQUISITO PARA A ASSISTÊNCIA – INTERESSE JURÍDICO

Para poder intervir no processo, o terceiro deverá ser titular de um *interesse jurídico* relacionado com o objeto da demanda.

Isto significa que seu interesse não pode ser meramente de fato, econômico ou simplesmente altruístico.

Assim, por exemplo, o credor do réu não pode ingressar na demanda que lhe propôs outro credor apenas para que o seu patrimônio não corra o risco de ser diminuído, em caso de procedência da ação. Esse credor do réu, por mais que deseje ajudá-lo, não tem um interesse jurídico relativamente ao objeto da demanda, pois apenas pretende ficar mais garantido em relação ao seu próprio crédito – seu interesse, meramente econômico, não tem relação direta com o objeto da demanda.

Também o pai não pode intervir numa causa em que o filho é réu de uma ação, apenas para ajudá-lo a vencer a demanda – seu interesse é meramente protetivo, desligado do objeto da demanda.

O interesse jurídico que habilita o terceiro a ingressar no processo como assistente é aquele que pode de alguma maneira ser afetado pela decisão da causa.

Conquanto o terceiro não possa ser prejudicado pelos efeitos da sentença proferida entre as partes (*res inter alios iudicata tertio neque nocet neque prodest*) a sentença pode atingi-lo de maneira *reflexa*, com maior ou menor intensidade.

Vejamos um exemplo: na ação que uma empresa move contra a Fazenda Pública, pleiteando a devolução de impostos recolhidos, sob a alegação de sua inconstitucionalidade, pode outra intervir para assistir à primeira, desde que seja contribuinte desse mesmo imposto.

CAPÍTULO XXXII – DA ASSISTÊNCIA

A decisão a ser proferida na demanda originária jamais atingiria a segunda empresa. Mesmo que a sentença naquela ação fosse de improcedência, a segunda empresa poderia ajuizar a ação de que ela própria dispõe contra a Fazenda, com o mesmo fundamento de inconstitucionalidade e sagrar-se vencedora.

Nesse exemplo, as duas empresas poderiam ter formado um litisconsórcio ativo por afinidade de questões por um ponto comum de direito (art. 113, inciso III do Código de Processo Civil). É evidente, assim, o interesse jurídico da segunda empresa para intervir e assistir a outra: a procedência da ação gera importante precedente jurisprudencial que a beneficiará futuramente, na sua própria demanda.

Vencedora a empresa assistida, a segunda, que no processo figurou como sua assistente, terá que ajuizar a sua própria ação para obter a devolução dos impostos que recolheu, mas já terá em mãos importante precedente jurisprudencial.

Vejamos outro exemplo: um dos sócios ajuíza ação para obter a declaração de nulidade de deliberação de Assembleia Geral. Outro sócio da mesma sociedade poderá ingressar na ação como seu assistente.

Também nesta hipótese, este segundo sócio poderia ter formado, com o primeiro, um litisconsórcio inicial (que seria unitário ativo).

Não constituído o litisconsórcio inicial, é evidente o interesse jurídico do segundo sócio naquela demanda, pois ele também é titular de um direito (concorrente) para obter aquele mesmo resultado. Seria um absurdo impedir que ele ingressasse nesta ação e fosse obrigado a ajuizar outra, em separado, para depois os dois processos serem reunidos pela conexão (pelo objeto e pela causa de pedir).

Neste caso, porém, a sentença poderá ter uma influência mais direta sobre a relação jurídica existente entre o sócio-assistente e a sociedade de que faz ele parte: se aquela deliberação for declarada nula, ela será havida como nula para todos os sócios, inclusive para ele.[1]

---

[1] Trata-se de efeito decorrente da circunstância de as ações serem concorrentes.

Constata-se, dessarte, que a sentença a ser proferida na ação em que ocorre a assistência pode atingir *com maior ou menor intensidade* a posição jurídica do assistente: muitas vezes apenas produz um efeito que pode melhorar as condições de sua futura demanda; noutras, a sentença interfere *na relação jurídica que existe entre o próprio assistente e o adversário do assistido.*

De outro lado, os exemplos dados revelam que há íntima correlação entre o instituto do litisconsórcio e o da assistência.

Na verdade, podemos até mesmo dizer que a assistência é um mecanismo processual para possibilitar que aquele que poderia ter sido litisconsorte inicial da parte, nela ingresse como seu assistente, instituindo um litisconsórcio ulterior.

Vejamos melhor estas questões, comparando os institutos da assistência e do litisconsórcio.

2. A ASSISTÊNCIA E O LITISCONSÓRCIO – ESTUDO COMPARATIVO

2.1 ASSISTÊNCIA E LITISCONSÓRCIO NECESSÁRIO

Uma distinção muito importante a ser feita consiste em identificar as situações jurídicas que configuram o litisconsórcio necessário, seja por disposição de lei, seja pela ocorrência de litisconsórcio unitário passivo e as que permitem a assistência.

Tratando-se de caso de litisconsórcio necessário – por quaisquer daquelas duas razões – não há que se falar em assistência daquele que deveria, obrigatoriamente e desde o início, integrar a lide no polo passivo, pois este nunca foi terceiro, mas, sempre, parte, conquanto "esquecida".

Assim, por exemplo, em uma ação visando à anulação de testamento, todo legatário é litisconsorte passivo unitário, e, pois, necessário, porque a ação deve ser julgada de modo uniforme para todos quantos estão envolvidos naquela relação jurídica testamentária. Se um dos legatários

CAPÍTULO XXXII – DA ASSISTÊNCIA

não constou como réu da ação, deve ser citado para integrar a lide na qualidade de litisconsorte unitário necessário.[2]

O litisconsórcio ativo nunca é necessário. No exemplo acima lembrado de um dos sócios que propõe ação de nulidade de deliberação de Assembleia Geral, outro sócio poderá ingressar no feito como assistente do autor, muito embora tivesse sido litisconsorte unitário daquele, se ambos houvessem constituído um litisconsórcio inicial.

Portanto, a conclusão é a de que em caso de litisconsórcio necessário passivo não poderá ter lugar o instituto da assistência por parte daquele que já deveria, desde o início, integrar a relação jurídica processual, na qualidade de litisconsorte necessário passivo.

Todavia, nada impede que um *terceiro* seja assistente de litisconsortes necessários.

2.2 ASSISTÊNCIA E LITISCONSÓRCIO UNITÁRIO

Se a situação jurídica der lugar ao litisconsórcio unitário **passivo**, ele será também necessário e aplicam-se, então, as regras vistas acima: não se pode falar de assistência daquele que devera ter sido réu no processo desde o início.

Cuidando-se, porém, de situação jurídica que dê lugar a litisconsórcio unitário ativo, a formação deste depende da vontade de várias pessoas em constituí-lo. Se uma delas não for autora, poderá intervir no feito como assistente do autor. É o caso acima visto da ação buscando nulidade de deliberação de Assembleia Geral.

2.3 ASSISTÊNCIA E LITISCONSÓRCIO FACULTATIVO

As situações jurídicas que possibilitam a constituição de litisconsórcio facultativo inicial – seja este ativo ou passivo – podem também

---

[2] Parte da doutrina, porém, costuma dar esse exemplo como caso de assistência litisconsorcial, o que, a nosso ser, é um equívoco, pelas razões estudadas no texto e quando enfrentamos o tema do litisconsórcio unitário.

663

dar azo à assistência. Isso porque a formação do processo litisconsorcial facultativo depende da vontade de várias pessoas em litigar conjuntamente, ou, então, da opção em ajuizar as várias ações contra os vários réus, simultaneamente: ora, aquele que não integrou esse litisconsórcio facultativo poderá ingressar no processo litisconsorcial como assistente.

Portanto, aqueles que não integrarem *ab initio* a relação jurídica processual litisconsorcial facultativa como autores ou como réus, em tese poderão nela intervir para assistir as partes originárias.

Contudo, aqui será preciso muita atenção, porque várias situações jurídicas que ensejariam o litisconsórcio facultativo dão lugar a outras modalidades de intervenção de terceiro: a denunciação da lide (art. 125 do Código de Processo Civil) ou o chamamento ao processo (art. 130 do Código de Processo Civil).

Assim, em face de um processo que contenha um litisconsórcio facultativo, a assistência somente será possível se a situação jurídica considerada *não* se enquadrar em hipótese que daria lugar à denunciação da lide ou chamamento ao processo.

3. ESPÉCIES DE ASSISTÊNCIA – ESTRUTURA DE SUA DISCIPLINA LEGAL NO CÓDIGO DE PROCESSO CIVIL

Os exemplos examinados acima permitiram a conclusão que a sentença pode influir de maneira mais ou menos intensa no interesse jurídico de um terceiro.

No caso da ação visando à devolução de impostos por argüição de sua inconstitucionalidade, temos um *reflexo tênue* da decisão sobre os interesses do terceiro assistente – a formação de um precedente jurisprudencial.

No caso da ação visando à nulidade de deliberação da Assembleia Geral a sentença *tem uma influência muito maior*, visto que, se julgada procedente, produz efeito também em face do assistente.[3]

---

[3] Como também produziria efeitos em relação ao terceiro que não interviesse, pois é titular de direito concorrente.

CAPÍTULO XXXII – DA ASSISTÊNCIA

Dados esses diversos *graus reflexos* que a sentença produz sobre o interesse jurídico do assistente, a nossa lei processual distingue duas espécies de assistência:

(i) a assistência simples ou adesiva;

(ii) a assistência litisconsorcial.

O Código de Processo Civil vigente cuidou dessas duas espécies de assistência em sessões diferentes, mas não foi muito técnico em sua estruturação.

Com efeito, a assistência simples está na Seção I, que cuida das "Disposições Comuns" e seu regime jurídico na Seção II, intitulada "Da assistência Simples". Por fim, na Seção III, disciplina a "Assistência Litisconsorcial" – mas apenas emitindo seu conceito.

4. ASSISTÊNCIA SIMPLES OU ADESIVA E ASSISTÊNCIA LITISCONSORCIAL – CONCEITOS

A assistência simples ou adesiva (chamada *ad adiuvandum*) está prevista no art. 119 do Código de Processo Civil:

> Art. 119. Pendendo causa entre 2 (duas) ou mais pessoas, o terceiro juridicamente interessado em que a sentença seja favorável a uma delas poderá intervir no processo para assisti-la.
>
> Art. 50. Pendendo uma causa entre duas ou mais pessoas, o terceiro, que tiver interesse jurídico em que a sentença seja favorável a uma delas, poderá intervir no processo para assisti-la.

A assistência litisconsorcial, a seu turno, está disciplinada pelo art. 124:

> Art. 124. Considera-se litisconsorte da parte principal o assistente sempre que a sentença influir na relação jurídica entre ele e o adversário do assistido.

> Art. 54. Considera-se litisconsorte da parte principal o assistente, toda vez que a sentença houver de influir na relação jurídica entre ele e o adversário do assistido.

Comparando-se essas disposições legais, verifica-se que o traço distintivo entre ambas está na circunstância da sentença ter ou não aptidão para influir na relação jurídica entre o assistente e o adversário do assistido.

No nosso exemplo da ação contra a Fazenda, na qual se pleiteia a devolução de impostos pela sua inconstitucionalidade, o contribuinte que intervém no feito seria um *assistente simples ou adesivo* – porque a sentença não poderá influir na relação jurídica existente entre ele próprio e a Fazenda. Seu interesse jurídico reside apenas e tão somente na prolação de uma sentença favorável ao autor porque ele é titular de uma relação jurídica análoga àquela deduzida em juízo.

Já no caso da nulidade de deliberação de Assembleia Geral, o sócio interveniente será *assistente litisconsorcial do autor*, porque a sentença poderá (se for de procedência), interferir na relação jurídica que existe entre ele (assistente) e o adversário do assistido, que é a Mesa Diretora da Assembleia Geral – supondo que assim rezem seus estatutos. Com efeito, se ação for julgada procedente o direito do assistente em pleitear aquela nulidade estará plenamente satisfeito (a nulidade somente será concedida uma vez).

Mas, na mesma hipótese, qualquer sócio pode ingressar no feito para se tornar assistente da Mesa Diretora da Assembleia Geral, para sustentar a validade da deliberação. Mesmo neste caso será *assistente litisconsorcial* daquela, pois a decisão a ser proferida na ação produz efeitos nas relações societárias existentes entre o assistente e o sócio autor (o adversário da Mesa, que é a assistida). Esses efeitos consistem na declaração de validade da Assembleia, ou seja, na improcedência da ação proposta pelo sócio que queria anulá-la.

Portanto, na assistência simples ou adesiva (*ad adiuvandum*), o interesse jurídico do autor se limita apenas em que a sentença seja favorável à parte assistida, interesse esse presente, de uma maneira geral, sempre que o terceiro for titular de uma situação jurídica análoga àquela posta nos autos.

CAPÍTULO XXXII – DA ASSISTÊNCIA

Na assistência litisconsorcial o interesse do terceiro estará presente quando a sentença, de alguma maneira, tenha condições de influir na relação jurídica que existe entre esse terceiro e o adversário da parte que pretende assistir.

Não se pense, porém, que a assistência litisconsorcial somente ocorrerá quando for caso de litisconsórcio unitário facultativo (e, pois, ativo). Também de uma maneira geral, podemos dizer que a assistência litisconsorcial terá lugar:

(i) Quando o terceiro for titular de uma relação jurídica ou de uma posição jurídica que é a mesma relação jurídica posta como objeto da demanda (casos que seriam de litisconsórcio unitário ativo inicial); ou

(ii) Quando o terceiro for titular de uma relação jurídica ou de uma posição jurídica que pressupõe a existência da relação ou posição jurídica que é objeto da demanda.

Hipótese *(i)* – um credor solidário ajuíza ação para ser declarada a existência de relação jurídica de débito e crédito em face de determinado devedor. O outro credor solidário poderá intervir como assistente litisconsorcial do primeiro, porque é titular da mesma relação jurídica discutida em juízo – situação que poderia ter dado lugar a um litisconsórcio unitário ativo, mas que era facultativo.

Hipótese *(ii)* – numa ação de indenização ajuizada pela vítima de atropelamento contra a empresa proprietária do ônibus, o motorista será assistente litisconsorcial desta última porque entre ele, que foi o autor do atropelamento, e a vítima, há uma relação jurídica. Apenas esta última optou em acionar a empresa isoladamente. Se a ação for julgada improcedente, rescinde-se a relação jurídica entre o assistente e o adversário da empresa assistida (a vítima).

5. PROCEDIMENTO PARA SE REQUERER A ASSISTÊNCIA

A intervenção do assistente é feita mediante petição na qual expõe o seu interesse jurídico (assistência simples) para atuar em prol de uma das partes ou os reflexos que a decisão pode provocar na relação jurídica entre ele e o adversário do assistido (assistência litisconsorcial).

Não há momento processual próprio para essa intervenção – que pode ocorrer mesmo quando a demanda estiver em grau de recurso:

> Art. 119. (*omissis*)
>
> Parágrafo único. A assistência será admitida em qualquer procedimento e em todos os graus de jurisdição, recebendo o assistente o processo no estado em que se encontre.
>
> Art. 50. (*omissis*)
>
> Parágrafo único. A assistência tem lugar em qualquer dos tipos de procedimentos em todos os graus de jurisdição, recebendo o assistente o processo no estado em que se encontra.

A norma esclarece que a intervenção do assistente não faz o processo recuar de fase – ele prossegue adiante tal como prosseguiria sem a assistência.

Ajuizada a petição requerendo a intervenção como assistente, observa-se o disposto no art. 120:

> Art. 120. Não havendo impugnação no prazo de 15 (quinze) dias, o pedido do assistente será deferido, salvo se for caso de rejeição liminar.
>
> Parágrafo único. Se qualquer parte alegar que falta ao requerente interesse jurídico para intervir, o juiz decidirá o incidente, sem suspensão do processo.
>
> Art. 51. Não havendo impugnação dentro de 5 (cinco) dias, o pedido do assistente será deferido. Se qualquer das partes alegar, no entanto, que falece ao assistente interesse jurídico para intervir a bem do assistido, o juiz:
>
> I – determinará, sem suspensão do processo, o desentranhamento da petição e da impugnação, a fim de serem autuados em apenso;
>
> II – autorizará a produção de provas;
>
> III – decidirá, dentro de cinco (5) dias, o incidente.

CAPÍTULO XXXII – DA ASSISTÊNCIA

O Código de Processo Civil em vigor simplificou bastante o procedimento, pois se não houver impugnação – seja da parte que o terceiro pretende assistir ou da parte adversária – em 15 dias, a assistência será deferida, salvo se o juiz, de ofício, rejeitá-la. Essa rejeição pode ter por fundamento a inexistência de interesse jurídico por parte do pretendente (e não havendo, também não se poderá cogitar de assistência litisconsorcial).

Caso o pedido seja impugnado, o juiz decide imediatamente, sem suspender o processo.

Anote-se, no entanto, que o assistente – seja simples ou litisconsorcial – não formula nenhum pedido ao órgão jurisdicional. O pedido já foi formulado pelo autor da demanda e assim permanecerá.

6. REGIME JURÍDICO DA ASSISTÊNCIA SIMPLES

Recorde-se que o assistente recebe o processo no estado em que se encontra – na fase processual atual (art. 119, parágrafo único).

O regime jurídico do assistente simples é de ser mero auxiliar da parte assistida, sujeitando-se aos mesmos ônus processuais e dispondo dos mesmos poderes:

> Art. 121. O assistente simples atuará como auxiliar da parte principal, exercerá os mesmos poderes e sujeitar-se-á aos mesmos ônus processuais que o assistido.

Assim, por exemplo, pode requerer a produção de prova, recorrer etc. Mas, terá que adiantar as despesas dos atos que pretende praticar, por exemplo.

Pode ocorrer, no entanto, que o assistido deixe o processo correr sem acatar as determinações judiciais (indicar as testemunhas, por exemplo) ou mesmo ter deixado de apresentar contestação e, assim, se tornando revel. Nesses casos graves, o assistente será considerado substituto processual do assistido – defenderá em seu nome, direito alheio:

669

> Art. 121. (*omissis*)
>
> Parágrafo único. Sendo revel ou, de qualquer outro modo, omisso o assistido, o assistente será considerado seu substituto processual.

Porém, o assistente não pode impedir atitudes comissivas do assistido:

> Art. 122. A assistência simples não obsta a que a parte principal reconheça a procedência do pedido, desista da ação, renuncie ao direito sobre o que se funda a ação ou transija sobre direitos controvertidos.
>
> Art. 53. A assistência simples não obsta a que a parte principal reconheça a procedência do pedido, desista da ação ou transija sobre direitos controvertidos; casos em que terminando o processo, cessa a intervenção do assistente.

Tudo isso porque o assistido é o titular do direito de ação e, em tese, do direito deduzido em juízo e o assistente é mero coadjuvante.

7. REGIME JURÍDICO DA ASSISTÊNCIA LITISCONSORCIAL

O tratamento dispensado ao assistente litisconsorcial é diverso:

> Art. 124. Considera-se litisconsorte da parte principal o assistente sempre que a sentença influir na relação jurídica entre ele e o adversário do assistido.
>
> Art. 54. Considera-se litisconsorte da parte principal o assistente toda vez que a sentença influir na relação jurídica entre ele e o adversário do assistido.

O assistente litisconsorcial é *litisconsorte do assistido*.

Ele como que "adere" à ação ou à defesa exposta por este último e tem o direito de ver a ação caminhar até a decisão final e de fazer com a defesa seja levada em conta pelo órgão jurisdicional, quando da decisão da causa.

CAPÍTULO XXXII – DA ASSISTÊNCIA

Assim, o assistente simples ou adesivo, sendo parte subsidiária da parte principal, não pode impedir que a parte principal reconheça a procedência do pedido, desista da ação, renuncie ao direito sobre o que se funda a ação ou transija sobre direitos controvertidos (art. 122).

O assistente litisconsorcial, muito embora não introduza uma nova ação ou uma defesa "própria" no processo, sendo litisconsorte da parte principal, não pode sofrer os efeitos dos atos praticados por esta, toda vez que este ato tender à anular a ação ou a defesa.

Com a assistência, o litisconsórcio (ulterior) formado entre o assistente litisconsorcial e a parte principal pode ser facultativo (ativo ou passivo), necessário **ativo** e unitário **ativo**.

No caso de formação de um litisconsórcio facultativo ulterior, o assistente "adere" ao direito de ação (se for ativo) ou à defesa (se for passivo) do assistido.

No exemplo do motorista que é admitido como assistente da empresa proprietária do ônibus em ação ajuizada pela vítima do atropelamento, o condutor pode pugnar pelo prosseguimento da ação se dela vem a desistir a empresa assistida.

Nas hipóteses de litisconsórcios **necessários ativos e unitários ativos**, formados pela intervenção do assistente, as mesmas regras gerais são aplicáveis: o assistente pode impugnar os atos do assistido que impliquem renúncia ao direito de ação, tais como a desistência da ação (ou do recurso) e a transação sobre o objeto da demanda. Mesmo que o assistido não queira prosseguir com o direito de ação, não recorra ou desista do recurso ou venha a transigir, pode o assistente impugnar tais atos e exigir que a ação prossiga, interpor recurso ou lutar para que não seja considerada válida a transação feita, conforme o caso.

8. DOS EFEITOS DA SENTENÇA EM RELAÇÃO AO ASSISTENTE

A lei processual, sob o aspecto dos efeitos da sentença em relação ao assistente não distingue entre a assistência simples e a assistência litisconsorcial:

671

> Art. 123. Transitada em julgado a sentença no processo em que interveio o assistente, este não poderá, em processo posterior, discutir a justiça da decisão, salvo se alegar e provar que:
>
> I – pelo estado em que recebeu o processo ou pelas declarações e pelos atos do assistido, foi impedido de produzir provas suscetíveis de influir na sentença;
>
> II – desconhecia a existência de alegações ou de provas das quais o assistido, por dolo ou culpa, não se valeu.
>
> Art. 55. Transitada em julgado a sentença, na causa em que interveio o assistente, este não poderá, em processo posterior, discutir a justiça da decisão, salvo se alegar e provar que:
>
> I – pelo estado em que recebeu o processo, ou pelas declarações e atos do assistido, fora impedido de produzir provas suscetíveis de influir na sentença;
>
> II – desconhecia a existência de alegações ou de provas, de que o assistido, por dolo ou culpa, não se valeu.

A expressão utilizada pela norma – "discutir a justiça da decisão" – significa rediscutir as questões de fato e de direito que foram objeto de decisão pelo juiz da causa em que houve a assistência.

Nesses limites, a sentença produz efeitos em relação ao assistente.

No caso da assistência à empresa que discutia a inconstitucionalidade de determinado imposto, por exemplo, julgado este constitucional, o assistente não poderá, em ação posterior (melhor que em "processo posterior"), rediscutir essa questão de direito, seja como autor (ao propor ação contra a Fazenda, com o mesmo fundamento), seja como réu (ao oferecer embargos à uma ação de execução da Fazenda, que vise à cobrança daquele mesmo imposto).

Somente alegando e provando uma das situações constantes dos dois incisos do art. 123 do Código de Processo Civil é que o assistente não sofrerá os efeitos da sentença proferida na ação em que interveio. Tais motivos são autoexplicativos.

CAPÍTULO XXXII – DA ASSISTÊNCIA

9. ASSISTÊNCIA E RESPONSABILIDADE PELAS DESPESAS DO PROCESSO

Quanto as custas do processo, estatui o art. 94 do Código de Processo Civil, já estudado, mas que não custa repetir:

> Art. 94. Se o assistido for vencido, o assistente será condenado ao pagamento das custas em proporção à atividade que houver exercido no processo.

> Art. 32. Se o assistido ficar vencido, o assistente será condenado nas custas em proporção à atividade que houver exercido no processo.

Note-se, em primeiro lugar, que a norma se refere apenas as custas, silenciando a respeito dos honorários advocatícios e demais despesas, mas, por analogia, entendemos que a regra se aplica também a ambos.

Por outro lado, é óbvio que ela se aplica apenas em caso de assistência simples ou adesiva, pois na assistência litisconsorcial o assistente é tratado como litisconsorte, e em relação a ele aplicam-se os mesmos princípios já estudados para o processo litisconsorcial.

Em caso de ser vencido o assistido, custas, demais despesas processuais e honorários advocatícios serão repartidos proporcionalmente entre o assistente e o assistido, levando-se em conta os atos praticados por este último (aplicação do princípio da causalidade da demanda).

Capítulo XXXIII
DA DENUNCIAÇÃO DA LIDE

> Sumário: 1. A denunciação da lide. 2. Situações jurídicas que ensejam a denunciação da lide. 2.1 As situações jurídicas que ensejam a denunciação da lide no Código de Processo Civil. 2.2 Considerações gerais sobre as hipóteses legais. 2.3 Denunciação da lide ao alienante imediato. 2.4 Denunciação da lide ao responsável pela indenização. 3. Procedimento na denunciação da lide. 3.1 Prazos para requerer a denunciação. 3.2 Conteúdo do requerimento de denunciação. 3.3 Citação do denunciado. 3.4 Posição processual do denunciado em denunciação feita pelo autor. 3.5 Posição processual do denunciado em denunciação feita pelo réu. 3.6 Decisão sobre o pedido de denunciação da lide. 4. Denunciação sucessiva.

1. A DENUNCIAÇÃO DA LIDE

A doutrina costuma criticar a denominação dada ao instituto pelo Código de Processo Civil, manifestando sua preferência por "chamamento à autoria".[1]

---

[1] Assim, SANTOS, Moacyr Amaral. *Primeiras Linhas de Direito Processual Civil.* vol. 2. Ed. Saraiva, 2009, p. 25/26. Não confundir com o chamamento ao processo, que é outra modalidade de intervenção de terceiro (V. art. 130).

Em "chamamento à *autoria*" a expressão "autoria", palavra deriva-da de *autor*, tem o sentido de "antecessor na sucessão da coisa, o trans-mitente do direito", como lembra Moacyr Amaral Santos.[2]

Mais expressivo, assim, é o emprego da palavra "*garantia*", que vem utilizada na denominação do instituto no direito francês (*exception de garantie*) e italiano (*chiamata in garanzia*).[3]

O terceiro, *chamado à autoria*, é denominado "litisdenunciado" ou, mais simplesmente, *denunciado*. Ele deve ser o *garantidor* (ou garan-te) do direito daquele que lhe denuncia a lide (litisdenunciante, ou apenas *denunciante*).

Vencido o denunciante, o denunciado arcará, total ou parcialmen-te, com os prejuízos da demanda experimentados pelo primeiro.

A posição de garantidor nasce de disposição de lei ou de um con-trato. Nessas hipóteses, o garantido pode se voltar contra o primeiro, sempre que vier sofrer prejuízo, em demanda judicial relacionada com bem jurídico que era objeto daquela garantia.

"A obrigação de garantia subsiste, escreve Liebman, quando uma pessoa (garantidor) é obrigada a suportar o dano que sofre outra pessoa (garantido), no caso de sucumbir numa demanda e os casos típicos des-sa obrigação são aqueles de quem transmitiu um direito e deve ressarcir o dano que o adquirente sofre por efeito da evicção (...)".[4]

Como esclarece o ilustre processualista, "neste caso o terceiro é interessado a desenvolver no processo uma atividade que favoreça a prolação de uma sentença, cuja repercussão sobre a sua relação jurídica seja favorável à sua posição; mas também a parte é interessada na sua

---

[2] SANTOS, Moacyr Amaral. *Primeiras Linhas de Direito Processual Civil*. vol. 2. Ed. Saraiva, 2009, p. 26.

[3] LIEBMAN, Enrico Tullio. *Manuale di Diritto Processuale Civile*: Principi. 7ª Ed. Milano: Giuffrè Editore, 2007, p. 109.

[4] LIEBMAN, Enrico Tullio. *Manuale di Diritto Processuale Civile*: Principi. 7ª Ed. Milano: Giuffrè Editore, 2007, p. 109.

CAPÍTULO XXXIII – DA DENUNCIAÇÃO DA LIDE

intervenção, dado o escopo de estender a ele a autoridade da futura coisa julgada e impedi-lo de evitar a eficácia reflexa da sentença, sob a alegação de haver ela decidido a causa de modo injusto".[5]

Podemos, pois, dizer, com Moacyr Amaral Santos, que "denunciação da lide é o ato pelo qual o autor ou o réu chamam a juízo terceira pessoa, que seja garante do seu direito, a fim de resguardá-lo no caso de ser vencido na demanda em que se encontram".[6]

2. SITUAÇÕES JURÍDICAS QUE ENSEJAM A DENUNCIAÇÃO DA LIDE

2.1 AS SITUAÇÕES JURÍDICAS QUE ENSEJAM A DENUNCIAÇÃO DA LIDE NO CÓDIGO DE PROCESSO CIVIL

A denunciação da lide pode ser promovida tanto pelo autor como pelo réu, nas situações jurídicas que constam do art. 125:

> Art. 125. É *admissível* a denunciação da lide, promovida por qualquer das partes:
>
> I – *ao alienante imediato*, no processo relativo à coisa cujo domínio foi transferido ao denunciante, a fim de que possa exercer os direitos que da evicção lhe resultam;
>
> II – àquele que estiver *obrigado*, por lei ou pelo contrato, a indenizar, em ação regressiva, o prejuízo de quem for vencido no processo.
>
> Art. 70. A denunciação da lide é *obrigatória*:
>
> I – ao alienante, na ação em terceiro reivindica a coisa, cujo domínio foi transferido à parte, a fim de que esta possa exercer o direito que da evicção lhe resulta;

---

[5] LIEBMAN, Enrico Tullio. *Manuale di Diritto Processuale Civile*: Principi. 7ª Ed. Milano: Giuffrè Editore, 2007, p. 105. No texto, o ilustre processualista faz essas observações como sendo de ordem mais geral – mas se encaixam perfeitamente no texto, eis que o exemplo ministrado por ele é exatamente o do garantidor.

[6] SANTOS, Moacyr Amaral. *Primeiras Linhas de Direito Processual Civil*. vol. 2. Ed. Saraiva, 2009, p. 27.

II – ao proprietário ou ao possuidor indireto quando, por força de obrigação ou direito, em casos como o do usufrutuário, do credor pignoratício, do locatário, o réu, citado em nome próprio, exerça a posse direta da coisa demandada;

III – àquele que estiver obrigado, pela lei ou pelo contrato a indenizar, em ação regressiva, o prejuízo do que perder a demanda.

Cabe observar que, no sistema anterior, a denunciação da lide era *obrigatória*, pena daquele a quem incumbia fazê-la e não a fez, perder o direito que da evicção lhe resultaria e de propor a ação regressiva contra o garante.

Nos termos do art. 125, a denunciação é agora apenas *admissível*.

Todavia, quer parecer que no caso do inciso I ela continua a ser *obrigatória*, se o adquirente quiser se valer da evicção. Mas, no caso do inciso II, aquele que não fez a denunciação poderá se valer da ação regressiva autonomamente.

2.2 CONSIDERAÇÕES GERAIS SOBRE AS HIPÓTESES LEGAIS

A denunciação da lide, como dito, pressupõe a figura do *garantidor* de um direito.

Nos dois incisos do art. 125, essa figura está realmente presente: o alienante (inciso I) e o responsável pela indenização (inciso II).

O sistema processual poderia ter sido concebido de outra forma: o adquirente e o réu de ação por indenização responderiam a ação isoladamente e depois se voltariam contra o alienante e o responsável pela indenização, respectivamente, com a chamada *ação de regresso*.

Todavia, seguindo melhor orientação, tornou *obrigatória* a denunciação da lide pelo adquirente (inciso I) e *admissível* ao responsável pela indenização (inciso II).

Exatamente por ser apenas admissível a denunciação do responsável pela indenização, o § 1º do art. 125 assim estatui:

CAPÍTULO XXXIII – DA DENUNCIAÇÃO DA LIDE

Art. 125. (*omissis*)

§ 1º O direito regressivo será exercido por *ação autônoma* quando a denunciação da lide for indeferida, deixar de ser promovida ou não for permitida.

Não promovida a denunciação da lide, quando obrigatória (inciso I), faltará àquele que sofreu os prejuízos (adquirente) interesse de agir na modalidade adequação, para ajuizar a ação distinta, pois os direitos de que é titular contra o alienante imediato somente podem ser exigidos por meio da denunciação da lide, que, como veremos, configura uma ação incidente no processo original. Esta ação é o meio (único) adequado para tanto.

Observe-se, no entanto, que conquanto obrigatória, a denunciação da lide não corresponde, tecnicamente, a uma obrigação da parte, mas sim a um *ônus* (análogo ao ônus de ajuizar a ação).

2.3 DENUNCIAÇÃO DA LIDE AO ALIENANTE IMEDIATO

O inciso I do art. 125 determina que o adquirente faça a denunciação da lide ao alienante, em ação na qual terceiro reivindica a coisa, cujo domínio lhe foi transferido, "a fim de que possa exercer os direitos que da evicção lhe resultam" (art.125, I, parte final).

A hipótese, pois, tem íntima relação com o instituto da evicção, que vem disciplinado pelo Código Civil, nos arts. 447 *usque* 457.

O art. 456 do Código Civil torna obrigatória a notificação do alienante imediato, nos termos da lei processual:

> Art. 456. Para poder exercitar o direito que da evicção lhe resulta, o adquirente notificará do litígio o alienante imediato, ou qualquer dos anteriores, quando e como lhe determinarem as leis do processo.
>
> Parágrafo único. Não atendendo o alienante à denunciação da lide, e sendo manifesta a procedência da evicção, pode o adquirente deixar de oferecer contestação, ou usar de recursos.

Segundo o art. 447 do Código Civil, "nos contratos onerosos, o alienante responde pela evicção", garantia que subsiste "ainda que a aquisição se tenha realizado por hasta pública". Todavia, "podem as partes, por cláusula expressa, reforçar, diminuir ou excluir a responsabilidade pela evicção" (Código Civil, art. 448). Todavia, mesmo excluída, o evicto tem o direito de recobrar o preço que pagou pela coisa evicta, se não soube do risco da evicção, ou, dela informado, o não assumiu, prescreve o art. 449 do Código Civil.[7]

Conquanto a evicção ocorra mais freqüentemente nos contratos de compra e venda, a obrigação do alienante está presente em vários outros, como naqueles lembrados por Washington de Barros Monteiro: dação em pagamento (CC, art. 359), na transação (CC, art. 845), na sociedade (CC, art. 1.005), na troca (CC, art. 533) e na partilha do acervo hereditário (CC, art. 2.024).[8]

"Pode suceder, entretanto, diz aquele ilustre civilista, que o adquirente venha a perdê-la, total ou parcialmente, por força de decisão judicial, baseada em causa preexistente ao contrato. É a essa perda, oriunda de sentença fundada em motivo jurídico anterior, que se atribui o nome de evicção (*evincere est vincendo in judicio aliquid auferre*)".[9]

Na evicção, prossegue ele, temos que considerar três pessoas pelo menos:

(i) O *evicto*, que é o adquirente, que perde a coisa;

(ii) O *alienante imediato*, que transferiu a coisa ao adquirente/evicto;

(iii) O *evictor*, isto é, o terceiro que vem a ganhar, total ou parcialmente, a coisa que foi objeto do contrato entre o adquirente/evicto e o alienante imediato.

---

[7] No texto, referimo-nos apenas a alguns aspectos da evicção para acompanhar seus reflexos na área do Direito Processual Civil, pois ela constitui matéria do Direito Civil. Recomenda-se, todavia, a leitura de todos os dispositivos do Código Civil sobre o tema, para melhor compreensão.

[8] MONTEIRO, Washington de Barros. *Curso de Direito Civil*: Direito das Obrigações. 2ª Parte. Ed. Saraiva, 2007, p. 57.

[9] MONTEIRO, Washington de Barros. *Curso de Direito Civil*: Direito das Obrigações. 2ª Parte. Ed. Saraiva, 2007, p. 57.

CAPÍTULO XXXIII – DA DENUNCIAÇÃO DA LIDE

Contudo, a evicção *não é um direito real*, isto é, ele não é um direito que adere à coisa e que com ela se transfere ao adquirente. É um direito *pessoal* deste, que, para ser exercido, depende de prévia denunciação da lide.

Como o art. 447 do Código Civil menciona "contratos onerosos", estará resguardado dos riscos da evicção *não somente aquele que se torna proprietário da coisa*, como também o seu *possuidor direto* e o *usuário*, obviamente, desde que o contrato tenha sido a título oneroso.

No inciso I do art. 125, que agora examinamos, está prevista a hipótese de evicção, aparentemente, apenas em face daquele que adquire a propriedade da coisa:

> Art. 125. É admissível a denunciação da lide, promovida por qualquer das partes:
>
> I – ao alienante imediato, no processo relativo à coisa cujo *domínio* foi transferido ao denunciante, a fim de que possa exercer os direitos que da evicção lhe resultam;
>
> Art. 70. A denunciação da lide é obrigatória:
>
> I – ao alienante, na ação em terceiro reivindica a coisa, cujo domínio foi transferido à parte, a fim de que esta possa exercer o direito que da evicção lhe resulta;

Apesar de não ter sido feliz a redação desse dispositivo, deve ele ser interpretado extensivamente, de molde a alcançar também o *possuidor direto* e o *usuário*, que além do adquirente, estão a coberto dos riscos da evicção.

Também se chega à mesma conclusão pelo exame do art. 447 do Código Civil porque a expressão "alienante" lá utilizada deve ser interpretada mais elasticamente, de molde que nela se contenham também aqueles que transferem a posse direta ou concedem o direito de uso da coisa.

Contudo, assim como a doutrina entende, com razão, que muito embora a norma processual sob exame se refira apenas às ações de reivindicação, ela é aplicável *a outras situações análogas*, pois a perda total ou parcial da coisa pode decorrer de outras ações, como a de usucapião, por exemplo. Assim, devemos entender que o inciso I do art. 125 também é aplicável aos casos de evicção por perda, em demanda judicial, *da posse direta ou do uso da coisa*.

Assim, se alguém adquire um imóvel por um contrato de compra e venda e sofre uma ação de reivindicação, deverá denunciar a lide ao alienante, para poder exercer, contra este, o direito que da evicção lhe resulta.

Da mesma maneira, se alguém adquire o direito de usar a coisa por contrato oneroso, e corre o risco de perder esse direito em demanda judicial, deverá denunciar à lide aquele que lhe conferiu tal direito.

Portanto, a pessoa que adquiriu o domínio, a posse direta ou o direito de uso da coisa, correndo o risco de perder a propriedade, a posse direta ou o uso em demanda judicial, *por fato anterior ao contrato oneroso* que celebrou, perderá o direito de ser indenizado pela evicção, se não promover a denunciação da lide, nos exatos termos do inciso I do art. 125 do Código de Processo Civil e do art. 456 do Código Civil.

O Código de Processo Civil ainda admite *uma* denunciação sucessiva, obviamente feita pelo alienante imediato e que foi denunciado – porém, este denunciado sucessivo não poderá efetuar outra denunciação – embora, não perca o direito à ação regressiva:

> Art. 125. (*omissis*)
>
> § 2º Admite-se uma *única* denunciação sucessiva, promovida pelo denunciado, contra seu antecessor imediato na cadeia dominial ou quem seja responsável por indenizá-lo, não podendo o denunciado sucessivo promover nova denunciação, hipótese em que *eventual direito de regresso será exercido por ação autônoma*.[10]

---

[10] A exceção aberta pelo § 2º do art. 125 (direito de regresso exercido em ação autônoma) confirma a obrigatoriedade da denunciação da lide na hipótese de seu inciso I para o alienante imediato e seu antecessor.

CAPÍTULO XXXIII – DA DENUNCIAÇÃO DA LIDE

A razão da norma é muito clara – evitar que o processo se perenize, com sucessivas e infindáveis denunciações. Mas, se o segundo denunciado vier a sofrer condenação na ação proposta por terceiro, poderá se voltar contra o que lhe alienou, lhe conferiu a posse direta ou direito de uso da coisa. Nesta nova ação de regresso poderá haver outra denunciação sucessiva e assim por diante.

2.4 DENUNCIAÇÃO DA LIDE AO RESPONSÁVEL PELA INDENIZAÇÃO

No caso do inciso II do art. 125 o denunciante deve dispor de ação regressiva contra o denunciado.

> Art. 125. É *admissível* a denunciação da lide, promovida por qualquer das partes:
>
> II – àquele que estiver obrigado, por lei ou pelo contrato, a *indenizar*, em ação regressiva, o prejuízo de quem for vencido no processo.
>
> Art. 70. A denunciação da lide é obrigatória:
>
> III – àquele que estiver obrigado, pela lei ou pelo contrato a indenizar, em ação regressiva, o prejuízo do que perder a demanda.

Todas as situações jurídicas que geram ação regressiva por força de lei ou de contrato estarão subsumidas no inciso II, que tem ampla área de incidência.

Assim, por exemplo, se uma empresa contrata transportadora, estabelecendo a responsabilidade desta pelos prejuízos que possam ser causados nas mercadorias transportadas, se vier a ser acionada por um cliente, deve denunciar a lide à transportadora.

Como esta denunciação *não é obrigatória*, o "direito regressivo será exercido por ação autônoma quando a denunciação da lide for indeferida, *deixar de ser promovida* ou não for permitida" (art. 125, § 1º).

683

3. PROCEDIMENTO NA DENUNCIAÇÃO DA LIDE

3.1 PRAZOS PARA REQUERER A DENUNCIAÇÃO

Como a denunciação da lide é espécie *provocada* de intervenção de terceiro, a parte deve requerer a sua citação nos seguintes momentos processuais:

(i) se o denunciante for o *autor*, cabe-lhe requerer a citação do denunciado na própria petição inicial, que será feita juntamente com a do réu;

(ii) se o denunciante for o *réu*, tal requerimento será feito no prazo que dispõe para contestar a ação.

É o que se deduz da norma do art. 127 do Código de Processo Civil:

> Art. 126. A citação do denunciado será requerida na petição inicial, se o denunciante for autor, ou na contestação, se o denunciante for réu, devendo ser realizada na forma e nos prazos previstos no art. 131.
>
> Art. 131. A citação daqueles que devam figurar em litisconsórcio passivo será requerida pelo réu na contestação e deve ser promovida no prazo de 30 (trinta) dias, sob pena de ficar sem efeito o chamamento (*a denunciação*).
>
> Parágrafo único. Se o chamado residir em outra comarca, seção ou subseção judiciárias, ou em lugar incerto, o prazo será de 2 (dois) meses.
>
> Art. 71. A citação do denunciado será requerida, juntamente com a do réu, se o denunciante for o autor; e, no prazo para contestar, se o denunciante for o réu.

3.2 CONTEÚDO DO REQUERIMENTO DE DENUNCIAÇÃO

Trate-se de denunciação da lide formulada pelo autor ou pelo réu da demanda original, eles deverão expor os fatos e os fundamentos do

CAPÍTULO XXXIII – DA DENUNCIAÇÃO DA LIDE

pedido de denunciação da lide, que serão também os fatos geradores de uma verdadeira *demanda incidente* que o denunciante ajuíza contra o denunciado.

Assim, no exemplo de ação reivindicação, o réu-adquirente deve denunciar a lide ao alienante imediato, descrevendo os fatos que justificam a denunciação da lide a este (contrato de compra e venda entre ele e o denunciado) e os fatos geradores do direito que lhe resulta da evicção.

O denunciado, por sua vez, poderá efetuar uma denunciação sucessiva, segundo autoriza o § 2º do art. 125. Essa segunda denunciação (chamada de denunciação sucessiva) deve ser requerida pelo primeiro denunciado original na primeira oportunidade que falar nos autos.

Por outro lado, o denunciado, presumivelmente, terá interesse em defender a posição do denunciante, para não se prejudicar.

Assim, nesse processo, temos:

- *(i)* A demanda <u>original</u> de reivindicação do autor (A) contra o réu-adquirente (B);
- *(ii)* A demanda <u>subsidiária</u> e <u>incidente</u> entre o réu / adquirente / denunciante (B) contra o terceiro / denunciado (C), para garantir-se dos direitos que da evicção lhe resultam;
- *(iii)* Outra demanda <u>subsidiária</u>, e <u>incidente</u> entre o terceiro / denunciado (C) e o autor da ação reivindicatória (A).[11]

As demandas subsidiárias são assim chamadas por que se vinculam a outra, que é a demanda original ou principal. Também são incidentes porque nascem num processo já instaurado – *incidem* nessa relação jurídica processual.

Todas são demandas cumuladas num mesmo processo e numa mesma relação jurídica processual – juiz terá que decidir todas elas de uma só vez.

---

[11] Esta demanda derivada existe, mesmo que o denunciado, na prática, não se coloque nessa posição de colaborador do denunciante. Poderá ainda haver uma ação incidente do denunciado (C) em face do denunciado sucessivo (D) e outra, deste (D), em face do autor da reivindicação (A).

3.3 CITAÇÃO DO DENUNCIADO

Requerida a denunciação da lide, o juiz somente poderá indeferi-la se manifestamente incabível; caso contrário, determinará a citação do denunciado:

> Art. 126. A citação do denunciado será requerida na petição inicial, se o denunciante for autor, ou na contestação, se o denunciante for réu, devendo ser realizada na forma e nos prazos previstos no art. 131.
>
> Art. 131. A citação daqueles que devam figurar em litisconsórcio passivo será requerida pelo réu na contestação e deve ser promovida no prazo de 30 (trinta) dias, sob pena de ficar sem efeito o chamamento.
>
> Parágrafo único. Se o chamado residir em outra comarca, seção ou subseção judiciárias, ou em lugar incerto, o prazo será de 2 (dois) meses.
>
> Art. 72. (*omissis*)
>
> § 1º A citação do alienante, do proprietário, do possuidor indireto ou do responsável pela indenização far-se-á:
>
> a) quando residir na mesma comarca, dentro de 10 (dez) dias;
>
> b) quando residir em outra comarca, ou em lugar incerto, dentro de trinta (30) dias.
>
> § 2º Não se procedendo à citação no prazo marcado, a ação prosseguirá unicamente em relação ao denunciante.

Segundo o art. 131 *caput*, se não for promovida a citação em trinta dias fica sem efeito o chamamento – regra que se aplica também ao parágrafo único.

No caso da citação do alienante (art. 125, I) não realizada no prazo, a consequência será a perda do direito que da evicção resulta para o adquirente e a impossibilidade de ajuizamento da ação regressiva autonomamente.

Todavia, isto somente ocorrerá se a citação não se deu por ato imputável ao próprio denunciante, a título de dolo ou culpa; mas, jamais se a citação não se perfez por questões alheias à sua vontade.

CAPÍTULO XXXIII – DA DENUNCIAÇÃO DA LIDE

A norma tem o objetivo de evitar inúteis protelações por parte do denunciante e acelerar o andamento do processo.

3.4 POSIÇÃO PROCESSUAL DO DENUNCIADO EM DENUNCIAÇÃO FEITA PELO AUTOR

Apesar de existir uma verdadeira demanda incidente entre o denunciante e o denunciado, quando este assume o seu papel a lei processual o considera litisconsorte do denunciante.

Efetivamente, diz o art. 127 do Código de Processo Civil:

> Art. 127. Feita a denunciação pelo *autor*, o denunciado poderá assumir a posição de litisconsorte do denunciante e acrescentar novos argumentos à petição inicial, procedendo-se em seguida à citação do réu.

> Art. 74. Feita a denunciação pelo autor, o denunciado, comparecendo, assumirá a posição de litisconsorte do denunciante e poderá aditar a petição inicial, procedendo-se em seguida à citação do réu.

Se o denunciado comparece e aceita a denunciação, assume a posição de litisconsorte do autor/denunciante e terá quinze dias para complementar, se for o caso, a inicial[12], podendo acrescentar, em sua própria petição argumentos novos (de fato e de direito) àqueles já existentes na petição do autor. O réu será citado em seguida, para contestar os termos da inicial e da petição do denunciado.

O denunciado será litisconsorte ativo do autor denunciante, mas conservará, em relação a este, *plena autonomia*, pois os atos e omissões de cada um deles não beneficiam e nem prejudicam o outro, pois esses atos não podem interferir na demanda incidente que entre os dois existe.

---

[12] Esse prazo, por isonomia, é o mesmo prazo para a contestação (art. 335 CPC), contados da citação.

Exemplo: se o alienante é chamado à lide pelo autor, poderá até mesmo agir em benefício do réu, mas estará, com isso, piorando a sua posição em face do autor/denunciante, perante o qual responderá pela evicção. Seus atos não produzem efeitos em relação a este último.

Se o denunciado não quiser assumir a denunciação (a norma fala em "poderá assumir a posição de litisconsorte" do autor/denunciante) sofrerá as consequências da decisão final, mesmo não tendo participado do processo.

3.5 POSIÇÃO PROCESSUAL DO DENUNCIADO EM DENUNCIAÇÃO FEITA PELO RÉU

Várias alternativas se colocam quando a denunciação é feita pelo réu.

Em primeiro lugar, o denunciado pode assumir sua posição e contestar o pedido do autor, colocando-se ao lado do réu/denunciante:

> Art. 128. Feita a denunciação pelo réu:
>
> I – se o denunciado *contestar* o pedido formulado pelo autor, o processo prosseguirá tendo, na ação principal, em litisconsórcio, denunciante e denunciado;
>
> Art. 75. Feita a denunciação pelo réu:
>
> I – se o denunciado a aceitar e contestar o pedido, o processo prosseguirá entre o autor, de um lado, e de outro, como litisconsortes, o denunciante e o denunciado;

Porém, o denunciado pode deixar de oferecer contestação e se tornar revel, ou, ainda, abandonar o processo: nesses dois casos o réu/denunciante pode deixar de prosseguir com sua própria defesa e restringir sua atuação apenas à ação de regresso que dispõe contra o denunciado omisso:

> Art. 128. Feita a denunciação pelo réu:
>
> II – se o denunciado for *revel*, o denunciante pode deixar de prosseguir com sua defesa, eventualmente oferecida, e abster-se de recorrer, restringindo sua atuação à ação regressiva;

CAPÍTULO XXXIII – DA DENUNCIAÇÃO DA LIDE

> Art. 75. Feita a denunciação pelo réu:
>
> II – se o denunciado for revel, ou comparecer apenas para negar a qualidade que lhe foi atribuída, cumprirá ao denunciante prosseguir na defesa até final;

Por fim, o denunciado ainda pode confessar os fatos alegados pelo autor:

> Art. 128. Feita a denunciação pelo réu:
>
> III – se o denunciado *confessar* os fatos alegados pelo autor na ação principal, o denunciante poderá prosseguir com sua defesa ou, aderindo a tal reconhecimento, pedir apenas a procedência da ação de regresso.
>
> Art. 75. Feita a denunciação pelo réu:
>
> III – se o denunciado confessar os fatos alegados pelo autor, poderá o denunciante prosseguir na defesa.

Neste caso, o réu/denunciante pode assumir uma de duas posições: ou ele prossegue em sua defesa contra o autor da demanda ou adere ao reconhecimento do pedido feito pelo denunciado e passa então a pleitear apenas a procedência da ação de regresso que dispõe em face do denunciado/confesso.

3.6 DECISÃO SOBRE O PEDIDO DE DENUNCIAÇÃO DA LIDE

Quando houver denunciação da lide, no processo estarão presentes as seguintes ações:

(i) a ação principal;

(ii) a ação incidente do denunciado contra o adversário do denunciante (esta ação pode ocorrer ou não no processo);

(iii) a ação de regresso entre o denunciante e o denunciado.

A matéria vem disciplinada, em parte, pelo art. 129 e pelo parágrafo único do art. 128:

Art. 129. Se o denunciante for *vencido* na ação principal, o juiz passará ao julgamento da denunciação da lide.

Parágrafo único. Se o denunciante for vencedor, a ação de denunciação não terá o seu pedido examinado, sem prejuízo da condenação do denunciante ao pagamento das verbas de sucumbência em favor do denunciado.

Art. 128. (*omissis*)

Parágrafo único. Procedente o pedido da ação principal, pode o autor, se for o caso, requerer o cumprimento da sentença também contra o denunciado, nos limites da condenação deste na ação regressiva.

Art. 76. A sentença, que julgar procedente a ação, declarará, conforme o caso, o direito do evicto, ou a responsabilidade por perdas e danos, valendo como título executivo.

O denunciante pode ser o *autor* ou o *réu*.

Hipótese em que o denunciante é o autor:

(i) **Ação principal julgada procedente** – autor/denunciante é vencedor – o juiz estará desobrigado de examinar o mérito da demanda incidente entre o denunciante/autor e o denunciado. Mas, o denunciante autor deverá arcar com as despesas processuais do denunciado, que não deu causa às mesmas. Exemplo: suponha-se que alguém levanta uma dúvida objetiva acerca da existência de um contrato de locação. O inquilino ajuíza ação declaratória em face dessa pessoa e denuncia a lide ao locador. O juiz declara a existência da relação jurídica de locação. O inquilino ganhou a demanda, mas, nos termos do parágrafo único do art. 129, o autor/denunciante deve arcar com todas as despesas do processo que decorreram da denunciação à lide. É aplicação do princípio da causalidade da demanda (quem causou o inútil ingresso de denunciado foi o vencedor).

(ii) **Ação principal julgada improcedente** – autor/denunciante é vencido – o juiz deve examinar o mérito da demanda

CAPÍTULO XXXIII – DA DENUNCIAÇÃO DA LIDE

incidente entre o autor/denunciante e o denunciado para verificar a responsabilidade deste. Se a ação de regresso for procedente, o denunciado arcará com todas as despesas. Mas, se improcedente, o autor/denunciante responderá por todas as despesas processuais.

Hipótese em que o denunciante é o réu:

(i) **A ação é julgada procedente** – o réu/denunciante perde a demanda. O juiz deve passar ao exame de mérito da demanda incidente entre o denunciante e denunciado para verificar a responsabilidade deste último. Neste caso, "pode o autor, se for o caso, requerer o cumprimento da sentença também contra o denunciado, nos limites da condenação deste na ação regressiva" (art. 128, parágrafo único). As despesas com o processo dependerá do resultado do julgamento da ação de regresso: quem perder, arca com elas.

(ii) **A ação é julgada improcedente** – o réu/denunciante é vencedor – neste caso o juiz estará desobrigado do exame do mérito da demanda incidente entre denunciante e denunciado, mas o primeiro responderá pelas despesas processuais do segundo.

4. DENUNCIAÇÃO SUCESSIVA

O nosso Código de Processo Civil admite uma única denunciação sucessiva, no § 2º do art. 125:[13]

> Art. 125. (*omissis*)
>
> § 2º Admite-se uma única denunciação sucessiva, promovida pelo denunciado, contra seu antecessor imediato na cadeia dominial ou quem seja responsável por indenizá-lo, não podendo o denunciado sucessivo promover nova denunciação, hipótese em que eventual direito de regresso será exercido por ação autônoma.

---

[13] O CPC revogado admitia várias denunciações sucessivas.

> Art. 73. Para os fins do disposto no art. 70, o denunciado, por sua vez, intimará do litígio o alienante ou o responsável pela indenização e, assim, sucessivamente, observando-se, quanto aos prazos, o disposto no artigo antecedente.

A denunciação sucessiva limitada a um só alienante ou garantidor é medida que está coerente com a filosofia do Código de Processo Civil no sentido de abreviar, o quanto possível, a duração do processo.

Denunciações intermináveis impedem que o processo avance.

Todavia, eventual direito do segundo alienante ou garantidor contra os demais não se perde, salvo caso de prescrição.

Havendo denunciação sucessiva, caso o denunciante seja vencido na ação principal (como autor ou como réu) o juiz examinará as duas ações de regresso e arcará com as depesas do processo aquele que perder a demanda (ou o primeiro denunciado ou o segundo).

Capítulo **XXXIV**

DO CHAMAMENTO AO PROCESSO

Sumário: 1. Do chamamento ao processo. 2. Chamamento ao processo e denunciação da lide. 3. Casos de chamamento ao processo. 3.1 Chamamento ao processo do devedor na ação em que o réu é o fiador. 3.2 Chamamento ao processo dos demais fiadores quando só um deles ou alguns deles forem réus. 3.3 Chamamento ao processo dos devedores solidários quando exigida a dívida de um só. 4. Ações que admitem o chamamento ao processo. 5. Procedimento no chamamento ao processo. 5.1 Prazo para requerer o chamamento ao processo. 5.2 Conteúdo do requerimento – verdadeira petição inicial. 5.3 Posição processual do chamado ao processo. 5.4 Conteúdo da sentença em processo com chamamento ao processo. 6. Da sentença em processo com chamamento ao processo e condenação em honorários advocatícios.

1. DO CHAMAMENTO AO PROCESSO

O chamamento ao processo é um instituto criado pelo Código de Processo Civil, precipuamente para favorecer o *devedor solidário* que está sendo acionado isoladamente e também o *fiador*, em ação que não foi promovida contra o devedor principal ou os demais fiadores.

Nessas hipóteses, o devedor solidário e o fiador podem *chamar ao processo*, respectivamente, os *coobrigados solidariamente* e o *devedor principal* ou os demais *fiadores*.

Observe-se, em primeiro lugar, que tais situações jurídicas poderiam ter dado lugar à instituição de um litisconsórcio facultativo inicial, se assim o desejasse o autor.

Preferindo, porém, acionar isoladamente o fiador (deixando de fora da relação jurídica processual o devedor principal ou os demais fiadores) ou apenas um dos devedores solidários (deixando de fora os demais), todos eles podem provocar a formação de um litisconsórcio facultativo ulterior, *chamando* aquelas pessoas para o processo.

Trata-se, pois, de modalidade *provocada* de intervenção de terceiro.

O chamamento ao processo recebe, por essa razão, a crítica de se constituir numa exceção ao princípio de que o exercício do direito de ação deve ser exercido livremente pelo seu titular, contra quem ele deseje.[1] Com o chamamento ao processo, o réu praticamente obriga o autor a incluir na demanda principal pessoas que ele pretendia não acionar.

O chamamento ao processo é, assim, uma faculdade *conferida ao réu*, que a exerce ou não de acordo com as suas conveniências pessoais.

Bem examinadas as situações jurídicas que ensejam o chamamento ao processo, verifica-se que em todas elas o réu do processo principal – que requer o chamamento ao processo de outras pessoas – teria contra estas uma *ação regressiva*, caso viesse a ser condenado na demanda judicial que responde sozinho.

---

[1] Não é possível, juridicamente, forçar uma pessoa a propor uma ação. Porém, o polo passivo da relação jurídica processual, em princípio, depende do autor (ou autores). Mas, esse princípio sofre restrições por razões superiores àquelas que inspiram a liberdade do exercício do direito de ação, nos casos de litisconsórcio necessário passivo por determinação de lei, nos casos de litisconsórcio passivo unitário e nos casos de intervenção de terceiros.

CAPÍTULO XXXIV – DO CHAMAMENTO AO PROCESSO

Dessa maneira, o chamamento ao processo atende a um princípio de economia processual e ao de evitar decisões conflitantes, que sempre podem ocorrer quando não se tratar de litisconsórcio unitário.

2. CHAMAMENTO AO PROCESSO E DENUNCIAÇÃO DA LIDE

O chamamento do processo e a denunciação da lide são cabíveis nos casos em que a parte dispõe de ação regressiva contra aqueles que não foram postos como réus no processo, pelo autor.

Mas, entre os institutos há importante diferença: a denunciação da lide é *obrigatória ao primeiro alienante*, pois, não requerida, perde o denunciante a os direitos que da evicção lhe resultam; no chamamento ao processo, ao contrário, há uma faculdade: o não exercício dessa faculdade não acarreta essa mesma conseqüência jurídica.

Dada a extensão da regra do inciso II do art. 125[2] há casos de chamamento ao processo que poderiam ser enquadrados nesse inciso, que prevê a denunciação da lide.

Todavia, as normas jurídicas que preveem o chamamento ao processo são consideradas como *especiais* em relação àquelas que disciplinam a denunciação da lide, pois será a *própria obrigação principal* que será julgada em face de todos os devedores solidários, do devedor principal ou dos demais fiadores.[3]

3. CASOS DE CHAMAMENTO AO PROCESSO

As hipóteses de chamamento ao processo estão arroladas no art. 130 do Código de Processo Civil:

---

[2] Art. 125. A denunciação da lide é obrigatória: II – àquele que estiver obrigado, por lei ou pelo contrato, a indenizar, em ação regressiva, o prejuízo de quem for vencido no processo;

[3] Nesse sentido, BARBI, Celso Agrícola. *Comentários ao Código de Processo Civil*. 10ª ed. Rio de Janeiro: Forense, 1999, p. 257.

Art. 130. É admissível o chamamento ao processo, requerido pelo réu:

I – do afiançado, na ação em que o fiador for réu;

II – dos demais fiadores, na ação proposta contra um ou alguns deles;

III – dos demais devedores solidários, quando o credor exigir de um ou de alguns o pagamento da dívida comum.

Art. 77. É admissível o chamamento ao processo:

I – do devedor, na ação em que o fiador for réu;

II – dos outros fiadores, quando para a ação for citado apenas um deles;

III – de todos os devedores solidários, quando o credor exigir de um ou de alguns deles, parcial ou totalmente, a dívida comum.

3.1 CHAMAMENTO AO PROCESSO DO DEVEDOR NA AÇÃO EM QUE O RÉU É O FIADOR

De acordo com o inciso I do art. 130 o fiador, se quiser, poderá chamar ao processo o devedor principal, que não foi acionado pelo credor.

É uma situação que não enseja maiores indagações, a não ser aquela, vista logo acima, de que se cuida de hipótese que poderia, teoricamente, ser enquadrada no inciso II, do art. 125 do Código de Processo Civil. A regra especial do inciso I do art. 130, porém, prevalece.

Se o fiador não chamar ao processo o devedor, nem por isso perderá a ação regressiva que tem contra aquele, se vier a satisfazer a dívida cobrada judicialmente.

3.2 CHAMAMENTO AO PROCESSO DOS DEMAIS FIADORES QUANDO SÓ UM DELES OU ALGUNS DELES FOREM RÉUS

A norma do inciso II do art. 130 do Código de Processo Civil melhorou o sistema, pois não mais se refere, como fazia o Código de Processo Civil anterior, à presença de um único fiador.

CAPÍTULO XXXIV – DO CHAMAMENTO AO PROCESSO

Mesmo na vigência da norma anterior, porém, sempre se entendeu aplicável a regra mesmo que vários – mas não todos – os fiadores tenham sido citados. Os que figuram como réus na ação podem chamar ao processo os demais.[4]

Pode haver, ainda, a combinação do inciso I e do inciso II do art. 130 do Código de Processo Civil, pois se o fiador é réu, isoladamente, poderá chamar ao processo também o *devedor*, além dos demais fiadores.

3.3 CHAMAMENTO AO PROCESSO DOS DEVEDORES SOLIDÁRIOS QUANDO EXIGIDA A DÍVIDA DE UM SÓ

Segundo o art. 264 do Código Civil, o credor pode exigir de um ou de alguns dos devedores solidários parte ou a totalidade da dívida.

Propondo ação para cobrança de dívida solidária contra um ou alguns dos devedores solidários, podem estes chamar ao processo os demais, nos termos do inciso III do art. 131 do Código de Processo Civil.

4. AÇÕES QUE ADMITEM O CHAMAMENTO AO PROCESSO

O campo próprio do chamamento ao processo é o das ações de conhecimento condenatórias executivas, conquanto nada há que impeça venha a ocorrer nas ações constitutivas e declaratórias, desde que não configuradas, nestes casos, como hipóteses de litisconsórcio unitário.[5]

A jurisprudência não tem admitido, com razão, o chamamento ao processo **nas ações de execução**, porque nessa ação não há lugar para a verificação da existência ou não da corresponsabilidade dos indigitados codevedores ou coobrigados.

---

[4] No sentido do texto, SANTOS, Moacyr Amaral. *Primeiras Linhas de Direito Processual Civil*. vol. 2. Ed. Saraiva, 2009, p. 37. Sobre solidariedade passiva, V. Código Civil, art. 275 e seguintes.

[5] No litisconsórcio unitário passivo a presença de todos é necessária (é também litisconsórcio necessário) e não se fala de intervenção de terceiros, mas de partes processuais principais, eventualmente esquecidas e que vêm depois integrar a relação jurídica processual.

Também não se tem admitido o chamamento ao processo nas ações por **obrigações cambiais**, dada a autonomia dessas obrigações, que nada têm a ver com a questão da solidariedade civil. Assim, "ao endossatário não cabe o poder de chamar ao processo os endossantes, o sacador e o sacado na letra de câmbio ou o emitente da nota promissória, os respectivos avalistas, porque o direito que tem contra eles, se pagar o título, não é de cobrar parte de cada um, como codevedores, mas o direito de regresso, que nada tem a ver com o instituto da solidariedade", escreve Celso Agrícola Barbi.[6]

5. PROCEDIMENTO NO CHAMAMENTO AO PROCESSO

5.1 PRAZO PARA REQUERER O CHAMAMENTO AO PROCESSO

O chamamento ao processo é uma faculdade conferida ao réu.

Tal faculdade deve ser exercida no prazo de que dispõe o réu para contestar a ação:

> Art. 131. A citação daqueles que devam figurar em litisconsórcio passivo será requerida pelo réu na *contestação* e deve ser promovida no prazo de 30 (trinta) dias, sob pena de ficar sem efeito o chamamento.
>
> Parágrafo único. Se o chamado residir em outra comarca, seção ou subseção judiciárias, ou em lugar incerto, o prazo será de 2 (dois) meses.
>
> Art. 78. (...) o réu requererá, no prazo para contestar, a citação do chamado.

5.2 CONTEÚDO DO REQUERIMENTO – VERDADEIRA PETIÇÃO INICIAL

Ao contrário do Código de Processo Civil anterior, o vigente não se refere ao conteúdo do requerimento para o chamamento ao processo.[7]

---

[6] BARBI, Celso Agrícola. *Comentários ao Código de Processo Civil*. 10ª ed. Rio de Janeiro: Forense, 1999, p. 276.

[7] O CPC revogado assim estabelecia: Art. 78. Para que o juiz declare, na mesma sentença, as responsabilidades dos obrigados, a que se refere o artigo antecedente, o réu requererá, no prazo para contestar, a citação do chamado.

CAPÍTULO XXXIV – DO CHAMAMENTO AO PROCESSO

No entanto, é óbvio que tal requerimento, em primeiro lugar, consubstancia uma verdadeira ação – e, portanto, deve ele preencher os requisitos de uma petição inicial: o art. 131 diz claramente que os chamados serão *citados*.

Assim, e em realidade, o réu da ação original, ao chamar um terceiro para o processo, está movendo contra ele uma ação incidente: cabe-lhe nomear as partes, expor os fatos e os fundamentos jurídicos de seu pedido (causa de pedir) e formular seu pedido. Mas também há uma ação – ainda que virtual – do autor originário contra os chamados.

Feito o chamamento, no processo passam a coexistir:

(i) ação principal ajuizada pelo autor original contra o réu original;

(ii) demanda incidente do réu do processo original em face daquele(s) que chamou ao processo;

(iii) uma verdadeira e nova ação principal do autor original contra o chamado.

Todas essas demandas estarão cumuladas num mesmo processo e o juiz deverá decidir todas elas.

5.3 POSIÇÃO PROCESSUAL DO CHAMADO AO PROCESSO

O chamado ao processo passa a ser *litisconsorte do réu*, assumindo, assim, a posição de parte no processo.[8]

Recorde-se que o chamado ao processo tem contra si duas demandas:

(i) a demanda original, da qual é litisconsorte passivo, ao lado do réu original, que o chamou ao processo;

(ii) a demanda incidente ajuizada pelo réu original contra si.

---

[8] Como litisconsorte, ele se sujeita às regras estudadas sobre o relacionamento jurídico entre os litisconsortes.

O chamado ao processo é litisconsorte do réu na demanda principal, devendo, em sua contestação, enfrentar a ação incidente entre ele e quem o chamou, como também a ação principal, alegando o que lhe convier contra o autor da demanda principal e contra o réu original, que o chamou.

Deverá, assim, conforme as circunstâncias lhe permitir, deduzir defesa na demanda principal e defesa na demanda incidente, sendo que, nesta, as suas alegações cingir-se-ão aos fundamentos do próprio chamamento ao processo.

O litisconsórcio entre o réu e o chamado é facultativo, e os atos e omissões de um dos litisconsortes não beneficiam e nem prejudicam o outro, mantendo, ambos, plena autonomia em relação à parte contrária.

Assim, se o chamado for revel, arcará com os efeitos da revelia, mas a contestação oferecida pelo réu original produzirá seus normais efeitos em relação ao autor da demanda principal.

5.4 CONTEÚDO DA SENTENÇA EM PROCESSO COM CHAMAMENTO AO PROCESSO

Dois artigos cuidam do conteúdo da sentença que julga procedente a ação em que há chamamento a processo:

> Art. 132. A sentença de procedência valerá como título executivo em favor do réu que satisfizer a dívida, a fim de que possa exigi-la, por inteiro, do devedor principal, ou, de cada um dos codevedores, a sua quota, na proporção que lhes tocar.
>
> Art. 80. A sentença, que julgar procedente a ação, condenando os devedores, valerá como título executivo, em favor do que satisfizer a dívida, para exigi-la, por inteiro, do devedor principal, ou de cada um dos codevedores a sua quota, na proporção que lhes tocar.

O art. 132 se endereça às ações de conhecimento condenatórias executivas.

CAPÍTULO XXXIV – DO CHAMAMENTO AO PROCESSO

A sentença condenatória deverá apreciar as relações jurídicas de direito material que se estabelecem entre o autor, de um lado, e todos os réus, de outro, bem como as relações jurídicas de direito material entre o réu principal e os chamados ao processo.

Assim, em caso de ação de conhecimento condenatória proposta contra o fiador, chamando este o devedor ao processo (art. 130, inciso I do Código de Processo Civil) e também os demais fiadores (art. 130, inciso II do Código de Processo Civil), o juiz terá que:

(a) Declarar que existe a relação jurídica de crédito e débito entre o autor e o devedor principal, dentro da qual nasceu o direito de crédito daquele, que não foi satisfeito espontaneamente *(momento declaratório da sentença condenatória executiva)*;

(b) Condenar o devedor principal ao pagamento da quantia cobrada *(momento condenatório da sentença condenatória executiva)*;

(c) Declarar a existência da relação jurídica de fiança e a responsabilidade dos cofiadores, caso o devedor principal não satisfaça o direito do autor *(momento declaratório da sentença condenatória executiva)*;

(d) Condenar os fiadores ao pagamento da quantia cobrada *(momento condenatório da sentença condenatória executiva)*;

A sentença condenatória executiva, assim, terá o momento *declaratório* e o momento *condenatório*.

Dentro do sistema do Código de Processo Civil, após a prolação da sentença haverá o *momento executivo do processo* (fase do cumprimento da sentença), que será proposto contra todos os que figuraram no polo passivo, após o chamamento ao processo, ou, então contra um ou alguns deles, a critério do credor.

Mas, como diz o art. 132, aquele ou aqueles que satisfizerem a dívida (de modo espontâneo ou não) irão dispor de título executivo para exigir o cumprimento da sentença proferida na ação condenatória executiva pelos demais coobrigados, de acordo com a responsabilidade de cada um:

ANTONIO ARALDO FERRAZ DAL POZZO

> Art. 132. A *sentença de procedência* valerá como título executivo em favor do réu que satisfizer a dívida, a fim de que possa exigi-la, por inteiro, do devedor principal, ou, de cada um dos codevedores, a sua quota, na proporção que lhes tocar.

A utilização do instituto do chamamento ao processo evita a necessidade de propositura de uma demanda regressiva do fiador contra o devedor (ou demais fiadores) e, posteriormente, eventual cumprimento de sentença em face deste (s).

A mesma sentença, num único processo, resolve ambas as questões.

Observe-se, porém, que nada impede que a sentença seja condenatória executiva em relação ao devedor principal e que exclua a responsabilidade de um ou de todos os fiadores.[9]

6. DA SENTENÇA EM PROCESSO COM CHAMAMENTO AO PROCESSO E CONDENAÇÃO EM HONORÁRIOS ADVOCATÍCIOS

Para resolver a questão das despesas judiciais e dos honorários advocatícios, além de decidir a demanda principal, sempre será preciso que o juiz examine a demanda incidente entre o réu e os chamados ao processo.

Temos, assim, as seguintes alternativas:

(i) a sentença é de improcedência total – neste caso o juiz examina o chamamento ao processo para verificar se este era devido ou não. Em caso positivo, o autor arcará com as despesas efetuadas pelo réu e pelo chamado ao processo. Se indevido o chamamento, o autor da demanda principal pagará os gastos do réu, mas este ressarcirá os do chamado;

---

[9] A recíproca não é verdadeira porque, inexistente a obrigação principal, do devedor principal, se extinguem as obrigações acessórias.

CAPÍTULO XXXIV – DO CHAMAMENTO AO PROCESSO

(ii) a sentença é de procedência parcial – se o chamamento era correto, o réu e o chamado, de um lado, e o autor de outro, arcarão, proporcionalmente aos respectivos interesses, com as despesas processuais e honorários decorrentes da demanda principal. Se o chamamento não se justificava, o réu arcará sozinho com todas as despesas processuais e honorários advocatícios do chamado. Em relação à demanda principal, tanto o réu como o autor, sempre proporcionalmente, arcarão com os gastos.

Capítulo XXXV

DA DESCONSIDERAÇÃO DA PERSONALIDADE JURÍDICA

> Sumário: 1. Teoria da Desconsideração da Personalidade Jurídica – generalidades. 2. Da natureza jurídica do pedido de desconsideração da personalidade jurídica. 3. Desconsideração da personalidade jurídica no Código de Processo Civil. 4. Desconsideração da personalidade jurídica a intervenção de terceiros.

1. TEORIA DA DESCONSIDERAÇÃO DA PERSONALIDADE JURÍDICA – GENERALIDADES

A desconsideração da personalidade jurídica nos leva, em primeiro lugar, ao conceito da própria personalidade jurídica.

Cabe lembrar aqui as lições de Vicente Ráo: "Do ponto de vista técnico – jurídico, forçoso é considerar-se que o direito subjetivo pressupõe, por sua natureza e por sua estrutura, uma *relação de fato entre pessoas*, ainda quando seu objeto consiste em coisa material ou imaterial, relação de fato que a norma transmuda em relação jurídica; e nesta relação um *poder* existe que a alguém pertence e ao o *dever* de outrem, ou da generalidade das pessoas, corresponde".[1]

---

[1] RÁO, Vicente. *O Direito e a Vida dos Direitos*. 5ª Ed. Editora RT, p. 640. Itálicos originais.

ANTONIO ARALDO FERRAZ DAL POZZO

Realmente, a bilateralidade do direito está a exigir uma relação (disciplinada pelo direito – e, pois jurídica) entre duas ou mais pessoas. Dessa maneira, as pessoas físicas – todo ente humano – são sujeitos de direitos e de obrigações. Essa aptidão denomina-se, tecnicamente, *capacidade jurídica*.[2]

Desde os tempos romanos, porém, como recorda o autor citado, foi "à sombra e semelhança da organização unitária do Estado que, em Roma, nasceram os entes coletivos de direito privado, dotados de capacidade jurídica".[3]

Aos poucos, com o passar dos tempos, esses entes coletivos, que são hoje as pessoas jurídicas, ganharam independência e autonomia em relação às pessoas físicas que as compunham.

Nosso Código Civil considera duas espécies de pessoas jurídicas: as de direito público, que podem ser de direito público interno ou de direito público externo, e as de direito privado (art. 40).

Neste passo nos interessa as pessoas jurídicas de direito privado:

Art. 44. São pessoas jurídicas de direito privado:

I – as associações;

II – as sociedades;

III – as fundações.

IV – as organizações religiosas;

V – os partidos políticos;

VI – as empresas individuais de responsabilidade limitada.

Ocorre que algumas pessoas físicas que têm o encargo de dirigir a pessoa jurídica passaram a cometer abusos, usando-as como verdadeiro escudo, por detrás do qual elas passaram a se esconder e a agir.

---

2 Que é diversa da capacidade de exercício. O recém-nascido, por exemplo, tem capacidade jurídica (é sujeito de direitos e obrigações), mas não tem capacidade de exercício, que será atribuição de seus representantes legais.

[3] RÁO, Vicente. *O Direito e a Vida dos Direitos*. 5ª Ed. Editora RT, p. 723.

CAPÍTULO XXXV – DA DESCONSIDERAÇÃO DA PERSONALIDADE...

A partir de tais eventos, os tribunais dos Estados Unidos começaram a aplicar o instituto da desconsideração da personalidade jurídica: a chamada *disregard theory* ou *disregard of legal entity*.[4]

Desconsiderar tem o sentido de desprezar ou de não levar em conta exatamente a *autonomia patrimonial* do ente coletivo para alcançar diretamente e de forma ilimitada a pessoa física que é o seu sócio: a obrigação social se transmuda em obrigação pessoal.

Com efeito, normalmente os atos praticados em nome e por conta da pessoa jurídica obrigam apenas e tão somente esta última – mas, dado o abuso de alguns sócios, nasceu a desconsideração da pessoa jurídica para alcançá-los pessoalmente, ou seja, os seus patrimônios particulares.

Acolhendo tal teoria, assim dispõe o Código Civil:

> Art. 50. Em caso de *abuso da personalidade jurídica*, caracterizado pelo desvio de finalidade, ou pela confusão patrimonial, pode o juiz decidir, a requerimento da parte, ou do Ministério Público quando lhe couber intervir no processo, que os efeitos de certas e determinadas relações de obrigações sejam estendidos aos bens particulares dos administradores ou sócios da pessoa jurídica.

É exemplo infelizmente comum de desvio de finalidade a utilização da pessoa jurídica para prática e conseguimento de objetivos ilícitos, como os rumorosos casos noticiados pela mídia e que dizem respeito às fraudes em processos licitatórios. Muitas vezes a pessoa jurídica não dispõe de recursos para o ressarcimento do erário – e então os bens pessoais de seus sócios podem responder pela dívida.

Além do Código Civil, outros diplomas legais preveem casos de desconsideração da personalidade jurídica, dentre os quais:

Código de Defesa do Consumidor:

> Art. 28. O juiz poderá desconsiderar a personalidade jurídica da sociedade quando, em detrimento do consumidor, houver abuso

---

[4] Também a Inglaterra e a Alemanha começaram a adotar a teoria.

de direito, excesso de poder, infração da lei, fato ou ato ilícito ou violação dos estatutos ou contrato social. A desconsideração também será efetivada quando houver falência, estado de insolvência, encerramento ou inatividade da pessoa jurídica provocados por má administração.

§ 5º Também poderá ser desconsiderada a pessoa jurídica sempre que sua personalidade for, de alguma forma, obstáculo ao ressarcimento de prejuízos causados aos consumidores.

Código Tributário Nacional

Art. 135. São pessoalmente responsáveis pelos créditos correspondentes a obrigações tributárias resultantes de atos praticados com excesso de poderes ou infração de lei, contrato social ou estatutos:

I – as pessoas referidas no artigo anterior;

II – os mandatários, prepostos e empregados;

III – os diretores, gerentes ou representantes de pessoas jurídicas de direito privado.

Consolidação das Leis do Trabalho

Art. 2º Considera-se empregador a empresa, individual ou coletiva, que, assumindo os riscos da atividade econômica, admite, assalaria e dirige a prestação pessoal de serviço.

§ 1º Equiparam-se ao empregador, para os efeitos exclusivos da relação de emprego, os profissionais liberais, as instituições de beneficência, as associações recreativas ou outras instituições sem fins lucrativos, que admitirem trabalhadores como empregados.

§ 2º Sempre que uma ou mais empresas, tendo, embora, cada uma delas, personalidade jurídica própria, estiverem sob a direção, controle ou administração de outra, constituindo grupo industrial, comercial ou de qualquer outra atividade econômica, serão, para os efeitos da relação de emprego, solidariamente responsáveis a empresa principal e cada uma das subordinadas.

Lei n. 12.529, de 30 de novembro de 2011 (reorganizou o CADE)

Art. 34. A personalidade jurídica do responsável por infração da ordem econômica poderá ser desconsiderada quando houver da

CAPÍTULO XXXV – DA DESCONSIDERAÇÃO DA PERSONALIDADE...

parte deste abuso de direito, excesso de poder, infração da lei, fato ou ato ilícito ou violação dos estatutos ou contrato social.

Parágrafo único. A desconsideração também será efetivada quando houver falência, estado de insolvência, encerramento ou inatividade da pessoa jurídica provocados por má administração.

Art. 35. A repressão das infrações da ordem econômica não exclui a punição de outros ilícitos previstos em lei.

Lei n. 9.605, de 12 de fevereiro de 1998.
(Sanções Penais por atividades lesivas ao meio ambiente)

Art. 2º Quem, de qualquer forma, concorre para a prática dos crimes previstos nesta Lei, incide nas penas a estes cominadas, na medida da sua culpabilidade, bem como o diretor, o administrador, o membro de conselho e de órgão técnico, o auditor, o gerente, o preposto ou mandatário de pessoa jurídica, que, sabendo da conduta criminosa de outrem, deixar de impedir a sua prática, quando podia agir para evitá-la.

Art. 3º As pessoas jurídicas serão responsabilizadas administrativa, civil e penalmente conforme o disposto nesta Lei, nos casos em que a infração seja cometida por decisão de seu representante legal ou contratual, ou de seu órgão colegiado, no interesse ou benefício da sua entidade.

Parágrafo único. A responsabilidade das pessoas jurídicas não exclui a das pessoas físicas, autoras, co-autoras ou partícipes do mesmo fato.

Art. 4º Poderá ser desconsiderada a pessoa jurídica sempre que sua personalidade for obstáculo ao ressarcimento de prejuízos causados à qualidade do meio ambiente.

A matéria não se esgota nos termos acima fixados.

Há, ainda, que se considerar a denominada *desconsideração da personalidade jurídica inversa*.

Trata-se de desconsiderar a personalidade da pessoa jurídica, afastando a sua autonomia patrimonial para que seus bens possam responder por atos de seu sócio controlador. É inversa porque aqui a obrigação, originariamente, era da *pessoa física*, ao passo que na primeira figura acima estudada de desconsideração a obrigação era *da pessoa jurídica*.

Assim, por exemplo, as hipóteses em que o sócio transfere todos os seus bens patrimoniais para a pessoa jurídica, buscando protegê-los através do escudo societário. Ele se reduz, propositadamente, à insolvência, para lesar credores, conquanto a pessoa jurídica que controla tenha se tornado proprietária de todos os seus bens.

2. DA NATUREZA JURÍDICA DO PEDIDO DE DESCONSIDERAÇÃO DA PERSONALIDADE JURÍDICA

Como veremos em seguida, o pedido de desconsideração da personalidade jurídica pode ser feito *ab initio* pelo autor, hipótese em que será citado para a demanda o sócio ou a pessoa jurídica, consoante se trate de desconsideração direta ou inversa:

(i) Se a ação se voltava *contra o sócio*, há o pedido de desconsideração inversa se o autor pretender buscar os bens da sociedade para a satisfação de seu direito, violado por ato do sócio;

(ii) Se ação se dirigia à *pessoa jurídica*, o pedido é de desconsideração da personalidade jurídica da sociedade para que os bens particulares do sócio respondam pelo ato da sociedade – e o sócio deve ser citado.

Mas, o pedido também pode ser feito em qualquer fase do processo de conhecimento, da ação de execução ou na etapa do cumprimento da sentença, seja pela parte, seja pelo Ministério Público, quando este deva intervir no feito.

Neste caso instaura-se o *incidente de desconsideração da personalidade jurídica*, com suspensão do processo principal.

Neste caso de instauração do incidente, o sócio ou a pessoa jurídica será citado (art. 135).

Como o Código de Processo Civil, nos dois casos – instauração *ab initio* ou incidental – determina a citação do sócio ou da pessoa jurídica,

CAPÍTULO XXXV – DA DESCONSIDERAÇÃO DA PERSONALIDADE...

em verdade o pedido de desconsideração *é uma verdadeira ação* (no primeiro caso, cumulada com a outra, pelo autor, na inicial; no segundo, como ação incidente).

Examinando-se mais de perto, aquele que formula a desconsideração em verdade cumula nesse momento duas demandas: uma ação constitutiva, cujo objeto é operar uma modificação jurídica na personalidade da pessoa jurídica, anulando a sua autonomia patrimonial e uma ação condenatória executiva ou ação de execução contra a pessoa jurídica.

Essa mutação na esfera de direitos *da pessoa jurídica* servirá de fundamento para que os bens do sócio respondam por ela, ou para fundamentar que seus bens respondam pelo sócio (desconsideração inversa).

3. A DESCONSIDERAÇÃO DA PERSONALIDADE JURÍDICA NO CÓDIGO DE PROCESSO CIVIL

O Código de Processo Civil cuida da desconsideração da personalidade jurídica como um incidente processual – ou seja, como um evento que ocorre quando o processo esteja tramitando. Porém, também permite que seja pedida juntamente com a petição inicial, ou seja, quando da propositura da ação.

Mas, os casos em que esse pedido pode ser feito são disciplinados pelo direito material:

> Art. 133. (*omissis*)
> § 1º O pedido de desconsideração da personalidade jurídica observará os *pressupostos previstos em lei*.

Portanto, será o Código Civil, o Código de Defesa do Consumidor, a Consolidação das Leis do Trabalho, o Código Tributário Nacional (e outros diplomas legais) que estabelecerão os requisitos para que se torne *adequado* o pedido de desconsideração da personalidade jurídica.[5]

---

[5] Se for inadequado, faltará ao requerente o interesse de agir.

Em que fase e em que ações o pedido de desconsideração pode ser feito?

A resposta está no art. 134, *caput*:

> Art. 134. O incidente de desconsideração é cabível em todas as fases do processo de conhecimento, no cumprimento de sentença e na execução fundada em título executivo extrajudicial.

O pedido de desconsideração pode ser formulado em ação de conhecimento constitutiva, em ação de conhecimento declaratória e em ação de conhecimento condenatória executiva, além de poder ser formulado na fase do cumprimento de sentença e na ação de execução.

Quando ao *momento* da formulação do pedido:

(i) Pode ser feito na petição inicial e, neste caso, não há o incidente de desconsideração, porque o processo já se inicia com o requerimento feito;

(ii) Em qualquer fase do processo em andamento, quando então será instaurado o incidente de desconsideração da personalidade.

A primeira hipótese é contemplada no § 2º do art. 134:

> Art. 134. (*omissis*)
>
> § 2º Dispensa-se a instauração do incidente se a desconsideração da personalidade jurídica for requerida na petição inicial, hipótese em que será citado o sócio ou a pessoa jurídica.

Neste caso, não haverá a suspensão do processo:

> Art. 134. (*omissis*)
>
> § 3º A instauração do incidente suspenderá o processo, salvo na hipótese do § 2º.

O incidente de desconsideração da personalidade jurídica está previsto no art. 133 *caput*, que indica desde logo os legitimados a formular o respectivo requerimento:

CAPÍTULO XXXV – DA DESCONSIDERAÇÃO DA PERSONALIDADE...

> Art. 133. O incidente de desconsideração da personalidade jurídica será instaurado a pedido da parte ou do Ministério Público, quando lhe couber intervir no processo.

Nesse caso, suspende-se o processo (art. 134, § 3º, primeira parte) e ainda há que se observar o § 1º do art. 134:

> § 1º A instauração do incidente será imediatamente comunicada ao distribuidor para as anotações devidas.

Que deverá conter o pedido ou requerimento de desconsideração da personalidade jurídica?

> Art. 134. (*omissis*)
> § 4º O requerimento deve demonstrar o preenchimento dos pressupostos legais específicos para desconsideração da personalidade jurídica.

Cabe à parte ou ao representante do Ministério Público indicar precisamente os fatos que a *legislação material* leva em conta para justificar o pedido de desconsideração da personalidade jurídica, para que se possa dizer preenchida a causa de pedir desta ação. Não bastam meras conclusões da parte – é necessário que ela indique precisamente os atos ou fatos que se enquadram nas hipóteses legais de desconsideração. A sociedade ou o sócio não poderão exercer amplamente o seu direito de defesa se o autor do pedido não indicar em sua *causa petendi* os atos ou fatos geradores de seu direito de pedir a desconsideração.

Uma vez instaurado o incidente, que será imediatamente comunicado ao distribuidor (art. 134, § 1º), suspende-se o processo (art. 134, § 3º), e, em seguida, haverá a citação do sócio ou da pessoa jurídica, para contestar a ação, requerendo provas, se houver, no prazo de 15 dias:

> Art. 135. Instaurado o incidente, o sócio ou a pessoa jurídica será citado para manifestar-se e requerer as provas cabíveis no prazo de 15 (quinze) dias.

Depois de produzidas as provas ou sem que elas sejam necessárias, o juiz decidirá o incidente sem encerrar o processo – e aqui temos uma exceção ao princípio geral que apenas a sentença decide a ação: o Código de Processo Civil dá à essa decisão o caráter de decisão interlocutória:

> Art. 136. Concluída a instrução, se necessária, o incidente será resolvido por *decisão interlocutória*.
> Parágrafo único. Se a decisão for proferida pelo relator, cabe *agravo interno*.

Tolerável a exceção, que se prende à linha geral adotada pelo legislador em prol da celeridade processual.

Quando a decisão é proferida em primeiro grau de jurisdição cabe agravo de instrumento para o tribunal:

> Art. 1.015. Cabe agravo de instrumento contra as decisões interlocutórias que versarem sobre:
> IV – incidente de desconsideração da personalidade jurídica;

O agravo interno, a que se refere o parágrafo único do art. 136 está previsto no art. 1.021:

> Art. 1.021. Contra decisão proferida pelo relator caberá agravo interno para o respectivo órgão colegiado, observadas, quanto ao processamento, as regras do regimento interno do tribunal.

Os efeitos do acolhimento do pedido de desconsideração da personalidade jurídica estão previstos no art. 137:

> Art. 137. Acolhido o pedido de desconsideração, a alienação ou a oneração de bens, havida em fraude de execução, será ineficaz em relação ao requerente.

A redação da norma não é das mais felizes, por se referir unicamente à fraude à execução, disciplinada pormenorizadamente pelo art. 792

CAPÍTULO XXXV – DA DESCONSIDERAÇÃO DA PERSONALIDADE...

do Código de Processo Civil e deixar de lado a fraude contra credores, à qual se refere o art. 790, VI, mas muito bem normatizada no Código Civil arts. 158 a 165.

Portanto, também o ato praticado em fraude contra credores será ineficaz em relação ao requerente.

4. DESCONSIDERAÇÃO DA PERSONALIDADE JURÍDICA E INTERVENÇÃO DE TERCEIROS

Sempre que houver a instauração de incidente de desconsideração da personalidade jurídica haverá a *intervenção coacta* de um terceiro – a pessoa jurídica ou o sócio, conforme o caso.

A sociedade e o sócio serão partes passivas da ação de conhecimento, do cumprimento de sentença ou da ação de execução (art. 134) em litisconsórcio, e, enquanto litisconsortes, sujeitam-se aos princípios que regem as relações jurídicas entre eles.[6]

---

[6] V. Capítulo XII.

Capítulo XXXVI
DO *AMICUS CURIAE*

Sumário: 1. Do *amicus curiae*. 2. Do *amicus curiae* no Código de Processo Civil. 3. Considerações sobre o *amicus curiae* no processo.

1. DO *AMICUS CURIAE*

A expressão latina costuma ser traduzida por "Amigo da Corte" ou "Colaborador da Corte", mas, ao ser vertida para o vernáculo, ela perde sua força expressiva e quiçá seu mais íntimo significado.

São daquelas expressões, portanto, que devem permanecer na língua latina. Trata-se de intervenção de alguém – pessoa jurídica ou física – capaz de contribuir de maneira importante e séria para a discussão e decisão de causa que tenha relevância e repercussão na sociedade.

O nosso sistema processual sempre buscou introduzir no processo tudo aquilo que possa contribuir para que a verdade prevaleça.

Uma primeira e importantíssima manifestação dessa tendência estão nas atribuições conferidas ao Ministério Público como *custos legis* – muito antes da vigente Constituição Federal.

O Código de Processo Civil vigente fez questão de explicitar essas funções fiscalizatórias do Ministério Público:

ANTONIO ARALDO FERRAZ DAL POZZO

> Art. 178. O Ministério Público será intimado para, no prazo de 30 (trinta) dias, intervir como fiscal da ordem jurídica nas hipóteses previstas em lei ou na Constituição Federal e nos processos que envolvam:
>
> I – interesse público ou social;
>
> II – interesse de incapaz;
>
> III – litígios coletivos pela posse de terra rural ou urbana.

O Ministério Público, destarte, deve intervir para que relevantes interesses envolvidos na demanda tenham correta proteção, especialmente por meio de provas, que muitas vezes as partes e o próprio juiz deixam de produzir.

Duas normas do estatuto processual criam o dever genérico de colaboração com o Poder Judiciário para que seja descoberta a verdade:

> Art. 378. Ninguém se exime do dever de colaborar com o Poder Judiciário para o descobrimento da verdade.
>
> Art. 380. Incumbe ao terceiro, em relação a qualquer causa:
>
> I – informar ao juiz os fatos e as circunstâncias de que tenha conhecimento;
>
> II – exibir coisa ou documento que esteja em seu poder.
>
> Parágrafo único. Poderá o juiz, em caso de descumprimento, determinar, além da imposição de multa, outras medidas indutivas, coercitivas, mandamentais ou sub-rogatórias.
>
> Art. 339. Ninguém se exime do dever de colaborar com o Poder Judiciário para o descobrimento da verdade.
>
> Art. 341. Compete ao terceiro, em relação a qualquer pleito:
>
> I – informar ao juiz os fatos e as circunstâncias de que tenha conhecimento;
>
> II – exibir coisa ou documento que esteja em seu poder.

Nessa linha de raciocínio, o art. 138:

> Art. 138. O juiz ou o relator, considerando a relevância da matéria, a especificidade do tema objeto da demanda ou a repercussão

CAPÍTULO XXXVI – DO *AMICUS CURIAE*

social da controvérsia, poderá, por decisão irrecorrível, de ofício ou a requerimento das partes ou de quem pretenda manifestar-se, solicitar ou admitir a participação de pessoa natural ou jurídica, órgão ou entidade especializada, com representatividade adequada, no prazo de 15 (quinze) dias de sua intimação.[1]

2. DO *AMICUS CURIAE* NO CÓDIGO DE PROCESSO CIVIL

O art. 138, acima reproduzido deixa claro que o ingresso do *amicus curiae* no processo pode caracterizar uma intervenção de terceiro, *espontânea* ou *provocada*.

Será espontânea quando o próprio interessado em se manifestar ajuíza petição nesse sentido. Ele mesmo requer seu ingresso.

A intervenção será provocada se determinada pelo magistrado (juiz de primeiro grau ou relator, nos tribunais) ou por requerimento da parte.

O que justifica o ingresso do *amicus curiae* nos autos, segundo a lei, é a *especificidade* do tema objeto da demanda ou a *repercussão social* da controvérsia.

A especificidade do tema, objeto da demanda, deve ser entendida como envolvendo relações jurídicas peculiares, que dizem respeito a situações que se destacam das demais seja pela qualidade das partes envolvidas, seja pela existência de opiniões divergentes, em doutrina ou em jurisprudência.

São situações rebeldes à uma catalogação prévia, genérica e abstrata – e por isso mesmo são especiais.

A repercussão social da controvérsia significa que a demanda produzirá efeitos reflexos em muitas relações jurídicas análogas. Nesse sentido, a admissão de *amicus curiae* quando da ação de inconstitucionalidade.

No momento atual, por exemplo, a Ordem dos Advogados do Brasil tem sido admitida nessa qualidade em ações civis ajuizadas pelo

---

[1] CPC anterior – art. 543-C, § 4º "O relator, conforme dispuser o regimento interno do Superior Tribunal de Justiça e considerando a relevância da matéria, poderá admitir manifestação de pessoas, órgãos com interesse na controvérsia".

Ministério Público em face de contratações diretas de advogados para prestarem serviços em entidades públicas. Há uma séria oposição do Ministério Público a tais contratações, conquanto inúmeros julgados a admitam. A defesa dessa prerrogativa institucional dos advogados confere à causa uma especificidade a justificar a intervenção.

Em se tratando de intervenção provocada, o interveniente terá quinze dias para se manifestar, contados de sua intimação.

Na intervenção espontânea e na provocada, diz o Código de Processo Civil:

> Art. 138. (*omissis*)
>
> § 2º Caberá ao juiz ou ao relator, na decisão que solicitar ou admitir a intervenção, *definir os poderes do amicus curiae.*

Poderes certamente instrutórios, para debate oral da causa e outras atividades compatíveis com as finalidades de sua atuação.

A intervenção do *amicus curiae* não altera a competência do órgão jurisdicional e autoriza o interveniente apenas a recorrer:

(i) Por meio de embargos de declaração;

(ii) Da decisão que julgar o incidente de demandas repetitivas.

> Art. 138. (*omissis*)
>
> § 1º A intervenção de que trata o *caput* não implica alteração de competência nem autoriza a interposição de recursos, ressalvadas a oposição de embargos de declaração e a hipótese do § 3º. (...)
>
> § 3º O *amicus curiae* pode recorrer da decisão que julgar o incidente de resolução de demandas repetitivas.

3. CONSIDERAÇÕES SOBRE A PARTICIPAÇÃO DO *AMICUS CURIAE* NO PROCESSO

A complexidade das relações jurídicas que se estabelecem entre as pessoas na vida moderna produz reflexos em determinadas demandas, cuja decisão se espraia para além do processo em que foi prolatada.

CAPÍTULO XXXVI – DO *AMICUS CURIAE*

Conquanto a coisa julgada somente produza seus efeitos entre as partes, decisões existem que se aplicam a um número imenso de relações jurídicas análogas, sobre as quais podem influenciar de maneira mais ou menos intensa.

De outra parte, a decisão de uma causa nem sempre tem por suporte jurídico ou fático todo o contexto social, econômico e até mesmo político em que ela se insere.

Ora, numa sociedade pluralista, constitucionalmente formada por pensamentos, ideias, crenças e experiências vitais os mais diversos possíveis, que coexistem, que se influenciam reciprocamente e que resultam numa realidade cambiante e multiforme, em velocidade jamais experimentada no passado, a intervenção do *amicus curiae* muitas vezes será fundamental.

Nessas circunstâncias, a presença do *amicus curiae* no processo representa muito mais que a presença de um mero *fiscal da aplicação da lei*. Representa a presença de um colaborador que certamente trará aos autos um plexo de informações e reflexões de variados matizes, que irão conferir à causa uma dimensão mais plural, mais completa, mais atual.

Preso à inércia da jurisdição e impedido de trabalhar juridicamente com fatos que não constam dos autos, o *amicus curiae* liberta o julgador de tais amarras e possibilita que ele tenha uma visão sobranceira da lide que deve decidir, encartada na realidade da nação e do momento presente.

Em boa hora, o Código de Processo Civil disciplinou a matéria.

Oxalá os que agirem nessa qualidade no processo tenham a exata noção do que podem representar no processo judicial.

Capítulo XXXVII
DA RECONVENÇÃO

> Sumário: 1. Da reconvenção. 2. Reconvenção e intervenção de terceiro. 3. Reconvenção e substituição processual. 4. Prazo para o autor reconvindo e desistência da ação ou impedimento de exame de mérito da ação.

1. DA RECONVENÇÃO

A reconvenção é tema específico da Parte Especial do Código de Processo Civil.

Todavia, como o estatuto processual vigente criou uma modalidade de intervenção de terceiro por via da reconvenção, será ela abordada neste passo.

A reconvenção nada mais é que a ação do réu contra o autor, no mesmo processo, desde que sua pretensão não se contenha nos limites de sua defesa e que a ação reconvencional seja conexa com a ação principal ou com o fundamento da defesa:

> Art. 343. Na contestação, é lícito ao réu propor reconvenção para manifestar pretensão própria, conexa com a ação principal ou com o fundamento da defesa.

> Art. 315. O réu pode reconvir ao autor no mesmo processo, toda vez que a reconvenção seja conexa com a ação principal ou com o fundamento da defesa.

Exemplo clássico de reconvenção é aquele em que o autor promove uma ação condenatória executiva para cobrar do réu a importância de mil reais e o réu, tendo um crédito vencido e não pago em face do autor, de mil e quinhentos, contra ele ajuíza a reconvenção para haver os quinhentos reais que superam sua dívida: na sua contestação, o réu terá alegado compensação até mil reais e esse fundamento da defesa é conexo com a ação de reconvenção.

Note-se que a reconvenção somente foi possível porque o crédito do réu superava seu débito – se fosse menor ou igual, faltar-lhe-ia interesse de agis para a ação de reconvenção, pois tudo quanto nesta pretendesse poderia ser obtido com a sua contestação.

Por essa razão é que a norma do art. 343 fala em "pretensão própria" – ou seja, pretensão que se estende para além de sua contestação.

Ajuizada a reconvenção, "o autor será intimado, na pessoa de seu advogado, para apresentar resposta no prazo de 15 (quinze) dias" (art. 343, § 1º) (Art. 316. Oferecida a reconvenção, o autor reconvindo será intimado, na pessoa do seu procurador, para contestá-la no prazo de 15 (quinze) dias).

Diz o § 6º do art. 343 que "o réu pode propor reconvenção independentemente de oferecer contestação" – mas nessa hipótese a reconvenção deverá conexa com a ação principal (conexão proposta com base no mesmo contrato, por exemplo).[1]

2. RECONVENÇÃO E INTERVENÇÃO DE TERCEIRO

Inovando de forma feliz a normatização anterior a respeito da reconvenção, o Código de Processo Civil vigente permite que a

---

[1] No direito anterior não havia essa previsão, mas a hipótese era viável, pois a apresentação da contestação não era condição para reconvir.

CAPÍTULO XXXVII – DA RECONVENÇÃO

reconvenção do réu seja proposta não apenas em face do autor, mas também em face de terceiro:

> Art. 343. (*omissis*)
>
> § 3º A reconvenção pode ser proposta contra o autor e terceiro.

No exemplo acima, imagine-se que o autor tivesse um fiador – o réu poderia ingressar com a reconvenção contra o autor e seu fiador, que até então era um terceiro, estranho à relação jurídica processual.

Há, pois, uma intervenção de terceiro, *provocada* pela reconvenção do réu.

Além disso, o réu pode se formar um litisconsórcio ativo para ajuizamento da ação de reconvenção:

> Art. 343. (*omissis*)
>
> § 4º A reconvenção pode ser proposta pelo réu em litisconsórcio com terceiro.

Suponha-se, no mesmo exemplo acima, que o réu tenha ao seu lado um credor solidário em face do autor – ele e o credor solidário poderão formar a parte ativa dessa reconvenção.

Neste caso haverá uma intervenção de terceiro de natureza *espontânea*.

3. RECONVENÇÃO E SUBSTITUIÇÃO PROCESSUAL

Estudamos que a substituição processual ou legitimação extraordinária é aquela permitida por lei e pela qual o substituto, em nome próprio, defende direito alheio. Parte é o substituto e não o substituído:

> Art. 18. Ninguém poderá pleitear direito alheio em nome próprio, salvo quando autorizado pelo ordenamento jurídico.

E se nesse caso especial o réu quiser reconvir?

A matéria vem disciplinada pelo art. 343:

> Art. 343. (*omissis*)
>
> § 5º Se o autor for substituto processual, o reconvinte deverá afirmar ser titular de direito em face do substituído, e a reconvenção deverá ser proposta em face do autor, também na qualidade de substituto processual.
>
> Art. 315. (*omissis*)
>
> Parágrafo único. Não pode o réu, em seu próprio nome, reconvir ao autor, quando este demandar em nome de outrem.

Suponha-se que o réu seja titular de um direito em face do autor da demanda, que é substituto processual de terceiro, direito que em tese poderia alegar em reconvenção – mas a lei processual o proíbe de assim agir. Esse réu precisaria ser titular desse direito em face do substituído (que não é parte) e ajuizar a reconvenção em face do autor, na qualidade de substituto processual. Dessa forma, assim como o direito do substituído é que está sendo posto em juízo em face do réu, é um direito do réu em face do substituído que está sendo objeto da reconvenção.

4. PRAZO PARA O AUTOR RECONVINDO E DESISTÊNCIA DA AÇÃO OU IMPEDIMENTO DE EXAME DE MÉRITO DA AÇÃO

Na reconvenção o réu passa a se chamar réu reconvinte e o autor, autor reconvindo.

Diz o § 1º do art. 343:

> § 1º Proposta a reconvenção, o autor será intimado, na pessoa de seu advogado, para apresentar resposta no prazo de 15 (quinze) dias.
>
> Art. 316. Oferecida a reconvenção, o autor reconvindo será intimado, na pessoa do seu procurador, para contestá-la no prazo de 15 (quinze) dias.

CAPÍTULO XXXVII – DA RECONVENÇÃO

A redação dessa norma não é coerente com o sistema do código. Como a reconvenção é uma ação do réu contra o autor, este deveria ser citado pessoalmente para apresentar a sua contestação. Porém, o resultado final é o mesmo, embora falte tecnicidade à regra.

Se a ação principal for extinta, por qualquer razão, tal extinção não atinge a reconvenção que deve prosseguir até o final e, embora o código não o diga, a recíproca é verdadeira – a extinção do processo reconvencional não impede o prosseguimento da ação principal:

> Art. 343. (*omissis*)
>
> § 2º A desistência da ação ou a ocorrência de causa extintiva que impeça o exame de seu mérito não obsta ao prosseguimento do processo quanto à reconvenção.
>
> Art. 317. A desistência da ação, ou a existência de qualquer causa que a extinga, não obsta ao prosseguimento da reconvenção.

Por fim, o Código de Processo Civil anterior previa o julgamento simultâneo da ação principal e da reconvenção (Art. 318. Julgar-se-ão na mesma sentença a ação e a reconvenção), mas a respeito é silente o código em vigor.

Nada obstante, a regra permanece, por aplicação analógica do disposto no art. 55, § 1º:

> Art. 55. (*omissis*)
>
> § 1º Os processos de ações conexas serão reunidos para decisão conjunta, salvo se um deles já houver sido sentenciado.

Capítulo XXXVIII
DO MINISTÉRIO PÚBLICO

Sumário: 1. Breves anotações sobre a evolução histórica do Ministério Público. 2. O Ministério Público na Constituição de 1988. 2.1 Conceito. 2.2 O Ministério Público é instituição permanente, essencial à função jurisdicional do Estado. 2.3 Incumbindo-lhe a defesa da ordem jurídica. 2.4 Incumbindo-lhe a defesa do regime democrático. 2.5 Incumbindo-lhe a defesa dos interesses sociais. 2.6 Incumbindo-lhe a defesa dos interesses individuais indisponíveis. 2.7 Demais funções do Ministério Público. 3. Organização básica do Ministério Público. 4. Autonomia funcional e garantias. 4.1 Garantias institucionais. 4.2 Garantias aos membros do Ministério Público. 5. Princípios institucionais. 6. O Ministério Público dos Estados e da União – leis de regência. 7. Principais atribuições dos órgãos administrativos e de execução do Ministério Público. 7.1 Procuradoria-Geral de Justiça. 7.2 Colégio de Procuradores de Justiça. 7.3 Conselho Superior do Ministério Público. 7.4 Corregedoria-Geral do Ministério Público. 7.5 Procuradores de Justiça. 7.6 Promotores de Justiça. 8. O Ministério Público no Código de Processo Civil. 8.1 Posições do Ministério Público no processo civil. 8.2 Ministério Público como autor no Código de Processo Civil. 8.3 Ministério Público como interveniente (*custos legis*). 9. Responsabilidade civil do membro do Ministério Público. 10. Momento em que atua o Ministério Público quando age na qualidade de fiscal da lei – atribuições. 11. Falta de participação do Ministério Público – nulidade do processo.

ANTONIO ARALDO FERRAZ DAL POZZO

1. BREVES ANOTAÇÕES SOBRE A EVOLUÇÃO HISTÓRICA DO MINISTÉRIO PÚBLICO

Controvertida é a origem da instituição do Ministério Público. A maioria dos estudiosos, contudo, vê seu ancestral mais remoto nos "procuradores do rei" de França – *les gens du roi* –, encarregados de defender em juízo os interesses privados do monarca.

Na Ordenança do Rei Felipe, o Belo, de 25 de março de 1.302 o Ministério Público já aparece como instituição organizada. Melhor disciplinada na Ordenança de 1.579, foi posteriormente acolhida pelo Código de Instrução Criminal Francês, de onde se irradiou para as legislações contemporâneas.

A instituição do Ministério Público foi se firmando ao longo dos tempos graças à necessidade de se contar com um organismo estatal que se encarregasse de promover a atuação da lei, sempre que um bem juridicamente protegido e de fundamental importância para a subsistência da sociedade fosse ameaçado ou violado.

Vejamos mais de perto os desdobramentos dessa constatação.

Buscando disciplinar a convivência humana, o ordenamento jurídico vai recolhendo da própria vida em sociedade os bens ou valores que merecem proteção legal. Ao mesmo tempo, disciplina o comportamento das pessoas, tendo em vista tais bens ou valores.

Assim, a troca de dinheiro por uma coisa é um comportamento humano regulado pela norma legal, tendo em vista que o dinheiro e a coisa são bens que merecem proteção – ato esse que recebe o nome de compra e venda.

A vida é outro bem juridicamente protegido. O Direito busca preservá-la, estabelecendo graves sanções a quem a ameaçar ou a extinguir.

Dessa forma, é inevitável que o ordenamento jurídico atribua aos bens e valores que busca proteger e recolhe da vida social, graus de importância diferentes, tendo presente o interesse público consistente na

730

CAPÍTULO XXXVIII – DO MINISTÉRIO PÚBLICO

repercussão que a ameaça ou destruição deles, por um comportamento humano, venha a provocar na vida social.

Esses diversos níveis de importância são mais bem sentidos quando se examina a forma pela qual o ordenamento jurídico predispõe os mecanismos legais de *reação* àquele comportamento e a qual órgão do aparelho estatal ele atribui a iniciativa de exercê-los.

Na troca de coisa por dinheiro – compra e venda – os atos do vendedor e do comprador estão disciplinados pelas normas legais, que deles fazem derivar direitos e obrigações.

Todavia, o comportamento de um deles em desconformidade com o previsto na regra jurídica não afeta de modo significativo a convivência social, pois a questão se circunscreve, praticamente, à esfera jurídica das partes envolvidas.

Não obstante, tal atitude faz nascer para a outra parte o direito de ação. Mas, a decisão de ajuizar ou não a ação é de inteira responsabilidade e arbítrio de seu titular. Se quiser, poderá acionar o mecanismo judiciário e buscar a satisfação do direito violado. Mas, se preferir, poderá permanecer inerte.

Já o comportamento que retira a vida de alguém – um homicídio – tem importância muito maior para a tranqüilidade e paz sociais, pois é um fato que abala a comunidade, gera revolta, medo, espírito de vingança, enfim: se esse ato não for severamente perseguido e punido, a convivência social pacífica e profícua estará seriamente ameaçada. Nesse caso, há uma verdadeira pressão social no sentido de que a reação ao comportamento criminoso seja efetivamente desencadeada.

Com efeito, a sociedade não se sente suficientemente protegida e segura se a vida das pessoas ficasse entregue à uma reação por conta de particulares.[1]

Daí a necessidade de órgãos estruturados pelo Estado que se incumbam dessa reação, atendendo ao interesse público envolvido em situações

---

[1] Sem se falar na vingança privada e na possibilidade de chantagem para a omissão.

jurídicas que contenham violação ou ameaça a direitos havidos como fundamentais para a convivência social.

No caso de um homicídio, órgãos da polícia judiciária devem instaurar de ofício um inquérito policial, isto é, independentemente da vontade dos parentes da vítima, apresentar as investigações ao Ministério Público, que ajuizará a ação penal para punição do culpado.

Portanto, o primeiro segmento da história da evolução do Ministério Público consistiu em deixar ele de ser o defensor dos *interesses privados* do rei para ser o *defensor da sociedade*, na área criminal, pois todo crime é um atentado contra um bem ou valor fundamental para a subsistência da sociedade.

A vida social, contudo, foi se tornando mais e mais complexa e seus integrantes foram, pouco a pouco, tomando consciência de que, ao lado dos bens e valores protegidos pelas normas penais, outros existem que são quase tão fundamentais quanto aqueles, sob o ponto de vista da sobrevivência da comunidade.

Assim, mais remotamente, a proteção dos órfãos e das viúvas, e, depois, sem que a enumeração signifique ordem cronológica, a defesa de hipossuficientes econômicos, físicos e psíquicos, de certas relações jurídicas como o casamento e os registros públicos, relações do trabalho, questões referentes à criança e ao adolescente, o meio ambiente, o consumidor e tantos outros acabaram também se constituindo em valores que caíram sob a tutela do Ministério Público, em tempos diversos.

A evolução do Ministério Público atinge seu ponto jamais visto – quer no Brasil, quer em outros países – com a Constituição Federal Brasileira de 1988.[2]

---

[2] O autor teve a oportunidade de participar ativamente da construção do Ministério Público na Constituição de 1988, na qualidade de Presidente da Confederação Nacional do Ministério Público, ao lado de colegas de todo o Brasil. Também pode expor o ideal da Instituição na primeira audiência pública realizada pela Assembleia Nacional Constituinte, em 13 de abril de 1987. Essa importante etapa da história recente do Ministério Público Brasileiro se encontra nas seguintes obras: *Ministério Público*: Vinte e cinco anos de novo perfil constitucional, escrito por Walter Paulo Sabella, o autor

CAPÍTULO XXXVIII – DO MINISTÉRIO PÚBLICO

O constituinte de 1988, efetivamente, deu ao Ministério Público Nacional uma configuração ímpar, reservando-lhe atribuições importantíssimas, todas elas tendo em vista aqueles valores ou bens fundamentais para a sociedade.

A Ciência Processual Civil sempre acompanhou essa evolução conceitual do Ministério Público, com reflexos evidentes na positivação de tais ideais no Código de Processo Civil, que hoje dedica à Instituição um Título inteiro (do art. 176 ao 181).

2. O MINISTÉRIO PÚBLICO NA CONSTITUIÇÃO DE 1988

2.1 CONCEITO

O art. 127 da Constituição Federal assim se expressa:

> Art. 127. O Ministério Público é instituição permanente, essencial à função jurisdicional do Estado, incumbindo-lhe a defesa da ordem jurídica, do regime democrático e dos interesses sociais e individuais indisponíveis.

Podemos adotar a conceituação constitucional, com algumas poucas restrições, que serão feitas a seguir, examinando-o por partes:

2.2 O MINISTÉRIO PÚBLICO É INSTITUIÇÃO PERMANENTE, ESSENCIAL À FUNÇÃO JURISDICIONAL DO ESTADO

O legislador não precisaria ter usado a expressão "instituição permanente", que contém verdadeira redundância: um dos elementos constitutivos de uma instituição é justamente o seu caráter de perpetuidade.

---

desta obra e José Emmanuel Burle Filho, publicado pela Malheiros Editora; *CONAMP e CAEMP*: Uma história sem fim, de J. Cabral Netto, da Editora Magister, 2009; *Histórias da Vida*: A Constituinte de 1988 – 20 anos, publicada pelo Ministério Público do Rio Grande do Sul.

A essencialidade da instituição para a função jurisdicional, de outra parte, não significa que em todos os processos deva oficiar o Ministério Público – mas que ele será essencial, fundamental, cuja ausência acarreta a nulidade da relação jurídica processual, naqueles casos em que a Constituição Federal ou a Lei requerem a sua presença.

2.3 INCUMBINDO-LHE A DEFESA DA ORDEM JURÍDICA

Trata-se de função não privativa do Ministério Público, mas concorrente.

O art. 103 da Constituição Federal confere ao Preocurador-Geral da República legitimidade ativa para as ações diretas de inconstitucionalidade e para a ação declaratória de constitucionalidade perante o Supremo Tribunal Federal: essa é a atuação ministerial em defesa da ordem jurídica.

Pelo princípio da simetria, tais atribuições acabaram cometidas aos Procuradores-Gerais de Justiça dos Estados, perante o respectivo Tribunal de Justiça, tendo em vista a defesa do ordenamento jurídico local em face da Constituição Estadual.

Também podemos dizer que, na defesa da ordem jurídica, cabe ao Ministério Público requerer a intervenção da União nos Estados e a dos Estados nos Municípios, disciplinada pelo art. 34 e seguintes da Constituição Federal.

Não satisfeito com a previsão genérica do art. 127 *caput*, estas atribuições vêm expressamente mencionadas também no inciso IV do art. 129 da Constituição Federal:

> Art. 129. (*omissis*)
> IV – promover a ação de inconstitucionalidade ou representação para fins de intervenção da União nos Estados, nos casos previstos nesta Constituição.

Num caso e noutro, o Ministério Público estará defendendo a ordem jurídica, isto é, o respeito à Constituição Federal e às leis.

CAPÍTULO XXXVIII – DO MINISTÉRIO PÚBLICO

2.4 INCUMBINDO-LHE A DEFESA DO REGIME DEMOCRÁTICO

Neste campo, vasta é a atribuição dada ao Ministério Público, que deve proteger os princípios fundamentais do Estado Democrático de Direito que informam a República Federativa do Brasil, elencados no art. 1º da Constituição Federal:

> Art. 1º A República Federativa do Brasil, formada pela união indissolúvel dos Estados e Municípios e do Distrito Federal, constitui-se em Estado de Direito Democrático e tem como fundamentos:
>
> I – a soberania;
>
> II – a cidadania;
>
> III – a dignidade da pessoa humana;
>
> IV – os valores sociais do trabalho e da livre iniciativa;
>
> V – o pluralismo político.

Em muitos desses campos, porém, depende o Ministério Público, para atuar, de uma legislação infraconstitucional, que discipline a matéria.

No que concerne à defesa de alguns desses valores, a atuação do Ministério Público poderá implicar também no pedido de intervenção, acima referido, dado o disposto no art. 34, inciso VII da Constituição Federal.

Mas, não apenas cabe ao Ministério Público a defesa dos princípios mencionados no referido artigo 1º da Constituição Federal, como também deve defender princípios pressupostos pela Carta da República, como o princípio da segurança jurídica e da confiança legítima, que também são suportes do Estado de Direito Democrático Brasileiro.

2.5 INCUMBINDO-LHE A DEFESA DOS INTERESSES SOCIAIS

A expressão utilizada pelo legislador constitucional deve ser interpretada como *interesses da sociedade* – que se contrapõem aos interesses do Estado, enquanto pessoa jurídica de Direito Público.

Entendendo que devia reforçar essa idéia, a Constituição Federal consignou, expressamente, no inciso IX do art. 129:

> Art. 129. (*omissis*)
>
> IX – exercer outras funções que lhe forem conferidas, desde que compatíveis com sua finalidade, *sendo-lhe vedada a representação judicial e a consultoria de entidades públicas.*

A explicação do inciso acima, em face do *caput* do art. 127, é histórica: até a Constituição Federal de 1988, alguns setores do Ministério Público ainda representavam em juízo os interesses da Fazenda, tal como os agentes do rei representavam os interesses particulares dos monarcas franceses.

Por essa razão, houve, por bem, o legislador constitucional proibir que a lei cometa ao Ministério Público funções incompatíveis com suas finalidades institucionais, bem como a representação de *interesses estatais.*

Com isso as atuais normas constitucionais buscavam afastar, de uma vez para sempre, o Ministério Público de suas remotas origens, conferindo-lhe apenas a *defesa dos interesses da sociedade.*

2.6 INCUMBINDO-LHE A DEFESA DOS INTERESSES INDIVIDUAIS INDISPONÍVEIS

A palavra "interesse" deve ser havida como bens, valores ou direitos legalmente protegidos.

Sob este aspecto, convém observar que, inobstante inexistir unanimidade entre os que se dedicam ao estudo do tema, para simplificá-lo, podemos dizer que "interesse" (no sentido acima) se divide em duas categorias básicas, a saber:

(i) interesse da sociedade, comumente denominado de interesse público; e

(ii) interesse meramente individual, ou interesse individual disponível.

CAPÍTULO XXXVIII – DO MINISTÉRIO PÚBLICO

O núcleo do interesse da sociedade ou do interesse público é, invariavelmente, um bem ou um valor que é essencial para a sobrevivência social.

O titular desse direito é, sempre, a sociedade como um todo, ou, então parte significativa dela.

Já o interesse meramente individual tem à sua base um bem ou valor que não é essencial para a subsistência social, porque restrito à esfera jurídica de seu titular ou de algumas pessoas físicas ou jurídicas.

O interesse público se torna visível de várias maneiras.

Uma delas é a circunstância de sua titularidade pertencer, indistintamente, a todos os membros da sociedade – caso em que é qualificado como *interesse público difuso*, ou simplesmente, *interesse difuso*.

Assim, por exemplo, a qualidade do meio ambiente é um bem que é essencial à sociedade. O titular desse interesse não é esta ou aquela pessoa, mas todos, sem qualquer discriminação: trata-se de um interesse difuso.

Noutras vezes, sua visibilidade se manifesta pelo fato de que a titularidade do interesse pertence a um significativo grupo de pessoas, que, se num primeiro momento são indeterminadas, são, porém, determináveis. Aqui se fala em *interesse público coletivo*, ou de *interesse coletivo*. Exemplo desse interesse público é a defesa do consumidor, contra uma propaganda enganosa.

Em situações que não apresentam essas singularidades quanto à titularidade do interesse, a lei deve conter elementos que nos permitam concluir pela presença de um interesse público.

O reconhecimento direto ou indireto da presença do interesse público em dada situação jurídica é tarefa que compete ao legislador, enquanto legítimo intérprete das tendências predominantes na sociedade, em dado momento histórico.

Nesse afã, o escopo pode ser atingido diretamente pela norma jurídica sempre que, explicitamente, declara haver interesse público na proteção de um bem.

Noutras vezes, porém, a existência do interesse público é implícita, ou seja, conquanto não venha expressamente declarada na lei, resulta de alguns fatores, como a indisponibilidade do direito e, mais comumente, da atribuição de sua defesa judicial a órgãos que têm a missão institucional de defender o interesse público, como o Ministério Público.[3]

Assim, por exemplo, o legislador constitucional entreviu a presença do interesse público na defesa judicial "dos direitos e interesses das populações indígenas" (art. 129, inciso V da Constituição Federal), ao atribuir essa função ao Ministério Público.

Finalmente, para indicar a presença de um interesse público, a lei pode, simplesmente, tornar um determinado direito *indisponível*.

A indisponibilidade de um direito individual, a seu turno, se externa de duas maneiras diversas, ambas insculpidas na lei:

(i) ou pela sua indisponibilidade absoluta;

(ii) ou pela sua disponibilidade fiscalizada.

Assim, por exemplo, o nome da pessoa física é um direito absolutamente indisponível, cabendo ao Ministério Público velar por essa indisponibilidade.

Mais frequente, contudo, é a atuação do Ministério Público como fiscal da disponibilidade: numa ação de nulidade de casamento, por exemplo, o Ministério Público intervém no feito como fiscal da lei (*custos legis*).

Ao interesse individual indisponível se contrapõe o interesse individual *disponível* ou interesse meramente individual, isto é, aquele do qual o titular pode abrir mão sem qualquer restrição ou fiscalização. O Ministério Público não atuará em defesa de um interesse desta espécie.

---

[3] Em determinadas situações pode o próprio Ministério Público, ante o total silêncio da lei, optar pelo ingresso numa determinada demanda, alegando nela haver interesse público – e em tal contingência caberá ao Poder Judiciário decidir se é ou não caso de sua intervenção.

CAPÍTULO XXXVIII – DO MINISTÉRIO PÚBLICO

Sempre, porém, ao Ministério Público será possível questionar a presença ou não de real interesse público numa determinada situação jurídica. Pode, isto é, discordar da avaliação do legislador.

Suponha que uma lei atribua ao Ministério Público uma função absolutamente fora de seus objetivos institucionais. Nesse caso, com fundamento no inciso IX, do art. 129 da Constituição Federal, poderá arguir a inconstitucionalidade da lei.

Ou, então, deverá recusar, fundamentadamente, a sua participação no processo, ficando, contudo, sujeito à decisão judicial, que é a forma oficial, no nosso sistema jurídico, de interpretação do conteúdo e alcance das normas jurídicas.

2.7 DEMAIS FUNÇÕES DO MINISTÉRIO PÚBLICO

Não satisfeito com a enunciação genérica das funções institucionais do Ministério Público, feita no *caput* do art. 127, o legislador constitucional enumerou outras, nos diversos incisos do art. 129, nas quais se identifica, claramente, a presença ou de um interesse público.

3. ORGANIZAÇÃO BÁSICA DO MINISTÉRIO PÚBLICO

Como a atuação preponderante do Ministério Público ocorre em processos judiciais, perante os órgãos jurisdicionais, é natural que a instituição tenha uma organização semelhante à do Poder Judiciário.

Por essa razão, de um lado há o Ministério Público da União – que é organizado e mantido pela União – e, de outro, os Ministérios Públicos dos Estados, assim como existe a Justiça da União e a Justiça dos Estados (art. 128 da Constituição Federal).

O Ministério Público da União, por sua vez, compreende:

(i) o Ministério Público Federal – que atua junto à Justiça Federal e à Justiça Eleitoral;

(ii) o Ministério Público do Trabalho – que atua junto à Justiça do Trabalho;

ANTONIO ARALDO FERRAZ DAL POZZO

(iii) o Ministério Público Militar – que atua junto à Justiça Militar;

(iv) o Ministério Público do Distrito Federal e Territórios, que atua junto às Justiças homônimas.[4]

Como cada Estado conta com sua Justiça Estadual, há também um Ministério Público Estadual, que junto à ela oficia.[5]

Questão polêmica diz respeito ao Ministério Público junto aos Tribunais de Contas – e que tem sua origem nos artigos 73, § 2º, I e 130 da Constituição Federal – o primeiro, prevendo um Ministério Público junto ao Tribunal de Contas da União e o segundo, que determina a aplicação aos membros desse Ministério Público os direitos, as vedações e a forma de investidura dos demais membros do Ministério Público. A questão era: trata-se de um Ministério Público autônomo ou do Ministério Público Federal e do Ministério Público Estadual, que deveriam ter um segmento para atuar junto ao Tribunal de Contas da União e ao Tribunal de Contas Estadual?

A Lei n. 8.443, de 16 de julho de 1992 – Lei Orgânica do Tribunal de Contas da União – criou um Ministério Público próprio (art. 80 ao art. 84), que foi objeto de arguição de inconstitucionalidade pelo Procurador-Geral da República.

Decidindo a questão, o Supremo Tribunal Federal entendeu que o Ministério Público junto ao Tribunal de Contas da União é instituição autônoma, entendendo, ainda, que esse teria que ser o sistema nos Estados.

Portanto, ainda temos o Ministério Público do Tribunal de Contas da União e os Ministérios Públicos perante os Tribunais de Contas Estaduais.[6]

---

[4] Além dessas instituições, há, ainda, o Ministério Público junto aos Tribunais de Contas da União e dos Estados. Mas, dado que são instituições específicas, com limitadas atuações, não serão abordados neste passo.

[5] Cf. art. 128, *caput*, da Constituição Federal.

[6] Não concordamos com a orientação do Supremo Tribunal Federal, pois entendemos que não se justifica a criação de um Ministério Público com Procurador-Geral, Corregedor e outros órgãos, quando contam com até seis ou sete membros! Melhor

CAPÍTULO XXXVIII – DO MINISTÉRIO PÚBLICO

Cada um desses Ministérios Públicos constitui uma carreira distinta da outra, na qual se ingressa mediante específico concurso público de títulos e provas.

O Chefe do Ministério Público da União – que chefia também o Ministério Público Federal – é o Procurador-Geral da República. Ele é nomeado pelo Presidente da República, dentre os integrantes da carreira, maiores de trinta e cinco anos, após a aprovação do nome pela maioria absoluta do Senado Federal, para mandato de dois anos, permitida a recondução.[7]

Sua destituição, pelo Presidente da República, depende de autorização da maioria absoluta do Senado Federal.[8]

Os Chefes dos Ministérios Públicos Estaduais e do Distrito Federal e Territórios são escolhidos pelo Governador, dentre os nomes que integrarem lista tríplice, que lhe é remetida pela Instituição. Tais nomes serão de integrantes da carreira, escolhidos de acordo com a respectiva Lei Orgânica. Ele poderá ser reconduzido uma vez ao cargo, pelo mesmo procedimento. Também a lei dispõe sobre a forma de sua destituição, que ocorrerá por deliberação da maioria absoluta do Poder Legislativo local.[9]

4. AUTONOMIA FUNCIONAL E GARANTIAS

A Constituição Federal outorgou ao Ministério Público plena autonomia funcional e administrativa (art. 127, § 2º).

---

teria sido a criação de cargos no Ministério Público Federal e nos Ministérios Públicos Estaduais para atuação nas Cortes de Contas, sob a Chefia do Procurador-Geral e do Corregedor-Geral daqueles ministérios, já estruturados e com vivência para organizar as funções daqueles representantes. Mas, a visão teórica e a interpretação literal dos textos constitucionais levaram à conclusão diversa. Oxalá funcionem a contento.

[7] Cf. art. 128, § 1º da Constituição Federal.

[8] Cf. art. 128, § 2º da Constituição Federal.

[9] Cf. art. 128, § § 3º e 4º da Constituição Federal. No Estado de São Paulo, a lista tríplice é feita mediante o voto de todos os membros do Ministério Público.

Também lhe conferiu o exercício de uma parcela da soberania quando lhe atribuiu, privativamente, o ajuizamento da ação penal, que envolve um direito (*jus puniendi*) de que é titular o Estado. Ao invés de exercer essa ação penal, pode o Ministério Público arquivar o inquérito policial e esse ato, se praticado pelo Chefe da Instituição, não é passível de revisão, sequer pelo Poder Judiciário.

Tendo-se presente que somente os atos de soberania não estão sujeitos ao controle jurisdicional,[10] as autonomias institucionais e a independência funcional dos representantes do Ministério Público, a sua posição não se ajusta dentro de quaisquer dos três Poderes de Estado.[11]

Dessa forma, será preferível considerá-lo como **órgão público independente** e que seus agentes são agentes políticos, desvinculados dos Poderes do Estado.[12]

Tal como fez com o Poder Judiciário, o legislador constitucional conferiu ao Ministério Público duas ordens de garantias:

(i) garantias institucionais, e

(ii) garantias aos membros do Ministério Público.

4.1 GARANTIAS INSTITUCIONAIS

As garantias institucionais são aquelas conferidas ao Ministério Público como órgão independente, nas suas relações com os Poderes Executivo, Legislativo e Judiciário.

As garantias aos membros do Ministério Público são aquelas conferidas aos agentes políticos que ocupam seus cargos, quer em relação

---

[10] Como o mérito do ato administrativo (Poder Executivo); o mérito da decisão judicial transitada em julgado e não sujeita à ação rescisória (Poder Judiciário); o mérito da norma legal (Poder Legislativo).

[11] Tradicionalmente, o Ministério Público era colocado dentro do Poder Executivo, no Brasil.

[12] Nesse sentido, MEIRELLES, Hely Lopes. *Direito Administrativo Brasileiro*. 33ª Ed. Malheiros.

CAPÍTULO XXXVIII – DO MINISTÉRIO PÚBLICO

aos demais integrantes da mesma instituição, quer em relação aos integrantes dos Poderes de Estado.

As garantias institucionais visam a conferir ao Ministério Público o seu autogoverno e abrangem, principalmente:

(i) área administrativa;

(ii) área financeira e orçamentária;

(iii) área normativa.

Sob o ponto de vista administrativo, age o Ministério Público com plena autonomia em relação aos demais Poderes, que nenhuma ingerência têm nos seus assuntos administrativos internos, graças às diversas normas legais constantes de suas Leis Orgânicas que, por sua vez, têm seu fundamento na autonomia administrativa conferida pela Constituição Federal (art. 127, § 2º).

A organização interna, o provimento (nomeação originária ou derivada) dos cargos do Ministério Público ou dos seus serviços auxiliares, a concessão de qualquer tipo de afastamento ou de aposentadoria, tudo isto é feito pela própria Instituição.

Na área financeira e orçamentária, cabe lembrar que ao Ministério Público incumbe elaborar sua proposta orçamentária, que deve ser encaminhada ao Poder Legislativo pelo Poder Executivo, o qual, todavia, não a pode alterar. Ademais, os recursos orçamentários devem ser repassados ao Ministério Público em duodécimos, até o dia vinte de cada mês, para que faça a execução de seu orçamento de acordo com seus programas financeiros.[13]

No campo normativo, há que se distinguirem duas atividades: aquelas normativas propriamente ditas, que são atividades de elaboração normativa interna pelo próprio Ministério Público e as que consistem no seu poder de iniciativa de leis, que precisam de aprovação pelo Poder Legislativo e sanção do Poder Executivo.[14]

---

[13] Cf. arts. 127, § 3º e 168 da Constituição Federal.

[14] O poder de iniciativa de leis, isto é, de elaborar um anteprojeto e remetê-lo à aprovação da Casa Legislativa competente é de suma importância, pois significa

ANTONIO ARALDO FERRAZ DAL POZZO

No que concerne à primeira (elaboração normativa interna, pelo próprio Ministério Público), a mais importante consiste na de elaboração dos Regimentos Internos dos seus diversos órgãos colegiados de Administração Superior.

Várias são as leis cuja iniciativa é conferida ao Ministério Público, como a sua Lei Orgânica, a de criação e extinção de seus cargos e serviços auxiliares e a de fixação de vencimentos de seus membros e dos funcionários encarregados dos serviços auxiliares.[15]

4.2 GARANTIAS AOS MEMBROS DO MINISTÉRIO PÚBLICO

A primeira e maior garantia conferida aos membros do Ministério Público consiste na sua *independência funcional* (art. 127, § 1º), que na Constituição Federal vem qualificada como princípio institucional.

A independência funcional significa que no exercício de suas funções, o membro do Ministério Público apenas deve atender à lei. Ninguém poderá determinar que aja desta ou daquela maneira.

Em seguida, cabe lembrar as garantias insertas nos incisos do § 5º do art. 128 da Constituição Federal:

> Art. 128. (*omissis*)
>
> § 5º (*omissis*)
>
> I – vitaliciedade, após dois anos de exercício, não podendo perder o cargo senão por sentença judicial transitada em julgado;
>
> II – inamovibilidade, salvo por motivo de interesse público, mediante decisão do órgão colegiado competente do Ministério Público, por voto de dois terços de seus membros, assegurada ampla defesa;
>
> III – irredutibilidade de vencimentos (...).[16]

---

independência do Poder Executivo, que, segundo nossa ordem constitucional, detém a iniciativa da maioria das leis.

[15] Cf. art. 127, § 2º da Constituição Federal.

[16] Como se vê, as garantias constitucionais dos membros do Ministério Público são as mesmas dos membros da Magistratura.

744

CAPÍTULO XXXVIII – DO MINISTÉRIO PÚBLICO

A vitaliciedade consiste na garantia de que a perda do cargo somente poderá ocorrer por decisão judicial. Os demais agentes públicos não vitalícios podem perdê-lo por decisão administrativa, precedida de regular procedimento administrativo.

A inamovibilidade significa que não é possível:

(i) transferir ou remover o membro do Ministério Público do cargo que ocupa para outro; e

(ii) subtrair-lhe alguma das funções de seu cargo.

Todavia, a inamovibilidade não é absoluta, pois pode haver um motivo de interesse público, que se sobreleva ao próprio interesse público existente na regra geral da inamovibilidade dos membros do Ministério Público, a aconselhar sua transferência. Esta se dará por remoção compulsória, que será decidida pelo voto de dois terços do órgão interno competente, em procedimento no qual lhe é assegurada a ampla defesa.

Esse interesse público na remoção não deve ser de gravidade suficiente para exigir que o membro do Ministério Público seja destituído do cargo, mas relevante o bastante para que ele passe a exercer suas atividades num outro.

Há, ainda, a garantia do membro do Ministério Público consistente na proibição de que sejam subtraídas de seu cargo quaisquer de suas funções. A subtração de algumas das funções do membro do Ministério Público se equivale a transferi-lo do cargo. Portanto, viola tal garantia a designação de um membro do Ministério Público para atuar num processo que originariamente seria da atribuição de outro.

A irredutibilidade de vencimentos também significa, a par da impossibilidade de diminuí-los diretamente, a de agravá-los por meio de impostos especiais.[17]

---

[17] Todavia, a regra não se aplica quanto aos impostos gerais, isto é, instituídos para todos os cidadãos.

745

Além dessas garantias, o art. 129, no § 3º, assegura a nomeação do candidato aprovado em concurso de ingresso com obediência à ordem de classificação e, no § 4º, critérios de promoção e obrigatoriedade de promoção para aquele que figure três vezes consecutivas ou cinco alternadas, em lista de merecimento.

As vedações enumeradas no art. 128, § 5º da Constituição Federal, são também consideradas como formas de garantir a independência do membro do Ministério Público.

5. PRINCÍPIOS INSTITUCIONAIS

Diz o § 1º do art. 127 que três são os princípios institucionais do Ministério Público:

(i) unidade;

(ii) indivisibilidade;

(iii) independência funcional.

O último deles já foi estudado acima, pois é um princípio que consagra uma garantia aos membros do Ministério Público.

O princípio da *unidade* significa que a atividade do Ministério Público é sempre da mesma natureza. Os membros do Ministério Público, quando atuam, sempre estarão agindo ou em defesa da ordem jurídica, ou do regime democrático ou dos interesses sociais e individuais indisponíveis.[18]

O princípio da indivisibilidade está a indicar que o agente público do Ministério Público, quando atua, não o faz em seu próprio nome, mas sempre representando a Instituição.

Daí a designação comumente dada ao membro da instituição: representante do Ministério Público.

---

[18] Trata-se de princípio equivalente ao da unidade da jurisdição.

CAPÍTULO XXXVIII – DO MINISTÉRIO PÚBLICO

Decorrência do princípio da indivisibilidade é a circunstância de não haver qualquer alteração subjetiva na relação jurídica processual se um membro do Ministério Público é legalmente substituído por outro.

6. O MINISTÉRIO PÚBLICO DOS ESTADOS E DA UNIÃO – LEIS DE REGÊNCIA

Nos Estados os diversos Ministérios Públicos tem estrutura semelhante àquela instituída no Estado de São Paulo[19] conquanto cada Estado da Federação tenha a sua própria Lei Orgânica Estadual.[20]

7. PRINCIPAIS ATRIBUIÇÕES DOS ÓRGÃOS ADMINISTRATIVOS E DE EXECUÇÃO DO MINISTÉRIO PÚBLICO

As atribuições dos membros e dos órgãos colegiados do Ministério Público são de duas espécies:

(i) **funções de execução** – assim consideradas aquelas que o Ministério Público exerce no inquérito civil e no inquérito policial, nos processos judiciais e nos procedimentos de jurisdição voluntária, no exercício de seu mister institucional.

(ii) **funções administrativas** – todas as demais.

7.1 PROCURADORIA-GERAL DE JUSTIÇA

O Procurador-Geral de Justiça é o Chefe Administrativo da Procuradoria-Geral de Justiça e também o Chefe da Instituição. Tem inúmeras funções administrativas internas (como nomear os aprovados no concurso

---

[19] Os Ministérios Públicos Estaduais têm organizações semelhantes porque todos eles se submetem, nesse particular, aos princípios da Lei Orgânica Nacional dos Ministérios Públicos Estaduais (Lei n. 75, de 20 de maio de 1993). Os Ministérios Públicos da União tem sua própria Lei Orgânica – Lei n. 8.625, de 12 de fevereiro de 1993.

[20] No Estado de São Paulo, vige a Lei Orgânica do Ministério Público do Estado de São Paulo – Lei n. 734, de 26 de novembro de 1993.

7.2 COLÉGIO DE PROCURADORES DE JUSTIÇA

Trata-se de um órgão colegiado, integrado por todos os Procuradores de Justiça, que tem funções administrativas e normativas, sempre tendo em vista os interesses gerais do Ministério Público. Tem uma única função de execução, consistente em se pronunciar, a pedido do interessado, sobre o arquivamento de inquérito policial de atribuição do Procurador-Geral de Justiça.

Suas funções podem – onde houver mais de quarenta Procuradores de Justiça – ser exercidas pelo Órgão Especial do Colégio de Procuradores, constituído pelos mais antigos Procuradores e outros, eleitos por seus pares, em número que a Lei Orgânica Estadual determinar.

7.3 CONSELHO SUPERIOR DO MINISTÉRIO PÚBLICO

Também é um órgão colegiado, do qual participam Procuradores de Justiça natos (Procurador-Geral e Corregedor-Geral) e outros eleitos, e que tem, dentre outras, a importante função de elaborar as listas tríplices dos inscritos para promoção ou remoção nos cargos da carreira (função administrativa). Tem função de órgão de execução quando delibera sobre pedido de arquivamento de inquérito civil.[21]

7.4 CORREGEDORIA-GERAL DO MINISTÉRIO PÚBLICO

O chefe administrativo da Corregedoria-Geral é o Corregedor-Geral do Ministério Público, que se encarrega de fiscalizar a atuação dos

---

[21] Já nos referimos, no texto, ao inquérito policial, que é um procedimento administrativo através do qual a autoridade policial investiga a prática e as circunstâncias em que ocorreram os delitos. Esse inquérito serve de base para o ajuizamento da ação penal pelo Ministério Público. Há situações, porém, de natureza civil, que precisam ser investigadas – como danos causados ao meio ambiente – antes do ajuizamento da ação civil contra os responsáveis. Esta investigação é feita através do inquérito civil.

CAPÍTULO XXXVIII – DO MINISTÉRIO PÚBLICO

membros da instituição, podendo instaurar procedimentos administrativos e aplicar-lhes algumas penalidades administrativas. Não tem função de execução.

7.5 PROCURADORES DE JUSTIÇA

São órgãos de execução, encarregados de emitir parecer em processos em fase de recurso, quando neles atuou, em Primeira Instância, um Promotor de Justiça.

Também têm a função de fazer a sustentação oral da posição institucional, quando do julgamento dos recursos.

Os Procuradores de Justiça interpõem os recursos cabíveis nos tribunais em que oficiam e recursos dirigidos aos tribunais superiores.

7.6 PROMOTORES DE JUSTIÇA

Os Promotores de Justiça são os órgãos de execução do Ministério Público, na Primeira Instância, cujas funções vêm discriminadas nas respectivas leis orgânicas.

8. O MINISTÉRIO PÚBLICO NO CÓDIGO DE PROCESSO CIVIL

8.1 POSIÇÕES DO MINISTÉRIO PÚBLICO NO PROCESSO CIVIL

O representante do Ministério Público pode ocupar duas posições jurídicas na relação jurídica processual: ou ele atua como autor da ação (na qualidade de *parte*) ou como fiscal da aplicação da lei (*custos legis*).

Atualmente, muitas normas jurídicas que norteiam essas atuações ministeriais na Jurisdição Civil não estão no Código de Processo Civil, mas se encontram em vários diplomas legislativos extravagantes, como as Leis Orgânicas acima mencionadas, a Lei da Ação Civil Pública, o Código de Defesa do Consumidor entre outros.

749

O Código de Processo Civil vigente abre o Título referente ao Ministério Público reproduzindo a norma do art. 127 da Constituição Federal. [22]

> Art. 176. O Ministério Público atuará na defesa da ordem jurídica, do regime democrático e dos interesses e direitos sociais e individuais indisponíveis.

8.2 MINISTÉRIO PÚBLICO COMO AUTOR NO CÓDIGO DE PROCESSO CIVIL

Ocupando o polo ativo da relação jurídica processual, a norma do art. 177 do Código de Processo Civil tem uma amplitude muito maior que norma equivalente no código revogado:

> Art. 177. O Ministério Público exercerá o direito de ação em conformidade com suas atribuições constitucionais.
>
> Art. 81. O Ministério Público exercerá o direito de ação nos casos previstos em lei, cabendo-lhe, no processo, os mesmos poderes e ônus que às partes.

Na dicção do código anterior, o Ministério Público somente exerceria o direito de ação nos casos previstos em lei – mas hoje ele poderá agir sempre que houver um interesse público que, institucionalmente, deva tutelar. O próprio Ministério Público decide se é ou não caso de propor a ação. Mas, cabe ao Poder Judiciário reconhecer sua ilegitimidade, quando for o caso – *ex officio* ou por instância da parte passiva.

O Código de Processo Civil em vigor, pois, está em harmonia com a Constituição Federal, posto que segundo esta, é função institucional do Ministério Público "promover a ação civil pública, para a proteção de outros interesses difusos" (art. 129, inciso II). Tal qual agora

---

[22] Art. 127. O Ministério Público é instituição permanente, essencial à função jurisdicional do Estado, incumbindo-lhe a defesa da ordem jurídica, do regime democrático e dos interesses sociais e individuais indisponíveis.

CAPÍTULO XXXVIII – DO MINISTÉRIO PÚBLICO

escrito no Código de Processo Civil, a norma constitucional é uma norma em branco, isto é, deixa a critério da Instituição a promoção da ação civil pública, onde divisar um interesse difuso a ser tutelado.

Antes do Código de Processo Civil, a Lei da Ação Civil Pública já havia acatado a positivação feita pelo constituinte, ao colocar, no inciso IV, do art. 1º da Lei n. 7.347, de 24 de julho de 1985 (Lei da Ação Civil Pública), a expressão "qualquer outro interesse difuso ou coletivo".

A melhor exegese da regra legal é a que deve ser havida como norma que permite ao membro do Ministério Público, de acordo com o seu entendimento pessoal, ajuizar desde logo a ação de responsabilidade por danos morais ou patrimoniais por lesão a interesse difuso.

O Ministério Público, no atual sistema constitucional, não precisa mais de ações civis típicas para poder atuar em juízo. Não é necessário que a sua legitimação venha expressamente consignada, para exercer funções que lhe são conferidas pela própria Constituição Federal.

Sendo parte ativa na ação, o Ministério Público se sujeita a todas as regras do Código de Processo Civil, salvo aquelas que formam um como que regime especial para a Instituição.

Um primeiro tratamento mais benéfico está no art. 180, quanto aos prazos para que se pronuncie nos autos – este será em dobro e terá início com a sua intimação pessoal, que é obrigatória:

> Art. 180. O Ministério Público gozará de prazo em dobro para manifestar-se nos autos, que terá início a partir de sua intimação pessoal, nos termos do art. 183, § 1º.
>
> § 1º Findo o prazo para manifestação do Ministério Público sem o oferecimento de parecer, o juiz requisitará os autos e dará andamento ao processo.
>
> § 2º Não se aplica o benefício da contagem em dobro quando a lei estabelecer, de forma expressa, prazo próprio para o Ministério Público.
>
> Art. 188. Computar-se-á em quádruplo o prazo para contestar e em dobro para recorrer quando a parte for a Fazenda Pública ou o Ministério Público.

A regra do *caput* do art. 180 se aplica em qualquer caso de atuação do Ministério Público – seja como autor ou *custos legis*.

Contudo o § 1º somente pode ser efeito quando se tratar de representante do Ministério Público agindo como fiscal da lei. Mas, mesmo neste caso, deve oficiar ao Corregedor-Geral do Ministério Público e ao Procurador-Geral de Justiça – ao primeiro para verificação de eventual falha funcional e ao segundo para que designe substituto para oficiar nos autos, imediatamente.

Quando o Ministério Público for parte, entretanto, o interesse posto nos autos é de natureza pública e não pode ficar à mercê da omissão de um promotor de justiça – nesse caso, cabe ao juiz suspender o processo e oficiar ao Procurador-Geral de Justiça para que proceda à substituição do relapso, sem prejuízo de sanções disciplinares pela Corregedoria-Geral do Ministério Público.

É importante enfatizar que com exceção de algumas regras, que conferem à Instituição um tratamento diferenciado, mas amplamente justificado, quanto ao mais deve o representante do Ministério Público cumprir as regras processuais, seja quanto aos requisitos da inicial, da instrução probatória, dos recursos etc. Sem que a lei excepcione, vigora, na sua plenitude, o princípio da igualdade das partes.

O § 2º do art. 180 veda a contagem em dobro do prazo, sempre que este for estipulado expressamente para o Ministério Público.

8.3 MINISTÉRIO PÚBLICO COMO INTERVENIENTE (*CUSTOS LEGIS*)

No art. 178, o Código de Processo Civil enumera casos em que compete ao Ministério Público intervir no processo como fiscal da lei:

> Art. 178. O Ministério Público será intimado para, no prazo de 30 (trinta) dias, intervir como fiscal da ordem jurídica nas hipóteses previstas em lei ou na Constituição Federal e nos processos que envolvam:

CAPÍTULO XXXVIII – DO MINISTÉRIO PÚBLICO

I – interesse público ou social;

II – interesse de incapaz;

III – litígios coletivos pela posse de terra rural ou urbana.[23]

Parágrafo único. A participação da Fazenda Pública não configura, por si só, hipótese de intervenção do Ministério Público.

Art. 82. (*omissis*)

I – nas causas em que há interesses de incapazes;

II – nas causas concernentes ao estado da pessoa, pátrio poder, tutela, curatela, interdição, casamento, declaração de ausência e disposição de última vontade;

III – em todas as demais causas em que há interesse público, evidenciado pela natureza da lide ou qualidade da parte.

As regras legais são claras e definem talvez a maior parte da área de intervenção ministerial.

No sentido do texto, podemos dizer – para evitarmos vivas discussões e rios de tinta que já foram usados sobre o tema – que interesse, em primeiro lugar, vem a ser o núcleo de um direito, ou um valor que está na essência mesma de um direito.

Portanto, ao examinarmos as expressões "interesse público" e "interesse social", precisamos buscar os direitos que os protegem.

Assim sendo, as normas jurídicas que tutelam o interesse público protegem-no exatamente porque ele encerra um valor que é fundamental para a preservação da sociedade. A Lei da Ação Civil Pública (Lei n. 7.347, de 24 de julho de 1955) enumera uma série deles:

Art. 1º Regem-se pelas disposições desta Lei, sem prejuízo da ação popular, as ações de responsabilidade por danos morais e patrimoniais causados:

I – ao meio-ambiente;

---

[23] V. art. 565 do Código de Processo Civil, cujo § 2º determina que o Ministério Público será intimado para comparecer à audiência.

ll – ao consumidor;

III – a bens e direitos de valor artístico, estético, histórico, turístico e paisagístico;

IV – a qualquer outro interesse difuso ou coletivo

V – por infração da ordem econômica;

VI – à ordem urbanística

VII – à honra e à dignidade de grupos raciais, étnicos ou religiosos;

VIII – ao patrimônio público e social.

Os interesses sociais, que se constituem no núcleo dos direito sociais, vinculam-se aos valores constantes do art. 6º da Constituição Federal:

> Art. 6º São direitos sociais a educação, a saúde, a alimentação, o trabalho, a moradia, o lazer, a segurança, a previdência social, a proteção à maternidade e à infância, a assistência aos desamparados, na forma desta Constituição.[24]

9. RESPONSABILIDADE CIVIL DO MEMBRO DO MINISTÉRIO PÚBLICO

A regra básica é esta:

> Art. 181. O membro do Ministério Público será civil e regressivamente responsável quando agir com dolo ou fraude no exercício de suas funções.

> Art. 85. O órgão do Ministério Público será civilmente responsável quando, no exercício de suas funções, proceder com dolo ou fraude.

Normalmente, quando o comportamento do agente público é passível de responsabilização, esta é imputável à pessoa jurídica de Direito

---

[24] O art. 129 da Constituição Federal, em seu inciso II já previa essa atuação ministerial: II – zelar pelo efetivo respeito dos Poderes Públicos e dos serviços de relevância pública aos direitos assegurados nesta Constituição, promovendo as medidas necessárias a sua garantia.

CAPÍTULO XXXVIII – DO MINISTÉRIO PÚBLICO

Público (União, Estado, Município) à qual pertence o órgão no qual aquele agente ocupa o cargo.

Aqui se cuida, porém, de responsabilidade *pessoal* do representante do Ministério Público, se agir com dolo ou fraude e causar com isso qualquer prejuízo às partes.

Além de responder pelos danos causados, o membro do Ministério Público será passível de punição administrativa pelos órgãos competentes da instituição.

10. MOMENTO EM QUE ATUA O MINISTÉRIO PÚBLICO QUANDO AGE NA QUALIDADE DE FISCAL DA LEI – ATRIBUIÇÕES

O inciso I do art. 179 estatui que o representante do Ministério Público, agindo como *custos legis*, terá vista dos autos depois das partes se manifestarem e será intimado (pessoalmente) de todos os atos do processo.

O inciso II do mesmo artigo confere ao Ministério Público poderes de requerer a produção de provas e medidas processuais pertinentes:

> Art. 179. Nos casos de intervenção como fiscal da ordem jurídica, o Ministério Público:
>
> I – terá vista dos autos depois das partes, sendo intimado de todos os atos do processo;
>
> II – poderá produzir provas, requerer as medidas processuais pertinentes e recorrer.
>
> Art. 83. Intervindo como fiscal da lei, o Ministério Público:
>
> I – terá vista dos autos depois das partes, sendo intimado de todos os atos do processo;
>
> II – poderá juntar documentos e certidões, produzir prova em audiência e requerer medidas ou diligências necessárias ao descobrimento da verdade.

Quando age como parte ativa, terá o tratamento normal que às partes confere o Código de Processo Civil.

Importante salientar, neste ponto, que a principal função do Ministério Público no exercício das funções de fiscal da lei é complementar, sempre que necessário, a instrução probatória.

Não se nega a importância de sua contribuição em matéria de direito – mas esta, presumivelmente, o juiz conhece.

11. FALTA DE PARTICIPAÇÃO DO MINISTÉRIO PÚBLICO – NULIDADE DO PROCESSO

O art. 279 do Código de Processo Civil prescreve que:

> Art. 279. É nulo o processo quando o membro do Ministério Público não for intimado a acompanhar o feito em que deva intervir.
>
> Art. 246. É nulo o processo, quando o Ministério Público não for intimado a acompanhar o feito em que deva intervir.
>
> Parágrafo único. Se o processo tiver corrido, sem conhecimento do Ministério Público, o juiz o anulará a partir do momento em que o órgão devia ter sido intimado.
>
> Art. 84. Quando a lei considerar obrigatória a intervenção do Ministério Público, a parte promover-lhe-á a intimação sob pena de nulidade do processo.

A nulidade pela não intervenção ministerial decorre do interesse público que fica *desprotegido* sem a sua participação processual, pois é a presença de um interesse dessa natureza que dá a razão de sua presença no processo.

Se o representante do Ministério Público entenda que deve intervir num determinado processo, em situação jurídica não prevista expressamente em lei, poderá fazê-lo – mas o Poder Judiciário é quem dirá a última palavra a respeito.

A nulidade ocorre a partir do momento em que o Ministério Público deveria ter intervindo no processo, mas tal nulidade somente será proclamada se o seu representante entender que houve prejuízo.

CAPÍTULO XXXVIII – DO MINISTÉRIO PÚBLICO

Art. 279. (*omissis*)

§ 1º Se o processo tiver tramitado sem conhecimento do membro do Ministério Público, o juiz invalidará os atos praticados a partir do momento em que ele deveria ter sido intimado.

§ 2º A nulidade só pode ser decretada após a intimação do Ministério Público, que se manifestará sobre a existência ou a inexistência de prejuízo.

A regra do § 2º atende ao princípio de que não há nulidade sem prejuízo (princípio do *pas de nullité sans grief*) e, ainda, ao princípio da economia e celeridade processual.

Capítulo **XXXIX**
DA ADVOCACIA PÚBLICA E DA DEFENSORIA PÚBLICA

> Sumário: 1. Da Advocacia Pública e da Defensoria Pública. 1.1 Considerações iniciais. 1.2 Advocacia Pública na Constituição Federal. 1.3 A Defensoria Pública na Constituição Federal. 2. A Advocacia Pública no Código de Processo Civil. 3. A Defensoria Pública no Código de Processo Civil.

1. DA ADVOCACIA PÚBLICA E DA DEFENSORIA PÚBLICA

1.1 CONSIDERAÇÕES INICIAIS

Em boa hora o Código de Processo Civil vigente cuidou de duas instituições importantes, logo após tratar do Ministério Público – a Advocacia Pública e a Defensoria Pública.

A Advocacia Pública já havia sido contemplada – assim como a Defensoria Pública – pela Constituição Federal de 1988.

1.2 ADVOCACIA PÚBLICA NA CONSTITUIÇÃO FEDERAL

O constituinte de 1988 instituiu, no âmbito da União, a Advocacia Geral da União – AGU – para representá-la, diretamente ou por órgão a ela vinculado, tanto judicial como extrajudicialmente, cujo Chefe é Advogado Geral da União, de livre nomeação pelo Presidente da República, dentre cidadãos maiores de 35 anos, de notável saber jurídico e reputação ilibada (Constituição Federal, art. 131 e § 1º).

Ela está organizada em carreira, com a primeira investidura a ser realizada por concurso público de provas e títulos (Constituição Federal, art. 131, § 2º).

Na mesma seção que cuida da Advocacia Pública, a Constituição Federal outorgou à Procuradoria-Geral da Fazenda Nacional a atribuição de executar as dívidas ativas de natureza tributária (Constituição Federal, art. 131, § 3º).

Também há a seguinte previsão:

> Art. 132. Os Procuradores dos Estados e do Distrito Federal, organizados em carreira, na qual o ingresso dependerá de concurso público de provas e títulos, com a participação da Ordem dos Advogados do Brasil em todas as suas fases, exercerão a representação judicial e a consultoria jurídica das respectivas unidades federadas.
>
> Parágrafo único. Aos procuradores referidos neste artigo é assegurada estabilidade após três anos de efetivo exercício, mediante avaliação de desempenho perante os órgãos próprios, após relatório circunstanciado das corregedorias.

1.3 A DEFENSORIA PÚBLICA NA CONSTITUIÇÃO FEDERAL

Durante a Assembleia Nacional Constituinte de 1988, os Defensores Públicos buscaram um conceito e uma organização análogos aos do Ministério Público:

> Art. 134. A Defensoria Pública é instituição permanente, essencial à função jurisdicional do Estado, incumbindo-lhe, como expressão e instrumento do regime democrático, fundamentalmente, a orientação jurídica, a promoção dos direitos humanos

CAPÍTULO XXXIX – DA ADVOCACIA PÚBLICA E DA DEFENSORIA...

e a defesa, em todos os graus, judicial e extrajudicial, dos direitos individuais e coletivos, de forma integral e gratuita, aos necessitados, na forma do inciso LXXIV do art. 5º desta Constituição Federal.

§ 1º Lei complementar organizará a Defensoria Pública da União e do Distrito Federal e dos Territórios e prescreverá normas gerais para sua organização nos Estados, em cargos de carreira, providos, na classe inicial, mediante concurso público de provas e títulos, assegurada a seus integrantes a garantia da inamovibilidade e vedado o exercício da advocacia fora das atribuições institucionais.

§ 2º Às Defensorias Públicas Estaduais são asseguradas autonomia funcional e administrativa e a iniciativa de sua proposta orçamentária dentro dos limites estabelecidos na lei de diretrizes orçamentárias e subordinação ao disposto no art. 99, § 2º.

§ 3º Aplica-se o disposto no § 2º às Defensorias Públicas da União e do Distrito Federal.

§ 4º São princípios institucionais da Defensoria Pública a unidade, a indivisibilidade e a independência funcional, aplicando-se também, no que couber, o disposto no art. 93 e no inciso II do art. 96 desta Constituição Federal.

Art. 135. Os servidores integrantes das carreiras disciplinadas nas Seções II e III deste Capítulo serão remunerados na forma do art. 39, § 4º.

Bastará uma leitura dos artigos da Constituição Federal atinentes ao Ministério Público para se verificar a semelhança.

2. A ADVOCACIA PÚBLICA NO CÓDIGO DE PROCESSO CIVIL

Fiel ao modelo constitucional, como não poderia deixar de ser, o art. 182 do Código de Processo Civil assim dispõe:

Art. 182. Incumbe à Advocacia Pública, na forma da lei, defender e promover os interesses públicos da União, dos Estados, do Distrito Federal e dos Municípios, por meio da representação judicial, em todos os âmbitos federativos, das pessoas jurídicas de direito público que integram a administração direta e indireta.

São, assim, os advogados das pessoas jurídicas de direito público interno e daquelas que formam a administração indireta.

O artigo seguinte deixa claro que os advogados públicos terão a seu favor o prazo em dobro para quaisquer manifestações processuais, os quais serão intimados pessoalmente, por carga, remessa dos autos ou meio eletrônico.

Todavia, assim como ocorre com o Ministério Público, o advogado público não terá prazo em dobro quanto este vier estipulado expressamente para o ente público que representa:

> Art. 183. A União, os Estados, o Distrito Federal, os Municípios e suas respectivas autarquias e fundações de direito público gozarão de prazo em dobro para todas as suas manifestações processuais, cuja contagem terá início a partir da intimação pessoal.
>
> § 1º A intimação pessoal far-se-á por carga, remessa ou meio eletrônico.
>
> § 2º Não se aplica o benefício da contagem em dobro quando a lei estabelecer, de forma expressa, prazo próprio para o ente público.

Por fim, os membros da Advocacia Pública respondem civil e penalmente quando agirem com dolo ou fraude no exercício de suas funções:

> Art. 184. O membro da Advocacia Pública será civil e regressivamente responsável quando agir com dolo ou fraude no exercício de suas funções.

3. A DEFENSORIA PÚBLICA NO CÓDIGO DE PROCESSO CIVIL

Num Estado de Direito o acesso à Justiça deve ser garantido a todos.

O comando central vem do inciso LXXIV do art. 5º da Constituição Federal:

CAPÍTULO XXXIX – DA ADVOCACIA PÚBLICA E DA DEFENSORIA...

"O Estado prestará assistência jurídica integral e gratuita aos que comprovarem insuficiência de recursos".

Cumprindo essa determinação constitucional, o vigente Código de Processo Civil disciplinou a gratuidade da justiça (art. 98 ao 102), revogando várias normas da Lei n. 1.060, de 5 de fevereiro de 1950 (art. 1.072), que era o diploma legal que cuidava da matéria.[1]

O código também orienta a atuação da Defensoria Pública, explicitando suas principais funções:

> Art. 185. A Defensoria Pública exercerá a orientação jurídica, a promoção dos direitos humanos e a defesa dos direitos individuais e coletivos dos necessitados, em todos os graus, de forma integral e gratuita.

Note-se que o Código de Processo Civil, no que respeita à Defensoria Pública, fala em defesa de *direitos individuais* – matéria que está fora do âmbito de atuação do Ministério Público.

Assim, a Defensoria Pública vem complementar a área de atuação carente de defesa e ainda exercer atribuições concorrentes com o Ministério Público, para maior defesa do interesse público.

Atuando em prol dos necessitados, os defensores públicos dispõem de prazo em dobro para suas manifestações processuais, que tem como termo inicial sua intimação pessoal – mas não haverá prazo em dobro se este vier a ser estabelecido especialmente para a Defensoria Pública:

> Art. 186. A Defensoria Pública gozará de prazo em dobro para todas as suas manifestações processuais.
>
> § 1º O prazo tem início com a intimação pessoal do defensor público, nos termos do art. 183, § 1º.
>
> § 4º Não se aplica o benefício da contagem em dobro quando a lei estabelecer, de forma expressa, prazo próprio para a Defensoria Pública.

---

[1] V. Capítulo XXIX, que examina a questão em maior profundidade.

763

ANTONIO ARALDO FERRAZ DAL POZZO

Como as pessoas defendidas pelo defensor público nem sempre atendem a seus pedidos – pois geralmente são pessoas de pouca ou nenhuma instrução – o parágrafo 2º do art. 186 autoriza a intimação, pelo juízo, do defendido, quando de sua presença depender a prática de ato ou obtenção de informação importante para a causa:

> Art. 186. (*omissis*)
>
> § 2º A requerimento da Defensoria Pública, o juiz determinará a intimação pessoal da parte patrocinada quando o ato processual depender de providência ou informação que somente por ela possa ser realizada ou prestada.

Sempre que numa determinada localidade não houver Defensoria Pública organizada, caberá aos advogados que tenham convênio, a defesa dos necessitados. Também gozam das prerrogativas processuais, os serviços de assistência judiciária prestados pelas Faculdades de Direito:

> Art. 186. (*omissis*)
>
> § 3º O disposto no *caput* aplica-se aos escritórios de prática jurídica das faculdades de Direito reconhecidas na forma da lei e às entidades que prestam assistência jurídica gratuita em razão de convênios firmados com a Defensoria Pública.

Por fim, tal como os membros do Ministério Público e da Advocacia Pública, os Defensores Públicos respondem civil e criminalmente sempre que agirem no exercício de suas funções com dolo ou fraude:

> Art. 187. O membro da Defensoria Pública será civil e regressivamente responsável quando agir com dolo ou fraude no exercício de suas funções.[2]

---

[2] No Estado de São Paulo a Defensoria Pública foi organizada pela Lei Complementar n. 988, de 9 de janeiro de 2006. Pode-se dizer, sem medo de errar, que ela teve por base e inspiração a Lei Orgânica do Ministério Público de São Paulo.

Título VII

DOS PRESSUPOSTOS PROCESSUAIS OBJETIVOS

Capítulo XL

DOS PRESSUPOSTOS PROCESSUAIS OBJETIVOS – DO PROCEDIMENTO E DO ATO PROCESSUAL

> Sumário: 1. Do procedimento e do ato processual. 2. Do procedimento e dos pressupostos processuais.

1. DO PROCEDIMENTO E DO ATO PROCESSUAL

O estudo do procedimento e do ato processual tem como premissa inicial o conceito de processo: complexo de atos processuais tendentes à formulação ou à atuação prática da regra jurídica concreta, por meio dos órgãos jurisdicionais.

O processo encerra em si uma ideia de *unidade*, de um conjunto de atos que não são enfocados cada um de per si, mas como um todo, um mecanismo que tem uma determinada *finalidade*. Essa unidade de desígnios é que nos permite ver no processo uma entidade uma, assim como a finalidade de locomoção me permite chamar de "automóvel" uma porção de componentes ligados entre si.

O processo, porém, pode ser examinado a partir dos diversos atos que o constituem.

Contudo, nesse momento, já não mais estamos nos referindo ao processo, mas ao *procedimento*. O automóvel inteiramente desmontado na oficina mecânica não é mais um "automóvel", mas um conjunto de componentes, que podem ser examinados isoladamente.

Assim, quando falamos em procedimento estamos destacando os atos processuais do todo. E, sob tal perspectiva, cada ato pode ser examinado de dois pontos de vista diversos: o ato em si mesmo, como unidade isolada, e o ato em relação aos demais que o antecedem e o sucedem.

O ato em si mesmo é examinado apenas do ponto de vista da sua estrutura exterior, isto é, sem exame de seu conteúdo. Isso significa verificar os elementos que constituem a sua *forma*. É o aspecto formal de cada ato processual.

A forma do ato processual compreende: *(i)* o meio de expressão do ato, que pode ser oral ou escrito; *(ii)* a língua a ser utilizada; *(iii)* o local em que o ato deva ser realizado e *(iv)* o tempo de realização, ou seja, o prazo para praticar o ato[1] – e das essas circunstâncias constituem a *estrutura exterior do ato*, ou, tecnicamente, a sua *forma*.

Ao colocarmos o ato processual sob o aspecto de sua relação com os demais, verificamos que há uma *ordem* estabelecida na lei processual, para que eles sejam praticados. Assim, primeiro é ajuizada a petição inicial, depois vem o despacho do juiz, a seguir a citação do réu, seguindo-se a contestação etc.

Vale dizer: há um *rito procedimental* preestabelecido para cada tipo de ação ajuizada.

Podemos ainda dizer que a estrutura exterior do ato é o ângulo *formal* do procedimento, ao passo que seu rito é o seu lado *dinâmico*.

Como unidade constitutiva do procedimento, o estudo deste há de partir exatamente dessa unidade, ou seja, do ato processual.

---

[1] LIEBMAN, Enrico Tullio. *Manuale di Diritto Processuale Civile*: Principi. 7ª Ed. Milano: Giuffrè Editore, 2007, p. 208.

CAPÍTULO XL – DOS PRESSUPOSTOS PROCESSUAIS OBJETIVOS...

A correção da forma e da ordem em que os atos se sucedem são pressupostos de validade da relação jurídica processual – ou seja, são pressupostos processuais *objetivos* e, como tais, serão analisados.

2. DO PROCEDIMENTO E DOS PRESSUPOSTOS PROCESSUAIS

Os pressupostos processuais são os seguintes:

(i) Pressupostos processuais subjetivos:

    a. Referentes ao juiz:

        i. Investidura;

        ii. Competência;

        iii. Imparcialidade.

    b. Referentes às partes:

        i. Capacidade de ser parte;

        ii. Capacidade processual ou de estar em juízo;

        iii. Capacidade postulatória.

(ii) Pressupostos processuais objetivos:

    a. Regularidade formal dos atos processuais;

    b. Regularidade do rito procedimental.

Assim como estudamos os pressupostos processuais subjetivos tendo em vista questões referentes ao magistrado, às partes e seus procuradores, o Ministério Público, a Advocacia Pública e a Defensoria Pública, agora nos cabe examinar os pressupostos processuais *objetivos* tendo em vista a regularidade formal dos atos processuais ou a regularidade do rito procedimental.

Capítulo **XLI**

DO ATO PROCESSUAL

> Sumário: 1. Conceito de ato processual. 1.1 Declaração ou manifestação do pensamento feita voluntariamente. 1.2 Ato praticado por um dos sujeitos do processo. 1.3 O ato deve se subsumir numa das categorias de atos processuais previstos pela lei. 1.4 O ato processual deve pertencer a um procedimento. 1.5 Eficácia constitutiva, modificativa ou extintiva do ato processual. 1.6 Exemplos de atos que não são considerados como processuais. 2. Características do ato processual.

1. CONCEITO DE ATO PROCESSUAL

O *ato processual* é espécie do gênero ato jurídico.

Porém, uma simples e mera transposição dos princípios gerais referentes aos atos jurídicos de direito material para a teoria dos atos processuais não é possível, pois estes apresentam características próprias, que não são encontradas naqueles.

A rigor, seria mesmo necessário que a doutrina processual desenvolvesse maiores estudos sobre o tema, que está longe de oferecer uma visão mais ampla e precisa.

Não obstante, é possível traçar suas características principais, partindo da análise de seu conceito.

771

Segundo Liebman, ato processual "é uma declaração ou manifestação do pensamento, feita voluntariamente por um dos sujeitos do processo, a qual se subsume numa das categorias de atos previstos na lei processual e pertencente a um procedimento, com eficácia constitutiva, modificativa ou extintiva sobre a correspondente relação processual".[1]

Vejamos os elementos desse conceito.

1.1 DECLARAÇÃO OU MANIFESTAÇÃO DO PENSAMENTO FEITA VOLUNTARIAMENTE.

Quem pratica um ato jurídico de *direito material*, normalmente deve ter a sua vontade dirigida para dois objetivos que estão muito próximos entre si, mas que não se confundem: a vontade dirigida ao objetivo de *praticar o ato* e a vontade dirigida ao objetivo de atingir, com a prática do ato, uma determinada *finalidade*.

Quem realiza uma compra e venda (ato jurídico de direito material), quer, simultaneamente, realizar esse ato jurídico e conseguir, através de sua prática, certos objetivos, tais como adquirir a coisa no estado em que o vendedor a apresenta ou a descreve, pagar o preço justo, usar e gozar da coisa comprada ou outros.

No campo do direito material, portanto, podemos dizer que as espécies de atos e as finalidades pelas quais o sujeito pratica o ato são infinitas.

Todavia, ao praticar um ato de direito material, a vontade do agente pode estar comprometida em um ou nos dois patamares em que ela se desdobra:

(i) Pode estar viciada quanto à própria realização do ato:

a Pela ausência da própria vontade livre de praticar o ato (o que ocorre quando pratica o ato sob coação);

---

[1] LIEBMAN, Enrico Tullio. *Manuale di Diritto Processuale Civile*: Principi. 7ª Ed. Milano: Giuffrè Editore, 2007, p. 206. As lições do texto refletem o pensamento de Liebman.

CAPÍTULO XLI – DO ATO PROCESSUAL

b Porque sua vontade pode estar viciada por ato de terceiro (erro, dolo, simulação, fraude etc.) –, casos em que o agente não pratica o ato jurídico livremente;

(ii) Ainda a vontade pode estar viciada quanto às finalidades do ato: o sujeito acredita que alcançará seus objetivos, quando, em verdade, estes não serão atingidos: a coisa adquirida, por exemplo, jamais se prestaria para as finalidades almejadas pele agente (está deteriorada, não tem as qualidades apregoadas etc.).

Podemos dizer que o direito material leva muito em conta a vontade livre para praticar o ato e também a vontade de conseguir os objetivos ou finalidades do agente através de um ato jurídico.

Nesses casos todos, o ato jurídico de direito material pode se qualificar como um ato *nulo* ou um ato *anulável*, nos termos do Código Civil e que se espraiam pelo campo vasto do direito material:

Art. 166. É *nulo* o negócio jurídico quando:

I – celebrado por pessoa absolutamente incapaz;

II – for ilícito, impossível ou indeterminável o seu objeto;

III – o motivo determinante, comum a ambas as partes, for ilícito;

IV – não revestir a forma prescrita em lei;

V – for preterida alguma solenidade que a lei considere essencial para a sua validade;

VI – tiver por objetivo fraudar lei imperativa;

VII – a lei taxativamente o declarar nulo, ou proibir-lhe a prática, sem cominar sanção.

Art. 167. É *nulo* o negócio jurídico simulado, mas subsistirá o que se dissimulou, se válido for, na substância e na forma.

Art. 171. Além dos casos expressamente declarados na lei, é *anulável* o negócio jurídico:

I – por incapacidade relativa do agente;

II – por vício resultante de erro[2], dolo[3], coação [4], estado de perigo[5], lesão[6] ou fraude contra credores.[7]

No campo Direito Processual Civil, contudo, a questão apresenta contornos específicos.

No que tange à vontade de praticar o ato, esta deve ser *livre e consciente*. Enfocada por esse ângulo a vontade do agente pode estar viciada ou comprometida pelos mesmos vícios que atingem os atos de direito material, acima vistos: desde a sua ausência (coação absoluta) até o induzimento, por ato ilícito de terceiro.

Todavia, se a vontade do agente *for livre* quanto à prática do ato, muito dificilmente estará viciada quanto às finalidades que pretende atingir com ele, *porque essas finalidades são prescritas e previstas antecipadamente*

---

[2] Código Civil, art. 138 a 144.

[3] Código Civil, art. 145 a 150.

[4] Código Civil, art. 151 a 155.

[5] Código Civil, art. 156.

[6] Código Civil, art. 157.

[7] Fraude: Código Civil, art. 158 a 165. Ainda guardam interesse os seguintes artigos do Código Civil:Art. 167. (*omissis*)

§ 1º Haverá simulação nos negócios jurídicos quando:

I – aparentarem conferir ou transmitir direitos a pessoas diversas daquelas às quais realmente se conferem, ou transmitem;

II – contiverem declaração, confissão, condição ou cláusula não verdadeira;

III – os instrumentos particulares forem antedatados, ou pós-datados.

§ 2º Ressalvam-se os direitos de terceiros de boa-fé em face dos contraentes do negócio jurídico simulado.

Art. 168. As nulidades dos artigos antecedentes podem ser alegadas por qualquer interessado, ou pelo Ministério Público, quando lhe couber intervir.

Parágrafo único. As nulidades devem ser pronunciadas pelo juiz, quando conhecer do negócio jurídico ou dos seus efeitos e as encontrar provadas, não lhe sendo permitido supri-las, ainda que a requerimento das partes.

Art. 169. O negócio jurídico nulo não é suscetível de confirmação, nem convalesce pelo decurso do tempo.

Art. 170. Se, porém, o negócio jurídico nulo contiver os requisitos de outro, subsistirá este quando o fim a que visavam as partes permitir supor que o teriam querido, se houvessem previsto a nulidade.

CAPÍTULO XLI – DO ATO PROCESSUAL

pela lei processual, que não leva em conta a vontade concreta e real de quem o pratica.

Assim, quem oferece uma contestação de forma livre e consciente, pode estar querendo apenas prolongar a insatisfação do direito do autor ou pode acreditar que o autor não tenha o direito deduzido em juízo. Essas finalidades do ato, que são pessoais do réu, são irrelevantes para o Direito Processual. A contestação apresentada produzirá os efeitos que a lei processual lhe atribui, independentemente do que se passa no íntimo do agente.

Quando se diz, no conceito de ato processual, que ele "é uma declaração ou manifestação do pensamento, feita voluntariamente", essa voluntariedade se resume na simples deliberação e consciência livre em realizá-lo, sendo absolutamente irrelevantes as intenções pessoais de quem o pratica, ou as finalidades que busca atingir com a sua prática (ganhar tempo, aborrecer o autor ou outro intento – a menos que ingresse na litigância de má-fé).

A questão da voluntariedade na prática do ato processual – assim como acontece em relação aos atos jurídicos do direito material – está ligada à sua validade.

Somente é válido o ato praticado voluntariamente e desde que a vontade de quem o pratica não esteja viciada.

O ato processual e o ato jurídico em geral têm em comum a circunstância de que devem ser praticados como decorrência da vontade livre e consciente de quem os realiza.

Mas, enquanto o ato jurídico em geral pode se ver comprometido por razões ligadas à *finalidade que animou o agente a praticá-lo* (o agente labora em erro quanto ao objetivo do ato praticado; o agente foi induzido a pensar que comprava um boi, mas adquiria uma vaca, por exemplo), esse comprometimento não ocorre em face do ato processual, porque sua finalidade está na lei e independe da vontade do agente.

Por esta razão, normalmente bem diversos são os motivos de invalidação dos atos processuais, que, se prendem, fundamentalmente, à problemas relacionados a seus *aspectos formais*.

Há, porém, exceções.

No caso de um acordo entre as partes, que é homologado pelo juiz[8], temos um ato jurídico complexo, no qual se encontram, indissolúveis, um ato negocial e um ato processual: esse ato é impugnável por duas ordens de razões diversas – as que dizem respeito aos atos jurídicos em geral (o acordo em si) e as que são próprias do ato processual (aspectos formais do ato da transação e da sentença, ou melhor, da homologação judicial).[9]

Concluindo, temos que, para a validade do ato processual, no que diz respeito à vontade do agente, basta a deliberação livre e consciência de realizá-lo, não sendo atacável por questões ligadas aos efeitos pretendidos por quem o pratica, salvo raras exceções.[10]

1.2 ATO PRATICADO POR UM DOS SUJEITOS DO PROCESSO

No nosso sistema processual, não apenas os sujeitos principais do processo – isto é, as *partes* e o *juiz* – mas também os órgãos auxiliares da justiça praticam atos processuais, embora não sejam sujeitos da relação jurídica processual. Mesmo o advogado, atuando em certas circunstâncias, também pratica atos processuais.

Com base no sujeito que o pratica, temos a seguinte classificação dos atos processuais:

(i) Atos das partes (Código de Processo Civil: artigos 200 a 205);

(ii) Atos do juiz (Código de Processo Civil: artigos 206 a 211);

(iii) Atos dos órgãos auxiliares da justiça;[11]

(iv) Atos dos advogados.

---

[8] Art. 334, § 11.

[9] Nossa lei processual adota essa distinção, como se vê nos artigos 966, III e seu § 4º, sobre o desfazimento da sentença com trânsito em julgado.

[10] As exceções configuram os chamados "negócios jurídicos processuais", de restrito campo, pois, como norma geral, as normas jurídicas processuais são cogentes, isto é, inderrogáveis pela vontade das partes.

[11] Os atos dos auxiliares da justiça foram examinados no Capítulo VIII, ao qual remetemos o leitor.

CAPÍTULO XLI – DO ATO PROCESSUAL

Quanto a estes últimos, somente aqueles praticados em nome pessoal em razão de dever do ofício, como a comunicação da morte da parte ou de renúncia do mandato. Os demais atos são imputáveis às partes que representam.

1.3 O ATO DEVE SE SUBSUMIR NUMA DAS CATEGORIAS DE ATOS PROCESSUAIS PREVISTOS PELA LEI

O rol dos atos processuais que podem ser praticados é bem mais restrito que o dos atos jurídicos em geral.

Isto se explica pela finalidade única e comum a todos os atos processuais, os quais se prestam apenas e tão somente para tornar possível, no menor espaço de tempo possível, a formulação ou atuação prática da regra jurídica concreta.[12]

Tendo em vista essa finalidade última dos atos processuais, a lei trata de estabelecer:

(i) *Quais são* os atos processuais que podem ser praticados;

(ii) *Como* devem ser praticados; e

(iii) Em que *ordem* devem ser realizados, do primeiro ao último.

Se no âmbito da relação jurídica processual houvesse liberdade plena para que as partes realizassem os atos processuais que bem entendessem, o processo jamais chegaria ao seu final.

Por outras palavras, a lei processual estabelece as *categorias* de atos que podem ser realizados, as quais se constituem numa espécie de *modelo* dos atos processuais possíveis. Os atos processuais, assim, são *atos jurídicos típicos*.

Por ser um ato típico, para que o ato jurídico possa se qualificar como ato processual precisa se subsumir num dos modelos de atos

---

[12] Aliás, finalidade comum essa que nos permite identificá-los como uma unidade, chamada *processo*.

777

processuais previstos de forma genérica e abstrata na lei processual. Se não houver possibilidade desse enquadramento, não será ato processual.

1.4 O ATO PROCESSUAL DEVE PERTENCER A UM PROCEDIMENTO

O ato processual tem a característica de não se apresentar isoladamente: cada ato processual está ligado a outro ato, formando uma cadeia preestabelecida de atos, numa relação de causa e efeito: a essa sequência legal de atos processuais dá-se o nome de *rito procedimental*.

O processo contém uma relação jurídica processual, constituída progressivamente pelos atos processuais que vão sendo praticados de acordo com o rito procedimental – fora dessa realidade, o ato, ainda que tenha a aparência de um ato processual típico, não será jamais um ato jurídico processual.

Se o ato não for admitido no processo não será um ato processual verdadeiro e próprio: uma contestação não ajuizada a tempo (melhor: *tempestivamente*) não será jamais um ato jurídico processual, mesmo que não desentranhada dos autos. O responsável pelo seu ajuizamento cometeu um equívoco formal insanável, que foi o seu protocolamento fora do prazo.

De outra parte, cada ato processual é a causa do próximo e efeito do anterior (salvo, obviamente, o primeiro deles, que é o ajuizamento da ação, que resulta de atos jurídicos não processuais) – e essa cadeia de ações e reações confere o caráter dialético ao processo: se o ato não se inserir nessa cadeia de atos, não será um ato processual.

Essa coordenação entre os atos processuais se manifesta, segundo Liebman, pelo seu *escopo*, pelos seus *efeitos* e pela sua *validade*.[13]

O escopo comum e final de todos os atos processuais é o de permitir a entrega do provimento jurisdicional. Conquanto cada ato tenha a sua finalidade imediata, esse escopo mediato é comum a todos eles.

---

[13] LIEBMAN, Enrico Tullio. *Manuale di Diritto Processuale Civile*: Principi. 7ª Ed. Milano: Giuffrè Editore, 2007, p. 211.

CAPÍTULO XLI – DO ATO PROCESSUAL

Por essa mesma razão – identidade de escopo final – os atos processuais se destinam, em sua quase totalidade, a produzir efeitos internos à relação jurídica processual: à medida que fazem com que o procedimento progrida em direção ao seu final, simultaneamente buscam tentar influenciar (no sentido positivo ou negativo) o conteúdo do ato final a ser realizado pelo órgão jurisdicional.

Apenas o ato final, ou seja, o provimento jurisdicional, é um ato que, além de fechar e concluir a relação jurídica processual instaurada pelo exercício do direito de ação, se destina *também* a produzir efeitos substanciais: produz, isto é, efeitos *internos* e *externos* ao procedimento.

Porém, essas regras gerais têm exceções.

Assim, a citação, que é um ato processual praticado numa fase inicial do procedimento, produz efeitos substanciais:

> Art. 240. A citação válida, ainda quando ordenada por juízo incompetente, induz litispendência, torna litigiosa a coisa e constitui em mora o devedor, ressalvado o disposto nos arts. 397 e 398 da Lei n. 10.406, de 10 de janeiro de 2002 (Código Civil).
>
> Art. 219. A citação válida torna prevento o juízo, induz litispendência e faz litigiosa a coisa; e, ainda quando ordenada por juiz incompetente, constitui em mora o devedor e interrompe a prescrição.
>
> **Código Civil**:
>
> Art. 397. O inadimplemento da obrigação, positiva e líquida, no seu termo, constitui de pleno direito em mora o devedor.
>
> Parágrafo único. Não havendo termo, a mora se constitui mediante interpelação judicial ou extrajudicial.
>
> Art. 398. Nas obrigações provenientes de ato ilícito, considera-se o devedor em mora, desde que o praticou.

De outro lado, há casos em que o procedimento se encerra sem que o órgão jurisdicional possa fazer o exame de mérito da demanda (por ausência de uma das condições da ação, por exemplo), hipóteses em que a entrega da tutela jurisdicional não produz efeitos externos ao processo.

Finalmente, por se apresentarem como nexo de causa e efeito, a nulidade de um ato processual, em princípio, contamina a validade daqueles que se lhes seguem, na ordem do rito procedimental.

1.5 EFICÁCIA CONSTITUTIVA, MODIFICATIVA OU EXTINTIVA DO ATO PROCESSUAL

Por pertencer a um procedimento e por gerar um efeito interno, como regra, o ato processual deve ter eficácia para constituir, modificar ou extinguir a relação jurídica processual.

O ajuizamento da ação, por exemplo, é um ato processual com efeito constitutivo: esse ato faz nascer a relação jurídica processual. Já a substituição de uma parte modifica a relação jurídica processual. A entrega do provimento jurisdicional a extingue.

1.6 EXEMPLOS DE ATOS QUE NÃO SÃO CONSIDERADOS COMO PROCESSUAIS

Em face dos conceitos estudados, Liebman esclarece que não são atos processuais:

(i) Os atos que têm a finalidade de preparar a realização do ato processual propriamente dito, como as instruções dadas pelas partes aos seus procuradores. Tais são atividades de fato, como as denomina aquele autor, ou seja, realizadas fora de um procedimento e não estão previstas como atos processuais pela lei;

(ii) Atos que podem ter influência sobre o processo, mas que não devem ser considerados como atos processuais porque realizados fora de um procedimento e por não produzirem efeitos sobre este (o procedimento ainda não está instaurado), como a eleição de foro, a celebração de contrato que preveja o juízo arbitral etc.;

CAPÍTULO XLI – DO ATO PROCESSUAL

(iii) Também não é ato processual o mero comportamento de uma das partes, como o seu comparecimento (ou ausência) numa audiência, porque não consubstancia uma declaração de vontade.[14]

2. CARACTERÍSTICAS DO ATO PROCESSUAL

O estudo do conceito de ato processual nos revelou seus traços fundamentais e nos permite apontar as suas principais características:

(i) O ato processual *não se apresenta isoladamente* – ele se insere num rito procedimental, sendo um dos elos da cadeia de atos que o constitui, é causa do posterior e efeito do ato anterior;

(ii) Os atos processuais têm uma *finalidade comum* – embora cada ato processual tenha finalidades específicas e imediatas, há entre eles um denominador comum, que é a sua finalidade mediata: possibilitar a entrega do provimento jurisdicional;

(iii) Os atos processuais são *interdependentes* uns dos outros – na medida em que não são isolados, mas coordenados entre si, um ato depende do outro, especialmente no que diz respeito à própria validade;

(iv) Os atos processuais são previstos expressamente pela lei – os atos processuais são típicos, pois somente podem ser considerados como tais aqueles previstos pela lei processual, que disciplina a sua forma e a ordem em que são praticados;

(v) A prática do ato processual exige apenas a vontade livre e consciente de realizá-los, sendo indiferente a intenção do agente que o pratica.

---

[14] LIEBMAN, Enrico Tullio. *Manuale di Diritto Processuale Civile*: Principi. 7ª Ed. Milano: Giuffrè Editore, 2007, p. 203.

Capítulo **XLII**

DA FORMA DOS ATOS PROCESSUAIS – DAS NULIDADES DOS ATOS PROCESSUAIS

Sumário: 1. Da forma dos atos processuais – aspectos gerais. 2. Princípios gerais sobre a formalidade dos atos processuais. 2.1 Princípio da liberdade das formas. 2.2 Princípio da instrumentalidade das formas. 3. Momento de arguição da nulidade. 4. Os efeitos jurídicos que a nulidade produz. 5. O princípio da publicidade dos atos processuais. 6. Nulidade relativa e absoluta do ato processual. 6.1 Nulidade relativa. 6.2 Nulidade absoluta. 6.3 Conclusões. 7. Ato processual inexistente e ato nulo – eventuais efeitos do ano nulo.

1. DA FORMA DOS ATOS PROCESSUAIS – ASPECTOS GERAIS

O estudo do procedimento compreende a análise do ato processual em dois planos distintos: o da sua *forma* e da *ordem* em que devem ser realizados.

O próprio conceito de procedimento explicita essa ideia, ao dizer que ele é a disciplina legal da estrutura exterior de cada ato processual e a ordem em que eles devem se suceder. Forma e rito são elementos constituintes do procedimento.[1]

---

[1] A palavra *rito*, em vernáculo, encerra ideia de ordem, de sucessão de atos ou fatos,

O ato processual tem um determinado conteúdo que é a materialização da vontade do sujeito processual. Esse conteúdo se apresenta com uma determinada estrutura exterior, ou seja, uma dada configuração externa, que é a sua *forma*, disciplinada pela lei processual.

Por outras palavras, a forma do ato processual é o conjunto das circunstâncias que devem estar presentes quando de sua exteriorização, as quais são verdadeiros *padrões* estabelecidos pelas normas jurídicas processuais.

O ato processual para se realizar ou se concretizar, precisa ser *exteriorizado*, isto é, desabrochar para o mundo exterior e, para tanto, em primeiro lugar, precisa ser expresso de certa maneira: seu meio ou veículo de expressão pode ser a palavra *escrita* ou a palavra *oral*.

Uma petição inicial se exterioriza – deixa a mente de seu redator e vem à luz – por meio da palavra escrita. O depoimento de uma testemunha é declarado oralmente – conquanto depois venha registrado por escrito, para não se perder.

Mas, essa exteriorização, escrita ou oral, precisa ser realizada numa determinada *língua* – e a nossa língua oficial é o português. Um documento em língua estrangeira, importante para o processo, precisa ser traduzido para o português.

Não é tudo: a exteriorização do ato (escrito ou oral e sempre em português) deve ocorrer num determinado *local*: a testemunha, normalmente, depõe perante o juiz, na Sala de Audiências, que fica no Edifício do Fórum, que é a sede da comarca ou foro.

Por fim, como o ato processual não se apresenta isolado, mas num rito procedimental, a lei processual determina certo *tempo* para ser realizado: trata-se do *prazo processual*.

Pois bem, a forma do ato processual compreende todas essas circunstâncias:

---

sendo que, em uso não técnico, geralmente vem associada aos atos de uma cerimônia, em geral de cunho religioso.

CAPÍTULO XLII – DA FORMA DOS ATOS PROCESSUAIS – DAS...

(i) Meio de expressão;

(ii) Língua;

(iii) Local de sua realização; e

(iv) Tempo de realização[2]

À forma do ato processual se contrapõe o seu conteúdo, que varia de ato para ato. A forma, assim, é como que a vestimenta do ato processual; o conteúdo é seu próprio corpo.

No Direito Processual, mais que em qualquer outro ramo do Direito, a forma do ato tem especial importância. Daí autores dizerem que no Direito Processual, o princípio é o do formalismo.

Esse formalismo, porém, tem uma importante razão de ser.

No dizer de Liebman, "as formas processuais respondem a uma necessidade de ordem, de certeza, de eficiência e a sua escrupulosa observância representa uma garantia de regular e leal desenvolvimento do processo e de respeito aos direitos das partes. O formalismo é necessário no processo muito mais que em outras atividades jurídicas". [3]

Sem esse formalismo, dificilmente se compreende como o processo chegaria ao seu final. De outra parte, ele garante que o processo se desenvolva regularmente, com obediência aos princípios que o regem.

Porém, a forma não deve ser cultuada por si mesma, pois isto a transformaria num obstáculo tão grande para o término do processo quanto seria o total informalismo: "De outra parte, sublinha Liebman, ocorre evitar que as formas sejam uma obstrução e um obstáculo à plena consecução do escopo do processo; ocorre impedir que a cega observância da forma sufoque a substância do direito".[4] Como diz o processualista acima citado, a forma deve ser um meio e não um fim.

---

[2] LIEBMAN, Enrico Tullio. *Manuale di Diritto Processuale Civile*: Principi. 7ª Ed. Milano: Giuffrè Editore, 2007, p. 208.

[3] LIEBMAN, Enrico Tullio. *Manuale di Diritto Processuale Civile*: Principi. 7ª Ed. Milano: Giuffrè Editore, 2007, p. 209.

[4] LIEBMAN, Enrico Tullio. *Manuale di Diritto Processuale Civile*: Principi. 7ª Ed. Milano: Giuffrè Editore, 2007, p. 209.

Cada um desses aspectos formais do ato processual será objeto de um Capítulo em separado.

2. PRINCÍPIOS GERAIS SOBRE A FORMALIDADE DOS ATOS PROCESSUAIS

A matéria ora em estudo tem conexão com as nulidades dos atos processuais.

Os aspectos formais do ato processual, se desrespeitados, podem gerar a sua nulidade.

Como já visto, porém, a forma é entendida, na seara do Direito Processual, como uma série de requisitos que o legislador antecipadamente descreve na lei, por entender que eles conferem *segurança que o ato praticado atingiu sua finalidade*. Esse é o princípio fundamental nesta área.

Se o Oficial de Justiça comparece à residência do réu, entrega a ele cópia da inicial (chamada contrafé) e obtém sua assinatura no mandado de citação, com certeza o citado ficou sabendo da ação contra ele proposta, dos seus termos e do prazo para contestar.

Alguns princípios regem a declaração de nulidade dos atos processuais.

O legislador, convencido de que a forma, se tratada com excesso de rigor pode se converter em verdadeiro obstáculo para que o processo atinja o seu fim, e atendendo aos reclamos da doutrina, têm inserido nas leis determinados *princípios gerais* que atenuam os rigores formais do Direito Processual. Nosso Código de Processo Civil, efetivamente, adota dois princípios, que diminuem as exigências formais dos atos processuais:

(i)   o *princípio da liberdade das formas* (ou da forma livre); e

(ii) o *princípio da instrumentalidade das formas*.

No que concerne às nulidades, ainda é preciso observar:

CAPÍTULO XLII – DA FORMA DOS ATOS PROCESSUAIS – DAS...

a) O momento em que a nulidade deve ser arguida (art. 278);

b) Os efeitos jurídicos que a nulidade produz (art. 281)

2.1 PRINCÍPIO DA LIBERDADE DAS FORMAS

O princípio da liberdade das formas está consagrado na primeira parte do art. 188 do Código de Processo Civil:

> Art. 188. Os atos e os termos processuais independem de forma determinada, salvo quando a lei expressamente a exigir (...).
>
> Art. 154. Os atos e termos processuais não dependem de forma determinada senão quando a lei expressamente a exigir (...).

Ao dizer que "os atos e termos processuais não dependem de forma determinada", "o que a lei dispensa é a forma sacramental, tabelioa, por assim dizer", esclarece Moniz de Aragão.[5]

Realmente, inexistem no nosso sistema processual formulários, expressões ou fórmulas que, uma vez não utilizados ou não obedecidos, acarretem, por si sós, a invalidade do ato.

Mas, se não há essa prisão formal, em verdade a forma não é tão livre assim, pois a maioria dos atos processuais é realizada por escrito e para eles a lei processual prescreve rigorosos requisitos formais: para quase todos os atos processuais a lei estabelece *modelos abstratos típicos*.[6]

Assim, por exemplo, a petição inicial deve conter os requisitos do art. 319 do Código de Processo Civil. Embora não haja fórmulas ou expressões consagradas a serem obedecidas ou de uso obrigatório, a petição inicial somente terá validade se cumprir cada um deles:

---

[5] MONIZ DE ARAGÃO, Egas Dirceu. *Comentários ao Código de Processo Civil*. Ed. Forense, 2005, p. 14.

[6] LIEBMAN, Enrico Tullio. *Manuale di Diritto Processuale Civile*: Principi. 7ª Ed. Milano: Giuffrè Editore, 2007, p. 209.

Art. 319. A petição inicial indicará:

I – o juízo a que é dirigida;

II – os nomes, os prenomes, o estado civil, a existência de união estável, a profissão, o número de inscrição no Cadastro de Pessoas Físicas ou no Cadastro Nacional da Pessoa Jurídica, o endereço eletrônico, o domicílio e a residência do autor e do réu;

III – o fato e os fundamentos jurídicos do pedido;

IV – o pedido com as suas especificações;

V – o valor da causa;

VI – as provas com que o autor pretende demonstrar a verdade dos fatos alegados;

VII – a opção do autor pela realização ou não de audiência de conciliação ou de mediação.

A enumeração dos quesitos que devem conter a inicial é seu aspecto formal – mas a forma de redigi-los e até mesmo a ordem em que são expostos é livre. O importante é que a pessoa contra a qual a ação é proposta possa conhecer todos esses requisitos com clareza.

2.2 PRINCÍPIO DA INSTRUMENTALIDADE DAS FORMAS

O princípio da instrumentalidade das formas resulta da regra jurídica inserta na segunda parte do art. 188 e daquela constante do art. 277 do Código de Processo Civil:

> Art. 188. {Os atos e os termos processuais independem de forma determinada, salvo quando a lei expressamente a exigir,} considerando-se válidos os que, *realizados de outro modo, lhe preencham a finalidade essencial.*
>
> Art. 277. Quando a lei prescrever determinada forma, o juiz considerará válido o ato se, *realizado de outro modo, lhe alcançar a finalidade.*
>
> Art. 154. (...) reputando-se válidos os (atos) que, realizados de outro modo, *lhe preencham a finalidade essencial.*

CAPÍTULO XLII – DA FORMA DOS ATOS PROCESSUAIS – DAS...

> **Art. 244.** Quando a lei prescrever determinada forma, sem cominação de nulidade, o juiz considerará válido o ato se, *realizado de outro modo, lhe alcançar a finalidade.*

O princípio da instrumentalidade das formas significa, em primeiro lugar, que a forma (sob todos os seus aspectos) do ato processual é havida como requisitos *que asseguram ter ele atingido as suas finalidades.*

Efetivamente, o ordenamento processual somente se sente seguro de que o ato processual atingiu as suas finalidades imediatas se todos os requisitos formais foram obedecidos – somente assim será obedecido o princípio da igualdade das partes e do contraditório.

Um processo que corra sem a ciência da outra parte fere de morte o princípio da igualdade e aniquila a possibilidade de reação (contraditório).

Sendo a forma é um *meio* (instrumento que garante ter o ato atingido sua finalidade) e não um fim em si mesmo (a forma pela forma), se o ato processual desobedecer aos requisitos formais, mas, mesmo assim, atingir plenamente suas finalidades, *será válido.*

Embora, por exemplo, a lei preveja minuciosos requisitos formais para a realização da citação, desatendidos aqueles, a citação será, no entanto, havida como válida se o réu responde à ação e nada alega, a respeito.

Como a forma é um instrumento para que o ato atinja suas finalidades, o princípio da instrumentalidade das formas permite sua convalidação quando, praticado de forma diversa da preconizada pela lei processual, atinge plenamente seus objetivos e não causa prejuízo.

Muitas vezes, a norma processual vista isoladamente parece abandonar o princípio da instrumentalidade, como a do art. 280:

> **Art. 280.** As citações e as intimações serão nulas quando feitas sem observância das prescrições legais.
>
> **Art. 247.** As citações e as intimações serão nulas, quando feitas sem observância das prescrições legais.

Contudo, buscando a sistemática da lei processual, encontramos o § 1º do art. 239:

> Art. 239. Para a validade do processo é indispensável a citação do réu ou do executado, ressalvadas as hipóteses de indeferimento da petição inicial ou de improcedência liminar do pedido.
>
> § 1º O comparecimento espontâneo do réu ou do executado supre a *falta* ou a *nulidade da citação*, fluindo a partir desta data o prazo para apresentação de contestação ou de embargos à execução.
>
> Art. 214. Para a validade do processo é indispensável a citação inicial do réu.
>
> § 1º O comparecimento espontâneo do réu supre, entretanto, a falta de citação.

O mesmo ocorre com o art. 279:

> Art. 279. É nulo o processo quando o membro do Ministério Público não for intimado a acompanhar o feito em que deva intervir.
>
> Art. 246. É nulo o processo, quando o Ministério Público não for intimado a acompanhar o feito em que deva intervir.

Mas o seu § 2º ressalva:

> § 2º A nulidade só pode ser decretada após a intimação do Ministério Público, que se manifestará sobre a existência ou a inexistência de prejuízo.[7]

Assim sendo, se não houve prejuízo, não será necessária a nulidade: *pas de nullité sans grief*, como se dizem os franceses.

3. MOMENTO DE ARGUIÇÃO DA NULIDADE

A parte deve alegar a nulidade do ato na primeira oportunidade que lhe competir manifestar nos autos:

---

[7] Sem correspondente no código anterior.

CAPÍTULO XLII – DA FORMA DOS ATOS PROCESSUAIS – DAS...

> Art. 278. A nulidade dos atos deve ser alegada na primeira oportunidade em que couber à parte falar nos autos, sob pena de preclusão.
>
> Art. 245. A nulidade dos atos deve ser alegada na primeira oportunidade em que couber à parte falar nos autos, sob pena de preclusão.

Preclusão é a perda da faculdade de praticar um ato processual pelo decurso do prazo (*preclusão temporal*), ou pela prática de ato incompatível (*preclusão lógica*) ou pela prática do próprio ato (*preclusão consumativa*).

Todavia, a norma deve ser interpretada com reservas. Se se tratar de nulidade em matéria de *ordem pública* (a que diz respeito ao processo, ao direito de ação e à atividade jurisdicional) ou se a parte alegar justo impedimento, não ocorre a preclusão, por força do disposto no parágrafo único do art. 278:

> Art. 278. (*omissis*)
>
> Parágrafo único. Não se aplica o disposto no *caput* às nulidades que o juiz deva decretar de ofício, nem prevalece a preclusão provando a parte legítimo impedimento.
>
> Art. 245. (*omissis*)
>
> Parágrafo único. Não se aplica esta disposição às nulidades que o juiz deva decretar de ofício, nem prevalece a preclusão, provando a parte legítimo impedimento.

As nulidades que o juiz deve decretar de ofício são sempre as de ordem pública – e as que dizem respeito à faculdades das partes, a serviço de seu próprio interesse, somente não precluem se ela puder justificar a sua omissão.

4. OS EFEITOS JURÍDICOS QUE A NULIDADE PRODUZ

A nulidade do ato processual deve ser declarada pelo juiz. Como os atos processuais se sucedem em cadeia, em reação de causa e efeito, a nulidade pode contaminar os atos subsequentes, cabendo ao juiz esclarecer essa extensão:

> Art. 282. Ao pronunciar a nulidade, o juiz declarará que atos são atingidos e ordenará as providências necessárias a fim de que sejam repetidos ou retificados.

> Art. 249. O juiz, ao pronunciar a nulidade, declarará que atos são atingidos, ordenando as providências necessárias, a fim de que sejam repetidos, ou retificados.

Todavia, mais uma vez entra em cena o princípio da instrumentalidade das formas:

> Art. 282. (*omissis*)
>
> § 1º O ato não será repetido nem sua falta será suprida quando não prejudicar a parte.

> Art. 249. (*omissis*)
>
> § 1º O ato não se repetirá nem se lhe suprirá a falta quando não prejudicar a parte.

O *prejuízo*, pois é essencial e o juiz antes de pronunciar a nulidade deve ouvir a parte contrária.

Não é tudo. Se apesar da nulidade o juiz puder decidir o mérito da causa a favor de quem a nulidade aproveita, deve proferir sua sentença imediatamente:

> Art. 282. (*omissis*)
>
> § 2º Quando puder decidir o mérito a favor da parte a quem aproveite a decretação da nulidade, o juiz não a pronunciará nem mandará repetir o ato ou suprir-lhe a falta.

> Art. 249. (*omissis*)
>
> § 2º Quando puder decidir do mérito a favor da parte a quem aproveite a declaração da nulidade, o juiz não a pronunciará nem mandará repetir o ato, ou suprir-lhe a falta.

CAPÍTULO XLII – DA FORMA DOS ATOS PROCESSUAIS – DAS...

Linhas atrás, verificamos que o juiz deve ouvir o Ministério Público a respeito de eventual prejuízo, quando o processo em que devia intervir houver tramitado sem sua presença. Em ocorrendo prejuízo:

> Art. 279. (*omissis*)
>
> § 1º Se o processo tiver tramitado sem conhecimento do membro do Ministério Público, o juiz invalidará os atos praticados a partir do momento em que ele deveria ter sido intimado.
>
> Art. 246. (*omissis*)
>
> Parágrafo único. Se o processo tiver corrido, sem conhecimento do Ministério Público, o juiz o anulará a partir do momento em que o órgão devia ter sido intimado.

Contudo, além de atingir o ato processual, a nulidade pode atingir *todo* o processo, por erro quanto ao rito procedimental escolhido pelo autor – o autor optou por um procedimento especial, quando deveria optar pelo procedimento comum (art. 318), ou vice-versa:

> Art. 283. O erro de forma do processo acarreta unicamente a anulação dos atos que não possam ser aproveitados, devendo ser praticados os que forem necessários a fim de se observarem as prescrições legais.
>
> Parágrafo único. Dar-se-á o aproveitamento dos atos praticados desde que não resulte prejuízo à defesa de qualquer parte.
>
> Art. 250. O erro de forma do processo acarreta unicamente a anulação dos atos que não possam ser aproveitados, devendo praticar-se os que forem necessários, a fim de se observarem, quanto possível, as prescrições legais.
>
> Parágrafo único. Dar-se-á o aproveitamento dos atos praticados, desde que não resulte prejuízo à defesa.

As normas são autoexplicativas e homenageiam o princípio da economia processual.

> O art. 281 busca estabelecer um limite para a "contaminação" da nulidade:

793

Art. 281. Anulado o ato, consideram-se de nenhum efeito todos os subsequentes que dele dependam, todavia, a nulidade de uma parte do ato não prejudicará as outras que dela sejam independentes.

Art. 248. Anulado o ato, reputam-se de nenhum efeito todos os subsequentes, que dele dependam; todavia, a nulidade de uma parte do ato não prejudicará as outras, que dela sejam independentes.

Assim, por exemplo, se a nulidade atinge a sentença, todo o ato sentencial será nulo e outra deverá ser proferida. Mas pode ocorrer que seja anulada apenas parte do ato como a decisão que torna nula apenas o termo de encerramento de uma audiência, por se reconhecer que uma testemunha não foi devidamente intimada. Se nessa audiência houve debates orais, eles serão anulados, mas serão aproveitados os depoimentos já colhidos.[8]

5. O PRINCÍPIO DA PUBLICIDADE DOS ATOS PROCESSUAIS

O princípio da publicidade dos atos processuais não está diretamente voltado para os mesmos escopos dos princípios anteriores, os quais buscam amenizar a exigência de formalismos, sempre presente no Direito Processual.

O princípio da publicidade significa que, como regra geral, os atos processuais *são públicos*, no sentido de que ou podem ser presenciados por pessoas que não participam da relação jurídica processual ou podem ser examinados por elas.

Com o advento da Constituição Federal de 1988, o princípio da publicidade dos atos processuais tornou-se de observância obrigatória, pois seu art. 5º inciso LX dispõe que:

Art. 5º (*omissis*)
LX – a lei só poderá restringir a publicidade dos atos processuais quando a defesa da intimidade ou interesse social o exigirem;

---

[8] Os exemplos são de Moniz de Aragão, que se socorre de classificação feita por Carnelutti, que não adotamos no texto.

CAPÍTULO XLII – DA FORMA DOS ATOS PROCESSUAIS – DAS...

No mesmo diapasão, o art. 189 do Código de Processo Civil,

> Art. 189. Os atos processuais são públicos, todavia tramitam em segredo de justiça os processos:
>
> I – em que o exija o interesse público ou social;
>
> II – que versem sobre casamento, separação de corpos, divórcio, separação, união estável, filiação, alimentos e guarda de crianças e adolescentes;
>
> III – em que constem dados protegidos pelo direito constitucional à intimidade;
>
> IV – que versem sobre arbitragem, inclusive sobre cumprimento de carta arbitral, desde que a confidencialidade estipulada na arbitragem seja comprovada perante o juízo.
>
> § 1º O direito de consultar os autos de processo que tramite em segredo de justiça e de pedir certidões de seus atos é restrito às partes e aos seus procuradores.
>
> § 2º O terceiro que demonstrar interesse jurídico pode requerer ao juiz certidão do dispositivo da sentença, bem como de inventário e de partilha resultantes de divórcio ou separação.
>
> Art. 155. Os atos processuais são públicos. Correm, todavia, em segredo de justiça os processos:
>
> I – em que o exigir o interesse público;
>
> II – que dizem respeito a casamento, filiação, separação dos cônjuges, conversão desta em divórcio, alimentos e guarda de menores.
>
> Parágrafo único. O direito de consultar os autos e de pedir certidões de seus atos é restrito às partes e a seus procuradores. O terceiro, que demonstrar interesse jurídico, pode requerer ao juiz certidão do dispositivo da sentença, bem como de inventário e partilha resultante de desquite.

A publicidade dos atos processuais, pois, é a regra. O que se pretende com a publicidade é a possibilidade de controle dos atos por parte da opinião pública, como assinala Moacyr Amaral Santos.[9]

---

[9] SANTOS, Moacyr Amaral. *Primeiras Linhas de Direito Processual Civil*. vol. 1. Ed. Saraiva, 2009, p. 289.

O princípio da publicidade se contrapõe à prática de atos processuais *secretos* – mas, haverá *segredo de justiça* se assim o exigir o interesse público, salvo nos casos mencionados nos incisos II e III, acima, que permite esse segredo em atenção aos interesses das partes, que preponderam sobre o interesse público, nessas causas específicas.

A audiência é um ato público (art. 368 do Código de Processo Civil[10]) – porém, não teria sentido que a ela fossem admitidas quaisquer pessoas, se o caso é de separação judicial, por exemplo, cujos motivos, declarados em depoimentos pessoais ou testemunhais, apenas serviriam para alimentar maledicências e sentimentos mesquinhos. Por essa razão, a norma do art. 368 ressalva "as exceções legais".

6. NULIDADE RELATIVA E NULIDADE ABSOLUTA DO ATO PROCESSUAL

A desobediência aos requisitos formais não atingem o ato processual com a mesma intensidade, dadas as razões pelas quais eles são exigidos, uma vez que há requisitos formais que são estabelecidos para proteção do interesse das partes processuais e há outros que a lei estabelece para a proteção do exercício da própria atividade jurisdicional.

Por essa razão, a nulidade do ato processual pode ser absoluta ou relativa.

6.1 NULIDADE RELATIVA

Se os requisitos formais foram estabelecidos para a proteção de um interesse da parte, a nulidade sempre será *relativa*, ainda que o descumprimento daqueles venha expressamente cominado de nulidade pela lei, como ocorre no art. 280 do Código de Processo Civil:

> Art. 280. As citações e as intimações serão nulas quando feitas sem observância das prescrições legais.

---

[10] Art. 368. A audiência será pública, ressalvadas as exceções legais.

CAPÍTULO XLII – DA FORMA DOS ATOS PROCESSUAIS – DAS...

> Art. 247. As citações e intimações serão nulas, quando feitas sem observância das prescrições legais.

Com efeito, os cuidados formais que o legislador teve com o ato da citação e da intimação devem-se *à proteção do interesse da parte citada ou intimada*, que deve ter conhecimento perfeito das finalidades do ato, a fim de exercer o direito ou desincumbir-se do ônus gerados por aquelas comunicações.

Se o oficial de justiça, na citação, não entrega a contrafé ao citando, mas, mesmo assim, este oferece uma contestação enfrentando todos os pontos de fato e de direito constantes da inicial, não há razão para que seja anulado o ato citatório.

O ato processual é *relativamente nulo*, portanto, se foi praticado sem atender os requisitos formais que a lei estabeleceu para a proteção de interesses das partes e desde que não tenha atingido a sua finalidade ou tenha causado prejuízo.[11]

6.2 NULIDADE ABSOLUTA

O ato processual é absolutamente nulo quando os requisitos formais são estabelecidos *para o exercício da função jurisdicional*.

Os requisitos formais da sentença, por exemplo, se desobedecidos, causam a nulidade absoluta do ato decisório, porque este é realizado no exercício da função jurisdicional. *Neste caso a lei considera que não há como o ato atingir sua finalidade sem a estrita observância dos requisitos formais.*

6.3 CONCLUSÕES

As importantes consequências que se extrai dessa distinção são as seguintes, a serem acrescentadas aos princípios acima referidos:

---

[11] Aliás, o próprio Código de Processo Civil assim entende, no seu art. 239, § 1º (art. 214, § 1º no código anterior) ao dizer que até mesmo a ausência de citação poderá não implicar nulidade se o réu comparece espontaneamente, com muito maior razão a consequência será a mesma, se a citação foi feita, embora de maneira irregular.

(i) Quando se tratar de nulidade absoluta pode o juiz declará-la de ofício;

(ii) Quando se tratar de nulidade relativa, a declaração de nulidade depende de alegação da parte, que deve ter demonstrar o prejuízo sofrido com a desobediência de requisito formal.

7. ATO PROCESSUAL INEXISTENTE E ATO NULO – EVENTUAIS EFEITOS DO ATO NULO

A doutrina costuma falar em atos inexistentes, que seriam portadores de vícios mais graves que aqueles que causam a nulidade absoluta.

Como o ato absolutamente nulo e o ato inexistente, via de regra, não produzem efeitos jurídicos, dizemos, com o professor Liebman que o conceito de ato inexistente deve ser utilizado apenas para "designar a pura e simples *inexistência do ato* quando se encontre diante de uma espécie de fato puramente ilusória, sem aptidão para dar vida a um ato qualquer e, por isso, mantido fora do âmbito de valoração das categorias de validade ou de invalidade".[12]

Trata-se, assim, de uma realidade que não contém requisitos mínimos para se enquadrar numa norma legal – como a "sentença" proferida por numa peça teatral.[13]

No Brasil, Pontes de Miranda aborda a matéria, iniciando sua exposição a partir da diferença entre a existência e a nulidade do ato, anotando que: "O problema de ser ou não-ser, no direito como em todos os ramos de conhecimento, é o problema liminar. Ou algo entrou ou se produziu e, pois, é, no mundo jurídico; ou nele não entrou, nem se produziu dentro dele, e, pois, não é".[14]

---

[12] LIEBMAN, Enrico Tullio. *Manuale di Diritto Processuale Civile*: Principi. 7ª Ed. Milano: Giuffrè Editore, 2007, p. 244.

13 Há quem sustente, todavia, que a sentença sem a assinatura do juiz é um ato inexistente. Enquanto a doutrina não conceber outra categoria, preferimos entendê-la absolutamente nula.

[14] PONTE DE MIRANDA, Francisco Cavalcanti. *Tratado de Direito Privado*. tomo 4. Editor Borsoi, RJ, 1970, p. 8.

CAPÍTULO XLII – DA FORMA DOS ATOS PROCESSUAIS – DAS...

Ato contínuo consigna o tratadista que "a despeito da claridade de tais enunciados, reminiscências filosóficas, que correspondem a idades superadas, perturbam aqueles que se não dão conta de que há inúmeras espécies de ser. Logo no começo, em teoria geral do direito, e não só do direito privado, alguns juristas permitem que identifiquem o nada ao nulo, inexistência e não validade, que o mesmo é dizerem que o negócio jurídico nulo não existe. A súbitas, enfrentam o problema dos negócios jurídicos nulos, ou dos atos jurídicos *stricto sensu* nulos, que têm alguns ou algum efeito, e caem na contradição mais gritante: se o nulo não existe e se há nulo com efeitos, há efeito do que não existe em, pois, do nada. A educação lógico-matemática e física do século XX repele tais imprecisões conceituais. Certamente, a produção de efeitos pelo nulo não ocorre sempre, é rara (...)".[15]

Pouco antes, Pontes de Miranda anotara: "De regra, os atos jurídicos nulos são ineficazes; mas ainda aí, pode a lei dar efeitos ao nulo".[16]

Portanto, embora ingressando no mundo do direito – isto é, existindo – o ato nulo, em regra, não tem aptidão para produzir os efeitos que *normalmente* produziria, porque destituído de validade e eficácia, mas pode produzir outros efeitos.

Buscando socorro nas lições de Rafael Valim, poderíamos dizer que a validade consiste na compatibilidade do ato – formal e substancialmente – com a ordem jurídica; já a eficácia é a sua disponibilidade para produção de efeitos jurídicos a que está preordenado.[17]

Assim, o ato nulo pode não produzir os efeitos dentro de sua esfera jurídica, dentro de seu raio natural de ação, no âmbito das posições jurídicas que existem na relação jurídica que gerou – e isto dependerá da lei de regência – mas, como tem existência no mundo jurídico, tem

---

[15] PONTE DE MIRANDA, Francisco Cavalcanti. *Tratado de Direito Privado*. tomo 4. Editor Borsoi, RJ, 1970, p. 8/9.

[16] PONTE DE MIRANDA, Francisco Cavalcanti. *Tratado de Direito Privado*. tomo 4. Editor Borsoi, RJ, 1970, p. 7.

[17] VALIM, Rafael. *O princípio da segurança jurídica no Direito Administrativo Brasileiro*. Ed. Malheiros, 2010, p. 80.

aptidão para se projetar para fora e, assim, produzir efeitos jurídicos externos: cómo se fosse a Lua, que não tem aptidão para desenvolver a vida dentro dela, mas por existir, interage com a Terra, produzindo efeitos externos conhecidos na vida sobre o nosso Planeta.

De tudo quanto visto na mais abalizada doutrina, resta claro que a lei pode atribuir efeitos ao ato nulo – e isso ocorre, exemplificativamente, no Código Civil, em relação ao casamento nulo (ou anulável), que produz todos os efeitos até o dia da sentença anulatória, se de boa-fé ambos os cônjuges – embora, se ambos estavam agindo de má-fé, os efeitos civis só aos filhos aproveitarão (Código Civil, art. 1.561, §§ 1º e 2º).

Veja-se que a boa-fé, no exemplo ácima citado, resulta em efeitos intra – ato, mas mesmo que de má-fé os agentes, ele produz efeitos ultra – ato.

Capítulo **XLIII**

DA FORMA DE EXPRESSÃO DOS ATOS PROCESSUAIS

Sumário: 1. Forma de expressão dos atos processuais.

1. FORMA DE EXPRESSÃO DOS ATOS PROCESSUAIS

O ato processual é uma declaração ou manifestação do pensamento feita voluntariamente por um dos sujeitos do processo.[1]

Para transmitir seu pensamento, o sujeito do processo se vale da palavra *escrita* ou *oral*.

No nosso sistema processual civil, na imensa maioria das vezes a palavra deve ser escrita, sendo poucos os casos em que a lei autoriza o uso da palavra oral. No silêncio do Código de Processo Civil, a regra é a forma escrita.[2]

---

[1] V. Capítulo XLIII.

[2] A palavra falada ou oral é usada nas sustentações orais, perante o juiz de primeiro grau (art. 364 do Código de Processo Civil) ou de segundo grau (cf., por exemplo, o art. 936, I do Código de Processo Civil).

ANTONIO ARALDO FERRAZ DAL POZZO

Quer se trate da palavra escrita ou oral, porém, a observância da norma do art. 192 do Código de Processo Civil é sempre obrigatória:

> Art. 192. Em todos os atos e termos do processo é obrigatório o uso da língua portuguesa.
>
> Parágrafo único. O documento redigido em língua estrangeira somente poderá ser juntado aos autos quando acompanhado de versão para a língua portuguesa tramitada por via diplomática ou pela autoridade central, ou firmada por tradutor juramentado.
>
> Art. 156. Em todos os atos e termos do processo é obrigatório o uso do vernáculo.
>
> Art. 157. Só poderá ser junto aos autos documento redigido em língua estrangeira, quando acompanhado de versão em vernáculo, firmada por tradutor juramentado.

Portanto, quando necessária a juntada de documento (seja um contrato, uma certidão, um passaporte ou outro escrito), sua validade estará sujeita à respectiva tradução em língua portuguesa, realizada por tradutor juramentado.

Se o documento é anexado aos autos sem a tradução, deverá ser desentranhado, isto é, retirado dos autos do processo.

Todavia, há que se lembrar da exigência constante do disposto no art. 130, § 6º, da Lei n. 6.015, de 31 de dezembro de 1973 (Lei dos registros Públicos):

> Art. 130. Estão sujeitos a registro, no Registro de Títulos e Documentos, para surtir efeitos em relação a terceiros:
>
> § 6º Todos os documentos de procedência estrangeira, acompanhados das respectivas traduções, para produzirem efeitos em repartições da União, dos Estados, do Distrito Federal, dos Territórios e dos Municípios, ou em qualquer instância, juízo ou tribunal;

Portanto, desde que escrito em língua estrangeira (e não, necessariamente, de real procedência estrangeira, como quer fazer parecer o

CAPÍTULO XLIII – DA FORMA DE EXPRESSÃO DOS ATOS PROCESSUAIS

artigo), e com a tradução feita por tradutor juramentado, o documento precisa ser registrado no Registro de Títulos e Documentos, para poder ser utilizado em juízo.

Também é de se lembrar da Súmula 259 do Supremo Tribunal Federal:

> Súmula 259. Para produzir efeito em juízo não é necessária a inscrição, no registro público, de documentos de procedência estrangeira, autenticados por via consular.

Conciliando o disposto na Lei de Registros Públicos com a Súmula 259, temos que, se o documento é autenticado por via consular, desnecessário o registro, mas, se não há tal autenticação, aquele é indispensável.

Se houver dúvida sobre o conteúdo do documento traduzido regularmente, será possível recorrer-se a intérprete para auxiliar o juiz.

Capítulo XLIV
O TEMPO E OS ATOS PROCESSUAIS

> Sumário: 1. O tempo e os atos processuais. 2. Regras sobre o momento em que podem e não podem ser praticados os atos processuais.

1. O TEMPO E OS ATOS PROCESSUAIS

O passar do tempo provoca dois reflexos na progressividade da relação jurídica processual, quando examinada em face da prática dos atos processuais: *(i)* em que momento do dia, do mês e do ano os atos processuais podem ser praticados; *(ii)* qual o intervalo de tempo para sua prática, a partir de um preciso momento inicial e outro final ou qual o lapso de tempo deve transcorrer antes da prática do ato processual.

No segundo caso – intervalo de tempo – temos a matéria relativa aos *prazos processuais*, de extrema importância e que será objeto de estudos no próximo Capítulo.

Neste momento a questão consiste em saber em que horas e dias os atos processuais podem ser realizados.

2. REGRAS SOBRE O MOMENTO EM QUE PODEM E NÃO PODEM SER PRATICADOS OS ATOS PROCESSUAIS

Assim estatui o art. 212:

ANTONIO ARALDO FERRAZ DAL POZZO

> Art. 212. Os atos processuais serão realizados em dias úteis, das 6 (seis) às 20 (vinte) horas.
>
> Art. 172. Os atos processuais realizar-se-ão em dias úteis, das 6 (seis) às 20 (vinte) horas.

No sistema do Código de Processo Civil, dia útil é todo aquele que não for feriado. Mas, a expressão *feriado*, é empregada numa acepção bem ampla, de molde a abranger, além daqueles que são declarados por lei (federal, estadual ou municipal), os sábados, domingos e dias em que não houver expediente forense:

> Art. 216. Além dos declarados em lei, são feriados, para efeito forense, os sábados, os domingos e os dias em que não haja expediente forense.
>
> Art. 175. São feriados, para efeito forense, os domingos e os dias declarados por lei.

A não realização do expediente forense pode acontecer por dois motivos: ou porque se trata de um período de férias forenses, época em que apenas casos urgentes tramitam, ou devido a um fato ou acontecimento local que impede que no Fórum haja um funcionamento normal, como uma manifestação popular não pacífica, greves, calamidades públicas e outras situações semelhantes.

Os horários fixados no *caput* do art. 212 comportam as seguintes exceções:

> Art. 212. Os atos processuais serão realizados em dias úteis, das 6 (seis) às 20 (vinte) horas.
>
> § 1º Serão concluídos após as 20 (vinte) horas os atos iniciados antes, quando o adiamento prejudicar a diligência ou causar grave dano.
>
> § 2º Independentemente de autorização judicial, as citações, intimações e penhoras poderão realizar-se no período de férias forenses, onde as houver, e nos feriados ou dias úteis fora do horário estabelecido neste artigo, observado o disposto no **art. 5º, inciso XI, da Constituição Federal**.

CAPÍTULO XLIV – O TEMPO E OS ATOS PROCESSUAIS

§ 3º Quando o ato tiver de ser praticado por meio de petição em autos não eletrônicos, essa deverá ser protocolada no horário de funcionamento do fórum ou tribunal, conforme o disposto na lei de organização judiciária local.

Art. 175. (*omissis*)

§ 1º Serão, todavia, concluídos depois das 20 (vinte) horas os atos iniciados antes, quando o adiamento prejudicar a diligência ou causar grave dano.

§ 2º A citação e a penhora poderão, em casos excepcionais, e mediante autorização expressa do juiz, realizar-se em domingos e feriados, ou nos dias úteis, fora do horário estabelecido neste artigo, observado o disposto no art. 5º, inciso Xl, da Constituição Federal.

§ 3º Quando o ato tiver que ser praticado em determinado prazo, por meio de petição, esta deverá ser apresentada no protocolo, dentro do horário de expediente, nos termos da lei de organização judiciária local.

O § 1º acima transcrito cria uma primeira exceção em prol do princípio da economia processual. Assim, por exemplo, uma audiência, para a qual foram convocadas as partes para depor e também muitas testemunhas, que se deslocaram de longe até o Fórum: mesmo que ela tenha que se prolongar para depois das 20 horas, o juiz poderá assim decidir.

A segunda exceção que o § 1º alberga é destinada a evitar perecimento do direito por razões de fato – o que a norma chama de *grave dano*. Assim, por exemplo, as desocupações de imóveis invadidos, que são precedidas de longas negociações, podem ocorrer após o horário das 20 horas, para evitar o perecimento do direito do proprietário ou, ao menos, grave dano.

O § 2º se refere explicitamente a alguns atos processuais: citações, intimações e penhoras, que podem ser realizados em dias não úteis (férias forenses) ou em feriados propriamente ditos (declarados por lei) ou, ainda, além das vinte horas.

Mas, a norma presta obediência ao disposto no art. 5º, inciso XI da Constituição Federal:

ANTONIO ARALDO FERRAZ DAL POZZO

Art. 5º (*omissis*)

XI – a casa é asilo inviolável do indivíduo, ninguém nela podendo penetrar sem consentimento do morador, salvo em caso de flagrante delito ou desastre, ou para prestar socorro, ou, durante o dia, por determinação judicial.

A expressão "durante o dia" deve ser interpretada como o mesmo horário de expediente forense – das 06 às 20 horas.[1]

Por fim, o § 3º estabelece como momento fatal para protocolo ou distribuição de petição o último minuto da hora aprazada para término do expediente forense – que sempre será consignada na lei de organização judiciária local. Porém, o § 3º faz uma ressalva no que tange aos processos eletrônicos (também chamados de virtuais) – que podem ser protocolizadas por computador – e então o prazo se estende até a meia noite do último dia do prazo:

> Art. 213. A prática eletrônica de ato processual pode ocorrer em qualquer horário até as 24 (vinte e quatro) horas do último dia do prazo.
>
> Parágrafo único. O horário vigente no juízo perante o qual o ato deve ser praticado será considerado para fins de atendimento do prazo.[2]

O parágrafo único contém regra para ser aferida a tempestividade do ato.

No que diz respeito às férias, o Código de Processo Civil esclarece:

> Art. 214. Durante as férias forenses e nos feriados, não se praticarão atos processuais, excetuando-se:
>
> I – os atos previstos no art. 212, § 2º; {Art. 212, § 2º. *Independentemente de autorização judicial, as citações, intimações e penhoras*

---

[1] Nesse sentido, SILVA, José Afonso da. *Curso de Direito Constitucional Positivo*. 34ª ed. Malheiros, p. 438.

[2] Sem correspondência no código anterior.

808

CAPÍTULO XLIV – O TEMPO E OS ATOS PROCESSUAIS

*poderão realizar-se no período de férias forenses, onde as houver, e nos feriados ou dias úteis fora do horário estabelecido neste artigo, observado o disposto no **art. 5º, inciso XI, da Constituição Federal**}.*

II – a tutela de urgência.

Art. 173. Durante as férias e nos feriados não se praticarão atos processuais. Excetuam-se:

I – a produção antecipada de provas (art. 846);

II – a citação, a fim de evitar o perecimento de direito; e bem assim o arresto, o sequestro, a penhora, a arrecadação, a busca e apreensão, o depósito, a prisão, a separação de corpos, a abertura de testamento, os embargos de terceiro, a nunciação de obra nova e outros atos análogos.

Parágrafo único. O prazo para a resposta do réu só começará a correr no primeiro dia útil seguinte ao feriado ou às férias.

Como se observa, o Código de Processo Civil se preocupa em não ensejar prejuízos aos interesses da parte, quando houver, numa palavra, o *periculum in mora*. Quando a demora na prática do ato possa causar prejuízos ou danos de difícil reparação, os limites temporais podem ser transpostos (salvo a norma constitucional do inciso XI do art. 5º). É o que ocorre com as situações previstas no § 2º do art. 212 (que já era exceção ao horário de expediente) e com as tutelas de urgência. Uma medida de urgência cautelar, consistente na retirada de uma criança da companhia de um dos genitores, que a vem castigando cruelmente, não pode ser paralisada pelo advento de férias.

Contudo, os atos indicados no § 2º do art. 212 são meramente *exemplificativos* – em outras hipóteses análogas a norma se aplica para assegurar o princípio da isonomia e de igualdade de tratamento das partes.

Após indicar o que não corre nas férias, o art. 215 esclarece o que, ao contrário, se processa durante as férias e não se suspende com o advento delas:

Art. 215. Processam-se durante as férias forenses, onde as houver, e não se suspendem pela superveniência delas:

ANTONIO ARALDO FERRAZ DAL POZZO

I – os procedimentos de jurisdição voluntária e os necessários à conservação de direitos, quando puderem ser prejudicados pelo adiamento;

II – a ação de alimentos e os processos de nomeação ou remoção de tutor e curador;

III – os processos que a lei determinar.

Art. 174. Processam-se durante as férias e não se suspendem pela superveniência delas:

I – os atos de jurisdição voluntária bem como os necessários à conservação de direitos, quando possam ser prejudicados pelo adiamento;

II – as causas de alimentos provisionais, de dação ou remoção de tutores e curadores, bem como as mencionadas no art. 275;

III – todas as causas que a lei federal determinar.

O inciso I cuida dos procedimentos de jurisdição voluntária (Código de Processo Civil a partir do art. 719) – que na verdade não são procedimentos de natureza jurisdicional, mas administrativos. Talvez pelo pequeno número de procedimentos normalmente existentes nas varas e porque eles cuidam de providências administrativas, quase sempre com características de urgência, eles podem se iniciar e continuam a tramitar nas férias.

As hipóteses previstas no inciso II indicam a emergência que há na prática dos atos respectivos, especialmente quanto à ação de alimentos, pois dessas prestações alimentícias as pessoas necessitadas carecem para viver.

O inciso III é norma de encerramento, de natureza meramente explicativa.

Capítulo XLV

DOS PRAZOS PROCESSUAIS – COMUNICAÇÃO DOS ATOS PROCESSUAIS

Sumário: 1. Dos prazos processuais. 2. Classificação dos prazos processuais. 2.1 Critério da fonte que estatui o prazo. 2.1.1 Prazos legais. 2.1.2 Prazos judiciais. 2.1.3 Prazos convencionais. 2.2 Critério de o prazo fluir para ambas ou para uma só das partes. 2.3 Critério do destinatário do prazo. 2.3.1 Prazos próprios. 2.3.2 Prazos impróprios. 2.4 Critério de poder ou não ser alterado pelas partes. 2.4.1 Prazos dilatórios e peremptórios. 3. Da comunicação dos atos: por mandado judicial e requisição por carta. 3.1 Aspectos gerais do mandado judicial e requisição por carta. 3.2 Requisição por carta. 3.3 Requisitos formais das cartas. 3.4 Caráter itinerante das cartas. 3.5 Expedição da carta. 3.6 Devolução da carta. 3.7 Recusa do juízo deprecado – cartas precatórias e cartas de ordem. 3.8 Cartas de ordem. 4. Da citação e da intimação. 5. Da citação. 5.1 Das espécies de citação. 5.2 Dos efeitos da citação. 5.3 Quem deve receber a citação – local onde deve se realizar. 5.4 Hipóteses em que não deve ser feita a citação. 5.5 Dos mecanismos legais para a realização da citação. 5.5.1 Citação postal. 5.5.2 Citação por oficial de justiça. 5.5.3 Citação por edital. 6. Da intimação. 6.1 Dos meios para a intimação. 6.2 Dos destinatários da intimação. 6.3 Dos requisitos de validade

811

da intimação. 6.4 Intimação e retirada dos autos. 7. Fixação do termo inicial dos prazos (*dies a quo*) 7.1 Regras gerais. 7.2 *Dies a quo* em caso de citação. 7.3 *Dies a quo* para a intimação. 8. Duração e contagem dos prazos. 8.1 Unidade temporal dos prazos. 8.2 Regras gerais sobre contagens dos prazos: princípio da contagem dos prazos em dias úteis – suspensão do prazo – justa causa e novo prazo. 8.2.1 Princípio da contagem pelos dias úteis. 8.2.2. Suspensão dos prazos. 8.2.3 Justa causa e novo prazo. 8.2.4 Regras sobre a contagem dos prazos. 8.2.4.1 Regras gerais. 8.2.4.2 Dia de começo em sexta-feira ou em dia que não é útil. 8.2.4.3 Dia final do prazo que não é dia útil. 9. Prorrogação do prazo.

1. DOS PRAZOS PROCESSUAIS

Além de disciplinar em que *períodos de tempo* (dias e horas) os atos processuais podem ser praticados, o direito processual estabelece um interstício de tempo, isto é, um *prazo* para a sua realização.

Prazo, assim, é um espaço de tempo entre um termo inicial (*dies a quo*) e um termo final (*dies ad quem*), dentro do qual determinado ato processual deve ser praticado ou que deve transcorrer para a prática de ato processual.

A fixação de prazos é um expediente mediante o qual o legislador faz com que o processo avance, para chegar ao seu final. Sem os prazos os processos jamais terminariam.

Por essa razão, a não realização de um ato dentro do prazo (ou, quando o caso, após seu transcurso) não impede que o processo avance – mas aquele que deveria tê-lo praticado perde, em princípio, o direito de realizá-lo: ocorre o instituto da *preclusão temporal*.

A matéria vem disciplinada de forma concentrada pelo Código de Processo Civil nos artigos 218 a 235, conquanto haja outras normas esparsas em seu corpo, também regulando a questão dos prazos.[1]

---

[1] No Código de Processo Civil de 1974: art. 177 e seguintes.

CAPÍTULO XLV – DOS PRAZOS PROCESSUAIS - COMUNICAÇÃO DOS...

2. CLASSIFICAÇÃO DOS PRAZOS PROCESSUAIS

Os prazos podem ser classificados por diferentes critérios:

(i) A fonte que estatui o prazo;

(ii) A circunstância de o prazo fluir para ambas ou para uma só das partes;

(iii) O destinatário do prazo;

(iv) O poder de alteração ou não de não alteração pelas partes.

2.1 CRITÉRIO DA FONTE QUE ESTATUI O PRAZO

Por este critério, o prazo pode ser:

(i) legal;

(ii) judicial;

(iii) convencional.

2.1.1 Prazos legais

Os prazos legais, como o nome está dizendo, são aqueles fixados por lei e esta é a regra geral, consoante o art. 218 do Código de Processo Civil, primeira parte:

> Art. 218. Os atos processuais serão realizados nos prazos prescritos em lei.
>
> Art. 177. Os atos processuais realizar-se-ão nos prazos prescritos em lei (...).

O art. 335 do Código de Processo Civil estabelece o prazo de quinze dias para o réu oferecer contestação – eis aí um prazo legal.

Sempre que não houver um prazo legal específico ou um prazo fixado pelo juiz prevalece o *prazo genérico de cinco dias* do § 3º do art. 218 do Código de Processo Civil:

813

ANTONIO ARALDO FERRAZ DAL POZZO

Art. 218. (*omissis*)

§ 3º Inexistindo preceito legal ou prazo determinado pelo juiz, será de 5 (cinco) dias o prazo para a prática de ato processual a cargo da parte.

Art. 185. Não havendo preceito legal nem assinação pelo juiz, será de 5 (cinco) dias o prazo para a prática de ato processual a cargo da parte.

O prazo legal *genérico*, portanto, é de <u>cinco dias</u> – que prevalece sempre que a lei ou o juiz não estabeleçam outros prazos.

No que diz respeito às *intimações*, há regra especial para o prazo legal:

Art. 218. (*omissis*)

§ 2º Quando a lei ou o juiz não determinar prazo, as intimações somente obrigarão a comparecimento após decorridas 48 (quarenta e oito) horas.

Art. 192. Quando a lei não marcar outro prazo, as intimações somente obrigarão a comparecimento depois de decorridas 24 (vinte e quatro) horas.

O Código de Processo Civil ainda estabelece alguns prazos específicos, a saber:

(i) Para o juiz:

Art. 226. O juiz proferirá:

I – os despachos no prazo de 5 (cinco) dias;

II – as decisões interlocutórias no prazo de 10 (dez) dias;

III – as sentenças no prazo de 30 (trinta) dias.

Art. 189. O juiz proferirá:

I – os despachos de expediente, no prazo de 2 (dois) dias;

II – as decisões, no prazo de 10 (dez) dias.

CAPÍTULO XLV – DOS PRAZOS PROCESSUAIS - COMUNICAÇÃO DOS...

Art. 227. Em qualquer grau de jurisdição, havendo motivo justificado, pode o juiz exceder, por igual tempo, os prazos a que está submetido.[2]

(ii) Para os serventuários:

Art. 228. Incumbirá ao serventuário remeter os autos conclusos no prazo de 1 (um) dia e executar os atos processuais no prazo de 5 (cinco) dias, contado da data em que:

I – houver concluído o ato processual anterior, se lhe foi imposto pela lei;

II – tiver ciência da ordem, quando determinada pelo juiz.

§ 1º Ao receber os autos, o serventuário certificará o dia e a hora em que teve ciência da ordem referida no inciso II.

Art. 190. Incumbirá ao serventuário remeter os autos conclusos no prazo de 24 (vinte e quatro) horas e executar os atos processuais no prazo de 48 (quarenta e oito) horas, contados:

I – da data em que houver concluído o ato processual anterior, se lhe foi imposto pela lei;

II – da data em que tiver ciência da ordem, quando determinada pelo juiz.

Parágrafo único. Ao receber os autos, certificará o serventuário o dia e a hora em que ficou ciente da ordem, referida no n. II.

Todavia, independe de ato do serventuário atos praticados em autos eletrônicos:

Art. 228. (*omissis*)

§ 2º Nos processos em autos eletrônicos, a juntada de petições ou de manifestações em geral ocorrerá de forma automática, independentemente de ato de serventuário da justiça.

Por fim, resta consignar que a parte pode praticar o ato antes do vencimento de seu prazo (não depois), que será absolutamente válido:

---

[2] Sem correspondente no código anterior.

815

ANTONIO ARALDO FERRAZ DAL POZZO

Art. 218. (*omissis*)

§ 4º Será considerado tempestivo o ato praticado antes do termo inicial do prazo.

2.1.2 Prazos judiciais

Prazos judiciais são aqueles assinalados pelo juiz, quando a lei não os fixar, de acordo com o § 3º do art. 218 do Código de Processo Civil:

Art. 218. (*omissis*)

§ 1º Quando a lei for omissa, o juiz determinará os prazos em consideração à complexidade do ato.

Art. 177. (...) Quando esta for omissa, o juiz determinará os prazos, tendo em conta a complexidade da causa.

Se a lei silenciar a respeito do prazo para a prática de determinado ato processual, caberá ao juiz, tendo em vista o grau de complexidade do ato a ser realizado, fixar-lhe um prazo.

Além da complexidade, o juiz deverá estar atento ao princípio da *igualdade das partes*, não podendo estabelecer um espaço de tempo por demais exíguo para a prática do ato, pois isto seria conferir vantagem à outra parte. Assim, por exemplo, se uma das partes junta um número considerável de documentos, o prazo para falar sobre eles deve ser proporcional à dificuldade de examiná-los.

2.1.3 Prazos convencionais

Prazos convencionais são aqueles estipulados pelas partes. Assim, por exemplo, as partes podem convencionar a suspensão do andamento do processo em até seis meses (art. 313, II e § 4º do Código de Processo Civil[3]).

---

[3] Art. 313. Suspende-se o processo: I – por convenção das partes. § 4º A suspensão do processo nunca poderá exceder a 1 (um) ano nas hipóteses dos incisos V e 6 (seis) meses naquela prevista no inciso II.

CAPÍTULO XLV – DOS PRAZOS PROCESSUAIS - COMUNICAÇÃO DOS...

2.2 CRITÉRIO DE O PRAZO FLUIR PARA AMBAS OU PARA UMA SÓ DAS PARTES

Pelo critério do prazo fluir para uma ou para ambas as partes, ele pode ser:

(i) comum; ou

(ii) particular.

Prazos comuns são aqueles que fluem para ambas as partes, como, por exemplo, o prazo para recorrer de decisão que julgou o pedido parcialmente procedente. Neste caso, o prazo é comum para o autor e para o réu.

Prazos particulares são aqueles que correm apenas para uma das partes, como, exemplificativamente, o prazo do réu para contestar a ação.

2.3 CRITÉRIO DO DESTINATÁRIO DO PRAZO

Pelo critério do seu destinatário, os prazos podem ser:

(i) próprios; ou

(ii) impróprios.

2.3.1 Prazos próprios

Prazos próprios são aqueles que se destinam aos atos processuais a serem praticados *pelas partes*, isto é, pelo sujeito ativo ou pelo sujeito passivo da relação jurídica processual. O descumprimento de um prazo próprio tem efeitos processuais importantes. O não oferecimento de uma contestação, por parte do réu, por exemplo, em princípio torna lícita a presunção de verdade quantos aos fatos descritos pelo autor, dentre outros efeitos.

2.3.2 Prazos impróprios

Prazos impróprios são aqueles fixados para o *órgão jurisdicional* ou para os *órgãos auxiliares da justiça*.

817

No Direito Processual Civil, sua desobediência *não pode gerar efeitos processuais*, pois esses efeitos atingiriam as partes, que não podem ser prejudicadas por omissão de agentes políticos (magistrados) ou de agentes públicos (servidores da Justiça).

Todavia, podem dar lugar a consequências de ordem administrativa (sanções administrativas) para os juízes e para os órgãos auxiliares da Justiça.[4]

2.4 CRITÉRIO DE PODER OU NÃO SER ALTERADO PELAS PARTES

Pelo critério de poder ou não o prazo ser alterado pelas partes, ele pode ser:

(i) dilatório; ou

(ii) peremptório.

2.4.1 Prazos dilatórios e peremptórios

A doutrina costuma classificar os prazos em dilatórios ou peremptórios, consoante possam ou não ser alterados por convenção das partes.

Nesse sentido, o prazo dilatório era assim disciplinado pelo CPC revogado:

> Art. 181. Podem as partes, de comum acordo, reduzir ou prorrogar o *prazo dilatório*; a convenção, porém, só tem eficácia se, requerida antes do vencimento do prazo, se fundar em motivo legítimo.
>
> § 1º O juiz fixará o dia do vencimento do prazo da prorrogação.

---

[4] O mesmo se diga em relação aos representantes do Ministério Público. Já no Processo Penal, o descumprimento de prazo impróprio poderá gerar conseqüências processuais, como, p.e., a prescrição retroativa em favor do réu, caso a sentença não seja dada oportunamente.

CAPÍTULO XLV – DOS PRAZOS PROCESSUAIS - COMUNICAÇÃO DOS...

> § 2º As custas acrescidas ficarão a cargo da parte em favor de quem foi concedida a prorrogação.

O Código de Processo Civil em vigor não contém norma semelhante, conquanto disponha no art. 222:

> Art. 222. Na comarca, seção ou subseção judiciária onde for difícil o transporte, o juiz poderá prorrogar os prazos por até 2 (dois) meses.
>
> § 1º Ao juiz é vedado reduzir prazos peremptórios sem anuência das partes.
>
> § 2º Havendo calamidade pública, o limite previsto no *caput* para prorrogação de prazos poderá ser excedido.
>
> Art. 182. É defeso às partes, ainda que todas estejam de acordo, reduzir ou prorrogar os *prazos peremptórios*. O juiz poderá, nas comarcas onde for difícil o transporte, prorrogar quaisquer prazos, mas nunca por mais de 60 (sessenta) dias.
>
> Parágrafo único. Em caso de calamidade pública, poderá ser excedido o limite previsto neste artigo para a prorrogação de prazos.

Como se vê, pela leitura do § 1º do art. 222, até mesmo o prazo peremptório pode ser reduzido (não ampliado) pelo juiz, mediante acordo entre as partes. E essa norma permite a conclusão de que os prazos dilatórios podem ser objeto de convenção das partes, mesmo à falta de dispositivo expresso, pois quem pode o mais, pode o menos.

Nas circunscrições territoriais para efeito da atividade jurisdicional que apresentem dificuldades no transporte, o prazo (de qualquer natureza) pode ser alterado pelo juiz. Em caso de calamidade pública a prorrogação poderá ser superior a sessenta dias.

3. DA COMUNICAÇÃO DOS ATOS: POR MANDADO JUDICIAL E REQUISIÇÃO POR CARTA

3.1 ASPECTOS GERAIS DO MANDADO JUDICIAL E REQUISIÇÃO POR CARTA

Toda comunicação de um ato processual às partes é determinada pelo juiz. O juiz, em suma ordena essa comunicação, que é, assim, uma ordem judicial.

A ordem judicial comunicando a alguém que deve praticar determinado ato processual será materializada num *mandado judicial*[5] ou numa *requisição por carta*: será por mandado se o destinatário residir ou tiver domicílio no mesmo foro em que o juiz comunicante exerce a jurisdição; será por carta, em caso contrário.

A razão dessa distinção está na subordinação hierárquica dos auxiliares da justiça apenas ao magistrado que exerce jurisdição na comarca em que estão lotados: se o cumprimento da ordem deva ser executado por servidores que não estão lotados na circunscrição territorial em que o juiz comunicante exerce jurisdição, ele precisa requisitar do juiz dessa outra circunscrição que o ato se realize.

Essa requisição é feita por meio de autos especificamente abertos para tal fim, e que recebem o nome de *carta*.

É o que dispõe o art. 236 do Código de Processo Civil:

> Art. 236. Os atos processuais serão cumpridos por ordem judicial.
>
> § 1º Será expedida carta para a prática de atos fora dos limites territoriais do tribunal, da comarca, da seção ou da subseção judiciárias, ressalvadas as hipóteses previstas em lei.
>
> § 2º O tribunal poderá expedir carta para juízo a ele vinculado, se o ato houver de se realizar fora dos limites territoriais do local de sua sede.

---

[5] A expressão *mandado* vem de mando, ordem. Daí o nome, ainda, de mandado de segurança: o que se busca é uma ordem judicial para a proteção de um direito líquido e certo. Não confundir com *mandato*, que ocorre "quando alguém recebe de outrem poderes para, em seu nome, praticar atos, ou administrar interesses" sendo, ainda, de se lembrar que "a procuração é o instrumento do mandato" (Código Civil, art. 653). Há, ainda, o *mandato político*, que advém da representação popular, conferido pelo voto.

CAPÍTULO XLV – DOS PRAZOS PROCESSUAIS - COMUNICAÇÃO DOS...

§ 3º Admite-se a prática de atos processuais por meio de video-conferência ou outro recurso tecnológico de transmissão de sons e imagens em tempo real.

Art. 200. Os atos processuais serão cumpridos por ordem judicial ou requisitados por carta, conforme hajam de realizar-se dentro ou fora dos limites territoriais da comarca.

Conquanto neste momento estejamos examinando as cartas para efeito de comunicação de um ato processual, em verdade elas se prestam também para a prática de atos processuais diversos, como a oitiva de uma testemunha, a penhora, o exame pericial e outras práticas.

A previsão de videoconferência ou outro meio eletrônico coloca o Código de Processo Civil na era da informática, mas ainda será preciso regulamentação adequada para poder funcionar, além de infraestruturas tanto de *hardware* como de *software*.

3.2 REQUISIÇÃO POR CARTA

No nosso sistema processual há quatro espécies de cartas que contêm a requisição judicial:

(i) Carta precatória;

(ii) Carta de ordem;

(iii) Carta rogatória;

(iv) Carta arbitral.

É o que estabelece o art. 237 do Código de Processo Civil:

Art. 237. Será expedida carta:

I – de *ordem*, pelo tribunal, na hipótese do § 2º do art. 236;

II – *rogatória*, para que órgão jurisdicional estrangeiro pratique ato de cooperação jurídica internacional, relativo a processo em curso perante órgão jurisdicional brasileiro;

III – *precatória*, para que órgão jurisdicional brasileiro pratique ou determine o cumprimento, na área de sua competência territorial,

821

de ato relativo a pedido de cooperação judiciária formulado por órgão jurisdicional de competência territorial diversa;

IV – *arbitral*, para que órgão do Poder Judiciário pratique ou determine o cumprimento, na área de sua competência territorial, de ato objeto de pedido de cooperação judiciária formulado por juízo arbitral, inclusive os que importem efetivação de tutela provisória.

Parágrafo único. Se o ato relativo a processo em curso na justiça federal ou em tribunal superior houver de ser praticado em local onde não haja vara federal, a carta poderá ser dirigida ao juízo estadual da respectiva comarca.

Art. 201. Expedir-se-á *carta de ordem* se o juiz for subordinado ao tribunal de que ela emanar; carta rogatória, quando dirigida à autoridade judiciária estrangeira; e *carta precatória* nos demais casos.

A carta de ordem será expedida pelo tribunal para juízo a ele vinculado, se o ato houver de se realizar fora dos limites territoriais do local de sua sede (art. 326, § 2º).

Essa requisição ocorre, mais comumente, em casos de competência originária de um tribunal. Para ouvir uma testemunha que deva depor nesse processo, o tribunal pode expedir uma carta de ordem dirigida ao juiz onde a testemunha reside, por exemplo, desde que esta se situe fora dos limites territoriais da sede do tribunal.

A requisição por carta que se dirige a uma autoridade judiciária estrangeira é chamada *carta rogatória*.

A carta precatória é expedida para que órgão jurisdicional brasileiro pratique ou determine o cumprimento, na área de sua competência territorial, de ato relativo a pedido de cooperação judiciária, formulado por órgão jurisdicional de competência territorial diversa. Assim o Juiz da Comarca X expede carta precatória para o Juiz da Comarca Y para que este determine a penhora de bem que se situa dentro dos limites territoriais sobre os quais tem jurisdição.

O juiz (ou juízo) que expede uma carta precatória chama-se juiz (ou juízo) *deprecante*; o que a deve cumprir, juiz (ou juízo) deprecado. O País que recebe a carta rogatória se denomina *rogado*.

CAPÍTULO XLV – DOS PRAZOS PROCESSUAIS - COMUNICAÇÃO DOS...

O Código de Processo Civil ainda criou um quarto tipo de carta: a *arbitral*, que é expedida para que órgão do Poder Judiciário pratique ou determine o cumprimento, na área de sua competência territorial, de ato objeto de pedido de *cooperação judiciária* formulado por juízo arbitral, inclusive os que importem efetivação de tutela provisória.

Se a carta tem por finalidade apenas comunicar a oportunidade para a prática de determinado ato processual, este ato será praticado *na sede do juízo de onde a carta foi expedida* (juízo deprecante). Apenas a comunicação é que se realiza no juízo deprecado. Assim, quando a carta tem a finalidade de citar o réu, este deve apresentar a sua defesa na sede do juízo onde tramita o processo, que é exatamente aquele que expediu a carta.

Noutras vezes, porém, o próprio ato é realizado na sede do juízo deprecado. Assim, se a testemunha reside fora do território da comarca, será expedida carta precatória para que ela seja ouvida na sede do juízo (deprecado) onde reside. Nesse ocorrerá a intimação da testemunha para que compareça em dia e horas estabelecidos e ali será colhido o seu depoimento. Depois de realizado esse ato processual, a carta será devolvida ao juízo deprecante, com a prova testemunhal produzida.

3.3 REQUISITOS FORMAIS DAS CARTAS

O Código de Processo Civil estabelece os requisitos formais para as três espécies de cartas no seu art. 260:

> Art. 260. São requisitos das cartas de ordem, precatória e rogatória:
>
> I – a indicação dos juízes de origem e de cumprimento do ato;
>
> II – o inteiro teor da petição, do despacho judicial e do instrumento do mandato conferido ao advogado;
>
> III – a menção do ato processual que lhe constitui o objeto;
>
> IV – o encerramento com a assinatura do juiz.
>
> § 1º O juiz mandará trasladar para a carta quaisquer outras peças, bem como instruí-la com mapa, desenho ou gráfico, sempre que esses documentos devam ser examinados, na diligência, pelas partes, pelos peritos ou pelas testemunhas.

823

ANTONIO ARALDO FERRAZ DAL POZZO

§ 2º Quando o objeto da carta for exame pericial sobre documento, este será remetido em original, ficando nos autos reprodução fotográfica.

§ 3º A carta arbitral atenderá, no que couber, aos requisitos a que se refere o *caput* e será instruída com a convenção de arbitragem e com as provas da nomeação do árbitro e de sua aceitação da função.

Art. 202. São requisitos essenciais da carta de ordem, da carta precatória e da carta rogatória:

I – a indicação dos juízes de origem e de cumprimento do ato;

II – o inteiro teor da petição, do despacho judicial e do instrumento do mandato conferido ao advogado;

III – a menção do ato processual, que lhe constitui o objeto;

IV – o encerramento com a assinatura do juiz.

§ 1º O juiz mandará trasladar, na carta, quaisquer outras peças, bem como instruí-la com mapa, desenho ou gráfico, sempre que estes documentos devam ser examinados, na diligência, pelas partes, peritos ou testemunhas.

§ 2º Quando o objeto da carta for exame pericial sobre documento, este será remetido em original, ficando nos autos reprodução fotográfica.

§ 3º A carta de ordem, carta precatória ou carta rogatória pode ser expedida por meio eletrônico, situação em que a assinatura do juiz deverá ser eletrônica, na forma da lei.

Dentre os requisitos acima, a falta de dois deles, segundo a doutrina, pode tornar a carta inexistente: a indicação dos juízes de origem (inc. I) e a assinatura do juiz (inc. IV).[6]

Conquanto a falta dos demais requisitos não invalide as cartas, eles podem tornar impossível o seu cumprimento (falta de um documento,

---

[6] Nesse sentido, MONIZ DE ARAGÃO, Egas Dirceu. *Comentários ao Código de Processo Civil*. Ed. Forense, 2005, p. 155. O inciso fala em "juízes" dado o caráter itinerante das cartas, como veremos logo em seguida, no texto. Preferimos, contudo, considerar que a falta desses requisitos torna a carta absolutamente nula.

CAPÍTULO XLV – DOS PRAZOS PROCESSUAIS - COMUNICAÇÃO DOS...

v.g.). Porém, se for possível cumprir a carta, o ato praticado deve ser reputado como válido, em face do princípio da economia processual e da instrumentalidade das formas.

O Código de Processo Civil ainda foi atento à possibilidade de carta de ordem e precatória por meio eletrônico, dispondo:

> Art. 264. A carta de ordem e a carta precatória por meio eletrônico, por telefone ou por telegrama conterão, em resumo substancial, os requisitos mencionados no art. 250, especialmente no que se refere à aferição da autenticidade.[7]

Outro requisito importante está expresso no art. 261:

> Art. 261. Em todas as cartas o juiz fixará o prazo para cumprimento, atendendo à facilidade das comunicações e à natureza da diligência.
>
> § 1º As partes deverão ser intimadas pelo juiz do ato de expedição da carta.
>
> § 2º Expedida a carta, as partes acompanharão o cumprimento da diligência perante o juízo destinatário, ao qual compete a prática dos atos de comunicação.
>
> § 3º A parte a quem interessar o cumprimento da diligência cooperará para que o prazo a que se refere o *caput* seja cumprido.
>
> Art. 203. Em todas as cartas declarará o juiz o prazo dentro do qual deverão ser cumpridas, atendendo à facilidade das comunicações e à natureza da diligência.

Esse prazo (*judicial*) é o período dentro do qual somente a comunicação ou esta e a realização do ato devem ser realizados e, em seguida, a carta será devolvida ao juízo deprecante.

Se o ato for realizado fora desse prazo, conquanto não seja inválido, poderá ser inútil. Por exemplo: se o juiz deprecante suspendeu o andamento do processo, este volta a tramitar normalmente uma vez

---

[7] A norma corresponde ao antigo § 3º, do art. 202 do código revogado.

825

vencido o prazo dado na carta e esta, portanto, poderá chegar a destempo: após a sentença, por exemplo.

Na prática, porém, normalmente o juiz espera a realização do ato por carta.

Os três parágrafos do artigo sob exame buscam a cooperação das partes seja no cumprimento da carta, seja no acompanhamento do ato processual.

Ainda deve ser observado o disposto no art. 263:

> Art. 263. As cartas deverão, preferencialmente, ser expedidas por meio eletrônico, caso em que a assinatura do juiz deverá ser eletrônica, na forma da lei.

3.4 CARÁTER ITINERANTE DAS CARTAS

Em atenção ao princípio da economia processual, o Código considerou as cartas como de *caráter itinerante*, ou seja, elas podem seguir de um juízo deprecado para outro sem ter que retornar ao juízo deprecante, para que possa ser cumprida.

É o que diz o art. 262 do Código de Processo Civil:

> Art. 262. A carta tem caráter *itinerante*, podendo, antes ou depois de lhe ser ordenado o cumprimento, ser encaminhada a juízo diverso do que dela consta, a fim de se praticar o ato.
>
> Parágrafo único. O encaminhamento da carta a outro juízo será imediatamente comunicado ao órgão expedidor, que intimará as partes.
>
> Art. 204. A carta tem caráter *itinerante*; antes ou depois de lhe ser ordenado o cumprimento, poderá ser apresentada a juízo diverso do que dela consta, a fim de se praticar o ato.

Por essa razão, a indicação do juiz "de cumprimento do ato", como determina a parte final do inciso I do art. 260, tem valor relativo, dado que toda carta tem caráter itinerante.

CAPÍTULO XLV – DOS PRAZOS PROCESSUAIS - COMUNICAÇÃO DOS...

Trata-se de um expediente criado pela lei processual para tornar mais rápido o cumprimento da providência solicitada.

Assim que recebe a carta, o juiz deve determinar o seu cumprimento. Porém, se antes desse despacho judicial, ele verifica ou lhe é comunicado que o ato deve ser praticado em *outra circunscrição territorial*, para lá a carta (sempre por despacho do juiz) deve ser remetida *diretamente*.

Pode ser que um ato seja cumprido numa determinada comarca (a citação de um dos réus, por exemplo) e que o oficial de justiça certifique que o outro mora em comarca diversa: para esta outra comarca a carta será remetida, até que seja cumprida integralmente.

Cabe, porém, ao Oficial de Justiça estar atento à regra do art. 255 do Código de Processo Civil, já examinado, acima, e que cuida de comarcas contíguas de fácil comunicação ou que se situem na mesma região metropolitana – deve ele, com a carta em mão, cumprir o mandado.

Nas hipóteses previstas no artigo citado, por uma questão de economia processual e de celeridade processual, de forma excepcional a lei processual permite que o ato seja realizado fora da circunscrição territorial do juiz que o determinou.

3.5 EXPEDIÇÃO DA CARTA

O procedimento de expedição da carta está descrito no art. 265 e 266 do Código de Processo Civil:

> Art. 265. O secretário do tribunal, o escrivão ou o chefe de secretaria do juízo deprecante transmitirá, por telefone, a carta de ordem ou a carta precatória ao juízo em que houver de se cumprir o ato, por intermédio do escrivão do primeiro ofício da primeira vara, se houver na comarca mais de um ofício ou de uma vara, observando-se, quanto aos requisitos, o disposto no art. 264.
>
> § 1º O escrivão ou o chefe de secretaria, no mesmo dia ou no dia útil imediato, telefonará ou enviará mensagem eletrônica ao secretário do tribunal, ao escrivão ou ao chefe de secretaria do

juízo deprecante, lendo-lhe os termos da carta e solicitando-lhe que os confirme.

§ 2º Sendo confirmada, o escrivão ou o chefe de secretaria submeterá a carta a despacho.

Art. 266. Serão praticados de ofício os atos requisitados por meio eletrônico e de telegrama, devendo a parte depositar, contudo, na secretaria do tribunal ou no cartório do juízo deprecante, a importância correspondente às despesas que serão feitas no juízo em que houver de praticar-se o ato.

O procedimento é bastante simplificado pelo Código de Processo Civil e não nos parece criar dúvidas ou necessitar de esclarecimentos.

3.6 DEVOLUÇÃO DA CARTA

A devolução da carta ocorrerá em *dez dias* após a realização do ato, ou sem a sua realização, desde que não tenha sido possível praticá-lo (a testemunha a ser ouvida faleceu, por exemplo). É o que consta do art. 268:

Art. 268. Cumprida a carta, será devolvida ao juízo de origem no prazo de 10 (dez) dias, independentemente de traslado, pagas as custas pela parte.

Art. 212. Cumprida a carta, será devolvida ao juízo de origem, no prazo de 10 (dez) dias, independentemente de traslado, pagas as custas pela parte.

3.7 RECUSA DO JUÍZO DEPRECADO – CARTAS PRECATÓRIAS E CARTAS DE ORDEM

O juiz que recebe a carta pode recusar seu cumprimento em determinadas circunstâncias, como prescreve o art. 267 do Código de Processo Civil:

Art. 267. O juiz recusará cumprimento a carta precatória ou arbitral, devolvendo-a com decisão motivada quando:

CAPÍTULO XLV – DOS PRAZOS PROCESSUAIS - COMUNICAÇÃO DOS...

I – a carta não estiver revestida dos requisitos legais;

II – faltar ao juiz competência em razão da matéria ou da hierarquia;

III – o juiz tiver dúvida acerca de sua autenticidade.

Art. 209. O juiz recusará cumprimento à carta precatória, devolvendo-a com despacho motivado:

I – quando não estiver revestida dos requisitos legais;

II – quando carecer de competência em razão da matéria ou da hierarquia;

III – quando tiver dúvida acerca de sua autenticidade.

A primeira observação a ser feita é a de que essas normas não se aplicam às cartas rogatórias, por razões que veremos em breve; mas, aplicam-se tanto às cartas *precatórias,* como às *de ordem* e as *arbitrais*. Esses requisitos estão basicamente nos artigos 260 e 261, mas também esparsos pelo Código de Processo Civil.

O juiz que recebe a carta, porém, somente poderá recusar seu cumprimento por razões de ordem formal, nunca por razões ligadas ao ato em si, ou seja, pelo mérito do ato a ser praticado (se é ou não relevante, por exemplo).

A jurisprudência tem entendido, porém, que o juiz que recebe a carta não pode recusar seu cumprimento ao fundamento de que o juiz que a expediu *é incompetente*, pois a questão da competência somente pode ser apreciada pelo próprio órgão jurisdicional que dirige o processo. Caso se admitisse a recusa com esse fundamento, outro juiz, que não o do processo, estaria decidindo sobre a competência do órgão jurisdicional que o dirige, como se fora hierarquicamente superior a ele.

Quanto à incompetência do juiz que deve cumprir a carta, há de ser ela *absoluta* (em razão da matéria e da hierarquia, ou, melhor, pelo critério funcional). Tratando-se, contudo, de incompetência relativa, o ato deve ser realizado, pois a parte é quem deveria, quando do requerimento da expedição da carta pela outra, ter arguido a incompetência relativa do juiz que deverá cumpri-la. Se não o fez, a competência do juiz que recebe a carta já estará prorrogada.

Considerando o caráter itinerante da carta, o parágrafo único determina que em caso de incompetência absoluta, poderá remeter a carta ao juiz ou ao tribunal competente, dependendo de quem tem competência para o ato a ser praticado:

> Art. 267. (*omissis*)
>
> Parágrafo único. No caso de incompetência em razão da matéria ou da hierarquia, o juiz deprecado, conforme o ato a ser praticado, poderá remeter a carta ao juiz ou ao tribunal competente.

O inciso III do art. 267 também autoriza o não cumprimento da carta se o juiz deprecado tiver dúvidas quanto à sua autenticidade. Todavia, o princípio da economia processual recomenda que, antes da devolução, o cartório ou a secretaria entre em contado com o juízo deprecante, para esclarecimentos. Somente não os podendo obter, ou se o magistrado os julgar insuficientes é que deverá ocorrer a devolução.

3.8 CARTAS DE ORDEM

No que diz respeito às cartas rogatórias, o Código de Processo Civil tem disposições específicas sobre a matéria: uma sobre a carta rogatória a ser cumprida no estrangeiro e, outra, sobre as que devam ser cumpridas no Brasil.

No que diz respeito às que devem ser cumpridas no Brasil, assim dispõe o art. 36:

> Art. 36. O procedimento da carta rogatória perante o Superior Tribunal de Justiça é de jurisdição contenciosa e deve assegurar às partes as garantias do devido processo legal.
>
> § 1º A defesa restringir-se-á à discussão quanto ao atendimento dos requisitos para que o pronunciamento judicial estrangeiro produza efeitos no Brasil.
>
> § 2º Em qualquer hipótese, é vedada a revisão do mérito do pronunciamento judicial estrangeiro pela autoridade judiciária brasileira.

CAPÍTULO XLV – DOS PRAZOS PROCESSUAIS - COMUNICAÇÃO DOS...

O Código de Processo Civil cuidou da cooperação internacional e seu art. 40 determina que:

> Art. 40. A cooperação jurídica internacional para execução de decisão estrangeira dar-se-á por meio de carta rogatória ou de ação de homologação de sentença estrangeira, de acordo com o art. 960.
>
> Art. 211. A concessão de exequibilidade às cartas rogatórias das justiças estrangeiras obedecerá ao disposto no Regimento Interno do Supremo Tribunal Federal.

O art. 960 cuida da homologação de sentença estrangeria pelo Superior Tribunal de Justiça – sem esse procedimento, a sentença não teria validade no Brasil e não poderia ser executada.

O pedido a ser formulado, para essa homologação, será feito em carta rogatória expedida por magistrado estrangeiro ao Tribunal.

Quando se trata de ação judicial que corre no Brasil e sendo necessário um ato processual a ser realizado em país estrangeiro, recorde-se de norma acima já estudada:

> Art. 237. Será expedida carta:
>
> II – rogatória, para que *órgão jurisdicional estrangeiro* pratique ato de cooperação jurídica internacional, relativo a processo em curso perante órgão jurisdicional brasileiro;
>
> Art. 210. A carta rogatória obedecerá, quanto à sua admissibilidade e modo de seu cumprimento, ao disposto na convenção internacional; à falta desta, será remetida à autoridade judiciária estrangeira, por via diplomática, depois de traduzida para a língua do país em que há de praticar-se o ato.

A primeira coisa a se fazer é traduzir a carta rogatória para a língua do país onde o ato deva ser praticado.

Se, entre o país destinatário e o Brasil houver convenção internacional sobre cartas rogatórias, esta dirá quais os requisitos que a carta deve preencher.

O juiz deverá remeter a carta rogatória ao "Ministério do Exterior, que a despachará ao país de destino, por intermédio dos representantes diplomáticos brasileiros, para que a apresentem, às autoridades locais, a fim de ser praticado o ato rogado, conforme a legislação respectiva dispuser".[8]

Não havendo convenção internacional, a carta será elaborada com base na legislação internacional (do país rogado) e remetida pelas vias acima descritas.

Caso não haja representantes diplomáticos do país de destino no Brasil, ou do Brasil, naquele, a carta poderá ser remetida diretamente à autoridade judiciária estrangeira ou ao tribunal a que esteja subordinada – mas não haverá garantia de seu cumprimento.

4. DA CITAÇÃO E DA INTIMAÇÃO

A comunicação de um ato processual à parte pode ser de duas espécies: *(i) citação* ou *(ii) intimação*.

A *citação* é o ato processual pelo qual se comunica o ajuizamento da ação ou da medida de jurisdição voluntária àquele contra a qual foi proposta, dando-lhe a oportunidade de integrar a relação jurídica processual e, obviamente, se defender ou se manifestar:

> Art. 238. Citação é o ato pelo qual são convocados o *réu, executado* ou o *interessado* para integrar a relação processual.[9]

> Art. 213. Citação é o ato pelo qual se chama a juízo o réu ou o interessado a fim de se defender.

A citação é por vezes chamada de *citação inicial* – redundância que evidencia a natureza desse ato, enquanto *primeiro chamamento em juízo* de contraparte ou contra interessado.

---

[8] MONIZ DE ARAGÃO, Egas Dirceu. *Comentários ao Código de Processo Civil*. Ed. Forense, 2005, p. 170.

[9] A norma se refere ao réu (processos de conhecimento em geral), ao executado (processo de execução) e ao interessado (casos de jurisdição voluntária).

CAPÍTULO XLV – DOS PRAZOS PROCESSUAIS - COMUNICAÇÃO DOS...

Todas as demais comunicações, durante a tramitação do processo, chamam-se *intimações*, pelas quais se convoca alguém a juízo, dando-lhe ciência dos atos e termos do processo:

> Art. 269. Intimação é o ato pelo qual se dá ciência a alguém dos atos e dos termos do processo.[10]

> Art. 234. Intimação é o ato pelo qual se dá ciência a alguém dos atos e termos do processo, para que faça ou deixe de fazer alguma coisa.

Os destinatários da intimação podem não serem os mesmos da citação: citados são apenas aqueles que integram o polo passivo da relação jurídica processual. Estes últimos também podem ser intimados, assim como todos aqueles que devem comparecer em juízo por alguma razão, como peritos, testemunhas, intérpretes etc.

Como já dito e redito, o Estado de Direito pressupõe que o processo judicial obedeça a certos princípios, como o da imparcialidade do juiz, da igualdade das partes, da ampla defesa e do contraditório, dentre outros. Estes dois: o da ampla defesa e do contraditório, são os pilares do devido processo legal (*due processo of law*).

Somente havendo a citação inicial e as intimações durante a tramitação do processo é que tais princípios são respeitados.

Em seguida estudaremos a citação e depois a intimação.

5. DA CITAÇÃO

5.1 DAS ESPÉCIES DE CITAÇÃO

Uma das principais garantias do cidadão e que se constitui num dos elementos constitutivos do Estado de Direito é o princípio do devido processo legal (*due processo of law*). O processo somente se legitima se ensejar a ampla defesa, tendo esta por base o princípio do contraditório.

---

[10] A expressão "termos" significa prazo, na norma transcrita.

Por tais razões é que a citação é um ato de extrema importância:

> Art. 239. Para a *validade do processo* é indispensável a citação do réu ou do executado, ressalvadas as hipóteses de indeferimento da petição inicial ou de improcedência liminar do pedido.
>
> Art. 214. Para a validade do processo é indispensável a citação inicial do réu.

A norma não guarda harmonia com o art. 238, que acertadamente referiu-se ao "interessado" – mas é evidente que se este não for citado o procedimento administrativo de jurisdição voluntária também não será válido.

Ressalva a norma duas hipóteses em que não haverá a citação: *(i)* se a inicial for liminarmente indeferida (e isto ocorrerá pela ausência das condições da ação ou falta de pressuposto processual insuscetível de correção) ou *(ii)* em caso de improcedência liminar do pedido (quando a ação é macroscopicamente improcedente – que é uma situação muito rara de ocorrer).

Quando vimos o princípio da instrumentalidade das formas[11] verificamos que se a citação for realizada sem as formalidades legais, mas o réu comparecer, a citação fica convalidada:

> Art. 239. (*omissis*)
>
> § 1º O comparecimento espontâneo do réu ou do executado supre a falta ou a nulidade da citação, fluindo a partir desta data o prazo para apresentação de contestação ou de embargos à execução.[12]
>
> Art. 214. (*omissis*)
>
> § 1º O comparecimento espontâneo do réu supre, entretanto, a falta de citação.

---

[11] V. Capítulo LXII.

[12] Mais uma vez a norma se olvidou do "interessado", que se inclui no dispositivo.

CAPÍTULO XLV – DOS PRAZOS PROCESSUAIS - COMUNICAÇÃO DOS...

A norma do § 1º pressupõe duas situações diferentes:

(i) O réu ou o executado (ou o interessado) comparecem apenas para tomar ciência da ação;

(ii) Ou, então, comparecem para arguir a falta ou nulidade da citação.

No primeiro caso, a juntada aos autos da petição de ciência abre o prazo para a contestação ou para os embargos à execução; no segundo, há que observar o disposto no § 2º:

> Art. 239. (*omissis*)
>
> § 2º Rejeitada a alegação de nulidade, tratando-se de processo de:
>
> I – conhecimento, o réu será considerado revel;
>
> II – execução, o feito terá seguimento.[13]
>
> Art. 214. (*omissis*)
>
> § 2º Comparecendo o réu apenas para arguir a nulidade e sendo esta decretada, considerar-se-á feita a citação na data em que ele ou seu advogado for intimado da decisão.

O § 2º claramente recomenda ao réu não comparecer apenas para arguir a nulidade ou falta de citação, pois corre o risco de ter sua alegação rechaçada e se tornar revel (sem possibilidade de apresentar contestação) ou embargos à execução.

Contudo, a norma é salutar para evitar alegações protelatórias, com o fim de se ganhar tempo para a defesa.

O autor cuja inicial foi julgada improcedente liminarmente poderá recorrer ou deixar que a decisão de improcedência transite em julgado. Neste caso, o réu será comunicado do evento:

---

[13] V. nota anterior. Aqui também se inclui o "interessado" e, pois, os casos de jurisdição voluntária.

835

ANTONIO ARALDO FERRAZ DAL POZZO

> Art. 241. Transitada em julgado a sentença de mérito proferida em favor do réu antes da citação, incumbe ao escrivão ou ao chefe de secretaria comunicar-lhe o resultado do julgamento.

A citação pode ser realizada de *diversas formas*, como está no art. 246:

> Art. 246. A citação será feita:
>
> I – pelo correio;
>
> II – por oficial de justiça;
>
> III – pelo escrivão ou chefe de secretaria, se o citando comparecer em cartório;
>
> IV – por edital;
>
> V – por meio eletrônico, conforme regulado em lei.
>
> Art. 221. A citação far-se-á:
>
> I – pelo correio;
>
> II – por oficial de justiça;
>
> III – por edital;
>
> IV – por meio eletrônico, conforme regulado em lei própria. (Incluído pela Lei n. 11.419, de 2006).

Cada uma dessas espécies de citação será vista em separado.

5.2 DOS EFEITOS DA CITAÇÃO

A citação não produz apenas o efeito de comunicar ao réu, executado ou interessado a ação ajuizada ou o pedido de medida de jurisdição voluntária e de abrir a oportunidade de manifestação – mas produz *outros* importantes efeitos:

> Art. 240. A citação válida, ainda quando ordenada por juízo incompetente, induz litispendência, torna litigiosa a coisa e constitui em mora o devedor, ressalvado o disposto nos arts. 397 e 398 da Lei n. 10.406, de 10 de janeiro de 2002 (Código Civil).[14]

---

[14] O artigo 397 do Código Civil acolhe a regra antiga: *dies interpellat pro homine* (Art. 397.

CAPÍTULO XLV – DOS PRAZOS PROCESSUAIS - COMUNICAÇÃO DOS...

> Art. 219. A citação válida torna prevento o juízo, induz litispendência e faz litigiosa a coisa; e, ainda quando ordenada por juiz incompetente, constitui em mora o devedor e interrompe a prescrição.

Note-se que mesmo ordenada por juiz incompetente (relativa ou absolutamente) a citação produz os efeitos assinalados no art. 240, desde que realizada de forma válida:

(i) Induz litispendência – caso se reproduza ação idêntica àquela em que o réu foi citado, haverá litispendência, com a paralisação da segunda ação.

(ii) O objeto mediato do processo se torna litigioso e então há que se observar o disposto no art. 109.[15]

(iii) Constitui em mora o devedor, salvo as regras específicas constantes do art. 397 e 398 do Código Civil (V. nota 15).

Mesmo o despacho do juiz que ordena a citação do réu – ainda que ele seja incompetente para a causa – interrompe a prescrição:

> Art. 240. (*omissis*)
>
> § 1º A interrupção da prescrição, operada pelo despacho que ordena a citação, ainda que proferido por juízo incompetente, retroagirá à data de propositura da ação.

O inadimplemento da obrigação, positiva e líquida, no seu termo, constitui de pleno direito em mora o devedor.). O parágrafo único exige a interpelação (Parágrafo único. Não havendo termo, a mora se constitui mediante interpelação judicial ou extrajudicial.). Por fim, quando se trata de obrigação por ato ilícito, a mora corre a partir da data de sua prática (Art. 398. Nas obrigações provenientes de ato ilícito, considera-se o devedor em mora, desde que o praticou.).

[15] Art. 109. A alienação da coisa ou do direito litigioso por ato entre vivos, a título particular, não altera a legitimidade das partes. § 1º O adquirente ou cessionário não poderá ingressar em juízo, sucedendo o alienante ou cedente, sem que o consinta a parte contrária. § 2º O adquirente ou cessionário poderá intervir no processo como assistente litisconsorcial do alienante ou cedente. § 3º Estendem-se os efeitos da sentença proferida entre as partes originárias ao adquirente ou cessionário.

ANTONIO ARALDO FERRAZ DAL POZZO

§ 4º O efeito retroativo a que se refere o § 1º aplica-se à decadência e aos demais prazos extintivos previstos em lei.

Art. 219. (*omissis*)

§ 1º A interrupção da prescrição retroagirá à data da propositura da ação.

A prescrição é a perda do direito de ação pelo seu não exercício dentro do prazo previsto em lei; a decadência é a perda do direito não exercido dentro dos prazos legais.[16]

A norma determina que a interrupção da citação se opere desde o momento em que a ação foi proposta. É que a citação deveria, em tese, ocorrer no mesmo dia em que o juiz a determinou – mas como isso é impossível, há a retroatividade descrita porque a parte não pode ser prejudicada pela demora.

Art. 240. (*omissis*)

§ 3º A parte não será prejudicada pela demora imputável exclusivamente ao serviço judiciário.

Contudo, observe-se o § 2º:

Art. 240. (*omissis*)

§ 2º Incumbe ao autor adotar, no prazo de 10 (dez) dias, as providências necessárias para viabilizar a citação, sob pena de não se aplicar o disposto no § 1º.

Art. 219. (*omissis*)

§ 2º Incumbe à parte promover a citação do réu nos 10 (dez) dias subsequentes ao despacho que a ordenar, não ficando prejudicada pela demora imputável exclusivamente ao serviço judiciário.

Tais providências, normalmente, consistem no recolhimento das custas devidas ao Oficial de Justiça e anexação de cópias da inicial

---

[16] Matéria regulada pelos artigos 189 a 211 do Código Civil (prescrição e decadência).

CAPÍTULO XLV – DOS PRAZOS PROCESSUAIS - COMUNICAÇÃO DOS...

porventura não extraídas ou extraídas em número insuficiente, pois cada réu deve receber uma delas, com o instrumento de mandado.

5.3 QUEM DEVE RECEBER A CITAÇÃO – LOCAL ONDE DEVE SE REALIZAR

Em princípio a citação é ato pessoal – deve ser cumprida na pessoa do réu, do executado ou do interessado. Porém, também é válida aquela feita ao seu representante legal ou procurador:

> Art. 242. A citação será pessoal, podendo, no entanto, ser feita na pessoa do representante legal ou do procurador do réu, do executado ou do interessado.
>
> Art. 215. Far-se-á a citação pessoalmente ao réu, ao seu representante legal ou ao procurador legalmente autorizado.

No ato da citação será exigida a comprovação da representação legal ou da procuração, que deve conter poderes especiais.

Há, porém, casos específicos:

> Art. 242. (*omissis*)
>
> § 1º Na ausência do citando, a citação será feita na pessoa de seu mandatário, administrador, preposto ou gerente, quando a ação se originar de atos por eles praticados.
>
> § 2º O locador que se ausentar do Brasil sem cientificar o locatário de que deixou, na localidade onde estiver situado o imóvel, procurador com poderes para receber citação será citado na pessoa do administrador do imóvel encarregado do recebimento dos aluguéis, que será considerado habilitado para representar o locador em juízo.
>
> § 3º A citação da União, dos Estados, do Distrito Federal, dos Municípios e de suas respectivas autarquias e fundações de direito público será realizada perante o órgão de Advocacia Pública responsável por sua representação judicial.

839

ANTONIO ARALDO FERRAZ DAL POZZO

> Art. 215. (*omissis*)
>
> § 1º Estando o réu ausente, a citação far-se-á na pessoa de seu mandatário, administrador, feitor ou gerente, quando a ação se originar de atos por eles praticados.
>
> § 2º O locador que se ausentar do Brasil sem cientificar o locatário de que deixou na localidade, onde estiver situado o imóvel, procurador com poderes para receber citação, será citado na pessoa do administrador do imóvel encarregado do recebimento dos aluguéis.

O § 1º contém uma primeira exceção, que autoriza a citação ser realizada na pessoa do mandatário, do administrador, preposto ou gerente do citando, desde que a causa de pedir da demanda contenha a descrição de ato que algum deles tenha praticado.

O segundo parágrafo cuida de ações baseadas em relação jurídica de locação – caso em que a ausência do locador autoriza a citação na pessoa do administrador do imóvel, que assim recebe uma espécie de procuração legal.

Por fim, as pessoas jurídicas de Direito Público, que são citadas nas pessoas dos seus advogados públicos.

A matéria tem assento constitucional (art. 131 e seguintes) e confere ao Advogado Geral da União a representação judicial e extrajudicial da União. Os Estados, o Distrito Federal e os Municípios são representados por seus procuradores (art. 132 da CF).

Porém, para a cobrança da dívida ativa de natureza tributária, a representação da União é feita pela Procuradoria-Geral da Fazenda Nacional (art. 131, § 3º da CF).

Visto quem pode receber a citação, o Código de Processo Civil determina que esta pode ser realizada em qualquer lugar onde se encontra o citando:

> Art. 243. A citação poderá ser feita em qualquer lugar em que se encontre o réu, o executado ou o interessado.

840

CAPÍTULO XLV – DOS PRAZOS PROCESSUAIS - COMUNICAÇÃO DOS...

Parágrafo único. O militar em serviço ativo será citado na unidade em que estiver servindo, se não for conhecida sua residência ou nela não for encontrado.

Art. 216. A citação efetuar-se-á em qualquer lugar em que se encontre o réu.

Parágrafo único. O militar, em serviço ativo, será citado na unidade em que estiver servindo se não for conhecida a sua residência ou nela não for encontrado.

5.4 HIPÓTESES EM QUE NÃO DEVE SER FEITA A CITAÇÃO

Há situações especiais que são levadas em conta pelo legislador processual e nas quais não será feita a citação:

Art. 244. Não se fará a citação, salvo para evitar o perecimento do direito:

I – de quem estiver participando de ato de culto religioso;

II – de cônjuge, de companheiro ou de qualquer parente do morto, consanguíneo ou afim, em linha reta ou na linha colateral em segundo grau, no dia do falecimento e nos 07 (sete) dias seguintes;

III – de noivos, nos 3 (três) primeiros dias seguintes ao casamento;

IV – de doente, enquanto grave o seu estado.

Art. 217. Não se fará, porém, a citação, salvo para evitar o perecimento do direito:

I – (Revogado pela Lei n. 8.952, de 13.12.1994)

I – a quem estiver assistindo a qualquer ato de culto religioso;

II – ao cônjuge ou a qualquer parente do morto, consanguíneo ou afim, em linha reta, ou na linha colateral em segundo grau, no dia do falecimento e nos 7 (sete) dias seguintes;

III – aos noivos, nos 3 (três) primeiros dias de bodas;

IV – aos doentes, enquanto grave o seu estado.

As regras se explicam por si mesmas – são situações especiais que devem ser respeitadas. Todavia, mesmo em tais casos, valendo-se de prudência e cautela, a citação poderá ser feita para evitar perecimento de direito (decadência) ou da ação (prescrição).

Por fim, também não é feita a citação de imediato, se o Oficial de Justiça perceber que o citando é mentalmente incapaz ou se encontra impossibilitado de recebê-la:

> Art. 245. Não se fará citação quando se verificar que o citando é mentalmente incapaz ou está impossibilitado de recebê-la.
>
> § 1º O oficial de justiça descreverá e certificará minuciosamente a ocorrência.
>
> § 2º Para examinar o citando, o juiz nomeará médico, que apresentará laudo no prazo de 5 (cinco) dias.
>
> § 3º Dispensa-se a nomeação de que trata o § 2º se pessoa da família apresentar declaração do médico do citando que ateste a incapacidade deste.
>
> § 4º Reconhecida a impossibilidade, o juiz nomeará curador ao citando, observando, quanto à sua escolha, a preferência estabelecida em lei e restringindo a nomeação à causa.
>
> § 5º A citação será feita na pessoa do curador, a quem incumbirá a defesa dos interesses do citando.
>
> **Art. 218. Também não se fará citação, quando se verificar que o réu é demente ou está impossibilitado de recebê-la.**
>
> **§ 1º O oficial de justiça passará certidão, descrevendo minuciosamente a ocorrência. O juiz nomeará um médico, a fim de examinar o citando. O laudo será apresentado em 5 (cinco) dias.**
>
> **§ 2º Reconhecida a impossibilidade, o juiz dará ao citando um curador, observando, quanto à sua escolha, a preferência estabelecida na lei civil. A nomeação é restrita à causa.**
>
> **§ 3º A citação será feita na pessoa do curador, a quem incumbirá a defesa do réu.**

A regra é de extremo bom senso. Não será feita a citação em caso do Oficial de Justiça perceber que o citando não está em condições pessoais de receber a citação. O procedimento traçado é simples e direto, merecendo elogios.

842

CAPÍTULO XLV – DOS PRAZOS PROCESSUAIS - COMUNICAÇÃO DOS...

5.5 DOS MECANISMOS LEGAIS PARA A REALIZAÇÃO DA CITAÇÃO

Como visto acima, o art. 246 enumera as espécies de citação. Vejamos separadamente cada uma delas, seguindo a ordem estabelecida por essa norma legal.

5.5.1 Citação postal

A citação postal, como o nome indica, é aquela feita pelo correio.

O art. 247 do Código de Processo Civil dispõe quando ela será possível:

> Art. 247. A citação será feita pelo correio para qualquer comarca do país, *exceto*:
>
> I – nas ações de estado, observado o disposto no art. 695, § 3º;[17]
>
> II – quando o citando for incapaz;
>
> III – quando o citando for pessoa de direito público;
>
> IV – quando o citando residir em local não atendido pela entrega domiciliar de correspondência;
>
> V – quando o autor, justificadamente, a requerer de outra forma.
>
> Art. 222. A citação será feita pelo correio, para qualquer comarca do País, exceto:
>
> a) nas ações de estado;
>
> b) quando for ré pessoa incapaz;
>
> c) quando for ré pessoa de direito público;
>
> d) nos processos de execução;
>
> e) quando o réu residir em local não atendido pela entrega domiciliar de correspondência;
>
> f) quando o autor a requerer de outra forma.

---

[17] Art. 695. Recebida a petição inicial e, se for o caso, tomadas as providências referentes à tutela provisória, o juiz ordenará a citação do réu para comparecer à audiência de mediação e conciliação, observado o disposto no art. 694. § 3º. A citação será feita na pessoa do réu.

843

Portanto, para que seja possível a citação postal é preciso que haja a combinação de *dois fatores negativos*: a inexistência de requerimento devidamente justificado do autor, optando por outra forma de citação, e a não ocorrência das hipóteses acima.

Se o réu reside fora da comarca, por exemplo, o requerimento do autor, já na inicial optando pela citação postal, evitará a expedição de carta precatória.

As vedações de citação por carta (Incisos I a V) se justificam pela natureza da lide (Inciso I), pela qualidade da parte a ser citada (Incisos II e III), de serviço de entrega de correspondência (inciso IV) ausência ou quando, justificadamente, o autor pedir outra forma de citação (inciso V). São casos em que o legislador – dada a importância da matéria sobre a qual versa a ação, ou dadas as condições pessoais dos réus – deseja que o ato citatório seja feito por modo *mais seguro*, especialmente no que tange à certeza de que o réu ou seu representante legal efetivamente receberam a citação.

As formalidades para ser realizada a citação por correio constam do art. 248:

> Art. 248. Deferida a citação pelo correio, o escrivão ou o chefe de secretaria remeterá ao citando cópias da petição inicial e do despacho do juiz e comunicará o prazo para resposta, o endereço do juízo e o respectivo cartório.
>
> § 1º A carta será registrada para entrega ao citando, exigindo-lhe o carteiro, ao fazer a entrega, que assine o recibo.
>
> § 2º Sendo o citando pessoa jurídica, será válida a entrega do mandado a pessoa com poderes de gerência geral ou de administração ou, ainda, a funcionário responsável pelo recebimento de correspondências.
>
> § 3º Da carta de citação no processo de conhecimento constarão os requisitos do art. 250.
>
> § 4º Nos condomínios edilícios ou nos loteamentos com controle de acesso, será válida a entrega do mandado a funcionário da portaria responsável pelo recebimento de correspondência, que,

CAPÍTULO XLV – DOS PRAZOS PROCESSUAIS - COMUNICAÇÃO DOS...

entretanto, poderá recusar o recebimento, se declarar, por escrito, sob as penas da lei, que o destinatário da correspondência está ausente.

Art. 223. Deferida a citação pelo correio, o escrivão ou chefe da secretaria remeterá ao citando cópias da petição inicial e do despacho do juiz, expressamente consignada em seu inteiro teor a advertência a que se refere o art. 285, segunda parte, comunicando, ainda, o prazo para a resposta e o juízo e cartório, com o respectivo endereço.

Parágrafo único. A carta será registrada para entrega ao citando, exigindo-lhe o carteiro, ao fazer a entrega, que assine o recibo. Sendo o réu pessoa jurídica, será válida a entrega a pessoa com poderes de gerência geral ou de administração.

Embora a ninguém seja possível alegar o desconhecimento da lei, o Código de Processo Civil exige que na citação postal sejam preenchidos os mesmos requisitos da citação por mandado e que estão no art. 250, que serão vistos logo adiante.

É importante que fique constando que a não apresentação da contestação importa em revelia nos processos de conhecimento e na impossibilidade de opor embargos, na ação de execução.

A revelia, dentre outros efeitos, faz presumir verdadeiros os fatos alegados pelo autor, com algumas exceções (art. 344 e 345).

A norma se refere ao escrivão ou chefe da secretaria porque a ação pode ser de competência de órgão jurisdicional de primeiro grau de jurisdição ou de competência originária de um tribunal. No primeiro caso, quem tomará as providências será o escrivão, mas, no segundo, será o chefe da secretaria.

Para que seja possível a citação por carta autor deverá providenciar, quando do ajuizamento da ação, tantas cópias da petição inicial quantos forem os réus a serem citados.

A carta será expedida com aviso de recebimento ("A/R"). Se o destinatário não quiser assinar, o carteiro deverá registrar o fato.

845

Quando se tratar de citação postal de pessoas jurídicas, sempre será conveniente que o autor indique a pessoa que tenha poderes para receber citação, pois há o risco da carta ser entregue a pessoa que não possa recebê-la: nesse caso ela não será válida.

5.5.2 Citação por oficial de justiça

A citação feita por oficial de justiça será sempre realizada em cumprimento de um *mandado judicial*.

Mesmo quando o réu reside em comarca diversa daquela em que a ação foi ajuizada, não tendo o autor optado pela citação postal, esta será feita pelo oficial de justiça do local onde o réu reside, mas em cumprimento à requisição feita por carta de ordem ou precatória.

Da citação a ser realizada pelo oficial de justiça cuida o art. 249:

> Art. 249. A citação será feita por meio de oficial de justiça nas hipóteses previstas neste Código ou em lei, ou quando frustrada a citação pelo correio.
>
> Art. 224. Far-se-á a citação por meio de oficial de justiça nos casos ressalvados no art. 222, ou quando frustrada a citação pelo correio.

Nas hipóteses em que é vedada a citação postal (art. 247), em hipóteses expressamente determinadas ou sempre que a citação postal se frustrar, ela é feita por meio do oficial de justiça, em cumprimento a mandado judicial.

Os requisitos formais do mandado que o oficial de justiça houver de cumprir estão no art. 250:

> Art. 250. O mandado que o oficial de justiça tiver de cumprir conterá:
>
> I – os nomes do autor e do citando e seus respectivos domicílios ou residências;

CAPÍTULO XLV – DOS PRAZOS PROCESSUAIS - COMUNICAÇÃO DOS...

II – a finalidade da citação, com todas as especificações constantes da petição inicial, bem como a menção do prazo para contestar, sob pena de revelia, ou para embargar a execução;

III – a aplicação de sanção para o caso de descumprimento da ordem, se houver;

IV – se for o caso, a intimação do citando para comparecer, acompanhado de advogado ou de defensor público, à audiência de conciliação ou de mediação, com a menção do dia, da hora e do lugar do comparecimento;

V – a cópia da petição inicial, do despacho ou da decisão que deferir tutela provisória;

VI – a assinatura do escrivão ou do chefe de secretaria e a declaração de que o subscreve por ordem do juiz.

Art. 225. O mandado, que o oficial de justiça tiver de cumprir, deverá conter:

I – os nomes do autor e do réu, bem como os respectivos domicílios ou residências;

II – o fim da citação, com todas as especificações constantes da petição inicial, bem como a advertência a que se refere o art. 285, segunda parte, se o litígio versar sobre direitos disponíveis;

III – a cominação, se houver;

IV – o dia, hora e lugar do comparecimento;

V – a cópia do despacho;

VI – o prazo para defesa;

VII – a assinatura do escrivão e a declaração de que o subscreve por ordem do juiz.

Parágrafo único. O mandado poderá ser em breve relatório, quando o autor entregar em cartório, com a petição inicial, tantas cópias desta quantos forem os réus; caso em que as cópias, depois de conferidas com o original, farão parte integrante do mandado.

O inciso primeiro se destina obviamente à identificação das partes e a identificação do local onde o réu será citado.

847

ANTONIO ARALDO FERRAZ DAL POZZO

O inciso segundo determina que o mandado especifique a finalidade da citação, que varia, conforme o caso: poderá ser para apresentar resposta ou para oferecer bens à penhora.

O mesmo inciso II torna obrigatório que conste do mandado a advertência de que, em sendo ação que tenha por objeto mediato direitos disponíveis a não apresentação da contestação tem por consequência a presunção de verdade quanto à existência dos fatos alegados pelo autor como geradores do seu direito (arts. 344 e 345). Se do mandado não constar a advertência de presunção de verdade quanto aos fatos alegados pelo autor, a consequência será a de que essa presunção não ocorrerá.[18]

O inciso III exige que conste da inicial a cominação, se houver – são casos em que o autor pede a incidência de uma pena pecuniária, em determinadas circunstâncias.

O inciso IV estabelece que do mandado conste o dia, a hora e o local de comparecimento do réu. Este requisito poderá não ser necessário, se a finalidade da citação é a de o réu apresentar sua resposta por escrito, por exemplo.

O mandado também conterá "cópia da petição inicial, do despacho ou da decisão que deferir tutela provisória" (inciso V).

Somente recebendo cópia de inteiro teor da inicial poderá o citando ter conhecimento pleno da ação que deve responder, cumprindo-se destarte o princípio do contraditório. Se houve o deferimento de tutela provisória (tutela cautelar ou tutela da evidência), o citando deve receber o inteiro teor da decisão, que foi proferida sem sua prévia manifestação (*inaudita altera parte*) para que ele possa eventualmente recorrer da decisão ou buscar sua revogação pelo juiz, aduzindo suas razões.

---

[18] Não se pode alegar, a respeito, a regra de que ninguém pode alegar ignorância da lei (art. 3º da Lei de Introdução ao Código Civil), dada a obrigatoriedade da inserção da advertência, exigida pelo Código de Processo Civil. Neste sentido, MONIZ DE ARAGÃO, Egas Dirceu. *Comentários ao Código de Processo Civil*. Ed. Forense, 2005, p. 225/226.

848

CAPÍTULO XLV – DOS PRAZOS PROCESSUAIS - COMUNICAÇÃO DOS...

A cópia do despacho do juiz que determinou a citação, exigência contida no inciso V, e a declaração do escrivão, sob assinatura, de que subscreve o mandado por ordem do juiz (inciso VI), são requisitos que conferem legitimidade à citação, a qual somente pode ser ordenada por órgão jurisdicional. Muitas vezes o conteúdo do despacho poderá suprir alguns dos requisitos já examinados (como a determinação do dia, hora e local do comparecimento, quando constarem do próprio despacho judicial).

É essencial que todos esses requisitos estejam presentes, para que a citação se realize validamente.

De posse do mandado (elaborado pelo Ofício de Justiça), o oficial de justiça irá realizar a citação do réu, ato que se reveste de solenidades importantes para a validade do processo.

A citação a ser feita pelo oficial de justiça poderá ser de duas espécies: citação pessoal do réu e citação com hora certa.

A citação pessoal é aquela feita diretamente na pessoa do réu. Diz o art. 251 do Código de Processo Civil:

> Art. 251. Incumbe ao oficial de justiça procurar o citando e, onde o encontrar, citá-lo:
>
> I – lendo-lhe o mandado e entregando-lhe a contrafé;
>
> II – portando por fé se recebeu ou recusou a contrafé;
>
> III – obtendo a nota de ciente ou certificando que o citando não a apôs no mandado.
>
> Art. 226. Incumbe ao oficial de justiça procurar o réu e, onde o encontrar, citá-lo:
>
> I – lendo-lhe o mandado e entregando-lhe a contrafé;
>
> II – portando por fé se recebeu ou recusou a contrafé;
>
> III – obtendo a nota de ciente, ou certificando que o réu não a apôs no mandado.

De posse do mandado incumbe ao oficial de justiça procurar o réu, o que normalmente ele faz dirigindo-se ao endereço constante da

849

inicial e transcrito no próprio mandado. Todavia, se não o encontrar no endereço declinado, o oficial de justiça tem o dever de efetuar diligências para encontrar o endereço do réu. Sua missão é procurar o réu, empregando, para tanto, todos os seus esforços. Também poderá procurar o réu no local de seu trabalho. Onde o encontrar, em resumo, efetuará a citação.

Neste passo, cabe lembrar a norma do art. 255 do Código de Processo Civil, já mencionado acima:

> Art. 255. Nas comarcas contíguas de fácil comunicação e nas que se situem na mesma região metropolitana, o oficial de justiça poderá efetuar, em qualquer delas, citações, intimações, notificações, penhoras e quaisquer outros atos executivos.

> Art. 230. Nas comarcas contíguas, de fácil comunicação, e nas que se situem na mesma região metropolitana, o oficial de justiça poderá efetuar citações ou intimações em qualquer delas.

Essa regra visa a facilitar a agilização do ato da citação. Realmente, há cidades tão próximas umas das outras, de comunicação tão rápida e fácil, que seria perda de tempo, nessas circunstâncias, a expedição de carta precatória. Com efeito, caso não houvesse essa regra no Código de Processo Civil, o oficial deveria devolver o mandado e ser determinada a expedição de carta precatória.

Encontrando o citando, cabe ao oficial de justiça exigir dele a sua identificação[19] e ler para ele o inteiro teor do mandado. A falta dessa leitura implicará a nulidade da citação.

Após ler o mandado para o citando, o oficial lhe entrega a contrafé, isto é, a cópia de inteiro teor do mandado.

Em seguida, o citando deve assinar, o mandado, dando-se por ciente do ato – mas, caso não queira fazê-lo, essa circunstância constará

---

[19] V. art. 275, § 1º, inciso III, que é aplicável aqui, por analogia.

850

CAPÍTULO XLV – DOS PRAZOS PROCESSUAIS - COMUNICAÇÃO DOS...

da certidão do oficial de justiça, que goza de fé pública.[20] A jurisprudência tem exigido que o oficial colhesse, nesse ato, assinatura de duas testemunhas.

No próprio mandado, o oficial de justiça deverá fazer uma certidão de todo o ocorrido (local onde encontrou o réu; diligências feitas para localizá-lo; a conferência de sua identidade civil, fazendo constar, se possível, o número de seu Registro Geral; a leitura do mandado, a entrega da contrafé e se o citando tomou ou não ciência da citação, mediante assinatura ao pé do mandado, bem como outras circunstâncias que, no caso concreto, entender necessárias).[21] Esta certidão deve, numa palavra, conter todos os elementos que possam comprovar que a citação se realizou validamente, a fim de prevenir eventual alegação em sentido contrário, que poderá fazer o réu.

Sabendo estar sendo procurado por oficial de justiçam, o réu pode tentar se ocultar, para evitar a citação.

Neste caso, a citação por mandado será feita com hora certa. É o que estatui o art. 252 do Código de Processo Civil:

> Art. 252. Quando, por 02 (duas) vezes, o oficial de justiça houver procurado o citando em seu domicílio ou residência sem o encontrar, deverá, havendo suspeita de ocultação, intimar qualquer pessoa da família ou, em sua falta, qualquer vizinho de que, no dia útil imediato, voltará a fim de efetuar a citação, na hora que designar.
>
> Art. 227. Quando, por três vezes, o oficial de justiça houver procurado o réu em seu domicílio ou residência, sem o encontrar, deverá, havendo suspeita de ocultação, intimar a qualquer pessoa da família, ou em sua falta a qualquer vizinho, que, no dia imediato, voltará, a fim de efetuar a citação, na hora que designar.

---

[20] Por gozar de fé pública, o ato praticado pelo oficial – no caso, a elaboração de uma certidão – é havido por verdadeiro, até prova em contrário.

[21] Como a descrição física do citando, se este não portar documento de identidade, descrição do local onde realizou a citação etc.

A condição essencial para que o oficial de justiça se valha desta forma de citar o réu é a *suspeita de sua ocultação*.

Conquanto a lei exija, como único dado objetivo, revelador dessa suspeita, o fato do réu ter sido procurado por *duas vezes*, é preciso que o oficial tenha tentado encontrar o citando em momentos do dia nos quais se poderia presumir devesse ele estar em seu domicílio ou residência (a jurisprudência admite que essa procura ocorra em seu local de trabalho). Assim, se o citando é pessoa que trabalha e é procurado em horários de seu trabalho, da sua ausência não será lícito inferir que esteja se ocultando para evitar a citação. Por outro lado, as duas vezes a que se refere a norma não precisam ser, necessariamente, no mesmo dia.

De qualquer maneira, o oficial de justiça, em sua certidão, deverá descrever pormenorizadamente os fatos, explicitando em que dias e horas esteve à procura do citando, certificando que o endereço estava correto (residência, domicílio ou de trabalho) e esclarecendo que o citando tem parentes morando no endereço em que esteve à sua procura; que é pessoa conhecida pelos vizinhos e/ou outras informações pertinentes. A finalidade dessa certidão é esclarecer devidamente em que fatos se baseia o oficial para concluir pela *suspeita da ocultação*.

Se o oficial tiver motivos reais da suspeita de ocultação marcará para o dia imediato – que deve ser dia útil, a menos que tenha autorização judicial para praticar o ato em dia feriado ou durante as férias – uma determinada hora, em que comparecerá, para efetuar a citação: esta designação será feita junto a qualquer pessoa da família do citando, ou, à falta, perante os vizinhos.

O parágrafo único do art. 252 ainda considera válida, em edifícios de apartamento ou loteamentos, a intimação de hora certa feita a funcionário da portaria responsável pelo recebimento da correspondência dos condôminos:

> Art. 252. (*omissis*)
> Parágrafo único. Nos condomínios edilícios ou nos loteamentos com controle de acesso, será válida a intimação a que se refere o *caput* feita a funcionário da portaria responsável pelo recebimento de correspondência.

CAPÍTULO XLV – DOS PRAZOS PROCESSUAIS - COMUNICAÇÃO DOS...

Vejamos agora o teor do art. 253 do Código de Processo Civil:

> Art. 253. No dia e na hora designados, o oficial de justiça, independentemente de novo despacho, comparecerá ao domicílio ou à residência do citando a fim de realizar a diligência.
>
> § 1º Se o citando não estiver presente, o oficial de justiça procurará informar-se das razões da ausência, dando por feita a citação, ainda que o citando se tenha ocultado em outra comarca, seção ou subseção judiciárias.
>
> § 2º A citação com hora certa será efetivada mesmo que a pessoa da família ou o vizinho que houver sido intimado esteja ausente, ou se, embora presente, a pessoa da família ou o vizinho se recusar a receber o mandado.
>
> § 3º Da certidão da ocorrência, o oficial de justiça deixará contrafé com qualquer pessoa da família ou vizinho, conforme o caso, declarando-lhe o nome.
>
> § 4º O oficial de justiça fará constar do mandado a advertência de que será nomeado curador especial se houver revelia.
>
> Art. 228. No dia e hora designados, o oficial de justiça, independentemente de novo despacho, comparecerá ao domicílio ou residência do citando, a fim de realizar a diligência.
>
> § 1º Se o citando não estiver presente, o oficial de justiça procurará informar-se das razões da ausência, dando por feita a citação, ainda que o citando se tenha ocultado em outra comarca.
>
> § 2º Da certidão da ocorrência, o oficial de justiça deixará contrafé com pessoa da família ou com qualquer vizinho, conforme o caso, declarando-lhe o nome.

Ao dizer que a citação a ser realizada com hora certa independe de novo despacho, a lei quer dizer que a decisão sobre a realização ou não desta modalidade de citação é do oficial, não do juiz (que, depois, verifica a sua regularidade).

Se o citando estiver presente, a citação será feita pessoalmente, nos moldes já estudados.

853

ANTONIO ARALDO FERRAZ DAL POZZO

Ausente o citando, pode o oficial de justiça ainda não estar plenamente convencido de sua ocultação, e, neste caso, deverá prosseguir com as diligências, a fim de localizá-lo. Porém, se estiver convencido da ocultação, fará a citação do réu na pessoa de alguém da família ou de um vizinho, que devem ser pessoas capazes para recebê-la. O § 2º determina que a citação seja feita ainda que a pessoa intimada da hora certa não esteja presente ou não queira receber o mandado.

Com tais pessoas ou com outras que não foram intimadas, deixará a contrafé, declarando o seu nome na certidão que irá elaborar e, se possível, colherá seu ciente ao pé do mandado. A pessoa que recebe a contrafé deverá ser devidamente identificada.

Como se vê, a lei processual não permite que manobras e má-fé do citando ou das pessoas de sua família evitem a citação. Esta será feita de qualquer maneira, observadas as formalidades legais.

Como não é feita pessoalmente, a citação com hora certa é chamada de citação *ficta* ou *presumida*: o réu é havido por citado por ficção ou presunção.

Essa modalidade de citação se justifica porque o citando tem a obrigação de colaborar com a Justiça, não podendo, com o expediente da ocultação, evitar que a atividade jurisdicional tenha prosseguimento.

Contudo, não se pode ter certeza absoluta de que o réu, citado fictamente, tenha realmente tomado conhecimento da ação contra si proposta, apesar da providência confirmatória ordenada pelo art. 254 do Código de Processo Civil:

> Art. 254. Feita a citação com hora certa, o escrivão ou chefe de secretaria enviará ao réu, executado ou interessado, no prazo de 10 (dez) dias, contado da data da juntada do mandado aos autos, carta, telegrama ou correspondência eletrônica, dando-lhe de tudo ciência.

> Art. 229. Feita a citação com hora certa, o escrivão enviará ao réu carta, telegrama ou radiograma, dando-lhe de tudo ciência.

854

CAPÍTULO XLV – DOS PRAZOS PROCESSUAIS - COMUNICAÇÃO DOS...

A remessa dessa carta é ato obrigatório, e sua ausência torna nula a citação.[22]

Contudo, se o réu não comparece para praticar o ato para o qual foi citado (apresentar contestação, por exemplo), permanece a dúvida: sabia ele da existência da ação?

Por essa razão, a lei determina que a esse réu seja nomeado um *curador especial*, nos termos do art. 72:

> Art. 72. O juiz nomeará curador especial ao:
> II – réu preso revel, bem como ao réu revel citado por edital ou com hora certa, enquanto não for constituído advogado.[23]

A curadoria especial – que será exercida pela Defensoria Pública (art. 72, parágrafo único) irá defender os interesses do citado fictamente, naquele processo.

Ao curador especial caberá apresentar, pelo réu, matérias preliminares e de mérito que lhe for possível, pois não tendo contato algum com aquele, essa defesa, normalmente, é feita pela negação dos fatos constitutivos do direito do autor. Muitas vezes, o curador especial realiza também uma defesa de natureza processual (alegando falta das condições da ação ou dos pressupostos processuais – como seria, por exemplo, a alegação da nulidade da própria citação). Contudo, a negação dos fatos constitutivos do direito do autor já é suficiente para que estes não se presumam verdadeiros: o autor terá o ônus de provar sua ocorrência.[24]

---

[22] A diligência prevista no art. 254 será desnecessária se houve tentativa frustrada de citação pelo correio ou se onde reside o réu não há entrega de correspondência domiciliar.

[23] No CPC revogado, art. 9º, II.

[24] É o que estatui o parágrafo único do art. 341 do CPC (CPC revogado – art. 302, parágrafo único). Se o curador especial mantiver contato com o réu, não poderá mais exercer o seu mister. Neste caso, cabe orientar o réu para que constitua um advogado, que, se for o caso, alegará a nulidade da citação, a fim de se anular o processo a partir desse ato. Não sendo possível essa alegação, o advogado constituído assumirá a causa no estado em que se acha.

ANTONIO ARALDO FERRAZ DAL POZZO

5.5.3 Citação por edital

A citação por edital será feita nas hipóteses previstas no art. 256 do Código de Processo Civil:

> Art. 256. A citação por edital será feita:
>
> I – quando desconhecido ou incerto o citando;
>
> II – quando ignorado, incerto ou inacessível o lugar em que se encontrar o citando;
>
> III – nos casos expressos em lei.
>
> § 1º Considera-se inacessível, para efeito de citação por edital, o país que recusar o cumprimento de carta rogatória.
>
> § 2º No caso de ser inacessível o lugar em que se encontrar o réu, a notícia de sua citação será divulgada também pelo rádio, se na comarca houver emissora de radiodifusão.
>
> § 3º O réu será considerado em local ignorado ou incerto se infrutíferas as tentativas de sua localização, inclusive mediante requisição pelo juízo de informações sobre seu endereço nos cadastros de órgãos públicos ou de concessionárias de serviços públicos.
>
> Art. 231. Far-se-á a citação por edital;
>
> I – quando desconhecido ou incerto o réu;
>
> II – quando ignorado, incerto ou inacessível o lugar em que se encontrar;
>
> III – nos casos expressos em lei.
>
> § 1º Considera-se inacessível, para efeito de citação por edital, o país que recusar o cumprimento de carta rogatória.
>
> § 2º No caso de ser inacessível o lugar em que se encontrar o réu, a notícia de sua citação será divulgada também pelo rádio, se na comarca houver emissora de radiodifusão.

Como observa Moniz de Aragão, as tentativas doutrinárias de distinguir o réu desconhecido do réu incerto são artificiais.[25]

---

[25] MONIZ DE ARAGÃO, Egas Dirceu. *Comentários ao Código de Processo Civil*. Ed. Forense, 2005, p. 246.

CAPÍTULO XLV – DOS PRAZOS PROCESSUAIS - COMUNICAÇÃO DOS...

Na verdade o réu é desconhecido (e incerto, ao mesmo tempo), quando o autor não sabe quem seja ou, então, não dispõe de elementos suficientes para individualizá-lo.

Assim, por exemplo, já se decidiu que a citação por edital é válida em caso de ação possessória, se o autor não dispõe de meios de identificação dos invasores de suas terras.

Contudo, entendemos que aqui há que se fazer uma importante observação. O autor somente terá interesse de agir (isto é, terá o direito de ação) se a tutela pedida independe da identificação do réu para produzir seus efeitos, pois, caso contrário, a própria tutela será impossível: como condenar alguém em perdas e danos, se a autoria destes é completamente desconhecida?

Para poder ser considerado como ignorado ou incerto o local onde o réu se encontra (inciso II), a jurisprudência tem entendido que é preciso esgotar os meios de sua localização como, por exemplo, a expedição de ofícios à Receita Federal, ao Tribunal Regional Eleitoral, à Junta Comercial etc. Essa orientação é correta, pois ainda não contamos – como contam certos países – com meios mais fáceis de localização de endereço, por obra exclusiva do autor e consta do § 3º do art. 256.

Finalmente, a providência determinada pelo § 2º é de grande oportunidade, pois em certas regiões do Brasil, como no Pantanal Matogrossense e na Amazônia, a radiodifusão ainda é o meio usual de comunicação.

Os requisitos da citação por edital estão no art. 232 do Código de Processo Civil:

> Art. 257. São requisitos da citação por edital:
>
> I – a afirmação do autor ou a certidão do oficial informando a presença das circunstâncias autorizadoras;
>
> II – a publicação do edital na rede mundial de computadores, no sítio do respectivo tribunal e na plataforma de editais do Conselho Nacional de Justiça, que deve ser certificada nos autos;
>
> III – a determinação, pelo juiz, do prazo, que variará entre 20

(vinte) e 60 (sessenta) dias, fluindo da data da publicação única ou, havendo mais de uma, da primeira;

IV – a advertência de que será nomeado curador especial em caso de revelia.

Parágrafo único. O juiz poderá determinar que a publicação do edital seja feita também em jornal local de ampla circulação ou por outros meios, considerando as peculiaridades da comarca, da seção ou da subseção judiciárias.

Art. 232. São requisitos da citação por edital:

I – a afirmação do autor, ou a certidão do oficial, quanto às circunstâncias previstas nos números. I e II do artigo antecedente;

II – a afixação do edital, na sede do juízo, certificada pelo escrivão;

III – a publicação do edital, no prazo máximo de quinze (15) dias, uma vez no órgão oficial e pelo menos duas vezes em jornal local, onde houver;

IV – a determinação, pelo juiz, do prazo, que variará entre vinte (20) e sessenta (60) dias, correndo da data da primeira publicação;

V – a advertência a que se refere o art. 285, segunda parte, se o litígio versar sobre direitos disponíveis.

§ 1º Juntar-se-á nos autos um exemplar de cada publicação, bem como do anúncio de que trata o n. II deste artigo.

§ 2º A publicação do edital será feita apenas no órgão oficial quando a parte for beneficiária da Assistência Judiciária.

O primeiro requisito para que seja possível a citação por edital é a verificação de uma das circunstâncias apontadas no art. 256 – as quais deverão ser declaradas pelo autor da ação ou constarem da certidão do oficial de justiça.

Desde logo seja ressaltado que a norma é evidentemente mais atual que a do CPC revogado, pois determina a publicação do edital na rede mundial de computadores, no sítio do respectivo tribunal e na plataforma de editais do Conselho Nacional de Justiça, que deve ser certificada

CAPÍTULO XLV – DOS PRAZOS PROCESSUAIS - COMUNICAÇÃO DOS...

nos autos. No entanto, o juiz pode determinar a publicação do edital seja feita também em jornal local e ampla circulação ou por outros meios, considerando as peculiaridades da comarca, da seção ou da subseção judiciárias.

Tudo para possibilitar o conhecimento da demanda, da execução ou do procedimento de jurisdição voluntário ao sujeito passivo ou interessado, respectivamente.

O prazo para a manifestação do citando por edital varia entre vinte a sessenta dias, consoante determinação judicial, começando a correr da publicação única ou, havendo mais de uma, da primeira (art. 257, III).

Dos editais constará a advertência que ao citando, se não comparecer pessoalmente e for revel, será nomeado curador especial, pelas mesmas razões que determinam essa nomeação quando da citação com hora certa: tanto esta como a por edital são citações fictas (art. 257, IV). Também aqui não se tem certeza absoluta de que o citando tomou conhecimento da citação. A nomeação do curador especial reequilibra a posição das partes na relação jurídica processual.

Contudo, atente-se para o art. 258 e seu parágrafo único, ambos do Código de Processo Civil:

> Art. 258. A parte que requerer a citação por edital, alegando dolosamente a ocorrência das circunstâncias autorizadoras para sua realização, incorrerá em multa de 05 (cinco) vezes o salário-mínimo.
>
> Parágrafo único. A multa reverterá em benefício do citando.
>
> Art. 233. A parte que requerer a citação por edital, alegando dolosamente os requisitos no art. 231, I e II, incorrerá em multa de cinco (5) vezes o salário mínimo vigente na sede do juízo.
>
> Parágrafo único. A multa reverterá em benefício do citando.

O art. 259 aponta os casos em que devem ser publicados os editais, para conhecimento geral:

ANTONIO ARALDO FERRAZ DAL POZZO

Art. 259. Serão publicados editais:

I – na ação de usucapião de imóvel;

II – na ação de recuperação ou substituição de título ao portador;

III – em qualquer ação em que seja necessária, por determinação legal, a provocação, para participação no processo, de interessados incertos ou desconhecidos.

O edital para a citação do réu deverá conter todos os requisitos da citação a ser realizada pelo oficial de justiça, isto é, os mesmos requisitos que devem constar do mandado (art. 250 do Código de Processo Civil), embora os elementos da petição inicial sempre sejam resumidos, dado o custo da divulgação.

6. DA INTIMAÇÃO

O vigente Código de Processo Civil alterou bastante, e para melhor, o sistema de intimações que vigia no código anterior.[26]

---

[26] Art. 234. Intimação é o ato pelo qual se dá ciência a alguém dos atos e termos do processo, para que faça ou deixe de fazer alguma coisa.Art. 235. As intimações efetuam-se de ofício, em processos pendentes, salvo disposição em contrário.

Art. 236. No Distrito Federal e nas Capitais dos Estados e dos Territórios, consideram-se feitas as intimações pela só publicação dos atos no órgão oficial.

§ 1º É indispensável, sob pena de nulidade, que da publicação constem os nomes das partes e de seus advogados, suficientes para sua identificação.

§ 2º A intimação do Ministério Público, em qualquer caso será feita pessoalmente.

Art. 237. Nas demais comarcas aplicar-se-á o disposto no artigo antecedente, se houver órgão de publicação dos atos oficiais; não o havendo, competirá ao escrivão intimar, de todos os atos do processo, os advogados das partes:

I – pessoalmente, tendo domicílio na sede do juízo;

II – por carta registrada, com aviso de recebimento quando domiciliado fora do juízo.

Parágrafo único. As intimações podem ser feitas de forma eletrônica, conforme regulado em lei própria.

Art. 238. Não dispondo a lei de outro modo, as intimações serão feitas às partes, aos seus representantes legais e aos advogados pelo correio ou, se presentes em cartório, diretamente pelo escrivão ou chefe de secretaria.

Parágrafo único. Presumem-se válidas as comunicações e intimações dirigidas ao endereço residencial ou profissional declinado na inicial, contestação ou embargos,

CAPÍTULO XLV – DOS PRAZOS PROCESSUAIS - COMUNICAÇÃO DOS...

6.1 DOS MEIOS PARA A INTIMAÇÃO

O Código de Processo Civil nitidamente prefere a intimação por meio eletrônico:

> Art. 270. As intimações realizam-se, sempre que possível, por **meio eletrônico**, na forma da lei.

A respeito dessa matéria deve ser consultada a Lei n. 11.419, de 19 de dezembro de 2006, que dispôs sobre a informatização do processo judicial.

Porém, o Código de Processo Civil faculta a intimação pelo correio, nas seguintes circunstâncias:

> Art. 269. (*omissis*)
>
> § 1º É facultado aos advogados promover a intimação do advogado da outra parte **por meio do correio**, juntando aos autos, a seguir, cópia do ofício de intimação e do aviso de recebimento.

Trata-se de inovação do Código de Processo Civil. Não será fácil a utilização da norma: em primeiro lugar porque somente será viável diante de prazos legais, pois um advogado não pode impor a outro determinado prazo para manifestação; em segundo lugar porque essa intimação, com certeza poderá dar margem a nulidades, se o aviso de recebimento não estiver firmado pelo próprio advogado que está sendo intimado.

---

cumprindo às partes atualizar o respectivo endereço sempre que houver modificação temporária ou definitiva. Art. 239. Far-se-á a intimação por meio de oficial de justiça quando frustrada a realização pelo correio. Parágrafo único. A certidão de intimação deve conter:

I – a indicação do lugar e a descrição da pessoa intimada, mencionando, quando possível, o número de sua carteira de identidade e o órgão que a expediu;

II – a declaração de entrega da contrafé;

III – a nota de ciente ou certidão de que o interessado não a após no mandado.

861

Se a intimação eletrônica não for possível, o Código de Processo Civil prevê a intimação por publicação em **órgão oficial da localidade**. Se também não existir esse órgão oficial, a intimação será pessoal ou por carta registrada:

> Art. 273. Se inviável a intimação por **meio eletrônico** e não houver na **localidade publicação em órgão oficial**, incumbirá ao escrivão ou chefe de secretaria intimar de todos os atos do processo os advogados das partes:
>
> I – pessoalmente, se tiverem domicílio na sede do juízo;
>
> II – por carta registrada, com aviso de recebimento, quando forem domiciliados fora do juízo.

Reafirmando a regra, o art. 274 estatui:

> Art. 274. Não dispondo a lei de outro modo, as intimações serão feitas às partes, aos seus representantes legais, aos advogados e aos demais sujeitos do processo pelo **correio** ou, se presentes em cartório, **diretamente** pelo **escrivão ou chefe de secretaria**.
>
> Art. 269. (*omissis*)
>
> § 3º A intimação da União, dos Estados, do Distrito Federal, dos Municípios e de suas respectivas autarquias e fundações de direito público será realizada perante o órgão de Advocacia Pública responsável por sua representação judicial.

No que se refere ao Ministério Público, à Defensoria Pública e à Advocacia Pública, tendo em vista a *intimação eletrônica*, aplica-se o disposto no art. 246, § 1º:

> Art. 270. (*omissis*)
>
> Parágrafo único. Aplica-se ao Ministério Público, à Defensoria Pública e à Advocacia Pública o disposto no § 1º do art. 246.
>
> > [Art. 246. (*omissis*) § 1º Com exceção das microempresas e das empresas de pequeno porte, as empresas públicas e privadas são obrigadas a manter cadastro nos sistemas de processo em autos eletrônicos, para efeito de recebimento de citações e intimações, as quais serão efetuadas preferencialmente por esse meio.]

CAPÍTULO XLV – DOS PRAZOS PROCESSUAIS - COMUNICAÇÃO DOS...

Portanto, podemos dizer que as intimações se realizam:

(i) Preferencialmente por meio eletrônico;

(ii) Publicação em órgão oficial da localidade;

(iii) Pelo correio;

(iv) Pessoalmente, seja pelo escrivão ou chefe da secretaria ou pelo oficial de justiça.

6.2 DOS DESTINATÁRIOS DA INTIMAÇÃO

A intimação pode ser dirigida às partes (ou seus representantes legais), aos advogados ou outras pessoas que devam praticar atos na relação jurídica processual.

É muito importante que o endereço dessas pessoas, constantes dos autos, esteja correto e que sempre o atualizem em caso de alteração, pois a intimação feita nos endereços declinados, mesmo que não recebidas pessoalmente, será válidas:

> Art. 274. Não dispondo a lei de outro modo, as intimações serão feitas às **partes**, aos seus **representantes legais**, aos **advogados** e aos demais sujeitos do processo pelo correio ou, se presentes em cartório, diretamente pelo escrivão ou chefe de secretaria.
>
> Parágrafo único. Presumem-se válidas as intimações dirigidas ao endereço constante dos autos, ainda que não recebidas pessoalmente pelo interessado, se a modificação temporária ou definitiva não tiver sido devidamente comunicada ao juízo, fluindo os prazos a partir da juntada aos autos do comprovante de entrega da correspondência no primitivo endereço.

6.3 DOS REQUISITOS DE VALIDADE DA INTIMAÇÃO

Em primeiro lugar, há de haver a determinação judicial para que seja feita a intimação, seja da parte contrária, seu advogado ou de quaisquer das pessoas que devam colaborar com a justiça, como testemunhas, peritos e outros, sendo certo que cópia da decisão judicial deverá integrar o ofício de intimação:

> Art. 271. O juiz determinará de ofício as intimações em processos pendentes, salvo disposição em contrário.
>
> Art. 269. (*omissis*)
>
> § 2º O ofício de intimação deverá ser instruído com cópia do despacho, da decisão ou da sentença.

Como se deduz, a intimação, realizada por quaisquer dos meios previstos, deverá levar ao intimando cópia do despacho, da decisão ou da sentença que a determinou para possa saber exatamente do que se trata e o que lhe cabe fazer no processo. Sem que fique muito claro tudo isso, a intimação será nula, pois deixa de cumprir o contraditório e impede a ampla defesa.

Importantes requisitos de validade das intimações estão no art. 272, no que se refere à intimação dos advogados:

> Art. 272. (*omissis*)
>
> § 1º Os advogados poderão requerer que, na intimação a eles dirigida, figure **apenas o nome da sociedade a que pertençam**, desde que devidamente registrada na Ordem dos Advogados do Brasil.
>
> § 2º Sob pena de nulidade, é indispensável que da publicação constem os **nomes das partes e de seus advogados**, com o respectivo número de inscrição na Ordem dos Advogados do Brasil, ou, se assim requerido, da sociedade de advogados.
>
> § 3º A grafia dos nomes das partes **não deve conter abreviaturas**.
>
> § 4º A grafia dos nomes dos advogados deve corresponder ao **nome completo** e ser a mesma que constar da procuração ou que estiver registrada na Ordem dos Advogados do Brasil.
>
> § 5º Constando dos autos pedido expresso para que as comunicações dos atos processuais sejam feitas em nome dos advogados indicados, o seu desatendimento implicará **nulidade**.

CAPÍTULO XLV – DOS PRAZOS PROCESSUAIS - COMUNICAÇÃO DOS...

Essas regras são deveras importantes e vêm estabelecer diretrizes corretas no que diz respeito à indicação do advogado ou dos advogados que estão sendo intimados. Elas são autoexplicativas, mas devem ser obrigatoriamente acatadas por quem seja ao responsável pela intimação.

Se por qualquer razão a intimação for realizada pelo oficial de justiça, este deve registrar em sua certidão:

> Art. 275. A intimação será feita por oficial de justiça quando frustrada a realização por meio eletrônico ou pelo correio.
>
> § 1º A certidão de intimação deve conter:
>
> I – a indicação do lugar e a descrição da pessoa intimada, mencionando, quando possível, o número de seu documento de identidade e o órgão que o expediu;
>
> II – a declaração de entrega da contrafé;
>
> III – a nota de ciente ou a certidão de que o interessado não a apôs no mandado.

Tal como ocorre com a citação por oficial de justiça, a intimação também pode se dar com hora certa:

> Art. 275. (*omissis*)
>
> § 2º Caso necessário, a intimação poderá ser efetuada com hora certa ou por edital.

Embora a lei não o diga, a intimação com hora certa deve ocorrer nas mesmas circunstâncias da citação – e a tal matéria remetemos o leitor.

6.4 INTIMAÇÃO E RETIRADA DOS AUTOS

Ao cuidar das intimações, o Código de Processo Civil também tratou da retirado dos autos do processo do cartório (casos que tramitam em primeira instância) e das secretarias (processos que estão nos tribunais), pois tal ato implica intimação de qualquer decisão proferida, ainda que pendente de publicação:

Art. 272. (*omissis*)

§ 6º A retirada dos autos do cartório ou da secretaria em carga pelo advogado, por pessoa credenciada a pedido do advogado ou da sociedade de advogados, pela Advocacia Pública, pela Defensoria Pública ou pelo Ministério Público **implicará intimação de qualquer decisão contida no processo retirado, ainda que pendente de publicação**.

É de se ter muito cuidado com a aplicação dessa norma, pois muitas vezes os escritórios de advocacia credenciam estagiários para a retirada dos autos e se este não levar ao conhecimento dos titulares a existência de alguma decisão, corre-se o risco de perder a oportunidade de praticar algum ato processual.

De qualquer forma, a lei processual regulamenta o credenciamento para a retirada de autos do cartório:

Art. 272. (*omissis*)

§ 7º O advogado e a sociedade de advogados deverão requerer o respectivo credenciamento para a retirada de autos por preposto.

Todavia, muitas vezes é impossível a prática do ato sem acesso prévio aos autos e essa circunstância anula a intimação que não a levar em linha de conta:

Art. 272. (*omissis*)

§ 9º Não sendo possível a prática imediata do ato diante da necessidade de acesso prévio aos autos, a parte limitar-se-á a arguir a nulidade da intimação, caso em que o prazo será contado da intimação da decisão que a reconheça.

7. FIXAÇÃO DO TERMO INICIAL DOS PRAZOS *(DIES A QUO)*

7.1 REGRAS GERAIS

O problema que agora vamos enfrentar consiste em saber em que *momento* o prazo começa a correr: a fixação, pois, do termo inicial do prazo (*dies a quo*).

CAPÍTULO XLV – DOS PRAZOS PROCESSUAIS - COMUNICAÇÃO DOS...

A matéria é de extrema relevância e está disciplinada pelo art. 231 do Código de Processo Civil:

Art. 231. Salvo disposição em sentido diverso, considera-se dia do começo do prazo:

I – a data de juntada aos autos do aviso de recebimento, quando a citação ou a intimação for **pelo correio**;

II – a data de juntada aos autos do mandado cumprido, quando a citação ou a intimação **for por oficial de justiça**;

III – a data de ocorrência da citação ou da intimação, quando ela se der **por ato do escrivão ou do chefe de secretaria**;

IV – o dia útil seguinte ao fim da dilação assinada pelo juiz, quando a citação ou a intimação **for por edital**;

V – o dia útil seguinte à consulta ao teor da citação ou da intimação ou ao término do prazo para que a consulta se dê, quando a citação ou a intimação **for eletrônica**;

VI – a data de juntada do comunicado de que **trata o art. 232** ou, não havendo esse, a data de juntada da **carta aos autos de origem devidamente cumprida**, quando a citação ou a intimação se realizar em cumprimento de carta;

VII – a data **de publicação**, quando a intimação **se der pelo Diário da Justiça impresso ou eletrônico**;

VIII – o dia da carga, quando a intimação se der **por meio da retirada dos autos, em carga, do cartório ou da secretaria**.

Art. 241. Começa a correr o prazo:

I – quando a citação ou intimação for pelo correio, da data de juntada aos autos do aviso de recebimento;

II – quando a citação ou intimação for por oficial de justiça, da data da juntada aos autos do mandado cumprido;

III – quando houver vários réus, da data da juntada aos autos do último aviso de recebimento ou mandado citatório cumprido;

IV – quando o ato se realizar em cumprimento de carta de ordem, precatória ou rogatória, da data de sua juntada aos autos devidamente cumprida;

ANTONIO ARALDO FERRAZ DAL POZZO

> V – quando a citação for por edital, finda a dilação assinada pelo juiz.
>
> Art. 240. Salvo disposição em contrário, os prazos para as partes, para a fazenda pública e para o Ministério Público contarse-ão da intimação.

Como se deduz com facilidade da norma, nos incisos I a VI, trata de forma igual a citação e a intimação, no que concerne ao *dies a quo*, que varia em função do meio utilizado para um ou outro ato processual.

Ainda há que se considerar a hipótese de comunicação de ato por carta:

> Art. 232. Nos atos de comunicação por carta precatória, rogatória ou de ordem, a realização da citação ou da intimação será imediatamente informada, por meio eletrônico, pelo juiz deprecado ao juiz deprecante.

Apesar do tratamento igualitário em alguns casos, convém estudarmos o termo inicial da citação e da intimação separadamente, pois eles se sujeitam a princípios diversos.

7.2 *DIES A QUO* EM CASO DE CITAÇÃO

O princípio geral nesta matéria é que o prazo decorrente de citação se inicia *no mesmo instante para todos os citados*.

Essa importantíssima regra geral está inserta no § 3º do art. 231:

> Art. 231. (*omissis*)
> § 1º Quando houver mais de um réu, o dia do começo do prazo para **contestar** corresponderá à última das datas a que se referem os incisos I a VI do *caput*.

A regra significa que:

CAPÍTULO XLV – DOS PRAZOS PROCESSUAIS - COMUNICAÇÃO DOS...

(i) Quanto a citação é feita pelo correio, a juntada aos autos do aviso de recebimento ou da juntada do último aviso de recebimento;

(ii) Quando a citação é feita por mandado, a data da juntada do mandado devidamente cumprido aos autos; se forem vários mandados, do último; por força do disposto no § 4º do art. 321, esta será a regra para a citação com hora certa.[27]

(iii) No dia em que a citação for feita, se realizada pessoalmente por ato do escrivão ou do chefe de secretaria; ou da última citação pessoal;

(iv) Quando a citação for feita por edital, no primeiro dia útil subsequente ao fim do prazo dado pelo juiz; ou do primeiro dia útil subsequente ao fim do prazo dado pelo juiz, considerando-se o último citado;

(v) Quando a citação for eletrônica, no dia útil seguinte ao da consulta do teor da citação;

(vi) Quando for feita a citação por carta (precatória, rogatória ou de ordem) a partir do momento da juntada aos autos da informação eletrônica (que deve ser feita imediatamente, assim que realizado o ato – art. 232) dada pelo juiz deprecado ao juiz deprecante; à falta dessa informação, quando da juntada aos autos da carta devidamente cumprida pelo juiz deprecado. Nestes casos, da juntada da última informação ou da última carta, quando vários os réus.

(vii) Se forem utilizados vários meios de citação para réus diversos, o prazo para todos começará a correr quando se realizar – nos termos vistos nos itens precedentes – o ato final da citação do último dos réus.

Ainda pouco importa, por exemplo, se um dos réus já foi citado: seu prazo terá início no momento em que forem juntados aos autos, devidamente cumpridos: o último aviso de recebimento, o último mandado,

---

[27] Art. 231. § 4º Aplica-se o disposto no inciso II do *caput* à citação com hora certa.

869

ou a última carta ou equivalente. A partir de então é que estará fixado o *dies a quo* para o oferecimento da contestação ou para embargos à execução, para todos eles.

Nada impede, porém, que os réus já citados apresentem sua resposta *antes do prazo* – o juiz deverá determinar sua juntada aos autos, mas ela somente começará a produzir efeitos após o decurso do prazo para oferecimento da resposta para todos os réus.

Anote-se que os réus *não serão intimados* da data de juntada aos autos do último aviso de recebimento, do último mandado ou da última carta: *cabe a eles fiscalizar* quando isso ocorre, para saber quando teve início o seu prazo para resposta.[28]

7.3 *DIES A QUO* PARA A INTIMAÇÃO

Para a intimação o princípio geral é diferente, pois o prazo não corre de forma igual para todos, mas será calculado individualmente para cada intimado:

> Art. 231. (*omissis*)
>
> § 2º Havendo mais de um intimado, o prazo para cada um é contado **individualmente**.[29]

---

[28] Por essa razão, quando há expedição de inúmeros mandados ou cartas para citação de vários réus, é prudente que os que já estão citados apresentem desde logo sua resposta, para não perder o prazo. Isto somente não deverá ser feito quando a apresentação precoce da resposta possa prejudicar a defesa.

[29] A Lei n. 8.429/92 (Lei da Improbidade Administrativa) determina que os requeridos sejam notificados para a apresentação da defesa prévia, segundo o Art. 17. Diz o seu § 7º: "Estando a inicial em devida forma, o juiz mandará autuá-la e ordenará a *notificação* do requerido, para oferecer manifestação por escrito, que poderá ser instruída com documentos e justificações, dentro do prazo de quinze dias". Antigo entendimento era no sentido de que o prazo começaria a correr a partir da última notificação (como se fora uma citação). Atualmente, porém, exige-se a contagem do prazo de forma individual para cada requerido. Dado essa nova orientação da jurisprudência, a notificação não produz todos os efeitos da citação, como o de interromper a prescrição, por exemplo.

CAPÍTULO XLV – DOS PRAZOS PROCESSUAIS - COMUNICAÇÃO DOS...

Assim sendo as regras são as mesmas vistas para a citação, com a diferença assinalada de que para cada intimado há um prazo próprio, que vai se vencendo na ordem das intimações.

Vale a pena reproduzir as regras acima expostas:

(i) Quanto a intimação é feita pelo correio, a juntada aos autos do aviso de recebimento: prazo individual para cada intimado;

(ii) Quando a intimação é feita por mandado, a data da juntada do mandado devidamente cumprido aos autos: prazo individual para cada intimado;

(iii) No dia em que a intimação for feita, se realizada pessoalmente por ato do escrivão ou do chefe de secretaria: prazo individual para cada intimado;

(iv) Quando a intimação for feita por edital, no primeiro dia útil subsequente ao fim do prazo dado pelo juiz: prazo individual para cada intimado;

(v) Quando a intimação for eletrônica, no dia útil seguinte ao da consulta do teor da citação: prazo individual para cada intimado;

(vi) Quando for feita a citação por carta (precatória, rogatória ou de ordem) a partir do momento da juntada aos autos da informação eletrônica (que deve ser feita imediatamente, assim que realizado o ato – art. 232) dada pelo juiz deprecado ao juiz deprecante; à falta dessa informação, quando da juntada aos autos da carta devidamente cumprida pelo juiz deprecado: prazo individual para cada intimado;

(vii) Se forem utilizados vários meios de intimação para partes diversas, o prazo para cada um começa a correr na forma acima vista.

(viii) Quando a intimação não se realizar por meio eletrônico, consideram-se feitas as intimações pela publicação dos atos no órgão oficial (art. 272).

Os incisos VII e VIII do art. 231 se referem apenas à intimação, que começará a correr:

Inciso VII – da data da publicação, quando a intimação se der pelo Diário da Justiça, impresso ou eletrônico;

Inciso VIII – o dia da carga, quando a intimação se der por meio da retirada dos autos, em carga, do cartório ou da secretaria.

Também o § 3º do art. 231 se refere à intimação, pois o ato de contestar não é praticado pela parte citada:

> Art. 231. (*omissis*)
>
> § 3º Quando o ato tiver de ser praticado <u>diretamente</u> pela parte ou por quem, de qualquer forma, participe do processo, sem a intermediação de representante judicial, o dia do começo do prazo para cumprimento da determinação judicial **corresponderá à data em que se der a comunicação**.

Assim, o perito, se deve prestar esclarecimentos, seu prazo começará a correr na data em que se der a comunicação do ato.

Portanto, quanto à intimação, à medida que aos autos forem sendo juntados os avisos de recebimento (intimação pelo correio) ou os mandados cumpridos (intimação por oficial de justiça) etc. os prazos começam a correr para aqueles que já foram intimados.[30]

Portanto, nas hipóteses de intimação, temos vários termos iniciais, um para cada intimado.

8. DURAÇÃO E CONTAGEM DOS PRAZOS

8.1 UNIDADE TEMPORAL DOS PRAZOS

Os prazos podem ser fixados em: minutos, horas, dias, meses e anos.

---

[30] O CPC revogado continha norma específica para interposição de recurso: "Art. 242. O prazo para a interposição de recurso conta-se da data em que os advogados são intimados da decisão, da sentença ou do acórdão. § 1º Reputam-se intimados na audiência, quando nesta é publicada a decisão ou a sentença. § 2º Havendo antecipação da audiência, o juiz, de ofício ou a requerimento da parte, mandará intimar pessoalmente os advogados para ciência da nova designação". Mas, no fundo, as regras eram as mesmas para demais atos.

CAPÍTULO XLV – DOS PRAZOS PROCESSUAIS - COMUNICAÇÃO DOS...

Quando a unidade temporal é o *minuto*, a contagem será feita de segundo a segundo, até se completarem os minutos do prazo. Assim, um prazo de 15 minutos, como aquele que consta do art. 937 do Código de Processo Civil para sustentações orais, contém 900 segundos: iniciado às 14h00 terminará às 14h900'', isto é, após o decurso de exatos 15 minutos.

Se a unidade de tempo for *hora*, a contagem será feita de minuto a minuto até se completarem as horas do prazo. O prazo de 48 horas do parágrafo único do art. 39 do Código de Processo Civil, por exemplo, contém 2.880 minutos. Iniciado às 14h00 horas do dia 10, terminará no dia 12, às 14h00 horas, pois nesse espaço de tempo decorreram os 2.880 minutos.[31]

Se o prazo for fixado em *dias*, que é o mais comum, ele será contado em horas, até se completarem os dias do prazo. Porém, neste caso, há que se levar em conta que o dia em que se encerra o prazo não terá 24 horas, pois o encerramento do prazo ocorrerá, nesse dia, mas no último momento da última hora de funcionamento do expediente forense. Exemplo: o prazo de cinco dias conferido ao advogado que atua em causa própria, quando não declinar, por exemplo, o número de sua inscrição na OAB (art. 106, § 1º).

Nos prazos em dias, há que se observar o art. 219:

> Art. 219. Na contagem de prazo em dias, estabelecido por lei ou pelo juiz, computar-se-ão *somente os dias úteis*.
>
> Parágrafo único. O disposto neste artigo aplica-se somente aos prazos processuais.

Para os prazos fixados em meses e anos, vigora o disposto na Lei n. 810, de 6 de setembro de 1949, que define o ano civil:

---

[31] Art. 39. Compete ao advogado, ou à parte quando postular em causa própria:I – declarar, na petição inicial ou na contestação, o endereço em que receberá intimação; II – comunicar ao escrivão do processo qualquer mudança de endereço.
Parágrafo único. Se o advogado não cumprir o disposto no n. I deste artigo, o juiz, antes de determinar a citação do réu, mandará que se supra a omissão no prazo de 48 (quarenta e oito) horas, sob pena de indeferimento da petição; se infringir o previsto no n. II, reputar-se-ão válidas as intimações enviadas, em carta registrada, para o endereço constante dos autos.

ANTONIO ARALDO FERRAZ DAL POZZO

Art. 1º Considera-se ano o período de doze meses contado do dia do início ao dia e mês correspondentes do ano seguinte.

Art. 2º Considera-se mês o período de tempo contado do dia do início ao dia correspondente do mês seguinte.

Art. 3º Quando no ano ou mês do vencimento não houver o dia correspondente ao do início do prazo, este findará no primeiro dia subsequente.[32]

(i) Assim, um prazo de seis meses, iniciado em 20 de abril de 2015 terá o seu encerramento em 20 de outubro de 2015.

(ii) O prazo de um ano que se iniciar em 20 de dezembro de 2014 terminará no dia 20 de dezembro de 2015.

Esses exemplos são de *contagem progressiva*: caminha-se de um marco inicial para frente, no tempo. Nestes casos, o marco inicial (*dies a quo*) está temporalmente antes do marco final (*dies ad quem*).[33]

8.2 REGRAS GERAIS SOBRE CONTAGENS DOS PRAZOS: PRINCÍPIO DA CONTAGEM DOS PRAZOS EM DIAS ÚTEIS – SUSPENSÃO DO PRAZO – JUSTA CAUSA E NOVO PRAZO

8.2.1 Princípio de contagem pelos dias úteis

O Código de Processo Civil revogado continha regra que não foi reproduzida no vigente e que consagrava o princípio da continuidade dos prazos.[34]

---

[32] Todavia, a contagem do prazo para entrada em vigor das leis é diferente. A matéria está regulada pelo art. 8º da Lei Complementar n. 95/98. Neste caso soma-se um dia ao dia de término do prazo, tendo em vista a data da publicação da lei. Assim, o vigente CC foi publicado em 11-01-2002. Terminaria a *vacatio legis* em 11-01-2003, mas somando-se um dia a mais, sua vigência ocorreu a partir de 12-01-2003.

[33] Na doutrina italiana os prazos se distinguem em *dilatori* (ou intermédios), que devem transcorrer *antes* que se possa realizar o ato processual e *acceleratori*, dentro do qual o ato precisa se realizar (LIEBMAN, Enrico Tullio. *Manuale di Diritto Processuale Civile*: Principi. 7ª Ed. Milano: Giuffrè Editore, 2007, p. 216).

[34] Art. 178. O prazo, estabelecido pela lei ou pelo juiz, é contínuo, não se interrompendo nos feriados

CAPÍTULO XLV – DOS PRAZOS PROCESSUAIS - COMUNICAÇÃO DOS...

O Código de Processo Civil vigente alterou substancialmente o sistema, como consta do art. 219:

> Art. 219. Na contagem de prazo em dias, estabelecido por lei ou pelo juiz, computar-se-ão *somente os dias úteis*.

A norma consagra o chamado *princípio da contagem dos prazos pelos dias úteis*.

É se registrar o disposto no art. 216:

> Art. 216. Além dos declarados em lei, são feriados, para efeito forense, os sábados, os domingos e os dias em que não haja expediente forense.

Portanto, iniciado o prazo de cinco dias, se o segundo dia do prazo é feriado, ao prazo total se acresce mais um dia, por causa desse feriado, a título de compensação.

Porém, esse sistema de contagem é válido apenas para os prazos processuais:

> Art. 219. (*omissis*)
> Parágrafo único. O disposto neste artigo aplica-se somente aos prazos processuais.

Assim, aos prazos da lei civil, por exemplo, vigora o princípio da continuidade dos prazos e não o sistema da lei processual civil.

8.2.2 Suspensão dos prazos

Há causas previstas pela lei que *suspendem* o prazo.

Quando ocorre a *suspensão*, computa-se o lapso de tempo decorrido antes dela e apenas se acresce o restante do prazo que ficou suspenso. Assim, se o prazo era de 15 (quinze) dias e foi suspenso no 14º dia, cessada a suspensão, o prazo remanescente será de 01 (um) dia apenas.[35]

---

[35] Para a Ciência Jurídica, a suspensão difere-se da *interrupção*, porque neste último caso

ANTONIO ARALDO FERRAZ DAL POZZO

A regra geral é a de que durante as férias forenses e feriados não são praticados atos processuais:

> Art. 220. Suspende-se o curso do prazo processual nos dias compreendidos entre 20 de dezembro e 20 de janeiro, inclusive.
>
> § 1º Ressalvadas as férias individuais e os feriados instituídos por lei, os juízes, os membros do Ministério Público, da Defensoria Pública e da Advocacia Pública e os auxiliares da Justiça exercerão suas atribuições durante o período previsto no *caput*.
>
> § 2º Durante a suspensão do prazo, não se realizarão audiências nem sessões de julgamento.

Todavia, há que se lembrar das exceções:

> Art. 214. Durante as férias forenses e nos feriados, não se praticarão atos processuais, excetuando-se:
>
> I – os atos previstos no art. 212, § 2º;
>
> II – a tutela de urgência.
>
> Art. 215. Processam-se durante as férias forenses, onde as houver, e não se suspendem pela superveniência delas:
>
> I – os procedimentos de jurisdição voluntária e os necessários à conservação de direitos, quando puderem ser prejudicados pelo adiamento;
>
> II – a ação de alimentos e os processos de nomeação ou remoção de tutor e curador;
>
> III – os processos que a lei determinar.
>
> Art. 216. Além dos declarados em lei, são feriados, para efeito forense, os sábados, os domingos e os dias em que não haja expediente forense.

A exegese sistemática que se faz dessas normas, combinada com as anteriores, é a de que a superveniência das férias suspende

---

anula-se todo o tempo decorrido anteriormente à verificação da causa da interrupção – mas não há no CPC hipótese de interrupção de prazo processual.

CAPÍTULO XLV – DOS PRAZOS PROCESSUAIS - COMUNICAÇÃO DOS...

os prazos processuais, naqueles casos que não sejam excepcionais (art. 214 e art. 215).[36]

Pela regra geral, portanto, se no 5º (quinto) dia de um prazo de 15 dias têm início as férias forenses, quando esta terminar a parte terá mais 11 (onze) dias após o reinício dos trabalhos forenses para praticar o ato.

Outra causa de suspensão do prazo está no art. 221 do Código de Processo Civil:

> Art. 221. Suspende-se o curso do prazo por obstáculo criado em detrimento da parte ou ocorrendo qualquer das hipóteses do art. 313, devendo o prazo ser restituído por tempo igual ao que faltava para sua complementação.
>
> Parágrafo único. Suspendem-se os prazos durante a execução de programa instituído pelo Poder Judiciário para promover a auto-composição, incumbindo aos tribunais especificar, com antece-dência, a duração dos trabalhos.
>
> Art. 180. Suspende-se também o curso do prazo por obstáculo criado pela parte ou concorrendo qualquer das hipóteses do art. 265, números I e III; casos em que o prazo será restituído por tempo igual ao que faltava para sua complementação.

Vários são os obstáculos que a parte pode criar, sendo o mais comum a retirada dos autos de cartório sem que a outra possa compul-sá-los para praticar o ato – neste caso, o prazo é suspenso.

O art. 313 cuida de casos de suspensão do processo, mas será es-tudado oportunamente.

O parágrafo único do art. 221 é novidade, mas em boa hora in-serto no ordenamento processual, dado que o Código de Processo Civil tem decisiva inclinação para as autocomposições.

---

[36] O CPC revogado continha norma expressa: Art. 179. A superveniência de férias *suspenderá* o curso do prazo, o que lhe sobejar recomeçará a correr do primeiro dia útil seguinte ao termo das férias.

Também é suspenso o prazo, por aplicação analógica desta regra, quando há embaraço nos trabalhos forenses, como a greve dos servidores da Justiça, ou por qualquer obstáculo judicial, como a falta de regularização dos autos, correição no cartório e outras situações semelhantes.[37]

8.2.3 Justa causa e novo prazo

Mesmo escoado o prazo, é possível à parte pleitear ao juiz que lhe assinale um novo para a prática do ato, se "provar que o não realizou por justa causa":

> Art. 223. Decorrido o prazo, extingue-se o direito de praticar ou de emendar o ato processual, independentemente de declaração judicial, **ficando assegurado, porém, à parte provar que não o realizou por justa causa**.
>
> § 1º Considera-se justa causa o evento alheio à vontade da parte e que a impediu de praticar o ato por si ou por mandatário.
>
> § 2º Verificada a justa causa, o juiz permitirá à parte a prática do ato no prazo que lhe assinar.
>
> Art. 183. Decorrido o prazo, extingue-se, independentemente de declaração judicial, o direito de praticar o ato, ficando salvo, porém, à parte provar que o não realizou por justa causa.
>
> § 1º Reputa-se justa causa o evento imprevisto, alheio à vontade da parte e que a impediu de praticar o ato por si ou por mandatário.
>
> § 2º Verificada a justa causa o juiz permitirá à parte a prática do ato no prazo que lhe assinar.

Dentre eventos dessa natureza estão, por exemplo: doença do advogado da parte; cirurgia de urgência; falecimento de um parente

---

[37] Correição é a atividade que cabe aos juízes, consistente em fiscalizar os trabalhos administrativos dos cartórios. Há também a correição realizada pela Corregedoria Geral da Justiça, que é um órgão de administração do Poder Judiciário, quando, então, também os trabalhos dos juízes são submetidos à fiscalização.

CAPÍTULO XLV – DOS PRAZOS PROCESSUAIS - COMUNICAÇÃO DOS...

próximo; inundação da cidade. Feito o requerimento, lícito será a prova da justa causa até mesmo por depoimento testemunhal ou por perícia, além da prova documental, que é mais comum nesses casos.

O § 2º do art. 223 esclarece que se a justa causa for reconhecida, a parte poderá praticar o ato no prazo assinado pelo juiz.

Ao estipular o prazo, o juiz deverá levar em conta o tempo necessário para a prática do ato, tendo em vista o prazo original. O prazo, após ser marcado pelo juiz, passará a ser um prazo judicial.

8.2.4 Regras sobre a contagem dos prazos

8.2.4.1 Regras gerais

Duas normas devem ser recordadas:

1ª) Contagem pelos dias úteis:

> Art. 219. Na contagem de prazo em dias, estabelecido por lei ou pelo juiz, computar-se-ão somente os dias úteis.
>
> Parágrafo único. O disposto neste artigo aplica-se somente aos prazos processuais

2ª) Começo da contagem do prazo

> Art. 224. Salvo disposição em contrário, os prazos serão contados excluindo o dia do começo e incluindo o dia do vencimento.
>
> § 1º Os dias do começo e do vencimento do prazo serão protraídos para o primeiro dia útil seguinte, se coincidirem com dia em que o expediente forense for encerrado antes ou iniciado depois da hora normal ou houver indisponibilidade da comunicação eletrônica.
>
> § 2º Considera-se como data de publicação o primeiro dia útil seguinte ao da disponibilização da informação no Diário da Justiça eletrônico.
>
> § 3º A contagem do prazo terá início no primeiro dia útil que seguir ao da publicação.

ANTONIO ARALDO FERRAZ DAL POZZO

Art. 184. Salvo disposição em contrário, computar-se-ão os prazos, excluindo o dia do começo e incluindo o do vencimento.

Em primeiro lugar, cabe aqui uma importante distinção: uma coisa é a *fixação do marco inicial do prazo*, assunto que já examinamos no item anterior; outra é a *duração do prazo* e a *forma de contá-lo*.

As regras dos artigos 219 e 224 dizem respeito à *forma de contar* o prazo, sob os aspectos referentes aos dias que entram na contagem do prazo e ao momento em que se deve iniciar a contagem: são excluídos do prazo os dias não úteis e será excluído do prazo o dia do começo e incluído o do vencimento.

Vejamos o seguinte calendário referente ao mês de setembro de 2015:

2ª	3ª	4ª	5ª	6ª	Sáb.	Dom.
4	_5_	6	_7_	8	_9_	_10_
11	12	13	14	15	_16_	_17_
18	19	20	21	22	_23_	_24_
25	26	_27_				

Suponha-se que o réu foi citado no dia 5 (terça-feira) e no mesmo dia o mandado foi juntado. Normalmente, nessa terça-feira teria início a contagem do prazo de 15 dias para a contestação. Porém, dada a regra do art. 224, despreza-se esse dia 5 e a contagem se inicia no dia 6. Porém, será preciso desprezar os dias não úteis: dia 7 (feriado), e, ainda os dias 9; 10; 16; 17; 23; 24 (sábados e domingos) e o último dia do prazo será dia 27 de setembro.

Como se vê, a contagem por dias úteis, como determina o Código de Processo Civil vigente aumenta bem o prazo de quinze dias corridos, como era o sistema anterior.

CAPÍTULO XLV – DOS PRAZOS PROCESSUAIS - COMUNICAÇÃO DOS...

Outra regra específica sobre a contagem dos prazos está no art. 230:

> Art. 230. O prazo para a parte, o procurador, a Advocacia Pública, a Defensoria Pública e o Ministério Público será contado da citação, da intimação ou da notificação.

Também há contagem especial nas seguintes circunstâncias:

> Art. 229. Os litisconsortes que tiverem diferentes procuradores, de escritórios de advocacia distintos, terão prazos contados em dobro para todas as suas manifestações, em qualquer juízo ou tribunal, independentemente de requerimento.
>
> § 1º Cessa a contagem do prazo em dobro se, havendo apenas 2 (dois) réus, é oferecida defesa por apenas um deles.
>
> § 2º Não se aplica o disposto no *caput* aos processos em autos eletrônicos.

8.2.4.2 Dia de começo em sexta-feira ou em dia que não é útil

Se o dia de começo do prazo é uma sexta-feira, há que levar em conta a Súmula 310 do Supremo Tribunal Federal:

> Súmula 310. Quando a intimação tiver lugar na sexta-feira, ou a publicação com efeito de intimação for feita nesse dia, *o prazo judicial terá início na segunda-feira imediata*, salvo se não houver expediente, caso em que começará no primeiro dia útil que se seguir.[38]

O princípio, portanto, é este: *nenhum prazo se inicia ou se extingue em dia não útil*.

No caso da Súmula citada, excluindo-se o dia do começo (sexta-feira) o prazo teria início no sábado, mas como nesse dia e no domingo não há expediente forense, o prazo se inicia na segunda-feira.

---

[38] No CPC revogado havia a seguinte regra: Art. 240. (*omissis*) Parágrafo único. As intimações consideram-se realizadas no primeiro dia útil seguinte, se tiverem ocorrido em dia em que não tenha havido expediente forense.

8.2.4.3 Dia final do prazo que não é dia útil

Quanto ao dia final do prazo, deve ser observado o disposto nos § 3º do art. 244 do Código de Processo Civil:

> Art. 244. (*omissis*)
>
> § 1º Os dias do começo e <u>do vencimento</u> do prazo serão protraídos para o primeiro dia útil seguinte, se coincidirem com dia em que o expediente forense for encerrado antes ou iniciado depois da hora normal ou houver indisponibilidade da comunicação eletrônica.
>
> Art. 184. (*omissis*)
>
> § 1º Considera-se prorrogado o prazo até o primeiro dia útil se o vencimento cair em feriado ou em dia que:
>
> I – for determinado o fechamento do fórum;
>
> II – o expediente forense for encerrado antes da hora normal.
>
> § 2º Os prazos somente começam a correr do 1º (primeiro) dia útil após a intimação (art. 240 e parágrafo único).

Assim, vencido o prazo num sábado (no qual não há expediente forense) o ato pode ser praticado na segunda-feira, se nela houver expediente.

Neste caso, porém, como o dia final do prazo é marcado para trás, se este recair num feriado, o prazo irá vencer no dia antecedente.

9. PRORROGAÇÃO DO PRAZO

Normalmente o prazo é fixo e improrrogável.[39]

Todavia, o Código de Processo Civil, atento às diversidades existentes no Brasil, dispõe que:

---

[39] A improrrogabilidade do prazo é diferente da devolução do prazo quando o juiz acolher a existência de justa causa (art. 223).

CAPÍTULO XLV – DOS PRAZOS PROCESSUAIS - COMUNICAÇÃO DOS...

Art. 222. Na comarca, seção ou subseção judiciária onde for difícil o transporte, o juiz poderá prorrogar os prazos por até 2 (dois) meses.

§ 1º Ao juiz é vedado reduzir prazos peremptórios sem anuência das partes.

§ 2º Havendo calamidade pública, o limite previsto no *caput* para prorrogação de prazos poderá ser excedido.

A calamidade pública pode ser decretada por ato do Poder Executivo, mas também a situação pode ser havida como tal por entendimento do magistrado.

Capítulo XLVI

DA VERIFICAÇÃO DOS PRAZOS E PENALIDADES

Sumário: 1. Da verificação dos prazos. 1.1 Consequências processuais – descumprimento pelas partes. 1.2 Consequências de ordem administrativa – descumprimento por serventuário. 2. Do descumprimento dos prazos para restituição dos autos – advogados (públicos e privados), membros do Ministério Público e da Defensoria Pública. 3. Do não cumprimento dos prazos pelos órgãos jurisdicionais.

1. DA VERIFICAÇÃO DOS PRAZOS

Os prazos estabelecidos pelo Código de Processo Civil devem ser cumpridos rigorosamente.

Do seu não cumprimento advém uma série de consequências de ordem *processual* e, em certas circunstâncias, até de ordem *administrativa*.

Assim, a omissão da parte, dos patronos e das demais pessoas que devem intervir na relação jurídica processual provoca consequências mais ou menos graves, consoante às circunstâncias, mas que, basicamente, podem ser *processuais* e *administrativas*.

1.1 CONSEQUÊNCIAS PROCESSUAIS – DESCUMPRIMENTO PELAS PARTES

A primeira e mais importante consequência de ordem processual é a *preclusão* – a perda do direito de realizar o ato, pelo decurso do prazo de que se dispunha para tanto.

Essa preclusão é chamada de *preclusão temporal*, para diferenciá-la de duas outras espécies:

(i) da *preclusão lógica* – que "decorre da incompatibilidade entre o ato praticado e outro, que se queria praticar também"; e[1]

(ii) da *preclusão consumativa* – que resulta da circunstância de já se ter praticado o ato.

Assim, a desistência de um recurso opera a preclusão lógica quanto à sua interposição: quem desiste do recurso não pode mais interpô-lo (preclusão lógica).

Por outro lado, os atos processuais são praticados uma única vez – pouco importa se seu conteúdo surtiu ou não o efeito esperado. Ofertada a contestação, não poderá mais o réu, subsequentemente , impugnar um fato, se deixou de fazê-lo naquela oportunidade (ocorreu a preclusão consumativa).

A preclusão *temporal* é tratada no art. 223 do Código de Processo Civil, já visto no capítulo anterior:

> Art. 223. Decorrido o prazo, extingue-se o direito de praticar ou de emendar o ato processual, independentemente de declaração judicial, ficando assegurado, porém, à parte provar que não o realizou por justa causa.
>
> Art. 183. Decorrido o prazo, extingue-se, independentemente de declaração judicial, o direito de praticar o ato, ficando salvo, porém, à parte provar que o não realizou por justa causa.

---

[1] MONIZ DE ARAGÃO, Egas Dirceu. *Comentários ao Código de Processo Civil*. Ed. Forense, 2005, p. 109.

CAPÍTULO XLVI – DA VERIFICAÇÃO DOS PRAZOS E PENALIDADES

Portanto, a preclusão temporal se consuma mesmo que não haja declaração judicial expressa a respeito. Basta, para tanto, o simples decurso do prazo, atestado pelo escrivão como já decorrido sem que o ato processual tenha sido realizado.

Além de perder a oportunidade de praticar o ato, *salvo a comprovação de justa causa*, a não realização do ato processual provoca efeitos processuais mais ou menos graves, conforme as circunstâncias e a natureza do próprio ato omitido.

Tais efeitos processuais estão previstos, na maioria das vezes, na oportunidade em que a lei processual disciplina o ato a ser praticado.

Destarte, por exemplo, a perda do prazo para oferecimento da contestação produz o efeito da presunção de verdade quanto aos fatos alegados pelo autor (salvo exceções previstas expressamente na lei), segundo o art. 344 do Código de Processo Civil.

Porém, como também já mencionado, o art. 223 admite a concessão de novo prazo se a parte alegar e comprovar justa causa para perder o prazo original.

1.2 CONSEQUÊNCIAS DE ORDEM ADMINISTRATIVA – DESCUMPRIMENTO POR SERVENTUÁRIO

Cabe ao juiz exercer, de modo permanente, a correição sobre os atos praticados pelos órgãos auxiliares da justiça que são subordinados ao juízo.

Por essa razão, dispõe o art. 233 que:

> Art. 233. Incumbe ao juiz verificar se o serventuário excedeu, sem motivo legítimo, os prazos estabelecidos em lei.
>
> Art. 193. Compete ao juiz verificar se o serventuário excedeu, sem motivo legítimo, os prazos que este Código estabelece.

Ao receber os autos, portanto, deve o juiz verificar se os prazos foram respeitados pelos serventuários e em caso negativo, deve instaurar processo administrativo.

No sistema do Código de Processo Civil revogado, antes da instauração, o juiz deveria verificar se o serventuário excedeu o prazo por motivo legítimo e somente na falta deste, instauraria o processo administrativo.

> Art. 233. (*omissis*)
>
> § 1º Constatada a falta, o juiz ordenará a instauração de processo administrativo, na forma da lei.
>
> Art. 194. Apurada a falta, o juiz mandará instaurar procedimento administrativo, na forma da Lei de Organização Judiciária.

Nesse procedimento poderá haver a imposição de penas administrativas ao serventuário faltoso.

O Código de Processo Civil ainda faculta às partes, ao Ministério Público e à Defensoria Pública representar contra o serventuário:

> Art. 233. (*omissis*)
>
> § 2º Qualquer das partes, o Ministério Público ou a Defensoria Pública poderá representar ao juiz contra o serventuário que injustificadamente exceder os prazos previstos em lei.

A apuração será em processo administrativo, que em qualquer circunstância deve garantir ao serventuário o direito ao contraditório e à ampla defesa.

2. DO DESCUMPRIMENTO DOS PRAZOS PARA RESTITUIÇÃO DOS AUTOS – ADVOGADOS (PÚBLICOS E PRIVADOS), MEMBROS DO MINISTÉRIO PÚBLICO E DA DEFENSORIA PÚBLICA

No exercício de sua profissão, o advogado (público ou privado), o defensor público ou o membro do Ministério Público precisam muitas vezes retirar os autos do cartório (salvo se for eletrônico) para poder examiná-lo e produzir a peça processual adequada.

CAPÍTULO XLVI – DA VERIFICAÇÃO DOS PRAZOS E PENALIDADES

A obrigação de devolução tempestiva dos autos está no art. 234:

> Art. 234. Os advogados públicos ou privados, o defensor público e o membro do Ministério Público devem restituir os autos no prazo do ato a ser praticado.
>
> Art. 195. O advogado deve restituir os autos no prazo legal. Não o fazendo, mandará o juiz, de ofício, riscar o que neles houver escrito e desentranhar as alegações e documentos que apresentar.

Todavia, pode ocorrer que eles ultrapassem o prazo dado para que efetuem aquela restituição. Os parágrafos do art. 234 estabelecem o procedimento adequado quando isso ocorrer:

> Art. 234. (*omissis*)
>
> § 1º É lícito a qualquer interessado exigir os autos do advogado que exceder prazo legal.
>
> § 2º Se, intimado, o advogado não devolver os autos no prazo de 3 (três) dias, **perderá o direito à vista fora de cartório e incorrerá em multa correspondente à metade do salário-mínimo**.
>
> § 3º Verificada a falta, o juiz comunicará o fato à seção local da Ordem dos Advogados do Brasil para procedimento disciplinar e imposição de multa.
>
> § 4º Se a situação envolver membro do Ministério Público, da Defensoria Pública ou da Advocacia Pública, a multa, se for o caso, **será aplicada ao agente público responsável pelo ato**.
>
> § 5º Verificada a falta, o juiz comunicará o fato ao órgão competente responsável pela instauração de procedimento disciplinar contra o membro que atuou no feito.
>
> Art. 196. É lícito a qualquer interessado cobrar os autos ao advogado que exceder o prazo legal. Se, intimado, não os devolver em 24 (vinte e quatro) horas, perderá o direito à vista fora de cartório e incorrerá em multa, correspondente à metade do salário mínimo vigente na sede do juízo.

> Parágrafo único. Apurada a falta, o juiz comunicará o fato à seção local da Ordem dos Advogados do Brasil, para procedimento disciplinar e imposição da multa.

Portanto, qualquer interessado – e não apenas as partes – pode exigir do advogado (público ou privado), do membro do Ministério Público e do defensor público a devolução dos autos, se excederam o prazo legal.

Essa infração acarreta ao advogado três sanções: perde o direito de retirar os autos do cartório, sofre a aplicação de multa e sujeita-se à representação à Ordem dos Advogados do Brasil, para abertura de procedimento disciplinar, e imposição de sanção.

Os membros do Ministério Público e os defensores públicos, como estão nos autos em nome do interesse público, não podem perder o direito de retirar os autos do cartório, mas podem sofrer – pessoalmente – multa e ainda representação ao órgão institucional competente para o processo disciplinar (Corregedoria-Geral do Ministério Público e Corregedoria-Geral da Defensoria Pública).

A expressão "qualquer interessado" empregada pela norma em análise significa que não somente as partes processuais podem requerer a devolução dos autos, mas todo aquele que for titular de um interesse jurídico relação à lide – como os terceiros que podem intervir voluntariamente no feito.

O Estatuto da OAB prevê como infração disciplinar a retenção abusiva ou o extravio de autos recebidos com vista ou em confiança pelo advogado (art. 34, inciso XXII), para a qual é prevista a penalidade de censura (art. 36, inciso I).

3. DO NÃO CUMPRIMENTO DOS PRAZOS PELOS ÓRGÃOS JURISDICIONAIS

Também os órgãos jurisdicionais estão sujeitos aos prazos processuais e obrigados a cumpri-los.

CAPÍTULO XLVI – DA VERIFICAÇÃO DOS PRAZOS E PENALIDADES

Daí o Código de Processo Civil dispor, no seu art. 235 que:

> Art. 235. Qualquer parte, o Ministério Público ou a Defensoria Pública poderá representar ao corregedor do tribunal ou ao Conselho Nacional de Justiça contra juiz ou relator que injustificadamente exceder os prazos previstos em lei, regulamento ou regimento interno.
>
> § 1º Distribuída a representação ao órgão competente e ouvido previamente o juiz, não sendo caso de arquivamento liminar, será instaurado procedimento para apuração da responsabilidade, com intimação do representado por meio eletrônico para, querendo, apresentar justificativa no prazo de 15 (quinze) dias.
>
> § 2º Sem prejuízo das sanções administrativas cabíveis, em até 48 (quarenta e oito) horas após a apresentação ou não da justificativa de que trata o § 1º, se for o caso, o corregedor do tribunal ou o relator no Conselho Nacional de Justiça determinará a intimação do representado por meio eletrônico para que, em 10 (dez) dias, pratique o ato.
>
> § 3º Mantida a inércia, os autos serão remetidos ao substituto legal do juiz ou do relator contra o qual se representou para decisão em 10 (dez) dias.
>
> Art. 198. Qualquer das partes ou o órgão do Ministério Público poderá representar ao Presidente do Tribunal de Justiça contra o juiz que excedeu os prazos previstos em lei. Distribuída a representação ao órgão competente, instaurar-se-á procedimento para apuração da responsabilidade. O relator, conforme as circunstâncias, poderá avocar os autos em que ocorreu excesso de prazo, designando outro juiz para decidir a causa.

Em primeiro lugar, a norma estabelece quem pode representar contra o juiz (em primeiro grau de jurisdição) ou contra o relator (em segundo grau de jurisdição), que sem motivo exceder os prazos previstos na lei, em regulamento ou em regimento interno (dos tribunais): quaisquer das partes, o advogado público, o Ministério Público e a Defensoria Pública.

Essa representação, segundo o art. 235, será dirigida ao corregedor do tribunal ou ao Conselho Nacional de Justiça.

ANTONIO ARALDO FERRAZ DAL POZZO

Há uma defesa prévia a ser ofertada pelo magistrado, que pode determinar o arquivamento da representação (art. 235, § 1º). Não sendo caso de arquivamento *in limine*, haverá a instauração de procedimento para apuração da falta, sempre garantido o contraditório e a ampla defesa (idem).

No caso de instauração desse procedimento, o corregedor ou relator do Conselho Nacional de Justiça que deve presidi-lo determinará a intimação do magistrado faltoso − por meio eletrônico − para realizar o ato em dez dias. Tudo sem prejuízo de eventuais sanções administrativas (art. 235, § 2º).

Caso perdure sua inércia a lei autoriza a remessa dos autos ao substituto legal do magistrado omisso, que em dez dias deverá se pronunciar (art. 235, § 3º).

Essa norma é inconstitucional, porque o art. 95 II da Constituição Federal garante aos juízes a *inamovibilidade*.

Duas são as maneiras de se violar esse preceito − removendo o juiz de determinado órgão jurisdicional ou subtraindo dele os autos de processo de sua competência como *juiz natural* − e esta é a hipótese que a norma analisada prevê.

Ora, o art. 93, VIII da Constituição Federal dispõe que:

> Art. 93. (*omissis*)
>
> VIII − o ato de remoção, disponibilidade e aposentadoria do magistrado, por interesse público, fundar-se-á em decisão por voto da maioria absoluta do respectivo tribunal ou do Conselho Nacional de Justiça, assegurada ampla defesa.

Assim sendo, a mera retirada dos autos do magistrado e sua entrega ao seu substituto legal é uma violação ao princípio da inamovibilidade sem previsão constitucional.

Ademais, a Lei Orgânica da Magistratura, em seu art. 42, não prevê a pena de suspensão para que se pudesse realizar essa remessa de autos ao substituto.

CAPÍTULO XLVI – DA VERIFICAÇÃO DOS PRAZOS E PENALIDADES

Portanto, a norma é inconstitucional e não deverá ser aplicada – as sanções administrativas deverão ser suficientes para motivar o magistrado a não descumprir prazos e realizar o ato imediatamente após ser cientificado para a apresentação da sua defesa prévia.

Ou, então, por analogia, aplicar-se-á a norma constitucional para o caso específico, isto é, a retirada dos autos deverá ser precedida de "decisão por voto da maioria absoluta do respectivo tribunal ou do Conselho Nacional de Justiça, assegurada ampla defesa" – caso o magistrado não tenha feito sua defesa em dez dias (art. 235, § 3º). A não apresentação da defesa poderá dar ensejo à remoção compulsória do cargo.

Capítulo **XLVII**

DO LUGAR DE REALIZAÇÃO DOS ATOS PROCESSUAIS

Sumário: 1. Do lugar da realização dos atos processuais.

1. DO LUGAR DA REALIZAÇÃO DOS ATOS PROCESSUAIS

Os atos processuais são realizados, como regra geral, na sede do juízo, que fica no *Edifício do Fórum*.

Ali acontecem, por exemplo, o ajuizamento da ação, quase todos os atos praticados pelos órgãos auxiliares da justiça nos autos do processo, as audiências e outros.

Todavia, e em princípio, o ato processual pode ser realizado em qualquer lugar do País (por cartas de ordem e cartas precatórias) ou do estrangeiro (por cartas rogatórias).

Há certos atos que normalmente se realizam na sede do juízo, mas, devido a circunstâncias especiais, acabam sendo realizados fora dela; outros, no entanto, somente podem ser realizados externamente.

Assim, a tomada de depoimento de uma testemunha, normalmente ocorre na sede do juízo, mas determinadas autoridades são ouvidas na própria residência ou onde exercer sua função, como autoriza o art. 454 do Código de Processo Civil.[1]

Já a inspeção judicial de uma coisa imóvel, inexoravelmente, será realizada onde ela se encontre (v. art. 481 e seguintes, do Código de Processo Civil – art. 440 no código revogado).

Atento para essas questões, o Código de Processo Civil dispõe, no seu art. 217:

> Art. 217. Os atos processuais realizar-se-ão ordinariamente na sede do juízo, ou, excepcionalmente, em outro lugar em razão de deferência, de interesse da justiça, da natureza do ato ou de obstáculo arguido pelo interessado e acolhido pelo juiz.
>
> Art. 176. Os atos processuais realizam-se de ordinário na sede do juízo. Podem, todavia, efetuar-se em outro lugar, em razão de deferência, de interesse da justiça, ou de obstáculo arguido pelo interessado e acolhido pelo juiz.

Exemplo de realização de ato fora da sede, por deferência, é a já mencionada e prevista no art. 454 do Código de Processo Civil: em deferência ao elevado cargo que ocupam, como o Presidente e Vice-Presidente da República, o Presidente do Senado e da Câmara dos Deputados, Ministros de Estado e Desembargadores, dentre outras autoridades que a norma menciona.

Por "interesse da justiça" se deve entender a busca da verdade a respeito de como os fatos efetivamente ocorreram – e, se para buscá-la, conforme as alegações das partes, é preciso realizar o ato fora da sede do juízo, assim deve determinar o juiz (como ocorre com a já mencionada inspeção judicial).

"Obstáculo arguido pelo interessado e acolhido pelo juiz" significa a existência de uma circunstância especial e ocasional impedindo que um ato, normalmente realizado na sede do juízo, possa ser ali praticado.

---

[1] Código anterior – art. 441.

CAPÍTULO XLVII – DO LUGAR DE REALIZAÇÃO DOS ATOS...

Tal obstáculo deve ser alegado pela parte, e acolhido pelo juiz. Neste caso se enquadra a tomada de depoimento da testemunha enferma ou uma quantidade enorme de documentos cuja exibição em juízo a parte requereu, para fins de perícia, mas que poderão ser examinados pelo perito no local em que se encontram.

Capítulo **XLVIII**
DOS ATOS PROCESSUAIS DAS PARTES

> Sumário: 1. Dos sujeitos dos atos processuais. 2. Classificação dos atos das partes. 2.1 Espécies de atos das partes. 2.2 Atos postulatórios. 2.3 Atos dispositivos. 2.4 Atos instrutórios. 2.5 Atos reais. 3. Efeitos dos atos processuais da partes. 4. Atos que se materializam em peças processuais. 5. Atos realizados por cota nos autos.

1. DOS SUJEITOS DOS ATOS PROCESSUAIS

Segundo as lições do professor Liebman, como já vimos anteriormente, o ato processual é uma declaração voluntária de pensamento formulada por um dos *sujeitos do processo*.[1]

Contudo como o próprio processualista citado adverte, por sujeitos do processo deve se entender não apenas o juiz e as partes, mas também aqueles praticados pelos órgãos auxiliares da justiça e, muitas vezes, até mesmo o advogado, quando pratica atos processuais em nome próprio, como a renúncia a uma procuração.

O Código de Processo Civil, buscando sistematizar o tema em estudo acaba dividindo a matéria em três níveis, considerando, para tanto:

---

[1] LIEBMAN, Enrico Tullio. *Manuale di Diritto Processual Civile*: Principi. 7ª Ed. Milano: Giuffrè Editore, 2007, p. 206.

(i) os atos das partes (Código de Processo Civil, arts. 200 a 202);

(ii) os atos do juiz (Código de Processo Civil, arts. 203 a 205);

(iii) atos dos órgãos auxiliares da justiça (Código de Processo Civil, arts. 211).[2]

Nesses dispositivos legais a lei processual cuida dos principais atos desses sujeitos do processo, mas há normas esparsas ao longo do Código de Processo Civil que também tratam do assunto.

2. CLASSIFICAÇÃO DOS ATOS DAS PARTES

2.1 ESPÉCIES DE ATOS DAS PARTES

A doutrina dominante costuma classificar os atos processuais das partes em:

(i) atos postulatórios;

(ii) atos dispositivos;

(iii) atos instrutórios;

(iv) atos reais.[3]

2.2 ATOS POSTULATÓRIOS

Postular, tecnicamente, significa pedir em juízo alguma coisa.

Da palavra "postular" deriva a expressão *capacidade postulatória*, também chamada *capacidade de pedir em juízo*, ou de exercer o denominado *ius postulandi* que, segundo Calamandrei, "é o poder de tratar diretamente com o juiz, de expor-lhe os pedidos e as razões das partes".[4]

No Brasil, por exemplo, têm capacidade postulatória, dentre outros, os advogados regularmente inscritos na Ordem dos Advogados

---

[2] Quanto aos atos dos órgãos auxiliares da justiça, v. Capítulo VIII.

[3] Cf. por todos, SANTOS, Moacyr Amaral. *Primeiras Linhas de Direito Processual Civil.* vol. 1. Ed. Saraiva, 2009, p. 292.

[4] CALAMANDREI, Piero. *Opere Giuridiche.* vol. 4. Morano Editore, 1970.

CAPÍTULO XLVIII – DOS ATOS PROCESSUAIS DAS PARTES

do Brasil, os Advogados Públicos, os membros do Ministério Público, os Defensores Públicos e os procuradores da Fazenda Nacional.

Através dos atos postulatórios, a parte, por meio de seu procurador em juízo, pede alguma coisa – normalmente esse pedido é formulado em forma de *requerimento*.

São atos postulatórios, dentre outros, o ajuizamento da ação, o pedido de produção de provas, a interposição de um recurso etc.

2.3 ATOS DISPOSITIVOS

Os atos dispositivos são aqueles através dos quais as partes abrem mão de uma determinada posição jurídica ativa que ocupa na relação jurídica processual: um poder, um direito ou uma faculdade.

Assim, o direito de recorrer pode ser objeto de renúncia ou de desistência da parte.

Muitos autores incluem, dentre os atos dispositivos, atos processuais que repercutem diretamente na titularidade do direito deduzido em juízo por meio do direito de ação ou do direito de defesa, como a transação: havendo um acordo sobre o direito que é objeto da lide, autor e réu abrem mão de parte desse direito.

Mas, pela transação, pode ou não haver disposição de uma posição jurídica processual ativa (como, por exemplo, quando as partes convencionam a desistência dos recursos interpostos). Se não houver a disposição de uma posição jurídica processual ativa, será um ato postulatório: feita a transação, as partes postulam a sua homologação judicial, para que surta seus efeitos.

A transação, assim, como outros atos processuais, pode ser ao mesmo tempo um ato dispositivo e postulatório – mas o referencial para que se caracterize como ato dispositivo deverá dizer respeito, sempre, a determinada posição jurídica processual ativa e, não, ao direito que é objeto da lide.

2.4 ATOS INSTRUTÓRIOS

São os atos que se destinam, precipuamente, à produção ou à apreciação das provas dos fatos relevantes e controvertidos.

A petição em que a parte analisa um laudo pericial, por exemplo, é um ato instrutório, embora tenha também certo conteúdo postulatório. Todavia, como o ato é predominantemente postulatório, assim deve ser considerado.

Da mesma forma, o requerimento para a juntada aos autos de um documento – embora de inegável conteúdo postulatório, é, precipuamente, um ato que visa à instrução da causa.

2.5 ATOS REAIS

São os atos que não contém declaração de vontade, mas que atestam o cumprimento de certas exigências processuais, como o adiantamento das despesas, o pagamento do preparo do recurso, o protocolamento de uma petição etc.

3. EFEITOS DOS ATOS PROCESSUAIS DA PARTES

O procedimento se apresenta como uma cadeia de atos processuais, na qual um ato é efeito do anterior e causa do subsequente.

Além desse efeito dialético sobre o procedimento, cada ato processual produz um efeito que lhe é próprio e particular.

Todavia, apesar desses efeitos específicos, que variam de ato para ato, eles podem ser considerados abstratamente como integrantes de uma determinada categoria, de acordo com a *espécie de resultado* que produzem sobre as posições jurídicas da relação jurídica processual. Essas categorias são:

(i)   atos processuais com efeitos *constitutivos*;

(ii) atos processuais com efeitos *modificativos*;

(iii) atos processuais com efeitos *extintivos*.

CAPÍTULO XLVIII – DOS ATOS PROCESSUAIS DAS PARTES

Os atos processuais *constitutivos* são aqueles que criam posições jurídicas processuais na relação jurídica processual, como o ajuizamento da ação.

O ato *modificativo* é aquele que produz alterações nas posições jurídicas da relação jurídica processual.

A substituição de uma parte no processo, como ocorre, por exemplo, em caso de falecimento, é um ato processual *modificativo*, pois altera a titularidade das posições jurídicas anteriores, mas não altera a identidade da relação jurídica processual.

Quando inventariante, por exemplo, assume a lide, extinguem-se posições jurídicas relativas ao antigo autor e novas posições são criadas para o réu. Todavia, como a relação jurídica processual permanece a mesma, o ato de substituição assinalado é visto como modificativo.

O ato *extintivo* é aquele que encerra a relação jurídica processual, tal como o reconhecimento do pedido, que extingue a relação jurídica processual (art. 487, III, alínea "a").

Buscando disciplinar essa questão, o Código de Processo Civil dispôs, no seu art. 200:

> Art. 200. Os atos das partes consistentes em declarações unilaterais ou bilaterais de vontade produzem imediatamente a constituição, modificação ou extinção de direitos processuais.
>
> Art. 158. Os atos das partes, consistentes em declarações unilaterais ou bilaterais de vontade, produzem imediatamente a constituição, a modificação ou a extinção de direitos processuais.

A redação desse artigo não é das melhores.

Em primeiro lugar, porque nem todos os atos das partes produzem, *imediatamente*, os efeitos mencionados: em sua grande maioria, para que produzam efeitos, dependem de um ato do juiz, que os defere ou indefere (como o ajuizamento da inicial, que passa por essa apreciação judicial) ou, então, os homologa (como a transação, que depende da homologação para surtir efeitos).

903

O único efeito imediato que a realização do ato da parte produz é a *preclusão lógica ou consumativa*, mas os demais podem ou não, conforme as circunstâncias, depender de apreciação judicial.

Em segundo lugar, não são apenas os direitos processuais que podem ser criados, modificados ou extintos pelos atos das partes, mas quaisquer das posições jurídicas contidas na relação jurídica processual, tais como ônus, faculdades etc.

Ao dizer que os atos das partes podem consistir em declarações unilaterais ou bilaterais de vontade, parece que a norma está dando critério para a classificação do ato em unilateral ou bilateral – mas em realidade ser ou não unilateral ou bilateral depende da disciplina legal da forma de cada ato: a contestação, por exemplo, é um ato unilateral, tal como a desistência de um recurso – mas essa desistência pode ser formulada por autor e réu, numa petição conjunta.

O art. 200 enuncia, no seu parágrafo único que:

> Art. 200. (*omissis*)
>
> Parágrafo único. A desistência da ação só produzirá efeitos após homologação judicial.
>
> Art. 158. (*omissis*)
>
> Parágrafo único A desistência da ação só produzirá efeito depois de homologada pela sentença.

Não havia razão para a lei destacar esse ato processual, uma vez que não é o único que, para produzir efeitos, precisa de apreciação judicial. Talvez dada a sua importância, quis o legislador expressamente excepcioná-lo, na oportunidade em que enunciou a regra geral do *caput*.

4. ATOS QUE SE MATERIALIZAM EM PEÇAS PROCESSUAIS

O art. 201 cuida da matéria:

> Art. 201. As partes poderão exigir recibo de petições, arrazoados, papéis e documentos que entregarem em cartório.

CAPÍTULO XLVIII – DOS ATOS PROCESSUAIS DAS PARTES

> Art. 160. Poderão as partes exigir recibo de petições, arrazoados, papéis e documentos que entregarem em cartório.

Normalmente, quando o processo não é eletrônico, as petições são apresentadas em cartório com cópias, sobre as quais se pede o recibo, para comprovar a respectiva entrega e cumprimento dos prazos. Arrazoados, papéis e documentos sempre são encaminhados ao juízo por petição – mesmo quando objetivam a entrega de coisas como fitas de vídeo ou de gravações etc.

5. ATOS REALIZADOS POR COTA NOS AUTOS

Conquanto o meio mais usual de produção de ato processual escrito seja a petição, pode ser realizado também por cota, que é geralmente uma manifestação feita nas próprias folhas dos autos, à mão.

Sobre essas cotas, estabelece o art. 161 do Código de Processo Civil que:

> Art. 202. É vedado lançar nos autos cotas marginais ou interlineares, as quais o juiz mandará riscar, impondo a quem as escrever multa correspondente à metade do salário-mínimo.
>
> Art. 161. É defeso lançar, nos autos, cotas marginais ou interlineares; o juiz mandará riscá-las, impondo a quem as escrever multa correspondente à metade do salário mínimo vigente na sede do juízo.

A proibição da norma, contudo, alcança qualquer pessoa que tenha acesso aos autos – sejam as próprias partes, os advogados, peritos etc.

Sem prejuízo da multa e da determinação que sejam riscadas tais cotas, poderá, ainda, haver a caracterização de ilícito penal e, nesse caso, deve o juiz determinar sua devida apuração.

Capítulo **XLIX**
DOS ATOS PROCESSUAIS DO JUIZ

SEÇÃO I – DA SENTENÇA E DA COISA JULGADA:

1. Dos atos processuais do juiz. 2. Da sentença. 2.1 Distinções iniciais. 2.2 Da sentença e seus componentes – visão geral. 3. A eficácia da sentença. 3.1 Aspectos gerais – eficácia dos atos do Poder Público. 3.2 A eficácia da sentença. 3.3 Os principais efeitos da sentença (ou de sua eficácia). 4. Alcance da imperatividade da sentença. 5. Eficácia subjetiva da sentença. 5.1 Visão geral do problema. 5.2 Casos de assistência. 5.3 Casos de denunciação da lide. 5.4 Casos de chamamento ao processo. 5.5 Conclusões. 6. Da coisa julgada – uma especial qualidade da sentença. 7. Limites objetivos da coisa julgada. 8. Limites subjetivos da coisa julgada. 8.1 Limites subjetivos. 8.2 Teorias sobre os limites subjetivos da coisa julgada. 9. Conteúdo da motivação e do dispositivo da sentença. 9.1 Motivação da sentença. 9.2 Dispositivo da sentença e coisa julgada. 9.3 Sentença terminativa que acolhe questões prejudiciais e questões preliminares no Código de Processo Civil. 9.4 Conclusões. 10. Conteúdo da motivação e do dispositivo da sentença – sua estrutura lógica. 10.1 Sentenças que julgam procedentes as ações de conhecimento. 10.1.1 Sentença condenatória executiva - fase de conhecimento. 10.1.2 Sentença constitutiva. 10.1.3 Sentença declaratória. 10.2 Sentenças que julgam improcedentes as ações de conhecimento. 10.2.1 Sentença de improcedência em ação condenatória e constitutiva. 10.2.3 Sentença de improcedência em ação declaratória. 10.3 Sentença

907

ANTONIO ARALDO FERRAZ DAL POZZO

cautelar. 10.3.1 Sentença cautelar em ação cautelar julgada procedente. 10.3.2 Sentença de improcedência em ação cautelar. 10.4 Sentença que acolhe questão prejudicial – sentença declaratória. 10.5 Sentença que acolhe questão preliminar – sentença declaratória. 11. Sentença e acórdão.

SEÇÃO II – DOS DEMAIS PROVIMENTOS E ATOS DO JUIZ:

12. Da decisão interlocutória. 13. Do despacho de mero expediente. 14. Requisitos formais dos provimentos. 15. Dos atos materiais ou reais

SEÇÃO I
DA SENTENÇA E DA COISA JULGADA

1. DOS ATOS PROCESSUAIS DO JUIZ

Os atos processuais praticados pelo juiz consistem em:

(i) *provimentos*; e

(ii) *atos materiais* (ou *reais*).[1]

Os provimentos, na lição do professor Liebman, "são as declarações de pensamento do juiz, expressas na forma determinada pela lei, no exercício do poder jurisdicional; e é justamente com a prolação dos provimentos que o juiz exercita o poder no qual está investido".[2]

Os provimentos judiciais – que o Código de Processo Civil denomina de "pronunciamentos do juiz" – são os seguintes:

> Art. 203. Os pronunciamentos do juiz consistirão em sentenças, decisões interlocutórias e despachos.

---

[1] Sobre o tema, não reina uniformidade na doutrina. O importante é que, seja qual for a classificação adotada, dentro dela se contenham todos os atos que o juiz pode praticar no processo.

[2] LIEBMAN, Enrico Tullio. *Manuale di Diritto Processual Civile*: Principi. 7ª Ed. Milano: Giuffrè Editore, 2007, p. 219.

CAPÍTULO XLIX – DOS ATOS PROCESSUAIS DO JUIZ

> **Art. 162. Os atos do juiz consistirão em sentenças, decisões interlocutórias e despachos.**

Todavia, a doutrina distingue algumas subespécies desses provimentos, a saber:

(i) despachos de mero expediente;

(ii) decisão interlocutória (ou despacho interlocutório);

(iii) decisões terminativas (ou sentenças terminativas);

(iv) sentenças definitivas (ou, simplesmente, sentenças); e

(v) provimentos satisfativos.

Já os *atos materiais (ou reais)* que a lei reserva ao juiz não contêm uma manifestação de vontade e são menos importantes que os provimentos, tendo "caráter preparatório, auxiliar e complementar" em relação àqueles.[3]

Os atos materiais podem ser:

(i) atos instrutórios; e

(ii) atos de documentação.

Embora tenha buscado circunscrever o universo dos atos judiciais, a verdade é que o legislador se esqueceu de prever na lei processual a categoria dos atos materiais ou reais, que são mencionados em outro local, no Código de Processo Civil.[4]

Assim, por exemplo, as normas do art. 367 do Código de Processo Civil refere-se a uma série de atos do juiz sem conteúdo decisório algum:

---

[3] LIEBMAN, Enrico Tullio. *Manuale di Diritto Processual Civile*: Principi. 7ª Ed. Milano: Giuffrè Editore, 2007, p. 219.

[4] A enumeração feita pelo legislador no Código de Processo Civil de 1973, porém, se explica historicamente. Ao tempo em que vigia o Código de Processo Civil anterior a ele (que não continha definições), havia um grande dissenso na doutrina e na jurisprudência a respeito dos recursos adequados para os diversos tipos de provimentos, uma vez que aquele Código trazia também um número bem maior de recursos que o atual. O legislador, com as definições e com a redução do número de recursos, pretendeu resolver esse problema e, realmente, atingiu seu intento na grande maioria dos casos, embora algumas dúvidas tenham remanescido. Essa orientação permanece no código vigente.

Art. 367. O servidor lavrará, *sob ditado do juiz*, termo que conterá, *em resumo, o ocorrido na audiência*, bem como, por extenso, os despachos, as decisões e a sentença, se proferida no ato.

§ 1º Quando o termo não for registrado em meio eletrônico, o juiz *rubricar-lhe-á as folhas*, que serão encadernadas em volume próprio.

§ 2º *Subscreverão o termo o juiz,* os advogados, o membro do Ministério Público e o escrivão ou chefe de secretaria, dispensadas as partes, exceto quando houver ato de disposição para cuja prática os advogados não tenham poderes.

Art. 457. O escrivão lavrará, *sob ditado do juiz*, termo *que conterá, em resumo, o ocorrido na audiência*, bem como, por extenso, os despachos e a sentença, se esta for proferida no ato.

§ 1º Quando o termo for datilografado, *o juiz lhe rubricará* as folhas, ordenando que sejam encadernadas em volume próprio.

§ 2º *Subscreverão o termo o juiz*, os advogados, o órgão do Ministério Público e o escrivão.

Nesta Seção I deste Capítulo estudaremos o mais importante dos atos do juiz que é a sentença, deixando os demais para a Seção II.

2. DA SENTENÇA

2.1 DISTINÇÕES INICIAIS

O Código de Processo Civil, no § 1º do seu art. 162 define o que entende por sentença:

Art. 203. (*omissis*)

§ 1º Ressalvadas as disposições expressas dos procedimentos especiais, sentença é o pronunciamento por meio do qual o juiz, com fundamento nos arts. 485 e 487, põe fim à fase cognitiva do procedimento comum, bem como extingue a execução.

Art. 162. (*omissis*)

§ 1º Sentença é o ato pelo qual o juiz põe termo ao processo, decidindo ou não o mérito da causa.

CAPÍTULO XLIX – DOS ATOS PROCESSUAIS DO JUIZ

O art. 485 prevê as hipóteses em que o juiz não examina o mérito da causa e o art. 487, aquelas em que o mérito é decidido.

Como já vimos ao estudarmos a ação de conhecimento condenatória, que no sistema do vigente Código de Processo Civil ela, em verdade, é uma ação condenatória executiva, porque compreende dois momentos: o momento cognitivo e o momento executivo. Pois bem – a sentença põe término à fase cognitiva e também à fase executiva do processo. Por sentença também se encerra a ação de execução fundada em título executivo extrajudicial. A norma se esqueceu, apenas, dos processos de jurisdição voluntária, a menos que para efeito de interpretação da norma eles sejam incluídos na expressão "procedimentos especiais"

Quando o processo se encerra *com exame do mérito* (art. 487), a doutrina chama o provimento do juiz de *sentença definitiva*, ou, simplesmente, de *sentença*.

Não havendo exame de mérito (art. 485), o provimento dado recebe o nome de *decisão terminativa (ou sentença terminativa*, ou *sentença não definitiva)*.

2.2 DA SENTENÇA E SEUS COMPONENTES – VISÃO GERAL

Como lembra Liebman, "a sentença é, conceitual e historicamente, o ato jurisdicional por excelência, aquele em que se exprime de maneira mais característica a essência da *jurisdicitio*: o ato de julgar."[5]

Na sentença, o juiz formula a regra jurídica concreta que, de acordo com o direito vigente, disciplina a situação jurídica que foi deduzida em juízo pelo exercício do direito de ação. Ou, então, o ato pelo qual extingue o processo de execução.

---

[5] LIEBMAN, Enrico Tullio. *Manuale di Diritto Processual Civile*: Principi. 7ª Ed. Milano: Giuffrè Editore, 2007, p. 222. *Jurisdictio*, ou seja, dizer o direito. O autor sublinha, em seguida: "A palavra 'sententia', que em si e por si quer dizer apenas opinião, parecer, foi assumida para indicar, num significado técnico, o ato final do processo, com o qual o juiz formula o seu juízo. A sentença se torna, assim, um ato de autoridade, dotado de eficácia vinculante, como formulação da vontade normativa do Estado para o caso submetido a julgamento".

ANTONIO ARALDO FERRAZ DAL POZZO

Essa regra jurídica concreta poderá ser de conteúdo *positivo* ou *negativo*, conforme acolha (parcial ou totalmente) ou não acolha a pretensão do autor.

Por se tratar de um ato de extrema importância, o Código de Processo Civil enumera os requisitos essenciais da sentença no seu art. 489:

> Art. 489. São elementos essenciais da sentença:
>
> I – o **relatório**, que conterá os nomes das partes, a identificação do caso, com a suma do pedido e da contestação, e o registro das principais ocorrências havidas no andamento do processo;
>
> II – os **fundamentos**, em que o juiz analisará as questões de fato e de direito;
>
> III – o **dispositivo**, em que o juiz resolverá as questões principais que as partes lhe submeterem.
>
> Art. 458. São requisitos essenciais da sentença:
>
> I – o *relatório*, que conterá os nomes das partes, a suma do pedido e da resposta do réu, bem como o registro das principais ocorrências havidas no andamento do processo;
>
> II – os *fundamentos*, em que o juiz analisará as questões de fato e de direito;
>
> III – o *dispositivo*, em que o juiz resolverá as questões, que as partes lhe submeteram.

Os requisitos formais enumerados nos incisos do art. 489 são *essenciais* à sentença – a falta de um deles acarreta a sua *nulidade*.

A doutrina costuma dizer, com base nessa norma legal, que a sentença contém três partes:

(i)   o *relatório*;

(ii) a *motivação* (ou fundamentos);

(iii) o *dispositivo* (ou conclusão, ou decisão).

No seu *relatório* o órgão jurisdicional irá expor, de forma resumida, mas abrangente, as principais questões de fato que surgiram nos autos

CAPÍTULO XLIX – DOS ATOS PROCESSUAIS DO JUIZ

em face da petição inicial do autor e da contestação do réu e, ainda, as questões de direito que nasceram do debate da causa entre as partes. Também deverá mencionar as provas produzidas nos autos e as eventualmente indeferidas. Com esse relatório fica demonstrado que o juiz conhece o processo que vai decidir.

A *fundamentação* ou *motivação* é exigência fundamental no Estado de Direito – sem ela não há possibilidade de exercício da ampla defesa: impossível a interposição de um recurso sem o conhecimento das razões de a decisão ter sido proferida neste ou naquele sentido. Tão importante é a fundamentação que foi erigida a um dever constitucional (art. 93, inciso IX).

No que tange aos fatos vige o princípio da *convicção racional do juiz*: não basta que ele esteja convencido que os fatos ocorreram desta ou daquela maneira, segundo a versão dada pelo autor ou pelo réu. É preciso que o juiz exponha a razão de sua convicção.[6]

Por fim, o *dispositivo*, com o qual o juiz conclui seu raciocínio e decide a questão de direito: se acolher uma questão prejudicial ou preliminar (referente ao direito de ação ou aos pressupostos processuais) irá proferir uma *sentença terminativa*; no entanto, se não encontrar óbice algum, adentrará o mérito da causa e irá proferir uma *sentença definitiva*, formulando a regra jurídica concreta que disciplina a situação jurídica que lhe foi submetida ou extinguindo o processo de execução.

O Código de Processo Civil aponta as hipóteses em que a sentença deva ser considerada sem fundamentação (ou motivação), e, pois, será nula:

> Art. 489. (*omissis*)
>
> § 1º Não se considera fundamentada qualquer decisão judicial, seja ela interlocutória, sentença ou acórdão, que:

---

[6] A fundamentação corresponde, na seara do Direito Administrativo, ao princípio da motivação, isto é, "o dever (da Administração) de justificar seus atos, apontando-lhes os fundamentos de direito e de fato, assim a correlação lógica entre os eventos e situações que deu por existentes e a providência tomada", segundo a brilhante pena do Professor Celso Antonio Bandeira de Mello em seu *Curso de Direito Administrativo*. 28ª Ed. Malheiros, p. 112).

I – se limitar à indicação, à reprodução ou à paráfrase de ato normativo, sem explicar sua relação com a causa ou a questão decidida;

II – empregar conceitos jurídicos indeterminados, sem explicar o motivo concreto de sua incidência no caso;

III – invocar motivos que se prestariam a justificar qualquer outra decisão;

IV – não enfrentar todos os argumentos deduzidos no processo capazes de, em tese, infirmar a conclusão adotada pelo julgador;

V – se limitar a invocar precedente ou enunciado de súmula, sem identificar seus fundamentos determinantes nem demonstrar que o caso sob julgamento se ajusta àqueles fundamentos;

VI – deixar de seguir enunciado de súmula, jurisprudência ou precedente invocado pela parte, sem demonstrar a existência de distinção no caso em julgamento ou a superação do entendimento.[7]

Em boa hora o código enumerou – com base na experiência havida durante a vigência do revogado – os principais motivos pelos quais há um presunção jure et de jure que a sentença anão contém motivação ou fundamentação, tornando impossível contrariá-la efetivamente. Porém, não se trata de enumeração exaustiva, mas exemplificativa, conquanto em hipóteses não previstas há que se demonstrar a ausência a da fundamentação, por não operar, a respeito, aquela presunção.

Todos os incisos se prendem a um denominador comum – a impossibilidade de a parte exercer a ampla defesa em face de uma decisão com os vícios apontados nos vários incisos da norma.

O inciso I cuida de situação em que o juiz apenas reproduz *ipsis litteris* uma determinada norma jurídica ou a escreve de outra forma, mas sem mudar seu sentido (paráfrase) e sem explicar qual sua relação com a causa ou a questão jurídica debatida. O juiz deve enquadrar o caso na hipótese genérica e abstrata da norma, explicando a conexão e a adequação do enquadramento e então extrair a regra jurídica concreta que irá disciplinar a situação jurídica examinada.

---

[7] Sem correspondência no código anterior.

CAPÍTULO XLIX – DOS ATOS PROCESSUAIS DO JUIZ

O inciso II considera ausente a fundamentação se o magistrado emprega conceitos jurídicos que não têm pertinência com a causa, ainda que revele, com isso, alguma erudição.

O inciso III é bem interessante, pois significa a indicação de motivos que serviriam para qualquer outra decisão, a indicar sua vagueza, a linguagem desprovida de individualizações, que agradaria a gregos e troianos. Há decisões que, permita-se a imagem, são prolatadas em linguagem de horóscopo e servem para qualquer situação. Não há como se contrapor com efetividade a tal decisão.

Muitas vezes a decisão não enfrenta argumentos que a levariam à outra conclusão, total ou parcialmente. São examinados vários argumentos que são passíveis de refutação, mas deixa-se de lado um deles, que poderia influir decisivamente na resolução da causa. Ora, se a parte não sabe o porquê desse argumento não ter sido acatado, está impossibilitada de exercer a ampla defesa (inciso IV).

O inciso V se refere à situação em que um determinado antecedente jurisprudencial é trazido à luz pela sentença, mas que não se refere às mesmas circunstâncias de fato ou de direito da causa. Ou, então, ao mencionar súmula de tribunal, não demonstra seus fundamentos e a razão pela qual se aplica ao caso dos autos – em todas essas circunstâncias é evidente que a ampla defesa não será possível.

Por fim, o inciso VI se refere à decisão que deixa de seguir enunciado de súmula, de precedente jurisprudencial invocado pela parte, sem demonstrar que não se aplicam ao caso concreto, dadas as suas especificidades, ou, então, sem demonstrar que tais entendimentos se encontram superados.

Poderíamos lembrar, fora dos casos acima analisados, situações em que a sentença ora aceita, ora afasta a verdade que sobressai dos documentos constantes dos autos. Ou, então aceita parcialmente um depoimento testemunhal, mas não explica a razão de não aceitá-lo por inteiro.

Ainda não são raras as decisões que contêm conclusões do magistrado desprovidas da fundamentação – e é preciso ter muita atenção para diferenciar casos em que as conclusões tem base formulada na sentença, das que não tem.

ANTONIO ARALDO FERRAZ DAL POZZO

3. A EFICÁCIA DA SENTENÇA

3.1 ASPECTOS GERAIS – EFICÁCIA DOS ATOS DO PODER PÚBLICO

A doutrina processual deve à genialidade de Enrico Tullio Liebman a moderna concepção de *coisa julgada* e a distinção entre esta e a eficácia da sentença.

Sua obra – "Efficacia ed Autorità della Sentenza" – de 1961[8], modificou todo o pensamento clássico sobre a matéria.[9]

Para construir seu pensamento, Liebman parte de uma distinção básica entre a sua *eficácia* e a *imutabilidade* da sentença.

A eficácia "é aquela que ela (a sentença) possui antes e independentemente de seu trânsito em julgado. A noção de sentença não seria completa se não fosse correlacionada com aquele elemento intrínseco e conatural à sua essência, que é a sua eficácia".[10]

A eficácia da sentença decorre da circunstância de ser um ato que emana do Poder Público, em razão da *imperatividade* ou *autoridade* de que são dotados os seus atos, sejam *normativos* (Poder Legislativo), *administrativos* (Poder Executivo) ou *decisórios* (Poder Judiciário): perante eles os membros da sociedade se encontram em *estado de sujeição*.

De outra parte, essa eficácia dos atos estatais independe de sua *validade* e *estabilidade* – a eficácia se faz presente até a invalidação do ato ou mesmo antes de se tornar inalterável (seja para sempre – sentenças –,

---

[8] Edição A. Giuffrè – Milano. Seu pensamento se encontra condensado no Manuale, citado amiúde nesta obra, cujos delineamentos seguimos no texto (v. p. 250 e seguintes).

[9] Até então, segundo Liebman, "Na opinião e na linguagem comum a coisa julgada é (*era*) considerada com maior ou menor clareza e precisão, como um dos efeitos da sentença, ou como a sua específica eficácia, entendida esta seja como o complexo de consequências que a lei faz decorrer da sentença, seja como o conjunto dos requisitos requeridos para que possa valer plenamente e considerar-se perfeita" (obra citada, trecho da Introdução). O autor ilustre, porém, irá demonstrar o equívoco dessa visão.

[10] LIEBMAN, Enrico Tullio. *Manuale di Diritto Processuale Civile*: Principi. 7ª Ed. Milano: Giuffrè Editore, 2007, p. 249.

CAPÍTULO XLIX – DOS ATOS PROCESSUAIS DO JUIZ

ou por um lapso de tempo mais ou menos duradouro – atos normativos ou administrativos).

Os atos normativos são, por essência *não-perpétuos*, pois disciplinam realidades cambiantes, exigências que brotam e que fenecem no seio de uma sociedade em contínua evolução, tornando as relações humanas às vezes obsoletas, quase sempre mais complexas e mais problemáticas: por essa razão são revogados por outros atos sucessivos, conquanto sejam preservados aqueles atos realizados sob seu império, em face do princípio da segurança jurídica que inspira o Estado de direito (direito adquirido e ato jurídico perfeito).

O mesmo se diga dos atos administrativos, que também se alteram em face das mutações que sofre o interesse público que os inspiram: podem ser revogados, anulados e invalidados tanto na própria esfera administrativa como na jurisdicional.

A sentença tem uma eficácia que passa por um período em que pode ser suspensa, alterada ou revogada – basta pensarmos no efeito suspensivo de um recurso ou de uma medida cautelar e a mudança que um recurso pode introduzir na sua essência. Pode até mesmo ser desfeita por ação rescisória dentro de dois anos do momento em que não caibam mais recursos (art. 975).

Mas, a *eficácia sempre existiu* (tanto que o recurso *pode* suspendê-la), desde a *publicação* da sentença:

> Art. 494. *Publicada a sentença*, o juiz só poderá alterá-la:
> I – para corrigir-lhe, de ofício ou a requerimento da parte, inexatidões materiais ou erros de cálculo;
> II – por meio de embargos de declaração.
>
> Art. 463. *Publicada a sentença*, o juiz só poderá alterá-la:
> I – para lhe corrigir, de ofício ou a requerimento da parte, inexatidões materiais, ou lhe retificar erros de cálculo;
> II – por meio de embargos de declaração.[11]

---

[11] Os embargos de declaração são uma espécie de recurso dirigido ao próprio órgão

3.2 A EFICÁCIA DA SENTENÇA

Como ato destinado a formular a regra jurídica concreta que disciplina uma situação jurídica submetida ao seu exame, aquilo que consta da sentença passa a ter uma força *vinculante* e *obrigatória* entre as partes – e essa é a *eficácia da sentença*.

Todavia, durante certo lapso de tempo em que essa eficácia já existia, pode ela ser suspensa ou até revogada – total ou parcialmente – pelos órgãos jurisdicionais superiores em razão de recurso. Ultrapassado esse lapso temporal, no entanto, a sentença precisa adquirir *estabilidade*, pois sem esta não haveria nenhuma segurança jurídica entre os cidadãos. Se uma decisão, que anula um casamento, por exemplo, depois de longos anos pudesse ser revista para se declarar que aquele casamento é válido, essa possibilidade geraria incerteza e insegurança nas relações jurídicas. Se a propriedade pode ser contestada muitos anos depois de afirmada por sentença judicial haveria um verdadeiro caos na sociedade.

O Estado de Direito exige a *segurança* das relações jurídicas decididas jurisdicionalmente (assim como o direito adquirido, a preservação do ato jurídico perfeito, a irretroatividade da lei, a preclusão, a prescrição e outros institutos e princípios), mesmo que durante certo tempo permaneçam mutáveis sob rigorosas condições. A segurança, no sentido aqui empregado, consiste na imutabilidade daquilo que foi proclamado pelo órgão jurisdicional, solenemente, sem sua decisão.

Essa estabilidade da decisão, como já sugerido, passa por momentos sucessivos:

(i) Num primeiro momento é mutável por força dos recursos cabíveis;

(ii) Em seguida, quando não mais cabem recursos, a decisão transita em julgado;

---

jurisdicional que proferiu a decisão (juiz ou tribunal) para que corrija obscuridade, contradição ou omissão (Art. 1.022 CPC).

CAPÍTULO XLIX – DOS ATOS PROCESSUAIS DO JUIZ

(iii) Finalmente, após dois anos do trânsito em julgado ela não mais poderá ser alterada, porque vencido o prazo para a interposição de ação rescisória (art. 975):

> Art. 975. O direito à rescisão se extingue em **2 (dois) anos contados** do trânsito em julgado da última decisão proferida no processo.

Portanto, a partir de dois anos de seu trânsito em julgado a decisão se torna *definitivamente imutável.*[12]

Essa imutabilidade (seja relativa – enquanto pode ser alterada; seja absoluta – quando não mais pode ser alterada) é uma *qualidade* da sentença e alcança a sua *eficácia.*

A mera *eficácia imediata* da sentença, enquanto ato do Poder Judiciário, é algo diverso da mesma *eficácia tornada imutável,* como sublinha Liebman, consequência da sentença ter transitado em julgado.

Nem é preciso recorrer a conceitos civilistas para explicarmos a sentença sujeita a recurso (se é ato sujeito à condição suspensiva ou resolutiva) – basta consideramos que a sentença é um ato imperativo ou de autoridade, com todos os requisitos para não ser alterada e se tornar imutável, conquanto sujeita à revisão hierárquica, a breve tempo.

3.3 OS PRINCIPAIS EFEITOS DA SENTENÇA (OU DE SUA EFICÁCIA)

Segundo Liebman, devemos distinguir no que tange aos efeitos principais da sentença:

(i) <u>decisões sobre o processo</u> (*sentenças processuais*) – as decisões sobre os pressupostos processuais "pela particularidade de seu

---

[12] Apesar de alguns "novidadeiros" buscarem entender que a "coisa julgada" pode ser relativizada, ou seja, em qualquer momento revista, somos absolutamente contrários a tal ponto de vista, que contraria a Constituição Federal e fere de morte o Estado de Direito. A segurança jurídica é simplesmente destroçada, com tal entendimento.

919

ANTONIO ARALDO FERRAZ DAL POZZO

conteúdo, produzem um efeito vinculante *estritamente interno ao processo*, sem relevância fora dele"; [13]

(ii) <u>decisões sobre as condições da ação</u> – o efeito é o mesmo acima mencionado, mas impedem a repropositura útil da ação enquanto a condição faltante não venha a ocorrer (por exemplo, vencimento da dívida);

(iii) <u>decisões sobre o mérito</u> – estas decisões variam de conteúdo consoante a natureza da ação proposta, mas como decidem o mérito da causa, têm relevância e eficácia que transcende o processo, recaindo sobre as relações jurídicas entre as partes:

(iii.a.) ação declaratória – o efeito é meramente declarativo (positivo ou negativo);

(iii.b.) ação condenatória executiva – além de uma eficácia declaratória, tem um efeito condenatório e imediata aplicação da sanção executiva;

(iii.c.) ação constitutiva – além da eficácia declaratória opera a mutação pretendida.

Os efeitos *secundários* ou *indiretos* não são objeto de pedido da parte, mas decorrem *ex lege*, como os previstos no art. 495 do Código de Processo Civil (hipoteca judiciária).

4. ALCANCE DA IMPERATIVIDADE DA SENTENÇA[14]

A questão do objeto e limites da imperatividade da sentença normalmente vem atrelada ao problema da coisa julgada – mas deve ser posta também em relação à *eficácia da sentença*, afirma Liebman.

Qual o âmbito de eficácia da sentença?

---

[13] A matéria do texto segue as ideias do Professor Liebman – LIEBMAN, Enrico Tullio. *Manuale di Diritto Processuale Civile*: Principi. 7ª Ed. Milano: Giuffrè Editore, 2007, p. 255.

[14] A denominação do item aborda matéria tratada no de número 135, da obra de Liebman (p. 262).

CAPÍTULO XLIX – DOS ATOS PROCESSUAIS DO JUIZ

A eficácia da sentença é delimitada pelo *objeto* sobre o qual a sentença se pronuncia e que, por sua vez, é identificado pelos três elementos da ação: as *partes*, o *pedido* e a *causa de pedir*.

Esse o seu alcance: a eficácia da sentença torna *vinculante* o conteúdo concreto do provimento jurisdicional que há na sentença a respeito do objeto do processo.[15]

Essa área de incidência é analisada tendo em vista a eficácia externa da sentença, isto é, fora do processo, para além do processo.

Mas, é preciso considerar que a sentença tem também uma eficácia *interna* ao processo em que é proferida.

Internamente, a eficácia da sentença abrange todas as questões decididas e impede que sejam rediscutidas no mesmo processo (salvo em grau de recurso): "Exigências de ordem e de segurança no desenvolvimento do processo querem que sobre as questões decididas, respeitantes às questões processuais ou de mérito, ocorra a *preclusão* da possibilidade de renovar a mesma questão no mesmo processo".[16]

É o que consta do art. 505, que contempla exceções, que se explicam pela leitura da norma:

---

[15] LIEBMAN, Enrico Tullio. *Manuale di Diritto Processuale Civile*: Principi. 7ª Ed. Milano: Giuffrè Editore, 2007, p. 262.

[16] LIEBMAN, Enrico Tullio. *Manuale di Diritto Processuale Civile*: Principi. 7ª Ed. Milano: Giuffrè Editore, 2007, p. 263. As questões referentes aos pressupostos processuais e condições da ação previstas no art. 485, incisos IV, V, VI e IX podem ser conhecidas de ofício em "qualquer tempo e grau de jurisdição", diz o § 3º desse mesmo artigo. O que se lê no texto – de acordo com a lição de Liebman – é que a parte não pode *ressuscitar* essas questões ao mesmo juiz, quando ele já as decidiu. O magistrado pode conhecê-las de ofício, mesmo tendo decidido incidentemente de outra maneira e a parte pode suscitá-las novamente em grau de recurso. Caso particular que merece atenção diz respeito às ações civis por ato de improbidade administrativa, disciplinadas pela Lei n. 8.429/92 e que conta com uma fase preliminar de defesa prévia, à vista da inicial proposta (pelo Ministério Público), para que o juiz decida se recebe ou não esta última. É, pois, uma fase pré-processual. Se o réu suscita questões relativas aos pressupostos processuais ou às condições da ação na sua defesa preliminar e ela vem repelida pela decisão que recebe a inicial (e que tornará obrigatória a citação do réu, que fora apenas intimado a apresentar sua defesa prévia), ele deverá recolocar em sua contestação a mesma matéria, para que o juiz possa reexaminá-la e assim não correr o risco de ocorrer a preclusão ainda em primeiro grau de jurisdição (em recurso sempre serão alegáveis).

Art. 505. Nenhum juiz decidirá novamente as questões já decididas relativas à mesma lide, salvo:

I – se, tratando-se de relação jurídica de trato continuado, sobreveio modificação no estado de fato ou de direito, caso em que poderá a parte pedir a revisão do que foi estatuído na sentença;

II – nos demais casos prescritos em lei.

Art. 471. Nenhum juiz decidirá novamente as questões já decididas, relativas à mesma lide, salvo:

I – se, tratando-se de relação jurídica continuativa, sobreveio modificação no estado de fato ou de direito; caso em que poderá a parte pedir a revisão do que foi estatuído na sentença;

II – nos demais casos prescritos em lei.

O art. 507 consolida essa matéria, impedindo que a parte venha a discutir novamente matérias preclusas:

Art. 507. É vedado à parte discutir no curso do processo as questões já decididas a cujo respeito se operou a preclusão.

Art. 473. É defeso à parte discutir, no curso do processo, as questões já decididas, a cujo respeito se operou a preclusão.

Mais importante – conquanto mais restrita – é a *eficácia externa* da sentença.

É mais restrita porque se limita ao *provimento final* e não às questões decididas como caminho lógico para a sentença final (como ocorre com a eficácia interna): "A eficácia vinculante não se estende, por isso, aos *motivos da sentença*, nem ao *acertamento dos fatos, nem às questões prejudiciais eventualmente examinadas*, mas se concentra exclusivamente no ato de tutela jurídica, isto é, naquilo que estatuiu a sentença e destinada a valer como disciplina do caso deduzido em juízo (.....)".[17]

---

[17] LIEBMAN, Enrico Tullio. *Manuale di Diritto Processuale Civile*: Principi. 7ª Ed. Milano: Giuffrè Editore, 2007, p. 263.

CAPÍTULO XLIX – DOS ATOS PROCESSUAIS DO JUIZ

Quanto às questões prejudiciais, anote-se que Liebman, na passagem transcrita, refere-se tão somente àquelas que não se transformam em objeto de ação declaratória incidental – ação que não mais vem contemplada no novo sistema processual civil.[18]

Essas posições doutrinárias foram acolhidas pelo nosso Código de Processo Civil:

> Art. 504. Não fazem coisa julgada:
>
> I – os **motivos**, ainda que importantes para determinar o alcance da parte dispositiva da sentença;
>
> II – a **verdade dos fatos**, estabelecida como fundamento da sentença.
>
> Art. 469. Não fazem coisa julgada:
>
> I – os *motivos*, ainda que importantes para determinar o alcance da parte dispositiva da sentença;
>
> II – a *verdade dos fatos*, estabelecida como fundamento da sentença;
>
> III – a apreciação da *questão prejudicial*, decidida incidentemente no processo.

Portanto, segundo o ordenamento processual brasileiro a eficácia *externa* da sentença se limita ao seu *dispositivo*, mas não alcança o relatório e a motivação.

Tema intimamente ligado ao da eficácia externa da sentença diz respeito aos seus *limites subjetivos*, matéria do próximo item.

5. EFICÁCIA SUBJETIVA DA SENTENÇA

5.1 VISÃO GERAL DO PROBLEMA

Conhecida a área de incidência da eficácia da sentença, resta saber *quais pessoas* estão sujeitas a ela.

---

[18] CPC revogado – Art. 470. Faz, todavia, coisa julgada a resolução da questão prejudicial, se a parte o requerer (arts. 5º e 325), o juiz for competente em razão da matéria e constituir pressuposto necessário para o julgamento da lide.

Neste terreno precisamos, em primeiro lugar, considerar as *partes* e os *terceiros*.

As partes se encontram numa posição jurídica de *sujeição* às decisões do órgão jurisdicional, dentro da relação jurídica processual. No que tange às partes, portanto, a eficácia da sentença *é plena*. Eles sequer podem rediscutir o mérito em processo posterior, porque teriam pela frente o intransponível obstáculo da litispendência ou da coisa julgada:

> Art. 508. Transitada em julgado a decisão de mérito, considerar-se-ão deduzidas e repelidas todas as alegações e as defesas que a parte poderia opor tanto ao acolhimento quanto à rejeição do pedido.
>
> Art. 474. Passada em julgado a sentença de mérito, reputar-se-ão deduzidas e repelidas todas as alegações e defesas, que a parte poderia opor assim ao acolhimento como à rejeição do pedido.

No que tange aos *terceiros*, porém, a situação é diversa.

Terceiros são todos aqueles que não são ou não foram partes num dado processo (ou de uma relação jurídica processual).

As relações jurídicas que se estabelecem na vida social às vezes se apresentam entrelaçadas, interligadas, numa complexa teia que envolve várias pessoas. Nessas circunstâncias, a sentença pronunciada em face das partes do processo se constitui num fenômeno jurídico que talvez *não seja* absolutamente irrelevante para as demais pessoas.

Assim, poderá ocorrer uma interferência *apenas de fato* em face de terceiros, como ilustra Liebman, através de exemplos simples:

(i) Se "A" foi declarado por sentença, em face de "B", proprietário de um bem, Antônio, querendo adquiri-lo, deverá comprá-lo de "A" e não de "B";

(ii) Se a sentença declara que "C" e não "D" é herdeiro de "Y", José, credor do *de cujus*, deve acionar "C" e não "D".

CAPÍTULO XLIX – DOS ATOS PROCESSUAIS DO JUIZ

Tais sentenças, conquanto *deixem intactos os direitos dos terceiros*, vale para eles como fenômeno jurídico a ser respeitado, que pode piorar ou melhorar, eventualmente, sua situação de fato, e deve ser encarado, como diz Liebman, como um "acidente de percurso".

Porém, a relação jurídica deduzida em juízo pode estar ligada ou ser conexa ou dependente de outra, que tenha por titular terceiros, isto é, pessoas que não são partes no processo. Pode realmente ocorrer um vínculo de dependência lógica ou jurídica entre essas relações jurídicas, de tal modo que a sentença proferida entre as partes possa ter uma *eficácia reflexa* em face desses terceiros, que varia em graus de intensidade.

A decisão pode tornar existente ou inexistente a relação jurídica da qual o terceiro é titular, ou mesmo o seu conteúdo: torna-se relevante, nesses casos, o nexo de prejudicialidade entre as relações jurídicas.

Esses terceiros têm interesse jurídico na decisão pronunciada entre as partes (*inter alios*), uma vez que a sentença, em tais casos, produz uma *eficácia reflexa* nas relações jurídicas desses terceiros.

Essa eficácia reflexa "não é efeito distinto ou diverso daquele produzido entre as partes, mas apenas a sua *repercussão* sobre o terceiro em consequência da relação existente entre as duas relações jurídicas", assinala com feliz e precisa conclusão, o professor Liebman.[19]

Neste ponto é preciso anotar que o Código de Processo Civil buscou, com o instituto da *intervenção de terceiros*, disciplinar algumas hipóteses em que esse efeito reflexo pode, em tese, ocorrer. A lei processual tratou de regular em que medida esses terceiros, intervindo no processo, são alcançados pela sentença e o que acontece se não ocorrer essa intervenção.

Vejamos, ainda que rapidamente, as diversas hipóteses.

---

[19] LIEBMAN, Enrico Tullio. *Manuale di Diritto Processuale Civile*: Principi. 7ª Ed. Milano: Giuffrè Editore, 2007, p. 265/266.

5.2 CASOS DE ASSISTÊNCIA

Ao disciplinar a assistência[20], o legislador impediu que o assistente, mesmo não tendo deduzido em juízo um direito próprio, viesse futuramente a discutir a "*justiça da decisão*", a menos que comprove uma das circunstâncias arroladas nos incisos I e II do art. 123. Caso o terceiro intervenha em demanda entre outras partes, portanto, somente poderá discutir a justiça da decisão que produz efeitos reflexos em suas próprias relações jurídicas nessas condições: fora delas, a sentença o alcança na medida da situação jurídica existente no processo e já estudada anteriormente.

Há, porém, um caso excepcional de assistência a ser considerado: quando há assistência ao autor e entre ambos passar a existir um *litisconsórcio ativo ulterior unitário*. Nessa singular hipótese, a sentença atinge e tem plena eficácia em relação ao "terceiro" assistente, que em verdade deixa de ser "terceiro" para ser *parte*, uma vez que aí teremos uma única ação, com parte ativa necessariamente complexa.

Mas, se o terceiro não interveio como assistente (pois é livre para fazê-lo ou não), a sentença não poderá produzir efeitos em relação a ele (*res inter alios iudicata aliis neque nocet neque prodest*).

5.3 CASOS DE DENUNCIAÇÃO DA LIDE

Nos casos de denunciação da lide, duas hipóteses são possíveis:

(i) No caso do art. 127, inciso I, a denunciação é obrigatória, porque embora a lei diga que ela é admissível, o inciso conclui "a fim de que possa exercer os direitos que da evicção lhe resultam". A contrario senso, pois, não havendo denunciação, não pode o alienante exercer os direitos que da evicção lhe resultam.

(ii) Todavia, no caso do inciso II, essa restrição não aparece, e, pois, a denunciação é facultativa.

---

[20] V. Capítulo XXXIV.

CAPÍTULO XLIX – DOS ATOS PROCESSUAIS DO JUIZ

Art. 125. É *admissível* a denunciação da lide, promovida por qualquer das partes:

I – *ao alienante imediato*, no processo relativo à coisa cujo domínio foi transferido ao denunciante, a fim de que possa exercer os direitos que da evicção lhe resultam;

II – àquele que estiver *obrigado*, por lei ou pelo contrato, a indenizar, em ação regressiva, o prejuízo de quem for vencido no processo.

Nas hipóteses do inciso II, o garante não é alcançado pela decisão em causa da qual não foi parte e poderá rediscutir o seu mérito. [21]

5.4 CASOS DE CHAMAMENTO AO PROCESSO

Nos casos em que seria possível o chamamento ao processo (art. 130 do Código de Processo Civil) e este não ocorre, o terceiro, não integrando a lide, ficará fora do alcance da sentença e poderá discutir livremente sua posição jurídica na eventual ação regressiva que lhe for ajuizada.

5.5 CONCLUSÕES

Como o direito à ampla defesa e ao contraditório é uma garantia constitucional, todos quantos *não puderam exercê-la em sua plenitude* e *nem participar do contraditório processual* não podem ser alcançados diretamente pela imperatividade da sentença: *res inter alios iudicata tertio neque nocet neque prodest.*

6. DA COISA JULGADA – UMA ESPECIAL QUALIDADE DA SENTENÇA

O art. 502 assim se refere à coisa julgada:

---

[21] V. Capítulo XXXV.

> Art. 502. Denomina-se coisa julgada material a *autoridade* que torna *imutável* e *indiscutível* a decisão de mérito não mais sujeita a recurso.
>
> Art. 467. Denomina-se coisa julgada material a *eficácia*, que torna *imutável e indiscutível* a sentença, não mais sujeita a recurso ordinário ou extraordinário.

Nem a regra anterior e nem a atual são felizes em sua redação e se afastam das lições de Liebman.

Coisa julgada não é a "eficácia" da sentença, como dizia o código revogado e nem a "autoridade" da sentença – mas uma *qualidade* que ela adquire e que consiste na sua imutabilidade.[22]

A *eficácia* e *autoridade* a sentença sempre teve, como ato de um Poder do Estado. O que o trânsito em julgado confere é a qualidade de imutabilidade ao *decisum*.

Todavia, além dessas distinções, a doutrina costuma falar em coisa julgada material e em coisa julgada formal – posição que se reflete no art. 502, acima reproduzido.

Com efeito, a norma do art. 502, ao mencionar "coisa julgada material", está pressupondo uma *coisa julgada formal* – e como não faz distinção correta entre ambos, uma vez que a *imutabilidade atinge a ambas*, cabe distinguir:

(i) A imutabilidade da sentença enquanto *ato processual* – é chamada pela doutrina de coisa *julgada formal*;

(ii) A imutabilidade *dos efeitos da sentença* – é denominada *coisa julgada material*.

---

[22] O § 1º do art. 337 do Código de Processo Civil diz que "verifica-se a litispendência ou a coisa julgada quando se reproduz ação anteriormente ajuizada". Todavia, a litispendência e coisa julgada não se confundem: a primeira ocorre quando a reprodução da mesma ação (mesmas partes, mesmos pedidos e mesmas causas de pedir) ocorre enquanto a primeira ainda está pendente; a segunda, quando a primeira já se encerrou porque da decisão final ou não foi interposto recurso algum ou os que cabiam foram julgados e nenhum outro pode ser interposto.

CAPÍTULO XLIX – DOS ATOS PROCESSUAIS DO JUIZ

A coisa julgada cumpre importante função no Estado de Direito, pois confere segurança jurídica aos cidadãos, que sabem ter nela uma regra jurídica concreta que não pode se alterar.

Trata-se de garantia constitucional, prevista no art. 5º, inciso LX da Constituição Federal: "a lei não prejudicará a coisa julgada". [23]

"Atingido o processo aquele ponto, escreve Liebman, não apenas a sentença não é mais recorrível pela via ordinária, mas a decisão é vinculante para as partes e para o ordenamento jurídico e nenhum juiz pode novamente julgar o mesmo objeto em face das mesmas partes". [24]

Porém, segundo outra importante distinção feita por aquele processualista, e já abordada, a coisa julgada *não é o efeito e nem a eficácia da sentença* – esses efeitos são declaratórios, constitutivos, condenatórios etc. – mas *uma qualidade que ela adquire* e que consiste na imutabilidade, na indiscutibilidade, na perpetuidade exatamente desses efeitos. A eficácia da sentença, a seu turno, decorre da sua *imperatividade* enquanto ato emanado de um Poder do Estado e está presente desde o momento em que a decisão é prolatada.

O mesmo autor distingue, na coisa julgada, uma *eficácia negativa* (impossibilidade de novo julgamento sobre a mesma ação) e uma *eficácia positiva* (o objeto decidido entre as mesmas partes precisa ser respeitado por futuras decisões: o estado de herdeiro, decidido em ação declaratória não pode ser rediscutido em outra ação e nem recusado aquele estado em processo de inventário).

7. LIMITES OBJETIVOS DA COISA JULGADA

Os limites objetivos da coisa julgada foram examinados acima, pelo ângulo do *alcance da imperatividade da sentença* tanto interna ao processo (coisa julgada formal) como externa a ele (coisa julgada material).

---

[23] A lado do ato jurídico perfeito e do direito adquirido.

[24] LIEBMAN, Enrico Tullio. *Manuale di Diritto Processuale Civile*: Principi. 7ª Ed. Milano: Giuffrè Editore, 2007, p. 265.

ANTONIO ARALDO FERRAZ DAL POZZO

Repisando o quanto lá foi visto, a coisa julgada *material* se restringe ao *objeto do processo*, assim identificado pelos três elementos da ação — partes, pedido e causa de pedir.

No Brasil a sentença deve ser prolatada contendo três partes, como vimos: relatório, fundamentação e dispositivo — e somente este último "passa em julgado".

A razão é dada por Liebman — "O que foi estatuído se encontra enunciado no *dispositivo* da sentença e representa o concreto provimento do juiz, mas para identificá-lo exatamente é preciso buscar na motivação da sentença os elementos indispensáveis da *causa petendi* e do *petitum*. Isto é mais evidente quando o dispositivo e redigido em termos abstratos, que apenas a motivação permitirá traduzir em termos claros e concretos (amiúde o dispositivo soa: 'acolhe' ou 'rejeita a demanda proposta'; 'acolhe' ou 'rejeita a apelação' etc.)".[25]

Porém, se o pedido e a causa de pedir são perfeitamente identificados pelo dispositivo da sentença, não haverá necessidade de se recorrer à motivação.

Mas os limites objetivos também devem ser analisados pelo aspecto intraprocessual (coisa julgada formal): todas as questões que não foram propostas no processo ou não foram objeto de exame judicial ficam cobertas pela coisa julgada: *o julgado cobre o deduzido e o deduzível.*[26]

O nosso Código de Processo Civil é expresso, a respeito, em norma já reproduzida:

> Art. 508. Transitada em julgado a decisão de mérito, considerar-se-ão deduzidas e repelidas todas as alegações e as defesas que a parte poderia opor tanto ao acolhimento quanto à rejeição do pedido.

---

[25] LIEBMAN, Enrico Tullio. *Manuale di Diritto Processuale Civile*: Principi. 7ª Ed. Milano: Giuffrè Editore, 2007, p. 276.

[26] LIEBMAN, Enrico Tullio. *Manuale di Diritto Processuale Civile*: Principi. 7ª Ed. Milano: Giuffrè Editore, 2007, p. 278.

CAPÍTULO XLIX – DOS ATOS PROCESSUAIS DO JUIZ

> Art. 474. Passada em julgado a sentença de mérito, reputar-se-ão deduzidas e repelidas todas as alegações e defesas, que a parte poderia opor assim ao acolhimento como à rejeição do pedido.

Outras normas do Código de Processo Civil completam o perfil legal dos conceitos vistos.

Assim, o art. 503:

> Art. 503. A decisão que julgar total ou parcialmente o mérito tem força de lei nos limites da questão principal expressamente decidida.

> Art. 468. A sentença, que julgar total ou parcialmente a lide, tem força de lei nos limites da lide e das questões decididas.

Por "limites da questão principal expressamente decidida" devemos entender o *objeto do processo*, identificado, insista-se, pelos três elementos da ação – partes, pedido e causa de pedir.

As questões a que se refere a norma, porém, são *questões de direito*, pois as de fato *não ficam* cobertas pela coisa julgada, consoante o inciso II do art. 504.

No sistema do código revogado, se uma questão prejudicial fosse arguida e desde que se tratasse de situação jurídica apta a produzir efeitos jurídicos que potencialmente podiam se estender para além dos limites da ação proposta, poderia ela se constituir no objeto de uma ação cautelar incidental. O Código de Processo Civil em vigor não cuidou dessa ação, mas também não ficou totalmente indiferente, dispondo que:

> Art. 503. (*omissis*)
> § 1º O disposto no *caput* aplica-se à resolução de questão prejudicial, decidida expressa e incidentemente no processo, se:
> I – dessa resolução depender o julgamento do mérito;
> II – a seu respeito tiver havido contraditório prévio e efetivo, não se aplicando no caso de revelia;

III – o juízo tiver competência em razão da matéria e da pessoa para resolvê-la como questão principal.

§ 2º A hipótese do § 1º não se aplica se no processo houver restrições probatórias ou limitações à cognição que impeçam o aprofundamento da análise da questão prejudicial.

Art. 470. Faz, todavia, coisa julgada a resolução da questão prejudicial, se a parte o requerer (arts. 5º e 325), o juiz for competente em razão da matéria e constituir pressuposto necessário para o julgamento da lide.

Diante dessas normas, entendemos que cabe à parte pedir que a questão prejudicial *seja decidida de forma incidental e expressamente* pelo juiz. O juiz – pelo princípio da inércia da jurisdição, ao qual conferimos um cunho absoluto – não pode proferir tal decisão sem pedido da parte. Mas, cabe à parte justificar seu pedido através das hipóteses constantes dos diversos incisos do parágrafo e, ainda, alegar que não ocorre a situação contemplada no § 2º

Contudo algumas questões (e não o objeto propriamente do *decisum*) podem ser revistas em ação posterior, conforme a norma do art. 505, já mencionado:

Art. 505. Nenhum juiz decidirá novamente as questões já decididas relativas à mesma lide, salvo:

I – se, tratando-se de *relação jurídica de trato continuado*, sobreveio modificação no estado de fato ou de direito, caso em que poderá a parte pedir a revisão do que foi estatuído na sentença;

II – nos demais casos prescritos em lei.

Art. 471. Nenhum juiz decidirá novamente as questões já decididas, relativas à mesma lide, salvo:

I – se, tratando-se de *relação jurídica continuativa*, sobreveio modificação no estado de fato ou de direito; caso em que poderá a parte pedir a revisão do que foi estatuído na sentença;

II – nos demais casos prescritos em lei.

Relações jurídicas de trato continuado – ou relações jurídicas continuativas – são aquelas que avançam no tempo, como a obrigação

CAPÍTULO XLIX – DOS ATOS PROCESSUAIS DO JUIZ

de prestar alimentos. Fixados estes, podem se alterar as condições do alimentante, para melhor ou para pior: nesse caso o valor dos alimentos pode ser revisto.

8. LIMITES SUBJETIVOS DA COISA JULGADA

8.1 LIMITES SUBJETIVOS

A questão que aqui se coloca diz respeito às pessoas que a coisa julgada pode alcançar: daí chamar-se limites *subjetivos*, em contraposição ao que vimos anteriormente, que eram os limites objetivos (*intra e extraprocessual*).

O princípio geral que rege este tema vem do direito romano: *res inter alios iudicata tertio neque nocet neque prodest.*

A razão pela qual o terceiro (isto é aquele que não foi parte no processo) não pode sofrer os efeitos diretos da decisão passada em julgado é o *princípio da ampla defesa e do contraditório:* somente os que tiveram a oportunidade de se defender (as partes) podem sofrer as consequências diretas da decisão, no Estado de direito. [27]

Esse, o princípio geral adotado pelo nosso Código de Processo Civil:

> Art. 506. A sentença faz coisa julgada às partes entre as quais é dada, não prejudicando terceiros.
>
> Art. 472. A sentença faz coisa julgada às partes entre as quais é dada, não beneficiando, nem prejudicando terceiros. Nas causas relativas ao estado de pessoa, se houverem sido citados no processo, em litisconsórcio necessário, todos os interessados, a sentença produz coisa julgada em relação a terceiros.

Portanto, apenas *as partes* ficam sujeitas à eficácia da sentença transitada em julgado (e, ainda, à *eficácia natural* da sentença, antes do trânsito em julgado).

---

[27] Como dito tantas vezes, sem tais princípios não haveria o *due process of law.*

Por fim, há que se lembrar de que algumas sentenças têm efeito *erga omnes* (em face de todos os membros da coletividade): são ações coletivas reguladas por leis esparsas como a Lei da Ação Popular (Lei n. 7.347/85, art. 18); Lei da Ação Civil Pública (Lei n. 7.347/85 art. art. 16), Código de Defesa do Consumidor (art. 103) – situações que são exceções às regras gerais do Código de Processo Civil.

8.2 TEORIAS SOBRE OS LIMITES SUBJETIVOS DA COISA JULGADA

A doutrina alemã e a italiana fizeram uma distinção entre os efeitos *diretos* da coisa julgada – que somente podem atingir as partes – e os seus efeitos *reflexos* – que podem atingir indiretamente os terceiros em razão das ligações que suas relações jurídicas podem ter com aquela posta em juízo.

Chiovenda demonstrou, a propósito, que "todos são obrigados a reconhecer a coisa julgada entre as partes; *porém, não podem por elas serem prejudicados*. Mas, por prejuízo não se entende um prejuízo meramente de fato, mas, sim, um *prejuízo jurídico*".[28] E nos dá o exemplo do herdeiro que pode ser prejudicado de fato pela sentença obtida por terceiro contra os bens do *de cujus*; assim como o credor, em face de sentença dada em favor de outro credor do devedor comum – nestes casos, nem o herdeiro e nem o credor sofrem prejuízo jurídico, porque suas *posições jurídicas não foram atingidas*.

Portanto, assinala Chiovenda, "haveria um prejuízo jurídico se a sentença pudesse *negar um direito dos terceiros estranhos*, como poderia acontecer no caso que a relação reconhecida como existente ou inexistente num processo compreenda como sujeito um terceiro estranho à lide".[29]

Mais adiante, ele se refere à sentença sobre o estado das pessoas, que atinge pessoas alheias à lide, as quais são obrigadas a reconhecer e respeitar

---

[28] CHIOVENDA, Giuseppe. *Istituzioni di Diritto Processuale Civile*. Edição Jovene, Nápolis, 1960, p. 358.

[29] CHIOVENDA, Giuseppe. *Istituzioni di Diritto Processuale Civile*. Edição Jovene, Nápolis, 1960, p. 359.

CAPÍTULO XLIX – DOS ATOS PROCESSUAIS DO JUIZ

a decisão entre as partes, mas podem se insurgir contra o vínculo que supostamente o atinge (o pai do investigado se torna avô do reconhecido filho – mas pode negar essa qualidade).[30]

Dando um passo além, mas dentro do pensamento chiovendiano, Liebman busca colocar essas questões na distinção que faz entre *eficácia da sentença e a coisa julgada*. Esclarece o Professor Liebman que o "reconhecimento que todos devem à sentença é propriamente a sua *sujeição à eficácia de sentença*", podendo tal eficácia produzir "efeitos de mero fato ou efeitos propriamente jurídicos".

No que tange aos efeitos de fato, nada podem fazer os terceiros; mas os efeitos jurídicos não podem atingi-los, como já afirmava a fórmula de Chiovenda.

E, por fim Liebman enuncia o *princípio geral* que rege a matéria:

> "os terceiros se sujeitam à eficácia da sentença, *mas não à autoridade da coisa julgada*".[31]

Assim, se a sentença decidiu que o imóvel é de "A", numa ação entre "A" e "B", os terceiros se sujeitam a essa eficácia e não podem pretender que "B" seja o seu proprietário. Mas, como "C" não participou desse processo, a coisa julgada não o alcança e ele pode mover uma ação contra "A" (nunca contra "B"), para ser declarado proprietário daquele mesmo bem. Para ele a decisão entre "A" e "B" não se tornou imutável.

Todavia, há casos excepcionais como os de legitimação extraordinária, em que o titular da relação jurídica deduzida em juízo por terceiro (substituto) é alcançado pela coisa julgada – pois caso contrário não haveria razão de ser para ser instituída a própria legitimação extraordinária.

---

[30] CHIOVENDA, Giuseppe. *Istituzioni di Diritto Processuale Civile*. Edição Jovene, Nápolis, 1960, p. 359.

[31] LIEBMAN, EnricoTullio. *Manuale di Diritto Processuale Civile*: Principi. 7ª Ed. Milano: Giuffrè Editore, 2007, p. 286.

9. CONTEÚDO DA MOTIVAÇÃO E DO DISPOSITIVO DA SENTENÇA

Quando nos referimos às sentenças proferidas nas ações de conhecimento vimos que elas têm, esquematicamente, a estrutura de um silogismo, no qual:

(i) a *premissa maior* é dada pela norma jurídica genérica e abstrata aplicável ao caso (na qual se enquadra o caso concreto);

(ii) a *premissa menor* é dada pela verificação dos fatos (considerados verdadeiros pelo juiz); e

(iii) a *conclusão* consiste na formulação da regra jurídica concreta positiva ou negativa (extraída do preceito daquela norma jurídica aplicável).

Quando as ações de conhecimento são julgadas procedentes, as *sentenças* recebem o nome da *ação respectiva*. Assim, temos: sentenças declaratórias, sentenças condenatórias executivas e sentenças constitutivas.

Todavia, se julgadas improcedentes, pouco importa a natureza da ação ajuizada – a sentença *sempre será declaratória*.

Para decidir a causa o juiz precisa enfrentar, normalmente, as questões de direito e as questões de fato: os pontos de direito e de fato controvertidos.

No que pertine às questões de direito existentes no processo, elas podem configurar, como vimos anteriormente:

(i) Questões prejudiciais;

(ii) Questões preliminares; ou

(iii) Questões de mérito.

Há questão prejudicial sempre que o réu alegar a inexistência de uma relação jurídica que se constitui num pressuposto lógico para que possa ser dada a procedência da ação (negação da relação jurídica de filiação, numa ação de alimentos, por exemplo).

CAPÍTULO XLIX – DOS ATOS PROCESSUAIS DO JUIZ

De outra parte, haverá uma questão preliminar se a defesa do réu se volta contra a existência do direito de ação do autor (alega carência da ação) ou a falta de um dos pressupostos processuais. Se o juiz, mesmo diante da não existência da questão preliminar (pela não alegação do réu), se apercebe, entretanto, da falta do direito de ação ou de um dos pressupostos processuais, pode de ofício levantar e decidir a matéria, que é de ordem pública.

Todas as demais serão questões de mérito.

Postas essas considerações, nosso problema atual está em saber em que parte da sentença essas questões de fato e de direito se situam: na motivação ou no dispositivo?

Essa distinção é importante para sabermos quais as questões que passam ou não em julgado, uma vez que somente a parte dispositiva da sentença produz coisa julgada. Num segundo momento, precisamos saber, dentre as questões que se colocam na parte dispositiva da sentença (e, pois, que passam em julgado), quais ficam cobertas pela *coisa julgada material* (efeito extraprocessual).

9.1 MOTIVAÇÃO DA SENTENÇA

A motivação da sentença corresponde, na linguagem da lei, aos *fundamentos da decisão*, segundo o inciso II, do art. 489 do Código de Processo Civil:

> Art. 489. São elementos essenciais da sentença:
>
> II – os *fundamentos*, em que o juiz analisará as questões de fato e de direito;
>
> Art. 458. (*omissis*)
>
> II – os *fundamentos*, em que o juiz analisará as questões de fato e de direito;

Segundo a expressão literal dessa norma, na motivação da sentença, o juiz deve analisar as questões de fato e de direito constantes do processo.

Apesar da linguagem da lei, na motivação o juiz não faz apenas uma análise das questões de fato e de direito porque em algumas sentenças chega também às conclusões preparatórias da conclusão final que formula na parte dispositiva.

As questões de fato sempre serão analisadas na motivação da sentença pelo juiz, com a finalidade de declarar, motivadamente, quais os fatos que ele considera verdadeiros.

Efetivamente, na motivação da sentença o juiz fará a verificação dos fatos, isto é, irá declarar quais os fatos que, de acordo com as provas, ele considera ocorridos – mas deverá fazê-lo fundamentando seu convencimento (princípio do convencimento racional do juiz).

Cabe ao juiz, portanto, demonstrar as razões pelas quais, de acordo com a instrução probatória, está convencido de que eles ocorreram desta e não daquela maneira. Esta é a sua atividade de *verificação dos fatos*, que corresponde à premissa menor do silogismo que se contém na sentença.[32]

Estando na parte da motivação ou da fundamentação da sentença, as decisões sobre as questões de fato não produzem coisa julgada material. É, aliás, o que dispõe o inciso II do art. 504 do Código de Processo Civil, como vimos:

> Art. 504 – Não fazem coisa julgada:
>
> II – *a verdade dos fatos*, estabelecida como fundamento da sentença.
>
> Art. 469 – Não fazem coisa julgada:
> II – *a verdade dos fatos*, estabelecida como fundamento da sentença.

Verificados os fatos, cabe ao órgão jurisdicional, ainda na motivação da sentença, analisar as questões de direito.

Essa sua atividade consiste na elaboração da premissa maior do silogismo que está na sentença.

---

[32] Essa é uma exigência do devido processo legal e, pois, da *ampla defesa* – sem que o juiz expresse a razão pela qual opta por uma das versões de fato existentes no processo impossível será o exercício desta última.

CAPÍTULO XLIX – DOS ATOS PROCESSUAIS DO JUIZ

Essa atividade tem por objeto, basicamente, fazer a *valoração jurídica* dos fatos havidos por verdadeiros, o que significa fazer o *enquadramento* desses fatos numa hipótese genérica e abstrata de uma (ou várias) norma(s) jurídica(s), a qual (as quais) o órgão jurisdicional entende aplicável (aplicáveis) ao caso concreto. É preciso encaixar os fatos na descrição genérica e abstrata da hipótese legal.

O resultado dessa atividade *prepara e fundamenta* o dispositivo da sentença, que é a *conclusão* daquele silogismo.

Em certas sentenças esse resultado pode até mesmo consubstanciar uma conclusão preparatória, que se contém ainda na parte da motivação da sentença.

A doutrina costuma justificar a necessidade da motivação ou fundamentação não apenas porque essa parte da decisão representa uma etapa necessária do silogismo que se contém na sentença (premissa menor e premissa maior), mas também porque a sentença, enquanto ato que emana de um Poder do Estado, deve demonstrar a sua própria justiça e convencer as partes e a opinião pública de que ela decidiu a causa com imparcialidade e de acordo com o ordenamento jurídico vigente.

De outro lado, a motivação da sentença obriga o juiz a refletir mais profundamente sobre a verdade dos fatos e acerca das questões jurídicas contidas nos autos, sendo, ainda, fundamental para balizar os recursos das partes.

Ademais, sem a motivação não há como se exercer o direito à ampla defesa.

Assim sendo, a questão ganhou foros de garantia constitucional (art. 93, IX da Constituição Federal), refletindo-se na garantia de exercício da ampla defesa (art. 5º, LV da Constituição Federal), como já assinalado alhures.

9.2 DISPOSITIVO DA SENTENÇA E COISA JULGADA

No dispositivo da sentença se encontra a conclusão do silogismo que forma a sua estrutura lógica.

Nessa conclusão o juiz formula a regra jurídica concreta.

ANTONIO ARALDO FERRAZ DAL POZZO

Diz o inciso III, do art. 489 do Código de Processo Civil:

> Art. 489. São elementos essenciais da sentença:
>
> III – o *dispositivo*, em que o juiz resolverá as questões principais que as partes lhe submeterem.
>
> Art. 458. São requisitos essenciais da sentença:
>
> III – o *dispositivo*, em que o juiz resolverá as questões, que as partes lhe submeteram.

Na sentença *definitiva*, isto é, aquela que examina o mérito da demanda, a formulação da regra jurídica concreta que se contém no dispositivo da sentença poderá ser de conteúdo positivo (sentença definitiva de procedência) ou negativo (sentença definitiva de improcedência).

Todavia, o processo pode se encerrar sem o exame do mérito, caso em que será proferida uma sentença terminativa. No dispositivo das sentenças terminativas, o juiz irá formular uma regra jurídica concreta para resolver:

(i) uma questão prejudicial; ou

(ii) uma questão preliminar.

O dispositivo de uma sentença definitiva e o dispositivo da sentença terminativa *transitam em julgado*.

Transitando em julgado, essas sentenças (definitivas e terminativas) produzem *coisa julgada formal* (eficácia interna da sentença) – as mesmas partes não podem rediscutir, no processo (aliás, encerrado), as questões decididas: essa é a eficácia interna das sentenças.

Todavia, como vimos acima, as *decisões terminativas* (sobre os pressupostos processuais ou sobre as condições da ação) "pela particularidade de seu conteúdo, produzem um efeito vinculante estritamente *interno* ao processo, sem relevância fora dele",[33] isto é, produzem apenas a coisa julgada formal (eficácia interna).

---

[33] LIEBMAN, Enrico Tullio. *Manuale di Diritto Processuale Civile*: Principi. 7ª Ed.Milano: Giuffrè Editore, 2007, p. 231, sublinhamos.

CAPÍTULO XLIX – DOS ATOS PROCESSUAIS DO JUIZ

Apenas as sentenças *definitivas*, sejam de procedência ou de improcedência de uma das ações de conhecimento, produzem, além da coisa julgada formal, a *coisa julgada material* (eficácia externa da sentença), como resulta da norma do art. 468 do Código de Processo Civil:

> Art. 503. A decisão que julgar total ou parcialmente o mérito tem força de lei nos limites da questão principal expressamente decidida.
>
> Art. 468. Toda sentença que julgar total ou parcialmente a lide, tem força de lei nos limites da lide e das questões decididas.

9.3 SENTENÇA TERMINATIVA QUE ACOLHE QUESTÕES PREJUDICIAIS E QUESTÕES PRELIMINARES NO CÓDIGO DE PROCESSO CIVIL

No que tange às *questões prejudiciais*, diz o Código de Processo Civil expressamente que:

> Art. 503. A decisão que julgar total ou parcialmente o mérito tem força de lei nos limites da questão principal expressamente decidida.
>
> § 1º O disposto no *caput* **aplica-se à resolução de questão prejudicial**, decidida expressa e incidentemente no processo, se:
>
> I – d essa resolução depender o julgamento do mérito;
>
> II – a seu respeito tiver havido contraditório prévio e efetivo, não se aplicando no caso de revelia;
>
> III – o juízo tiver competência em razão da matéria e da pessoa para resolvê-la como questão principal.
>
> § 2º A hipótese do § 1º não se aplica se no processo houver restrições probatórias ou limitações à cognição que impeçam o aprofundamento da análise da questão prejudicial.
>
> Art. 469. Não fazem coisa julgada:
>
> III – a apreciação da questão prejudicial decidida incidentalmente no processo.

Portanto, como vimos anteriormente, a decisão sobre questão prejudicial *pode* transitar em julgado.

No tocante às questões preliminares, em primeiro lugar temos que considerar a norma do art. 486, que descreve inúmeras situações em que o juiz deve encerrar o processo sem julgamento do mérito, as quais, todavia, sempre dirão respeito à ausência de uma das condições da ação ou à falta de um pressuposto processual:

> Art. 486. O pronunciamento judicial que **não resolve o mérito** não obsta a que a parte proponha de novo a ação.
>
> § 1º No caso de extinção em razão de litispendência e nos casos dos incisos I, IV, VI e VII do art. 485, a propositura da nova ação *depende da correção do vício que levou à sentença sem resolução do mérito.*
>
> § 2º A petição inicial, todavia, não será despachada sem a prova do *pagamento ou do depósito das custas e dos honorários de advogado.*
>
> Art. 268. Salvo o disposto no art. 267, V, a extinção do processo não obsta a que o autor intente de novo a ação. A petição inicial, todavia, não será despachada sem a prova do pagamento ou do depósito das custas e dos honorários de advogado.
>
> [Art. 276 – V – quando o juiz acolher a alegação de peremoção, litispendência ou de coisa julgada;]

Os incisos referidos no § 1º têm o seguinte teor:

> Art. 485. O juiz não resolverá o mérito quando:
>
> I – indeferir a petição inicial;
>
> IV – verificar a ausência de pressupostos de constituição e de desenvolvimento válido e regular do processo;
>
> VI – verificar ausência de legitimidade ou de interesse processual;
>
> VII – acolher a alegação de existência de convenção de arbitragem ou quando o juízo arbitral reconhecer sua competência;

A expressão legal: "a propositura da nova ação depende da correção do vício que levou à sentença sem resolução do mérito" – deve ser interpretada com um complemento – "desde que possível" – pois há casos em que essa correção não pode ocorrer.

CAPÍTULO XLIX – DOS ATOS PROCESSUAIS DO JUIZ

Mas, há hipóteses em que a *correção* é viável: quando falta uma condição da ação (interesse de agir por inexigibilidade da obrigação), por exemplo, ela pode vir a ocorrer no futuro, com alteração da situação de fato (vencimento da obrigação), o que tornará viável a ação ser novamente ajuizada. Essa *correção*, em verdade, é a alteração da situação de fato ou de direito.

Porém, nos casos em que é impossível propor novamente a ação, costuma-se dizer que essa sentença, conquanto *terminativa*, produz *coisa julgada material*.

Assim, por exemplo, a litispendência e a coisa julgada se explicam como exceções à regra geral porque, na primeira, a ação já está em curso quando é reproposta – e não é possível haver dois pronunciamentos jurisdicionais sobre a mesma situação jurídica; na segunda, porque já existe coisa julgada material.

A norma do § 3º do art. 486 prevê caso de perempção, que no direito anterior ocorria quando o autor abandonava o processo por três vezes:

> Art. 486. (*omissis*)
>
> § 3º Se o autor der causa, por 03 (três) vezes, a sentença fundada em abandono da causa, não poderá propor nova ação contra o réu com o mesmo objeto, ficando-lhe ressalvada, entretanto, a possibilidade de alegar em defesa o seu direito.
>
> [Art. 485. O juiz não resolverá o mérito quando:
>
> [III – por não promover os atos e as diligências que lhe incumbir, o autor *abandonar a causa* por mais de 30 (trinta) dias;]
>
> Art. 268. (*omissis*)
>
> Parágrafo único. Se o autor der causa, por três vezes, à extinção do processo pelo fundamento previsto no III do artigo anterior, não poderá intentar nova ação contra o réu com o mesmo objeto, ficando-lhe ressalvada, entretanto, a possibilidade de alegar em defesa o seu direito.
>
> [Art. 267. III – quando, por não promover os atos e diligências que lhe competir, o autor abandonar a causa por mais de 30 (trinta) dias;]

A perempção decorre do *abandono da causa*: quando o autor, por três vezes, der causa ao encerramento do processo por não promover, em trinta dias, atos e diligências que lhe competem e, dessa maneira, apesar de intimado a praticar o ato ou a diligência que impede o prosseguimento do processo, abandonar a causa por mais de trinta dias.

Tal comportamento caracteriza um verdadeiro abuso do direito de ação – e, portanto, quis o legislador, com razão, evitá-lo.

9.4 CONCLUSÕES

Portanto, temos o seguinte quadro:

(i) As <u>sentenças definitivas</u> proferidas nas ações de conhecimento (declaratórias, constitutivas e condenatórias executivas) – sejam de procedência ou de improcedência da ação produzem coisa julgada formal e material (*eficácia interna e externa ao processo*);

(ii) As <u>sentenças definitivas</u> proferidas nas ações cautelares somente produzem coisa julgada formal (*eficácia interna ao processo*);

(iii) As <u>sentenças terminativas</u> que acolhem a alegação de perempção, litispendência ou coisa julgada produzem coisa julgada formal e material (*eficácia interna e externa ao processo*);

(iv) Todas as <u>demais sentenças terminativas</u> produzem apenas coisa julgada formal (*eficácia interna ao processo*).

10. CONTEÚDO DA MOTIVAÇÃO E DO DISPOSITIVO DA SENTENÇA – SUA ESTRUTURA LÓGICA[34]

10.1 SENTENÇAS QUE JULGAM PROCEDENTES AS AÇÕES DE CONHECIMENTO

As sentenças de conhecimento condenatórias executivas, constitutivas e declaratórias apresentam o chamado *momento declaratório*, mas

---

[34] Não será mencionado o relatório da sentença, porque neste há um resumo das questões de fato e de direito de cada ação a ser julgada e no texto trabalhamos com uma ação em tese e não com caso concreto.

CAPÍTULO XLIX – DOS ATOS PROCESSUAIS DO JUIZ

enquanto esta última tem apenas esse momento, as demais têm um segundo: respectivamente, o momento condenatório e o momento constitutivo.

Vejamos em partes da sentença esses momentos se situam:

10.1.1 Sentença condenatória executiva – fase de conhecimento

(i) Motivação da sentença – nesta parte se situa o momento declaratório da sentença condenatória, que conterá:

(i.a.) a premissa maior (PM), dada pela norma jurídica genérica e abstrata aplicável ao caso (em cuja hipótese se enquadra o caso concreto);

(i. b.) a premissa menor (pm) consistente na verificação fundamentada dos fatos (quais são os fatos considerados verdadeiros pelo juiz); e

(i. c.) conclusão preparatória (CP): declaração de existência da relação jurídica dentro da qual se situa o direito deduzido em juízo pelo autor e a obrigação do réu.

(ii) Dispositivo da sentença – no dispositivo se situa o momento condenatório da sentença condenatória executiva, que conterá:

(ii. a. 1.) a conclusão final condenatória consistente na formulação da regra jurídica concreta de conteúdo positivo (extraída do preceito daquela norma jurídica aplicável) que impõe ao réu a sanção de execução;

(ii.b. 2.) conclusão final executiva consistente na determinação de prosseguimento do processo para imediata atuação concreta da regra jurídica concreta formulada na conclousão final condenatória, caso esta não seja cumprida espontaneamente no prazo assinalado pela lei.

(iii) Coisa julgada – somente o que constar do dispositivo.

10.1.2 Sentença constitutiva

(i) Motivação da sentença – nesta parte se situa o momento declaratório da sentença constitutiva, que conterá:

945

ANTONIO ARALDO FERRAZ DAL POZZO

(*i.a.*) a <u>premissa maior</u> (PM), é dada pela norma jurídica genérica e abstrata aplicável ao caso (em cuja hipótese se enquadra o caso concreto);

(*i. b.*) a <u>premissa menor</u> (pm) consistente na verificação fundamentada dos fatos (quais são os fatos considerados verdadeiros pelo juiz); e

(*i. c.*) <u>conclusão preparatória</u> (CP)*: declaração de existência do direito do autor em obter uma modificação jurídica.

(*ii*) <u>Dispositivo da sentença</u> – no dispositivo se situa o momento constitutivo da sentença constitutiva, que conterá:
(*ii. b.*) a <u>conclusão final constitutiva</u> consistente na formulação da regra jurídica concreta de conteúdo positivo (extraída do preceito daquela norma jurídica aplicável), que opera efetivamente a mutação jurídica pretendida pelo autor (constituindo, modificando ou estinguindo uma relação jurídica).

(*iii*) <u>Coisa julgada</u> – somente o que constar do dispositivo.

10.1.3 Sentença declaratória[35]

(*i*) <u>Motivação da sentença</u> – nesta parte se situa o momento declaratório da sentença declaratória, que conterá:
(*i.a.*) a <u>premissa maior</u> (PM) dada pela norma jurídica genérica e abstrata aplicável ao caso (em cuja hipótese se enquadra o caso concreto), para verificação da existência ou inexistência de relação jurídica ou falsidade ou autenticidade de documento;[36]

(*i.b.*) a <u>premissa menor</u> (pm) consistente na verificação fundamentada dos fatos (quais são os fatos considerados verdadeiros pelo juiz);

---

[35] Tratando-se de sentença declaratória, inexiste, na motivação da sentença, conclusão preparatória, pois esta se confunde com a conclusão que está no dispositivo da sentença.

[36] A ação declaratória tem seu fundamento no próprio ordenamento processual. Não há norma de direito substancial que assegure o pedido declaratório – mas será com base no direito substancial que se poderá concluir pela existência ou inexistência de relação jurídica ou pela autenticidade ou falsidade de documento, obviamente diante das provas produzidas.

CAPÍTULO XLIX – DOS ATOS PROCESSUAIS DO JUIZ

(ii) Dispositivo da sentença – no dispositivo se situa o momento declaratório (único) da sentença declaratória, que conterá:

(ii.a.) a conclusão final declaratória consiste na formulação da regra jurídica concreta de conteúdo positivo, consistente na declaração de existência ou da inexistência da relação jurídica conforme um ou outro tenha sido o pedido do autor, ou, então, na declaração da autenticidade ou da falsidade de um documento, de acordo com aquilo que foi pleiteado pelo autor.

(iii) Coisa julgada – somente o que constar do dispositivo.

10.2 SENTENÇAS QUE JULGAM IMPROCEDENTES AS AÇÕES DE CONHECIMENTO

10.2.1 Sentença de improcedência em ação condenatória executiva e constitutiva

As sentenças de improcedência são sempre de natureza declaratória e, portanto, apresentam apenas o momento declaratório e estrutura de uma sentença declaratória:

(i) Motivação da sentença – nesta parte se situa o momento declaratório da sentença de improcedência, que conterá:

(i.a.) a premissa maior (PM) dada pela norma jurídica genérica e abstrata que seria aplicável ao caso se a sentença fosse de procedência (em cuja hipótese se enquadra o caso concreto, na concepção do autor);[37]

(i.b.) a premissa menor (pm) consistente na verificação fundamentada dos fatos (quais são os fatos considerados verdadeiros pelo juiz);

(ii) Dispositivo da sentença – no dispositivo se situa o momento declaratório (único) da sentença de improcedência, que conterá:

(ii.a.) a conclusão final declaratória consiste na formulação da regra jurídica concreta de conteúdo negativo consistente na

---

[37] V. Nota anterior.

947

ANTONIO ARALDO FERRAZ DAL POZZO

declaração de inexistência da relação jurídica no âmbito da qual o autor havia afirmado ter nascido o seu direito e, pois, na declaração de inexistência desse direito:

- se a ação era condenatória executiva – inexistência da relação jurídica obrigacional (de dar, fazer ou não fazer) e do direito do autor ao seu cumprimento pelo réu;
- se a ação era constitutiva – inexistência do direito à obtenção de uma mutação jurídica.

(iii) <u>Coisa julgada</u> – somente o que constar do dispositivo.

10.2.3 Sentença de improcedência em ação declaratória

A sentença que julga improcedente a ação declaratória é também de natureza declaratória e, portanto, apresenta apenas o momento declaratório e esta é a estrutura de uma sentença declaratória de improcedência:

(i) <u>Motivação da sentença</u> – nesta parte se situa o momento declaratório da sentença de improcedência, que conterá:

(i.a.) a <u>premissa maior</u> (PM) dada pela norma jurídica genérica e abstrata que seria aplicável ao caso se a sentença fosse de procedência (em cuja hipótese se enquadra o caso concreto, na concepção do autor);

(i.b.) a <u>premissa menor</u> (pm) consistente na verificação fundamentada dos fatos (quais são os fatos considerados verdadeiros pelo juiz);

(ii) <u>Dispositivo da sentença</u> – no dispositivo se situa o momento declaratório (único) da sentença de improcedência, que conterá:

(ii.a.) a <u>conclusão final declaratória</u> consiste na formulação da regra jurídica concreta *inversa* àquela que foi pedida pelo autor: se foi pedida a declaração de existência de uma relação jurídica, a sentença de improcedência declara que ela não existe, e vice-versa. O mesmo ocorre em caso de autenticidade ou falsidade de documento.

(iii) <u>Coisa julgada</u> – somente o que constar do dispositivo.

CAPÍTULO XLIX – DOS ATOS PROCESSUAIS DO JUIZ

10.3 SENTENÇA CAUTELAR

10.3.1 Sentença cautelar em ação cautelar julgada procedente

(i) Motivação da sentença – nesta parte se situa o momento declaratório da sentença cautelar, que conterá:

(i.a.) a premissa maior (PM), dada pela norma jurídica genérica e abstrata aplicável ao caso (em cuja hipótese se enquadra o caso concreto);

(i. b.) a premissa menor (pm) consistente na verificação fundamentada dos fatos (quais são os fatos considerados verdadeiros pelo juiz); e

(i. c.) conclusão preparatória (CP), na qual se declara:

(i.c.i.) a provável existência de um direito deduzido numa outra ação, chamada principal – *(fumus boni iuris)*;

(i.c.ii) o fundado temor de que a demora da concessão do provimento jurisdicional pedido na ação principal possa comprometê-lo ou torná-lo inútil – *(periculum in mora).*

(ii) Dispositivo da sentença – no dispositivo se situa o momento cautelar da sentença cautelar, que conterá:

(ii.a.1.) a conclusão final cautelar consistente na formulação da regra jurídica concreta de conteúdo positivo, resultante do enquadramento dos fatos que revelam o *periculum in mora* na hipótese de uma norma processual e reconhecendo que o autor tem direito à mediada cautelar pleiteada; e

(ii.a.2.) a determinação de atuação prática da regra jurídica concreta, isto é, para que a medida cautelar seja efetivada.

(iii) Coisa julgada – o dispositivo da ação cautelar não produz coisa julgada material, por força do disposto no art. 309 do Código de Processo Civil.

> Art. 309. Cessa a eficácia da tutela concedida em caráter antecedente, se:
>
> I – o autor não deduzir o pedido principal no prazo legal;

949

II – não for efetivada dentro de 30 (trinta) dias;

III – o juiz julgar improcedente o pedido principal formulado pelo autor ou extinguir o processo sem resolução de mérito.

Parágrafo único. Se por qualquer motivo cessar a eficácia da tutela cautelar, é vedado à parte renovar o pedido, salvo sob novo fundamento.

Art. 807. As medidas cautelares conservam a sua eficácia no prazo do artigo antecedente e na pendência do processo principal; mas podem, a qualquer tempo, ser revogadas ou modificadas.

Parágrafo único. Salvo decisão judicial em contrário, a medida cautelar conservará a eficácia durante o período de suspensão do processo.

Art. 808. Cessa a eficácia da medida cautelar:

I – se a parte não intentar a ação no prazo estabelecido no art. 806;

II – se não for executada dentro de 30 (trinta) dias;

III – se o juiz declarar extinto o processo principal, com ou sem julgamento do mérito.

Parágrafo único. Se por qualquer motivo cessar a medida, é defeso à parte repetir o pedido, salvo por novo fundamento.

O novo Código de Processo Civil não diz expressamente o tempo de duração da medida cautelar, e, pois, da sentença cautelar. No sistema anterior havia norma expressa no sentido de sua duração durante o processo. Todavia, o parágrafo único do art. 309 dá a entender que a medida pode ser revogada, ao dizer "Se por qualquer motivo cessar a eficácia da tutela cautelar (...)".

Interessante questão é a de se saber se, concedida a medida cautelar e a ação for julgada improcedente, se aquela perdura, se o recurso for admitido com efeito suspensivo. Ora, suspensos os efeitos da sentença, mesmo que ela tenha expressamente revogado a medida cautelar, tal suspensão alcança o decidido em relação à ação cautelar e a medida que fora concedida prevalece.

950

CAPÍTULO XLIX – DOS ATOS PROCESSUAIS DO JUIZ

10.3.2 Sentença de improcedência em ação cautelar

Essa sentença é de *natureza declaratória* e, portanto, apresenta apenas o momento declaratório e estrutura de uma sentença declaratória:

(i) Motivação da sentença – nesta parte se situa o momento declaratório da sentença de improcedência, que conterá:

(i.a.) a premissa maior (PM) dada pela norma jurídica genérica e abstrata que seria aplicável ao caso se a sentença fosse de procedência (em cuja hipótese se enquadra o caso concreto, na concepção do autor);

(i.b.) a premissa menor (pm) consistente na verificação fundamentada dos fatos (quais são os fatos considerados verdadeiros pelo juiz);

(ii) Dispositivo da sentença – no dispositivo se situa o momento declaratório (único) da sentença de improcedência, que conterá:

(ii.a.) a conclusão final declaratória de inexistência de um direito deduzido numa outra ação, chamada principal – (inexistência do *fumus boni iuris*); ou

(ii.b.) a conclusão final declaratória de não haver fundado temor de que a demora da concessão do provimento jurisdicional pedido na ação principal possa comprometê-lo ou torná-lo inútil – (inexistência do *periculum in mora*).

Observação: os momentos acima podem ser cumulados ou, então se apresentarem isoladamente, mas em ambos os casos o resultado final será o mesmo: declaração de que inexiste o direito do autor em obter a medida cautelar pleiteada.

(iii) Coisa julgada – o dispositivo da ação cautelar não produz coisa julgada material, por força do disposto no art. 309 do Código de Processo Civil, como vimos acima.

10.4 SENTENÇA QUE ACOLHE QUESTÃO PREJUDICIAL – SENTENÇA DECLARATÓRIA.

(i) Motivação da sentença – nesta parte se situa o momento declaratório da sentença declaratória que acolhe questão prejudicial, que conterá:

951

(i.a.) a <u>premissa maior</u> (PM) dada pela norma jurídica genérica e abstrata aplicável ao caso (em cuja hipótese se enquadra o caso concreto);

(i.b.) a <u>premissa menor</u> (pm) consistente na verificação fundamentada dos fatos (quais são os fatos considerados verdadeiros pelo juiz);

(ii) <u>Dispositivo da sentença</u> – no dispositivo se situa o momento declaratório (único) da sentença que acolhe questão prejudicial, que conterá:

(ii.a.) a <u>conclusão final declaratória</u> a formulação da regra jurídica concreta consiste na declaração do juiz de que inexiste uma relação jurídica que se constitui num pressuposto lógico da existência da relação jurídica em que se situa o direito deduzido em juízo (acolhe a inexistência da relação jurídica de filiação, em ação de alimentos tendo esse pressuposto, por exemplo), o que impede o exame do mérito da demanda.

(iii) <u>Coisa julgada</u> – o dispositivo sentença que acolhe questão prejudicial não produz coisa julgada material, a menos que ocorra a situação prevista no art. 503:

> Art. 503 A decisão que julgar total ou parcialmente o mérito tem força de lei nos limites da questão principal expressamente decidida.
>
> § 1º O disposto no *caput* aplica-se à resolução de questão prejudicial, decidida expressa e incidentemente no processo, se:
>
> I – dessa resolução depender o julgamento do mérito;
>
> II – a seu respeito tiver havido contraditório prévio e efetivo, não se aplicando no caso de revelia;
>
> III – o juízo tiver competência em razão da matéria e da pessoa para resolvê-la como questão principal.
>
> § 2º A hipótese do § 1º não se aplica se no processo houver restrições probatórias ou limitações à cognição que impeçam o aprofundamento da análise da questão prejudicial.

CAPÍTULO XLIX – DOS ATOS PROCESSUAIS DO JUIZ

10.5 SENTENÇA QUE ACOLHE QUESTÃO PRELIMINAR – SENTENÇA DECLARATÓRIA

(i) Motivação da sentença – nesta parte se situa o momento declaratório da sentença declaratória que acolhe questão prejudicial, que conterá:

(i.a.) a premissa maior (PM) dada pela norma jurídica genérica e abstrata aplicável ao caso (em cuja hipótese se enquadra o caso concreto);

(i.b.) a premissa menor (pm) consistente na verificação fundamentada dos fatos (quais são os fatos considerados verdadeiros pelo juiz);

(ii) Dispositivo da sentença – no dispositivo se situa o momento declaratório (único) da sentença que acolhe questão preliminar, que conterá a formulação da regra jurídica concreta consiste na declaração do juiz de que inexiste:

(ii.a) o direito de ação do autor, por falta de uma ou de várias de suas condições (sentença terminativa conhecida como de carência de ação);

(ii.b) uma relação jurídica processual constituída validamente, por falta de um ou de vários de seus pressupostos (pressupostos processuais).

Nos dois casos o resultado será o mesmo: o juiz não poderá examinar o mérito da demanda.

(iii) Coisa julgada – o dispositivo sentença que acolhe questão preliminar não produz coisa julgada material, exceto se ela disser respeito à perempção, litispendência ou coisa julgada (v. art. 486, já reproduzido acima)

11. SENTENÇA E ACÓRDÃO

Segundo o art. 203 do Código de Processo Civil, "Os pronunciamentos do juiz consistirão em sentenças, decisões interlocutórias e despachos".

953

ANTONIO ARALDO FERRAZ DAL POZZO

O Art. 204 refere-se ao Acórdão:

> Art. 204. Acórdão é o julgamento colegiado proferido pelos tribunais.
>
> Art. 163. Recebe o nome de acórdão o julgamento proferido pelos tribunais.

A palavra "sentença", portanto, é expressão técnica reservada ao julgamento proferido pelo órgão jurisdicional de Primeiro Grau de Jurisdição.

A decisão proferida pelos órgãos jurisdicionais colegiados, normalmente de Segundo Grau de Jurisdição é denominada "acórdão".

A expressão "acórdão" deriva de "acordar" – indica que a decisão foi acordada entre os julgadores, uma vez que o julgamento nos tribunais é sempre colegiado.

A sentença e acórdão são estruturalmente idênticos, aplicando-se a este último tudo quanto vimos em relação àquela.[38]

SEÇÃO II
DOS DEMAIS PROVIMENTOS E ATOS DO JUIZ

12. DA DECISÃO INTERLOCUTÓRIA

A definição de decisão interlocutória é feita por exclusão, no Código de Processo Civil:

> Art. 203. Os pronunciamentos do juiz consistirão em sentenças, decisões interlocutórias e despachos.
>
> § 1º Ressalvadas as disposições expressas dos procedimentos especiais, sentença é o pronunciamento por meio do qual o juiz,

---

[38] V. art. 165, primeira parte, do Código de Processo Civil.

CAPÍTULO XLIX – DOS ATOS PROCESSUAIS DO JUIZ

> com fundamento nos arts. 485 e 487, põe fim à fase cognitiva do procedimento comum, bem como extingue a execução.
>
> § 2º Decisão interlocutória é todo pronunciamento judicial de natureza decisória *que não se enquadre no § 1º*
>
> Art. 162. (*omissis*)
>
> § 2º Decisão interlocutória é o ato pelo qual o juiz, no curso do processo, resolve questão incidente.

Antes de ser proferida a sentença definitiva ou terminativa, no curso do processo surgem inúmeras questões de fato e de direito que devem ser resolvidas pelo juiz.

Na grande maioria das vezes, elas dizem respeito às controvérsias estabelecidas dentro do próprio procedimento; mas, às vezes, elas se localizam em um procedimento específico, que corre em paralelo, quase sempre em autos apensados aos principais, caracterizando um *incidente processual*.

As decisões a respeito de tais questões são diversas das sentenças porque *não encerram a relação jurídica processual* e, consequentemente, não põem fim ao processo, que irá prosseguir ou perante o mesmo juízo, ou em outro (o que ocorre com acolhimento de exceção de incompetência).

Essas decisões se denominam *decisões interlocutórias*.

13. DO DESPACHO DE MERO EXPEDIENTE

Mais uma vez o Código de Processo Civil adotou o critério da exclusão para a caracterização do despacho de mero expediente:

> Art. 203. Os pronunciamentos do juiz consistirão em sentenças, decisões interlocutórias e despachos.
>
> § 1º Ressalvadas as disposições expressas dos procedimentos especiais, sentença é o pronunciamento por meio do qual o juiz, com fundamento nos arts. 485 e 487, põe fim à fase cognitiva do procedimento comum, bem como extingue a execução.

§ 2º Decisão interlocutória é todo pronunciamento judicial de natureza decisória que não se enquadre no § 1o.

§ 3º *São despachos* todos os demais pronunciamentos do juiz praticados no processo, de ofício ou a requerimento da parte.

Art. 162. (*omissis*)

§ 3º São despachos todos os demais atos do juiz no processo, de ofício ou a requerimento da parte, a cujo respeito a lei não estabelece outra forma.

Portanto, o Código de Processo Civil conceitua a sentença no § 1º do art. 203 – decisão que encerra o processo; no § 2º diz a regra que será decisão interlocutória todas as demais decisões (que não encerram o processo); por fim, será despacho tudo quanto não for sentença e nem decisão interlocutória – são pronunciamentos do juiz sem conteúdo decisório proferidos no curso do processo, tanto de ofício como a requerimento das partes ou demais pessoas que atuem no processo.

O despacho de mero expediente é também chamado de *despacho ordinatório* e não apresenta nenhum conteúdo decisório: destinam-se apenas e tão-somente a impulsionar o processo.

Assim, por exemplo, ante a juntada de um documento, se o juiz determinar que se *dê vista à parte contrária*, estamos diante de um despacho de mero expediente.

14. REQUISITOS FORMAIS DOS PROVIMENTOS

Diz o art. 205 do Código de Processo Civil:

Art. 205. Os despachos, as decisões, as sentenças e os acórdãos serão redigidos, datados e assinados pelos juízes.

§ 1º Quando os pronunciamentos previstos no *caput* forem proferidos oralmente, o servidor os documentará, submetendo-os aos juízes para revisão e assinatura.

§ 2º A assinatura dos juízes, em todos os graus de jurisdição, pode ser feita eletronicamente, na forma da lei.

CAPÍTULO XLIX – DOS ATOS PROCESSUAIS DO JUIZ

§ 3º Os despachos, as decisões interlocutórias, o dispositivo das sentenças e a ementa dos acórdãos serão publicados no Diário de Justiça Eletrônico.

Art. 164. Os despachos, decisões, sentenças e acórdãos serão redigidos, datados e assinados pelos juízes. Quando forem proferidos verbalmente, o taquígrafo ou o datilógrafo os registrará, submetendo-os aos juízes para revisão e assinatura.

Essa norma legal se explica por si mesma, cabendo apenas observar que a sentença será dada oralmente quando proferida em audiência, mas reduzida a escrito no termo de audiência.

Se os despachos, decisões, sentenças e acórdãos não forem assinados e datados pelos juízes, são havidos como *inexistentes*.[39]

15. DOS ATOS MATERIAIS OU REAIS

Os atos materiais (ou reais) praticados pelo juiz são aqueles que não contêm uma manifestação de vontade e podem ser:

(i) atos instrutórios; e

(ii) atos de documentação.

Os atos reais instrutórios são aqueles que o juiz pratica durante a produção das provas, como ouvir depoimentos das partes, das testemunhas, dos peritos; a inspeção judicial e outros análogos.

Atos reais de documentação são aqueles que o juiz pratica a fim de oficializar certos atos processuais, como a assinatura que deve apor no termo de audiência.

---

[39] LIEBMAN, Enrico Tullio. *Manuale di Diritto Processuale Civile*: Principi. 7ª Ed. Milano: Giuffrè Editore, 2007, p. 245.

Capítulo L

DA FORMAÇÃO, SUSPENSÃO E EXTINÇÃO DO PROCESSO

Sumário: 1. Introdução ao tema do capítulo. 2. Da formação do processo. 2.1 Do início do processo. 2.2 Do saneamento do processo. 3. Das alterações dos elementos da ação durante a formação do processo. 3.1 Alteração das partes. 3.2 Alteração do pedido e da causa de pedir. 4. Da suspensão do processo. 4.1 Suspensão pela morte ou perda da capacidade processual de qualquer das partes. 4.1.1 Suspensão pela morte ou perda da capacidade processual de qualquer das partes. 4.1.2 Suspensão pela morte ou perda da capacidade processual de advogado (procurador). 4.2 Suspensão por convenção das partes. 4.3 Suspensão pela arguição de suspeição ou impedimento. 4.4 Suspensão pela admissão de incidente de resolução de demandas repetitivas. 4.5 Suspensão por circunstâncias externas ou internas. 4.6 Suspensão por motivo de força maior e nos demais casos previstos no Código de Processo Civil. 4.7 Suspensão quando se discutir em juízo questão decorrente de acidentes e fatos da navegação de competência do Tribunal Marítimo. 4.8 Suspensão porque o conhecimento do mérito depende da verificação de fato delituoso. 4.9 Suspensão do processo e prática de atos urgentes. 5. Da extinção do processo. 6. Extinção do processo sem julgamento de mérito. 6.1 Decisão sem resolução de mérito por indeferimento da petição inicial (art. 485, I).

6.1.1 Indeferimento da inicial por inépcia da inicial. 6.1.2 Indeferimento da inicial por falta de condições da ação. 6.1.3 Indeferimento da inicial por descumprimento dos arts. 106 e 321. 6.1.4 Indeferimento da inicial por incompatibilidade entre os pedidos. 6.2 Decisão que não resolve o mérito por inércia da parte (art. 485, II e III). 6.3 Decisão que não resolve o mérito por ausência de pressupostos processuais (art. 485, IV). 6.4 Decisão sem resolução de mérito por acolhimento de alegação de perempção, litispendência ou de coisa julgada (art. 485, V). 6.5 Decisão sem resolução de mérito por ausência de legitimidade ou de interesse processual (art. 485, VI). 6.6 Decisão sem resolução de mérito por haver convenção de arbitragem (art. 485, VII). 6.7 Decisão sem resolução de mérito por desistência da ação (art. 485, VIII). 6.8 Decisão sem resolução de mérito por se tratar de ação intransmissível (art. 485, IX). 6.9 Norma de encerramento: nos demais casos prescritos no Código de Processo Civil (art. 485, X). 7. Conhecimento *ex officio* pelo juiz – matérias de ordem pública. 8. Extinção do processo com julgamento de mérito. 9. Reflexões finais. 10. Da suspensão do processo de execução. 10.1 Inciso I do art. 921 – suspensão nas hipóteses dos arts. 313 e 315, no que couber. 10.2 Inciso II do art. 921 – suspensão no todo ou em parte, quando recebidos com efeito suspensivo os embargos à execução. 10.3 Inciso III do art. 921 – suspensão no todo ou em parte, quando o executado não possuir bens penhoráveis. 10.4 Inciso IV do art. 921 – se a alienação dos bens penhorados não se realizar por falta de licitantes e o exequente, em 15 (quinze) dias, não requerer a adjudicação nem indicar outros bens penhoráveis. 10.5 Inciso V do art. 921 – suspensão quando concedido o parcelamento de que trata o art. 916. 10.6 Suspensão por convenção das partes. 10.7 Atos que podem ser praticados durante a suspensão. 11. Da extinção do processo de execução.

1. INTRODUÇÃO AO TEMA DO CAPÍTULO

O processo – e a relação jurídica processual que nele se contém – é um fenômeno que tem uma duração mais ou menos longa, desde o seu nascimento até a sua conclusão.

CAPÍTULO L – DA FORMAÇÃO, SUSPENSÃO E EXTINÇÃO DO...

O Código de Processo Civil, levando em conta esse lapso temporal em que o processo fica pendente, disciplina-o sob três perspectivas: sua *formação*, sua *suspensão* e sua *extinção*.[1]

Antes de se extinguir, o processo vai ganhando *estabilidade*: os elementos da ação – partes, pedido e causa de pedir – vão se tornando imutáveis ou sujeitos a alterações, sob certas condições.

A importância do tema pertinente à formação do processo está exatamente em se saber até quando e sob que condições os elementos da ação podem ser alterados e, ainda, as circunstâncias de sua suspensão e encerramento.

2. DA FORMAÇÃO DO PROCESSO

A formação do processo compreende o período que se inicia com a *propositura* da ação e vai até o momento em que os elementos da ação não mais podem ser alterados, o que ocorre com o *saneamento* do processo.[2]

2.1 DO INÍCIO DO PROCESSO

O processo tem início com a propositura da ação:

> Art. 312. Considera-se proposta a ação quando a petição inicial for protocolada, todavia, a propositura da ação só produz quanto ao réu os efeitos mencionados no art. 240 depois que for validamente citado.

> Art. 263. Considera-se proposta a ação, tanto que a petição inicial seja despachada pelo juiz, ou simplesmente distribuída, onde houver mais de uma vara. A propositura da ação, todavia, só produz, quanto ao réu, os efeitos mencionados no art. 219 depois que for validamente citado.

---

[1] Essas matérias estão reguladas pelo Livro IV do Código de Processo Civil.

[2] Salvo situações inevitáveis, como a morte da parte, por exemplo. Mas, há normas esparsas, que serão mencionadas a seu tempo.

Os artigos 284 e 285 também abordam o tema:

> Art. 284. Todos os processos estão sujeitos a registro, devendo ser distribuídos onde houver mais de um juiz.
>
> Art. 285. A distribuição, que poderá ser eletrônica, será alternada e aleatória, obedecendo-se rigorosa igualdade.
>
> Parágrafo único. A lista de distribuição deverá ser publicada no Diário de Justiça.

A petição inicial deve ser entregue no cartório do distribuidor – pois ele é quem divide as causas entre os Juízos ou Varas e respectivos Ofícios de Justiça. Todavia, se na circunscrição judiciária houver apenas uma Vara ou Juízo e apenas um Ofício de Justiça, a petição poderá ser entregue neste último, se assim o permitir o Código de Organização Judiciária.

Há também a possibilidade de ajuizamento por protocolo eletrônico.

Portanto, temos que a petição inicial é proposta:

(i) Comarca ou Seção Judiciária com uma só ou mais de uma Vara ou Juízo, com protocolo eletrônico: pelo ajuizamento eletrônico (sempre preferencial);

(ii) Comarca ou Seção Judiciária com uma só Vara ou Juízo, sem protocolo eletrônico: pelo cartório do distribuidor ou por despacho judicial;

(iii) Comarca ou Seção Judiciária com mais de uma Vara ou Juízo, sem protocolo eletrônico: cartório do distribuidor.

Porém, a cada dia avança o protocolo eletrônico, regulado pela Lei n. 11.419, de 19 de dezembro de 2006, que dispôs sobre a informatização do processo judicial.

Assim diz seu art. 10:

> Art. 10. A distribuição da petição inicial e a juntada da contestação, dos recursos e das petições em geral, todos em formato digital,

CAPÍTULO L – DA FORMAÇÃO, SUSPENSÃO E EXTINÇÃO DO...

nos autos de processo eletrônico, podem ser feitas diretamente pelos advogados públicos e privados, sem necessidade da intervenção do cartório ou secretaria judicial, situação em que a autuação deverá se dar de forma automática, fornecendo-se recibo eletrônico de protocolo.

§ 1º Quando o ato processual tiver que ser praticado em determinado prazo, por meio de petição eletrônica, serão considerados tempestivos os efetivados até as 24 (vinte e quatro) horas do último dia.

§ 2º No caso do § 1º deste artigo, se o Sistema do Poder Judiciário se tornar indisponível por motivo técnico, o prazo fica automaticamente prorrogado para o primeiro dia útil seguinte à resolução do problema.

§ 3º Os órgãos do Poder Judiciário deverão manter equipamentos de digitalização e de acesso à rede mundial de computadores à disposição dos interessados para distribuição de peças processuais.

Mesmo os documentos que devem instruir a inicial serão ajuizados eletronicamente, segundo a Lei n. 11.419, de 19 de dezembro de 2006:

Art. 11. Os documentos produzidos eletronicamente e juntados aos processos eletrônicos com garantia da origem e de seu signatário, na forma estabelecida nesta Lei, serão considerados originais para todos os efeitos legais.

§ 1º Os extratos digitais e os documentos digitalizados e juntados aos autos pelos órgãos da Justiça e seus auxiliares, pelo Ministério Público e seus auxiliares, pelas procuradorias, pelas autoridades policiais, pelas repartições públicas em geral e por advogados públicos e privados têm a mesma força probante dos originais, ressalvada a alegação motivada e fundamentada de adulteração antes ou durante o processo de digitalização.

§ 2º A arguição de falsidade do documento original será processada eletronicamente na forma da lei processual em vigor.

§ 3º Os originais dos documentos digitalizados, mencionados no § 2º deste artigo, deverão ser preservados pelo seu detentor até o trânsito em julgado da sentença ou, quando admitida, até o final do prazo para interposição de ação rescisória.

§ 4º (VETADO)

§ 5º Os documentos cuja digitalização seja tecnicamente inviável devido ao grande volume ou por motivo de ilegibilidade deverão ser apresentados ao cartório ou secretaria no prazo de 10 (dez) dias contados do envio de petição eletrônica comunicando o fato, os quais serão devolvidos à parte após o trânsito em julgado.

§ 6º Os documentos digitalizados juntados em processo eletrônico somente estarão disponíveis para acesso por meio da rede externa para suas respectivas partes processuais e para o Ministério Público, respeitado o disposto em lei para as situações de sigilo e de segredo de justiça.

Feita a distribuição, a ação considera-se proposta desde a data do protocolo respectivo.

A distribuição, em princípio é *livre*, ou seja, aleatória.

No entanto, a distribuição pode ser feita *por dependência* em face de outra causa – e, nesse caso, ela é dirigida a determinado Juízo ou Vara:

> Art. 286. Serão distribuídas por dependência as causas de qualquer natureza:
>
> I – quando se relacionarem, por conexão ou continência, com outra já ajuizada;
>
> II – quando, tendo sido extinto o processo sem resolução de mérito, for reiterado o pedido, ainda que em litisconsórcio com outros autores ou que sejam parcialmente alterados os réus da demanda;
>
> III – quando houver ajuizamento de ações nos termos do art. 55, § 3º, ao juízo prevento.[3]
>
> Parágrafo único. Havendo intervenção de terceiro, reconvenção ou outra hipótese de ampliação objetiva do processo, o juiz, de ofício, mandará proceder à respectiva anotação pelo distribuidor.

---

[3] Art. 55. Reputam-se conexas 2 (duas) ou mais ações quando lhes for comum o pedido ou a causa de pedir. **§ 3º** Serão reunidos para julgamento conjunto os processos que possam gerar risco de prolação de decisões conflitantes ou contraditórias caso decididos separadamente, mesmo sem conexão entre eles.

CAPÍTULO L – DA FORMAÇÃO, SUSPENSÃO E EXTINÇÃO DO...

Art. 253. Distribuir-se-ão por dependência as causas de qualquer natureza:

I – quando se relacionarem, por conexão ou continência, com outra já ajuizada;

II – quando, tendo sido extinto o processo, sem julgamento de mérito, for reiterado o pedido, ainda que em litisconsórcio com outros autores ou que sejam parcialmente alterados os réus da demanda;

III – quando houver ajuizamento de ações idênticas, ao juízo prevento.

Parágrafo único. Havendo reconvenção ou intervenção de terceiro, o juiz, de oficio, mandará proceder à respectiva anotação pelo distribuidor.

É fácil constatar a preocupação do legislador em evitar que situações jurídicas análogas, com identidade parcial ou total de certos elementos das respectivas ações venham receber tratamento desigual pelo Judiciário.

Assim duas ações que apresentem o mesmo pedido ou a mesma causa de pedir (ações conexas) devem ser julgadas pelo mesmo juiz.

Todavia, o pedido de *distribuição vinculada* deve ser formulado pelo autor – e caso este não o faça caberá ao réu fazer a arguição para a reunião dos processos.

Art. 55. (*omissis*)

§ 1º Os processos de ações conexas serão reunidos para decisão conjunta, salvo se um deles já houver sido sentenciado.

Art. 58. A reunião das ações propostas em separado far-se-á no juízo prevento, onde serão decididas simultaneamente.

Art. 105. Havendo conexão ou continência, o juiz, de oficio ou a requerimento de qualquer das partes, pode ordenar a reunião de ações propostas em separado, a fim de que sejam decididas simultaneamente.[4]

---

[4] V. Capítulo XXVII, item 10.

O Cartório do Distribuidor, logo após o ingresso da ação, encaminha a petição inicial ao escrivão ou ao chefe de secretaria, nos termos do art. 206:

> Art. 206. Ao receber a petição inicial de processo, o escrivão ou o chefe de secretaria a autuará, mencionando o juízo, a natureza do processo, o número de seu registro, os nomes das partes e a data de seu início, e procederá do mesmo modo em relação aos volumes em formação.
>
> Art. 166. Ao receber a petição inicial de qualquer processo, o escrivão a autuará, mencionando o juízo, a natureza do feito, o número de seu registro, os nomes das partes e a data do seu início; e procederá do mesmo modo quanto aos volumes que se forem formando.

A primeira providência será anotar a ação ajuizada no Livro de Registro de Autos, momento em que o processo receberá um número que o identificará até seu encerramento.

A autuação nada mais é que colocar uma capa na petição inicial, na qual serão anotados, dentre outros: o número de seu registro, de acordo com que ficar consignado no Livro de Registros de Autos, o Juízo para o qual foi encaminhada, a natureza da causa, o nome das partes e a data. Na contracapa devem ser anotados os nomes e endereços dos advogados.

2.2 DO SANEAMENTO DO PROCESSO

Após o seu registro e a autuação, o processo é remetido ao juiz, que o examinará e, então, poderá:

(i) Determinar algumas providências preliminares (artigos. 348 a 353);

(ii) Extinguir o processo (art. 354);

(iii) Julgar antecipada e totalmente a lide (355);

CAPÍTULO L – DA FORMAÇÃO, SUSPENSÃO E EXTINÇÃO DO...

(iv) Julgar antecipada e parcialmente a lide (art. 356);[5]

(v) Sanear o processo.

PROVIDÊNCIAS PRELIMINARES

Durante o período em que podem ser determinadas providências preliminares, pode ocorrer:

(i) Que os autos *retornem ao autor para especificar provas*, se o réu for revel, mas não houver ocorrido a presunção de verdade dos fatos alegados na inicial (efeito da revelia) e, ainda, se nessa peça não foram especificadas as provas a serem produzidas em juízo (art. 348 e 349);

---

[5] As matérias dos artigos citados pertencem à Parte Especial do Código, que fogem do tema desta obra:

Art. 354. Ocorrendo qualquer das hipóteses previstas nos arts. 485 e 487, incisos II e III, o juiz proferirá sentença.

Parágrafo único. A decisão a que se refere o *caput* pode dizer respeito a apenas parcela do processo, caso em que será impugnável por agravo de instrumento.

Art. 355. O juiz julgará antecipadamente o pedido, proferindo sentença com resolução de mérito, quando:

I – não houver necessidade de produção de outras provas;

II – o réu for revel, ocorrer o efeito previsto no art. 344 e não houver requerimento de prova, na forma do art. 349.

Art. 356. O juiz decidirá parcialmente o mérito quando um ou mais dos pedidos formulados ou parcela deles:

I – mostrar-se incontroverso;

II – estiver em condições de imediato julgamento, nos termos do art. 355.

§ 1º A decisão que julgar parcialmente o mérito poderá reconhecer a existência de obrigação líquida ou ilíquida.

§ 2º A parte poderá liquidar ou executar, desde logo, a obrigação reconhecida na decisão que julgar parcialmente o mérito, independentemente de caução, ainda que haja recurso contra essa interposto.

§ 3º Na hipótese do § 2º, se houver trânsito em julgado da decisão, a execução será definitiva.

§ 4º A liquidação e o cumprimento da decisão que julgar parcialmente o mérito poderão ser processados em autos suplementares, a requerimento da parte ou a critério do juiz.

§ 5º A decisão proferida com base neste artigo é impugnável por agravo de instrumento.

ANTONIO ARALDO FERRAZ DAL POZZO

(ii) Se o réu apresentar defesa indireta de mérito, ou seja, se não contestar os fatos geradores do direito alegado pelo autor e nem suas consequências jurídica, mas aduzir fatos impeditivos, modificativos ou extintivos do direito do autor, este *deve ter oportunidade de requerer a produção de provas que contrariem tais alegações* (art. 350).[6]

(iii) O réu ainda poderá fazer uma defesa processual, alegando a falta de pressupostos processuais ou das condições da ação – *casos em que o autor terá quinze dias para se manifestar a respeito* (art. 351);

(iv) Finalmente, seja em face de alegações do réu ou por verificação espontânea, se o juiz concluir que há irregularidades ou vícios sanáveis, *determinará a correção em até trinta dias* (art. 352).[7]

JULGAMENTO ANTECIPADO DO PROCESSO

Cumpridas as providências preliminares, ou não sendo elas necessárias, o juiz examinará o processo para verificar se há condições para julgar antecipadamente o processo (art. 353).

Julgar antecipadamente significa julgar imediatamente, sem a necessidade de produção de provas em audiência.

Tal julgamento pode extinguir o processo sem julgamento de mérito (total ou parcialmente) ou então com julgamento de todo o mérito da causa ou de parte dele – essas duas possibilidades estão previstas no mesmo artigo (art. 354).

Segundo o art. 354, a extinção do processo *sem julgamento de mérito* (sentença terminativa) ocorrerá nas hipóteses do art. 485 (art. 354, primeira parte) e a extinção do processo *com julgamento de mérito* (sentença definitiva) ocorrerá nas hipóteses do art. 487 I (reconhecimento

---

[6] Observe-se que com a alegação de fatos impeditivos, modificativos ou extintivos do direito do autor, o réu amplia a area de conhecimento do juiz, pois esses fatos, sem a referência feita pelo sujeito passivo, não seriam objeto de cognição.

[7] Como, por exemplo, defeito na procuração.

CAPÍTULO L – DA FORMAÇÃO, SUSPENSÃO E EXTINÇÃO DO...

judicial da decadência ou da prescrição) e II (homologação de reconhecimento do pedido, de transação ou renúncia da ação):

> Art. 354. Ocorrendo qualquer das hipóteses previstas nos arts. *485* (julgamento sem decisão de mérito) e *487*, incisos II e III (julgamento com decisão de mérito), o juiz proferirá sentença.
>
> Parágrafo único. A decisão a que se refere o caput pode dizer respeito a apenas parcela do processo, caso em que será impugnável por agravo de instrumento.

Os demais casos de julgamento antecipado com julgamento de mérito (total ou parcialmente) estão previstos nos artigos 355 e 356, já mencionados.

SANEAMENTO DO PROCESSO

Não sendo hipótese de encerramento antecipado do processo o juiz profere *decisão de saneamento* e de organização do processo.

Sanear, em vernáculo, dentre outros significados, tem os de: tirar as impurezas, curar, sanar, remediar, reparar.

E é isso exatamente o que o juiz faz – verifica se o processo está em ordem, sem irregularidades ou imperfeições que possam anulá-lo e, caso seja necessário, saná-las. Se houver vício insanável: ou deverá extinguir o processo sem julgamento de mérito – total ou parcialmente –, ou anular o processo a partir de determinado ato processual.

Em suma – a decisão de saneamento tem o objetivo de concluir que o processo está apto a prosseguir. Seu próximo destino será a audiência ou, então a prolação da sentença:

> Art. 357. Não ocorrendo nenhuma das hipóteses deste Capítulo, deverá o juiz, em decisão de saneamento e de organização do processo:
>
> I – resolver as questões processuais pendentes, se houver;

II – delimitar as questões de fato sobre as quais recairá a atividade probatória, especificando os meios de prova admitidos;

III – definir a distribuição do ônus da prova, observado o art. 373;

IV – delimitar as questões de direito relevantes para a decisão do mérito;

V – designar, se necessário, audiência de instrução e julgamento.

§ 1º Realizado o saneamento, as partes têm o direito de pedir esclarecimentos ou solicitar ajustes, no prazo comum de 5 (cinco) dias, findo o qual a decisão se torna estável.

§ 2º As partes podem apresentar ao juiz, para homologação, delimitação consensual das questões de fato e de direito a que se referem os incisos II e IV, a qual, se homologada, vincula as partes e o juiz.

§ 3º Se a causa apresentar complexidade em matéria de fato ou de direito, deverá o juiz designar audiência para que o saneamento seja feito em cooperação com as partes, oportunidade em que o juiz, se for o caso, convidará as partes a integrar ou esclarecer suas alegações.

§ 4º Caso tenha sido determinada a produção de prova testemunhal, o juiz fixará prazo comum não superior a 15 (quinze) dias para que as partes apresentem rol de testemunhas.

§ 5º Na hipótese do § 3º, as partes devem levar, para a audiência prevista, o respectivo rol de testemunhas.

§ 6º O número de testemunhas arroladas não pode ser superior a 10 (dez), sendo 3 (três), no máximo, para a prova de cada fato.

§ 7º O juiz poderá limitar o número de testemunhas levando em conta a complexidade da causa e dos fatos individualmente considerados.

§ 8º Caso tenha sido determinada a produção de prova pericial, o juiz deve observar o disposto no art. 465 e, se possível, estabelecer, desde logo, calendário para sua realização.

§ 9º As pautas deverão ser preparadas com intervalo mínimo de 1 (uma) hora entre as audiências.

Art. 331. Se não ocorrer qualquer das hipóteses previstas nas seções precedentes, e versar a causa sobre direitos que admitam transação, o juiz designará audiência preliminar, a realizar-se

CAPÍTULO L – DA FORMAÇÃO, SUSPENSÃO E EXTINÇÃO DO...

no prazo de 30 (trinta) dias, para a qual serão as partes intimadas a comparecer, podendo fazer-se representar por procurador ou preposto, com poderes para transigir.

§ 1º Obtida a conciliação, será reduzida a termo e homologada por sentença.

§ 2º Se, por qualquer motivo, não for obtida a conciliação, o juiz fixará os pontos controvertidos, decidirá as questões processuais pendentes e determinará as provas a serem produzidas, designando audiência de instrução e julgamento, se necessário.

§ 3º Se o direito em litígio não admitir transação, ou se as circunstâncias da causa evidenciarem ser improvável sua obtenção, o juiz poderá, desde logo, sanear o processo e ordenar a produção da prova, nos termos do § 2º

3. DAS ALTERAÇÕES DOS ELEMENTOS DA AÇÃO DURANTE A FORMAÇÃO DO PROCESSO

3.1 ALTERAÇÃO DAS PARTES

As partes originais do processo são aquelas que constam da inicial como parte ou partes ativas e parte ou partes passivas.

Normalmente, com tais partes o processo caminha até seu final:

Art. 108. No curso do processo, somente é lícita a *sucessão voluntária* das partes nos casos expressos em lei.

Art. 41. Só é permitida, no curso do processo, a substituição voluntária das partes nos casos expressos em lei.

Ao mencionar "sucessão voluntária", a norma está ressalvando o caso de sucessão por morte, que será "involuntária".

Porém, situações existem em que alguma ou algumas das partes podem ser excluídas antes do final do processo (por ilegitimidade de parte reconhecida) e outras poderão *ingressar* no feito, nas seguintes hipóteses previstas na lei processual:

971

(a) Se houver *alienação ou cessão da coisa litigiosa* pode ser permitido o ingresso do adquirente ou cessionário como sucessor da parte, mas somente em havendo consentimento da parte contrária. Contudo, ainda pode ocorrer seu ingresso como assistente litisconsorcial do alienante ou cedente (art. 109, § 1º e § 2º);

(b) *Ocorrendo a morte da parte*, haverá sucessão pelo seu espólio ou sucessores (art. 110);

(c) Ainda haverá alteração das partes nos casos de:

a. Litisconsorte necessário que não tenha sido mencionado na inicial (art. 114 e 115);

b. Assistência simples (art. 121) e litisconsorcial (art. 124);

c. Denunciação da lide (art. 125);

d. Chamamento ao processo (art. 130);

e. Desconsideração da personalidade jurídica (art. 133);

f. Intervenção de *amicus curiae* (art. 138);

g. Intervenção do Ministério Público como fiscal da lei, por iniciativa própria ou por despacho do juiz (art. 178);

h. Alegação de ilegitimidade de parte feita pelo réu, ou alegação de que não é responsável pelo prejuízo, casos em que o juiz facultará ao autor a alteração da inicial para substituição do réu ou incluir o indicado pelo réu como litisconsorte passivo:

> Art. 338. (*omissis*)
>
> § 1º O autor, ao aceitar a indicação, procederá, no prazo de 15 (quinze) dias, à alteração da petição inicial para a substituição do réu, observando-se, ainda, o parágrafo único do art. 338.
>
> § 2º No prazo de 15 (quinze) dias, o autor pode optar por alterar a petição inicial para incluir, como litisconsorte passivo, o sujeito indicado pelo réu.

Em todas essas hipóteses *haverá alteração da parte* e, a rigor, nos termos da lei processual podem ocorrer até antes da prolação da sentença.

3.2 ALTERAÇÃO DO PEDIDO E DA CAUSA DE PEDIR

A matéria vem disciplinada pelo art. 329:

CAPÍTULO L – DA FORMAÇÃO, SUSPENSÃO E EXTINÇÃO DO...

Art. 329. O autor poderá:

I – *até a citação*, aditar ou alterar o pedido ou a causa de pedir, independentemente de consentimento do réu;

II – *até o saneamento do processo*, aditar ou alterar o pedido e a causa de pedir, com consentimento do réu, assegurado o contraditório mediante a possibilidade de manifestação deste no prazo mínimo de 15 (quinze) dias, facultado o requerimento de prova suplementar.

Parágrafo único. Aplica-se o disposto neste artigo à reconvenção e à respectiva causa de pedir.[8]

Art. 264. Feita a citação, é defeso ao autor modificar o pedido ou a causa de pedir, sem o consentimento do réu, mantendo-se as mesmas partes, salvo as substituições permitidas por lei.

Parágrafo único. A alteração do pedido ou da causa de pedir em nenhuma hipótese será permitida após o saneamento do processo.

Pelo sistema do código, a *citação* é o primeiro marco para a *estabilização objetiva* do processo. Mas, é um termo apenas para a estabilização dos elementos *objetivos* do processo: do pedido e da causa de pedir. No que tange às alterações do elemento subjetivo, como vimos acima, elas podem ocorrer a qualquer momento, como a morte da parte, por exemplo.

A citação produz a estabilidade objetiva *unilateral* do processo.

Assim, temos:

(i) *Após a propositura da ação e antes da citação* – fase em que os elementos objetivos da ação podem ser modificados livremente pelo autor.

(ii) *Fase que tem início após a citação*: o processo se estabiliza parcialmente, de modo que aqueles elementos objetivos não podem mais ser alterados unilateralmente pelo autor – mas, apenas

---

[8] A reconvenção é a ação do réu contra o autor, no mesmo processo, o que é possível diante de certas circunstâncias – Art. 343. Na contestação, é lícito ao réu propor reconvenção para manifestar pretensão própria, conexa com a ação principal ou com o fundamento da defesa.

ANTONIO ARALDO FERRAZ DAL POZZO

com o consentimento do réu – caso em que a este será garantido o contraditório e a possibilidade de indicar provas;

(iii) Fase que se inicia após o saneamento do processo: os elementos objetivos do processo não mais podem ser alterados e a ação se encontra objetivamente estabilizada.

No sistema do Código de Processo Civil anterior havia norma expressa segundo a qual, após o saneamento do processo, não mais seria possível a alteração do pedido e da causa de pedir (acima, parágrafo único do art. 264).

Conquanto o código vigente não disponha explicitamente a respeito, a sentença de saneamento do processo encerra a possibilidade de alteração dos elementos objetivos da ação.

Com efeito. Em primeiro lugar, pelos próprios termos incisivos da norma: "até o saneamento do processo". Se esse é o termo final de alterações objetivas possíveis, depois da sentença de saneamento o processo se estabiliza objetivamente de forma definitiva.

Em segundo lugar, a visão sistemática do código deixa mais que evidente a intenção do legislador em apressar ao máximo o desfecho do processo e a permissão de alteração após a fase do saneamento iria perenizá-lo.

Outro importante aspecto, que também se conecta com a estabilização, é a norma do § 4º do art. 485, que diz respeito à *desistência* da ação:

> Art. 485. (*omissis*)
>
> § 4º Oferecida a contestação, o autor não poderá, sem o consentimento do réu, desistir da ação.
>
> Art. 267. (*omissis*)
>
> § 4º Depois de decorrido o prazo para a resposta, o autor não poderá, *sem o consentimento do réu, desistir da ação.*

Trata-se de norma que retira a disponibilidade do direito de ação do autor – que é total antes de oferecida a contestação –, mas que depende do consentimento do réu, após ele ter contestado a ação.

CAPÍTULO L – DA FORMAÇÃO, SUSPENSÃO E EXTINÇÃO DO...

Todavia, há *exceção* quanto ao processo de execução:

> Art. 775. O exequente tem o direito de desistir de toda a execução ou de apenas alguma medida executiva.[9]

O código ainda contém regras específicas quanto aos *recursos*, que fazem parte do núcleo do direito de ação:

> Art. 998. O recorrente poderá, a qualquer tempo, sem a anuência do recorrido ou dos litisconsortes, desistir do recurso.
>
> Parágrafo único. A desistência do recurso não impede a análise de questão cuja repercussão geral já tenha sido reconhecida e daquela objeto de julgamento de recursos extraordinários ou especiais repetitivos.
>
> Art. 999. A renúncia ao direito de recorrer independe da aceitação da outra parte.
>
> Art. 501. O recorrente poderá, a qualquer tempo, sem a anuência do recorrido ou dos litisconsortes, desistir do recurso.
>
> Art. 502. A renúncia ao direito de recorrer independe da aceitação da outra parte.

Estabilizado objetiva e definitivamente o processo – ou mesmo antes disso – é possível que sobrevenham motivos para ele fique suspenso temporariamente.

É o que veremos em seguida.

4. DA SUSPENSÃO DO PROCESSO

Conquanto o interesse público milite em prol do avanço contínuo e mais célere possível do processo em busca do ato final do órgão jurisdicional, podem ocorrer circunstâncias que determinem sua suspensão temporária:

---

[9] Sem correspondente no Código de Processo Civil revogado.

ANTONIO ARALDO FERRAZ DAL POZZO

Art. 313. Suspende-se o processo:

I – pela morte ou pela perda da capacidade processual de qualquer das partes, de seu representante legal ou de seu procurador;

II – pela convenção das partes;

III – pela arguição de impedimento ou de suspeição;

IV – pela admissão de incidente de resolução de demandas repetitivas;

V – quando a sentença de mérito:

a) depender do julgamento de outra causa ou da declaração de existência ou de inexistência de relação jurídica que constitua o objeto principal de outro processo pendente;

b) tiver de ser proferida somente após a verificação de determinado fato ou a produção de certa prova, requisitada a outro juízo;

VI – por motivo de força maior;

VII – quando se discutir em juízo questão decorrente de acidentes e fatos da navegação de competência do Tribunal Marítimo;

VIII – nos demais casos que este Código regula.

Art. 265. Suspende-se o processo:

I – pela morte ou perda da capacidade processual de qualquer das partes, de seu representante legal ou de seu procurador;

II – pela convenção das partes;

III – quando for oposta exceção de incompetência do juízo, da câmara ou do tribunal, bem como de suspeição ou impedimento do juiz;

IV – quando a sentença de mérito:

a) depender do julgamento de outra causa, ou da declaração da existência ou inexistência da relação jurídica, que constitua o objeto principal de outro processo pendente;

b) não puder ser proferida senão depois de verificado determinado fato, ou de produzida certa prova, requisitada a outro juízo;

c) tiver por pressuposto o julgamento de questão de estado, requerido como declaração incidente;

V – por motivo de força maior;

VI – nos demais casos, que este Código regula.

§ 1º No caso de morte ou perda da capacidade processual de qualquer das partes, ou de seu representante legal, provado o

CAPÍTULO L – DA FORMAÇÃO, SUSPENSÃO E EXTINÇÃO DO...

falecimento ou a incapacidade, o juiz suspenderá o processo, salvo se já tiver iniciado a audiência de instrução e julgamento; caso em que:

a) o advogado continuará no processo até o encerramento da audiência;

b) o processo só se suspenderá a partir da publicação da sentença ou do acórdão.

§ 4º No caso do no III, a exceção, em primeiro grau da jurisdição, será processada na forma do disposto neste Livro, Título VIII, Capítulo II, Seção III; e, no tribunal, consoante lhe estabelecer o regimento interno.

§ 5º Nos casos enumerados nas letras a, b e c do no IV, o período de suspensão nunca poderá exceder 1 (um) ano. Findo este prazo, o juiz mandará prosseguir no processo.

Vejamos cada uma dessas hipóteses, separadamente:

4.1 SUSPENSÃO PELA MORTE OU PERDA DA CAPACIDADE PROCESSUAL DE QUALQUER DAS PARTES

O inciso I acima reproduzido cuida do evento morte ou perda da capacidade processual das partes, de seu representante legal ou de seu advogado:

4.1.1 Suspensão pela morte ou perda da capacidade processual de qualquer das partes

Salvo em caso de ação intransmissível por disposição legal[10] a morte ou a perda da capacidade processual da parte[11] (capacidade de

---

[10] Art. 485, IX que será examinado em seguida, no texto.

[11] A capacidade processual decorre da capacidade de exercício (exercer por si mesmo e livremente os próprios direitos) e consiste num dos pressupostos processuais referentes às partes, normalmente denominado capacidade de estar em juízo (*legitimatio ad processum* – que não se confunde com a *legitimatio ad causam*, que é condição da ação: legitimação para agir).

estar em juízo) o processo irá se suspender para determinadas providências, mas logo em seguida retomará seu curso normal. O mesmo se diga cuidando-se de morte ou de perda da capacidade processual de representante da parte (pai, mãe etc.).

Diz o § 1º, do artigo estudado:

> § 1º Na hipótese do inciso I, o juiz suspenderá o processo, nos termos do art. 689.

O art. 689, a seu turno, estatui:

> Art. 689. Proceder-se-á à habilitação nos autos do processo principal, na instância em que estiver, suspendendo-se, a partir de então, o processo.

"Habilitar" significa tornar apto: o patrimônio do *de cujus* garante as obrigações por ele contraídas em vida; por outro lado, seus direitos se transmitem e podem ser exigidos por seus herdeiros ou sucessores.

Por essa razão, a habilitação pode ser requerida, nos mesmos autos em que o falecido demandava: pela outra parte ou pelos seus sucessores, conforme ele fosse réu ou autor da ação (art. 688). Trata-se de uma ação incidente nos autos principais.

Quid juris, se não for ajuizada a ação de habilitação?

Diz § 2º do artigo 313:

> § 2º Não ajuizada ação de habilitação, ao tomar conhecimento da morte, o juiz determinará a suspensão do processo e observará o seguinte:
>
> I – falecido o réu, ordenará a intimação do autor para que promova a citação do respectivo espólio, de quem for o sucessor ou, se for o caso, dos herdeiros, no prazo que designar, de no mínimo 2 (dois) e no máximo 6 (seis) meses;
>
> II – falecido o autor e sendo transmissível o direito em litígio, determinará a intimação de seu espólio, de quem for o sucessor

CAPÍTULO L – DA FORMAÇÃO, SUSPENSÃO E EXTINÇÃO DO...

ou, se for o caso, dos herdeiros, pelos meios de divulgação que reputar mais adequados, para que manifestem interesse na sucessão processual e promovam a respectiva habilitação no prazo designado, sob pena de extinção do processo.

As regras legais são claras e inspiradas no interesse público em não deixar o processo parado, sem solução – ou ele prossegue ou se encerra.

Também pode ocorrer o falecimento da parte enquanto em curso o prazo para a interposição de um recurso:

Art. 1.004. Se, durante o prazo para a interposição do recurso, sobrevier o falecimento da parte (...) ou ocorrer motivo de força maior que suspenda o curso do processo, será tal prazo restituído em proveito da parte, do herdeiro ou do sucessor, contra quem começará a correr novamente depois da intimação.

4.1.2 Suspensão pela morte ou perda da capacidade processual de advogado (procurador)

Diz o § 3º do art. 313:

§ 3º No caso de morte do procurador de qualquer das partes, ainda que iniciada a audiência de instrução e julgamento, o juiz determinará que a parte constitua novo mandatário, no prazo de 15 (quinze) dias, ao final do qual extinguirá o processo sem resolução de mérito, se o autor não nomear novo mandatário, ou ordenará o prosseguimento do processo à revelia do réu, se falecido o procurador deste.

Art. 265. (*omissis*)

§ 2º No caso de morte do procurador de qualquer das partes, ainda que iniciada a audiência de instrução e julgamento, o juiz marcará, a fim de que a parte constitua novo mandatário, o prazo de 20 (vinte) dias, findo o qual extinguirá o processo sem julgamento do mérito, se o autor não nomear novo mandatário, ou mandará prosseguir no processo, à revelia do réu, tendo falecido o advogado deste.

Ao prever a consequência da morte do procurador "ainda que iniciada a audiência", a lei quis se referir à audiência que, conquanto iniciada, não se encerrou e ficou designada para outra data (e, obviamente, ainda no caso desse falecimento acontecer durante uma audiência).[12]

A mesma regra se aplica ao advogado ainda na hipótese deste se tornar impedido de exercer seu mister, por exercício de cargo incompatível (Secretário de Estado ou de Município, por exemplo) ou por pena disciplinar imposta pela Ordem dos Advogados do Brasil.

Pode ocorrer, ainda, que durante o prazo de que dispõe a parte para recorrer venha a falecer o seu advogado – neste caso, a lei determina a suspensão do processo e apenas depois da intimação o prazo começa a correr, por inteiro:

> Art. 1.004. Se, durante o prazo para a interposição do recurso, sobrevier o falecimento (...) ou de seu advogado ou ocorrer motivo de força maior que suspenda o curso do processo, será tal prazo restituído em proveito da parte, do herdeiro ou do sucessor, contra quem começará a correr novamente depois da intimação.

4.2 SUSPENSÃO POR CONVENÇÃO DAS PARTES

Trata-se de norma que visa a proteger o interesse das partes – ambas devem concordar com a suspensão – normalmente porque estão a entabular um acordo extrajudicialmente.

Cuida-se de negócio processual entre as partes, *com o qual o juiz não pode discordar*, desde que respeitados os limites temporais do § 4º:

---

[12] A audiência é considerada como um evento único e contínuo: Art. 365. A audiência é *una e contínua*, podendo ser excepcional e justificadamente cindida na ausência de perito ou de testemunha, desde que haja concordância das partes. Parágrafo único. Diante da impossibilidade de realização da instrução, do debate e do julgamento no mesmo dia, o juiz marcará seu prosseguimento para a data mais próxima possível, em pauta preferencial.

CAPÍTULO L – DA FORMAÇÃO, SUSPENSÃO E EXTINÇÃO DO...

§ 4º O prazo de suspensão do processo nunca poderá exceder (...) e 6 (seis) meses naquela prevista no inciso II.

Art. 265. (*omissis*)

§ 3º A suspensão do processo por convenção das partes, de que trata o no Il, nunca poderá exceder 6 (seis) meses; findo o prazo, o escrivão fará os autos conclusos ao juiz, que ordenará o prosseguimento do processo.

Cuida-se de direito subjetivo processual das partes e nem será preciso que o juiz homologue o pedido. Basta a comunicação das partes, para a suspensão do processo ter início.

Note-se que se houver recurso pendente (agravo de instrumento, exemplificativamente) a instância recursal também será suspensa, pois suspenso o principal, suspende-se o acessório (o acessório segue o principal). Obviamente as partes devem comunicar a suspensão ao órgão recursal.

O prazo máximo vale como a *somatória* de eventuais prazos de suspensão já solicitados pelas partes.

Suspenso o processo, é como se ele deixasse de produzir efeitos – eventual liminar concedida também fica suspensa.

Também a audiência de conciliação pode ser adiada por convenção das partes:

Art. 334. (*omissis*)

§ 4º A audiência não será realizada:

I – se ambas as partes manifestarem, expressamente, desinteresse na composição consensual;

Art. 453. A audiência poderá ser adiada:

I – por convenção das partes, caso em que só será admissível uma vez;

Trata-se de suspensão do processo – mas o juiz deve designar a próxima audiência dentro de vinte dias (art. 334, § 12). Como não há regra proibitiva (como havia no Código de Processo Civil anterior), a nova audiência poderá ser novamente adiada – mas o juiz deverá coarctar a tentativa das partes de protrair injustificadamente a audiência de conciliação. Todavia, às partes resta a possibilidade de suspensão do processo por até seis meses (art. 313, II e § 4º).

4.3 SUSPENSÃO PELA ARGUIÇÃO DE SUSPEIÇÃO OU IMPEDIMENTO

A suspeição e o impedimento já foram estudados – mas aqui se a lei processual cuida do *efeito* de sua argüição pela parte: a suspensão do processo.

Ao mencionar apenas o impedimento e a suspeição, sem restrições, a norma se aplica quando a arguição disser respeito ao magistrado, ao órgão do Ministério Público, aos auxiliares da justiça e demais sujeitos imparciais do processo:[13]

> Art. 148. Aplicam-se os motivos de impedimento e de suspeição:
>
> I – ao membro do Ministério Público;
>
> II – aos auxiliares da justiça;
>
> III – aos demais sujeitos imparciais do processo.
>
> Art. 138. Aplicam-se também os motivos de impedimento e de suspeição:
>
> I – ao órgão do Ministério Público, quando não for parte, e, sendo parte, nos casos previstos nos números I a IV do art. 135;
>
> II – ao serventuário de justiça;
>
> III – ao perito;
>
> IV – ao intérprete.

---

[13] Sujeitos imparciais do processo: Art. 149. São auxiliares da Justiça, além de outros cujas atribuições sejam determinadas pelas normas de organização judiciária, o escrivão, o chefe de secretaria, o oficial de justiça, o perito, o depositário, o administrador, o intérprete, o tradutor, o mediador, o conciliador judicial, o partidor, o distribuidor, o contabilista e o regulador de avarias.

CAPÍTULO L – DA FORMAÇÃO, SUSPENSÃO E EXTINÇÃO DO...

4.4 SUSPENSÃO PELA ADMISSÃO DE INCIDENTE DE RESOLUÇÃO DE DEMANDAS REPETITIVAS

O incidente de resolução de demandas repetitivas é uma das mais importantes inovações do Código de Processo Civil.

Efetivamente, num País de enorme extensão territorial, a exigir milhares de magistrados, com diferentes formações e díspares concepções individuais, fruto de experiências de vida em regiões que vão do agreste nordestino às cosmopolitas cidades como São Paulo, Rio de Janeiro e outras capitais estaduais; vivências as mais diversas, desde a selva Amazônica aos pampas gaúchos; enfim resultado dos grandes contrastes deste Brasil imenso e plural, a possibilidade de decisões diversas sobre o mesmo tema jurídico é muito grande, como a prática forense evidencia.

Essa circunstância, que no jargão forense é chamada de "loteria da Justiça", concorre para o desprestígio do Poder Judiciário e pode ser evitada justamente com o mecanismo ora concebido:

> Art. 976. É cabível a instauração do incidente de resolução de demandas repetitivas quando houver, simultaneamente:
> I – efetiva repetição de processos que contenham controvérsia sobre a mesma questão unicamente de direito;
> II – risco de ofensa à isonomia e à segurança jurídica.

O inciso II tem por escopo proteger dois dos mais importantes pilares do Estado de Direito.

A *isonomia*, que se traduz no processo judicial pelo princípio da iniciativa da parte, pelo tratamento igualitário das partes e adoção rigorosa do *dues process of law,* é o princípio que por excelência deve ser respeitado e praticado pelo Poder Judiciário, pois é essa imparcialidade lhe confere legitimidade política para exercer a função jurisdicional.

A *segurança jurídica,* por outro lado, princípio geral que não está escrito de forma expressa em nossa Constituição Federal, mas que nela se manifesta de forma decisiva, também não pode ficar à mercê do acaso das

983

decisões conflitantes. Matérias que envolvam a prescrição, por exemplo, dizem respeito à segurança jurídica, assim como a confiança legítima (que protege o cidadão confiante em certas orientações do Poder Público e depois as vê subitamente alteradas, de modo radical).

A legitimidade para o pedido de instauração do incidente vem disciplinada pelo art. 977:

> Art. 977. O pedido de instauração do incidente será dirigido ao presidente de tribunal:
>
> I – pelo juiz ou relator, por ofício;
>
> II – pelas partes, por petição;
>
> III – pelo Ministério Público ou pela Defensoria Pública, por petição.
>
> Parágrafo único. O ofício ou a petição será instruído com os documentos necessários à demonstração do preenchimento dos pressupostos para a instauração do incidente.

A enumeração, porém, não é exaustiva. Assim, o assistente, o Advogado Público e outros que intervêm no processo podem pedir a instauração do incidente.

Distribuído o incidente, o relator, ao admiti-lo, determina a suspensão dos processos pendentes – individuais ou coletivos, "que tramitam no Estado ou na região, conforme o caso" (art.982, I).

Mas, a suspensão pode cessar por duas circunstâncias:

(i) Se da decisão que admitiu o incidente não houve a interposição de recurso especial ou extraordinário (art. 982, § 5º);

(ii) Se a decisão do incidente – uma vez suspensos os processos – não for julgada em um ano, salvo decisão fundamentada do relator (art. 980 e seu parágrafo único).

As consequências do julgamento sobre o incidente:

> Art. 985. Julgado o incidente, a tese jurídica será aplicada:
>
> I – a todos os processos individuais ou coletivos que versem sobre idêntica questão de direito e que tramitem na área de jurisdição

CAPÍTULO L – DA FORMAÇÃO, SUSPENSÃO E EXTINÇÃO DO...

do respectivo tribunal, inclusive àqueles que tramitem nos juizados especiais do respectivo Estado ou região;

II – aos casos futuros que versem idêntica questão de direito e que venham a tramitar no território de competência do tribunal, salvo revisão na forma do art. 986.

§ 1º Não observada a tese adotada no incidente, caberá reclamação.

§ 2º Se o incidente tiver por objeto questão relativa a prestação de serviço concedido, permitido ou autorizado, o resultado do julgamento será comunicado ao órgão, ao ente ou à agência reguladora competente para fiscalização da efetiva aplicação, por parte dos entes sujeitos a regulação, da tese adotada.

4.5 SUSPENSÃO POR CIRCUNSTÂNCIAS EXTERNAS OU INTERNAS

O inciso V do art. 313 enumera algumas circunstâncias externas ao processo que impedem – ao menos momentaneamente – a prolação da sentença de mérito:

V – quando a sentença de mérito:

a) depender do julgamento de outra causa ou da declaração de existência ou de inexistência de relação jurídica que constitua o objeto principal de outro processo pendente;

b) tiver de ser proferida somente após a verificação de determinado fato ou a produção de certa prova, requisitada a outro juízo;

VI – por motivo de força maior;

VII – quando se discutir em juízo questão decorrente de acidentes e fatos da navegação de competência do Tribunal Marítimo;

VIII – nos demais casos que este Código regula.

Art. 265. (*omissis*)

IV – quando a sentença de mérito:

a) depender do julgamento de outra causa, ou da declaração da existência ou inexistência da relação jurídica, que constitua o objeto principal de outro processo pendente;

985

b) não puder ser proferida senão depois de verificado determinado fato, ou de produzida certa prova, requisitada a outro juízo;

c) tiver por pressuposto o julgamento de questão de estado, requerido como declaração incidente;

A alínea "a" refere-se a uma *questão prejudicial*, mas que é externa ao debate dos autos: assim se há ação de alimentos em curso e, em separado, ação negatória de paternidade, esta última é uma ação prejudicial em relação à primeira e a necessidade de se evitar decisões contraditórias aponta para a solução consistente na suspensão da ação de alimentos (quanto à decisão final, mas não para efeito dos alimentos provisionais).

A letra "b" cuida de ação que deve aguardar a verificação de determinado fato como o encerramento de uma colheita, em ação que a tinha por objeto ou, então, esperar a realização de prova a ser produzida por carta (rogatória, de ordem ou precatória).

Porém, a lei limita temporalmente também esta suspensão:

Art. 313. (*omissis*)

§ 4º O prazo de suspensão do processo nunca poderá exceder 1 (um) ano nas hipóteses do inciso V (...).

Art. 265 (*omissis*)

§ 5º Nos casos enumerados nas letras a, b e c do no IV, o período de suspensão nunca poderá exceder 1 (um) ano. Findo este prazo, o juiz mandará prosseguir no processo.

4.6 SUSPENSÃO POR MOTIVO DE FORÇA MAIOR E NOS DEMAIS CASOS PREVISTOS NO CÓDIGO DE PROCESSO CIVIL

Força maior vem a ser um evento que impede o prosseguimento do processo e alheia à vontade das partes.

Mas, evidentemente se trata de norma acautelatória, para que, de acordo com o prudente arbítrio do magistrado, ocorra a suspensão do

CAPÍTULO L – DA FORMAÇÃO, SUSPENSÃO E EXTINÇÃO DO...

processo em casos excepcionais (como a greve prolongada dos servidores da Justiça), sempre com a devida justificação.

4.7 SUSPENSÃO QUANDO SE DISCUTIR EM JUÍZO QUESTÃO DECORRENTE DE ACIDENTES E FATOS DA NAVEGAÇÃO DE COMPETÊNCIA DO TRIBUNAL MARÍTIMO

O Tribunal Marítimo não é um órgão jurisdicional, mas auxiliar do Poder Judiciário. Trata-se de um órgão administrativo, ligado ao Ministério da Marinha e ao Comando da Marinha, criado pelo art. 5º do Decreto n. 20.829, de 21 de dezembro de 1931.

Sua jurisdição se estende por todo o território brasileiro e tem competência para julgar acidentes e eventos ligados à navegação marítima, fluvial e lacustre, determinando suas causas, natureza e extensão.

Sua sede fica no Rio de Janeiro.

Evidentemente, as decisões administrativas do Tribunal Marítimo não vinculam o Poder Judiciário – mas se há discussão judicial a respeito de matéria sob exame daquele, é conveniente aguardar a solução, inclusive para conhecimento das provas produzidas.

4.8 SUSPENSÃO PORQUE O CONHECIMENTO DO MÉRITO DEPENDE DA VERIFICAÇÃO DE FATO DELITUOSO

A matéria vem regulada pelo art. 315:

> Art. 315. Se o conhecimento do mérito depender de verificação da existência de fato delituoso, o juiz pode determinar a suspensão do processo até que se pronuncie a justiça criminal.
>
> § 1º Se a ação penal não for proposta no prazo de 3 (três) meses, contado da intimação do ato de suspensão, cessará o efeito desse, incumbindo ao juiz cível examinar incidentemente a questão prévia.
>
> § 2º Proposta a ação penal, o processo ficará suspenso pelo prazo máximo de 1 (um) ano, ao final do qual aplicar-se-á o disposto na parte final do § 1º

O mesmo fato ilícito pode atingir vários campos do direito, como o cível, o criminal, o administrativo etc.

A norma cuida de fato delituoso previsto no Código Penal e, simultaneamente, de fato ilícito previsto no Código Civil.

Um atropelamento com morte seria o exemplo. Nesse caso, o juiz da área cível (na ação de indenização proposta pelos herdeiros ou sucessores da vítima) deverá suspender o processo, cujo prazo varia:

(i) Se a ação penal ainda não foi proposta, deve suspender o processo por três meses, contado da data da intimação da data da suspensão à autoridade competente (delegado de polícia ou membro do Ministério Público);

(ii) Não ajuizada a ação nesse prazo de três meses, o processo civil deve prosseguir e o juiz cível irá analisar o crime, mas sua decisão não produz coisa julgada, ou seja, não vincula o juiz criminal;

(iii) Ajuizada a ação penal, o juiz cível determina a suspensão do processo por um ano. Caso não decidido nesse prazo o processo penal, deve o juiz analisar o crime, mas sua decisão não produz coisa julgada.

A norma, ao dizer que o juiz examinará *incidentemente* o fato delituoso, como questão prévia, está erigindo a matéria em questão prejudicial – e essa a razão pela qual não passa em julgado.

Pode haver, portanto, decisões contraditórias na esfera penal e cível.

4.9 SUSPENSÃO DO PROCESSO E PRÁTICA DE ATOS URGENTES

O efeito jurídico óbvio da suspensão do processo é a *paralisação da prática de atos processuais.*

Porém a omissão de alguns deles pode gerar um prejuízo irreparável à parte e, por essa razão, assim dispõe o Código de Processo Civil:

CAPÍTULO L – DA FORMAÇÃO, SUSPENSÃO E EXTINÇÃO DO...

> Art. 314. Durante a suspensão é vedado praticar qualquer ato processual, podendo o juiz, todavia, determinar a realização de atos urgentes a fim de evitar dano irreparável, salvo no caso de arguição de impedimento e de suspeição.

> Art. 266. Durante a suspensão é defeso praticar qualquer ato processual; poderá o juiz, todavia, determinar a realização de atos urgentes, a fim de evitar dano irreparável.

Esses atos urgentes ou são aqueles que já se iniciaram antes da suspensão e ainda não se encerraram – como uma busca e apreensão – ou então são medidas de tutela cautelar que podem ser deferidas nesse período.

Somente ante a alegação de impedimento ou suspeição é que o juiz não pode praticar tais atos.

Diante da nova redação das normas processuais, concordamos com Moniz de Aragão no sentido de que a decisão do juiz, por ser declaratória, retroage à data do ato ou fato que ocasionou a própria suspensão.[14]

5. DA EXTINÇÃO DO PROCESSO

O processo se extingue por uma sentença (ou acórdão, em segundo grau de jurisdição):

> Art. 316. A extinção do processo dar-se-á por sentença.[15]

Em atenção ao princípio da economia processual, antes de decidir, o juiz deve tentar corrigir os vícios sanáveis:

> Art. 317. Antes de proferir decisão sem resolução de mérito, o juiz deverá conceder à parte oportunidade para, se possível, corrigir o vício.

---

[14] MONIZ DE ARAGÃO, Egas Dirceu. *Comentários ao Código de Processo Civil*. Ed. Forense, 2005, p. 407 e seguintes.

[15] O código anterior não continha norma análoga, mas dividia a extinção do processo sem julgamento de mérito (art. 267) e com julgamento de mérito (art. 269).

ANTONIO ARALDO FERRAZ DAL POZZO

Todavia, o processo pode se encerrar *sem* exame de mérito ou *com* exame do mérito da ação. No primeiro caso, temos uma sentença (ou acórdão) *terminativa* e, no segundo, uma sentença *definitiva* (idem).

6. EXTINÇÃO DO PROCESSO SEM JULGAMENTO DE MÉRITO

O art. 485 do Código de Processo Civil arrola as hipóteses de extinção do processo *sem julgamento de mérito*:

Art. 485. O juiz não resolverá o mérito quando:

I – indeferir a petição inicial;

II – o processo ficar parado durante mais de 1 (um) ano por negligência das partes;

III – por não promover os atos e as diligências que lhe incumbir, o autor abandonar a causa por mais de 30 (trinta) dias;

IV – verificar a ausência de pressupostos de constituição e de desenvolvimento válido e regular do processo;

V – reconhecer a existência de perempção, de litispendência ou de coisa julgada;

VI – verificar ausência de legitimidade ou de interesse processual;

VII – acolher a alegação de existência de convenção de arbitragem ou quando o juízo arbitral reconhecer sua competência;

VIII – homologar a desistência da ação;

IX – em caso de morte da parte, a ação for considerada intransmissível por disposição legal; e

X – nos demais casos prescritos neste Código.

§ 1º Nas hipóteses descritas nos incisos II e III, a parte será intimada pessoalmente para suprir a falta no prazo de 5 (cinco) dias.

§ 2º No caso do § 1º, quanto ao inciso II, as partes pagarão proporcionalmente as custas, e, quanto ao inciso III, o autor será condenado ao pagamento das despesas e dos honorários de advogado.

§ 3º O juiz conhecerá de ofício da matéria constante dos incisos IV, V, VI e IX, em qualquer tempo e grau de jurisdição, enquanto não ocorrer o trânsito em julgado.

CAPÍTULO L – DA FORMAÇÃO, SUSPENSÃO E EXTINÇÃO DO...

§ 4º Oferecida a contestação, o autor não poderá, sem o consentimento do réu, desistir da ação.

§ 5º A desistência da ação pode ser apresentada até a sentença.

§ 6º Oferecida a contestação, a extinção do processo por abandono da causa pelo autor depende de requerimento do réu.

§ 7º Interposta a apelação em qualquer dos casos de que tratam os incisos deste artigo, o juiz terá 5 (cinco) dias para retratar-se.

Art. 267. Extingue-se o processo, sem resolução de mérito:

I – quando o juiz indeferir a petição inicial;

II – quando ficar parado durante mais de 1 (um) ano por negligência das partes;

III – quando, por não promover os atos e diligências que lhe competir, o autor abandonar a causa por mais de 30 (trinta) dias;

IV – quando se verificar a ausência de pressupostos de constituição e de desenvolvimento válido e regular do processo;

V – quando o juiz acolher a alegação de perempção, litispendência ou de coisa julgada;

VI – quando não concorrer qualquer das condições da ação, como a possibilidade jurídica, a legitimidade das partes e o interesse processual;

VII – pela convenção de arbitragem;

VIII – quando o autor desistir da ação;

IX – quando a ação for considerada intransmissível por disposição legal;

X – quando ocorrer confusão entre autor e réu;

XI – nos demais casos prescritos neste Código.

Vejamos essas hipóteses separadamente.

6.1 DECISÃO SEM RESOLUÇÃO DE MÉRITO POR INDEFERIMENTO DA PETIÇÃO INICIAL (ART. 485, I)

As principais hipóteses de indeferimento da inicial estão no art. 330 do Código de Processo Civil:

Art. 330. A petição inicial será indeferida quando:

I – for inepta;

II – a parte for manifestamente ilegítima;

III – o autor carecer de interesse processual;

IV – não atendidas as prescrições dos arts. 106 e 321.

IV – contiver pedidos incompatíveis entre si.

Art. 295. A petição inicial será indeferida:

I – quando for inepta;

II – quando a parte for manifestamente ilegítima;

III – quando o autor carecer de interesse processual;

IV – quando o juiz verificar, desde logo, a decadência ou a prescrição (art. 219, § 5º);

V – quando o tipo de procedimento, escolhido pelo autor, não corresponder à natureza da causa, ou ao valor da ação; caso em que só não será indeferida, se puder adaptar-se ao tipo de procedimento legal;

VI – quando não atendidas as prescrições dos arts. 39, parágrafo único, primeira parte, e 284.

6.1.1 Indeferimento da inicial por inépcia da inicial

O art. 330, § 1º aponta as causas da inépcia da inicial:

§ 1º Considera-se inepta a petição inicial quando:

I – lhe faltar pedido ou causa de pedir;

II – o pedido for indeterminado, ressalvadas as hipóteses legais em que se permite o pedido genérico;

III – da narração dos fatos não decorrer logicamente a conclusão;

Art. 295. (*omissis*)

Parágrafo único. Considera-se inepta a petição inicial quando:

I – lhe faltar pedido ou causa de pedir;

II – da narração dos fatos não decorrer logicamente a conclusão;

III – o pedido for juridicamente impossível;

IV – contiver pedidos incompatíveis entre si.

CAPÍTULO L – DA FORMAÇÃO, SUSPENSÃO E EXTINÇÃO DO...

A inépcia da petição inicial pode ser entendida como a sua *incapacidade* para levar o processo adiante.

(1ª HIPÓTESE DE INÉPCIA) – AUSÊNCIA DE PEDIDO

O pedido é um dos elementos da ação e pode ser imediato (tipo de tutela jurisdicional) e mediato (bem da vida). Ação sem pedido é um direito sem vida.

A falta do pedido imediato viola o princípio da inércia da jurisdição, pois qualquer tutela jurisdicional que o órgão jurisdicional viesse a conceder seria uma ação de ofício.

A ausência de pedido mediato torna impossível a prestação jurisdicional, pois não se pode pedir o exercício da função jurisdicional à toa, para nada.

Por isso, o art. 322 do Código de Processo Civil exige que o pedido seja certo – e está se referindo aos dois tipos de pedido mencionados.

Em harmonia com essa norma, a do art. 492:

> Art. 492. É vedado ao juiz proferir decisão de natureza diversa da pedida, bem como condenar a parte em quantidade superior ou em objeto diverso do que lhe foi demandado.
>
> Art. 460. É defeso ao juiz proferir sentença, a favor do autor, de natureza diversa da pedida, bem como condenar o réu em quantidade superior ou em objeto diverso do que lhe foi demandado.

Na primeira parte a vedação diz respeito ao tipo de tutela jurisdicional (decisão de natureza diversa da pedida). Na segunda, a proibição se refere ao objeto mediato, o bem da vida pleiteado pelo autor (quantidade superior e objeto diverso).

As decisões que violam tais regras são *extra* (natureza diversa) ou *ultra petita partium* (quantidade diferente ou objeto diverso).

(2ª HIPÓTESE DE INÉPCIA) – AUSÊNCIA DE CAUSA DE PEDIR

A causa de pedir também é um dos elementos da ação.

No que pertine à causa de pedir remota, sua presença na petição inicial decorre do princípio da ampla defesa, previsto no art. 5º, LV da Constituição Federal.

Efetivamente, sem a descrição dos fatos geradores do direito que o autor alega (e ainda, conforme a ação, o fato gerador do interesse de agir) [16] a defesa pelo sujeito passivo é impossível.

Muitas vezes o autor deduz na inicial apenas as suas conclusões de fato, mas não descreve em que fatos elas se fundamentam – e isso se equivale à ausência de *causa petendi*. Dizer que o réu deve tanto, sem esclarecer o motivo da dívida é expor uma conclusão, da qual o sujeito passivo não pode se defender, por não saber como a ela se chegou.

(3ª HIPÓTESE DE INÉPCIA) – PEDIDO INDETERMINADO

A regra geral consiste na formulação de pedido certo – ou seja, de um bem da vida perfeitamente individualizado: determinado veículo; determinado quadro, determinada importância em dinheiro etc.

O pedido indeterminado está num grau acima do pedido inexistente, mas fere também a inércia da jurisdição, porque se atribui ao juiz a tarefa de determiná-lo.

Todavia, a norma contém uma necessária ressalva: as hipóteses legais em que se permite o pedido genérico.

A formulação de pedido genérico está no § 1º do art. 324:

> § 1º É lícito, porém, formular pedido genérico:
> I – nas ações universais, se o autor não puder individuar os bens demandados;

---

[16] V. Capítulo XVIII.

CAPÍTULO L – DA FORMAÇÃO, SUSPENSÃO E EXTINÇÃO DO...

II – quando não for possível determinar, desde logo, as consequências do ato ou do fato;

III – quando a determinação do objeto ou do valor da condenação depender de ato que deva ser praticado pelo réu.

Art. 286. O pedido deve ser certo ou determinado. É lícito, porém, formular pedido genérico:

I – nas ações universais, se não puder o autor individuar na petição os bens demandados;

II – quando não for possível determinar, de modo definitivo, as consequências do ato ou do fato ilícito;

III – quando a determinação do valor da condenação depender de ato que deva ser praticado pelo réu.

São hipóteses em que não há como formular pedido certo. Se o autor pleiteia, por exemplo, uma biblioteca está buscando um bem universal, caso não possa identificar livro por livro. Muitas vezes o ato ilícito carece de prova pericial para determinação do valor, como a queima dolosa de uma floresta de eucaliptos. Por fim, exemplo do inciso III seria a demanda em que se pleiteiam as sacas de milho de uma colheita a ser realizada pelo réu.

(4ª HIPÓTESE DE INÉPCIA) – DA NARRAÇÃO DOS FATOS NÃO DECORRER LOGICAMENTE A CONCLUSÃO

Se dos fatos descritos pelo autor na sua inicial não são o fundamento de suas conclusões segundo um critério lógico – isto é – se entre eles não se estabelece uma clara relação de causa e efeito, qualquer atuação judicial irá ferir o princípio da inércia da jurisdição.

(5ª HIPÓTESE DE INÉPCIA) – CONTIVER PEDIDOS INCOMPATÍVEIS ENTRE SI

A matéria já foi estudada anteriormente e a ela remetemos o leitor.[17]

---

[17] V. Capítulo XXII, número 5.

6.1.2 Indeferimento da inicial por falta de condições da ação

Os incisos II e III do art. 330 referem-se às condições da ação – ilegitimidade de parte e falta de interesse de agir, respectivamente.[18]

A parte manifestamente ilegítima pode ser o autor ou o réu. A expressão "manifestamente" utilizada pela norma está a indicar que a situação deve estar muito bem caracterizada, o que normalmente ocorre pela própria descrição dos fatos ou pela análise de documentos anexados à inicial.

A falta de interesse de agir ocorrerá se o autor não tiver necessidade da jurisdição (dívida não vencida, por exemplo) ou provimento jurisdicional pedido não for adequado à situação jurídica deduzida pelo autor (pedido de tutela condenatória executiva diante de título executivo extrajudicial).

6.1.3 Indeferimento da inicial por descumprimento dos arts. 106 e 321

Vejamos as regras apontadas:

> **Art. 106**. Quando postular em *causa própria*, incumbe ao advogado:
>
> I – declarar, na petição inicial ou na contestação, o endereço, seu número de inscrição na Ordem dos Advogados do Brasil e o nome da sociedade de advogados da qual participa, para o recebimento de intimações;
>
> II – comunicar ao juízo qualquer mudança de endereço.
>
> § 1º Se o advogado descumprir o disposto no inciso I, o juiz ordenará que se supra a omissão, no prazo de 5 (cinco) dias, antes de determinar a citação do réu, sob pena de indeferimento da petição.
>
> § 2º Se o advogado infringir o previsto no inciso II, serão consideradas válidas as intimações enviadas por carta registrada ou meio eletrônico ao endereço constante dos autos.
>
> **Art. 321**. O juiz, ao verificar que a petição inicial não preenche os requisitos dos arts. 319 e 320 ou que apresenta defeitos e irregulari-

---

[18] Capítulo XVII.

CAPÍTULO L – DA FORMAÇÃO, SUSPENSÃO E EXTINÇÃO DO...

dades capazes de dificultar o julgamento de mérito, determinará que o autor, no prazo de 15 (quinze) dias, a emende ou a complete, indicando com precisão o que deve ser corrigido ou completado.

Parágrafo único. Se o autor não cumprir a diligência, o juiz indeferirá a petição inicial.

As regras do art. já foram vistas anteriormente[19].

O art. 319 – que pertence à Parte Especial do Código de Processo Civil – arrola os requisitos da inicial e o 320 determina que o autor junte à inicial os documentos indispensáveis.

O art. 330 ainda contém alguns requisitos sob pena de indeferimento da inicial sem exame de mérito:

> Art. 330. (*omissis*)
>
> § 2º Nas ações que tenham por objeto a revisão de obrigação decorrente de empréstimo, de financiamento ou de alienação de bens, o autor terá de, sob pena de inépcia, discriminar na petição inicial, dentre as obrigações contratuais, aquelas que pretende controverter, além de quantificar o valor incontroverso do débito.
>
> § 3º Na hipótese do § 2º, o valor incontroverso deverá continuar a ser pago no tempo e modo contratados.

6.1.4 Indeferimento da inicial por incompatibilidade entre os pedidos

A matéria foi examinada no Capítulo XXII, item 5.

6.2 DECISÃO QUE NÃO RESOLVE O MÉRITO POR INÉRCIA DA PARTE (ART. 485, II E III)

Como já se salientou alhures, há interesse público em que o processo avance em direção a seu final.

---

[19] V. Capítulos XXIX e XXX.

Do processo não podem dispor as partes, a seu talante e, em razão disso, o Código de Processo Civil cria rigorosas sanções processuais para a desídia das partes, com a extinção do processo sem julgamento de mérito quando:

(i) Ficar parado durante mais de 01 (um) ano por negligência das partes (art. 485, inciso II);

(ii) Por não promover os atos e diligências que lhe competir, o autor abandonar a causa por mais de 30 (trinta) dias (art. 485, inciso III).

Nesses dois casos aplica-se a regra do § 1º:

> Art. 485. (*omissis*)
>
> § 1º Nas hipóteses descritas nos incisos II e III, a parte será intimada pessoalmente para suprir a falta no prazo de 5 (cinco) dias.
>
> Art. 267. (*omissis*)
>
> § 1º O juiz ordenará, nos casos dos n.ˢ II e III, o arquivamento dos autos, declarando a extinção do processo, se a parte, intimada pessoalmente, não suprir a falta em 48 (quarenta e oito) horas.

A norma cuida de dar uma última oportunidade à parte, antes da extinção.

Sendo declarado extinto o processo nos casos ora estudados, o Código de Processo Civil cuidou de disciplinar o pagamento das custas e despesas com o processo:

> Art. 485. (*omissis*)
>
> § 2º No caso do § 1º, quanto ao inciso II, as partes pagarão proporcionalmente as custas, e, quanto ao inciso III, o autor será condenado ao pagamento das despesas e dos honorários de advogado.
>
> Art. 267. (*omissis*)

CAPÍTULO L – DA FORMAÇÃO, SUSPENSÃO E EXTINÇÃO DO...

> § 2º No caso do parágrafo anterior, quanto ao n. II, as partes pagarão proporcionalmente as custas e, quanto ao n. III, o autor será condenado ao pagamento das despesas e honorários de advogado (art. 28).

Há, na regra jurídica, aplicação do princípio da causalidade da demanda.

6.3 DECISÃO QUE NÃO RESOLVE O MÉRITO POR AUSÊNCIA DE PRESSUPOSTOS PROCESSUAIS (ART. 485, IV)

O inciso IV do art. 485 cuida da ausência de pressupostos processuais que não possa ser convalidada – como os pressupostos processuais são requisitos para a *validade* do processo, de nada adianta este prosseguir invalidamente.[20]

6.4 DECISÃO SEM RESOLUÇÃO DE MÉRITO POR ACOLHIMENTO DE ALEGAÇÃO DE PEREMPÇÃO, LITISPENDÊNCIA OU DE COISA JULGADA (ART. 485, V)

A litispendência e a coisa julgada são institutos já estudados: a primeira ocorre quando se reproduz ação que está em curso e a segunda quando a primeira já transitou em julgado.

Já vimos, acima, os casos em que a inicial é indeferida sem julgamento de mérito por inércia do autor (art. 485, III – *"quando, por não promover os atos e diligências que lhe competir, o autor abandonar a causa por mais de 30 (trinta) dias"*). Pois bem, essa inércia, quando ocorrer por três vezes, dará lugar à *perempção*, como prescreve o § 3º do art. 485:

> § 3º Se o autor der causa, por 3 (três) vezes, a sentença fundada em abandono da causa, não poderá propor nova ação contra o réu com o mesmo objeto, ficando-lhe ressalvada, entretanto, a possibilidade de alegar em defesa o seu direito.

---

[20] V. Capítulo XXIII.

> Art. 268. (*omissis*)
>
> Parágrafo único. Se o autor der causa, por três vezes, à extinção do processo pelo fundamento previsto no n. III do artigo anterior, não poderá intentar nova ação contra o réu com o mesmo objeto, ficando-lhe ressalvada, entretanto, a possibilidade de alegar em defesa o seu direito.

Portanto, sempre que não promover os atos e diligências que lhe competir, o autor abandonar a causa por mais de 30 (trinta) dias, sofrerá a consequência de ter o processo extinto sem julgamento de mérito – mas se der causa à essa espécie de extinção por três vezes, fica a ele vedada a possibilidade de tentar nova ação com o mesmo objeto – a perempção atinge o direito de ação do autor.

Vejamos a redação do art. 486 e seus parágrafos:

> Art. 486. O pronunciamento judicial que não resolve o mérito não obsta a que a parte proponha de novo a ação.
>
> § 1º No caso de extinção em razão de litispendência e nos casos dos incisos I, IV, VI e VII do art. 485, a propositura da nova ação depende da correção do vício que levou à sentença sem resolução do mérito.
>
> § 2º A petição inicial, todavia, não será despachada sem a prova do pagamento ou do depósito das custas e dos honorários de advogado.
>
> Art. 268. Salvo o disposto no art. 267, V, a extinção do processo não obsta a que o autor intente de novo a ação. A petição inicial, todavia, não será despachada sem a prova do pagamento ou do depósito das custas e dos honorários de advogado.[21]

O § 1º não se refere à extinção do processo com base no inciso V do art. 485, que prevê três causas: *perempção*, *litispendência* e *coisa julgada*.

No entanto, menciona a litispendência como circunstância que não impede a repropositura da ação, desde que haja "a prova do pagamento ou do depósito das custas e dos honorários de advogado", o que significa

---

[21] A matéria foi estudada no Capítulo L *(9.3)*.

CAPÍTULO L – DA FORMAÇÃO, SUSPENSÃO E EXTINÇÃO DO...

que a ação anterior tenha se encerrado sem julgamento de mérito (pois do contrário caso haveria coisa julgada).

6.5 DECISÃO SEM RESOLUÇÃO DE MÉRITO POR AUSÊNCIA DE LEGITIMIDADE OU DE INTERESSE PROCESSUAL (ART. 485, VI)

A manifesta ilegitimidade de parte e a falta de interesse de agir podem dar lugar ao *indeferimento* da inicial, como vimos, se o juiz puder chegar a essa conclusão logo após a sua leitura e exame dos documentos que a acompanham.

Todavia, a constatação da ausência das condições da ação pode ocorrer num momento posterior, até mesmo depois da produção da prova – de qualquer maneira, deve o juiz encerrar o processo sem julgamento de mérito.

6.6 DECISÃO SEM RESOLUÇÃO DE MÉRITO POR HAVER CONVENÇÃO DE ARBITRAGEM (ART. 485, VII)[22]

A Lei n. 9.307, de 11 de setembro de 1996 veio dispor sobre a arbitragem no Brasil, substituindo preceitos existentes a respeito desse tema.[23] Trata-se de um mecanismo posto à disposição das pessoas plenamente capazes, segundo a lei civil, para dar soluções a situações conflituosas que digam respeito a direito patrimoniais e disponíveis.

Havendo a convenção de arbitragem a inicial será indeferida (em verdade, nesse caso, falta ao autor a necessidade da jurisdição – carece do interesse de agir).

6.7 DECISÃO SEM RESOLUÇÃO DE MÉRITO POR DESISTÊNCIA DA AÇÃO (ART. 485, VIII)

Recorde-se que após a citação, o autor somente pode desistir da

---

[22] V. Capítulo II/10, onde a matéria foi estudada.

[23] A lei revogou, expressamente, os artigos 1.037 a 1.048 do Código Civil e os artigos 101 e 1.072 a 1.102 do Código de Processo Civil, que cuidavam da matéria.

1001

ação com a concordância do réu, que pode ter interesse em ver o julgamento de mérito que, obviamente, entende lhe será favorável.

Porém, antes da citação, por ato unilateral, ou após, com a concordância do réu, uma vez formulada a desistência ao juiz nada resta senão extinguir o processo sem julgamento de mérito – trata-se de um direito processual do autor.

Nessa hipótese o juiz apenas homologa a desistência, sem exame de mérito.

6.8 DECISÃO SEM RESOLUÇÃO DE MÉRITO POR SE TRATAR DE AÇÃO INTRANSMISSÍVEL (ART. 485, IX)

É a hipótese de falecimento da parte, quando a ação for considerada intransmissível por disposição legal.

A ação é intransmissível quando por ela o autor pleiteia um direito personalíssimo, isto é, um direito do qual apenas ele é o titular, como o direito a alimentos e ao nome.

6.9 NORMA DE ENCERRAMENTO: NOS DEMAIS CASOS PRESCRITOS NO CÓDIGO DE PROCESSO CIVIL (ART. 485, X)

Para não deixar a descoberto os casos específicos, o legislador inseriu a norma do inciso XI. Exemplo: o art. 542, parágrafo único; art. 303, §§ 2º e 6º; 309, III, 313, § 2º, II, dentre outros.

7. CONHECIMENTO *EX OFFICIO* PELO JUIZ – MATÉRIAS DE ORDEM PÚBLICA

Diz o § 3º do art. 485:

> Art. 485. (*omissis*)
>
> § 3º O juiz conhecerá de ofício da matéria constante dos incisos IV, V, VI e IX, *em qualquer tempo e grau de jurisdição*, enquanto não ocorrer o trânsito em julgado.

CAPÍTULO L – DA FORMAÇÃO, SUSPENSÃO E EXTINÇÃO DO...

> Art. 267. (*omissis*)
>
> § 3º O juiz conhecerá de ofício, em qualquer tempo e grau de jurisdição, enquanto não proferida a sentença de mérito, da matéria constante dos n.ˢ IV, V e VI; todavia, o réu que a não alegar, na primeira oportunidade em que lhe caiba falar nos autos, responderá pelas custas de retardamento.

Essas matérias, passíveis de conhecimento *ex officio* pelo juiz são:

(i) Ausência de pressupostos de constituição e de desenvolvimento válido e regular do processo (inciso IV);

(ii) Reconhecimento da existência de perempção, litispendência ou de coisa julgada (inciso V);

(iii) Falta de qualquer das condições da ação (inciso VI);

(iv) Em caso de morte da parte, a ação for considerada intransmissível por disposição legal.

A tais casos acresça-se a decretação *ex officio* da *decadência* e da *prescrição*, nos termo do art. 487, inciso II.

Em tais questões, porém, há que se observar as seguintes normas:

> Art. 487. (*omissis*)
>
> Parágrafo único. Ressalvada a hipótese do § 1º do art. 332, a prescrição e a decadência não serão reconhecidas sem que antes seja dada às partes oportunidade de manifestar-se.
>
> Art. 332. (*omissis*)
>
> § 1º O juiz também poderá julgar liminarmente improcedente o pedido se verificar, desde logo, a ocorrência de decadência ou de prescrição.
>
> § 2º Não interposta a apelação, o réu será intimado do trânsito em julgado da sentença, nos termos do art. 241.
>
> § 3º Interposta a apelação, o juiz poderá retratar-se em 5 (cinco) dias.

Portanto, tanto o juiz de primeiro grau antes de proferir a sentença de mérito (depois de proferida ele não pode mais alterar a não ser nos

1003

ANTONIO ARALDO FERRAZ DAL POZZO

termos restritos do art. 494) ou os magistrados dos tribunais, antes de proferirem o acórdão, podem (e devem) reconhecer espontaneamente essas matérias e encerrar o processo sem julgamento de mérito.

De igual modo, a parte também pode alegar essas matérias em qualquer tempo e grau de jurisdição.

8. EXTINÇÃO DO PROCESSO COM JULGAMENTO DE MÉRITO

A matéria está no art. 269 do Código de Processo Civil:

> Art. 487. Haverá resolução de mérito quando o juiz:
>
> I – acolher ou rejeitar o pedido formulado na ação ou na reconvenção;
>
> II – decidir, de ofício ou a requerimento, sobre a ocorrência de decadência ou prescrição;
>
> III – homologar:
>
> a) o reconhecimento da procedência do pedido formulado na ação ou na reconvenção;
>
> b) a transação;
>
> c) a renúncia à pretensão formulada na ação ou na reconvenção.
>
> Art. 269. Haverá resolução de mérito:
>
> I – quando o juiz acolher ou rejeitar o pedido do autor;
>
> II – quando o réu reconhecer a procedência do pedido;
>
> III – quando as partes transigirem;
>
> IV – quando o juiz pronunciar a decadência ou a prescrição;
>
> V – quando o autor renunciar ao direito sobre que se funda a ação.

A hipótese do inciso I é a mais comum – o juiz examina o mérito da causa para julgá-la procedente (inteira ou parcialmente) ou improcedente.

As questões relativas à decadência (perda do direito pelo não exercício durante certo prazo) e a prescrição (perda da ação, pelo mesmo motivo), previstas no inciso II foram examinadas no item anterior.

CAPÍTULO L – DA FORMAÇÃO, SUSPENSÃO E EXTINÇÃO DO...

A seguir, o inciso III do art. 487 arrola hipóteses em que não há propriamente uma decisão de mérito, mas a *homologação* de decisões tomadas pelas próprias partes, o que ocorrerá:

(i) Com o reconhecimento do pedido formulado pelo autor, manifestado expressamente pelo réu;

(ii) Quando as partes celebrarem um acordo, que é um negócio processual;

(iii) Quando o autor renunciar ao pedido formulado na ação ou pelo réu reconvinte, na reconvenção.

Há muita discussão e dissenso na doutrina sobre se a decisão a respeito da decadência ou da prescrição é realmente uma decisão de mérito – mas a lei brasileira fez essa clara opção em nome da segurança jurídica e assim evitar novos questionamentos sobre a mesma matéria.

Por fim, se o autor renuncia o direito sobre o qual repousa a sua pretensão, perde ele, a rigor, *o interesse de agir* – mas novamente há uma opção do legislador pela segurança jurídica e considera a sentença de improcedência da demanda como sendo de mérito.

9. REFLEXÕES FINAIS

Como veremos nos números seguintes, o ordenamento jurídico processual civil cuida da suspensão e da extinção do processo de execução em separado. Portanto, estas reflexões finais dizem respeito a todas as espécies de processo, com exceção do processo de execução.

O processo (e a relação jurídica processual) atravessa várias etapas durante a sua existência – desde o nascimento (com a propositura da ação) até a sua extinção, com a prolação da sentença ou do acórdão.

Na fase inicial passa o processo, como vimos, por uma fase de *estabilização progressiva* que tem início com a citação do réu e se encerra com o saneamento (salvo quanto às partes), quando então o pedido e a causa de pedir se tornam imutáveis (estabilização objetiva).

Seu encerramento pode ocorrer com o julgamento de mérito e sem esse julgamento, conforme ocorram as circunstâncias que conduzem a um ou a outro final: uma sentença definitiva ou uma sentença terminativa.

Durante sua existência, o processo pode ainda ficar suspenso temporariamente.

Após ser decidido pelo órgão jurisdicional que tem competência originária (e que pode ser um juiz de primeiro grau ou um tribunal) fica o processo sujeito aos recursos cabíveis, até que em dado momento nenhum mais é possível.

A decisão, que já era eficaz desde o seu pronunciamento (como ato emanado do Poder Judiciário), acaba adquirindo *estabilidade* – ela se torna imutável, que não é efeito da decisão, mas sua *qualidade*.

Essa imutabilidade, no entanto, ainda é relativa durante os dois primeiros anos, porque pode a decisão ser modificada através da ação rescisória (art. 975).

Ultrapassado esse período, ela será perpétua, como garantia fundamental do Estado de Direito, que exige a segurança das relações jurídicas, especialmente, daquelas que nascem da formulação da regra jurídica concreta pelos órgãos jurisdicionais.

10. DA SUSPENSÃO DO PROCESSO DE EXECUÇÃO

Os casos de suspensão do processo de execução, das as suas peculiaridades, vêm previstos no art. 921:

> Art. 921. Suspende-se a execução:
>
> I – nas hipóteses dos arts. 313 e 315, no que couber;
>
> II – no todo ou em parte, quando recebidos com efeito suspensivo os embargos à execução;
>
> III – quando o executado não possuir bens penhoráveis;
>
> IV – se a alienação dos bens penhorados não se realizar por falta de licitantes e o exequente, em 15 (quinze) dias, não requerer a adjudicação nem indicar outros bens penhoráveis;
>
> V – quando concedido o parcelamento de que trata o art. 916.

CAPÍTULO L – DA FORMAÇÃO, SUSPENSÃO E EXTINÇÃO DO...

> Art. 791. Suspende-se a execução:
> I – no todo ou em parte, quando recebidos com efeito suspensivo os embargos à execução (art. 739-A);
> II – nas hipóteses previstas no art. 265, I a III;
> III – quando o devedor não possuir bens penhoráveis.

10.1 INCISO I DO ART. 921 – SUSPENSÃO NAS HIPÓTESES DOS ARTS. 313 E 315, NO QUE COUBER

Os artigos em epígrafe foram estudados em face dos demais processos e, em havendo possibilidade de aplicação dos casos de suspensão ali previstos, aplica-se ao processo de execução. Por exemplo: falecimento da parte.

10.2 INCISO II DO ART. 921 – SUSPENSÃO NO TODO OU EM PARTE, QUANDO RECEBIDOS COM EFEITO SUSPENSIVO OS EMBARGOS À EXECUÇÃO

Os embargos à execução, como já dito quando do estudo do processo de execução, é a forma pela qual o executado pode se defender: os embargos são uma ação do sujeito passivo (executado), cujas causas de pedir estão previstas nos incisos do art. 917 (enumeração não taxativa).

Por outro lado, os embargos à execução não suspendem o processo de execução, em princípio (art. 919)[24], mas poderão suspendê-lo em certas circunstâncias (v. os parágrafos do art. 919[25]), suspensão essa que poderá ser total ou parcial.

10.3 INCISO III DO ART. 921 – SUSPENSÃO NO TODO OU EM PARTE, QUANDO O EXECUTADO NÃO POSSUIR BENS PENHORÁVEIS.

O processo de execução busca a atuação da regra jurídica concreta independentemente da cooperação ou vontade do devedor.

---

[24] No código anterior – art. 739-A

[25] Código anterior – parágrafos do art. 739-A.

ANTONIO ARALDO FERRAZ DAL POZZO

Para tanto, será necessário proceder-se à penhora dos bens do executado, que posteriormente serão adjudicados ao exequente ou vendidos em hasta pública para que, com o dinheiro apurado seja possível o cumprimento da sanção concreta.

Mas, pode ocorrer que o executado não tenha bens.

Nesse caso, haverá a suspensão do processo de execução e proceder-se-á nos seguintes termos:

> Art. 921 (*omissis*)
>
> § 1º Na hipótese do inciso III, o juiz suspenderá a execução pelo prazo de 1 (um) ano, durante o qual se suspenderá a prescrição.
>
> § 2º Decorrido o prazo máximo de 1 (um) ano sem que seja localizado o executado ou que sejam encontrados bens penhoráveis, o juiz ordenará o arquivamento dos autos.
>
> § 3º Os autos serão desarquivados para prosseguimento da execução se a qualquer tempo forem encontrados bens penhoráveis.
>
> § 4º Decorrido o prazo de que trata o § 2º sem manifestação do exequente, começa a correr o prazo de prescrição intercorrente.
>
> § 5º O juiz, depois de ouvidas as partes, no prazo de 15 (quinze) dias, poderá, de ofício, reconhecer a prescrição de que trata o § 4º e extinguir o processo.

As normas transcritas prescindem de comentários.

10.4 INCISO IV DO ART. 921 – SE A ALIENAÇÃO DOS BENS PENHORADOS NÃO SE REALIZAR POR FALTA DE LICITANTES E O EXEQUENTE, EM 15 (QUINZE) DIAS, NÃO REQUERER A ADJUDICAÇÃO NEM INDICAR OUTROS BENS PENHORÁVEIS

Pode ocorrer que o bem penhorado e levado à hasta pública não seja vendido por falta de licitantes. Caberá, então, ao exequente, ou indicar outros bens penhoráveis do executado ou requerer a adjudicação do bem para o qual não houve comprador.

1008

CAPÍTULO L – DA FORMAÇÃO, SUSPENSÃO E EXTINÇÃO DO...

Se o exequente permanecer omisso, o processo de execução será suspenso, aplicando-se, analogicamente, os diversos parágrafos do art. 921.

10.5 INCISO V DO ART. 921 – SUSPENSÃO QUANDO CONCEDIDO O PARCELAMENTO DE QUE TRATA O ART. 916.

Eis o teor do art. 916:

> Art. 916. No prazo para embargos, reconhecendo o crédito do exequente e comprovando o depósito de trinta por cento do valor em execução, acrescido de custas e de honorários de advogado, o executado poderá requerer que lhe seja permitido pagar o restante em até 6 (seis) parcelas mensais, acrescidas de correção monetária e de juros de um por cento ao mês.

> Art. 745-A. No prazo para embargos, reconhecendo o crédito do exequente e comprovando o depósito de 30% (trinta por cento) do valor em execução, inclusive custas e honorários de advogado, poderá o executado requerer seja admitido a pagar o restante em até 6 (seis) parcelas mensais, acrescidas de correção monetária e juros de 1% (um por cento) ao mês.

Trata-se de uma oportunidade dada ao executado, diante das garantias existentes (penhora, depósito de 30% do valor da execução, com as custas e honorários de advogado), para saldar o débito e impedir a venda do bem.

10.6 SUSPENSÃO POR CONVENÇÃO DAS PARTES

A hipótese vem prevista no art. 922:

> Art. 922. Convindo as partes, o juiz declarará suspensa a execução durante o prazo concedido pelo exequente para que o executado cumpra voluntariamente a obrigação.

> Parágrafo único. Findo o prazo sem cumprimento da obrigação, o processo retomará o seu curso.

> Art. 792. Convindo as partes, o juiz declarará suspensa a execução durante o prazo concedido pelo credor, para que o devedor cumpra voluntariamente a obrigação.
>
> Parágrafo único. Findo o prazo sem cumprimento da obrigação, o processo retomará o seu curso.

Trata-se de um negócio jurídico processual entre as partes, não cabendo ao juiz alternativa diversa: deve suspender o processo.

10.7 ATOS QUE PODEM SER PRATICADOS DURANTE A SUSPENSÃO

> Art. 923. Suspensa a execução, não serão praticados atos processuais, podendo o juiz, entretanto, salvo no caso de arguição de impedimento ou de suspeição, ordenar providências urgentes.
>
> Art. 793. Suspensa a execução, é defeso praticar quaisquer atos processuais. O juiz poderá, entretanto, ordenar providências cautelares urgentes.

O Código de Processo Civil vigente é mais restritivo que o anterior, pois somente permite a prática de atos processuais pelo juiz em caso de arguição de impedimento ou de suspeição e, assim mesmo, em se tratando de providências urgentes.

11. DA EXTINÇÃO DO PROCESSO DE EXECUÇÃO

As hipóteses de extinção do processo de execução estão previstas nos incisos do art. 924.

> Art. 924. Extingue-se a execução quando:
>
> I – a petição inicial for indeferida;
>
> II – a obrigação for satisfeita;
>
> III – o executado obtiver, por qualquer outro meio, a extinção total da dívida;

CAPÍTULO L – DA FORMAÇÃO, SUSPENSÃO E EXTINÇÃO DO...

> IV – o exequente renunciar ao crédito;
>
> V – ocorrer a prescrição intercorrente.
>
> Art. 794. Extingue-se a execução quando:
>
> I – o devedor satisfaz a obrigação;
>
> II – o devedor obtém, por transação ou por qualquer outro meio, a remissão total da dívida;
>
> III – o credor renunciar ao crédito.

Assim como ocorre com o processo de conhecimento e cautelar, caso a inicial seja indeferida (inciso I do art. 924) – e os motivos de indeferimento são os mesmos já estudados (art. 330).

Também haverá extinção do processo de execução se a obrigação for satisfeita pelos mecanismos processuais (art. 924, II) ou por cumprimento espontâneo do executado fora dos autos do processo de execução (art. 924, III).

Outra hipótese de execução é a renúncia, pelo exequente, do crédito que está executando (art. 924, IV) – e essa situação se equivale ao autor de processo de conhecimento renunciar o direito sobre o qual funda a ação.

Por fim, se o processo estiver suspenso e decorrer o prazo prescricional, que vem previsto no Código Civil, artigos 205 e 206. Essa prescrição chama-se *intercorrente* porque se opera em face de um processo pendente.

O Código de Processo Civil exige que o juiz encerre o processo de execução por uma sentença:

> Art. 925. A extinção só produz efeito quando declarada por sentença.
>
> Art. 795. A extinção só produz efeito quando declarada por sentença.

A sentença terá por conteúdo uma das situações jurídicas previstas no art. 924, acima estudadas.

A Editora Contracorrente se preocupa com todos os detalhes de suas obras!
Aos curiosos, informamos que esse livro foi impresso no mês de Agosto
de 2016, em papel Polén Soft, pela Gráfica R.R. Donnelley.